四川美术学院学术出版基金资助

中国文化遗产田野案例报告

彭兆荣 等／著

北京大学出版社
PEKING UNIVERSITY PRESS

图书在版编目 (CIP) 数据

中国文化遗产田野案例报告 / 彭兆荣等著 . — 北京：北京大学出版社，2022.5
（文化艺术遗产研究丛书）
ISBN 978-7-301-31471-5

Ⅰ.①中… Ⅱ.①彭… Ⅲ.①文化遗产 – 研究报告 – 中国 Ⅳ.① K203

中国版本图书馆 CIP 数据核字 (2020) 第 138016 号

书　　　名	中国文化遗产田野案例报告	
	ZHONGGUO WENHUA YICHAN TIANYE ANLI BAOGAO	
著作责任者	彭兆荣　等著	
责 任 编 辑	李　颖	
标 准 书 号	ISBN 978-7-301-31471-5	
出 版 发 行	北京大学出版社	
地　　　址	北京市海淀区成府路 205 号　100871	
网　　　址	http://www.pup.cn　　新浪微博：@ 北京大学出版社	
电 子 信 箱	evalee1770@sina.com	
电　　　话	邮购部 010-62752015　发行部 010-62750672　编辑部 010-62754382	
印 刷 者	三河市博文印刷有限公司	
经 销 者	新华书店	
	720 毫米 ×1020 毫米　16 开本　27.75 印张　559 千字	
	2022 年 5 月第 1 版　2022 年 5 月第 1 次印刷	
定　　　价	149.00 元	

前　言

文化遗产研究与人类学、民俗学、考古学、历史学等学科存在着密切的关联。对于像我国这样历史悠久、文明多样、族群多元、生态多类的文化遗产,类型性的案例无疑具有相应的代表性。本书以人类学田野作业为基本手段,对我国一些主要的、具有区域特点和族群特征的文化文明类型,包括农耕文明、游牧文明、山地文明、海洋文明以及混合文明进行抽样调研。

为了完成这一任务,课题组在全国范围内选取了六个代表性案例进行多点多时段的田野考察,积累了大量的一手资料,尤其注重在整体观指导下考察各族群(包括苗族、蒙古族、汉族、彝族、藏族等)的口头传统、仪式表述、身体技术等非文字文化表述关系。课题组在深度田野考察的基础上,撰写考察报告,并结集成册。本田野报告汇编由来自田野的六个案例所构成。

案例一　"亚鲁王"传承:苗族口头与记忆遗产田野调查报告

案例二　成吉思汗祭典:蒙古族传统祭祀仪式田野调查报告

案例三　山海之间:福建海洋文化遗产田野调查报告

案例四　阿细祭火:西南山地族群遗产田野调查报告

案例五　热贡唐卡:藏族非物质文化遗产技艺传承田野调查报告

案例六　万里茶道:文化线路遗产与文明交流田野调查报告

在课题理念、设计、申报和具体实践过程中,实地的田野调查以及从田野获得第一手资料都是课题的基础构件和基本部分。在课题设计上,我们把中华文明大体分为四个类型:农耕文明、游牧文明、山地文明和海洋文明。当然,这样的划分只是便于课题的操作性实践和运作,而非满足学理上的周延;因为在我国的历史和现实中,诸如"游牧+农耕""山地+海洋""农耕+山地""游牧+山地"等各种类型都有,穷尽是困难的。

即使只是围绕四个文明类型,选择样点、深入调研等依然可能挂一漏万,比如西部的游牧文明因生态、民族、历史等因素,呈现诸多差异。课题组几十位成员在课题执行期间每年都进行数十天的实地调查。我们试图通过这些案例,从不同的侧面反映我国非物质文化的多样性,并为"中国非物质文化遗产体系"提供不同的样本。

　　非物质文化遗产的"活态性"延续和传承具有变化、变迁和变动的特性,因此,即使是课题组完成的田野案例,当我们再一次去调研时,有些现象已经发生了变化。然而,我们相信,任何文化无论其如何变化,总有普遍的"语法"。某种意义上说,本课题就是在我国文化遗产的多样性、变动性中探索具有普遍价值的"文化语法"。重要的是,这本身正是非物质文化遗产"遗产化"的特点。

　　这项工作是艰巨、长期的,我们的工作只是开头。课题组首席专家及相关成员将在未来继续这项工作。

目 录

案例一 "亚鲁王"传承:苗族口头与记忆遗产田野调查报告 ……………… 1

案例二 成吉思汗祭典:蒙古族传统祭祀仪式田野调查报告 ……………… 123

案例三 山海之间:福建海洋文化遗产田野调查报告 ……………… 189

案例四 阿细祭火:西南山地族群遗产田野调查报告 ……………… 231

案例五 热贡唐卡:藏族非物质文化遗产技艺传承田野调查报告 ……………… 311

案例六 万里茶道:文化线路遗产与文明交流田野调查报告 ……………… 367

参考书目 ……………… 424

后 记 ……………… 435

案例一

"亚鲁王"传承：
苗族口头与记忆遗产
田野调查报告

[调查对象]

"亚鲁王"的传承:苗族口头与记忆遗产

[调查目的]

本组田野调查的对象为国家级非物质文化遗产项目"苗族英雄史诗《亚鲁王》的传承",目的在于厘清《亚鲁王》发现、搜集、整理、传承、传播的现状,对于无文字、通过口头传承的非物质文化遗产项目的保护传承有典范指导意义。

[田野情况]

调查时间:2013 年 7 月至 8 月

调查地点:贵州省紫云县亚鲁王研究中心、观音山工作站、麻山宗地乡、麻山大营乡。

成员分工:彭兆荣、张颖、路芳负责亚鲁王研究中心、观音山工作站《亚鲁王》的传承历史、现状调研;杨春艳、郑向春、徐羑、巴胜超负责麻山宗地乡、麻山大营乡《亚鲁王》传承历史、现状的调研;巴胜超负责统编调研报告。

调查对象:苗族英雄史诗《亚鲁王》的传承

引 言

"亚鲁王"是国家级非物质文化遗产代表作,属于 2011 年第三批国家级非物质文化遗产名录"民间文学"类,序号 1062,项目编号 I－118,申报地区为贵州省紫云苗族布依族自治县(以下简称"紫云县")。"亚鲁王"的发现是近年来一件重大的事件。2009 年 4 月,紫云县通过非物质文化遗产普查发现:该地区民间丧葬仪式中,普遍存在以"亚鲁"为主题的长篇口述,杨正江向余未人先生汇报,余先生即向冯骥才先生汇报。在各级相关组织、学者的关注和协调下,2011 年 6 月,"亚鲁王"入选第三批国家级非物质文化遗产名录。2011 年 11 月,苗族英雄史诗《亚鲁王》苗汉双语对照文本和汉语整理文本公开出版发行。2012 年 2 月,苗族英雄史诗《亚鲁王》出版成果发布会在人民大会堂举行。2012 年,中国社会科学院将"发现亚鲁王"列入 2012 年六件学术事件。2012 年 3 月 9 日,《中国社会科学报》刊载了《亚鲁王:新世纪以来民间文学的最大发现》的专题报道。报道称:"直到 2009 年春天,《亚鲁王》才'闪入'了文化人的视野。它仿佛横空出世,震撼了民间文学界和苗学界的学者们。……《亚鲁王》的发现是本世纪民间文化遗产抢救的一个奇迹。《亚鲁王》的活态传承也是现代化社会的一个奇迹。"2012 年 9 月,在北京举行的国际史诗高峰论坛上,朝戈金请亚鲁王"东郎"(职业人自称)到现场表演。2013 年 9 月,在贵阳举行的"第 11 届国际萨满文化研讨会暨世界仪式人类学高级论坛",经彭兆荣教授与会务组商议,请麻山苗族到现场表演,紫云自治县亚鲁王研究中心获"萨满文化遗产传承奖"。

为发现和再现贵州的这一重要历史事件,2013 年 7 月,国家重大课题"中国非物质文化遗产体系探索研究"首席专家彭兆荣教授带领调研组一行到紫云,会同杨正江和杨春艳对"亚鲁王"进行现场调研。为了较全面地了解"亚鲁王"的传承方式和传承规律,我们根据项目需要,先后把调查分为四个组,包括:1.白岩组,课题组全体成员前往宗地乡大地坝村白岩组,对"亚鲁王"传承村落进行实地考察,聆听歌师现场念唱,并组织歌师访谈,了解传承现状。2.格凸河风景区亚鲁王工作站组,主要与《亚鲁王》核心的搜集、整理、翻译者杨正江,及亚鲁王田野工作团队进行访谈,了解《亚鲁王》发现、搜集、整理、翻译、申报、保护、传承和产业化发展的历史过程、传承现状与发展规划。3.宗地乡大地坝村摆弄关组,课题组成员主要分成两个小组,分组调查:①"亚鲁王"的文化传统与族群社区共生的文化生态结构;②亚鲁王的发现过程和传承现状。调查组成员从 2009 年至 2013 年,先后在"亚鲁王"传承的麻山苗族地区进行了长时段的田野调研工作,具体田野地点包括了紫云县大营乡、宗地乡、四大寨乡、猴场镇、板当镇、水塘镇等麻山苗族生活的主要区域。调查对象涉及了《亚鲁王》发现、搜集、整理、翻译、申报、保护、传承和产业化发展，访谈对象涉及亚鲁王研究中心的杨松、吴斌、杨正兴、杨正江等团队成员，"亚鲁王"文化遗产的各级传承人，田野所涉及村寨的歌师、东郎①、宝目②和学徒，紫云县、安顺市文化主管部门。本篇田野报告正是在上述调查的基础上写作，试图对"亚鲁王"的发现、搜集整理翻译、申遗的过程进行回顾，通过调查访谈和对田野个案的细致分析，呈现"亚鲁王"文化遗产保护、传承和发展的历史脉络，揭示"亚鲁王"背后麻山苗人文化传统与族群社区的文化结构，并进一步探讨"亚鲁王"传承在"后申遗时代"的走向与问题。

何谓"亚鲁王"？

"从来没有唱出过贫瘠的麻山"③的《亚鲁王》，在非物质文化遗产普查、命名的过程中，借助于文化人、人类学家、各级政府部门、现代传媒等传播力量，不仅唱出了麻山，还从紫云县城，唱到了贵州省城，唱到了北京人民大会堂，唱给了慕名而来的西方人类学家④。当更多的研究群体开始介入《亚鲁王》的调研时，《亚鲁王》搜集整理翻译的主要成员杨正江，却感到了一种深深的担忧，"我觉得亚鲁王的研究工作应该在十年之后再进行，等我们把亚鲁王的相关基础资料搜集整理完整后"⑤。在遗产学与遗产运动的背景下，这是一种"甜蜜的忧愁"。

自 2009 年紫云县非物质文化遗产普查"发现"《亚鲁王》以来，紫云县不仅结

---

① 东郎，苗语汉译，据麻山苗族乡民介绍，会唱《亚鲁王》的就叫"东郎"。据《〈亚鲁王〉文论集》，在 2011 年以前被亚鲁王田野团队、学者翻译为"歌师"，后来为区别于黔东南苗族、布依族古歌的"歌师"，亚鲁王田野团队对此称呼进行了规范。据 2013 年 8 月 7 日笔者与杨正江在格凸河葡萄园山庄的访谈录音，东郎的"东"有两层含义：一是表示一种苗族人自卑、不自信的概念，一种自嘲的称谓；二是指一个个体，一个有生命有灵魂的个体。而"郎"就是唱的内容的概述，也有教化、引导、指引的作用。

② 宝目，苗语汉译，麻山苗族把既能唱《亚鲁王》、又能做仪式祛病消灾的人称为宝目。笔者在紫云县宗地乡大地坝村问向宝目杨光顺：宝目是什么？他说就是老摩公。据杨正江介绍，老摩公是汉人对他们的称呼，宝目是一个敬称，"宝"有尊敬的意思，"目"是一个职业。直接翻译就是"和麻山苗人生活空间中的生灵做生意的人"。此种理解是对宝目为乡民消灾获取相应报酬行为的类比，每次宝目做完相关仪式后，会获得 1 角 2 分、1 元 2 角、12 元、120 元不等的报酬。

③ 余未人：《麻山文化史的探寻》，中国民间文艺家协会主编：《〈亚鲁王〉文论集：口述史·田野报告·论文》，中国文史出版社，2011 年版，第 1 页。

④ 2013 年 8 月 4 日，笔者在贵州省安顺市紫云县宗地乡大地坝村摆弄关组田野调研时，东郎陈仕兴给我们展示的一份打印文档，并讲述：2013 年 6 月 9 日，杨正江总策划，杨正兴监场给美国人类学家马克展示和再现了"亚鲁王礼仪之邦守望"，详细内容见后文相关论述。

⑤ 来自 2013 年 8 月 3 日杨正江开车送笔者一行 5 人从紫云县格凸河山庄到宗地乡大地坝村摆弄关组途中的田野录音。

束了没有非遗项目的历史,还创造了历史:《亚鲁王》被文化部列为 2009 年中国文化的重大发现之一,在 2011 年 6 月被国务院列入第三批国家级非物质文化遗产名录民间文学项目,2012 年 2 月 21 日,由中国民间文艺家协会主办的《亚鲁王》出版成果发布会在北京人民大会堂举行。随着《亚鲁王》在各级媒体、政府、文化界的不断传播、宣传和研讨,越来越多的人开始关注紫云,聚焦麻山,亚鲁王文化的产业化进程也已经迅速在这个贫困县展开,这是"甜蜜"。而作为《亚鲁王》文化遗产发现的核心人物,杨正江及其工作团队,还面临着一系列困难:进一步搜集与《亚鲁王》相关的民间文化的田野经费不足,《亚鲁王》的其他四部书稿还未整理翻译,在密集接待学者、官员的同时,还需应对亚鲁王文化产业开发相关部门的知识需求等等。

"遗产是一笔财产,具有资本性质。遗产是一种表述,具有主观和解释的成分。遗产无法摆脱政治的影响,经常成为'被劫持'的符号。遗产与技术主义和社会再生产密切关联,并成为'制造'的一个舞台。"①根据笔者的田野调查,《亚鲁王》这笔麻山人民的财产,正在上演以下剧目:文化产业公司正在迅速地开发《亚鲁王》的资本属性;搜集整理翻译者和外来研究者正对《亚鲁王》进行主观表述和丰富诠释;在政府各部门的话语诉求中,《亚鲁王》已经裹挟到了地方政治建设的舞台上,《亚鲁王》"英雄史诗"的文本定位,开始在权力话语的角逐和社会再生产的实践中,呈现了多元文本的再造与扩散。

当《亚鲁王》史诗文本被书写和建构之后,在现代传播媒介的支持下,文本犹如在一面平静的湖水中投入一块石头所泛起的涟漪,其文化空间的范畴会随着水波逐渐扩散,呈现出文化时空的多层结构,通过田野观察,目前不同文本的"亚鲁王"已经形成"世界—中国—西南—麻山"的圈层结构。

(一)《亚鲁王》文本

1. 西方世界:亚鲁王礼仪之邦

据东郎陈仕兴展示的打印文档、杨正江访谈的信息以及笔者在紫云格凸河亚鲁王工作站实地调研的情况,当下传播到西方世界的"亚鲁王"文本,是以"亚鲁王礼仪之邦"的仪式再现呈现的。

在这份仪式再现的策划文本和仪式实践中,亚鲁王田野团队从望谟县、紫云自治县四个乡镇(四大寨乡、猴场镇、宗地乡、大营乡)请来了 14 名东郎和宝目,他们②以"亚鲁王礼仪之邦守望者"的身份,为来自美国的人类学家马克再现了《亚鲁王》

---

① 彭兆荣:《遗产学与遗产运动:表述与制造》,《文艺研究》2008 年第 2 期。
② 他们被亚鲁王田野团队称为"名望歌师和各基地传承人",分别为:陈兴华、黄老华、杨光顺、岑老和、陈志品、王朝金、梁忠义、吴老二、陈小满、杨正付、杨云妹、岑小强、岑小保、陈仕兴。

史诗的内容概况①,并依次再现了9个仪式:(1)jab lah gaet(苗语记音,音译汉文为"佳喇甘",下同);(2)mim bangk(咪邦);(3)mim pangl(咪旁);(4)baeb npus(颂普);(5)kaet xongh(侃雄);(6)roh(偌或婉);(7)langk(郎);(8)xangh bjaet(尚别);(9)angl mal jwd(阿玛玖)。这9个仪式在麻山苗人的日常生活中,用汉语思维分别可理解为:(1)佳喇甘:解鬼、牵线、喊魂;(2)—(3)咪邦和咪旁:女性难产时做的仪式;(4)颂普:取名仪式;(5)侃雄:出门前占卜吉凶仪式;(6)偌或婉:以鬼上身的方式预知未来;(7)郎:春耕时举行仪式,祈求风调雨顺;(8)尚别:葬礼中亡人抬上山后的"扫家"仪式;(9)阿玛玖:红喜事劝酒、劝饭仪式。

"亚鲁王礼仪之邦"的策划、实施文本内容详列如下:

亚鲁王礼仪之邦守望(总策划:杨正江;监场:杨正兴;2013年6月9日)

守望者:来自望谟县、紫云自治县麻山四个乡镇——四大寨乡、猴场镇、宗地乡、大营乡的名望歌师和各基地传承人,即陈兴华、黄老华、杨光顺、芩老和、陈志品、王朝金、梁忠义、吴老二、陈小满、杨正付、杨云妹、芩小强、芩小宝、陈仕兴。

守护仰望群体:亚鲁王田野团队、东拜王城——欧地聂王后裔苗民(附注:欧地聂乃亚鲁王之子,迁徙至此修建王城,命名"巴莱东拜城")

"亚鲁王礼仪之邦"再现——流程

1. jab lah gaet(佳喇甘:解鬼、牵线、喊魂仪式),主持人:芩老和;

2. mim bangk(咪邦:女性难产时做的仪式),主持人:杨光顺;

3. mim pangl(咪旁:女性难产时做的仪式),主持人:王朝金、梁忠义;

4. baeb npus(颂普:取名仪式),主持人:吴老二;

5. kaet xongh(侃雄:出门前占卜吉凶仪式),主持人:王朝金;

6. roh(偌或婉:以鬼上身的方式预知未来),主持人:陈小满;

7. langk(郎:春耕时举行仪式,祈求风调雨顺),主持人:黄老华;

8. xangh bjaet(尚别:葬礼中亡人抬上山后的"扫家"仪式),主持人:芩老和;

9. angl mal jwd(阿玛玖:红喜事劝酒、劝饭仪式),主持人:杨云妹。

"亚鲁王礼仪之邦"再现——史诗阅读

史诗唱诵,亚鲁王的祖父王"赛罗赛非"的母亲逝世之后,母亲变成虫类返回赛罗赛非的身边,赛罗赛非去问偌和婉,母亲为什么返回地上人间? 偌和婉回答赛罗赛非,你要举办礼仪,给母亲筹备回家路途的盘缠和衣物,用七百七十匹白马送行

---

① 此部分内容以"史诗阅读"的方式在9个再现仪式之前进行,全文约600字,主要讲述了亚鲁王如何按照祖奶奶的礼仪为自己的母亲举行葬礼,按照祖奶奶的世界创造了万物。其中亚鲁王被描述为"他是王,是礼者,是巫者",而且在最后还专门提到"现在我们正从奶奶的世界向社会主义社会转型的过渡后期……享受到中国共产党的光辉普照"。笔者推测这种表述与"中国礼仪之邦""中外交流的政治性"等观念相关。

地。赛罗赛非照办了。赛罗赛非的母亲离开地上,归去天上故乡。到了亚鲁王时代,他按照赛罗赛非的礼仪为自己的母亲举行了葬礼。就在亚鲁王时代,在天上的祖宗们自由上天入地,在地上,也只有亚鲁王一人能够自由上天入地,他经常去天上的故乡看造出天地万物和人类生灵的奶奶,奶奶已经活了七十七万年,却是永久美丽年轻,坐在天宇的最高顶上,奶奶打着一把铁伞,坐在一只小白兔背上,一条龙像彩虹护卫着奶奶的头顶。奶奶和蔼,疼爱亚鲁王。亚鲁王累了,亚鲁王甜蜜地躺在奶奶的怀里。后来,奶奶送给亚鲁王一只小白羊。亚鲁王骑着小白羊返回地上,踩到了云朵,小白羊变身为雷公,不肯下地上。

后来,亚鲁王拥有了茅草(芭茅草)为千军万马,他呼风唤雨,叱咤天地之间,把奶奶的故乡万物带到地上。他说来到地上的万物都是咱们的祖宗。于是,他是王,是礼者,是巫者。岁月流淌,千万年传承,我们现在依旧叫大树、岩石、月亮为爷爷,叫茅草、太阳为奶奶。

千年万年,我们活在亚鲁王的天地间。我们在山里已经很多年,山外的世界已经千变万化,可是我们依旧是奶奶的"礼天下"。直到新中国成立,中国人民解放军走进山里。现在我们正在从奶奶的世界向社会主义社会转型的过渡后期,我们没有经历奴隶社会和封建社会,却直接享受到中国共产党的光辉普照!

一、佳喇甘

(源起)

是岁月之前/是岁月源头/哈珈生了哈泽/哈泽生了哈翟/哈翟生了迦甾

火布冷来统领荒天/火布冷来统领荒夜/董冬穹造的人不会兴旺/董冬穹造的核不会生育/董冬穹造的人变成感去了/董冬穹造的嘿变成眉去了/董冬穹造不了核/董冬穹造不了人/董冬穹到上方的故乡问偌/董冬穹到上方的故乡问婉/偌说了真话/婉说了实话/董冬穹哩董冬穹/你去寻找女人/你要娶回老婆/你造的人才能兴旺/你造的核才能生育

(礼大意)亚鲁王娶回爱女波丽露、波丽莎几年之后,爱妻波丽露、波丽莎没有怀孕,亚鲁王便创造了佳喇甘,举行了祖奶奶造人时代的礼。爱妻波丽露、波丽莎怀上身孕。此后千年万年,苗人遵照亚鲁王的礼教传承至今。

二、咪邦、咪旁

(礼大意)波丽露、波丽莎怀胎十月,疼痛难产,血水流地,亚鲁王当即创造了咪邦、咪旁。

吒牧吹乐器吹不叫/吒牧敲铜鼓敲不响/波妮冈嬢坐在门里/波妮冈嬢坐在家里/波妮冈嬢来了月红/波妮冈嬢来了月经

吒牧说了/是你的油让我的乐器响/是你的血让我的铜鼓响/看来我要杀

你来造我的乐器/看来我要杀你来造我的铜鼓/波妮冈孃说了/是我的油让你的乐器响/是我的血让你的铜鼓响/你就砍我去造你的乐器吧/你就杀我去造你的铜鼓吧

将来我只求他给我只大公鸡/将来我只求他给我头大肥猪/杀鸡给我/杀猪给我/他会因此得富贵/他会因此得子孙

（礼大意）波丽露、波丽莎顺产了,生下了十二个儿子,生下了十二个女儿。

三、颁普

亚鲁王得了十二个儿子和十二个女儿之后,创造了颁普,制给儿女们护身的符,取了名字。是啊,千年万年,我们一直传承取名的礼至今。

四、侃雄

亚鲁王战败之后,带着已经长大的儿女们迁徙到南方。定都之后,亚鲁王命十二个儿女分开远走他乡开荒生存。面对蛮荒的南方,蛇和猛兽的故乡,儿女们一路开拓,浑身是伤。亚鲁王想这是儿女们的行路没有预先的方向,便创造了侃雄,礼教儿女们远去的路途要懂得占卜凶吉,认知前去的路。我儿女们,我祝福你们! 祝福你们一路平安! 祝福你成长吉祥如意!

五、偌(婉)

亚鲁王给儿女们说,前去的路很远很远,有偌和婉一路陪伴着你们,迷惑的时候问问偌,痛苦的时候问问婉,偌会告诉你,你已经被什么蒙罩? 婉会告诉你,祖宗们在天上看着你,他们的眼神在跟随你。哦,我的女儿们,你们已经困惑,你们伤痕累累,在南方,在荒蛮之地,你们死伤无数;在莽莽大林,在黑色森林,你无处安身。去吧,去问问偌。偌带你们到天上奶奶的身前去。

六、郎

儿女们去问偌了。儿女们回来了。偌告诉儿女们,是荷布朵残余的兵将潜伏森林,是荷布朵的兵将和野兽为伍。他们躲在黑色的林里,他们是矮小的人种,他们偷着亚鲁王儿女们的食物吃,他们在黑暗的边缘拉着亚鲁王的儿女去吃掉。儿女们无法生存。创制礼郎,逮捕这些兵将,刑法他们,杀掉他们。除掉他们,我的儿女们才能平安无恙! 杀死他们,我们的儿女们才能有吃和有住。是的,千年万年,我们沿用至今,每年春种,举行礼郎,风调雨顺,庄稼会完好,生活温饱。

七、尚别

没有敌人,没有野兽,也没有灾难。阳光鲜艳,天空蓝蓝。我们在山林,我们在山顶,我们在平地,我们在谷底。停下脚步吧,这是好山好水好地方。建城吧,盖一个家,娶女人生孩子。

八、阿玛玖

我们在深山,我们在老林,我们在天地间。与山为伍,与林为伴。呼吸空气,听着水声。我们的儿女们,千年万年,没有哭泣没有悲伤。儿女们,我们耕种在宽广的土上,我们走着平坦的路穿过村庄。哦,我们这样坐着,等待春夏秋冬,聆听岁月流淌。孩子们,饿了吗?想吃饭了吗?想吃菜了吗?我们想吃的时候伸手便有吃,我们想喝的时候张口便有喝。来吧,来吧,孩子们,咱们一起拿竹筷,咱们一起夹着菜吃。放下竹筷吧。咱们一起喝酒。日子来了,日子在我们的身边。

我是妈妈,我是美丽的妈妈。

在"亚鲁王礼仪之邦"仪式的文本中,这9个日常生活中的独立仪式,以《亚鲁王》史诗的叙事线索串联在一起,形成了一个完整的文本结构,其中包含了两条线:一是通过9个仪式的依次再现,把史诗《亚鲁王》的内容进行了概述;二是在概述史诗《亚鲁王》的过程中,分别再现麻山苗族民间仪式。比如笔者将第一至四的仪式中的念诵的内容串联在一起,就形成了这样的表述:亚鲁王娶回爱女波丽露、波丽莎几年之后,爱妻波丽露、波丽莎没有怀孕,亚鲁王便创造了"佳喇甘",举行了祖奶奶造人时代的礼。爱妻波丽露、波丽莎怀上身孕。波丽露、波丽莎怀胎十月,疼痛难产,血水流地。亚鲁王当即创造了"咪邦、咪旁",波丽露、波丽莎顺产了,生下了十二个儿子,生下了十二个女儿。亚鲁王得了十二个儿子和十二个女儿之后,创造了"颁普",制给儿女们护身的符,取了名字。而第五至九的仪式念诵内容则把亚鲁王的女儿、儿子迁徙到麻山的过程进行了简略但完整的表述。

2. 中国首都:苗族英雄史诗

在中国政治、经济、文化的中心——首都北京人民大会堂重庆厅举行的《亚鲁王》出版成果发布会,是《亚鲁王》在中国首都的舞台上正式亮相的一种文本表述。"第一部苗族英雄史诗""改写和创造了历史"是其文本表述的关键词。

《亚鲁王》的出版成果是以印刷文本的形态呈现的,在《亚鲁王》(汉苗对照)(2011年11月)出版之前,1992年安顺地区民委(少数民族古籍办)曾内部发行过一本名叫《杨鲁的传说》的文本,其中辑录了13则"杨鲁"的故事,虽有些故事与亚鲁王相关,但影响较小。而以"第一部苗族英雄史诗"亮相的《亚鲁王》[1],为杨正江策划的亚鲁王书系(他计划整理出五部)的第一部,全本10819行,分为两章:第一章:远古英雄争霸(共17节:1引子;亚鲁祖源;2亚鲁族谱;3王子身世;4意外得宝;5龙心大战;6争夺龙心神战;7英雄儿女的不归路;8射杀怪兽,发现盐井;9争夺盐井大战;10血染大江;11日夜迁徙,越过平坦的坝子;12捣毁家园,走入贫瘠的山地;13血战哈榕泽莱;14亚鲁王迫战哈榕泽邦;15千里大逃亡;16闯入凶险的高山峡谷中;17亚鲁王计谋多端,步步侵占荷布朵王国);第二章:重建王国大业

---

[1] 中国民间文艺家协会主编,杨正江搜集整理翻译:《亚鲁王》(汉苗对照),中华书局,2011年版。

（共4节：1逃亡中的艰难重建；2造日月，射日月；3探索王国疆域；4托付王国大业）。央视《新闻联播》《新闻直播间》《文化正午》等媒体都对《亚鲁王》的出版进行了报道。（人民网①在对此事件的报道中评价："《亚鲁王》是有史以来第一部苗族长篇英雄史诗，是当代文学史上的重大新发现……它的发现和出版，改写了苗族没有长篇英雄史诗的历史，是当代中国口头文学遗产抢救的重大成果"。）

对于这部标价不菲②的《亚鲁王》出版成果，其主要的推广渠道是全国各类图书馆，而在当下电子阅读盛行的语境中，除了相关研究领域的学者会潜心地精读《亚鲁王》，普通民众更多以电视、网络等公共媒介渠道来完成对《亚鲁王》的认知。央视《新闻联播》《新闻直播间》《文化正午》这三个节目，以其央视品牌的受众号召力，在"中国首都"的文化层面，对印刷文本《亚鲁王》出版成果进行了视听报道、分析的"再表述"。

下表呈现的是《新闻联播》《新闻直播间》《文化正午》对《亚鲁王》的报道内容对比。

频道/节目/板块/时长	画面	解说
综合频道/《新闻联播》/"联播快讯"/12秒	北京新闻发布会现场。《亚鲁王》封面。麻山苗族行政区域图。《亚鲁王》图书书脊。《亚鲁王》图版中4幅"砍马"现场图片。冯骥才和中宣部副部长翟卫华给陈新华和杨正江颁发奖金和奖杯。	由中国文联主办的苗族英雄史诗《亚鲁王》出版成果发布会，最近在北京举行。《亚鲁王》讲述了西部苗人迁徙和征战的历史，是第一部苗族长篇英雄史诗。
新闻频道/《新闻直播间》/"文化动态"/1分17秒	主持人播报，蓝底画框内文字为"非遗抢救新成果"，图片为《亚鲁王》图书封面。苗族歌师陈新华戴斗笠扛木剑吟唱，杨正江一身东郎装扮在旁。《亚鲁王》史诗、图版封面，《亚鲁王》史诗内页。东郎持矛、穿蓝色布衣、戴黑色包头的照片，亚鲁王田野团队和东郎们采录的照片。	作为中国民间文化工程抢救的重点项目，苗族英雄史诗《亚鲁王》日前在北京出版，这改写了苗族没有长篇英雄史诗的历史。苗族歌师陈新华正在唱诵的就是《亚鲁王》片段，由中国民间文艺家协会主编的《亚鲁王》分为史诗和图版两部分，汉语和苗族语言同步对照，它展示了西部苗人创世和迁徙征战的历史。

---

① 《苗族英雄史诗〈亚鲁王〉出版成果面世》，人民网—文化频道2012年02月21日，http://culture.people.com.cn/GB/87423/17179213.html（2015年3月1日访问）。

② 《亚鲁王》史诗和图版标价为1800元，网购打折后为1400元左右。笔者询问杨正江关于定价原则的问题，他说这类著作，即使出版，也不是大众读物，只有相关学者会关注，反正没有市场，就以打造精品的思路进行了定价。

续表

频道/节目/板块/时长	画面	解说
新闻频道/《新闻直播间》/"文化动态"/1分17秒	北京新闻发布会现场。冯骥才、翟卫华特写。专家刘锡城接受采访。陈新华的装束和正在吟诵。杨正江扛着木剑吟诵。现场的闪光灯。《亚鲁王》文论集》封面。《亚鲁王》史诗内页的"麻山行政区域示意图"。砍马仪式图片。冯骥才和翟卫华给陈新华和杨正江颁发奖金和奖杯。陈新华和杨正江手持奖金和奖杯面对闪光灯。	专家们认为,《亚鲁王》的文化价值,堪比藏族史诗《格萨尔王传》和蒙古族史诗《江格尔》等。刘锡诚:他《亚鲁王》是要传承民族的历史记忆、历史知识,给他们的后代讲清楚我们的民族怎么来的,《亚鲁王》的发现是21世纪初,我们全国非物质文化遗产普查的一个重要成果。《亚鲁王》是在贵州麻山地区苗人世世代代传唱的英雄史诗,由于语言独特,交流不便直到2009年才被外界所知。中国民协快速纳入了中国民协抢救重点项目成为有史以来苗族第一部长篇英雄史诗,是当代口头文化抢救的重大成果。
综艺频道/文化正午/关于《亚鲁王》的报道/3分36秒	男女主持人在诸多关于《亚鲁王》的报道中,选择自己最感兴趣的部分向受众推荐《亚鲁王》。	推荐的报道有:1.《人民日报》:《英雄史诗的重大发现——〈亚鲁王〉》;2.《中国文化报》:《亚鲁王:活在口头的英雄史诗》;3.《北京日报》:《"80后"挖出古老〈亚鲁王〉》。

《新闻联播》以其特殊的媒体地位,强调了《亚鲁王》的"第一部苗族长篇英雄史诗"的重要性。《新闻直播间》则将这种重要性扩充为"改写了苗族没有长篇英雄史诗的历史",并对《亚鲁王》的吟诵片段、史诗价值、成果照片、专家观点和发现背景,进行了更完整的播报。《文化正午》则从媒体人的角度,对受众进行《亚鲁王》媒体报道的推介,并将《亚鲁王》搜集整理翻译的核心人物杨正江再次推介到媒体受众视野。

3. 西南边疆:亚鲁王文化产业

当《亚鲁王》戴着"2009年中国文化的重大发现之一""第一部苗族英雄史诗""第三批国家级非物质文化遗产民间文学类名录""2012年中国六大社科学术事件"等光环,回到其文化所属的行政区域,《亚鲁王》开始以"亚鲁王文化"的身份,在区域经济建设、民族文化旅游中进行着"文化产业"文本的表述。

2010年10月,原本被紫云县定名为"亚鲁王文化旅游节"的活动,最终以"2010中国·贵州黄果树瀑布节·亚鲁王文化旅游节暨紫云格凸攀岩挑战赛"的名称①，由安顺市紫云县政府、旅游、文广部门合作，在紫云县举办。这是《亚鲁王》在 2011 年入选国家级非物质文化遗产名录后，亚鲁王文化的传承搜集整理者，以舞台演员的身份，在紫云县的公开演出，"亚鲁之乡迎宾客""感悟亚鲁传奇""让外界了解古老而神秘的亚鲁王文化"等新鲜出炉的宣传词，伴着电视转播，传到千家万户。细读此次"亚鲁王文化旅游节"的"亚鲁王文化"表演，可分为开场舞蹈串联、主持人介绍《亚鲁王》、《亚鲁王》史诗传承搜集整理者展示和《亚鲁王》史诗短剧表演四个部分，其中与《亚鲁王》文化相关的表演文本主要呈现为后两部分。

以下是旅游节开幕中与亚鲁王文化展演的相关记述：

领导致辞：亚鲁之乡迎宾客，瀑布美景宴嘉宾。紫云犹如它的名字一样，紫气祥云，有着独特美丽的喀斯特风光和浓郁的少数民族风情，近年来在各级政府关心下，紫云旅游产业从无到有，取得了长足的发展。

县领导的欢迎辞：旅游带县，致力于打造文化紫云，生态紫云，挖掘了中国最长的苗族英雄史诗《亚鲁王》为代表的亚鲁文化，开发了格凸河旅游资源，成功举办了六届攀岩挑战赛，今年增加了亚鲁王文化内容，为旅游发展注入文化灵魂。让我们一起走进格凸山水，感悟亚鲁传奇，聆听苗歌古韵，品读神奇紫云。

亚鲁王文化在红地毯上出场。

开场舞蹈串联（3 分 30 秒）：首先是身穿五彩服装（参加演出的女子着苗族改良版演出服装）的青年男女入场。之后是身穿金色裙子的一队女演员入场舞蹈模仿格凸女神的类似孔雀舞蹈。接着是身穿不同民族服装的女演员手拉手入场舞蹈。并身穿五彩服装的青年男女一起表达民族团结和谐的寓意。之后孔雀舞蹈也串起。

男主持（以下简称"男"）：紫云县在非物质文化遗产工作中发现，这里的苗族同胞几天几夜唱着古老的歌，并且不断地呼唤一个叫"亚鲁"的名字，这是一位多才多艺、英勇善战，足智多谋的祖先和族王，歌声中就唱到，亚鲁带领着自己的部族，建立了王国，并且世代生生不息。

女主持（以下简称"女"）：这部史诗在公元前 2033 年—公元前 1562 年就有了雏形，史诗唱述了亚鲁王国第 17 代王创世立国的故事，同时

---

① 关于"亚鲁王文化旅游节"名称和筹划的工作日程，参看姚晓英：《敬仰麻山——族群记忆与田野守望者剪影》，贵州人民出版社，2013 年版，第 106 页。

还唱述了在公元前 221 年—公元前 202 年亚鲁王带领着子民迁徙到贵州,最后在紫云麻山定都的历史。

男:史诗描述亚鲁王国 200 余个后裔的谱系(在观众席中的蓝衣人开始在导演的指挥下有步骤的移动),及其迁徙征战的故事,有开天辟地,万物起源、宗教习俗等历史与神话相融的传说,描述了麻山苗族对故国沧桑的记忆,是研究苗族古代社会的百科全书。

女:苗族英雄史诗亚鲁王在 2010 年 5 月 18 日已经被列为 2010 中国非物质文化遗产 33 号名录,今天我们将会领略到百名歌师对亚鲁王的吟诵。接下来,就让我们一起来聆听这样一部历经了千年隐忍、苦难迁徙、血腥征战的英雄史诗。

在开幕舞蹈和主持人的铺垫下,亚鲁王上场。

亚鲁王在文化旅游节的展演过程:

一对穿着民族服饰的男女主持在舞台的右边:(男)大地流金庆团圆,(女)紫云欢度亚鲁节,(男)好田好地祖宗开,(女)好男好女排对排,(男)敬天敬地敬祖先,(女)唱山唱水唱人才,(男女)祭祖迎宾庆盛世,民族团结幸福来。

女:这是长年颂唱苗族英雄史诗《亚鲁王》的百名歌师,他们正代表紫云县 35 万各族儿女,用我们民族传统的礼仪,向大家播撒金色的谷种,纯洁的圣水

男:祝福风调雨顺,国泰民安,

女:祝福五谷丰登,万民同欢,

男:祝福民族团结,旅游兴旺,

男女:祝福来宾吉祥,紫云吉祥。

(百名蓝布歌师吹唢呐,敲打着亡灵葬礼上的配乐,挑着竹筐,陆续入场)

男:让我们向这些长年传承苗族歌师的人表示衷心的敬意。

百名蓝布:队列最前是 2 位戴斗笠的歌师共抬一个竹篾制的大饭桌(类似竹篾铜鼓),紧随其后的是举着大伞(用自然木做伞把,用谷草做伞面,很古朴原始的气息,伞骨中间扎了线)的一名歌师,其他的器乐队、挑竹篾框的、手持长矛的、身背弓箭的紧随其后。

当大竹篾铜鼓放到舞台中央后,中老年苗族妇女带着一斗米、酒壶、碗,放在竹篾铜鼓上,一个戴斗笠的男歌师把酒壶抬起,向碗中倒酒。这时,走在后面背着弓箭的,扛着亚鲁王旗的队伍才最终移步到舞台。队伍将竹筐分列在大铜鼓两侧。队伍依次以大铜鼓为中心,分列其后。

在大铜鼓后面,是大片的蓝布人,而最中央一个身穿深黑色的人,双手展开一个黄色丝绸(类似于古代帝王的圣旨),黄色丝绸正中上写了一个"祭"字,下面为

"中华先民暨亚鲁文"。这个人是杨正江,他戴着黑色帽子,穿着黑色衣服,没有戴巨大的黑框眼镜,他在一位少女的清唱声中,在一对戴着斗笠手持长矛的类似战士的蓝衣歌师中间(战士手上拿着酒碗),其右手边为杨正兴,用汉语西南官话念到:中华先民暨亚鲁文,中华始祖,蚩尤炎黄,非民是祭,人伦昭昭,教种五谷,植麻与桑……(因为少女的声音是用话筒传送,大得遮盖了杨正江念到的话,在这段还伴有少女的笑声)……亚鲁西迁,拓土开疆,历尽艰辛,血剑蛮荒,百折不挠,精神永昌,史诗传唱,紫云阳光,喜逢盛世,和谐安康,科学发展……民族团结,百荣共享,酒奠先民(边说边把黄色丝绸折起放在竹篾铜鼓上),万古上香。接着手持黑色木杖的亚鲁王旗。

接着杨正江左手边的男歌师用苗语领唱亚鲁王的片段,片段一开始就提到了"亚鲁","ge lu san lu ya lu ya a,wei"之后全体合唱,唱到和声时,有长矛的举起长矛,没长矛的举起紧握的拳头。共唱了3遍"ge lu san lu ya lu ya a,wei"。接着开始唱:yi,dong na luo dong na yi,dong na dong na za yi,bai bi ya lu yuo bai hong sa yi,you bai hai you bai yi,ya lu ge ge nuo lu ge bai zai na yi,wo jiu bai jiu za yi,……之后众蓝衣人开始将酒碗的酒倒在脚前,祭奠祖先。群体激动地大声喊3遍:ya lu hu sa。之后大家分别抬着演出的道具,陆续从舞台左右退场。整个过程持续6分钟。

之后,身穿民族服装的男女主持人开始串词,舞台开始以小短剧的形式展示亚鲁王史诗:

男:叶落归根,是中华民族各族儿女的共同情商。

女:在苗族英雄史诗亚鲁王的颂唱里,人们呼唤着亚鲁王,就像呼唤着东方的太阳,

男:因为亚鲁王的祖地就在黄河入海,太阳升起的地方,

女:喊着太阳,向往故乡,正是亚鲁王的子孙们,唱不完的悲壮。

6个男青年,穿着民族服饰,男的有的还穿着牛仔裤,手持长弯刀,之后扛在肩上,2个女的随着入场,一个少女,一个中年女演员举着酒碗,呼喊:啊呜咦,ba de di mu da a……男女主持开始现场配音——咏叹的调子:

(男)太阳诶,太阳爬坡天就热,(女)太阳诶,太阳落坡天就黑,(男)爷爷喝酒就唱歌,亚鲁来得很远很远,(女)山一程,水一程,山高水隔断肠人,(男)风一惊,雨一惊,夜夜相惊梦不成,(女)祖先艰苦创业难,难过莫过想亲人,(男)山水啊,你可知太阳升起在我的故园,(女)风雨啊,你可知亚鲁是我的先人,(男)我要回家(女)我要回家,(男女)太阳诶,请你升起请你升起,请你永远照耀我的路程。

（之后苗语演唱的女子把酒碗祭奠大地，男子们举刀喊亚鲁，退场，掌声）

男：我们亚鲁部落的始祖是祖奶奶，哈迦（ha jia）是她神圣的名号，她住在一层高高的天上（一个中年苗族服饰妇女穿戴隆重，披着浅黄色丝质披风，手牵一男童一女童从舞台左侧上场，用动作演绎男主人的解说词，两个六七岁的小孩子显然有些舞台经验不足，紧随其后的还有两位年轻漂亮的长角苗时尚打扮的姑娘，手里均端着一个托盘），永远母仪天下，庄重慈祥，她告诉亚鲁部落的子孙们，人的生生死死不过是一次次的轮回，生不可怕，死也不必悲伤，一切就像西坠东升的太阳，都要回到她的怀抱。（解说到此，饰演祖奶奶的人从两个托盘中拿东西—貌似苹果给 2 个孩子）在那亚鲁始祖的天堂，那里有亲情无限，那里有大爱无疆。（之后祖奶奶双臂张开，谢幕）

女：在祖奶奶哈迦的身后，永远伴随着两位智慧无比的女郎，她们一位叫做偌（ruo），一位叫婉（wang）（两位穿着百褶裙，分别抬着不同道具的女子上场演绎），她们曾是为亚鲁部落传播福音的圣女形象，无论是天上还是地上的子孙们，一旦碰到疑难困障，总会向她们请示拜王，她们都能及时地给予启示和力量。这正是我们亚鲁部落母系时代的祖先模样。

男：在那人类还未繁衍，大地混沌，天上无光的时节，（两个女子牵着一个男子入场演绎，女子穿着简单色布衣，男子穿着类似茅草衣，戴着鸡毛冠）有一位亚鲁部落的董东穹（dongdong qiong）先祖，是他，带着两位 ji jie（基介）开始编天织地，创造了 12 个太阳，让天地间每天都充满阳光，让人类与万物在他的创造中，慢慢开始了繁衍生长。

女：在宇宙洪荒，遍地汪洋的时节，董东穹（dongdong qiong）的孩子乌力，这位祖先聪明智慧的本领不同凡响，他竟能与各种动物对话相商，是乌力祖先请蝴蝶从洪水中为人类寻回了谷种，请老鹰为人类勘测出生存的边疆，请公鸡帮助人们占卜凶吉，并提供着蛋禽给养，要爱与感恩啊，从此崇尚自然，万物有灵，成了亚鲁部落的信仰，这正是我们亚鲁部落父系时代开始的祖先模样。

男：啊，亚鲁降世了，他正是我们亚鲁部落族谱里第 31 代祖先中最小的王，亚鲁降世了，此时他的父亲汉冼乌王的国土，大部分已被旁人侵占，余下的也早已分给了先他而生的五位兄王。

女：亚鲁 3 岁就能识字，别人学 3 年的课本，他只用 3 天就全部学完，亚鲁 9 岁时，体魄像成人那样威武雄壮，征战射骑的百般武艺贯其一身，没有任何人能与之较量。

男：他的老师说，我已没有什么本领对你可教，你发愿立志的时候到了，去吧，到你故国的臣民中去吧，去学会做真正的君王。（之后许多个约 50 人同亚鲁演员一

样装束——麻布衣服——抬着鼓上到舞台中央,开始击鼓舞表演)

亚鲁的成长。

女:(击鼓队仍在舞台)沙泥斗勇是亚鲁的强项,收复故国是亚鲁的志向,12 岁的亚鲁王便会部兵遣将,他率领百姓们杀死了 12 个敌国之王,建立了 12 个坚固的城堡,收复了父王失去的所有国土和江防。

男:亚鲁王旗高高飘扬(持亚鲁王旗者在舞台中奔跑),亚鲁王国的百姓欢呼歌唱,自古美女爱英雄的故事啊,同样出现在亚鲁的身上(众人高举亚鲁演员,高呼三声:亚鲁亚鲁亚鲁)。

亚鲁的婚恋。

　　(接着四位苗族女生用汉语唱:……好哥朗,百姓用户大过王,天山英雄人出众——同时配有男声苗语唱诵——日后你的美名扬)(演员亚鲁也用汉语唱:……好姑娘,好比好衣好布好衣裳——同时配有男声苗语唱诵——亚鲁越看心越爱,盼你来赶场。)(四位女生:姐妹家住花果村,日思夜盼会英雄——同时配有男声苗语唱诵——想得英雄来做伴,想得蜜蜂醉花棚)(亚鲁接唱:天赐良缘祝亚鲁,手持姐妹手来共一家)。(女生:姐妹有情哥有情,好比青山万年青,青山万年来作证,亚鲁代代有传人)

男:亚鲁和百姓的生活越来越好,四面八方的人们都在把亚鲁王的英名传扬,这下,可惹恼了他五位嫉妒成性的兄王,他们发来了大队人马,亚鲁王,怎么也无法把五个国家的兵马抵挡。

女:可惜啊,亚鲁王创建的家园,竟被强敌侵占,从此,离国流亡的伤痛,让亚鲁王和他的部落只能远走他乡。(舞蹈展现流亡的情景)

女生汉语独唱:回头,回头难舍好家园……风雨夜夜哭声连。

男:为了躲避追杀,亚鲁王带着自己的部落翻山越险,不知走了多少个 7 天又 7 夜,他们硬是没找到他们可以安身立命的家园,一笔意外的盐山宝藏被他们意外发现。

女:在那个远古的年代,亚鲁部族们能将制盐技术发明,正是我们的先民对人类做出的重大贡献,在那个为了食盐而不惜血战的时代,亚鲁能占据一座盐矿,就意味着占据了一座金山银山(亚鲁领头带着部族歌唱舞蹈)。

女:敌人的猎杀常常出于弱肉强食的贪婪,寡不敌众的亚鲁王啊,血战兵败的亚鲁王啊,只得放弃盐山,举族再迁。

男:带着族群长途跋涉的亚鲁王,渡过大河,穿过平原,一次次冲破凶险,又进入了大山。

女:走到哪里才是个头啊,亚鲁王终于做出了英明的决断,凶险就是追兵,要杀掉追兵,只能依靠手中的弓箭,英雄的亚鲁王,终于凭借自己的力量,打退了敌人,在大山中,发现了一片水土广袤的山间坝子,地名是 wu nu, bian gai,shan du bu,rong ran,就是今天贵州中部的安顺、贵阳、会水、紫云。

男:于是亚鲁王决定分封自己的 8 个儿子,带着人马前去耕耘拓荒,向他们约定,每年春天,四面八方的亚鲁国人,带着丰收的礼品,来到容让(rongran)的格凸河畔的跳花场,以庆祝亚鲁族人的兴旺。

(芦笙响起,伴有跳花等舞蹈)

女:花树种在高高的花坡上,苗族人在春天举行如此重大的跳花节,也正是亚鲁所创。

男:啊,花坡上最多的是蜜蜂和鲜花,这是催生情爱、繁衍族人的地方,这里好比当年波利路波利沙走来,向亚鲁王倾诉爱情的地方。

男:亚鲁要让青年男女在花丛中谈情说爱,配对成双。

女:亚鲁要让老年人欢聚一堂,教导青年后生,在春耕秋收中,把庄稼催生催长。

男:苗人不跳花,谷子不养花,国家民委将每年的 4 月 8,定为了苗族同胞的情歌节,正是为了纪念亚鲁王,正是要把我们中华民族历尽千辛,百折不挠,自主创新,奋进不已的精神继承和发扬。

(一段跳花舞蹈后)

男:年事已高的亚鲁王,总喜欢对着娃们唠叨,说:"树有根呐水有源,是宗族的智慧,教会了我们在和谐自然中积蓄了生存的力量,你们一定要把老祖先艰辛的历程,一代代传唱,了解祖宗们那坚韧不拔的经历,就能让我们在困境中,无比坚强。"

女:要学会爱与感恩,在我们困难的时候,是这片大山的水土养育了我们,是无数的远亲近邻,和我们互助相帮,这生活才能如此的和睦安康。

男:娃们,去吧,去向远道而来的亲朋,去向那些参加盛会的贵客,代表我亚鲁,表达祝福和敬意吧,愿他们合家幸福,祝愿各族的友谊地久天长。(亚鲁演员敬酒,演员抬酒向观众席敬酒)

而正在格凸河景区内建设的亚鲁王城(按照规划包括亚鲁王水寨、亚鲁王山寨、亚鲁王洞寨)、亚鲁王歌舞表演场,格凸河景区附近正在筹建的"亚鲁王文化生态园",紫云县城的"亚鲁王文化广场",正在将"亚鲁王文化符号"刻写在这个贵州西部县城的各个角落。在《亚鲁王》成为苗族英雄史诗后,格凸河风景区的宣传语也迅速地从"格凸河一条格外凸出的河"变更成了"《亚鲁王》苗族英雄史诗圣地"。

4. 麻山村组:非物质文化遗产

在麻山各村组,当原本生活中活态口头传承的"亚鲁""亚努""羊鲁""杨陆""央洛""由鲁""由娄"(以上称谓为各村组方言土语的汉文音译),以非物质文化遗产《亚鲁王》的身份再次传到苗人的日常生活后,麻山苗人对非物质文化遗产《亚鲁王》产生了多元化的反应。

《亚鲁王》的"国家级非物质文化遗产身份"对麻山苗人日常生活的影响,可以从笔者 2013 年 8 月 2 日在紫云县亚鲁王文化研究中心进行的访谈中看出来:

杨正江:我是文广局的副局长,兼任这个中心的主任,上任还不到十天。因为做这个亚鲁王的工作,县里面考虑给我一个公务员的身份,提高待遇,让我真正地来搞《亚鲁王》史诗的搜集整理翻译工作。副局长主要负责文物管理所的工作,主要精力还是在亚鲁王这边。在领导岗位上还不成熟,对老师的突然到来,有点措手不及。这是我们亚鲁王文化研究中心的副主任杨正兴,他之前是一个中学的政教处主任,2010 年借调到亚鲁王中心。以前亚鲁王只是隶属于文广局的一个临时的团队。他叫杨松,是大地坝村之前的一个村主任,他现在是亚鲁王文化研究中心办公室主任。这是文广局给我们亚鲁王文化研究中心匹配的研究班子。

他(杨松,即杨光应)的身份要逐步给他改变,之前是一个农民知识分子,一个村委会的主任,后来喜欢这个,就参与进来了。给我们升格为副科机构,我们的任务就比较大了,我们正处于一个过渡阶段,从之前的临时的田野团队,转为一个研究的科室,有理论研究室,有文化产业办公室,理论研究主要做英雄史诗的搜集整理翻译工作,文化产业主要是配合县委政府做亚鲁王文化产业,县委对此非常重视,现在在格凸河景区正在打造,由一个旅游公司来投资,把格凸河景区打造成亚鲁王城,有亚鲁王水寨、亚鲁王山寨、亚鲁王洞寨,做景区范围内的小的文化产业。紫云县正在做一个大的亚鲁王城,也就是亚鲁王文化生态园,地点已经选好了(亚鲁王格凸河工作站前的村寨),我们现在相应的人才还跟不上,我们之前的办公楼拆掉了,现在建一个市民的文化广场,叫亚鲁王文化广场。

除此之外,我们还要做传承工作,让史诗继续在民间传承,去年(2012)我们建立了传习所,就在格凸河景区的大门边,这个传习所有 14 个传习基地,在紫云南部的 5 个乡镇,主要在正月进行,针对外出打工的农民们,正月正好回家,可以传习一个月左右。我们也会把传承的歌师请到我们的传习所,等老师来了之后,给老师介绍一些史诗的语言、文化,等等。现在在经费和运行上还有很多的问题。机构虽然有了,但相当于一个空头文件,还没给我们落实很多问题。我们的人才有限。我是贵州民族大学民语系毕业的,杨正兴是贵州师范大学中文系本科毕业的,除了我们,其他都是中专、大专或农民,我们的理论研究还有很大的差距,是天与地的差距。虽然我们挂了一个研究中心的牌,但我们工作的重点还是传承,田野资料的搜集、大量的葬礼观察、录音、录像,(还有)鼓励歌师们。上个月(7月)我们给歌师们办了一个证,去年(2012)我们对紫云县麻山范围内唱亚鲁王的歌师——歌师是汉译,我感觉还是不太符合他们本身的职业,他们的自称分两大类别,一是 dong lang(东郎),二是 bao mu(宝目),我们音译为东郎和宝目,这只是音译,究竟是什么意思,还有待考究。在称谓上,过去有很多不规范,现在我们要逐渐规范化——我们给他们做这个证件,主要是鼓励他们,在"文化大革命"期间,我们麻山地区的东郎们被大量的送进劳动学习班,以前称他们为一群"封建迷信、牛鬼蛇神"等,受"文化大革命"影响,这群人至今还是不太乐意接受外界,对外界还是比较封闭的,除非你通过长期地深入他们的生活,和他有一定的感情,他才愿意接受外界。像我们的杨春艳老师,她做得很好,她算我们麻山出去的一个女儿了。麻山的歌师对她也是很熟悉。我们全县普查了有 1778 名歌师,我们给他们做了档案,每一个东郎都做了一个档案,拍了照。数字和文字的档案都有,档案库都建好了。这个证是用我们中心的章鼓励他们,叫歌师荣誉证,算是一个证明,给他们一个肯定。他们很多歌师,拿到这个证,非常高兴开心,也非常骄傲,有部分歌师,还把这些证件放在他们的堂屋上(边缘获得中心的认可),有的歌师去主持仪式的时候还佩戴在他的胸前。还有一个歌师在发放时把他漏掉了,他还专门跑来我们这里要,说他去望谟县主持一个仪式,他需要这个证。

这是鼓励他们。因为之前他们主持仪式,外界不了解,现在普查做了,80%—90%的歌师已经开始接受外界了。当一个外来的学者问他,你是歌师吗?如果他是,他会马上告诉你他是。之前,包括我们内部自己人问他是不是歌师,他即使是他都说他不是。

我们麻山有四个土语区,四大寨这边的土语区,过去在葬礼上,每死一个人都要砍一匹马。但在宗地乡这边,在我们没有启动亚鲁王的田野之前,大部分的家庭人死之后,都没有砍马,到去年开始,很多家庭都逐渐恢复了砍马仪式,只要有钱就砍了。我问他们为什么又恢复这个砍马仪式呢?他说:"现在国家认可我们的文化了,现在我们可以大胆地做我们的仪式,我们骄傲,所以又恢复了这个仪式。"在2012年的4月份,我们在宗地大地坝村做田野调查,有一个砍马队伍,从远处走过来,扛着一面旗子,走到近处,发现旗子上面打着亚鲁王三个字,那天我哗的一声,我就哭了,我真的非常感动。有这么一个情结。

(为什么是亚鲁?)亚鲁,在四个土语区中,只有四大寨土语叫"亚鲁",你们去的这个宗地乡自称叫"样卢",在发音上有区别。为什么给它定性为"亚鲁"呢?是考虑一个规范和统一。从整个贵州省,叫"亚鲁"的不多,像贵阳西风这边,青正这一支也叫亚鲁,往毕节及贵州西部,多半叫"样卢"。80年代,安顺民委出了一个小册子,叫《杨鲁的传说》,后来,相关专家认为,我们又音译为"杨鲁"的话,会给别人误解说他是姓杨,是杨家的。在宗地的德招村调查的时候,有老人说那个山顶有杨家的老屋基,我们问他们为什么是杨家呢,他们说他们是杨家的后代的遗子。这种说法不对,"杨鲁"不是杨家,我们苗语说杨,是"耶"。"样"和山羊的发音近似。山羊在苗族中,也是一个像雷公一样是一个很神性的动物。山羊最早是在祖母的身边,是祖母身边保护她的一个神物。"样鲁"的说法我们在田野中也不敢做大幅度的调研。我们思考了之后,还是用亚鲁吧。

在《亚鲁王》进入国家级非物质文化遗产名录之后,如在紫云县四大寨乡卡坪村,因为有地方精英的积极促成,村里大多男性知晓了"亚鲁王"是什么,最让他们感到自豪的是参加了2010年在紫云县召开的全省苗学会以及参加以"亚鲁王"冠名的相关舞蹈展演,同时他们也践行着"亚鲁王"的传承工作:2012年春节期间,七个年轻的传承人在东郎的带领下,正月间每晚聚集在一起,互相学习唱述"亚鲁王"的相关内容;而村寨里的家户会主动邀请练唱队伍去家中练习,免费提供食宿。据"亚鲁王"国家级传承人陈某介绍,他已经三十年都没有见过这么多的人数长时间持续学习的情况[①]。这与"文化大革命"期间偷偷学习、被列为"封建迷信"的"亚鲁王"形成鲜明的对照。《亚鲁王》"非

① 杨春艳:《文化遗产与族群表述——以麻山苗族"亚鲁王"的遗产化为例》,《重庆文理学院学报(社会科学版)》,2013年第4期。

物质文化遗产"的文化身份明显提振了麻山苗人的族群认同和文化信心。笔者在紫云县宗地乡大地坝村发现,村委会的领导在村庄建设方面,如需要申请经费进行村庄道路的硬化、修建村民活动的篮球场,在写经费申请时会把保护和传承《亚鲁王》作为很重要的原因进行叙述。在调研组一行17人翻山越岭来到紫云县宗地乡大地坝村白岩组进行调研时,芩天伦书记、亚鲁王的传承人与彭兆荣教授的访谈、对话,可以看到作为国家级非遗项目的亚鲁王,在麻山村组所引起的反响。

芩天伦:(他在昨天夜里斟酌他今天的讲演词。)没有电风扇太热,对不起你们。好,我向大家各位献丑。不好意思了。(关于用不用普通话的斟酌。)各位领导,各位老师,各位来宾,你们大家好! 你们千里迢迢,一路含辛茹苦,莅临我村,对苗族英雄史诗亚鲁王,做进一步的调查、研究和指导,你们的光临,我们深感荣幸(掌声),现我谨代表大地坝村党支部,和所有苗族英雄史诗的所有师徒,表示自己崇高的敬意,和热烈欢迎(掌声)。虽然我没有华丽的语言,但我有诚挚的心情,向来自厦门大学的各位老师,各位领导,全体师生,做以下简单的介绍:再悠久的历史,我们一代又一代的坚守,不图回报,付出了不少的心血和代价,把亚鲁王歌师,苗族英雄、乐器、仪式、礼节、礼仪等非物质文化文明流传下来,但是在60、70年代时,由于"文化大革命"期间的阻碍,导致苗族英雄史诗的落去,苗歌等也都失传,近几年来,有了党和国家的高度重视,使我们苗族英雄史诗亚鲁王歌师团体受到巨大的尊重,在这里我代表歌师向党和国家及来自厦门大学的全体师生表示非常的感谢(掌声),之后,我将继续努力,把亚鲁王及苗族仪式,苗歌,礼节礼仪等一代又一代传承下去,直至千百万年,谢谢大家(掌声)。

彭兆荣:我们今天可以说不远千里来到这里,我们其实很感动。当我们翻山越岭来到这里,看到一幅红标语,走到这里看到"守望基层,做保护非遗的坚强战士"的时候,我从来没有被这样一幅普通的对联所感动。我也主导:亚鲁王是我们苗族千百年来守护的东西,不管外界的东西怎么样,我们都祖祖辈辈把它传好,因为这是我们苗族的根。这才是我们做"非遗"一种最本位的东西。通过我们自己民族的骄傲感,自豪感,用我们的身体力行,把它传下去。外面政府的关心,组织上给予的经费上的支持,或者商业人士给予的资金上的投入,不管有没有,我们都希望你们祖辈传下去,没有亚鲁王,你们就没有苗族的根。我们是来向当地的民众来学习的。苗族祖辈在这里,用非常善良的,把自己和自然融为一体的"生活和传承"，这才是我们真正的民族之根。我们不是来这里参观访问，某种意义上，我们是来这里学习，来受教育，来受感动的。这么难走的路，人类学家如果不了解我们的底层生活，我们事实上对不起我们这个学科。当碰到困难，我们想想这里的乡亲，我们做任何的付出，都是应该的。这不仅是做学问的道理，也是做人的道理。我们的心要有受净化的感觉。

但是另一方面，随着《亚鲁王》文化传承人的认定、国家各级部门对《亚鲁王》传承保护经费的落实，民间各村组的东郎、宝目，在维持日常生计与配合《亚鲁王》的对外传播之间，开始出现时间分配和利益（主要指误工补贴）等方面的误解与问题。

（二）亚鲁王"本文"

1. 寻找"本文"：从《亚鲁王》到"亚鲁王文化"

在西南大部分"无字民族"中，作为"原型"的本文往往被各种不过是"变体"的文本所掩盖和取代，于是"本文"不见了，因此才需要"寻找本文"。为什么会出现这样的问题呢？我们研究的对象，包括砍牛、祭祖和侗歌，它们的本文在哪里？在它们的本土原貌里面，在它们世代相传的多样功能之中。在其面前，所有外来者的记录，不管是文字还是音像，都只能是外在于它们的文本。在这个意义上，可以说人类学家也好，社会学家也好，都是不同形式的文本制造者①。而以上所述的《亚鲁王》，均是亚鲁王文化的不同文本。其中杨正江及其团队发现、搜集、整理、翻译并公开出版的《亚鲁王》（汉苗对照）文本，是寻找亚鲁王"本文"的重要起点。在亚鲁王文化研究中心调研过程中，同行的贵州民族大学吴秋林教授打开了关于《亚鲁王》（汉苗对照）文本产生过程的话题，其中杨正江的"倾诉"，让我们获悉了吟唱《亚鲁王》的人，为什么经历了从"摩公"，到"歌师"，最终定名为"东郎"和"宝目"的过程。

吴秋林：你（杨正江）最初做此事（《亚鲁王》的搜集整理翻译），前因后果，台前台后我都知道。我给你更多的理解。把"亚鲁王"做成史诗，怎么回事，文本出来，既胜利了，也没有完整胜利。你做亚鲁王工作室，你田野走过来了，现在进入国家体制，更难，现在是走钢丝。外面的民俗界、文学界等反映都稀奇古怪，交织在一起。你用苗语咏颂，我没办法颠覆你。文化产业的应对，麻山是三县交织区，紫云拿到（《亚鲁王》国家级非遗），是很好的资源。口惠和实惠都需要。文本出来了，前期可

---

① 徐新建：《"本文"与"文本"之关系：人类学的研究范式问题》，《黔东南民族师专学报（哲社版）》，1998年第4期。

以左右,后期不能左右。

杨正江:(吴)老师的教育很大,肺腑之言。当作你的学生。我听了之后,我觉得需要倾诉一下,让大家对这个过程有了解。歌师的定位,我在大学中接触最多的苗族、侗族的歌师,我大一是看了一个宣传侗族歌师的影片,我就记住了这个概念。第二个是苗族古歌的歌师定位。大二之后我接触了巫师的概念,在田野中,怎么来给这群人定位,之前我没有想过用苗语来给他们定位。之前我们紫云的汉族人把他们称为"摩公",我调查之后,发现这是布依族人唱摩经的人,汉族人就把摩公套在我们歌师上,后来我找不到恰当的名称,就用歌师。当时做文化普查,把我从乡村文化馆调到,我在写这个文本时,就用歌师。2011 年我觉得这个翻译不对,我就音译,这部书的唱诵者叫东郎,而另外做仪式的这群人,我会把他用在第三部书,这就是宝目。

(为什么叫史诗?不同文化观左右下的文本—人—翻译)。当时我们叫古歌,是参照黔东南古歌,我这边就叫麻山苗族古歌。之后我把七八本翻译稿本给杨培德老师看了之后,他说:像这一类的内容,它应该属于史诗类的。这里面有历史的信息,告知整个人类,不只苗族,而是全人类发展的一个历史。从天地形成,人类形成,怎么来到亚鲁王整个历史线索唱下来。所以杨老师说,应该叫史诗。在做翻译的时候,如果我不够坚强,可能在 2009、2010 年的时候,可能就已经崩溃,精神病之类的。为什么能够坚撑?因为我是麻山苗人,我自己也是山里的孩子,我坚强,不论遇到什么压力,什么言论,我都能够坚持。当时因为要申报非物质文化遗产,我也想,我的这个文化只有申报了,我的文化才能推出去,不申报,谁知道你的那里有什么?包括安顺,都不知道我紫云有这个。只有申报,申报按目录上的音乐类和文学类,走音乐类根本不可能,只能走民间文学,它有规范定死了,当时冯骥才、刘锡诚老师说:如果你走民间文学,必须看到一个民间文学的版本。我翻译时受到的民院训练,叫作全程记录式的,我就什么都收了,如一个葬礼,怎么扛刀,什么动作,我都做了,什么环节、什么仪式都做了,但做了一年,整个翻译只翻译了前面,前面的庞大体系都还没有做完。一年之后才做到亚鲁王天地创世纪的部分。老师们说对了,如果你要走民间文学类型,就从这里起,前面的暂时解开。剪开之后不要扔掉,以后会有很多价值的,留给其他领域的人来研究。但后来有一个博士来告诉我说,你们错了:民间文学应该是一个立体的,它不只是文学,应该是一个全过程,仪式动作都包含在这个民间文学的范畴。后来我又感觉到很多问题,我们这个民族很含蓄,很内敛。他虽然人性善良大方开朗,但性格非常内敛。想法不容易表述。对于亚鲁王是不是他信仰上的核心,他也说不清,他的汉语和苗语的思维差别很大。无法在两种语言间对接上信号。整个文本最初用阿郎,深入之后,阿奇、阿若都出来了,越深入,越无法解读。也许在 2009 年的时候,我可以很清楚地介绍什么是亚鲁王,到 2011、2012 年,我自己也糊涂了,不知道怎么来介绍亚鲁王了。但我清楚的是,我首先第一步把民间文学的部分先做了,把文本呈现了,之后慢慢做其他领域的。

杨正江在访谈中提到的"博士",是天津大学冯骥才文学艺术研究院的唐娜博士。2009 年 9 月,天津大学冯骥才文学艺术研究院获悉贵州省紫云苗族布依族自治县在非物质文化遗产普查工作中发现苗族活态口承史诗《亚鲁王》,随即派工作组前往调查,唐娜作为工作组成员参与其中。相比自言越整理感觉越不能清晰介绍"亚鲁王"的杨正江,唐娜博士对"亚鲁王"的描述,更接近于文化人类学视野中的"亚鲁王文化":

> 《亚鲁王》意指麻山苗族歌师在葬礼当中唱诵的口传经典的全部内容,可大致分为四部分。第一部分"xiud yangb luf chef",汉译为"亚鲁王的根源"。该部分以创世神话为基本内容,以天地、万物、人类、社会、文化起源、演变、发展为叙述程式,由众多的、单一的神话构筑而成。构成该部分的神话故事大致有《造天造地》《造人》《造山造丘陵》《赶山平地》《造太阳月亮》《造唢呐铜鼓》《射日月》《上天取五谷种》《上天取火种》《与雷公斗争》《洪水滔天》《俩兄妹治人烟》等,此处采用的是四大寨土语班由科老师唱诵版本。第二部分"xiud yangb luf qif"可译为"亚鲁王的一生""亚鲁王的历史"或"亚鲁王的故事"。该部分着重描述了亚鲁王成长、创业、征战、迁徙的一系列故事,塑造了一位智慧、能力超凡的苗人首领的形象。该部分故事情节生动、鲜活,有具体生活事件、场景的描述,有细腻的心理活动描写,反映了特定社会发展阶段的生产、生活、风习和历史事件。第三部分"langb bangb suob",langb 有"历史、叙述、训导、教育、洗礼"之意,bangb 有"迁徙、搬家、落地"之意,suob 为"区域、地方、村、寨"之意,结合内容可译为"谱系分支"。该部分讲述的是亚鲁王的 12 个儿子按 12 个分支迁徙进入麻山的历史,及其后代创业、迁徙、落户的历程,是口传家谱的典型。传承谱系保存较好的紫云县宗地乡、大营乡、猴场镇苗族均可在亚鲁儿子当中确认自己的先祖。谱系所体现的是父子连名的苗名,没有姓氏,具体形式为"某某生某某,某某落某某地","落"是指迁至某地开辟家园之意。通常每个歌师只能较完整地唱述自己家族所在分支的创业故事和迁徙历史,这一部分的唱诵内容在具体葬礼中亦会根据死者所在族支的不同而有所

不同。因此所有族支唱诵内容综合起来便是一部活生生的麻山苗族发展史。

以上三部分为歌师在出丧前夜为死者开路时所唱，向死者传达有关民族、家族的重要信息，其中每一部分都分为若干段落，歌师间协调着轮流唱述，交替休息。此外，还有一部分配合具体仪式或巫术唱述的相对独立的若干仪式歌，在此将其归为《亚鲁王》的附属部分。葬礼中的砍马、砍牛、杀猪、杀鸡、开路等仪式中，均有相应的唱词指导完成，这一部分以鲜明的功能性与前三部分相区别，在唱述中往往配合相应动作。当地民间文学工作者称其为《砍马经》《砍牛经》《猪经》《鸡经》《指路经》《死者生平歌》等。麻山苗族葬礼砍牛或砍马为死者带到阴间生活所用，杀猪为死者"断气"①，杀鸡为死者指向通往祖先家园的路②。《砍马经》《砍牛经》《猪经》《鸡经》当中，包含了丰富的亚鲁故事，均为文化阐释的内容，具体唱述这些动物的来源、与亚鲁王的关系、为何作为葬礼的牺牲等，具有一定规模的篇幅，是《亚鲁王》整体不可缺少的篇章。《指路经》记载了通往故国的具体线路和遇到阻碍的处理办法，并指导死者在阴间的生产与生活，对于葬礼，唱诵《指路经》为整个开路仪式中最核心的环节，通常由主巫师完成。在巫师执行其他巫术时，只要使用相应的动物作为牺牲，也唱述部分《猪经》或者《鸡经》，不仅限于葬礼场合③。

唐博士所概括的"亚鲁王文化"，不再仅是传统民间文学视野中的亚鲁王文化，而是从文化整体观的视野，对"亚鲁王"相关内容演述的时间、空间和伴随的仪式进程进行了整体性把握，将亚鲁王演述的语境进行了还原，让我们逐渐接近了"亚鲁王"的"本文"。

2. "本文"实录：他者眼中的葬礼

无论是向西方世界展演的"亚鲁王礼仪之邦"，在中国首都发布的苗族英雄史诗《亚鲁王》（汉苗对照），在西南边疆上演的"亚鲁王文化产业"，还是在麻山村组逐渐展开的"非物质文化遗产《亚鲁王》"，它们均是亚鲁王"本文"的变体，从《亚鲁王》文本内容和田野过程搜集的信息可知，亚鲁王文化的"本文"，是麻山苗族以葬礼为核心的口述传统。

调研组成员于 2009 年 12 月在紫云县大营—宗地片区进行了完整的麻山苗族葬礼观察（访谈时间：2009 年 12 月 2—4 日；观察时间：2009 年 12 月 14—16 日；调查地点：紫云县大营乡巴茅村巴茅寨、紫云县宗地乡大地坝村马宗寨。调查背景：死者杨光会，男，苗族，58 岁，紫云县宗地乡大地坝村马宗寨人。2009 年 12 月 8 日

---

① 断气，即正式宣告死者的死亡，并告诫死者不要留恋世间，危害家人，通过杀猪祭祀仪式完成。
② 传说亚鲁当年带着鸡一同迁徙，因此鸡记得归程路线，能够为亡灵指路。
③ 唐娜：《贵州麻山苗族英雄史诗〈亚鲁王〉考察报告》，中国民间文艺家协会主编：《〈亚鲁王〉文论集》，中国文史出版社，2011 年版，第 34—35 页。

在家中突发疾病死亡,亡人停棺 9 天,从 2009 年 12 月 8 日到 16 日上山),因观察这个葬礼时,外界还多以"摩公"称呼从事苗族传统葬礼的人,故本文此部分沿用此称谓①。

田野点概况

紫云县大营乡、宗地乡是麻山的腹地,地处紫云县与罗甸县的交界处。这里的大部分村寨交通闭塞,通村公路有的修通没几年,有的到现在还没有修通。在调查"亚鲁王"歌师期间,笔者在大营乡的巴茅村巴茅寨、宗地乡的大地坝村马宗寨生活了一些时日。这两处相隔近二十千米的山路,在文化表现上呈现出一致性,亲戚往来频繁,两个寨子间的通婚率较高。这一片区传统生计方式是种植农作物,以种植玉米为主,一年一熟,主食苞谷饭,现在交通和经济好转,可以从市场上购买大米。深处麻山地区,水是这一片区的珍贵资源,只能靠天取水,平常下雨积聚下的水供应日常生活。大营乡巴茅寨现有农户四十多户,两百多人口。其中只有一家是汉族,婚姻圈集中在临近的苗族寨子,只有前两年一个黔东南女子嫁到该寨。主要姓氏为岑姓和黄姓。修通通村公路大概五年时间,现在寨上的年轻人都出去打工,经济状况有一定的好转,还有少部分茅草房,大部分已经修建了砖房。宗地乡大地坝村马宗寨现在还没有修通通村公路,主要的运输依靠马驮。马宗寨坐落在四面环山的洼地里,三面有路通向外界。整个寨子百余户农户,四百多人口,都是苗族。主要姓氏为杨姓、罗姓、黄姓、金姓和韦姓。经济收入主要靠劳务输出。一半以上的农户新修了砖房。

被访谈人

岑老桥,男,苗族,78 岁,大营乡巴茅村巴茅寨人,未读过书,在家务农,是目前巴茅村年龄最大的摩公,但其听力不大好,汉话表达不流利,在访谈过程中需借助杨正付和岑仕和的翻译。

黄老华,男,苗族,67 岁,大营乡巴茅村巴茅寨人,未读过书,在家务农,与岑老桥学习摩公,是目前周边寨子手艺较全面的一位摩公。

黄老弄,男,苗族,68 岁,大营乡巴茅村打俄寨人,未读过书,在家务农,与黄老桥学习摩公,主要熟悉丧葬仪式中砍马经的念唱。

岑春华,男,苗族,36 岁,大营乡巴茅村巴茅寨人,读过一个学期的一年级,在家务农,其与岑老桥学习开路的唱词,与黄老华学习摩公的手艺,与黄老弄学习丧葬仪式中的砍马唱词。

---

① 杨春艳:《"他者"眼中的苗族葬礼——紫云县大营-宗地片区的苗族葬礼观察》,中国民间文艺家协会主编:《〈亚鲁王〉文论集》,中国文史出版社,2011 年版,第 106-119 页。

杨正付,男,苗族,44岁,大营乡巴茅村巴茅寨人,曾经是一位代课老师,现在家务农,算是巴茅村中青年一辈人中的"文化人",汉语水平高,对本民族的传统文化感兴趣。

岑仕和,男,苗族,25岁,大营乡巴茅村巴茅寨人,初中学历,现在安顺市广播电视大学进修学习。现任大营乡巴茅村村委副主任,巴茅村小学代课老师。

丧葬仪式程序。经过访谈大营乡巴茅村巴茅寨的几位摩公以及参加宗地乡马宗寨的一场丧祭仪式,大致把麻山地区宗地—大营片区的丧祭过程描述如下。

1. "好死"和"凶死"。人过世(即死亡)的时候,会按照亡者的过世而分为"好死"和"凶死",在家寿终正寝或是高寿病故的认为是"好死";而出门在外意外身亡,如落悬崖致死,或在家上吊自杀而死的认为是凶死。这样的区分,往往是这次丧祭中是否要为亡人砍马的决定性因素。巴茅寨的几位摩公认为,凶死的一定要为亡人砍马,让这匹马驮着亡人的灵魂跨过回归祖先地的艰难之地;而好死的就可以略掉砍马这个环节。

2. 净身装棺。人死后,由孝子或孝媳妇洗身,穿上麻质的衣服,手工的布鞋。棺材底垫上亲戚送来的坝单(床单),忌讳棺材里放入铁钉等含铁的物品。把亡人装棺后,横梁停棺在堂屋的正中间,大头处在堂屋神龛之下,小头处朝向堂屋门外。

3. 停棺。停棺在家的日期一般为五、七、九天,停棺日数为单数,依据现在的经济条件,停棺七天的比较多。停棺前几日主要是家族内的人帮忙,准备一些要用的仪式器具,如簸箕、竹编饭盒等,孝子守孝。家族里懂得家族来历的老人在平时一日三餐前为亡人献饭,献饭位置在棺材停放处的大头的右手边(以人进门为准的方位)。在亡人停棺的期间,家族中的直系亲人要忌吃肉类,只能吃素菜,这个禁忌要等到亡人上山后,摩公为家中扫家解禁。在停棺期间,猪、牛、鸡作为牺牲时,在杀之前都要先献给亡人,即在棺木前有一定的献祭仪式。

4. 牵马走亲戚。丧葬过程中要是主人家安排有砍马的话,在亡人上山的前两天,由念唱砍马经的摩公们牵着马去亡人的至亲家,这一程序称为牵马走亲戚,牵马走亲戚到某一亲戚家,这一亲戚家要为亡人准备酒饭由马驮回来献给亡人。

5. 隔房家族的晚辈给亡人献牲。献牲时由"开人路"的摩公在棺材大头处的右手边(以正对神龛的方位为准)给亡人交接,念唱完毕,就在棺材旁杀小猪,牺牲的血用一个簸箕盛着。

6. 孝子给摩公倒洗脚水洗脚。摩公们聚集在火塘边吃晚饭,等摩公们吃完晚饭,孝子要给他们倒一盆洗脚水让他们洗脚。现在这个仪式程序简化了,由一位摩公得到孝子的服侍作为代表。

7. 摩公念唱经词。摩公开始戴上特制的斗笠,肩扛砍刀,站在棺材的小头处,面对神龛,开始念唱。大致的内容是给亡人开路,召唤魂灵。在念唱期间,家族中的人牵牛至堂屋门外,一根反手绳(即这根绳子的打结方向与正常使用的绳子相反,有正常与反常的意义,也有阴阳的意义)连接着牺牲与棺材的小头处,一人把绳子的一端按在棺材上以示亡人得到生者的祭献。

8. 牵马到砍马场之前的喝酒仪式。在堂屋门槛上架一棵长板块和棺材的小头处相连,摩公们和家族中和亡人同辈的人来与亡人喝酒。长板上摆满了酒碗,前来与亡人一起喝酒的人分别站在长板的两边,有多少人就放上多少个碗,多的一个是亡人的。负责倒酒的人倒酒在众碗里,大家齐声说"喝酒了"。大家示意性喝酒,这次是"正碗喝酒",是亡人陪着众人喝。又有人专门在旁边给众人发烟,一次两根。喝完第一次酒,要把碗扣在木板上,再倒酒,代表众人陪亡人一起喝,为"扣碗喝酒"。这样的"正碗喝酒"和"扣碗喝酒"一共要重复十八次,这个喝酒仪式才告一段落。(这里表现出的阴阳两界的观念很显然。)

9. 牵马到砍马场。把马牵到堂屋门口,与亡人交流后,开马路的摩公们把马牵到砍马场。堂屋里的鼓声起,伴随着牵马到砍马场,鼓声一般持续三、五、七、九遍,逢单数遍后鼓声停止,在鼓声中,摩公们牵马逆时针绕砍马场地走一圈,把一支香插在杉树的底端。再转一圈,插第二支香在杉树的底端,最后再转一圈,烧纸钱在树脚(这棵树是从山上砍来的杉树"栽"在砍马场)。摩公们一起叫天上的老祖见证。退出场地在一旁后等待家中的鼓声停,家中堂屋放鞭炮后,摩公开始"开马路",即为马念开路经,指明马要如何才能到达祖先之地。在我们到达主人家的时候,就看到一少部分人的手臂上捆着一棵红线作标记,后来得知,这些手臂上捆着红线的人,都是与砍马仪式有关的人。在整个丧葬仪式场域中,有为亡人做不同仪式交接的人,需要有所区分。马背上驮着一些带领亡人灵魂回归祖先之地的物什,有酒瓶、葫芦壳做成的水壶、六个竹筒(五个竹筒装水,一个竹筒里面装干鱼、豆腐和其他菜)、布袋(里面装有少量的糯米饭、三个碗、打火石,据讲述是亡人在回归祖先之地途中的晌午饭)、饭箩(里面装两斤左右蒸熟的糯米饭)。虽然亡者已逝,但生者要为亡人准备回归祖先之地途中的"干粮",透露出亡者的生物生命已结束,但其魂灵永生的观念。

10. 开马路。这天晚上摩公来念唱砍马经,摩公身着土布长衫,头戴"冬帽"(因为很多仪式器具在"文化大革命"的时候被毁坏,"冬帽"是用小粒黄金和狮子毛放在帽顶制作而成,据说狮子毛会随着时间的推移而长长,这顶帽子较珍贵。现在巴茅寨还有小粒黄金和狮子毛的遗留物,但真正的"冬帽"在这一片区已找不到了),手执长矛开始念唱砍马经。在砍马场现栽一棵杉树,杉树的上端挂上一束红稗,营造仪式的神圣空间。这一晚摩公就在砍马场过夜,砍马经要念唱将近十个小时,主人家在场地内为摩公们安排临时休息的地方。大致念唱的内容是这颗杉树的来历,以及与亚鲁王的一系列关系等。据讲述,这棵杉树是亚鲁王的生命树,这匹马是亚鲁征战的战马,亚鲁靠着这匹马征战,并打赢了很多场战争。但因为战马偷吃生命树上的粮食种子,害得族人没有了耕种的种子,亚鲁含泪把战马砍死,以惩罚它犯下的过错。而亚鲁失去了战马的神威,加之又有一些其他的原因,杨鲁在打仗中兵败了。摩公在唱诵中,把树和马都视为与人一样有意识的平等生命个体,这大概就是人类学大师弗雷泽所说的"万物有灵"在此次葬礼中的体现。

11. 众亲戚上祭。把亡人抬上山的前一天众亲戚来上祭,一系列的丧葬仪式也集中在这两天。家族内的孝子、孝媳要在腰上捆上麻线和米草搓成的标识性绳索。上午摩公们还在场地内接着唱诵砍马的相关经文。到中午十二点,亲戚家来上祭。

亲戚们来上祭的场景大致描述如下:

(1)负责念唱砍马经的摩公们要牵着马去路口迎接亲戚的上祭,在堂屋门外摆放一张桌子和前来砍马的摩公们一问一答地盘问,这是体现双方摩公智慧的时候,要是不按规矩和隐语的话语进行对答,就会遭到旁观者的嘲笑。

(2)孝子在堂屋门口跪接来客。

(3)亡者的女儿走在最前面,脸用一张帕子盖住,腰上捆上麻线和米草搓成的标识性绳索,为亡者哭孝。主人家安排两人哭孝,负责在快进门的路上陪着来客哭进堂屋里亡者的棺材旁。亡者的女儿来上祭时会邀约寨上的妇女一起为亡者哭孝。所以此时的哭孝队伍少则五六人,多则十多人,整个堂屋都成了妇女的哭孝之地。

(4)接着亡者女儿后面的是女婿和唢呐队伍,孝女婿走到孝子跪接处,倒酒给孝子喝,请起孝子,同时孝子也会给来客敬烟。唢呐队伍站在门口吹奏着,屋里有妇女们的哭孝声。

(5)接着来客的队伍是亡者女儿家请来帮忙的人,他们挑着"礼信"(礼信:即礼品),如酒、牺牲、一小竹编筐的糯米饭、几床祭帐(床单、毛毯、棉毯等)等。妇女们在堂屋哭孝,主客两边的摩公们在堂屋外对答着,持续进行了一个小时左右。期间每来一家亲戚来上祭,负责牵马的人都要牵着马去路口迎接来客。规模较大来上祭的人群主要是亡者的女儿家和亡者儿媳妇的后家(后家:亡者儿子的岳父母家),这两家的来人最为重要,礼仪也最隆重,女儿家来上祭一般都会请来唢呐吹奏班子同来上祭。随着两方摩公的对答完毕,饭席也开了。亲戚们自己找到吃饭的位置,吃完饭,一起来的亲戚会被安排到家族内的某一家歇息,他们称之为"落户"。亲戚们陆续地来上祭,到下午三点钟的时候基本结束。摩公们准备砍马的相关仪式。

12. 念唱砍马经。摩公手持一把长矛念唱砍马的祈祷经,大致是讲述马上就要砍马了,但这是主人家意思,不是摩公的意志,请马安安心心地把亡人带到家族老祖先会合的地方去。

13. 为亡人宣告恩怨了结。在砍马师进入砍马场之前,主人家请来的摩公手持一把长矛站在一张方桌上,对在场的众人说道:要是在场的生者与亡人还存在什么过节,请此刻来把这些旧账怨气算清楚,过了今天以后就再不准说和亡人有什么过节了。这道程序是摩公为亡人把生前所有的恩怨趁此机会清算,使亡人能够轻快地去到老祖宗的地方。

14. 牵魂回家。主人家要预备白线,要把亡人的魂从杉树上引到堂屋里去。由一位摩公把线搭在杉树上,然后念唱着把线连接到亡者家中堂屋的神龛上。这条线路有一定规定,从砍马场到亡灵家屋子,牵马迎接客人时走的路线要与牵魂线路一致。

15. 请吹打班子进砍马场踩场。请主人家和亲戚家的唢呐队伍来到砍马场吹奏,他们进入砍马场地要先向在场的人鞠躬,再向马鞠躬,开始围绕砍马场走动,主人家安排一人敬酒给入场的人喝。逆时针绕着砍马场吹奏完两谱曲子后,再转身顺时针走出砍马场地。据说这样走动的安排是生者与亡人阴阳两隔,要逆时针(即顺时为阳,逆时为阴)吹唢呐、敲锣打钵,亡者才能得到这匹马的献牲。主人家的队伍行过礼之后,由女婿家请来的唢呐队伍这样围绕砍马场地转圈。

16. 亡者的女儿和儿媳妇喂马。唢呐队伍退场之后,亡者的女儿和媳妇来给马喂食,她们由摩公带领着,以逆时针的方向进入砍马场,走到半圈的时候把手上拿着的香和纸钱插在杉树木桩下。走完一圈的时候把手中的糯米粑和糯谷稻穗递到摩公手中,摩公再用这些喂马,摩公还要从马头上拔下马鬃,递给前来喂马的人,这样姑娘和媳妇一个个地完成这样的程序。接到马鬃后的女儿和媳妇,从砍马场哭孝亡人到离砍马场不远处,所有的女儿和媳妇一个个地从砍马场地哭孝出来。

17. 用鞭炮惊吓献牲。女婿家买来鞭炮在砍马之前惊吓马，让马围绕树桩惊慌地跑动，鞭炮在马尾处不断地响着。很可能马会在这个惊吓过程中拉出马粪，亡者的女儿和媳妇会争先恐后地上前抓抢马粪，揣在兜里。据讲述，谁先捡到这样的马粪就会对谁家有好处，是一种吉利和财富的表现。

18. 砍马师进入砍马场地。由主人家负责念唱砍马经的摩公们，从客人们落户的那家把砍马师们迎接进砍马场。主人家的摩公们走在前面，走三步停住，转过身和砍马师们相互鞠躬、敬酒，这样进入砍马场。到了砍马场地，代表主人家方面的摩公们把砍马师一行引入场地，当着众人的面阐明砍马的相关规矩。一般砍马师也都懂得这样的规矩：必须马头朝着亡者停棺的方位的半圈才可以下刀砍马，当马走到另外半圈的时候不允许砍。砍马师一行以逆时针的方向围绕树桩形成的圆圈走动，主人家安排有敬酒的人拦着他们一个个地敬酒，走到半圈的时候，砍马师一行把手中的香和纸钱插在杉树的树桩底，这样走动三圈后，以顺时针的方向退场。

19. 砍马。砍马仪式开始，由女婿家请来的砍马师手持砍马刀（也是一位年长的摩公）进入场地，他先在四个方位先面向众人鞠躬，再面向马鞠躬，逆时针方向走到马的跟前示意性地朝马砍了一刀。据说这样的砍马的任务本来是亡者的女婿托付给这位摩公兼砍马师的，但因为他年纪大了，不像年轻人有充沛的精力来砍马，故他又委托给尚年轻的几个人。这些砍马的人辈分都要和亡者是一辈的方能砍马，要是不合字辈的话，主人家要给砍马师的一定的礼钱，比如一块二、三块六不等，借礼钱消除不吉利。

接着一个年轻人也按照相关的礼节进入砍马场地，跟着马后面走了两圈之后，他找准位置，朝马的颈部砍下一刀。需要逆时针的方向退出场外。把砍马刀递给下一位砍马的人，每人一次只能砍下一刀。看到马的惊恐，听到马的悲鸣。但是它只能绕着树桩转圈，马嚼头已经被套死，低头求解脱的马一直在不停地走动着。

第二人进到砍马场，跟在马后面，马刚刚受惊过度，只是朝前走着，他找准位置，朝马砍去。第三人进到砍马场，跟着马走到了许多圈，都没有找到合适的位置下手，场外众人一阵阵喧哗声。场外的一人专门用木条拦着以避免马转身呈顺时针的方向走动。

这样砍马师每人进到砍马场砍马，大致对砍马十多刀之后，马开始支撑不住，靠着树桩，众人用大木棍驱使马再以逆时针的方向走动，要马直接倒地才能算是砍马成功。

马倒地后，砍马的众人上前来用斧子砍下马头，四脚。据说砍下马头的时候也要遵循一定的规矩：即砍下马头的时候不能从马的颈部由下而上砍下马头，而必须是从马的颈部上方砍下马头。虽然这匹马是主人家花钱买来献给亡人，女婿家请人来砍马，但最后主人家和女婿家都分不到马肉，与亡人同姓的族人也不能分到马肉，马肉由砍马师分走。砍马环节给外族人的震撼，让我们不得不思索为什么这个族群会有这样的仪式？

笔者认为不单单从表面上去简单地看待，作为一个外族人和外地人，我们还一时不能体会一个深受迁徙之苦族群在这一场面中要传达的信息，短短几日的停留，也无法深刻感受麻山艰苦生存之地所能遗留下来的这一传统习俗真正要让族群人懂得的是什么？对生生不息的生命力追求？或是对远去"亚鲁"的追随？或许还有更多要传达的文化信息，值得我们更进一步地去了解与理解。整个砍马仪式历时四十分钟结束。人群散去，这一丧葬仪式中砍马的程序告一段落。

20．抬杉树去下圹（即坟墓的土坑处）处。孝子这边的人等到马一倒地就架起前两天栽下的杉树，把这棵树抬到亡人的下圹处。

返回家中，念唱砍马经的摩公们已坐下吃饭。据说要是家中不砍马的话，丧礼的仪式这天晚上才开始，我们可以感觉到丧礼中两幅独立分开的画面：一是为亡人做砍马的仪式献牲；另外是由摩公为亡人指路，念唱经书。形成这样画面的原因可能是现在的摩公有些只懂得丧礼仪式程序中的某些环节所致，像主持这家丧礼的摩公就截然分为两部分，一是家族中的摩公为亡人献饭，上山前的一天晚上为亡人指路念经，另外是从外家族请来会念唱砍马经的摩公来为亡人献牲。

21．献牲。饭后，帮忙的人牵来、抬来亲戚家来上祭的牲口到堂屋口，家族中的摩公念词淋水到牺牲上，帮忙的人就打牛、杀猪，在这场丧祭里，我们见到亲戚来上祭的牺牲共有一头牛、七个猪、四只鸡。

22．亡者女儿送饭。天黑的时候，亡者家族中与亡者同一辈分的人坐在火塘边，等候亡者的女儿来献上糯米饭，一则是为亡人献饭，另外也是对家族中长者的尊敬。中午来上祭的队伍中有人就挑着一小竹篾筐的糯米饭，家族中出嫁的女子——来献饭。我们见到家族长者的碗里堆得满满的，一碗酒也倒满了，但还有亡者的女儿辈来献饭。

23．摩公为亡人念唱开人路（即为亡人回祖先处开路）的经词。家族中的摩公吃过晚饭后，开始这晚的整晚念经。据访谈，这晚的念经主要分为四个部分：一是讲述开天辟地的来由，二是唱诵"杨鲁祈"（即"亚鲁王"），三是将亡人指路往祖先归去的地方，四是为亡人指明本家族先人所在的地方。在送亡人回归祖先所在的地方时,摩公在念唱的时候要脚踏上铁块——锄头等铁块物件,把亡人送上一坡之后要把自己的魂灵再送回来,避免自己的魂灵随着亡者的灵魂一起去。

在巴茅寨访谈的时候,访谈人曾经讲述了这样一个事实:一位老摩公在为亡人指路的时候因为喝醉酒,而没有把亡人送到其该往的地方,换句话说,也即老摩公在念唱指路经的时候念到中途或是哪里失去了承接,亡者的魂灵最后没有归入到家族先人的地方,其灵魂无所归依,就经常来找这位老摩公扰事,最后老摩公到亡人的坟边为亡人重新念唱这段指路经,把亡人下圹前晚该履行的仪式程序重新念诵了一遍,孝子陪着摩公耗费了一个晚上才将亡人的灵魂送走。由此,我们可以感觉出生者对亡人灵魂的认识以及重要性。

24. 为亡人指路。凌晨四点左右,摩公右手怀抱半大的仔鸡,左手执剑,为亡人指路。念唱后两部分的内容(即念唱将亡人指路往祖先归去的地方和为亡人指明本家族先人所在的地方)耗时三个小时左右,到七点的时候,指路结束,马上出殡。摩公面向门外念唱着,把幼鸡朝地上甩去摔死,这只鸡要随着亡人一起下葬。

25. 烧掉亡者的不洁净。亡者同辈的一位妇女——孝子的叔伯妈在堂屋里哭出来,手中拿着用小竹筐装着的糠壳火星堆,她在最前面哭出来,用帕子盖着脸,要把这束火拿丢到三岔路上烧掉,火烧着的时候,她在一旁哭诉着。

26. 出殡上山。其中一人头戴仪式中的斗篷,手中拿着象征性的弓箭走在出殡路上的最前面,并不断地向前面象征性地射箭。亡者的女儿和媳妇们随着出殡的队伍从堂屋里哭诉出来,跟在棺材的后面。寨上众人帮忙把棺材捆绑结实,其中的两个孝子在前面端着亡人的灵位和遗像,两个孝子跪在路前直到出丧的队伍出发。由走在出殡路上最前面的一人我们可以看出,饱经迁徙之苦的苗族人,在亡灵回归祖先之地的时候,或是要和模拟还原成先祖来到现在之地的艰辛,或是要用象征性的武器历尽艰险才能回归到祖先团聚之地。

在一阵鞭炮声中,众人抬着棺材出发。停棺期间的献饭连同马头与马蹄一起抬上山,媳妇背着一大捆亡人生前的衣服去山上。

27. 下圹。这次我们观察的丧事,由于期程的缘故,亡人不适宜当天下葬,据说要等到下个月的农历二十二才入土。众人把棺材抬到下圹处,没有盖土,棺材架在两板凳上,棺材上用衣服盖着。

一只公鸡绑在下圹处,献饭、前一天抬过来的杉树都摆放在一边。据说接下来的连续三天,孝子都要来守夜和送饭,看公鸡是在什么时候啼叫,要是午夜啼叫的话,就证明了此地的风水旺。

28. 扫家和解簸箕。等众人把棺木抬上山去以后,家中为家族的摩公们准备早饭,摩公们不用上山去,留在家中做接下来的仪式——扫家和解簸箕。

摩公们分成两路,一路是去扫家的两人,他们各手持特殊的器具,一人手中的器具是在一根木棍的底端插进一片碎碗片,一人手中持一棵竹子做成的貌似钉耙的器具。要去昨天客人落户的那几家一家家地扫家。另一路是在家为亡人操作"解簸箕"仪式的摩公。

(1) 扫家。以一家为例:一位摩公手持带有碎碗片的木棍,助手用竹子做成的貌似钉耙的器具挑着一只鸡去到亡者的兄长家,摩公到家后到水缸边含一口水,背向神龛站着,主人家找来玉米粒或是砸碎的碗碎片,交给摩公,摩公边口喷水,边把玉米粒洒向堂屋的各角落,然后一手拄着木棍,开始念诵扫家的经词,助手把鸡放在摩公的面前,手拄着竹子做成的特殊器具。摩公念诵十分钟左右的时间,主人家听到快结束的时候,用扫帚撮来一些灰,待摩公和助手走出堂屋门后,把灰洒向摩公的身后,还用扫帚扫扫地面,随即把门关上。据摩公的讲述,早上要去昨天客人落户的七八家进行扫家,等到完成了家族内其他家的扫家仪式后,最后回到亡者家扫家。

(2) 解簸箕。在亡者家中为其操作"解簸箕"仪式的摩公们,是在一个簸箕里放上一个酒碗、一个水碗、一个装有豆腐的碗。簸箕上用两根篾条支撑成一个架子,上面放上亡人的衣服。这些东西准备妥当后,摩公在堂屋的神龛下为让人念诵"解簸箕"的经词,大概有十分钟左右时长的经词,给亡人献饭,最后摩公端着簸箕从堂屋出来到三岔路口,把簸箕丢出去。据巴茅寨几位摩公的讲述,这最后丢簸箕出去的时候,要看簸箕里的三个碗是否破以预测接下来的几年这家是否还有事情发生。但询问马宗的摩公,他们说没有这样的说法。观察到的是,那天簸箕里的碗只破了一个。

在两路摩公办事情的时候,安排人在三岔路口烧上火,等扫家的摩公结束后,把那只鸡拿到三岔路口煮吃。家中等待上山的人回来吃早饭,整个丧祭仪式程序宣告一段落。

从这个葬礼可以看出:麻山苗族的丧葬仪礼冗繁但不乏有序,从亡人落气,到请摩公来开路,到砍马、到送亡灵出殡,直到亡者入土。丧礼复杂的程序最终的目的是摩公把亡人指归到家族亡人团聚的家园,生命可以有生物体上的终结,但不灭的灵魂却深嵌在麻山苗族人的观念中。整个丧葬过程蕴含的"地方性知识"可谓丰厚,在外人不理解的目光中,麻山苗族的丧礼似乎还有一些血腥,其中的砍马足以让"他者"产生"文化震撼"。理解这些的前提是理解麻山苗族人的精神世界,"亚鲁王"的一些记忆还比较完整地残存在麻山苗族人的丧葬仪式中。

传承"亚鲁王"

通过以上亚鲁王"文本"与"本文"的梳理、调研,我们发现,作为非物质文化遗产的"亚鲁王",其搜集、整理、翻译与保护、传承,是在同一时间平行、交叉进行的。"亚鲁王"的定名、内容的取舍与申报非遗项目,杨正江及其亚鲁王田野作业团队,在其中起到了非常核心的影响作用,历时性的梳理、陈述自"亚鲁王"这一词汇出现所历经的各种文化事象,即为传承亚鲁王的历史脉络。作为"发现亚鲁王"这一历史事件的亲历者(参与者)的杨春艳博士,在回想这一过程时的记忆,为我们呈现了"发现亚鲁王"背后的故事[①]。

彭兆荣:因为春艳是"发现亚鲁王"的参与者,对整个过程非常熟悉。这是一个很有意思的话题,文化的发现、发明、创造、制造、建构,都有一种策略,我们称之为学术策略,我们听春艳把她所了解的故事告诉我们。

杨春艳:我首先从介绍杨正江开始。他是这个事情的中心、主轴人物,他对文学有素养,小时候经历过一场大病,怎么也医不好,之后是一个我们现在定义的歌师把他医好了,他对歌师很感激,那个歌师告诉他希望把这些东西传下去。杨正江也是民族情感非常强烈的一个人。他在读高中时,是学校文学社的社长,他第一次考上的大学是在北京的一所高校,在北京的学习不是他想做的民族文化这块,就放弃了在北京学习的机会。接着 2002 年他考到贵州民族学院民语系(少数民族文学),当时全班 30 多人,老师问有没有主动学西部苗语的,全班只有他一个人举手,他是为本民族的文化事业主动选择求学,并有志向。在此过程,他认识了现在贵州省苗学会的一些有影响力的老师,比如麻勇斌、杨培德老师。在求学期间,也发表了一些小文章,被吴正彪老师看到,吴老师也是苗族,也对本民族有深厚的情感,吴老师专门到民院找到杨正江,从 2003 年开始,吴老师就带着杨正江在麻山这个区域从事田野调查,虽然是少数民族文学专业,但是在吴老师的影响下,其方法论还是人类学的。2006 年杨正江大学毕业到紫云的松山镇工作,这就暂时中断了他做民族文化的事情,2009 年他主动提出,调到文广局来做这个事情。

---

① 以下叙述来自调研组 2013 年 8 月 3 日在紫云县格凸河景区大河苗寨进行席明纳(seminar,研习班)时的录音整理。

我们今天去的燕子洞那,蜘蛛人攀岩,之前是作为紫云的一个主打文化品牌推出去的,主要是强调其攀岩的绝技,没有文化的附会,而且当时紫云县还没有一项省级及以上非物质文化遗产项目。当时的县委书记、文广局长也很有抱负,机缘巧合,杨正江也保证说他们这边的麻山苗族是可以做出一些东西(非遗)的,一定要在紫云做出一个至少是省级的非遗名录。他们在麻山苗族丧葬仪式的调查,最初的申报文本定位是"麻山的苗族古歌"。之后,杨正江和贵州省苗学会的老师交流之后,认为:如果仅仅以麻山苗族古歌申报,与黔东南的苗族古歌相比,是没有优势的。

在麻勇斌、吴正彪老师的指导下,他们把在丧葬仪式上唱的内容定位为"亚鲁王",这个名词出来大概在2009年的4月份,这个过程中,麻勇斌老师联系上了余未人老师,余老师当时的身份是中国民间文艺家协会副主席,余老师热心民族文化,心地善良。再加上余老师的一个情节:她在29年前也去过麻山做调查。种种机缘巧合,加上麻山的经济贫困,他们都带着善良的心想为麻山做些事情。余老师就联系了冯骥才,于是由中国民协和天津大学冯骥才文化艺术研究院共同出经费,给杨正江他们来做初期的田野调查和收录工作。当时余老师委托吴秋林老师,叫我们四个研究生来做一个实地的调查工作。2009年12月,我们就来麻山做初期的田野调查,那个成果就出版在《〈亚鲁王〉文集》中。在我们调查的同时,2009年年底余老师召集了省内外的苗学专家,对亚鲁王进行定性,我也参加了那次会议,但是来的学者基本上是贵州省内苗学界的"熟人",就把亚鲁王是"苗族英雄史诗"的调调定下来了。

而当时杨正江他们调查也发现,歌师在丧葬中念唱战争的部分是比较少的。有,但是很零散。但是为了符合"英雄史诗"的定位,他们就必须要找到与战争相关的内容和行数,才符合这个英雄史诗的定位。他们为这个事情也很苦恼,因为定位已经在了。杨正江初期搜集的本子关于战争是比较少的,在交给中国民协的本子时,也很费心。本来这个版本[《亚鲁王》(苗汉对照)]2010年就要出版的,但是后面一直拖到2011年才出来。在中国民协介入亚鲁王的搜集时,贵州省文化厅、贵州省非物质文化中心也介入了,很多人都来关注这个事。贵州省文化厅也需要一个文本,这个文本与中国民协要的又有区别。这个亚鲁王工作室,一直以杨正江为核心的,虽然其他有两个热爱本民族文化的人参与其中，但最开始他们在苗语记音上的熟练度都不够，为了组建团队，杨正江也受了很多困苦。到 2011 年，国家级非遗名录出来时，就大概完成了杨培德老师设计的路线。

彭兆荣：恰恰是这个事件，在某个时间，可以让我们来反省和反思，在中国的一个历史转型期间，有这样的一个事件，来反省中国历史和文化的建构。这是一个鲜活的例子，在我们眼前，"亚鲁王"到今天不过几年，我们可以说它是被发现的，或者是被建构的；任何历史都如亚鲁王一样，是被制造出来的。任何历史都包含发明、制造的成分。历史就是这样。如果历史事件是菜肴，是由各种佐料不断构成的。西方的 history，就是 his story，而 fact，是 my fact，是选择的。我以什么依据去选择 fact，是有一个最大利益度在指引，从古到今都是如此。有没有所谓的秉笔直书，当然有。春艳把所有的 fact 记录下来，有一天可以秉笔直书。人类学家也在发明。马林诺夫斯基时期的科学民族志——相信事实，后来受到质疑—你个人选择的东西，怎么能说绝对客观；后来格尔兹出现——解释人类学，既然不能绝对客观，那就把主观解放出来，现在也有问题。人类学的田野某种意义上也在建构一个历史事件，人文社会科学都是这样，再客观也是选择的。但是和诗人的主观不一样。我对两个（马林诺夫斯基、格尔兹）都不赞同，民族志不是科学的，也不是格尔兹的艺术的（人类学）。人类学的主观必须建立在客观的精确的事实之上。如果人类学家变成艺术家，就根除了田野的必要性。但同样的事实可以得出不同的版本，可以不断创新，以平等的权利来创造。第二层面——国族与英雄。沈松桥长文《我以我血荐轩辕》，陈述的是中华民族要建立一个国族的时候，要找一个国族的英雄祖先。民族的英雄祖先必须找出来，就找到了炎黄。龙的传人和炎黄子孙都是建构的。"亚鲁王"（搜集整理）找英雄是正当的，国、族、家、人都如此。亚鲁王的建构也是合理的，不需要去指责。第三层面——为什么"亚鲁王"在今天被建构？在什么时候什么背景下建构的正当性问题。1. 遗产运动的出现。省级非遗名录都没有，那得找，遗产运动的"非物质文化遗产名录"是国家给你的名片。2. 杨正江本人。在遗产运动背景下出现的一个本民族的优秀的知识分子，心性与时代相切合。亚鲁王作为"英雄史诗"的出现，是弃用古歌迎合遗产名片的需要。而关于"史诗"的问题，亚鲁王中在丧葬中吟唱到的东西，在西南的大多数的迁徙民族中都有。为什么原来有的东西（麻山苗族葬礼)在今天这样做了(以英雄史诗的身份出现)? 这个历史语境恰恰契合了这个人、这群人,为他们提供了机会。3.一批人。吴正彪、麻勇斌等苗族身份的老师、余未人、冯骥才,是一拨有责任心,有历史责任感的知识分子。

当"亚鲁王"从麻山苗族葬礼过程,通过申遗策略,最终成为国家级非物质文化遗产名录后,按照杨正江的谋划,这只是"亚鲁王"文化传承的第一步,他希望和他的亚鲁王田野作业团队,通过 10 年的时间,将完整的亚鲁王文化搜集整理清晰,但国家级非遗名录的名片,以及《亚鲁王》在短短几年间受到的巨大关注[①],让《亚鲁王》的继续搜集整理与产业化开发、外来学者的研究、本土东郎宝目的传承,四个方面全部"裹搅"在一起。调研组在麻山村组调研时,杨正江及其工作团队,一方面要接待各级领导的视察和调研,一方面要为正在进行并迫切需要上马的亚鲁王文化产业项目提供素材、提案或图片,还要为外来的学者调研提供线索、解答和访谈,在此过程中,杨正江及其工作团队,还要筹划培训东郎、宝目的课程,而"亚鲁王"的继续搜集整理翻译,也需要在有限的时间空隙中,继续进行。

(一)"非遗"前的"亚鲁王"传承

在"非遗"身份未进入有语言无文字的麻山民间前,"亚鲁王"的传承,主要在两种时空类型中展开:丧葬礼仪过程中的实践和非丧葬礼仪时空的习得。

1. 丧葬礼仪过程中的实践

从亡人落气到入土为安,是麻山苗人丧葬礼仪[②]实践的主要时空,此时空按照时间顺序可细分为:(1)报丧;(2)净身;(3)装棺;(4)守灵;(5)做客;(6)请祖先;(7)迎客;(8)别离;(9)砍马;(10)开路;(11)安葬。以上礼仪,均是"亚鲁王"念诵的仪式场域,共同构成了"亚鲁王"吟诵的"本文"背景,"亚鲁王"核心内容的吟诵主要体现在"砍马"和"开路"的仪式过程中。

---

① 随着《亚鲁王》的搜集、翻译和整理工作的不断推进,2011 年 11 月,中华书局出版了第一部苗族英雄史诗《亚鲁王》,2012 年 2 月 21 日在北京人民大会堂召开了第一部《亚鲁王》出版成果发布会后,中央电视台三台《文化正午》对杨正江做了专题报道、北京贵州卫视、人民网、《人民日报》《中国艺术报》《贵州日报》《贵州商报》《贵州民族报》《贵州都市报》《贵阳日报》等多家媒体的关注和报道。2012 年 11 月 6 日,中央电视台新闻中心综艺频道在《文脉》栏目播出紫云自治县发现《亚鲁王》文化的片段视频。2012 年 2 月 21 日,在北京人民大会堂,中国民间文艺家协会授予杨正江和《亚鲁王》传承人(东郎)陈兴华"中国民间文化守望者"的荣誉称号。2012 年 6 月,被贵州省青基会、贵州日报集团授予《27°黔地标》年度非物质文化传承优秀奖。2012 年荣获贵州省第五届文艺奖一等奖。2012 年被中国社会科学院列入当年六件学术事件。

② 麻山苗人对不同的死者(夭折、凶死、产死、寿终等)在丧葬礼仪上有不同的处理方式,以下所叙述的是寿终死者的丧葬礼仪。

　　砍马。砍马时要请东郎唱《砍马经》,包括(1)马桩的来历:杉树的来源。(2)马的来源,词中回顾了亚鲁王用战马征战沙场的历史,赶着马绕着一棵杉树一边走一边唱。(3)喂马,东郎带着女眷们喂这匹即将送给亡灵的战马饭食。(4)牵线:东郎拿着一把梭镖在一张桌子上唱砍马经,有一人用一根线捆在杉树上,将线牵回屋子。砍马之前放鞭炮或使用自制的铁铳来驱赶马匹,重温战火硝烟的场面。(5)砍马:之后砍马人被请出场,砍马一般由4个人组成,一人一刀,轮流进行,六七刀至十六七刀砍死最好。马被砍死后,帮忙的人要赶紧将杉树从地里拔出来搬走,之后插到亡灵的坟墓上。马头、四个马蹄和马尾也砍下,放到屋子里亡人的牌位前。(6)牵马,将亡灵牵引回家里亡灵居住的地方[①]。马一倒地,便将砍死的马身调整过来,头朝东方,亲族孝子们接着跑去踢马一脚,然后跑回到孝家向死者作揖叩首。砍马持续的时间为20分钟、30分钟、40分钟不等,始终伴随着鼓声、唢呐、枪炮声(现多用鞭炮代替),除了砍马队伍和孝家的人员,其他的村民也都会赶来观看,人很多,声音嘈杂,《砍马经》的吟诵,更多为仪式性的,在场的人即使听清了唱的是什么,也不易记诵,因为砍马的激动场面已经成为最核心的吸引点了。可以说《砍马经》的传承,在葬礼礼仪中学会的较少,在葬礼上的传承多为对砍马仪式细节动作过程的学习,而《砍马经》主要在正月和七月习得的。

　　开路。开路时要唱《开路经》,目的是请东郎为死者指引一条通往祖先故地的去路。一般4—8位东郎,唱9—10个小时,要唱一个晚上。不到傍晚不能唱,因为苗人认为,阴间与阳间的时空是相反的,阳间还没天黑,则阴间还没天亮,亡灵还在睡觉,是不可以打扰的。演唱需在天亮之前结束。这一夜,多位东郎轮流上场,站立棺前,头戴斗笠、手持长剑,为亡灵唱《开路经》(《亚鲁王》的核心内容来自于此经)。开路前,东郎对亡灵说:我们要送你回家了,对于我们的祖先,生前没有人告诉你,现在我们就告诉你我们祖先的事情,你要记在心上,回去与他们同在。便将世间万物起源、祖先亚鲁的征战、迁徙、安家的历程,家族的分支谱系一一唱与亡灵。最后,由主要的东郎唱述一条具体的通往东方故国的路线,包括如何解决路上所遇到的难题,如何在故国与祖先生活,与邻居相处,极其细致入微[②]。有的村寨在开路时"东郎口衔银币,大声直呼死者的名字三声,正式开路。内容除了开头语、死者生平、叫魂回家及一代代的父子联名外,重点叙述神话中的人物亚鲁,讲述亚鲁及其子女如何征战、最后定居此地和经过长期开垦后换来今天这种安居乐业环

---

　　① 吴晓东:《史诗〈亚鲁王〉搜集整理的两种文本》,中国民间文艺家协会主编:《〈亚鲁王〉文论集》,中国文史出版社,2011年版,第84—87页。
　　② 唐娜:《贵州麻山苗族英雄史诗〈亚鲁王〉考察报告》,中国民间文艺家协会主编:《〈亚鲁王〉文论集》,中国文史出版社,2011年版,第46页。

境的过程"①。可以看出,"开路"是准东郎学习东郎技艺的最重要场所,东郎在葬礼现场唱诵"亚鲁王",让"亚鲁王"学习者获得了观摩学唱的礼仪现场。

2. 非丧葬礼仪时空

完整的"亚鲁王"非葬礼不得在家中唱诵,东郎们大多严格遵守此禁忌,而正月和七月除外。正月里百无禁忌,尚无农事,是各种知识、技艺传承的主要时段。"亚鲁王"的习得可分为家族传承和地缘传承两种。家族的谱系分支部分须由家族内部歌师传授;其他部分可随意选择,通常在村寨内部进行,也有人远途向名师求教。传统上每年的正月、七月,各村寨的老东郎常把爱好"亚鲁王"的年轻人集中到一起,无论家族姓氏,昼夜教唱。平日里,在坡上和野外,只要远离村寨,也可自由教唱②。在笔者田野中,东郎芩天伦在我们的要求下,为我们在家念诵了砍马经的部分内容,他说因为在家,所以有的拖腔就不唱了,说明随着外来人调研、考察的增加,非葬礼的时候也有少数情况下会唱诵的。而东郎习得《亚鲁王》多出于三个原因:一是被其中精彩的故事所吸引,自然产生了浓厚的兴趣;二是出于对民族、家族历史传承的责任感;三是作为一项实用生活技能去习得③。在与杨正江的交谈中,他说,据年老的东郎告诉他,在1949年以前,会唱"亚鲁王"的苗人,是麻山苗人中的"明星",通过"亚鲁王"的习得,在族群内部获得个人、家族的声望,收获尊敬的目光,也是东郎习得"亚鲁王"的一个内部动因。

3. 寂静的传承

在外界未认知麻山苗族的葬礼及亚鲁王时,"亚鲁王文化"在麻山村组的四季轮换、麻山苗人的生老病死中,寂静地传承着。从调研组杨春艳博士对麻山大营乡巴茅寨的岑万兴、黄老华歌师进行的口述史中,可以清晰地看到"非遗"前,作为亚鲁王传承的核心力量,歌师(摩公)在麻山腹地的人生经历(读书学习、婚姻成家、打工经历),学习并传承"亚鲁王文化"的原因、过程、内容,学成之后的情况,歌师(摩公)本人的生活期许,周围的人对歌师(摩公)的评价等等样态。

(1)巴茅寨《亚鲁王》歌师岑万兴口述史

岑万兴,又名岑春华,男,苗族,1974年出生,紫云苗族布依族自治县大营乡巴茅村巴茅寨人。

---

① 吴正彪、班由科:《祖先记忆的仪式展演与族群文化建构的历史回溯》,中国民间文艺家协会主编:《〈亚鲁王〉文论集》,中国文史出版社,2011年版,第99页。

② 唐娜:《贵州麻山苗族英雄史诗〈亚鲁王〉考察报告》,中国民间文艺家协会主编:《〈亚鲁王〉文论集》,中国文史出版社,2011年版,第54页。

③ 同上书,第53页。

　　口述史采录的情境。首次接触到这位年轻的摩公①,是在晚上走夜路的时候。我们一同从宗地乡大地坝村打拱寨前往马宗寨。他们一行人也大概知道笔者在巴茅寨的时候一直在寻访摩公,所以岑春华就和笔者说自己也是摩公。对于那天晚上村干部没有叫他来参加访谈,笔者有些纳闷。后来才知道,因为扶贫款的一些事情,他似乎和村干部产生了一些矛盾。

　　走了将近一个小时的山路后,他担心笔者摸黑走不了又陡又全是石头的山路。走到一半山路的时候,他就比较乐意讲述自己的一些故事了,比如学摩公的经历,婚姻的经历。还答应在回去巴茅寨的路上给我念唱他所学得的一些开路、砍马、冲傩神的唱词。于是在"行摩"②的山路上、回家的山路上他和笔者交谈着各种经历与感受。这个歌师口述史的采录情境可以说是在"山路上"。

　　与这位年轻摩公的无意接触为笔者寻访摩公的调查打开了局面,使我在接触、融入摩公他们的过程中,有了一个很好的带路人。这次与这位年轻摩公的偶然接触,使笔者不禁想起人类学大师格尔兹在巴厘岛斗鸡时上演的那一幕,使他和妻子很好地在田野点中融入——这种戏剧性的变化,也才使笔者在田野调查中开始被接纳,有机会融入这个较封闭的社区。在接下来的调查时间里,他带着笔者去观察他给别人家做法事、走访他的几位师父。在笔者第一次调查结束之际,他还组织了巴茅寨的所有摩公聚在一起,接受了笔者的访谈,这次集中的摩公比村干部组织的那次多了两位。两次田野调查期间,他都给予笔者很多帮助,空闲的时候就摆谈他的一些想法。

　　他年轻易接触,汉话水平相对他的师父们来说要好很多。目前的情形,他要成为《亚鲁王》"歌师",其技艺水平还需要继续学习,但了解到他的口碑,以及技术的全面性,他应该可以胜任传承人这一称呼,确定他为歌师口述史对象最重要的一个原因是他本人也爱好这一行,这在年轻一辈人中是不多见的。此外,在与岑摩公的接触中,给笔者感触最大的是不断发展的经济社会与摩公们传唱本民族传统文化之间的矛盾。现代化的进程不可避免地对他们保持传统文化的信念产生了一定干扰,在与外界的接触过程中,摩公们切身感受到了本民族的文化传承已不能应对复杂万变的外部世界,他们渴望与外界的交流,也在不断改变着自身对本民族文化所持守的态度。在采录中,他会不时地以"那就OK了嘛"作为某段话的结束语。

----

　　① 笔者采录这段口述史时,麻山地区还称呼这群会唱亚鲁王的歌师为"摩公",笔者在此段行文中遵照当时的称谓。

　　② 行摩:这是笔者根据彝族毕摩"行毕"的行为借鉴过来的,妥否,请方家指正。

A. 人生经历

a. 读书经历

七岁的时候,和寨上的同龄人一起去羊寨(现属巴茅村)的学校读书,那时候小,要走一个多小时的山路。(我)只读了一个学期的一年级,就对读书没有兴趣,不想读了,那以后就在家帮父母做活路,放牛、挖地、打柴,凡是农村里的活计都做。现在我只认得到自己的名字和数字。

b. 婚姻经历

我家祖辈是地主,小时候家里也还是比较宽裕,记得过年家里都要杀两头年猪。那时(他大概十五六岁时)大哥做牛马生意,本钱不足就来借钱,一百块钱要收八块钱的利息,老爹去给他担保借来的。大哥赌钱,后来做生意也弄亏恼火①了,没钱还债,人家就把我们家的牛、猪拉去抵账。看到这幅情景,我想结婚家里也没有钱,就提出来要分开单独一个人住。要是自己(有能力)讨得媳妇最好,讨不得媳妇也不怪家里。后来我自己娶来媳妇,自己盘(管)自己,我兄弟的婚事是父母帮他们操办的,连大伯家大儿的媳妇是父母帮接的(出钱)。唯独就是我,寡仔(方言:即没有爹娘的孩子)不像寡仔,有父母不像有父母的。

十六七岁的时候,父母也给我讲成了一门亲事,她家是打撬寨的。都认亲了。但是因为我哥做牛马生意亏恼火了,又赌钱,有人和她说了来我家苦得很。后来她哥哥做主把她嫁到鸡公山那边去了。我去和她男的讲道理,最后他家退得五百块钱。我拿了两百给父母,剩下的三百自己拿着,把自己好好打扮了一番,打算另外去找一个,那时候我心高气傲,心想着像她那样的人,应该是不难找得到的,就算讲不到一个好的姑娘,也会讲得一个一般点的吧。

那时我一个人生活,倒是去哪里没有人骂,但是来到家却没有一个养牲(方言:即家里没养个牲畜,不像个人家之意),家里一直是鸡无毛、狗无种的状况。我想结婚,但一样都没有,害羞人家(寨上)和自己一般大的都结婚了,连娃娃都有了,弄得我很心慌慌。想怎么样都不行,有时候想出去和别人唱山歌都没有个伴。

后来我自己讲得打李寨摆弄关的一个,来到我家,在我家歇了一夜,第二天走后就不来了。过了一段时间,我又去宗地岜伙讲得一个,都约好哪天就来我家了,但是有人和她讲我家里不好,她就没有来了。那时候我

---

① 恼火:方言,"很厉害、严重"的意思。

和一群年纪比我还小的年轻人在一起，看着他们个个都结婚成家，剩我一个，我心焦得很，去坡上做活路的时候，想到我的苦处，也有哭的时候。我有一个堂哥的姨娘是个哑巴，有一天就来和我说：满满①，我们去帮你，我们帮忙讨那个给你。我说那个是哑巴，我不要，要是我到三十岁还结不到婚的话，我想着我就可以烂船烂拖②了嘛，到时随便做哪样了。

我没结婚的时候，很早就学了开路、搞摩公。有一次我和黄师父们一起去（宗地乡）牛寨开马路，他们说（宗地乡牛角村）卡尔寨的一个姑娘也还没有嫁到哪里。后来我们就认识了，约了一起去赶（罗甸县）摆落，那时我们谈合心了，她就跟我来了，第一天来到我家的时候，什么东西都没有。岑仕国（村民）好心给我们拿来一只鸡，她第一天来到家就这样过了。第二天，家里又没有猪油，她来到我家三天都没有得油吃。我看着无法，赶去宗地（乡）买了五斤猪肉来熬油。（我们结婚）办酒的时候，外家都还不答应，不要说外家给他家姑娘陪嫁哪样东西，什么柜子、棉被、床单，一样都没有，我们也是什么都没有置办。我家岳父以前是当兵的，脾气暴躁得很，不准其他人和我家来往，说哪个要是来的话，就打哪个，所以办酒的时候，她家都没有来人，那么我也就不用留猪脚给外家了（即给姑娘家的礼物）。只是我这边的亲戚和寨上的人来吃酒。生了第一个小女娃后，我才去外家认亲，认亲的时候，给外家几百块钱的礼钱，但是他们还是不认。我们两个自己住，但是外家那边又经常有人来找我家媳妇，我们无法，只好跑出去打工。村里面也照顾我，说是我们男（年龄）大女（年龄）大，叫我们去广西或广东那边找活路，在外面再生个小孩，要是生得一个男娃娃了，就回来办手续。我去广西那边得三年，后生得我家小向③。之后我们回到家，就去乡里面办了手续。从去年（2008）开始，才和外家开始来往。我岳父一直都没有来过我家，去年他过世了，我们家去上祭，抬了一头猪去，花去了一千多块钱。今年（2009）上半年，娃娃的外婆才来我们家住了五六天。我家进新房④的时候，我家娃娃的舅舅他们才来我家吃酒，给我们买了电视。

现在我这个家庭，也还是可以的，我找到现在的妻子，这要感谢自己会做摩公，要不是那次去做摩公，就不会遇见她了。两个小娃娃，一个女

---

① 满满：音译，以儿辈的口气对最小兄弟的称呼。
② 烂船烂拖：方言，意为"可以随便"。
③ 小向：岑万兴儿子的名字。
④ 进新房：住进新房时的仪式或者礼仪。

儿一个儿子,他们现在也都还听话。

我家媳妇的脾气还是好,哪个都不谈①,就是面子软点罢了。我经常出门做事情她也不会和我吵闹,有时候我喝醉酒了,她还好生照顾我。要是找得一个脾胃②不好的,我们做这个就无法了。人家有时候来找我去做事,我不去的时候,她还会骂我,说是你学都学成了,人家来喊你你又不去,那你学这个做哪样,你要是不去的话,不是对不住师父和亲戚朋友?亲戚来找到该去的就去,来到家该做活路的再忙活路。在家活路做不赢③的话,我多做点。去远一点的地方,我的师父黄老弄、黄老华来喊到,要是我不在家的话,她还会到坡上去找我。有时候打柴还没有打到一捆的时候,她就说,打到好多算好多,你赶紧回家,和他们一起去,去一两天再回来忙活路。

不管人(长相)好不好,只要性格好就好了,要讲仁义。家里来了客人,要待客点④,不能和我生气,弄得场面比较僵,那样就不好了。夫妻间的关系,要两边都要谦让点。要是我家这边的亲戚来,她不待客的话,那么她的外家来了,我也直接是不理。但是这种情况在我们家都没有出现过。我们家还是可以的,有吃无吃,平常多讲几句好话了嘛。家里天天有肉吃,但是说话不客气,哪个心里都不会舒服。马宗寨、火寨的亲戚来我家,都说是我们这样的关系处得好。

c. 打工经历

还没有结婚的时候,我们一伙去广西打工。那时做活路饭都不够吃,白天做活又累,晚上睡羊圈又臭,蚊子又多,吃饭都吃不香。出门打工去到哪里都是苦,不光是这一点,价值又低,每天才能得四五块钱的工钱,最高的都只有八块钱,如果包工的话平均下来可能有十多块钱,但我们做得最多的就是散工。每天都是天麻亮就要下地,傍晚要做活路到天黑尽。我们这里附近的人去广西那边开荒挖苞谷,收苞谷来不及的时候就请我们。主人家在家的时候给我们吃的油都只有固定的一小点,要是哪天主人家不在家了,我们才能多放点油在菜里面。在那边伙食不好,我们活路又多,直接把人弄瘦了。去了几个月,想着要是还在那边打工的话,再过一个月,人都要瘦死了,干脆转回家去。我们就转回来了,到(罗甸县)马

---

① 不谈:音译,意思是"性格好,不和其他人吵架、有口角之争"。
② 脾胃:方言,意思是"脾气"。
③ 做不赢:忙不过来。
④ 待客点:会招呼客人。

场（镇）的时候，身上就只剩下五十块钱，我心里想着生气，干脆就拿这五十块钱买了一双皮鞋穿，但是还没有走到家，皮鞋就穿破了。

回到家，我们找不到一分钱给老人买个什么东西，又怕老人骂。老人在家做活路，看到我们回来还是高兴，没有骂我，只是说回来就好。在家时日短点，身上没钱也还可以将就，但是一直在家呆起，又找不到钱花。只好又出去打工，我们包工来做，到上龙那边挖果场，挖沟来种果树，最后划算下来才得两三块钱一天，做亏了，我们就偷路（悄悄）走了，不做了。只有又去广西，这次去在广西做了一年，在那边也不是天天都找得到活路做，做一天可能要等几天才又有活路做，这样得了一天的工钱供几天吃，一年下来也没得好多钱。最后回到家的时候，只有三百块钱了。我拿了两百给父母，让他们买肥料，剩下的一百块钱就自己花了，买衣服穿。

二十二岁的时候分家的时候，房子是弟弟的，我和我二哥就分得十多棵椿树。我们几弟兄分土地，但是我的运气确实好，拈阄全是得那些平地、好地。我的那些弟兄直接是没有办法。有一次，黄老弄、黄老华我们三个去给人家开路。那家送给我们三个摩公的肉有两块大点，一块要小点。黄老弄师父先拿大的一块肉回去了。黄老华师父就和我说："你和你家兄弟拈阄分土地的时候，你直接是拈得三回，次次拈到好土地，现在我们拈阄看谁拈得那块大的肉。"拈了三回我也是拈得那块大些的肉。黄老华师父只好拿着那块小些的肉回家了。

分家四年，我就结婚了。结婚后，我们（一家）又去广西打工，开荒种苞谷，那时候（宗地乡大地坝村）马宗寨我那几个堂兄弟也都在那边开荒种苞谷。我最苦了，刚去的时候我还从家里带去三十斤小米，用擂辣椒的那种擂钵，一大早擂得一平碗，我们一家三口每人一天只能吃到一碗小米煮成的稀饭，一天都只能吃得一餐。过年的时候都没有回家来，就在那边过，人家家家户户都杀年猪过年，我们一家三口就只能吃买来的半边猪头肉，或者买一板鸡蛋来，有三十个，我们一家两天就吃完了。大家都会以为人家喂养的都有养牲，就我们家没得，笑话我们。但是换成别人想想，我们去那边去得晚，好地肥地他们都种完了，只剩下一些偏坡和坎坎地我们来种，人家一年收苞谷能收一万多斤，但是我们家就收得四五千斤，卖些苞谷换点钱，剩下的就只够吃饭了，根本就没有余粮来喂养牲。

在广西开荒得三年，我们就回来，来家的时候，想坐大船到羊底，但是没有钱开大船费，只有坐小船，小船是没有柴油机带动的那种。我们坐小船到河中间的时候，小船快要翻了，当时我都哭了，怕是命都要丢了。那个师父赶紧拿竹竿抵住,船才没翻,总算是捡回一条命。从羊底坐车到落苏,要四块钱的车费。从落苏回来只有走路了,我们走了八个多小时。在路上,又怕人家抢,钱是没有,但被打一顿就太不值得了。

来到家那一年我在家种苞谷,问(大菅乡巴茅村)火寨二婶家借来一头猪。那年收成好,收得苞谷也算多,把我回来时问人家借的八百斤的苞谷也还清了。还喂了三头猪,拿一个还了二婶家,一个送给我兄弟喂,一个给了我老爹。还剩下一千多斤的苞谷,留给我老爹他们,让他们在家给我带娃娃。原来在家那些年背账①也多,欠了人家一万多块钱的账。我们两口子就去广东了。

在广东是进老板的菜园里做活路。一个月能得千把块钱。我们辛辛苦苦做得一年,平常也没什么花费,把那些账差不多都还清了。在那边我还去做散工,在山上种桉树,种得一年,我家妈过世了,回来料理完我妈的后事,又出去打工。去了一年多,来到家剩下一万七千块钱。原本是不想起房子的,但听说国家政策房屋改建有补贴,起房子可以补助四千,我们家又得了一些扶贫款,就这样总共花了两万多块钱,修起我家现在的一层楼房,但厨房还没有修建好,现在都只有在堂屋门口临时的搭建的厨房里做饭吃,可能把我家这个房子整好还要花好多钱。

还有一件事,我一直记着,也算是我受苦多的时候吧。我去广西的时候,那时候还要上粮,倒是不用抬粮食去乡里,折合成钱,要三百零十块钱。有一次我们去广西回来的时候,超过两天没按期上粮,村里面就罚款,罚我们两百三十块钱的款。我借来五百块钱,交了上粮的钱。但是借钱的那家看到我一时不得钱还,就让我在他们家种苞谷做工抵账,正是种苞谷的季节,我帮他们家做完活路,才回来种自家的苞谷。那一年,我收得的苞谷太少了,都不够生活。

B. 歌师传承与信仰

a. 学习原因

原来我爷爷没有学,他有三个儿子,也都不会开路、供饭、搞摩公这一套。到我父亲、大伯、直到我这一辈,我们家族有十多个兄弟,都没有一个学得,其他的也都不愿学。你想找人家会的来家中做点事情,你今天跑一趟,他说明天来,但是明天他又说有事情不来了。后来我有点寒心了,又感觉自己对"摩公"的事情还比较感兴趣,就打算自己学,岑老桥和黄老

---

① 背账:欠人家的钱。

华,他们两位师父和我讲要是我想学的话,想学哪样他们都会教我。临近这些寨子有白喜事的时候就跟着他们一起去,但那时候年轻好玩,没有静下心来记住那些唱词。18岁的时候,我又重新与师父们学习,陆续与岑老桥和黄老华学习了大半年的时间,基本上掌握了"翁祈"和"交该"的唱词。后来又与打俄寨的黄老拗师父学习砍马的相关仪式程序。学搞摩公的那一套,在开始学的时候,岑老桥和黄老华两位师父就和我说要怎么弄,说是要(送鬼)送得出去了,才能学得成。我先把他们教我的那一个(鬼)送出去了,人的病情也好了。之后,我就尽量学。在广东的时候,有人来找我办哪样事情的时候,我能够但又没有十分把握的时候,我就打电话回来,问岑老桥师父,他和我说要用哪样献牲,我就在广东那边办成了很多的事。

b. 学习过程与内容

我自从跟随师父们学开路与唱诵"杨鲁祈",是"读书读不进去,但学这个很快,只要师父们唱诵一两遍,自己就会了",说起学习"翁祈"和"交该"的过程,寨上和周围邻近寨子的一批年轻人也一起跟随师父们去为哪家亡人做事情,或是在农闲的晚上师父们传唱。学习到一定的程度,我们年轻的学习者会和师父坐在一起,杀鸡来吃,师父们先前就把鸡肉的各部分包成一小块,一起放进锅里,当吃饭时,看学习者都会夹到哪一部分的鸡肉,比如夹到鸡肚子就表示着学习者以后学习会成功,夹到鸡心子的话,说明自己已经把学会的各种经词熟记于心。

我在师父们这样的检查当中,两次都夹到鸡肚子的小包,而那些夹到鸡肠部分的同学习者,果真在后来一起学的过程中就没有多少进展,后来干脆不学了,也就没有学会。唱诵"翁祈"和"交该"的内容完整唱下来需要一天一夜的时间。和那些驱鬼除病的念词一起,这些都只能靠着自己的记性,跟师父们学,没有固定的书本可以现学,所以需要我们勤快点去记与经常练习。我到山上做活路的时候,就想着学的那些该怎么念唱。

我第一次去给人家开路,是前两年寨上岑万盐家的母亲过世,那个时候都还没有完全学成,才学了一半。第一次念唱的时候也紧张,心里面也有点跳,但是还是克制住了,要不一紧张就忘记念到哪里了。之后又跟师父学,给亡人开路到第三回的时候,就都不怕了,比较顺溜了。那个时候我的记性要好点,现在了出门多了,有时候就弄恍惚了,把以前记得的一些都忘记了。

在念唱开路的这一段中,我能讲杨鲁和海布多的几个故事。有一段主要讲的是杨鲁和海布多比赛,他们一起争山林,他们说我们一起砍树枝,谁砍的树枝倒在坡上是往山坡下倒,这山林就算是谁的。杨鲁让海布多先去砍树枝。海布多站在树枝的下方砍树枝,后来砍倒的树枝都往坡上倒。杨鲁去砍,他晓得怎么砍就会让砍的树枝往下方倒,这样杨鲁就对海布多说:"你看不是我要故意和你争这些山林,砍的这些树枝都可以证明,这些山林是属于我的。"

又有一次,杨鲁和海布多争土地。他们就说哪个去烧坡,坡烧着哪里就属于哪个。杨鲁让海布多先去烧,海布多不知道缘故,一大早就去烧坡,想把土地争到他的名下。但是一大早,坡上的树枝和草叶都有露水,怎么烧也烧不着。杨鲁等到下午的时候才去烧坡,看着坡地一片连着一片烧着过去。海布多没有办法,只好承认这些土地也归杨鲁了。

还有他们打赌,说是哪个叫得答应坡上的坟,这些地盘就归谁所有。杨鲁让海布多先去叫,海布多白天的时候就去坟边叫,哪叫得答应哦。等到晚上天黑以后,杨鲁先让自己的七个媳妇躲在坟边,等他开始叫的时候,她们就答应。海布多还真是服了杨鲁,真的把死人的坟墓都叫答应了。海布多没有办法,只好把先前属于自己的地盘让给了杨鲁。

其实在唱的这一段中,我晓得了杨鲁的狡猾,他会想一些办法,瞒过海布多,而海布多呢,脑袋瓜要转得慢一些。我晓得这些杨鲁的故事,也是很佩服杨鲁的办法多,我很喜欢杨鲁,做事情要多像他一样想一些办法。

在学习"翁祈"和"交该"的内容之外,我还跟打俄寨的黄老拗师父学习丧葬仪式中的砍马仪式程序的内容。32岁时,另外一个寨上的人请巴茅寨的四人去龙屯村砍马,我和寨上的小齐、银保、小盐,我们四个一起去了。那时我砍马时马边跑,我边追,我砍的第一刀,小盐砍的最后一刀,我们几个人只砍了四刀就把马砍倒在地。等马倒地后,用斧头从马颈部上面部分砍下去,而不能从马颈部由下往上锯,这样的话,亡人得不到马,砍马师就要挨主人家的打,或者重新买一匹马来重新砍。在龙屯村的那次砍马,我们四位砍马师每人分得八斤左右的马肉,要用称称好均匀地平分给大家,来砍马的同姓人不能吃马肉。到目前为止,我砍过两次马,最远的地方是去师父黄老华的家门沙榔鸡去给亡人开马路、开人路,砍马。第二次去砍马时是与寨上的杨小岩、杨小银、岑小强一起去的,那一次去砍马时砍马的刀不快,砍了五六刀都没有效果,最后砍的一刀砍在马耳朵附近,但马还没有死,直接倒在地上,最后大家用斧头砍死。砍马的人必须是和亡者合班辈(同辈)的人,要是不合班辈的话,主人家要给砍马师一定的利师钱,要是亡人死不好的情况下,主人家至少要给十二元的利师钱以表示吉利,亡人死得好的情况下,一般给三元六角也就可以了。

学摩公这一套,不一定要请师父整晚地来教我,有时间遇到了就问这两位师父。学冲傩神是黄老华师父教我的,当时广东那边有人要叫黄师父去帮做冲傩神,但是没有车费钱,正好我要去广东那边,黄师父就在坡上教我几遍冲傩神的念词。我就会了,到现在也不会忘记。开马路的那一段是黄老华师父和黄老拗师父教我的,这一段我要生疏点,前不久,我们去帮人开马路了,我也在尽量地重新学。这三位师父都是很耐心地教我,我也耐心地学。我有不懂的,随便去问,他们都耐心地教我,解释给我听。有时候人家来喊我去帮做摩公,我说我先去问我的师父,碰到岑老桥或是黄老华的时候,就向他们讨教,我会做摩公这一套,全靠这两位师父教我,他们教给我的东西很多,我不会忘记他们。我出去打工的时候,就没有机会向两位师父请教,我拿了一个录音机,把两段念词("杨鲁祈"和送老人去到家族中先前过世亡人的所在处)录了音,带在身边,经常复习。

目前在巴茅寨及其附近寨子里的这一批年轻的摩公中,会念唱这些经词的,相比较之下,我还算比较全面,大家对我的评价都还可以吧。临近寨子的这些亲戚朋友经常请我去送鬼接魂,做各种各样的事情打整(清扫)家里,治好病情。比如说是给进新房家的供祖先,到宗地的坝榜寨为小孩接魂,在家中为我大嫂冲傩神,就这些事情,我忙了好几天。会做这些(送鬼接魂、冲傩神、开路)在巴茅寨及邻近寨子只有黄老华和我两人,其他的虽然也会唱诵"杨鲁祈",但却不会或是不会给人做事情送鬼医病。也有其他的会这套的被请去为某家做这些事,但效果达不到,之后大家就不请了。

到现在我已经和师父们一起给亡人念唱开马路的经文十多次了,给亡人开路的经验也有了十多年,就今年给亡人开路的次数都有四回。这种给亡人做法事的事情有时一年都碰不上一回,但也有一天给两位亡人开路的经历。我做法事一般在附近的一些寨子,最远的去过望谟、猫场,去这些地方也是为岑姓家族的人做事情。周边寨子要是遇到法事活动时间上相冲突的话,我们年轻一辈都要听从师父们的调配,师父们安排出门办事情的班子。

我还自学中草药,会在送鬼的时候掺用草药的方式,这样害病的人可能就会好得快点。学草药的事情,是因为我自己病了很多次,找人家医病也是麻烦，我就和认识的会医草药的人学，我和马宗寨的杨小才、羊寨的一位大嫂（岑仕国的母亲），打撬寨的有一位师父（医草药），我医草药的师父有五六个。只要自己愿意学，他们都愿意教给我，因为这本身就是做好事。目前我也会医一些病了。

c. 学成之时

当我们觉得功夫本领学成后，对师父们平常或是节庆日不用要哪种特别的礼物谢师，主要是对师父们要尊重，节日的时候也要约上大家一起到师父家喝酒吃肉以示谢意，但是不会以给钱的方式向师父们表达谢意。

前些天岑老桥师父也和我打过招呼，说你们这些年轻的，趁着过年的时候多复习一点，多熟练一下，等着哪天我过世了才好把这些所以然弄清楚，要是等到他去的时候我们这些徒弟还弄不清楚，那他也去得不安心了。但是我有点担心的是要是我刚出去想找些钱的话，岑师父有哪样病痛，要是不幸过世的话，我又要回来，和黄老弄家母亲过世一样，（要白花费一些路费钱）。不回来，对不起师父，回来呢，恐怕连车费钱都还没有找到。在家呆起吧，也说不定他哪天会发生这样的事情。

C. **生活与打算**

我现在的生活，比上不足，比下有余，但是小康生活还是没有达到，才达到了百分之五六十吧。以前苦的时候，一天吃一顿小米稀饭，现在条件好了，一天还有一两顿肉吃。平常在家的时候，会喝一点酒，但正规在给人家办事情的时候，我就不喝酒了。

现在是老的这批师父们教我们，等到以后我们年纪大了，我们还要传给小的一批，一批传给一批，不会打落①到哪里去，但是学这个要记性好。等再过几年，我们的师父走不动的时候，远的地方我们年轻的就去，我们就带着我们的下一辈去帮人家做事，这样带着小的一批去几次，让他们跟着学。以后要是我家小向愿意学，我都会尽量教给他，人家有事情都要去帮忙做，自己学会了方便他人也方便自己，不过这也要看缘分。

快过年了，本来想着明年（2010）在家做活路，好好地再和师父们学开路、做摩公这一套。但是想着我家的楼房才修得一层，厨房都没有弄好，在家做活路又没有时间，天天被别人喊去做事情，一天去一处，都不会在家，也找不到钱。所以没有办法，打算过完年再去广东打工，去一两年找点钱，把账还清，再存点钱，把房子的第二层修好。出去打工要比在家守

---

① 打落：方言，"丢失"的意思。

着几亩石旮旯地经济活泛些,但是念唱"翁祈"和"交该"的内容就会忘,前几年外出打工,已经忘了一些,现在得闲的时候在跟师父们重新学习,我想等我出去打工攒到一点钱了回来就尽量学。

要是我出去没有找到钱,我家这个房子就只有等到娃娃他们自己长大弄了。眼看着娃娃他们长大,要花钱的地方多了,还要准备一些钱送他们读书。我尽量让他们两个读书,但是要看他们自己读得读不得,要是不能继续读,那么读完初中也就算了。我自己这样不读书,就像个哑巴,一个字都不会写。

D. 别人的评价

我家媳妇对我做摩公的事情,是又高兴又不得办法。我经常被请去做事情,很多时候的法事是救人于情急之中的,她不得不支持我去,但学成摩公又是一种义务,去哪家做事情得不到哪样钱,最多只是留下个人情,这样就不得时间做家里的活路。但是我自己喜欢这样事情,谁叫自己喜欢这个呢?今年我家起房子的时候,就有很多以前我帮过的人来帮忙。

寨上的也说我们几个(小强、银保和我)学摩公,虽然年轻,不过脑筋不错,学得后也方便寨上,师父们也很高兴我们年轻的学,叫我们安心地学,学具体,弄熟练,要是弄得不熟练的话,就会破坏师父的名誉。我们师父对我们都不错,像黄老华师父就这样说过我:这个徒弟很钻①,记性也好。

同时也有一些不理解我们的人这样说:"三匹茅草掐一掐,不要鸡来要个鸭,管你病情好不好,摩公得顿饱。"就是说我们贪主人家的那顿肉吃,反正我们是在真心地为别人做事情,我们并不是贪吃这顿肉饭吃,我们在家做活路也不缺这顿。但是有人这样想,我们也不得办法。

(2) 巴茅寨《亚鲁王》歌师黄老华口述史

黄老华,男,苗族,1942 年生。紫云苗族布依族自治县大营乡巴茅村巴茅寨人。

口述史采录的情境。与黄老华歌师第一次见面是在笔者第一天到达巴茅寨的晚上,村干部安排寨上的摩公们一起来座谈,他也在其中,但是在众人面前,他说话比较少,也不大愿意用汉话交流,对于笔者的问题,他习惯用苗话说,请在场的村干部再转述给笔者。应其他在场摩公的安排,他给笔者念唱了丧葬仪式中的开路一段("杨鲁祈",约四十分钟)。在接下来的了解中,笔者得知黄老华歌师算是巴茅及附近寨子"手艺"全面的一位摩公。笔者想办法和他接触,无奈他很多时候都不在

---

① 很钻:土语,"学习刻苦"的意思。

家,出门忙于给别人家做法事,所以在笔者的第一次田野调查中,只是了解了这位歌师的大致情况。在第二次的田野调查中,笔者在巴茅寨附近的寨子找到他,他欣然答应好好摆谈他的种种经历。忙完一天的活路后,他来到家杀了一只鸡并看了鸡卦,是三筹的鸡卦,他说是好卦。深度的访谈也从这一天晚上开始,人少的时候,他健谈多了,和笔者详细叙说他经历的种种苦处来。后来的两天晚上,他出门为家族某家做法事,笔者请求一同前往。于是在来回的山路上他自述着自己的婚姻家庭、打工的各种经历。这个口述史也就是在这样的情境下产生的。

A. 人生经历

a. 家庭概况

我先前结婚的那次生得一个娃娃,她家妈妈也在她两岁的时候就死了,剩下我和小姑娘(两父女)。黄光荣家的兄弟超生两个(小孩),后来就拿他家的幺儿来送给我家,算我抱养的一个儿子。我和两个娃娃住得十多年以后,在48岁的时候,找得现在的这个(妻子)。我家现在这个的男的死了,她从方石坨来到我家。跟着她一起来的有杨家的三个儿子,现在他们都已经成家,两个大的儿子在打俄寨那边已经修起了房子,小儿子去年结的婚,现在和我们住在一起。

b. 身世

我的身世苦得很,和我一批的这些人当中,我算得上最苦。(我)还没生养①的时候,我家父亲就被抓去当壮丁了。剩下母亲一个人,她带着我上坡上挖土做活路,把我放在一边,我一蹬一蹬地就滚落坡了,差点死了。两岁的时候,我家母亲就过世了,我就成寡仔②了。大哥才九岁,猴寨的姨妈和大哥说要是他招呼不到③我,就让她带到猴寨那边和她一起住,当时我姨妈家有四五个姑娘,但没有儿子。我舅妈晓得后,就和大哥讲:"小围阿,你要是让你兄弟去和你姨妈住,怕是以后他长大了都得不到转来,你要是招呼不到他,我帮忙你招呼。"这样我就在外公家长大到16岁。

16岁的时候,我当上大队长,那时公社抽调人去板当落脉那边挖路,我就和寨上的人一起去了。在板当挖路的时候很辛苦。这是上面分派的任务,我们村里分得一段,我们虽然是给公家修路,但还是要自己交钱买饭、带饭去做活路的地方吃。一起去的公社干部有韦仕周、梁文富。不过十五天就挖成了。

---

①　没生养:方言,"没出生"。
②　寡仔:方言,"孤儿"。
③　招呼不到:方言,"照顾不了"。

我们挖成以后，又帮忙别人挖，我推石头和泥巴塞了一个房屋这么高的洞，我塞了那个洞以后，就莫名地在工地生病了，五天没吃饭，差不多死了，也不知道是不是那个洞不能塞的缘故。那时岑老桥也去了，大家走转回家来的时候，他带我回来。回到家中，我就和大哥一起住。饿饭的时候（1958）最苦，"大跃进"的时候搞矿、炼铁。炼铁的是在妹场那边，那边有矿石，用含铁的石头来炼铁。在矿场的时候烧炭、挖矿，全靠人工，从村中抽人去做活路，一个村去五十几个人。当时这个村有九个组，我们巴茅组人口要多点，抽去的人也多一点。等到妹场矿不多的时候，我们又去了三角寨，在三角寨的时候还去过德召烧炭。去搞钢铁卫星的时候，我们到三角镇去搞，又去羊场那边，活路多，经常加班加点，虽然饭是要吃得饱点，但还是苦恼火。那个时候又有成立的养猪专业队，一个小队抽出八九个人成立专业队。搞三改呀，哪个队做不完活路，就去帮忙。凡是这些苦活路，我都做过。

在家中和大哥一起做活路，过了一两年，我大哥给我讲成亲事，我和大哥一共住得四年，24岁的时候大哥帮我结婚成家，我家那个来了，我们就自己当家，大哥分我们自己住。我们分家的时候，老房子是二哥的，我就得一个牛圈，大哥没要哪样，自己起房子。

我搬家搬了好几处。原先在小巴茅住，有两个屋基。但是住在那个屋场上的时候，两个娃娃都不乖，其中一个生下七天就死了。后来我就搬到冷水弯去住。之后又搬到过离冷水弯不远处的山坳上住，在山坳上是和黄老红住在一起住了一些年，他是五保户，五十岁了，没有小娃①。最后搬家的那次是从小巴茅搬在现在这里（大巴茅寨）。人家都说，搬个屋基，换个水井。搬到大巴茅寨的时候，是在黄老爪的房檐下搭了一个叉叉房住起，几年以后才在下寨买得五柱房的木料，起我们现在住的房子，这个房子才起成得一年多点的时间，我才去望谟青枫林打工得三天的时候，寨上派人去喊我，说是我家那个病情严重，我们还走在半路的时候，我家那个就死了。我走到寨上场坝的时候，杨正付家的伯娘和我说："你赶紧回家啰，你家小燕他妈都去了，小娃娃不懂，还趴在她妈妈身上吃奶。"那时候小燕才两岁，她妈妈死都死了，看娃娃都不晓得。回到家中，我们家棺材也没有准备，到处去讨也没有讨得，后来才问一家亲戚借得一副棺材来，把她埋了。后来我拿两头牛和一棵树去还借得的这副棺材。

我最苦了，先前那个老婆那么早就过世了，小的时候是寡仔，成年了又成了一个寡公。讨得后面这个，我们联合起来最主要是想一起照看这些娃娃，到

---

① 小娃：方言，"孩子"。

现在她来得有十年的时间,对我也不错,常言道:八命生成由命不由人。我们又要帮忙把这几个儿子讨老婆,钱米花多了,我们到头来是一样没有一样。①我现在的任务都还没有完成,也是焦心呢,还有两个大儿子没有办酒,接抱来的那个儿子,也只是给他取了八字,没有钱米,还没有办酒。我们现在年纪也大了,怕是出钱也没有那个力量了,只能说是喂点养牲②,挖点庄稼③,关键找钱还是要靠他们自己了。现在我亲生的姑娘家也在起新房子,我还要帮助她做些做得动的活路,尽自己的心帮助她。

c. 婚姻经历

我第一次结婚的经历是这样的:我们(的婚姻)是经过媒人,看过鸡卦,而且鸡卦好才继续谈下去。我当时和媒人一起去的(女方家),她家那边是家族中的叔伯来会面。(媒人和女方家)讲成三块的礼钱。讲成后就认亲,认亲要带的东西有粽粑、一对红糖,给家族每家一份礼物、糯米饭,从场上买来的糯米蒸好后带到女方家去,四五斤的糯米饭包成一包,用一小竹篾箩装着。(初步)讲成(亲事)和认亲的时间(之间)相隔好长一段时间要看我们自己约的时间。第一次和媒人去讲是看双方合不合,以鸡卦和生辰八字作为依据。认亲过后要八字。现在都改变了,认亲和要八字在一起。要八字时要抬一头活猪去,我当时去要八字时抬的猪有七八十斤。她家亲戚都来,姑妈姨妈、也会来,她们要教礼给女方,送来洗脸帕,那时候姑妈送礼送五块都算是多了,姨妈送两块。平常一般的亲戚送礼都只有一块、五角的。(我们男方家)去要八字的那天还要在女方家讲成结婚时的相关准备:讲成要好大的猪,要几套衣服。那时候我家里贫寒,讲成办酒的礼钱是五六十块。办酒的时候一张牛皮、一只狗,就办成了酒席。我结婚的时候,吃饭紧张,一顿饭才有三两五(的限量)。平常的时候吃小米糠、打来构皮叶和饭吃,吃的像猪吃的一样。后家④没有打发什么东西,我家女的扛一把挖锄和薅锄就来到我家了。我和岑万赢两个一天办的酒,他家那个是格邦寨那边的,他们的后家打发得一口柜子,我们在打李寨那里抢路⑤,没有抢赢他们,他们要来得早点。

d. 打工经历

(一九)七几年的时候我去望谟打工,那时寨上的人去得多,那里有糖厂,

---

① 一样没有一样:到晚年了家境还是较贫寒,没有得到物质生活上的享受。

② 喂点养牲:方言,"养牲畜"。

③ 挖点庄稼:方言,"种庄稼"。

④ 后家:岳父母家。

⑤ 抢路:婚礼中的一种风俗,寨上如遇两个男青年在同一天结婚,要在娶亲回来的相遇的路上争抢走在前面,或是尽量避免两位新娘的正面碰面。

去望谟给农户砍甘蔗。一天才得三块钱得工钱,去一个月才攒得到二三十块钱,从(长顺县)凯佐(乡)坐车到望谟才要七块钱的车费。这时候打工是季节性的,砍完了甘蔗就回来了。那边有活路的时候,就去做活路。第一次是有人来这边招工,后来就晓得路了,跟着寨上的人一起去。那时候公路都还没有通,我们从家里出去没有钱,就只有走路去了,从打号、打浆坨走。从这里走路爬一坡,下一坡,没有平路。走到路上的时候路都黑了,那时又没有电筒,走到哪里黑了,又没碰上人户,就在坡上睡,那时去的时候我们有两三个一路,要是只有一个人还真是有些怕。回来的时候找到一点钱了,还可以坐车。老以前的时候,人能吃苦多了,我们抬苞谷去五官、马场、宗地、凯佐上粮(给国家交公余粮),抬担子到宗地要走四个多小时的路,一个追一个,走路凶得很,不像现在的年轻人去哪里都骑着摩托车,不愿走路。

我们又去过罗甸找活路做。做活路的地方隔(距离)主人家有两个小时的路程,我们跟着河沟走,有时候就睡在坡上。他们那里的老乡还来吓我们,我心头还是有些跳。回来的时候,我们打工得几块钱,又怕被别人抢去。记得一次(从望谟)回来的时候,要从桑郎过河,那时正逢涨水,我们四五个拄着扁担,一个拉一个才过河来,水都齐腰了。幸好桑郎河小,要是大河都过不到。来到羊地天都黑尽了,一起走的人说是去住旅社,最后还是没去,我们就在坡上的芭蕉叶上过了夜。

在广西打工的时候是给人做散工,一天做一样,砍草、挖土、薅苞谷(除草)、收苞谷、砍柴。我没读过书,最笨了,出门就遭人骗,做工得钱也遭人吃。有一次寨上的小财、小文、我家大哥的儿子,我们四个人在一起打工,他们(包工头)不开我们工钱,还遭打,小财和我家侄儿都被别人打了一耳光,他们还问我们读过书没有,我家侄儿讲读到六年级的书,他们才坐船吹着木叶走了。我们在外面打工的时候,人家对我们也不好,让我们睡平房上面,也不给我们猪油吃,我们只有趁着他们不在家的时候弄点油来吃。

前年我去广东打工,是进菜场帮忙犁地,犁了四五个月,剩下的时间拌鸡屎,做杂工。拌鸡屎最难过了,臭得很,一段时间里吃饭都吃不香。我家娃娃些①都在一处,去年我家这个(妻子)也一起去了广东,她去帮忙照顾孙孙②。老板提供住宿的地方,会补贴给我们一点的生活费,我们自己办伙食。但是虽然是在菜场种菜,却不能摘菜来吃,每天还是要到菜场去买。有时候我们半夜

---

① 娃娃些:方言,"娃娃们"。
② 孙孙:方言,"孙子"。

的时候也会偷偷摘点,但是要是被老板发现了,就会扣工资,因为他们管理菜场是分开的,像我犁地就专门负责犁地,种菜有专门种的人,最后卖又有专门负责卖的人。我们打工的菜场是在一个村庄,比较偏僻,离大城市还是远得很,不过附近天天都有像赶马场①那样的集市,我们也去,就是早上去买些肉和菜,而不是像在家赶场就要去一天,他们那里天天都有人"赶街",那里村庄人多,菜场的人也多。走路去到集市要走两个多小时,不过那里的路好走,车也方便,搭摩托车二十多分钟就到了。

我去了不到一年就转回来了,是因为黄老拗家的母亲病情严重,他喊我们回来帮忙开路砍马,他打电话和我说:"你们还是回来一趟吧,虽然家中也有人在家会弄,但是他们都弄不具体,你联系上岑春华喊他一起回来帮忙做事。"我们回来的时候,黄老拗的母亲还没有过世,回来了六天后她才落气,我们后来帮他家开路砍马。

出去了一转,就是坐车,看到了一些高的楼房,我们也没有进过大城市里面。来回坐车都是直达车,有从紫云直接到广东那边的客车。

e. 对本寨情况的讲述

我们这里通电也算是比较晚的,是在 2000 年的时候,虽然还有(宗地乡)大地坝村还在我们后面通的电。电来的时候我都在广西打工,之前都不知道,回来走到回龙山的时候,看到亮灯,才知道这边也通电了。我们寨上最早买电视的是岑万春和岑万德家。那时候我们这里还没有通电,但是正在抬电杆来。后来通电有电视的时候,娃娃们都去他们家看电视,岑万德家还卖点小东西,后来到他们家看电视还要收一点钱了,一个娃娃收几角钱。五年前的时候这里的每家基本上才有了电视。

大营到巴茅的路才修通有两三年,寨上的年轻人都知道,以前只从大营乡里面通到回龙山,两三年前从那里接通过来。修通这段路是寨上的人投工投劳,把路挖通。

我们与外面的交流主要是赶场的时候。我们赶场的时候出寨子去买卖东西。我们赶场都是赶马场那边,这边场大,路又大套②,不用爬坡。去大营的路难走,打郎那边的场是个民族场,人少得很,又受到周边场的挤压,不成场。记得以前有一次我们抬猪去猫场那边卖,走到大营出去往望谟那边,天不明就从家里出发。买卖的时候会用汉话交流,当然了,要是碰到会说我们民族话

---

① 马场:隶属罗甸县管辖,地处紫云和罗甸两县的交界处,历来是巴茅寨村民赶场的集市。
② 路大套:方言,意即"山路平缓",比较之下,好走一些。

（苗族话）的人来买,那样说起来就更好一些。去赶场一般也都是男人去,女人一般很少去。现在寨子上还有一位老妇女,她80多岁了,都还听不懂汉话,更讲不出汉话。像黄光华家的妇女,现在60多岁了,只是听得懂也还是不会谈①汉话,她们常年在家忙着挖苞谷,做活路,很少与外面交流。

B. 歌师传承与信仰

a. 学习的原因

我去学开路,一方面是为了给家族老人办事时有个根据,要不然要请其他摩公的话,如果不是我们这个家族的话,就不懂得把我们的老人指到哪里去。另外还有一个原因是我家哥哥整到我了。常言道:不寒心不做事,不怄气不打人。当时,我牙齿痛得厉害,我家里需要打整②一下。我就喊我家哥来帮我打整一下家里。我把饭都煮好了,他来到我家,看我家鸡都没有一个,全都要用那些干的献牲来打整,他就说,送这个鬼一定要见血,就不帮我打整了,自己回家去了。我恼火了,又跑到小巴茅寨请岑老桥来帮我打整,走到他家,他正煮好猪食,说是有人等着请他去做事情,就和我说:"你都会开路了,自己也应该会打整,我告诉你需要的三种献牲,你自己回去打整,就会好的。"没有办法,我只好回来自己打整,后来也好了。那个时候,我们附近的寨子都没有摩公,请摩公要走到格邦寨、罗甸、摆落、岩脚寨,后来我家哥黄光明和岑老桥才去学的。后来一次,是帮我家外公做事。他在平地犁地,牛就莫名其妙地打他。他来找其他摩公掐草③,另外的摩公就和他说,你家女婿就会这个手艺,你去请他去帮你看看。他扛来一把茅草来找我,喊我去他家帮忙看,我那时确实还不大会,就只是前一次没有办法的情况下给自家打整过一回。我家外公说:"你不要推说了,人家都说你会,你在我面前害羞是不是嘛?"我只好下蛮④掐草看,掐完草我看出两样(鬼),他说他的情况就是我说的那样了。就喊我去帮做,我说我做不得,他说那你做不得的话,你帮忙请哪个会做的来帮我家打整。他那时当个民兵连长,脾气冲得很,我只好请岑老桥和我一起去帮他家打整。就这样,和岑老桥去得一回,学得一回经验。逐渐地,亲戚些都晓得我会了,就请我去帮忙打整家里,我们的亲戚有些远得很,以前全都要走小路。现在大多通公路了,有远处的亲戚来请的话,还可以骑摩托车来接。

---

① 谈汉话:会说汉话。
② 打整:方言,"做、处理"。
③ 掐草:摩公做法事前的一种判断方法。
④ 下蛮:土语,"勉为其难"的意思。

b. 学习过程和内容

我 18 岁的时候,我们几个人去和黄老桥老人家学习开路,刚开始去学的时候有一大帮同龄人一起去学,我们那时候有五六个人一起去,但最后学得可能就只有两三个。和我同去学的有黄小福、黄老拗、黄小友、黄小保、黄老爪。最后学成的就只有我和黄老拗。

初去学的时候带一瓶酒去,师父就知道来意了。第二次去的时候就不用带了。师父还是愿意把他所知道的都教给我,他年纪也是一年比一年大,要是他不把自己懂的这些传下来,就会失传,那么我们这个家族要办事情的时候就会没有依据,师父碰见愿意来学的后辈是比较高兴地,也乐意把自己懂得的交给我们。我们几个年轻人在一起学的时候,也会有学得快慢之分,哪个学得快点,师父就教得快点,要是学得慢了,就自己慢慢体会,慢慢记。这样学习一段时间下来,同时学的几个人就有区分了,师父也会偏爱一些学得快的徒弟,但是不会说是不教给其他学得慢的人了。这就和读书一样,哪个学得快点,哪个就学得多点。一时学不会的人就慢慢学,多花点时间记忆。教的时候是师父念唱一句,大家跟着念唱,等自己觉得一段记得差不多的时候,就可以在一旁唱给师父听,师父觉得哪些地方还不准或是模糊,或是记不起来和记错的时候,就在一边提醒着。

在差不多学成的时候,一起学的几个会在师父家杀一只鸡来,用叶子来包成几包,有肠子包、脚杆包、肝子包、鸡头包、翅膀包,放进锅中煮吃,哪个拈到哪样就能初步断定学得怎么样。包这些包包的人最后来拈锅中的小包,在师父家试探性的检测中,我拈到了肝子,说明我记性好。师父在农忙的时候没有时间来教我们,只有等到七月以上的农闲的时候才有空教我们。大家一起学了半个月左右的时间,就要休息一段时间,一是师父年纪大了,每个晚上教我们到半夜也比较累,另外我们自己也要练习一段时间,看记得有哪些了。

我们学习这个,只能是在活路不多的七月以上(农闲时候),但是你去学的时候师父们也不会有固定的时间来专门教。一般还是要碰到事情时(例如办丧事时)自己主动去听,去学习。要是有专门教的时间,我们大概花十个晚上就能把所有的念唱学会。我们做这个,要不怕耽搁活路,同时也要胆子大,声腔好。

第一次去给人家办事是在和黄老桥学开路的四五个晚上后,那时岑春华家的二伯娘过世,我还刚学会,当时还没有学到砍马的那一段。当时心里说不怕,但是出声的时候还是心里跳,念唱不如现在的顺畅,初学成去做事还是有些紧张,又怕害羞,因为旁边有一些年轻人看着,怕他们笑话。那时候师父又不一定在旁边,怕唱到哪里忘记了。

我们开路学成后第一次去给亡人开路一般是要给女亡人开,这样才能保证自己的记性好。给亡人开路念唱的分为几段,首先是念唱开天辟地,其次是"杨鲁祈"那一段,之后是把亡人指路到他家族的那段,接着是唱亡人的家族是挨着哪一房,最后是把亡人交给之前死去的家族亲人。

我们黄家和岑家的开路一样的,最后有区分的只有各姓的族谱不一样,大概有一个多小时的念词不一样。这两姓的族谱我都懂得,所以寨上的黄家和岑家的老人过世我都能帮忙开路。这两姓人家哪家有事情,目前都会请我帮忙去做事。

这两家为什么开路念唱的会是一样的呢?因为岑家和陈家是一样的,而陈家又和黄家老古以来是家族,原本是姓陈的亲亲两兄弟,因为争一处山林,兄弟中一人去安顺告官,他们说是家族告家族有些不合道理,他们就称我们是黄家伙,说不是同一家族的人,最后打成官司。陈姓的兄弟现在搬至广西、望谟,近处的在大龙这边。当时我们大巴茅这一偏坡有九十多户人家,人多地少,挖壁岩都吃不饱。树枝倒是多,那时都是叉叉房,在外面都看不见这里有人户。大树枝是在食堂(人民公社)的时候就砍光了,树枝都砍来当柴火烧了。

我不大会谈汉话①,本来在念唱的这些当中有多个讲到杨鲁②的,我用汉话也讲不出来,只能大概讲一两个。我记得有一节是讲杨鲁和海布多之间的打仗。海布多没有杨鲁那么办法多,海布多被打败了,他想逃走,但路口全都被杨鲁的兵站满了,他又气又不情愿把以前是自己的地盘让给杨鲁,打算在逃走之前也要在先前属于自己的地盘上留下记号,他对着对面的山大吼三声,就把一整座山变成了现在的我们这里的对子山③,前面的山也让出一条路来,海布多和剩下的兵才逃了出去。走了不远处,海布多又把一座山一箭射了一个洞。④

还有一节当中是讲杨鲁在打仗的时候,总是打赢,后来对手就晓得原来是杨鲁有一颗龙心的缘故,对手就派人到杨鲁家中去看,他假装成是去杨鲁家那边卖花线的,正好杨鲁的两个姑娘出来买花线,卖花线的就故意讨好她们两姐妹,没话找话说,最后卖花线的说:听说你们家有个宝贝,不晓得能不能拿出来让我看一下呢?两姐妹开始不愿意,后来被他一说一说地,就把龙心拿出来给

---

① 谈汉话:"说汉话不流利"的意思。
② 杨鲁:即亚鲁王。
③ 据传说对子山是在现在从大营乡往巴茅村的途中,回龙山附近。
④ 传说这座岩壁中间穿洞的山现在在巴茅村附近。

卖花线的这个人看了看。卖花线的看了就走了。过了一段时间,卖花线的人又到杨鲁家那边去卖花线了,两姐妹出来挑花线,卖花线的人又故意和两姐妹说话,后来和两姐妹说:"把你们家上次的宝贝拿出来让我看一看,我送你们这些好看的花线。"两姐妹想了想,觉得让他看一眼,又不会怎么样,就回家把龙心拿给卖花线的人看。哪晓得卖花线的人把杨鲁家的龙心宝贝换了去,两姐妹都不晓得,她们还以为还回来的就是真龙心,不晓得卖花线的拿了假龙心还给她们。后来杨鲁去和人家打仗的时候,因为没有了龙心,就打了败仗。

c. 学成之后

我多次去帮人家开路砍马,我第一次砍马是因为我家侄儿闯(遭遇)到不干净的,上吊死了。他死的时候有三十多岁了,离现在有十九年的时间。那时候我才48岁,也才刚学会开马路。这匹马是主人家买来的,一般是由亡者的女儿请人来砍马,马砍倒以后主人家和女儿家都得不到马肉,寨上的与亡者的同姓人也要忌得到马肉,就只是砍马的人能分得马肉。当时我们去砍马的摩公是黄小福、上头寨的岑小福、黄老拗,我们四个人去给我家侄子开路、开马路、砍马,都是我们一起弄了。

除了白喜事中去给人家帮忙开路料理以外,平常给人家做的仪式有接魂、送鬼、添粮、帮小孩做指路碑等。

接魂是看病人或是不正常的人的魂是落在哪里,这在问鬼的过程中也可以确定下来。就念哪种唱词请魂转来,表明病人或不正常的人的魂已经转来的时候,是在做事中念词到结束的时候会见到一只牵丝的像蜘蛛之类的小动物。

送鬼的仪式中有一百多种鬼。家中要是人或牲畜不大顺利的时候,先请我们摩公去看蛋或是掐草。看蛋是用一颗鸡蛋,一瓢水,先用火炭在鸡蛋上画符,放进瓢装的水中浸泡一下,口中念词,一根筷子敲破鸡蛋的一头,把蛋黄蛋清倒进水中,会看到蛋上的一个小黑点,那就是人的魂了,看蛋清在水中的形状,用筷子左右翻滚蛋黄,起水泡的就说明家中的不顺利确实是有鬼引起的,心中念词问蛋清代表的哪路神鬼,要是立起蛋清用筷子搅不倒的话,就说明确是哪一种具体吃什么的鬼来到家中了,就用哪种牺牲来供鬼,把他送出去,家中就会平安无事。掐草要用茅草来看,一般都是主人家生病一直不好,或是遇上一些奇怪的病情,就会请我们去解,用病人穿在身上的一件衣服,选一根茅草在病人的衣服上触碰一下,口中或心中念词,一个个地接着问这一百多种鬼,掐一根茅草对折以后,要是尖尖比茋茋长的话,说明有这种鬼,反之,则问的这种鬼就不是。再掐第二次,对折以后,两端是整齐的话,就说明是这种鬼来家中了,再掐第三次,对折以后也是整齐的话,就表明是这种鬼来家中扰事了。问一种鬼，要经过这三次的掐草，才能确定下来。这样掐草过后，也才晓得是犯了哪种鬼，这些鬼都是吃哪样的，才好准备这些牺牲送给他，送他走。鬼吃的东西都有鸡、鸭、鹅、猪、羊、狗、牛。问清楚了是哪种鬼他吃哪种就准备哪种献牲。现在做事情的时候常用的献牲是鸡、猪、狗这三种，鸭的献牲用鸡蛋来代替，羊、牛这些献牲用平常留下的羊骨头、牛骨头来代替。这些东西每家一般都留有，要用到的时候都不难找。

办完手续，看鸡卦，要是鸡卦好的话，就说明把鬼送走了。要是鸡卦不好的话，还要重新掐草、重新送。看鸡卦有一些不同的说法，卦的筹数能说明卦的好坏，鸡眼的宽窄也能说明卦象的好坏。这要具体的时候再看。

帮人家做添粮，就是哪家的人在阳边的岁数有些少了，经常生病，坐不长久的时候，请我们看，若是添粮可以延缓的话，就请人来帮忙添粮。添粮的来人至少要有三个不同的姓氏，他们来的时候带一升米来，意思给主人家添岁数，让他坐得长久点。

帮小孩做指路碑，是哪家娃娃不大乖，犯将军箭，主人家就要做好事，请摩公来做指路碑，这样才能使娃娃好带长大。指路碑立在岔路口上，指明各条路的去向。给人指路，娃娃的命才长。

我们在广东的时候白天做活路，晚上也帮人去做摩公，每个晚上都有人来找，我家儿子在我们要去广东之前，就打电话叫我们带"马、牛、羊"去，说是剩下的"猪猫狗、鸡鸭鹅"那边的市场上有卖的。在外面做的也和家里做的一样，其他不是我们苗族的人见到我们搭的桥，也会问我们这个是用来做哪样，但是他们不会把这些扯丢①。在外面帮人做事情的时候，要是亲戚的话，就不用给礼钱，要是不认识的人请我们去做，要给三块六、十二块钱不等的礼钱。有些仪式，我们都能收到一百二十块钱。我在广东三厦的时候也打电话给岑春华叫他去帮我添粮，他在广东的上头村做活路，我们隔（距离）的路程走路三个小时就能走到。

C. 传承

现在跟我学的徒弟有多个，在打郎那面有一个我的家门②，叫黄小才。火寨有一个岑小友，他去冯廷上龙那边做茶叶了，现在不在家。教得最熟的是打郎寨的黄小才，有白喜事的时候，他和我去过两三次，平常有空的时候他就自己跟着录的音学，放录音机学习唱词。我们寨上有三个跟我和岑老桥学，岑小强、岑银保和岑春华，他们三个各有长处，其中记性最好的是岑小强，声腔也可

---

① 扯丢：土语，"丢掉"的意思。
② 家门：方言，"同家族的人"。

以,但是他面子软①;岑春华胆子大,人也随和,我去远处做事情的时候很多时候都会叫上他一起去。

一年之中,正月、二月、七月间帮人家"冲傩神",白天夜晚地去帮人做事,一个月中只有一两天在家,其他时间都是忙着做摩公的事。教徒弟一般是在农闲的冬腊月间的白天时候,在事情多的正二月间时候教徒弟,往往都要到半夜两三点才能休息。

我们(寨上的这几位摩公)只会做摩公的这一套,对于看期程②就不懂了,前不久我们去马宗寨帮人家砍马。那时候我和黄老拗、岑春华一起去的。那几天黄老拗都还在忙着家中的起房子,但是主人家请到,他们家族又没有人会念唱砍马路的,我们就去了。那天他家来客的那天,从打郎那边的一个会看期程的人来告诉我们,说是这家看的期程不大好,是亏摩公的。弥补的办法是我们偷路③回来,不能让主人家知道,本来主人家是要给我们摩公一些肉作为礼信的,但是那天我们天没亮就偷偷地转回家中来了,之后主人家派人给我们送来一块两三斤的肉。大家也不用说什么,大家都晓得这样的规矩。虽然看的这个期程对我们摩公不好,但是我们也不会生气埋怨,以后要是他家有什么事,请到我们还是会去给帮忙做事的。

做这门事情对自己的好处是修阴功,对别人来说是可以为有事者驱邪除病,虽没有报酬,但只要有人请到,都会放下手中的活路去帮人做事。

D. 生活与打算

十年之前这边吃油都还比较困难,虽然那时的油才块把两块钱一斤。现在的日子比起以前来还是好多了。除了帮人家送鬼、接魂做这些事情外,我平常主要在家做活路。

对以后的想法,现在的几个儿子也算是成家了,亲生的女儿今年也在修建新房,随后面这个妻子来的几个儿子对我也不错,我也就没有其他的想法了,在以后,做一些自己喜欢做的事情,有时间出去帮人家打整一下,自己身体好点,多坐④长点时间。我现在这个老伴对我也不错,以后我们老两口互相照顾,看着这些娃娃些都过得好,就可以了。现在这个最小的儿子也已经成家了,我们家现在这个房子不大好,这两天我还请人帮忙割茅草,准备盖伙房。以后就看他自己的本事,看起房子在哪里,我们年纪大了,只能帮忙照看孙孙,

---

① 面子软:方言,意即"胆子小,在众人面前做法事时害羞"。

② 看期程:风水先生择期选日子。

③ 偷路:方言,"悄悄"。

④ 多坐:方言,"活长一点"。

出钱出力怕都是不行了,在打俄的那个儿子起房子打屋基都花去了一万六,要花这么多的钱,我们是没有这个能力了。还有抱养的那个大儿子,他出去多年了,也希望他过年过节的时候回来看一下我们,不能老是在外面打工,总得要回来找到落脚之处。

现在我年纪大了,出去打工也想去,但是老板不要了,除非是自己当上了师父,或是有亲戚在那边负责管理菜场。自己这么大年纪的人了,也想待在家里面。现在这几个儿子都能自己找钱了,他们在家做活路也得不到哪样钱,只有出去打工,手头才活点,不像(我们)一辈子待在这农村,找钱的路子都没得,手头就紧得很,油盐钱都要儿子些给点。现在的老伴有空的时候也到山上找点山货,赶场的时候卖得一点钱,但是辛苦恼火哦。

虽然(我)现在是学得了这个摩公,平常人家请去做事的也多,但是心头还是焦,自家男娃娃都不得一个①,学起这个又成个哪样? 只是说学成了,多在阳边做些好事,修阴功了嘛。

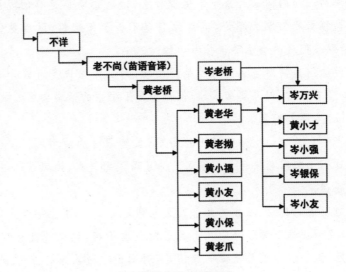

黄老华歌师传承谱系图

现在我家的那几个娃娃还没有跟我学,他们都出去打工了,看过几年他们学不学,怕是我过几年,老都老了,教也教不成了。但是我不会单独特意去教我的儿子学开路这些,要是有其他徒弟来学,我的儿子在家他可以在旁边听着一起学,如果他爱好,和其他徒弟一起学,也学得会,有不懂的,他可以问其他人。我们这个是一辈传一辈的,希望他们以后会学,把这个家族的根据传下去。

---

① 意思是说"自己没有亲生的儿子"。

E. 别人的评价

在我们这个地区，村干部不限制我们做的这一套，有时候也会请我们去家里帮忙做事。像村里的岑副主任家，他家的小孩要是遇上感冒或是其他的小病痛的话，他家母亲就会请寨上的摩公去帮忙家中打整，虽然不是他自己请我们去的，但也不会感觉到他对摩公的反感。

(二)"申遗"中的"亚鲁王"传承

1. 亚鲁王田野团队

"守望麻山，守望家园，做一名坚强的基层文化战士！"这是杨正江及其亚鲁王田野团队在搜集、整理、翻译《亚鲁王》，筹备《亚鲁王》申遗过程中所信奉的团队精神。作为这个团队的核心，杨正江在一份名为"《亚鲁王》文化研究中心（田野作业）团队简历"①的材料中，是这样诠释这种精神的：杨正江从一个人的孤军奋战到组成了《亚鲁王》工作室的团队，其中历经了辛酸。他们中的每个人都有一个让自己感动的故事。这是一群具有悲情色彩的文化壮士。很多次，余未人老师情真意切的关怀；很多次，他们在麻山深壑里哭泣呐喊。在艰难曲折的道路上，余未人老师引着他们艰难前行，他们一步步地看见了前方文化的光明。《亚鲁王》工作团队是一群具有梦的年轻人，在他们进入麻山寻觅英雄史诗《亚鲁王》唱诵的声音时，遭到了同龄人和知识分子对他们的不理解、不认同，他们成了"旧社会"的代言人，成了"牛鬼蛇神"的替代者。艰难的道路成为他们坚强的理由，因为他们要拯救麻山，要拯救历史的遗音！当拯救呼吁出口，他们已经泪流满面。泪水已经成为编织他们美丽故事的缩影。

在回忆那些田野故事时，杨正江已经不再有这么热烈的情感。笔者问及他记忆深刻的田野经历是什么时，他说"麻木了，没有了。一句话你反复说，说了几年，你就找不到说的了"②。在开车载我们到大地坝村摆弄关组的路上，杨正江说：因为时间问题，应该让你们看我们拍摄的（亚鲁王、葬礼、砍马）素材、照片，然后我和你们具体讲。前几天贵州大学的几个博士来，我们就采用这种方式，看完了之后，基本上不用下乡了，再带他们去下面（村寨）转一下就回去了。确实，每一个习惯了城市平坦马路生活的人，在麻山间行走，都是件不易的事情。调研组行走在亚鲁王田野团队为申报非物质文化遗产名录曾经走过的路上，亲身体味到了行路的艰难，更别说那些不被理解的目光了。

随着我国非遗工作的开展，那些名不见经传的古老仪式，如开路、砍马等正逐

---

① 这是调研组在亚鲁王格凸河工作站调研时，杨正江为我们提供的关于亚鲁王田野团队的文字材料。

② 2013 年 8 月 3 日，杨正江开着亚鲁王田野工作用的皮卡车，送我们去摆弄关组路上采访录音。

渐为人们所知,它们经由杨正江及其亚鲁王田野团队,以不同版本的文字、图像和仪式展演,传播开来。在"申遗"中的亚鲁王传承,亚鲁王田野团队无疑起了核心作用。2009年3月,紫云县启动全县非物质文化遗产普查保护申报工作。2009年9月,杨正江开始组建《亚鲁王》工作室。据杨正江说:(2009年开始筹备"申遗"时),好多年轻人不在家,当时它(亚鲁王)几乎是要"禁止"了,(东郎)没有徒弟可教,年轻人已经不学习了,我们不做传承的努力,可能一点希望也没有了。做了传承,可能只有1%的希望。杨正江为了更好地搜集整理翻译《亚鲁王》,还拜了摆弄关组的杨光顺东郎为师。

> 杨正江:拜师不怎么讲究,第一种是父子、爷孙,日常经常在一起生活,他自然就会了;另一种是他本身喜欢,就到各种葬礼上去听,听得多了也就会了。第三种是拜师,这种拜师也很随意,过去在"文化大革命"期间拜师:以前麻山温饱没有解决,你去拜师要背一袋玉米面,或者一壶酒,一袋黄豆,还可以扛一挑柴火去,冬天很冷,要柴火。这是针对东郎的。宝目的拜师就比较复杂,要拿一只公鸡,师父要杀鸡,用来占卜。他(杨光顺)是我远房的二伯,先到他家,说要学。他说,有很多人要和我学,他们用录音机、磁带把它录下来,或者用汉字记下来,但到最后什么都不懂。我说我用的苗文,用苗文来记。我们先试一段,看你会不会。然后他唱一句,我记一句,写满一页纸,他让我念给他听,我念完,他说你这个很好,就是这样。后来我就把他接到我家去。用了7天才记完"创世纪"的内容。(问:你现在可以做仪式吗?)我心存杂念,带有欺骗性。在拜师时,我没有虔诚,我主要是为了整理,搞清楚它的内容,没有精力去学习那些仪式了。比如我现在翻开稿本,我可以唱,但是唱到其中到什么地方要做什么仪式,怎么做,我就不知道了。宝目的话还需要去葬礼学习、学徒无数次。大多数最快也要2年才能学会,有的说1年能学会不太可能。学会宝目,基本可以养家糊口,所以给师父的礼物都贵一些。

在麻山行走了多年的杨正江,一路为我们讲述作为"一名坚强的基层文化战士"眼中的麻山、东郎和亚鲁王的传承,在录音整理中,可以看到麻山苗族"文化大革命"前后东郎拜师学习亚鲁王、东郎与宝目的概念区别、麻山苗族人对东郎宝目的看法等基础情况(以下内容为笔者与杨正江的聊天记录整理):

"麻山"之名,主要指老祖宗迁徙来的时候,带来了火麻,做麻线制衣,在山间刀耕火种种麻,所以叫麻山。作为六县的交界地带,麻山苗族的方言很纯,麻山历史上被划为生苗区,不归顺朝廷管制的。这支民族在清末才接受朝廷的统治,所以他的历史文化未受外界影响。主要的影响发生在清末、民国和1949年以来。主要的变化是语言和姓氏,以前没有姓氏,现在有了。服饰和生活方式都有变化。1949年时,直接从母系氏族社会直接跨入社会主义社会。

杨正江拜杨光顺东郎为师的仪式场景(杨松摄)

我们(东郎)的平均年龄是65—70岁,1949年前的东郎活到现在的不多。我们现在普查的这些东郎,大多是在"文化大革命"期间拜师学艺的。麻山有很多山洞,到晚上,几个徒弟请一个师父到山洞去学。要么徒弟去师父家,和师父睡一个床铺,靠一个枕头,和师父悄悄耳语学。"文化大革命"前后东郎做的仪式变化很大。"文化大革命"后程序简化,符号简化,有些道具本来是要很具体的,但是现在都用符号来代替。比如歌师必须戴斗笠,"文化大革命"前戴的是藤头盔,"文化大革命"期间,这些祖上传下来的头盔被烧毁了,现在有少数村落还有这种斗笠,可能流传了成百上千年。

亚鲁王的传唱在整个西部地区都有,贵州、四川、广西、云南,到海外越南、泰国、老挝都有,但是在外面的使用不多,变迁了。在麻山还是一个完整的运用。《亚鲁王》不只是在葬礼上用,在日常生活中也有,小孩不舒服,家里有不吉祥的东西,或者身上有什么不好的东西,都会用。

宝目,做仪式是要收钱的,从"文化大革命"期间到21世纪前,大多从1角2分到1块2角;12块、120块是进入21世纪才有的。宝目是什么,就是"商人"(帮主人和生灵进行沟通和做生意的,所以宝目要给钱1.2元——媒介人,中间人),买东西的。Bo,就是对这个职业的一种尊称,目,就是卖东西的人,宝目举行这个仪式,主人家要把相应的猪、鸭、羊等祭品给宝目去卖给游离在空间的生灵,宝目也说是去赶场,把东西卖给也在赶场的生灵。如果你在路上遇到宝目正在做相关的仪式,你和他们打招呼只能说:老乡,你们在赶场哈。他们也会回应：来和我们一起赶场。这种宝目的仪式一般是在三岔路和十字路口，因为人流量多，这个和古代集市的产生在人流量多的十字路口是一样的。麻山的宝目和东郎的全部精力都花在了维护麻山的生活，自己的家事没有精力去管。

东郎，在葬礼仪式上唱的内容叫作"郎"；"东"是对唱这个仪式的人的称呼；专门唱葬礼仪式上的相关祭祀辞的叫东郎。郎分为很多类，在花溪、平坝等他们说的是指路经，都不对，他们把整个葬礼仪式称为开路，都不对。郎的这块，是整个葬礼的某个环节，而不是葬礼的全部。整个全程分为：嘿该（hei gai）和交该（jiao gai），hei 是在天快亮，在发丧前，用鸡来带路，若回家的那段路叫 hei gai，有的苗族学者认为这时唱的各个地名是迁徙时来的路，这个不对，迁徙的来路在郎的那段已经唱完了。怎么解读亚鲁王中所唱的"qi"是什么？问不到什么答案。

关于数字，问他他也不知道。我们苗语的 12、7，都不是一个确数，是概数，表示很多，无穷大的概念。比如东郎唱亚鲁的 12 个儿子分家去了不同的地方，我们问是 12 个吗，他们说是 12 个啊。那我们就让他们唱我们数。有的东郎竟然唱了有 36 个。我们才发现 12 是个概数，不是具体化的数字。有的女的也会唱亚鲁，宝目类的也有女的，那个叫婉或是偌，偌是精神病发自然习得，能和老祖宗对话。

在调查中，东郎们说，在 20 世纪 40—60 年代，甚至 70 年代初，东郎就类似于我们今天的歌星，有追星族，整个苗族群众都是他们的粉丝。那时在 7—12 岁拜师的人很多，到 15—16 岁就可以出师了。18 岁能独立主持仪式，那时东郎正是谈婚论嫁的年龄，而且已经是个尊者，会有很多女孩子来追求的。苗族的葬礼具有多功能性，在葬礼上，年轻男女大家能见到，才有机会谈恋爱。

行走于麻山村组的亚鲁王田野团队，一方面带着搜集、整理、翻译《亚鲁王》，筹备申报"非遗"的目的性；另一方面，亚鲁王田野工作团队在麻山村组的"行为"本身，对于"文化大革命"期间一度被遮蔽的麻山苗族传统文化，有强大的正面宣导意义，苗族传统葬礼仪式过程，特别是在汉族传统葬礼仪式过程渐渐被麻山苗族采纳的前提下，请宝目、东郎来主持传统的苗族葬礼、唱诵亚鲁、主持开路、"砍马"，又逐渐在麻山苗族的葬礼中兴起。

附：亚鲁王田野团队组建历程
一个人的团队

2003 年，时值大学一年级的杨正江开始持续关注麻山苗族人文，对苗族史诗进行片段性记录翻译,并拜师学艺,学习吟诵一些简单片段的史诗。到 2009 年,杨正江已一个人形影相吊地在麻山行走了 7 年,是苗族英雄史诗《亚鲁王》的发现者和收集整理翻译者。2006 年杨正江毕业后回乡,被分配到松山镇人民政府工作,2009 年 3 月紫云县启动全县非物质文化遗产普查保护申报工作,2009 年 9 月,杨正江开始组建《亚鲁王》工作室。

两个人的团队

2009 年 10 月,《亚鲁王》工作室聘用了第一个工作人员杨光应。杨光应是农民知识分子,是个积极分子。杨正江大学的时候,杨光应自费跑到贵州民族学院找杨正江,请求杨正江教他学习苗文和苗族历史文化。2009 年 6 月,在行走麻山的孤独煎熬中,杨正江想到要组建团队,壮大力量,才能完成最初拯救麻山的使命,于是,他想到大一时前来民院向他学习苗语的杨光应。杨东江本来计划到宗地乡戈抢村小剥皮寨寻找东郎,走到宗地时却改变了行程,去了远在紫云与罗甸边界大山里的杨光应家。当时杨光应任大地坝村的村主任,见到朋友远道而来,想到自己的寨子还没通路,朋友步行了一个多小时才来到他的家里,激动得要流泪,让妻子做最好的饭菜,两人边吃边聊,聊到了大半夜。这次,杨正江没有白去,热爱苗族历史文化的杨光应在杨正江的影响下,放弃村主任的工作,2009 年 10 月,成为杨正江组建亚鲁王工作团队中第一个加入的人。在亚鲁王二人工作组生活的日子里,他们下宗地走达帮,麻山那蜿蜒盘旋、悬崖陡峻的山路上,留下他们俩肩扛仪器背背包的身影。每当采集原始录音回来后,杨正江和杨光应两个人又开始录入和翻译的工作,那些日子两人就吃在办公室,睡在办公室,有时候会因为在翻译过程中遇到一个难译的词语或有了一个新的发现,两人就会彻夜不眠的讨论,被局外人喻为两个"疯子"。

三个人的团队

2009 年 11 月,亚鲁王团队的翻译工作需要进入田野调查,需要深入麻山,还需要人手,吴斌进入了亚鲁王团队的视线。那是杨正江大学期间行走麻山,无意中走进了吴斌的家,当时他是一个很活跃的农民青年,热情接待杨正江,并做杨正江的向导,他们就是这样第一次认识,却相识恨晚!2004 年春天,杨正江带一支队伍进入马山采风,吴斌闻讯,赶了两辆马车到乡政府所在地迎接他们。多年后吴斌走出了麻山,生活在县城,他自己购买了一辆四万多元的"轿车",聘请他过来,一方面他是东郎普查工作的得力助手,另一方面他的车可以作为亚鲁王团队的工作用车。之后,吴斌和杨正江,杨光应三人签订了一份"用车协议",协议内容:吴斌的车所产生的油费由三人共同支付。在那段艰苦的岁月里,他们一步一个脚印走遍了麻山的村村寨寨、旮旯角落,在麻山漫无边际的车轮辙印里,留下了他们寻找承载苗族远古文明的东郎群体的汗水和热泪。

五个人的工作室

随着《亚鲁王》的搜集、翻译工作进入攻坚阶段,工作人员投入明显不够,工作陷入无形的漩涡中。2013 年 7 月,县苗学会向亚鲁王工作室推荐群众基础扎实、民族感情浓烈、对苗族文化有使命感的杨正兴、韦聪二位老师,并听过县委县政府发文借调杨正兴、韦聪两位教师到亚鲁王工作室中来。从此,五个人的团队,在麻山延续扯起寻找唱诵《亚鲁王》东郎的旗帜。由于《亚鲁王》传唱的相关内容在"文化大革命"中被打入"牛鬼蛇神",当团队走村入户进行歌诗普查、到葬礼上调研亚鲁王时,麻山的知识分子和当地干部嘲讽他们,尤其是杨正江一直不被亲人和乡亲们理解,他们认为一个大学生不务正业,竟干一些迂腐的事情。而韦聪和杨正兴的父母一度担心,他们的孩子进入亚鲁王团队的选择是否会丢掉教师工作的饭碗?二位同志并没有因父母的反对而放弃加入团队,而是坚定信心,迎难而上、执着工作。五人的团队凝聚着拯救麻山的自信和力量,在悬崖绝壁的山路中日夜穿行,进行田野调查。2010 年 10 月,前往紫云自治县调研亚鲁王的省苗学会秘书长马勇斌老师被他们的执着精神所感动,称他们是一群具有悲情色彩的"麻山文化壮士"!

2011 年 12 月,安顺市编办批复紫云自治县申报以"亚鲁王文化研究中心"命名成立的副科级单位。

十个人的团队

2012 年 7 月 29 日至 8 月 2 日,紫云自治县亚鲁王研究中心迎来了令人高兴的日子,贵州省文化厅非物质文化遗产保护中心在紫云授牌成立了亚鲁王研究基地,并在紫云隆重举办全省亚鲁王田野工作培训班。之后,县里重视亚鲁王工作的持续推进,亚鲁王工作团队应运增添了五名工作人员,再次得到充实,成为坚守紫云麻山民族精神高地的守望者。

他们祖祖辈辈都是居住在麻山的苗族人,是"亚鲁王"后裔,他们是在尽心尽力的做一份家事,他们是在肩负着拯救本民族文化的重任,他们在心灵里默默地凝聚心声:只能成功,不能失败!

2012 年 12 月紫云自治县编制办正式批准紫云自治县亚鲁王文化研究中心升级为副科级单位。

(三)"非遗"后的"亚鲁王"传承

经过两年多的筹备、翻译、申报,2011 年,《亚鲁王》获得了国家级非物质文化遗产身份,"苗族英雄史诗《亚鲁王》","英雄史诗"成为"非遗"后的传承身份。在麻山苗族社区的唱诵中,苗族英雄史诗《亚鲁王》的唱诵伴随现代文明推进而逐步简化程序,让史诗在不知不觉中向边缘化进展。2009 年第三期全国非遗普查中发现了《亚鲁王》,并进入外界文人和专家学者的视野,从此,亚鲁王工作团队在麻山四处奔走呼唤,期望能够重拾苗人自己的信仰。通过两年多不懈的努力,终于看到麻山苗族葬礼仪式由日渐没落的现状,在近一年来得以逐步恢复往昔苗族砍马砍牛的古老葬俗和完整的唱诵苗族英雄史诗《亚鲁王》仪式。麻山苗族习俗日益的浓化,也是他们工作在麻山开战后获得的印证回报。过去,由于大文化背景的原因,部分当干部和教师的苗族知识分子家的老人去世,葬礼举行的仪式大多是以汉文化及东郎唱诵的史诗两种方式进行,期间,史诗的唱诵往往让位于道士举行的仪式,本民族信仰的苗族英雄史诗《亚鲁王》很少唱诵或干脆不进行唱诵;如今,苗族英雄史诗《亚鲁王》被国务院认定为国家非物质文化遗产项目,2012年2月21日在北京人民大会堂召开了第一部《亚鲁王》成果出版发布会后,在乡镇当干部的苗族知识分子老人去世,也敢为老人举行了本民族隆重的砍马葬礼仪式。

1. 紫云县亚鲁王研究中心(亚鲁王传习所观音山联系工作站)

《亚鲁王》获得"非遗"身份后,在紫云县城树起了"紫云县亚鲁王文化研究中心"的牌子,是在一个临时性的办公场所,局促的办公空间包括:理论研究室(杨正江任主任)、图片录音素材室(吴刚辉任习所长)、文字档案室(数据信息库)、文化产业股传承股(杨正兴任副主任)、非遗股办公室(杨松负责)、录像素材室。这是"非遗"亚鲁王与外界交流的重要场所。因为紫云县道路状况不佳,通往麻山村组的公路也不好走,常常要步行上山,很多慕名而来的学者、官员,大多在紫云县的亚鲁王文化研究中心,通过工作人员播放的幻灯片、照片和录像资料,对亚鲁王文化进行了解和研究。这也是外来人员拜访最密集的一个场所,因为杨正江及其团队前期搜集整理的资料,大多都可以在这里"搜集"到。

在紫云县格凸河景区观音山旁边,设立了亚鲁王传习所观音山联系工作站,这里也是中国社会科学院民族文学研究所《亚鲁王》研究基地、贵州省文化厅非物质文化遗产研究保护中心《亚鲁王》研究基地。作为杨正江及其团队翻译、整理《亚鲁王》的主要场所,这里也是将外来者、东郎宝目和亚鲁王田野团队三方力量汇聚在一起的主要场所。为方便外来人员近距离了解亚鲁王文化,会把麻山村组的东郎宝目接到工作站,为外来者展演相关仪式,念诵"英雄史诗"的内容,这样外来者就不会因为交通、天气等缘故,而错过了体验亚鲁王的机会,当有重要的来访者时,工作站也会组织一些代表性的东郎进行仪式展演,前文所述的"亚鲁王礼仪之邦"的仪式展演就是这样组织的。

在工作站,还挂了很多块牌子,有苗族英雄史诗《亚鲁王》传习所大河苗寨基地、新厂基地、摆里基地、关口基地、打哈基地、冗厂基地、卡坪基地、芭茅基地、盖角基地、摆通基地、竹林基地、德昭基地、水井基地等,这样密集的挂牌,是为曾经不受重视的东郎们进行文化身份的确认,树立他们的文化自信。当亚鲁王研究中心需要向外来者进行相关仪式展演,或需要搜集相关材料,或进行苗文记音的培训时,会将各村组的传承人接到工作站进行相关活动。而在各个村组,亚鲁王研究中心还确认了很多村组的传承人,并在村组的显眼位置,也设立了标识传承人身份的"公告牌"。

这种"研究中心+传习所+工作(研究)基地+村组传承地"的传承空间设置,从层级空间上保证了《亚鲁王》相关传承、传播人员,在研究中心的组织下,形成一个有序、完整且方便展演、管理的体系。

杨正江在谈到这种传习设置时是这样来解读的:我们是历史的罪人,自己也对不起老祖宗,回来后自己带弟兄们,亲自搬砖砌墙把(工作站)房屋修建起来,但是一段时间他们开始怀疑我:正江,我们传习所的模式这样做对吗? 我也想过黔东南的侗族大歌的模式,把人聚在一起,请老师来教,搞成一个学习班。在我没有进大学期间他们就搞得轰轰烈烈,整个大学期间我在观察他们,我大学毕业来做亚鲁王的时候,他的什么什么班已经没有了,我觉得黔东南这种方式会带来致命的伤害。我还是做这种民间的传承。而民间的怎么做,我最大的感受是:他们最需要的是鼓励,最需要的是自尊、自信,所以我们决定给他们挂牌,相当于给他们牌位(类似祖宗的牌位——亚鲁王传承的牌位),让他们知道,我们认可他们,牌子很大,我们挂在门外。你们困惑的时候过来,我们坐着喝茶喝酒,第二天回去。当我们有事,比如专家学者来,不方便进山,比如下雨啊,我们拿个摩托车载他们出来,一起交流,这里也是家。想观摩什么仪式时,我后面养了几十只鸡,随便逮只鸡来就做,我不忌讳,我说我脚痛了,你做,把我做一个例子吧,你就按你的方式来做,这就是做研究。之后你还是回到你的生活中按你的原样进行传习。这种的可能性也不大,但总算是迈出了第一步。

在工作站的东郎宝目邀请名单中,作为非物质文化遗产国家级、省级传承人的东郎、宝目,是向外界传播展示亚鲁王文化的核心成员,他们的个人简历、传承谱系、学习和实践经历、个人成就、技艺特点、授徒传艺等传承亚鲁王文化的工作情况如下。

陈兴华,男,苗族,初小学历,1945 年 12 月 15 日生,紫云苗族布依族自治县猴场镇打哈村打望寨人,国家级第三批非物质文化遗产传承人,现居住在紫云自治县粮食局职工宿舍。

个人简历。1961 年开始拜母舅爷 韦昌秀 ,伯岳父 伍老乔 、堂伯 陈老幺 等老歌师为师,1962 年就开始跟随师父在本村和邻村主持丧葬仪式唱诵苗族史诗《亚鲁王》至今,自己主持并唱诵苗族史诗《亚鲁王》约达 118 场左右。1982 年至 2009

年,近 30 年来无数次行走罗甸县、望谟县及紫云自治县的麻山苗族地区拜访歌师,并不断丰富自己的传唱内容。

传承谱系。第一代:陈老衲 bod nas;第二代:陈老岩 bod rait;第三代:陈老四 bod ses;第四代:陈老幺 bod yot;第五代:陈兴华 bod jint fux。

学习与实践经历。于 1961 年开始拜母舅爷 韦昌秀 ,伯岳父 伍老乔 、堂伯 陈老幺 等老歌师为师,1962 年就开始跟随师父在本村和邻村主持丧葬仪式唱诵苗族史诗《亚鲁王》至今。自己主持并唱诵苗族史诗《亚鲁王》多达 100 余场。1982 年至 2009 年,近 30 年来无数次行走罗甸县、望谟县及紫云自治县的麻山苗族地区拜访歌师,并不断丰富自己的传唱内容。

个人成就。从自己独立主持唱诵苗族史诗《亚鲁王》后,带的学徒多达 80 多人次,但目前成功的学徒只有 3 人,这 3 人现在可以单独主持仪式。

近两年传习活动开展情况。近两年来,苗族史诗《亚鲁王》进入非遗后,以陈兴华为传承人。在非遗的保护下,陈兴华现在带有学徒 8 人。以后将分批、分期的招收学徒。在陈兴华的正确带领下,相信以后还会有更多的年轻人来延续唱诵《亚鲁王》。

岑天伦,男,苗族,初中学历,1964 年 11 月生,紫云苗族布依族自治县宗地乡大地坝村白岩寨人,东郎,贵州省第三批省级非物质文化遗产项目《亚鲁王》代表性传承人。

个人简历。1964 年出生于宗地乡大地坝村白岩寨一农民家庭,家境贫寒。1976 年,年仅 12 岁的岑天伦开始跟随父亲学习唱诵史诗《亚鲁王》。1983 年,初中毕业的岑天伦便开始了长达 7 年的史诗唱诵学习,之后开始了自己的歌师生涯。1996 年,岑天伦受到了南下打工潮的影响,踏上了外出打工的道路,先后到贵州清镇、广东惠州等地务工。2011 年,岑天伦回到家乡麻山,在村民的推选下,担起了发展家乡的重任,任紫云县宗地乡大地坝村党支部书记至今。

传承谱系。第 1 代,岑朝云,1815 年生于紫云县宗地乡歪寨村噜哩;第 2 代,岑廷明,1839 年生于紫云县大营乡妹场村卡若;第 3 代,岑恩惠,1863 年生于紫云县大营乡妹场村卡若;第 4 代,岑广明,1892 年生于紫云县大营乡妹场村岜辖;第 5 代,岑万荣,1933 年生于紫云县宗地乡大地坝村白岩寨;第 6 代,岑天伦,1964 年生于紫云县宗地乡大地坝村白岩寨。

学习与实践经历。岑天伦自幼喜欢民族文化,他的父亲也是一个宝目,平常跟随父亲去参加一些简单的祭祀仪式,耳染目睹,渐渐地喜欢上了本民族的文化。他 8 岁的那年,就喜欢上听那些歌师们唱诵史诗的故事。他在放牛的时候,就专门跟随年纪已经 80 多岁的杨老保歌师在一起,天天缠着杨老保歌师给他讲亚鲁王的故事。他除了在学校读书的时间之外,剩余的时间都是跟着杨老保和杨老贵二人一起放牛,早出暮归,踏遍了寨子家乡的山冈和草坡,精彩的史诗故事也向珍珠一样装满了他幼小的心灵。幼时的岑天伦因病魔侵扰,体质虚弱,个子也比同龄伙伴稍矮,其父亲因担心他不能自行数千米的山路到远方的学校去学习而不送岑天伦到学校。1975 年,11 岁的岑天伦在不顾父亲的反对下,私自跟随同村的同龄伙伴到学校学习汉文字等知识,此后,其父亲再也没有反对岑天伦的学习生活。1983 年秋,岑天伦初中毕业,适逢土地下放到户,且家里经济仍然十分拮据,父母无力供他继续上学,岑天伦含泪告别校园,从此便在家里帮助父母务农。他说,他对史诗故事的痴迷程度很深,在寨上,和他同龄的伙伴们除了杨小和跟他有着相同的爱好,其余的伙伴们都认为他们俩不务正业。然而他和杨小和的学习成绩都比他们任何人一个人好,所以很多同伴都不敢在他们的面前讲他们的坏话。由于爱好,他 12 岁不到就要求父亲去找家住打告寨的杨老保来家里给传授史诗《亚鲁王》,开始学习一些祭祀仪式和简单的史诗《亚鲁王》创世片段,同时也和杨老保学习一些草药知识。自那之后,岑天伦花了长达 5、6 年的时间到处拜师学艺。1997 年岑天伦前往大营乡芭茅村打饿寨拜师黄老妞学习砍马经,聪明过人的岑天伦在学习了一年之后便开始在葬礼上主持砍马仪式。从初中毕业开始参与主持葬礼唱诵史诗《亚鲁王》至今,主持葬礼仪式和砍马仪式不下 100 余场次。而他所做的法事和祭祀仪式则记不清楚究竟有多少次,按他的话说,至少应该有近 1000 场次的经历了。

技艺特点。(1)在这贫瘠的麻山里,见到东郎和宝目们唱诵史诗《亚鲁王》更是司空见惯,没有觉得有一点新奇感。但是当你看到岑天伦唱诵史诗《亚鲁王》的时候,他那羞答答的样子,会让你想象到闺女见到外人的样子,非常可爱。(2)岑天伦在传承史诗亚鲁王过程中,他改变了以往只能在每年正腊月和七月进行的做法,只要有人来跟学习或是请教,他都非常乐意为来者解释迷惑。(3)在传承上,岑天伦敢于破例,但是在唱诵史诗亚鲁王的时候,他力求忠于主题构架和程式不变的原始传承方式,没有灵活多变的唱诵,这就决定了《亚鲁王》的传承和唱诵必须是一丝不苟的、不带有娱乐性的。他唱诵时加上了歌师的程式化的表演。(4)纯民间口头文学的传承和唱诵,需要习艺者跟着东郎去学习和观摩葬礼,聆听唱诵并用心记忆才能出师。作为一名基层的村干部,岑天伦用自己下组工作之便,号召各村寨的东郎们行动起来接收徒弟,把史诗《亚鲁王》传承下去,同时,他还与村级小学联合起来,给小学生讲授民族民间文化,激发学生对史诗《亚鲁王》的学习兴趣。

个人成就。岑天伦歌师记住父亲所掌握的全部史诗内容之后,还经常到其他区域去听其他家族的歌师唱诵《亚鲁王》,甚至打破传统的习艺方式,专门前往紫云县大营乡芭茅村打饿组拜师黄老妞学习史诗"砍马经"部分的内容,不断丰富自己唱诵史诗的内容,如今,能唱诵史诗1万余行。

授徒传艺情况。岑天伦很担心苗族英雄史诗《亚鲁王》会失传。利用工作之余的时间,岑天伦共向6位苗家后生传授史诗《亚鲁王》。他说:"现在国家已经很重视民族文化的发展,我们本族人更要珍惜本族文化,保障紫云麻山上这朵民族文化奇葩和瑰宝之花——苗族英雄史诗《亚鲁王》"。

参与社会公益性活动情况。岑天伦是个谦虚、诚实、助人为乐的人,且岑天伦自幼喜欢民族文化,他的父亲是一名东郎,平常跟随父亲去参加一些简单的祭祀仪式。学会唱诵史诗《亚鲁王》后,不管是认识的或不认识的人,只要请到他,无论家里怎么忙,他都有求必应,且从未收取任何财物。

持有该项目的相关实物、资料情况。东郎岑天伦父亲逝世时,传给他一把大刀和一柄长矛,大刀是唱诵《亚鲁王》时必须扛起的,这是为了纪念亚鲁王征战的武器;其次是唱诵砍马经时要手持长矛,也是为了纪念亚鲁王征战时所用的武器。东郎岑天伦还持有斗篷、麻线、草鞋、弓箭、竹编饭包、饭箩、五谷杂粮、葫芦、竹筒、袖珍口袋等实物。

为该项目保护传承所做的其他贡献。在村里,岑天伦不仅是村支书,他还是歌师中的东郎、宝目以及土医生,而且是一个编写书面材料的乡土秀才。他个人的形象在群众心目中,是非常好的。如今,作为村支书的岑天伦,在"民族文化进校园"方面极力推动着《亚鲁王》文化的传播,多次与在校学生谈及苗族史诗《亚鲁王》,动员当地村民加入宣传与保护,鼓励小学生们学习史诗《亚鲁王》。

陈志品,男,苗族,初小,1952年7月生,紫云苗族布依族自治县四大寨乡卡坪村下六斤组人,东郎,贵州省第三批省级非物质文化遗产项目《亚鲁王》代表性传承人。

个人简历。1952年7月陈志品生于贵州省紫云自治县四大寨乡卡坪村下六斤组一农民家庭。他小时候机智聪明,记忆超群。1965年才进校接受教育。少年时,他非常崇拜史诗《亚鲁王》的唱诵,于是他就一面读书,一面认真学习唱诵史诗。1967年因村寨受火灾而被迫辍学。1966年,他在葬礼上试唱史诗,虽初出茅庐,但令人满意。1968年,陈志品能独立主持葬礼。他虽年少,但掌握的内容较多,唱诵很少失误,在当地颇负盛名。1968年至1977年,他先后担任集体记分员、保管员、"路线教育"和"农业学大寨"的教育辅导员,期间的工作得到众多群众的信任与好评。1978年至1988年,他时任四大寨乡卡坪村村主任,并屡次被选为县人大代表,参加了县政府的选举。1989年至1994年担任四大寨乡卡坪村村主任。在工作中,他任劳任怨,无私奉献。1995 年至今,服务于亚鲁王唱诵和从事于农业生产。

传承谱系。第一代,陈老信,1831 年生于紫云县四大寨乡卡坪村下六斤组;第二代,陈老帅,1854 年生于紫云县四大寨乡卡坪村下六斤组;第三代,陈老云,1879 年生于紫云县四大寨乡卡坪村下六斤组;第四代,陈贵,1909 年生于紫云县四大寨乡卡坪村下六斤组;第五代,陈兴帮,1935 年生于紫云县四大寨乡卡坪村下六斤组;第六代,陈志品,1952 年生于紫云县四大寨乡卡坪村下六斤组。

学习与实践经历。陈志品家族世代都有人唱诵史诗,到陈志品这一代,他的伯父要培养几个自己家族中的孩子当歌师,就选上陈志品及其两个堂哥。陈志品刚满 13 岁,就和两个哥哥一起跟随伯父学唱史诗《亚鲁王》。陈志品学唱史诗有自己的一套独到方法,伯父教他们兄弟三人时,伯父教一句他的两个哥哥就跟着读一句,唯有他双眉紧闭,全神贯注地听伯父唱诵,而伯父却认为陈志品不是学唱史诗的料。为此,伯父教育他,要认真跟着读,不要每天学习的时间就睡觉。伯父对他的误解,使他心里非常难过。伯父教了一个片段的史诗,就让他起来背诗,他对伯父说:"伯父教的时候,我都睡了,不知道伯父教什么,我背不了。"伯父又让两个哥哥起来背诗,可是两个哥哥背得吞吞吐吐,有的地方甚至背不下来,两位哥哥背过后,陈志品就站起来对伯父说:"我来背,让两个哥哥听听。"于是就背诵伯父教的史诗,伯父教到的片段,他一句不漏地背下来。伯父教他的时候,明明看到他是睡着觉的,怎么能都记得呢?这让伯父感到出乎意料。伯父问他是怎么记得时,他回答伯父说:"伯父教我们唱诵史诗的时候,我虽都闭上双眼,但心里是想着伯父教的内容,把它记在心里,就都记得来。"两个哥哥明白他的学习方法,采用这个方法学唱史诗,结果记得特别快。陈志品刻苦好学,虚心请教,有着超群的记忆力。13 岁跟随父亲陈兴帮开始学习唱诵史诗《亚鲁王》,14 岁时第一次试唱,16 岁便可主持葬礼,并掌握了其父亲毕生所唱诵的史诗内容。由于史诗博大精深,内容丰富。25 岁时他又师从叔父陈兴华学习史诗。因叔父传授有方,他的唱诵则更加完整。从此,他便名扬于附近地区,成为当地很有名气的歌师,同时也成为同龄人的偶像。陈志品为人诚实,且钻研史诗,在当地很受人信任。他的唱诵,均得到别人的赞誉。他除了在附近区域从事亚鲁文化唱诵外,还经常被邀请到较远的望谟县等地主持葬礼。目前在四大寨乡卡坪村的歌师中,没有人能和陈志品相比,他是卡坪村唱诵亚鲁王史诗技艺最高的歌师。1995 年,他离开了村委会,下定决心要做本地一流的歌师。他用一年的时间,谦虚地向其他家族有名的歌师学习技艺。他完整学成《亚鲁王》长寿那个内容后,在重现麻山苗族传统葬礼的唱诵中,他声情并茂,围观的中老年人黯然泪下。这次唱诵,他一鸣惊人,迎来了其他家族歌师的赞誉。从此,他的唱诵在当地得以名扬。时至今日,陈志品已经主持了几千场的葬礼和祭祀仪式。

技艺特点。(1)陈志品唱诵史诗亚鲁王非常特别,在他开始开口唱诵的时候,他的双手不自然地撸着宝刀的麻线,声音绵长有力。(2)唱诵史诗《亚鲁王》的唱腔千变万化。在葬礼和一般的仪式上唱法也不一样,而每一个人的声音和掌握史诗的熟练程度也决定了唱腔的异变无穷。陈志品在唱诵这部活形态史诗时,总是以"咦"作为承上启下的过渡句。(3)在每一场唱诵中,忠实于原始的传授,在每一个歌师的心目中都是一样,基本上主题构架和程式是不变的。陈志品也是跟其他歌师一样,遵循苗族古老的流传。东郎们的唱诵庄严肃穆,追求原汁原味,这就决定了《亚鲁王》的传承和唱诵是一丝不苟的、不带有娱乐性的。仪式上只见到歌师的一些程式化的表演。(4)歌师口头传承,学唱者用心记忆,陈志品很注重传授的过程。在他教授的徒弟中,没有一个用文字来记录,全是纯民间口头相传。这是一个漫长的、煎熬的学习过程,有的需要几个月、几年,有的甚至长达十几年才能出师。

个人成就。陈志品歌师虚心拜师,刻苦好学,记住师父唱诵《亚鲁王》的全部内容。成为东郎之后,他经常到其他区域去听其他家族唱诵史诗《亚鲁王》的内容,这样就更加丰富了自己。至今,他能连续唱诵史诗两天两夜。陈志品从自己独立主持唱诵苗族史诗《亚鲁王》后,还传授了许多徒弟,是传承和唱诵史诗《亚鲁王》的主要领军人物之一。

参与社会公益性活动情况。陈志品是个谦虚、诚实、助人为乐的人。学会唱诵《亚鲁王》后,不管是认识的或不认识的人,只要请到他,无论家里怎么忙,他有求必应,帮有求的人主持好每场葬礼,从来没有收取过任何财物。他招收了很多徒弟,对徒弟关心,要求严格。他每年都把已出师的徒弟召集起来,经常了解徒弟们在葬礼上主持唱诵《亚鲁王》情况。要求徒弟们继续学习,多听其他区域唱诵的内容,不断丰富自己的知识。2010年6月,陈志品得知文广局在搜集、整理《亚鲁王》而且已经成功申报国家级非物质文化遗产项目名录后,心里非常高兴,一直积极主动地配合文广局的工作,向抢救亚鲁王文化的同志解读《亚鲁王》,并把自己会唱的内容唱诵出来,供搜集、整理使用。

持有该项目的相关实物、资料情况。陈志品出生歌师家族,传承至今还遗留着大刀和长矛,大刀是唱诵《亚鲁王》时必须扛起的,这是为了纪念亚鲁王时代征战的武器;其次是唱诵砍马经时要手持长矛,也是为了纪念亚鲁王时代征战所用的武器。此外,他还持有斗篷、草鞋、弓箭、竹编饭包、饭箩,五谷杂粮,葫芦,竹筒,袖珍口袋等实物,这些实物在《亚鲁王》上都有其特定的意义。

为该项目保护传承所做的其他贡献。在歌师普查中,陈志品东郎利用自己在当地德高望重的身份,向部分不愿意配合普查工作的歌师做解释、宣传工作,使亚鲁王歌师的工作得到进一步推进。亚鲁王文化得到重视后,他自己想方设法搞好传承,一方面帮助别人做祭祀,一方面进行传承活动,其传承由原来的自然状态转向有计划、有目的地进行,培养了新一代的传承人,对《亚鲁王》的传承和宣传起到有效的促进作用。

韦小保,男,苗族,初小,1942 年 3 月 2 日生,紫云苗族布依族自治县宗地乡坝绒村喜往组人,东郎,贵州省第三批省级非物质文化遗产项目《亚鲁王》代表性传承人。

个人简历。1942 年 3 月 2 日,韦小保出生于宗地乡坝绒村喜往寨一个贫困的贫农家庭。1954 年秋,12 岁的韦小保开始进入学校学习。1958 年,人炼钢铁的年代,16 岁的韦小保开始跟随父亲韦老瓢学习史诗《亚鲁王》。此后,为了把史诗学好,他专心致志地和摆通韦老王一起跟随韦老王的父亲韦仕龙学习史诗,坚持多年轮番让两家老人传授,最后他们两人终于学成史诗《亚鲁王》。1965 年春,23 岁的韦小保开始在本寨韦老会的葬礼上参加主持和唱诵史诗亚鲁王。1966 年秋,韦小保 24 岁时才与妻子结婚。

传承谱系。第 1 代,韦老醋,bot hans,1836 年生于今紫云县宗地乡山脚村平寨;第 2 代,韦保利,bod lih,1859 年生于今紫云县宗地乡山脚村平寨;第 3 代,韦老机,bot jit loh,1882 年生于今紫云县宗地乡坝绒村喜往寨;第 4 代,韦老瓢,bot nbyeuf,1901 年生于今紫云县宗地乡坝绒村喜往寨;第 5 代,韦小保,bot bod,1942 年生于紫云县宗地乡坝绒村喜往寨。

学习与实践经历。1942 年抗日战争时期,韦小保出生在一个贫穷的歌师世家。那年月兵荒马乱,家在麻山深处的苗家人,生活条件是非常艰难和困苦的。

韦小保在 1958 年的时候,因为那时候山坡上有很多野猪和熊猫经常出没,损坏庄稼。他父亲韦老瓢自幼患上小儿麻痹症,腿脚不灵便,当时生产队让他去守护离喜往不远的那片苞谷地,父亲行动不方便,而去那里守护苞谷地则需要爬坡,韦小保只有带着父亲跟他一起去守山。就在那一季的守山过程中,从此改变了韦小保的一生志向,也让韦小保真正走上歌师的生涯。

他 16 岁就开始跟随自己的父亲韦老瓢学习史诗《亚鲁王》。他说,当年父亲在传授史诗《亚鲁王》给他的时候,稍不注意听父亲唱诵,就经常挨揍。父亲的脾气很毛躁,动不动就抬手打人,虽然那时他年纪还小,但父亲都不会可怜和留情,非要他把已经教的史诗片段背得流利才放过他。那时候,和他一起跟父亲学习史诗《亚鲁王》的还有摆通的堂兄韦老王,这个人和他是个年龄段的人,只是比他稍大一个多月而已。韦老王很憨厚,记忆力非常好。虽然他们两人已经很用心,但还是经常被他父亲骂。

他23岁之后,就开始跟父亲一起参与主持葬礼仪式唱诵史诗《亚鲁王》了。讲到当年第一次唱诵史诗的过程,他笑得合不拢嘴。他说,父亲叫他第一个先唱,他就放开胆子大声地吟唱起先祖创世的史诗来,过了一个多时辰,父亲终于点头称许自己停下来休息片刻。那天晚上,是他第一次唱诵史诗《亚鲁王》,也是他50年歌师生涯中永远难忘的一次。

学习亚鲁王靠的是口传心授,父亲说以前他们学的时候就没有书,不像汉族一样有成文的经书。苗族的老祖先是怎么一代一代地把开路经和《亚鲁王》传承下来、又是怎么会很清楚地记得那么多的东西?关于这个疑问,父亲给韦小保讲了一个故事:在远古的时候,苗族祖先也是有文字的。因为横渡大河的时候,苗族的祖先在游水的时候怕把书给弄湿,晚去了无法交差,就把书全部吞到肚子里面,奋力地提前游到了河对岸;而汉族的祖先脑瓜机灵,他把带的书全部顶在脑壳上,游了两三天才渡过河去。他们向大帝报告旅途的时候,苗族的祖先就说他已经把书吞到肚子里,都记在心里面了,接着他念了好几段都没有错,大帝也就没有责怪他。所以后来苗族人都是口念出来教后人,一辈人教一辈人,苗族的史诗《亚鲁王》也就通过这种方式流传了下来。韦小保虚心好学,经常与一些在麻山较为有名的歌师们交流心得,不断地充实和丰富自己的学习内容,使他能够在而立之年成为麻山中非常有名气的歌师。

如今韦小保从事唱诵亚鲁王的各种葬礼和祭祀仪式不计其数,单是葬礼在本县范围内就有几百场,而祭祀活动则更多,这50年的歌师生涯少说也有几千场了。韦小保是个多才多艺的人,他不仅是出名的东郎和宝目,还是一名非常有名气唢呐师父。现在,韦小保收了四个徒弟,而且都出师能够唱诵亚鲁王了。

技艺特点。(1)韦小保是个多愁善感的歌师,他一辈子没有沾过烟酒,他特别痛恨那些时常酒气熏天的人。他唱诵史诗强调铿锵有力,与别的歌师唱法不同,由此唱响麻山。(2)韦小保很注重活形态史诗在葬礼仪式上唱诵;日常唱诵和传承他都是循规蹈矩地遵守古老传习内容。(3)在唱诵过程中,保持构架和程式的不变是韦小保绝对遵循师父传授的内容来唱诵。(4)韦小保和许多歌师一样,通过与其他歌师交流来提高自己对史诗的认识,也通过交流来丰富自己掌握的史诗内容。他很勤奋,虽然年纪已经70来岁,对史诗的传承兴趣依然未减。经常利用闲余的时间组织家族和其他家族喜欢史诗的年轻人来传授史诗。把传承史诗和传授史诗的责任作为自己余生的追求目标。

个人成就。韦小保歌师打破传统拜师习惯,全部记住父亲和韦老王父亲韦仕龙等两位最优秀的歌师所掌握的《亚鲁王》唱诵内容。自参加葬礼唱诵亚鲁王之后，韦小保经常到其他区域去听其他家族的歌师唱诵《亚鲁王》，不断丰富自己唱诵史诗的内容，至今，能唱诵史诗 3 万余行。韦小保在没有报酬的情况下，还带了四个学徒，进行授业并且其中两位学徒现已出师，为传承和唱诵史诗《亚鲁王》做出一定的贡献。

授徒传艺情况。东郎韦小保自成为名师之后，不但在葬礼上主持唱好《亚鲁王》，还注意把《亚鲁王》传授给徒弟。韦小保利用在农闲时间，动员和组织身边的亲戚、朋友、熟人等学唱《亚鲁王》。1994 年春，韦小保应韦小权和韦小王的要求，收他们两人为徒，两年后，韦小权和韦小王便跟随自己学习主持葬礼和唱诵亚鲁王。由于二位徒弟家庭非常贫困，在 21 世纪来临之际，他们二人随着打工潮前往广东打工，人在外面根本就没有时间继续巩固所学史诗知识内容，遗忘了不少细节。至今他们二人依然未能全部掌握史诗的内容。2010 年腊月间，寨子上的韦小卫与韦小云二人又再次找他，要求传授他俩史诗《亚鲁王》。经过一年多的学习，韦小卫二人用现代学习手段辅助，学习进步很快，去年初，韦小卫和韦小云终于出师。

参与社会公益性活动情况。2009 年 6 月，亚鲁王工作室在搜集、整理《亚鲁王》的申报文本，找到韦小保要求他唱诵亚鲁王，他心里非常高兴，多次积极配合亚鲁王工作室的工作开展录音和录像，使《亚鲁王》文本和视频能够及时申报到省里审定，并不辞辛劳地给亚鲁王工作室的同志解读《亚鲁王》，并把自己会唱的内容唱诵出来，供搜集、整理使用。

持有该项目的相关实物、资料情况。在麻山，持有唱诵《亚鲁王》器物就相当于拥有主持葬礼的法器。韦小保在主持和唱诵史诗《亚鲁王》的时候，都经常应用到的器物是从父亲韦老瓢手里接班的宝刀和长矛。在葬礼上，每一次韦小保都离不开这些器物。此外，韦小保东郎还持有斗篷、麻线、草鞋、弓箭、竹编饭包、饭箩、五谷杂粮、葫芦、竹筒、袖珍口袋等实物。

为该项目保护传承所做的其他贡献。自 2009 年以来，韦小保积极配合到紫云自治县《亚鲁王》工作室的翻译工作，对搜集、整理工作提出宝贵的意见和建议。2010 年 5 月，苗族英雄史诗《亚鲁王》成功申报为国家级非物质文化遗产。韦小保得知情况后，充分利用自己在当地德高望重的身份，向部分不愿意配合工作的歌师做解释、宣传工作，使亚鲁王的传承保护工作得到进一步的推进。他已经培养了新一代的传承人，传承和宣传《亚鲁王》。

杨光顺，男，苗族，小学，1954 年 9 月 10 日生，紫云苗族布依族自治县宗地乡大地坝村摆弄关组人，东郎，贵州省第三批省级非物质文化遗产项目《亚鲁王》代表性传承人。

个人简历。1954年9月10日,杨光顺出生在紫云自治县宗地乡大地坝村摆弄关组一个贫困的农户家里。1965年杨光顺开始进入罗甸县木引乡小学就读小学。1966年春,12岁的杨光顺跟随祖父学习史诗《亚鲁王》。1970年,杨光顺读完小学四年级就因为家庭困难,辍学在家务农。并开始与祖父在葬礼上学习主持唱诵史诗《亚鲁王》。1972年,杨光顺参加当时的五小企业合作社,成为企业骨干之一,四处奔波搞建设。1974年秋,杨光顺和黄六妹结婚,当家做主,并参加主持各种葬礼和祭祀仪式至今。

传承谱系。第一代,杨老多 bot hoh,1686年生于贵州省紫云县宗地乡大地坝村摆弄关;第二代:杨老吽 bot houk,1751年生于贵州省紫云县宗地乡大地坝村摆弄关;第三代:杨老红 bot lainb,1798年生于贵州省紫云县宗地乡大地坝村摆弄关;第四代:杨老丛 bot songf,1850年生于贵州省紫云县宗地乡大地坝村摆弄关;第五代:罗老会 bot huik,1880年生于贵州省紫云县宗地乡大地坝村打朗;第六代:杨老金 bot jinb,1903年生于贵州省紫云县宗地乡大地坝村摆弄关;第七代:杨光顺 nyianf lanx,1954年生于贵州省紫云县宗地乡大地坝村摆弄关。

学习与实践经历。杨光顺出生在一个世传歌师的家庭,幼年时代,因为刚刚解放不久,生活非常艰苦,经常吃不饱穿不暖。在八、九岁时,当时全国各地大办集体大食堂,少年时代的他,实在是饿得不行了,就上山去挖野菜和蕨根来煮吃,很多人都瘦得只剩皮包骨,非常恐怖。偶尔在路上捡到几粒谷种,不管三七二十一,直接就往嘴里送。这样的生活持续了将近两年的时间,政策才又开始放宽,生活才逐步地得到一些改善。那个时候,他的爷爷杨老金是个大歌师,周边的村寨有人去世,就有人来请他去主持唱诵《亚鲁王》仪式,在唱诵《亚鲁王》仪式时,虽然平常没有荤菜吃,但在出丧的那天,会有一顿用来祭祀亡灵而不算丰富的肉餐。在家中他是长孙,爷爷非常疼爱他,走到哪里就带他去哪里,也趁此机会改善一下孙子的营养。就在那时,杨光顺时常耳闻目睹爷爷在葬礼中主持唱诵《亚鲁王》的过程,从此对英雄史诗《亚鲁王》产生了浓厚的兴趣,要求爷爷教他学习唱诵《亚鲁王》。

杨光顺十岁的时候,就与本寨的堂叔父杨通元、杨老幺和堂哥杨光付一起跟随爷爷杨老金歌师学习唱诵英雄史诗《亚鲁王》。那年代,国家的民族政策还不健全,民间民俗仪式都统统划为牛鬼蛇神,认为是伤风败俗和封建迷信,他们学习唱诵苗族英雄史诗《亚鲁王》,很多时候都背着寨子的人在暗地里学习,不敢明目张胆在大庭广众之下进行学习。有时候,在寒冷的冬夜里,大家挤在一起围着柴火堆而坐,让他爷爷教整个通宵。由于传授环境的限制,他们耗费了将近三四年的学习时间,才将史诗《亚鲁王》的部分章节背诵下来。

在举行出师的宴会上,他们几人都出钱买来一只公鸡,又出一碗米和一碗黄豆。因为学习唱诵史诗《亚鲁王》的过程中，师父要预测和检验一下自己徒弟的技艺能力。当时他们杀了那只大公鸡，分别把鸡肚、鸡肝、鸡肠、鸡爪、鸡翅等用芭蕉叶包好，放在锅里和鸡肉一起煮熟。开宴之后，在师父的支持下，每人拣一包鸡肉打开来，再拿给大家传看是谁得到了什么？他当时拣到了鸡肝，按照古老传说的说法，他的记忆力是特别好的，而事实上，他也是这样的。和他一起学习的杨通元拣到了鸡肠，杨老幺拣到了鸡翅，杨光付拣到了鸡肚。他们各人都有自己流利唱诵史诗《亚鲁王》的几个片段；而杨光顺则统筹了整个史诗的架构，并接手爷爷传下的歌师职业，在葬礼中主持唱诵《亚鲁王》的仪式和主持普通的祭祀仪式。从 18 岁开始跟随爷爷主持了第一次在葬礼中唱诵史诗《亚鲁王》之后，至今主持唱诵的葬礼不少于 500 场次，主持普通祭祀仪式不少于 2000 场次。

技艺特点。(1)杨光顺擅长统筹史诗亚鲁王的架构，在葬礼中唱诵英雄史诗《亚鲁王》的时候，他喜欢抑扬顿挫和尾节拖音；而在祭祀仪式中唱诵的时候，他则用道白和长调。(2)杨光顺在日常传承和传授史诗《亚鲁王》时，他不拘泥于古老的传统模式，只在正月、七月、腊月进行，而是随时随地都可以进行传授和讲述史诗。用他的话讲，古老的传统是祖先定的，那我们现在也可以由自己来定，这样才有利于史诗发扬光大。(3)虽然杨光顺在传承模式中改变了原来传统的模式，但在唱诵史诗过程中，他始终坚持保留主题构架和程式不变，尊崇并忠于师父的传授来唱诵。唱诵时神情庄严肃穆，声音铿锵有力，追求原汁原味，不允许随便改变原来的唱诵法则。这就决定了《亚鲁王》的传承和唱诵是一丝不苟的、不带有娱乐性的，唯一可以改变的就是唱诵时歌师程式化的表演动作。(4)歌师学习史诗是没有文字版本。都是通过纯民间口头传授。随着现代化设备不断的改良，杨光顺也通过录音的方式来传授徒弟和讲述史诗《亚鲁王》，任何人都可以随时随地聆听他的唱诵和讲述。这有助于提高记忆，他的方法值得歌师们推广应用。

个人成就。杨光顺歌师打破传统学习史诗的习惯，广闻博记，哪里有唱诵《亚鲁王》出名的歌师，哪里就有他前往交流的身影，他所掌握的内容是集众多麻山东郎们的心血。成为东郎之后，杨光顺经常到其他区域去听其他家族的歌师唱诵《亚鲁王》，不断丰富自己唱诵史诗的内容，至今，能唱诵史诗数万余行。杨光顺从自己独立主持唱诵苗族史诗《亚鲁王》后，带的学徒就有三四批，30 余人次，是麻山传承和唱诵史诗《亚鲁王》的领军人物之一。

授徒传艺情况。1986 年，由于祖父年龄已大，记忆力衰退，不能进行传授史诗《亚鲁王》，时年 32 岁的杨光顺就开始接收第一批徒弟传授史诗。两年之后，徒弟顺利出师，与他一道成为麻山得力的史诗《亚鲁王》传承人助手。1993 年，又再次接收第二批徒弟，开始传授史诗《亚鲁王》，随着社会经济不断发展，打工潮风起云涌,很多前往广东沿海一带打工,杨光顺的徒弟也不例外,为了改善自己的生活条件,徒弟们也纷纷外出打工挣钱。2005年打工潮逐渐回冷,家乡建设也发生了翻天覆地的变化,年轻人也逐渐厌倦了打工的流浪生活,返回故乡。2007年,杨光顺又再次接收第三批徒弟传授史诗《亚鲁王》。如今,杨光顺的徒弟们依然活跃在这片贫瘠的麻山热土上。

参与社会公益性活动情况。杨光顺是个谦虚、诚实、助人为乐的人。学会唱诵《亚鲁王》后,不管是认识的或不认识的人,只要请到他,无论家里怎么忙,他都有求必应,帮有求的人主持好每场葬礼,从来没有收取过任何财物。杨光顺招收了很多徒弟,他对徒弟很关心,但要求很严格。他每年都把已出师的徒弟召集起来,经常了解徒弟们在葬礼上主持唱诵《亚鲁王》情况。要求徒弟们继续学习,多听其他区域唱诵的内容,不断丰富自己的知识。杨光顺给他的徒弟们提出一个要求:"《亚鲁王》是我们苗族人的根,由于没有书本,靠一代一代的人传下来,我们会了,还要把《亚鲁王》传给下一代,这要靠我们大家行动起来,才能把《亚鲁王》一代一代传下去。你们既然出师了,就要自己招收徒弟,不放过任何一个需要学习的人。只要愿意学唱《亚鲁王》的,我们就要有责任毫无保留的教会他们,让《亚鲁王》史诗永远传承下去。"2009年9月,在全国第三批非物质文化遗产普查中《亚鲁王》浮出水面。杨光顺应紫云自治县文体广电旅游局《亚鲁王》工作室之邀,前往格凸河参加第一期由冯骥才先生带领的专家工作队在紫云开展的歌师录音工作,得到专家的好评。

持有该项目的相关实物、资料情况。在麻山,持有唱诵亚鲁王器物就相当于拥有主持葬礼的法器。杨光顺在主持和唱诵史诗亚鲁王的时候,都经常应用到的器物是当年祖父赠送给自己的宝刀和长矛。在葬礼上,每一次杨光顺都离不开这些器物。此外、杨光顺东郎还持有斗篷、草鞋、弓箭、竹编饭包、饭箩、五谷杂粮、葫芦、竹筒、袖珍口袋等实物,这些实物在《亚鲁王》上都有其特定的意义。

杨光顺师徒合影(杨正江自拍)

为该项目保护传承所做的其他贡献。自 2009 年下半年以后,杨光顺东郎积极配合紫云自治县《亚鲁王》工作室的翻译工作,对搜集、整理工作提出宝贵的意见和建议。利用自己在当地德高望重的身份,向部分不愿意配合普查工作的歌师做解释、并极力宣传,使亚鲁王的翻译、整理工作得到进一步推进。作为歌师,杨光顺东郎不计自己得失,在没有资金补助的情况下,依然进行传承活动,并把传承由原来的自然状态转向有计划、有目的地进行,培养了新一代的传承人,对《亚鲁王》传承做到有效的保护。

2. 祖先亚鲁王——葬礼与全民族祭祀大典

在观音山工作站,进行的"葬礼与全民族祭祀大典"亚鲁王文化展演,是"申遗"后亚鲁王文化传承开始介入亚鲁王文化产业开发的一件非常重要的事件。经过事先的通知和安排,作为 2013 年 12 月在贵州举办的一次亚鲁王文化研讨会的田野参观活动,2013 年 12 月 4 日"祖先亚鲁王,灵魂与我们同在"——葬礼与全民族祭祀大典在紫云自治县水塘镇坝寨村毛口用组"东拜王城"举行,会务组安排参会的学者集体观摩了这次大典。

祭祀大典筹备。在发给观摩学者的宣传资料上是这样描述这次祭祀大典的筹备的:亚鲁王是现今苗族等多民族的共同祖先。在远古时期,亚鲁王由于兄弟部落联盟之间的连年征战,不愿意看到兄弟部落之间相互残杀,决定率领族群过江迁徙南下,定都南方。亚鲁王遣令其"十二"个王子征拓南方十二个荒蛮之地,并立足发展。欧地聂王子率领的部分族群途经贵阳、惠水、长顺进入麻山,而迪地仑王子守护在亚鲁王身边。亚鲁王离世之后,迪地仑一路追寻欧地聂的踪迹来到麻山,两位王子一起繁衍这支麻山次方言苗族。几千年已经过去,如今麻山苗族人已经不能传承记忆亚鲁王、欧地聂王子、迪地仑王子的墓葬之地,历史的记忆将随着东郎们的逐渐逝去而湮灭在大地的泥土里。2009 年之后,由一群麻山青年人组合成的"《亚鲁王》田野团队",日夜行走麻山,聆听记录千名东郎守护精神家园的唱诵。历经几年艰辛的呼唤与守望,祖先已经回归到我们的中间来。2013 年 11 月 22 日下午,几十名东郎代表汇集东拜王城观音山亚鲁王文化工作站,会议庄重决定于 2013 年 12 月 4 日为祖先亚鲁王、族宗欧地聂王子与迪地仑王子进行招魂回归仪式,举行盛大葬礼,将砍一匹"战马"葬送祖先亚鲁王,并厚葬于东拜王城内。

祭祀大典饮食。远古时代,亚鲁王部落的族群生活在富饶的鱼米之乡,族群主食为鱼虾和糯米、黄豆、豆腐等。至今,麻山苗族必须传承祖先的这些饮食,因为苗人的死亡不是生命的结束,而是生命的开始,苗人的灵魂要回归祖先的怀抱。为敬仰祖先,尊重民俗,体验节俭传统之风,今天在这场祭祀仪式上,也将用这黄豆、鱼虾、豆腐、糯米和大米作为主食。

　　祭祀大典流程。(1)葬礼祭祀时:12月4日上午10点至下午2点这个时间段为葬礼祭祀大典的时间,主孝恭迎各地各路的民族同胞前来瞻仰和祭祀亚鲁王英灵,烧纸焚香。(2)砍马祭祀时间:下午2点至下午3点30分为砍马仪式时间段,期间东郎进行唱诵砍马史诗、恭迎砍马东郎进入砍马场、主孝东郎点将台宣誓、主孝女喂马、吊丧客绕砍马场祭祀、负责砍马的东郎鸣放鞭炮模拟战争场面催马奔跑、砍马师正式砍马、主孝家拔出砍马桩送往坟地等。(3)发丧上山时间:下午3点30分至5点为发丧时间段,全体麻山同胞抬灵柩下山安葬。(4)回山出祭:下午5点至6点30分,从坟地返回祭祀场地,举行回山上祭,开设除荤晚宴。

　　关于召回祖先亚鲁王、族宗欧地聂王子、迪地仑王子的灵魂并举办葬礼的依据说明。依据一:苗族有句话说:"hluob nbjet ndias won nyenh",汉语翻译为"祖宗在额头上",即意"无论你迁徙到哪里,祖先都会跟随到哪里",并时刻庇佑我们。依据二:在麻山苗族地区,若某苗人意外死亡于异乡,寻找不到其尸骨的,家人在村庄附近择一个墓葬位置举行招魂仪式,从墓葬处取一坨泥回来放置棺木内,便可举办葬礼。依据三:2013年11月22日,11月28日,东郎们在墓葬祖先亚鲁王、族宗欧地聂王子、迪地仑王子的位置举行招魂仪式,分别取回三坨泥土,放置于三口棺木内,即可举办葬礼。

　　这次全民祭祀大典,有来自麻山各村组的近万名苗族村民参加,附近村寨的汉族、布依族村民也均来到祭祀区观看。2013年12月6日中午,课题组与杨正江在贵州饭店交谈的谈话录音,显示了亚鲁王葬礼(全民族祭祀大典)前因后果的另一种表述。

　　问:有没有纸面的(要麻山苗族来参加全民族祭祀大典)通知,还是有那种口头
　　　　的说法?
　　杨正江:就口头的,纸面的我们打好一千多份,结果后来也没敢发。我一发肯
　　　　　定人(来得)很多,那边申遗中心跟我讲的是,可能五千到一万,到时我
　　　　　给你凑够人。那时紧急会议上提至少要凑够一千人,所以我们讣告就
　　　　　没有贴,讣告一旦贴了就是几万人次的。
　　问:我觉得(全民族祭祀大典)是一个表演?
　　杨正江:一般人家没有钱肯定不愿意来,至少你要请人家五十块一个人人家才
　　　　　愿意来是不?五十一个人,我要拿几十万请人家来吊个丧我值得吗?
　　问:你这个十几天的活动是哪个出钱呢?
　　杨正江:我现在已经支了不止八九万了,还有签单,现金支出是一万多,外面加
　　　　　上结账签单大概差不多八九万左右,单是吃,我是花的吃的这块,每天
　　　　　都有人来,来都要吃,按照麻山习俗,来了人都要准他吃饭嘛。猪,我

买了六七头猪,三副棺材,三口大棺材。

问:那像这些东郎是义务帮忙呢还是你请的他们?

杨正江:东郎,也是那几个主体的东郎,站在棺材面前那几个东郎呢,他是义务性的但是也要有象征性的红包,那个意思性的,以前呢是拿肉,现在一般要包五六十,一百块七八十块的红包钱。站在棺材面前那几个东郎是给钱的,其他的都是义务的,那些是不给钱的。砍马方也是一分钱不得的,但是马砍倒之后那些马肉我们一概都不要。

问:那个"芒就"①很大的,那块"芒就"是怎么样的一个制作过程,是现成的一块布嘛?有好长?

杨正江:我们叫那个裁缝店,乡上不是有那种小店卖,几十块钱逮(买)来,外边角落那个,一块一块的,我讲要好多尺寸的,一块一块的拿来那样夹(剪),夹起(剪好)了拿缝,缝一大张大大的。长八米,宽四米五。那一块布买了500多块钱,又买了300多块钱颜料,总的800块钱.然后我们就拿那个族徽(芒就)来照起,我们亚鲁王团队一笔一画涂上去的,然后我们就写了"祖先亚鲁王"几个字迹。

问:你主办这个活动是不是符合你的预期?

杨正江:一开始我并没有底气,一开始省文化厅给我一个任务,专家要到紫云调研,我左想右想他们来要看什么?然后左想右想不出个名堂来,也要看到原生态的,要符合民间的这种(信仰),但是作为民间的是自然而然的行为,自发的行为,所以我想只能搞一次葬礼,那葬礼搞给谁呢,我只能搞给我亚鲁王族宗,欧地聂这支,那么我一旦搞给我欧地聂这支的话,我就要涉及一个问题,东郎们同不同意,那么我同样也要征求其他家族的东郎,那么就是另外一个儿子的那些后裔。所以22号那天中午就把各路的东郎们集中来,起先讨论的是我要给我老祖宗欧地聂做葬礼,问下我们这个族宗的东郎,他们说可以可以,应该办,迪地仑那支也说可以的,都是应该办的。按照民间习俗完全可以办,因为过了几千年了,不知道他们灵魂在哪点,可以把他灵魂找回来,给他办个葬礼的,民间有这种传统的。所以我这个依据是有的。然后说办就办,而且很突发,超出我的预算,原来我想能办嘛,在3号准备4号办就行了,结果他们就说,说这样了,你要真的办就开不得玩笑啦,我

---

① 即麻山苗人去世时,在封棺前盖在逝者脸上的织有图案的黑布;杨正江在向我们介绍芒就时,把它比喻为死者灵魂回到故乡的身份证。在亚鲁王工作团队看来,芒就也是亚鲁王的王旗和麻山苗人的族徽。

们马上找好时候,你马上准备,那几支(纸)香、鸡蛋、宝剑拿来,马上就把灵魂招来,说现在你们的族宗欧地聂生病了,他在观音山工作站的,可能明天就要老火(严重),你明天就要准备棺材等着了。我一夜之间就骑虎难下,就走上了这条办葬礼的事情。当第二天我们宣布欧地聂死亡的时候,把他放在棺材里面,把棺材一闭,炮仗一放,神圣的入棺仪式进行完之后,我本寨的很多老年人、隔壁邻居的很多老年人都来跪拜烧香。说这么多年,你们终于把老祖宗找回来了。我每天都在观察,观察了三四天,还应该有大作为,我还可以把亚鲁王的两个儿子(葬礼)一起做了,这样整个麻山的祖先全部在这里了,可以树立信仰了。然后我又秘密地召集东郎们来开会,我又把各路东郎召集来了,又来了二十多个。我说,把亚鲁王三父子一起做。他们说,我们早想给你讲这个事情,就是怕你的经费有问题,因为一搞这个东西,肯定要用钱,这个时候你喊一家斗(凑)点钱不大现实,因为麻山的贫富不均,有钱的人家有钱,穷的老是穷,所以这个你要斗(凑)钱也不可能,那么我想开支不大了,可能我来付这个钱,买棺材和各种生活开支由我来付,那么主办方呢就是我这个村寨的群众主办,他们就来当祭拜的孝子。这么一办,我们就把灵魂(请回来),一凑齐,就每天晚上在山上放烟花,放信号,然后人家就询问,哪点发生什么事?然后就说是在给我们老祖先办葬礼,那么一传就传开了。昨天我一整天压力都非常大,前天的时候我更是睡不着觉,我担心明天会是一个什么样的局面。结果第二天一早八点半我们刚刚布置好,九点钟客人就陆陆续续来了,唢呐队陆陆续续来了十几支。你们还没到。我说拐了(糟了),我担心的是你们没有到,整个吊丧队伍到了,客人们(参会学者)看不到这么大的场面。所以赶紧让志愿者到村口控制吊丧人员,慢点进场了。所以你们来了才有七八支队伍堵在门外,等你们进了他们才进来。打个比方就是:在这一个露天舞台,我就相当于是一个总导演,我来导演这台演出。另一方面我带有一个欺骗,对于同胞我是一个大骗子,那么整个群众他们是处于一个无知的状态,他并不知道这个葬礼是为专家(调研)准备的,他纯粹是出于为祖先举行这个葬礼,他们是为祖先葬礼而来,所以我不允许拍照。如果你们在那拍照,这群众马上觉得是骗人,会认为原来这是为了拍电影、拍电视,为了卖碟子,所以我必须禁止拍照,必须严密控制,你们稍微一过分的话,这个局面我控制不了,一方面是文化工作者的职责所在,另一方面是民族同胞对祖先对信仰的这个需求。

3. 亚鲁王文化产业样态

以上所述的"祖先亚鲁王全民祭奠",是一次亚鲁王文化内容的露天舞台表演,这种表演的主要目的,在杨正江看来,是一种"告别仪式":告别亚鲁王文化传承仅在麻山苗人中传承的自在状态,迎来以"东拜王城"为主体的亚鲁王文化园——以文化产业形式传承亚鲁王文化的新的状态。拥有"非物质文化遗产"身份的亚鲁王,开始以一种文化产业元素的身份,开始了其传承的另一种道路。对于亚鲁王文化的"文化产业"道路,杨正江、杨正兴表现为一种无奈的接受。

> 杨正江:亚鲁王文化研究中心现在有七八个人,其中6个是农民知识分子,2个在编的,另外的人是领的是国家支持亚鲁王的工资。我们不做文化产业,那我们这群人没饭吃,全部回家。没办法,必须要适应他们,给他们提供需要的信息。但是我们明白,我们的工作就是全程记录,做个完整的文本的呈现,重要的是做一个存录工作。

在调查中笔者发现,最早将亚鲁王的文化元素运用在文化产业中的,是紧邻观音山工作站的格凸河风景区。在申遗成功后,该景区将旅游宣传口号从"格凸河,一条格外突出的河"改换成了"英雄史诗《亚鲁王》圣地",在景区中正在兴建一个亚鲁王民族歌舞场,用于旅游歌舞表演,表演内容为苗族地方的舞蹈,一些特技,上刀山、下火海,满足游客的猎奇心理。而在导游词中,也将亚鲁王文化的内容植入在沿途风景的介绍上,从以下导游词录音中,可以清晰地看到亚鲁王是如何参与到大众旅游中,导游又是如何对亚鲁王文化进行表述的。

导游小吴(布依族)口中的亚鲁王。在1小时20分的导游过程中,关于亚鲁王的内容,是在游玩了格凸河景区猫耳洞、燕子洞和蜘蛛人徒手攀岩后,在游览进行到28分钟左右时,开始介绍的。

> 小吴:我们今天游览的这7.7公里河程,不仅是生态奇观展示地,它也是咱们中国最长的史诗《亚鲁王》文化的发源地,有没有听说过亚鲁王?
>
> 游客:你说说亚鲁王嘛。
>
> 小吴:亚鲁王我一会和你说,把你的好奇心按捺一下。大家肯定很好奇,什么是亚鲁王?谁是亚鲁王?什么是《亚鲁王》史诗?什么是亚鲁王文化?对吧。咱们边走边聊,这样才好玩。咱们先来看一下我左手边的这条小便道,是这是通往前方大河苗寨(有48户人家)的唯一通道。2005年12月31日景区被评为国家级风景名胜区时修建的。这是逃婚洞,苗家在很久以前不和其他人通婚,大河苗寨的阿朵喜欢上汉族小伙,恋情被族

人知道，就把他们囚禁在山洞，他们不离不弃，恋情感动上天，上天下了7天8夜的大雨，格凸河的水位一个劲儿上涨，涨到山洞口时，就停了，这个时候，山洞发生了倾斜，于是就形成了我们看到的夹山天水一线的景观。族人们见势不妙，都吓跑了，这时从天上下来一只仙鹤，把他们接走了，让他们享受自由爱情带来的幸福和快乐。所以那个山洞叫逃婚洞。那只仙鹤是我们亚鲁王派来拯救他们自由爱情的信物，因此，那座夹山叫"信任爱——情人岩"，而亚鲁王是我们苗家人真真正正存在的人文始祖，是他把我们苗家人带领到这个有山有水的地方，而我们亚鲁王又是一个非常倡导自由爱情的人，所以我们这里才会有非常隆重的唱山歌跳舞找伴侣的风俗。

小吴：前面的孤峰叫苗王剑，又叫赶山剑，苗家老人跟我们讲故事说，在很久以前，我们苗家人是在一位苗王的带领下来到这里，在他赶山填海的过程中，把我们带到这个虽然不富饶，但是有山有水美丽的地方，这里有种鸟叫作红嘴赤，红嘴赤觉得人类在此居住会摧毁它的家园，它就跑去和苗王说："苗王，苗王，不好了，你家出大事了，你赶快回去看一看吧。"苗王说，"你骗人，"不相信它的话。红嘴赤说："你不相信的话，请你看我的头部、我的嘴部和我的爪部，都沾满了你家砍马（特意放慢语速加重语调）的鲜血。"砍马是我们以前苗家人在送亡灵仪式上的一种祭祀活动。苗王一看，着急了，就把剑扔在那里，赶快往家里跑，由于他心急如焚，赶到家时，伤了腰，折了腿，再也不能赶山填海了，所以我们纪念苗王，把它取名苗王剑，也叫赶山剑，是大河苗寨的镇寨之宝。苗家人虽然相信鬼神，但是他们更加崇拜自己的祖先。所以逢年过节，我们都要到十字路口、岔路口请老祖宗回家过年过节。

苗族英雄史诗《亚鲁王》的情节、人物、仪式，在导游词中以各种牵强的理由、故事、传说附会在相关景点上，对于这种附会，杨正江觉得有些遗憾，因为当时景点的工作人员来要关于亚鲁王的材料，自己没有在，其他工作人员就把亚鲁王相关的书籍材料都给了他们，而那些厚重的史诗情节，就这样被随意地穿插在导游的临时性发挥中，而大众游客，也只能从这些临时发挥的导游词去认知"亚鲁王"。

在笔者调研时，亚鲁王研究中心虽然已经挂了一个"文化产业股"的牌子，但是相关准备工作均还未完善。

杨正兴：现在的文化产业股，只是计划，还在等政府审批编制。现在有一个亚鲁王文化产业有限公司，以前的文化馆的赵馆长注册了这个公司（注册了 3 年),但目前还没有运作。重庆的一家公司,在格凸河投资,以亚鲁王文化遗产为依托,开拓旅游,搞个亚鲁王小城,工程刚启动,还要搞亚鲁王商业一条街和亚鲁王文化广场。县里也搞亚鲁王文化广场,供市民活动。

可以说,亚鲁王文化的产业化步伐才刚刚起步,就已经被商家进行了非常功利化的利用。2011 年,贵州苗族同胞吴敏女士向贵州省版权局申请著作权登记;经国家商标局批准,"亚鲁王"已经成功注册了酒类、服务类商标。在紫云县城一建筑楼盘开盘宣传中,也将配套设施命名为"亚鲁王广场",试图借助亚鲁王的文化影响力,实现经济效益。

亚鲁王传承的结构与认同

(一)亚鲁王的遗产化与仪式展演

在大众旅游情境下,很多人把非物质文化遗产当成一个赚钱的既定物,申遗后就通过旅游开发来赚钱,将其资本化,却很少有人去关注此遗产从过去到现在如何传承下来。虽然,在非物质文化遗产的保护过程中,"有两个主体一直在发挥作用,一是以民间艺人、匠人等组成的非物质文化遗产传承主体,二是以政府、学界、商界、新闻媒体等组成的非物质文化遗产保护主体"[①],但在全球化、标准化席卷全球的语境下,传承主体与保护主体应该怎样携手合作,才能让这些非物质文化遗产活态传承,能够生生不息地生活在它们的原生环境之中?为使非物质文化遗产能够在健康的环境之下传与承,国家专门针对非物质文化遗产领域,提出了"生产性保护"的方式,这种方式是否适用于像《亚鲁王》这种口传心授类的非物质文化遗产,能否对《亚鲁王》的传承与保护产生积极作用?

1.《亚鲁王》的仪式化展演

在麻山的调查中,我们了解到《亚鲁王》广泛流传于贵州西南紫云等六县交界的麻山地区,当地人将其称为"阿郎",是麻山苗人一代一代通过口传心授传下来的。内容丰富,始祖的创业史,结亲嫁女,修房盖屋、甚至破案与治病的方法都蕴涵其中[②],它在很多仪式场合都会被吟诵,尤其在丧葬仪式中,内容更多、更长、也最完整。在日常传承中,老辈人传下来的规矩被严格遵守:除了碰到白喜事,不然不

---

① 苑利、顾军:《非物质文化遗产学》,高等教育出版社,2009 年版,第 49 页。

② 冯骥才:《发现〈亚鲁王〉》,中国民间文艺家协会主编:《亚鲁王》(汉苗对照),中华书局,2011 年版,第 4 页;类似的说法在 2013 年 8 月对紫云宗地乡大地坝村、戈芭村、猴场镇几位东郎、宝目及东偬的访谈中普遍可见。

在家里唱诵《亚鲁王》，平时，如果想学《亚鲁王》，也只能在正月和七月两个月。①
然而，我们却看到"中国英雄史诗的重大发现——苗族英雄史诗《亚鲁王》出版成果
发布会"于 2012 年 2 月在北京人民大会堂举行。苗族"东郎"（歌师）陈兴华和杨正
江同时在北京人民大会堂吟唱《亚鲁王》……东郎陈兴华也介绍说当有学者专家需
要时，他会在不同的环境下以不同的引子作为解释，然后就可根据来人的要求进行
吟唱，如战争部分、迁徙部分，得宝或得盐井部分。在他看来，这本是苗人的事情，
别人对《亚鲁王》感兴趣是一种支持，一种鼓励，更应该接受他们②。笔者认为，这
其实是一种生产性保护下的"仪式化展演"，通过这种展演，不仅能让更多人认识麻
山苗族，认识麻山的苗族文化，更重要的是，麻山苗族自己也能在这个展演过程中
了解自己的文化，提升自己对民族文化的自尊心、自信心和自豪感。

　　事实上，展演一直以来是一个热议的话题，因为在不同语境下，从日常生活到
严肃的典礼，都有展演，人们可通过舞蹈、仪式、讨论、运动、故事及其他展示行为进
行情景或文化的展演。对于展演的定义，也是仁者见仁，欧文·戈夫曼（Erving
Goffman）认为：特定的参与者在特定的场合，以任何方式影响其他任何参与者的
所有活动。③ 因此，既然是展演，就要有参与者，展演的场合或场景、方式、内容和
目的。正如在《亚鲁王》的传承与保护中，地方知识精英，东郎、宝目、东偌在仪式
上、在工作站、在人民大会堂通过唱诵的方式展演《亚鲁王》，面对不同的观众，通过
仪式、器具、颂词、祭祀物，并辅以与亚鲁有关的神话和英雄情节，使远古、神圣的祖
先栩栩如生。正如特纳所说：文化主要是在仪式和戏剧性展演中被全方位表达，并
从中被他人体会到。展演是一种"流动"的逻辑辩证法（dialectic of flow），在展演
中，行动和意识合为一体自然流露，最核心的意义、价值以及文化目的能通过行动
被观察出来。④ 因此，通过展演，观众与展演者不仅交换理念、还能从中感受到文
化的多元，并在这种展演中加强文化认同。

　　而所谓的仪式化，按照艾瑞克·埃里克森（Eric Erikson）的观点：是双方达成
一致的相互合作，并在不断重现场景下的重复活动，对参与的人都有一种适用的价
值。⑤ 仪式化还被认为是一种组织社会关系的特别方法，而不仅仅是对社会关系

---

　　① 根据 2013 年 8 月笔者在紫云的田野调查，发现这种习惯现在还留存，一般的苗族家庭都不允许在家
里唱《亚鲁王》或摆相关仪式使用的器具。

　　② 根据 2013 年 8 月 4 日在亚鲁王工作站对东郎陈兴华的访谈。

　　③ ［美］欧文·戈夫曼：《日常生活中的自我呈现》，冯钢译，北京大学出版社，2008 年版，第 12 页。

　　④ Richard Schechner & Willa Appel, eds. *By Means of Performance*：*Intercultural Studies of
Theatre and Ritual*. Cambridge University Press，1990，p. 1.

　　⑤ Ericson E. H. " Ontogeny of Ritualization in Man", in Huxley, ed., *A Discussion on
Ritualization*，pp. 337－350.

结构的反映,仪式和仪式组织也被当作是这些社会关系奏效或再次奏效的一种主要方式。[①] 通过东郎、宝目等在工作站的仪式化展演,慕名而来的专家学者了解了麻山苗人的文化表述系统,同时,麻山苗人的积极性也被调动起来,使他们愿意走几小时山路来参与合作。

2. 生产性保护下的仪式化展演

由于人们居住在一个自己给自己讲故事的世界里,这使一切事物变得有意义。人们通过讲述故事建构了一个自己的世界,并由此有了时间和空间的表述,且不可能超越讲述产生的现实,因为任何过去或现在都是不可见的。[②] 活在过去的和活在现在的人们发现自己处在一个对叙述或文本对照中。正如《亚鲁王》的故事就让活在这个世界里的人倍加兴奋,特别是当地的学者与知识精英,他们发现了它的价值所在。于是,知识精英与《亚鲁王》的唱诵者为了达到宣传、保护和传承的目的,在丧葬仪式和日常生活以及一些其他可能展演的场合,对《亚鲁王》进行展演,进行他们的仪式化实践。

(1) 知识精英的仪式化展演

在一些知名学者和作家的帮助下,在代表国家最高荣誉的地方,以吟唱与讲故事的方式,东郎对《亚鲁王》进行情景或文化的展演,参加者对它的价值充分肯定,能在人民大会堂召开发布会,使麻山苗人深感自豪与自信。随着越来越多的人慕名而来,当地知识精英也在思考,如何让这种民族文化的核心价值得到真实、整体的展示,并不影响它的传承,甚至更好地传承。

于是,《亚鲁王》的最初发现者和整理者——杨正江拿出自己的祖屋作工作站,东郎、宝目、东偌等为工作站制作了所有道具。当有学者或官员到紫云调研《亚鲁王》,相关人员就会被请到工作站,做一些讲解、吟诵或仪式,这种方式一来避免了由于交通引起的问题,二来可避免在村民家唱诵《亚鲁王》的忌讳,而且,在工作站还可以做一些平常无法偶遇的仪式。在麻山苗人的知识精英看来,他们可以做到以下工作:1. 鼓励、动员东郎等将文化继续传承;起到引导的作用;给他们所在寨子立基地的牌子,让他们获得自信与骄傲,认识到文化的价值,以激励他们主动去带徒弟;2. 消除误会,通过此工作方式,传递一种信息,这是政府所支持的,并消除"文化大革命"对他们造成的影响;3. 让年轻的知识分子或读书人在反观自己文化的同时明白苗族文化的重要性,明白这是老祖宗传承了几千年的声音,以提升他们民族自尊心和自信心。

---

① Catherine Bell. *Ritual: Perspective and Dimensions*. Oxford University Press, 1997, p. 39.

② Maurice E. F. Bloch. *How We Think They Think: Anthropological Approaches to Cognition, Memory, and Literacy*. Westview Press, 1998, pp. 100—101.

此方式使仪式化展演变得更真实,也更具整体性,因为仪式应该在它真实的环境被分析、被理解,此环境是在某一特定文化中活动的整个范围,不是作为某种完全独立于其他行为的先验的行为分类;只有在此背景下,观察者才能尝试理解人们是怎样和为什么选择一些活动来区分另一些活动。所以,处于苗寨的工作站让观察者感到此地方很真实,同时,它又不存在无事做仪式带来的忌讳。但是,仪式又是真实在做,有时候甚至可以为来访的专家或学者来做,让来访者有一次真切的体验。正如谢克纳(Richard Schechner)所言,从人类学角度看,仪式是特定行为的替代、夸张、重复,以及和展示行为相联系的非普通意义的沟通或象征意义的交换。①他还认为:人类能够如此透彻吸收或学习行为方式,才使新的"展演"的行为方式与日常的自发主动的行为无间隙地结合在一起。因此,展演的重要性不只意味着程度和持续的时间,而且也是文化边界的延展和历史的、个人的及灵魂最深处经验的最深层的领悟力。②萨林斯(Sahlins)认为:不同的文化秩序拥有各自的历史行为、意识和决定的模式,也即他们自己的历史实践。③也就是在这种展演和体验中,"他者"文化被深刻领悟到。

(2)传统葬礼中东郎的仪式化展演

对苗族人来说,《亚鲁王》就是苗族人生命的媒介,在丧事时唱诵它,就是让亡灵懂得先祖各代的史事,如此他们才能从迁徙的来路回归先祖那里;先祖给亡灵洗掉之前的各种记忆,授予亡灵新的生命,重新降世到人间。在他们看来,如果没有《亚鲁王》的媒介,亡灵就回不到祖先那里,生命就不能轮回。在麻山,东郎的职责是神圣的,因为东郎是将亡灵送到先祖之地的人,他在仪式中不能有一点错误,不能唱错或遗漏,一是因为唱错了,亡灵就回不到祖灵之地,也就无法复活,无法复活的亡灵就要惩罚唱诵的东郎,让其倾家荡产,一无所有,然后生病离开人世,做亡灵的下人;二是每次为亡灵的开路,会有很多人来听或出题来问,如果没有随机应变和超强的技艺能力,那这位东郎就要蒙羞了。在这个传统仪式的展演中,展示的不仅是东郎的记忆力与反应力,而且还有整个苗族的历史,使在场的苗人从小对自己的历史耳濡目染。

在《亚鲁王》的唱诵中,还有很多教育后代的故事,如先祖每迁徙到异地,都要教育子孙后代,要热爱那里的土地,只要太阳照射到的地方都会给予人们生命和力

---

① Richard Schechner. "Magnitudes of performance", in Richard Schechner & Willa Appel, eds. , *By Means of Performance: Intercultural Studies of Theatre and Ritual*. Cambridge University Press, 1990, p. 24.

② Ibid. , p. 45.

③ Marshall Sahlins. *Island of History*. The University of Chicago Press, 1985, p. 34.

量,不要害怕困难,只要生命存在,生命就是美好的。① 这和笔者在调查中的访谈也不谋而合,因为苗语中的"东"的意思是表示"儿孙,崽崽",而"郎"表示所唱的内容,甚至还有"教化"的意思。② 按照意思来说,苗语的"阿郎"是教育后代的内容,也就是说,《亚鲁王》就是苗族祖先用来教育后代的内容,而东郎,则是教育后代的人,通过葬礼中的仪式化展演,通过念诵"阿郎",苗族祖先的智慧就在不知不觉中代代传承,正如贝斯费尔特所说:"仪式化(ritualization)是一种通过非交流行为模式推断出动机的进程。在仪式表达活动过程中被融合了更复杂的,用制度管理的方式来安排的事件。"③通过丧葬仪式,在送亡灵的仪式活动中,苗族祖先的迁徙史等文化事象都一一展示,而且,通过不能唱错的禁忌,督促吟唱者将苗族完整的历史相对完整而真实地代代相传。

(3) 宝目、东郎在日常生活中的仪式化展演

除了在丧葬仪式上的唱诵,在日常生活中,也可发现片段性的《亚鲁王》被经常性展演。在麻山苗人的传统里,他们已经形成生病就去找宝目、东郎看病的习惯,而宝目和东郎在治病时,《亚鲁王的》相关片段是必唱的。而且,在他们的世界观里,这是老祖先传下来的规矩,不管是阴传的东郎,还是阳传的宝目,他们为他人治病是他们的职责,是不能收费的,据说如果收费,他们念的《亚鲁王》也就不灵,病也就治不好了。所以,当被问到什么问题,或是给他们拍相片或是录音、录像,他们都非常配合,甚至为了不影响拍摄效果,还主动提出将昏暗的灯光开亮。

在东郎走阴④的拍松⑤仪式中,小米、红稗、大米,刀头肉、茶水是必需的,铜鼓型的桌子也是必需的,因为这是苗人宇宙观的展示,铜鼓型的桌子代表了天与地,代表了苗人的宇宙,而桌子上的那箩米,则是表示来占卜的人敬献天地的,那箩米之上的碗,则是代表苗人的先知——偌,碗里的米是占卜的人献给偌的,刀头肉是代表用来敬献偌的猪,而鸡则是引路的,那碗米上还会放一个鸡蛋,据说这个鸡蛋就如东郎的法器,可通过这个鸡蛋来占卜主人家发生了什么事。

从此日常生活中常见的走阴仪式中,通过器物的仪式化展演,诠释了他们的世界观,使听者将唱诵内容中反复出现的宇宙与现实生活的器物相连,在这种展演中,麻山苗人对祖先的崇拜跃然眼前,同时,子孙依赖祖宗庇佑的心情也被充分

---

① 姚晓英:《敬仰麻山——族群记忆与田野守望者剪影》,贵州人民出版社,2013 年版,第 118—153 页。

② 解释人:杨正江,紫云县文化局副局长,《亚鲁王》的最初发现者和整理者,时间:2013 年 8 月 7 日。

③ Irenaus Eibl-Eibesfeldt. "Ritual and Ritualization from a Biological Perspective" in *Human Ethnology*, von Cranch, M., K. Foppa, W. Lepenies, and D. Ploog, eds. Cambridge University Press. 1979, p.14.

④ 也被称为"过阴":又称"摸吓、摸瞎、驱鬼、下神、下阴、走了"等,意思是"从阳间过到阴间"。

⑤ 汉语意为"烧米"。

展示。

（4）遗产运动下的仪式化展演

由于国家的重视，各级政府也对非物质文化遗产积极关注，并给予了大力支持，在《亚鲁王》的收集整理中，政府出面，给予政策与经费的支持，并将东郎等人请到政府进行访谈，为各位唱诵者的合法化地位给予了有力的认可；《亚鲁王》的宣传也被广泛运用于导游词中；2010年，紫云县举办"亚鲁王文化旅游节·亚鲁王文化论坛"，邀请专家学者探讨亚鲁王文化；为《亚鲁王》唱诵者颁发歌师荣誉证书，使唱诵者的身份合法化；笔者去宗地乡大地坝村田野时，发现书写"大地坝村苗族英雄史诗'亚鲁王'团队"的红旗迎风飘扬，房子前面也悬挂着"守望麻山，做一个坚强的基层非文化物质文明的战士"①的横幅，当地的东郎宝目全都穿上了平时做仪式的服装，戴上了"歌师荣誉证"，一看见课题组到达，全部人走上台阶，站成一排，供大家拍照，他们的代表还发表了热情洋溢的讲话："有了党和国家的高度重视，使我们苗族英雄史诗《亚鲁王》歌师团体受到极大的尊重……将继续努力把亚鲁王歌师，及苗族的仪式、苗歌苗舞、礼节礼仪等一代又一代传承下去，直至千百万年。"②

的确，非物质文化原来是一个表示自在状态的概念，它已经传承了几代人甚至几十代或更久远，如《亚鲁王》，它被苗族人祖辈不断念唱，出现在各种重要场合，虽然在"文化大革命"期间屡屡被禁、被贬低、被否定、被抛弃，但苗人还是采取了各种各样的形式将其传承下来，目前正值民族文化复振，非物质文化也变成"一种公共文化，不但在观念上被大众认可，而且得到公众的自愿参与；并在体制上被政府部门正式承认，并且以一定的公共资源加以支持"③。这些政策也鼓励了这些遗产的传承主体，让他们积极以各种方式展演。

3. 仪式化展演中的传与承

在这个仪式化展演过程中，通过遗产运动，使这种传承与保护具有了历史语境中不可或缺的政策，苗族的《亚鲁王》也变成国家非物质文化遗产，被苗族和其他民族所关注，为了提升本民族的自信心和自豪感，加强这项非物质文化遗产的传承，地方精英运用了仪式化的展演手段，利用民族文化复振、大旅游的背景，通过各种仪式化的展演，创设了《亚鲁王》的传承环境。彭兆荣教授认为：遗产过去的价值和展示的价值是遗产的附加值，全球化使原来局限于某一个地方、分属于某一个民族

---

① 在接下来几天我们去格凸河风景区紫云苗族布依族自治县亚鲁王文化研究中心观音山工作站（简称"工作站"），发现大地坝村是模仿这个工作站的牌子，只是把其中几个字做了替换。此处的"非文化物质"应为"非物质文化"的模仿之误。

② 此段话为宗地乡大地坝村东郎岑天伦2013年8月2日对整个课题组的欢迎辞节选。

③ 高丙中：《作为公共文化的非物质文化遗产》，《文艺研究》2008年第2期，第77—83页。

的遗产在遗产工业的生产和交流中成为"出口产品",同时,遗产的被选择与被操作使之转化为一种"媒体"——根据某一特点的需要和语境的"被表述",这种情形决定了遗产在很短时间里呈现出多方面的、新的表述与被表述关系的重组。① 对我们强调对遗产主体性的真正尊重,对遗产原生形态的正确认识和充分理解并进而认识到它的普世价值且学会鉴赏与借鉴,同时,我们也强调遗产拥有者的自尊心与自豪感,对本民族文化的文化自觉,因为"世界遗产是一种脆弱的、不可修复(不可再生)的资源,必须受到保护,以保持它的真实性并留给后人享用"②。

在《亚鲁王》的传承与保护中,麻山知识精英能够坚守非物质文化遗产的真实性、整体性和传承性,以有效传承非物质文化遗产核心价值为前提,借助苗族英雄史诗《亚鲁王》的发行,采取各种方式对《亚鲁王》进行仪式化展演,不但使苗族人从思想、观念、意识上提高了对民族文化的认识,也让"他者"在观看展演的同时了解该族群。他们的这种展演,也诠释了遗产保护传承中两个主体如何发挥作用,以民间艺人、匠人等组成的非物质文化遗产传承主体如何做好传与承,而以政府、学界、商界、新闻媒体等组成的非物质文化遗产保护主体如何帮助传承主体做好他们的传承。而这种仪式化的展演,也是口传心授的非物质文化遗产生产性保护的一种尝试,由于当地知识精英的参与,他们对本民族的核心价值进行不断探索和研究,他们没有急于求成,他们有奉献精神,他们带着将祖宗的文化传承下去的愿望,所以,他们的保护中多了一些理性,少了一些经济利益驱使,也使得他们民族的核心价值在传与承中得到展演与发展③。

(二)亚鲁王的遗产化与族群表述

在麻山苗族丧祭仪式中传承的念唱形式"亚鲁王",数年间经历了从自在的存续状态到国家非物质文化遗产项目保护下的跃迁,其形式也从"杨鲁的传说"蜕变为苗族英雄史诗《亚鲁王》,伴随这一形式变化的实质是麻山苗族的"亚鲁"文化从地方性的族群遗产扩展为公共性的"非物"遗产的过程。非物质文化遗产保护的兴起与全球化时代强调文化多样性密切相关,但是不可否认的事实是遗产运动在社会现实关系中展开,亚鲁王这种以口传心授为传承方式的非物质文化被意识形态、文字等现代媒介"遗产化"之后,超越了传统地方社会的生活世界成为国家舞台上的公共性文化资源,而在亚鲁王的保护与发展中合理把握族群遗产的地方性与国

---

① 彭兆荣:《遗产学与遗产运动:表述与制造》,《文艺研究》2008 年第 2 期,第 84—91 页。
② [英]迈拉·沙克利:《游客管理:世界文化遗产管理案例分析》,张晓萍等译,云南大学出版社,2004 年版,第 1 页。
③ 路芳:《生产性保护下的仪式化展演——以国家级非物质文化遗产〈亚鲁王〉为例》,《贵州社会科学》2013 年第 11 期,第 87—91 页。

家"非遗"名录的公共性之间的关系问题值得关注。

1. 族群认同的维系纽带:族群遗产的《亚鲁王》

苗族在历史上是一个迁徙的民族,由于历史境遇、自然环境等方面的影响和制约,在贵州省境内的分布广泛,支系众多。在"苗族"统称之下的各苗族支系语言并不能互通,有着"亚鲁"信仰的麻山苗族使用苗语川滇黔方言麻山次方言。麻山苗族居住在多属喀斯特地貌的地理环境下,靠天吃水,这里的苗族人多在石头旮旯里种粮食作物,广种薄收。自然环境的制约导致长期以来麻山苗族人们在经济上的贫困。由于麻山苗族人民居住的地方大多偏僻,通村公路的交通网络也是近几年才连接起来,这在一定程度上是麻山苗族发展滞后的一个主要原因。婚姻圈相对稳定,以笔者的田野调查点四大寨乡卡坪村而言,婚姻圈相对限定在十千米以内。在麻山地区的苗族村寨传承《亚鲁王》都较兴盛,整个麻山地区的东郎约计有三千余人。正如吴正彪的论述:"麻山地区由于地形地理情况复杂,开辟未久,周边地区地方势力虽对这一地区构成强大的压力,但却未能长久地稳定控制麻山,影响力虽大,但不持久,这就使得麻山支系苗族传统文化得以延续至今。"[1]地理环境的制约与经济发展的滞后是《亚鲁王》保存完整的客观因素。

随着现代社会的发展,传统乡土社会的乡民不断地离开乡土而走入城市,这也必然使传统文化的传承内容、方式以及文化的意义等发生相应的变化。麻山区域内的乡民大多选择外出务工,以笔者2012年5月回访紫云县四大寨乡卡坪村的情况来看,下六金村民小组的180余人,除去在校就读中学生20余人外,只剩下50多村民在家。该村民小组约三分之二的人都选择外出务工,留守在家的多为老人和小孩。另一方面,随着人们价值观念的改变,汉族的道士先生出现在苗族家庭的丧葬仪式中的现象越来越多,苗族的"东郎"在给亡人念唱指路经是义务的,而请道士需要支付一定的工钱,即使是在这样的情形之下,主人家也愿意请汉族的道士来为亡人超度。原本麻山苗族的文化要素在社会进程中被动或主动涵化了周边少数民族布依族的文化要素,大部分麻山次方言支系苗族改穿布依族衣着,有近半数的苗族能通晓布依族语。而在现当代的语境下,采借或移植汉族的文化习俗,已经成为一种趋势。典型的一个例子就是现在乡镇或县城就读的中学生来说,过生日也成为一种时尚,原本在麻山苗族社区里虽有过生日的表现形式,但其内涵比中学生倾向的"过生日"深厚。在麻山苗族社区中的过生日,是某人身体明显感觉衰弱,请摩公看蛋或看米之后,决定在生日那天邀请另外的三五七姓亲戚来"添梁",意在帮助此人有强健的身体。而在汉文化的浸染下,麻山苗族的族群文化在年轻人的承

---

① 中国民间文艺家协会主编:《〈亚鲁王〉文论集》,中国文史出版社,2011年版,第28页。

续下,其内涵与文化寓意上产生了巨大的变化。麻山苗族的族群文化在历史的进程中一方面需要克服艰苦的自然环境,另一方面还需要克服艰难的文化环境以存续,族群文化的核心要素调适至丧祭仪式中来表现。此外,"东郎"在日常生活的祈福禳灾实践中的关联到"亚鲁"信仰的存在,如在麻山苗族人的观念中,家中有人不适,牲口生病的时候,第一时间是请摩公来看蛋、看米①,弄清楚是哪一种鬼在"捣乱",摩公看后再商定解决的办法:或是以牺牲相许,或是去医院。

《保护非物质文化遗产公约》明确地指出:"文化认同是确立和保护非物质文化遗产的一个关键。个体、群体或团体之所以把某种文化视作自己的遗产加以传承与保护,最根本的出发点就是它能满足身份确认的需求。""亚鲁"文化蕴含着族群的起源与背景、认知体系与信仰价值,在这世代相传的口述传统中,族群成员能够追寻共同的族群身份;麻山苗族人的丧葬仪式是容纳族群象征意义与符号的储存器,族群成员通过融入仪式从而强化自己的集体意识与身份;社会风俗与礼仪规约着族群内成员们的行为实践,使得人们在一种无意识状态下,按照自己族群文化惯习进行实践。"亚鲁"文化的持续性是维系麻山苗族族群认同的纽带与族群认同的重要依据。在麻山苗族村寨中世代传承的"亚鲁"文化是麻山苗族祖辈留下的遗产,族群文化的传承在遭遇现代化进程中受到冲击,随着遗产运动的兴起,麻山苗族的"亚鲁"信仰在遗产运动下有了全新的表述内容与形式。

2. 遗产运动的路径:非物质文化遗产名录的"亚鲁王"

在传统乡土社会中,民众的"生活世界"②与"国家权力"的距离比较疏远,双方的互动在途径上也比较间接。国家权力的触角难以延伸至边远的麻山地带,在此情境下,"亚鲁王"就基本上处于一种自在、自足的状态。但是由于现代语境的转换,原来疏离于中央的地方社会被国家权力介入,进入遗产运动序列的"亚鲁王"不仅仅是作为乡村民众"生活世界"中的一种实践而存在。尽管在现实境遇下"亚鲁王"的传承受到经济发展的巨大冲击,但其成为国家级非物质文化遗产名录被置入保护视域之中时,有了承续的新平台。在麻山苗族中世代传承的口述传统,经过一系列的认定与在学者、地方精英、政府的共同促成下步入国家遗产的序列。现在的"亚鲁王"已经被表述为"一部伟大的中国少数民族史诗作品"。

在"亚鲁王"成为国家级非物质文化遗产名录之后,在麻山苗族的村寨中产生了亚鲁王遗产化的回应,如在紫云县四大寨乡卡坪村,因为有地方精英的积极促成,村里大多男性知晓了"亚鲁王"是什么,最让他们感到自豪的是参加了 2010 年

---

① 看蛋、看米是摩公在驱鬼法事过程中用以推断的第一步,看蛋主要是根据鸡蛋清与蛋黄在水碗的形态来判定鬼的存在;看米的原理类似。

② 高丙中:《民俗文化与民俗生活》,中国社会科学出版社,1994 年版,第 128 页。

在紫云县召开的全省苗学会以及参加以"亚鲁王"冠名的相关舞蹈展演,同时他们也践行着亚鲁王的传承工作:2012年春节期间,七个年轻的传承人在东郎的带领下,正月间每晚聚集在一起,互相学习唱述"亚鲁王"的相关内容;而村寨里的家户会主动邀请练唱队伍去家中练习,免费提供食宿。据"亚鲁王"国家级传承人陈某的介绍,他已经三十年都没有见过像这样的人数、长时间持续学习的情况。而探究他们学习热情的原因,无疑是"亚鲁王"获得"国家"认可之后的地方反应。

族群遗产是一种族群性记忆,维系着族群的凝聚力与认同感。同时记忆也是选择性的,某一族群总是在既定资源与特定情境下,通过对历史情节与器物的选择或删减,来构建过去以使当前合理化。今天我们所见所感的遗产其实只是众多历史事件与历史遗物的幸存者,在记忆选择的同时也意味着相当意义上的"历史失忆"。[①]"亚鲁王"进入国家遗产制度话语的过程,同样采取了"记忆"与"失忆"并置的策略。在东郎念唱的亚鲁祭祀辞中,也有一些文化习俗是不合乎情理的,而这些观念直接影响到现实生活中人们的实践。在与"亚鲁王"传承人陈某的访谈中谈及"亚鲁王"的念唱中有一段寡妇不能自主决定改嫁的说辞,必须得由族人决定寡妇的后半生人生之路。在麻山苗族的现实生活中,寡妇归族人所管,族人决定不能改嫁,寡妇就必须一直在夫家守孝;在"亚鲁王"的传唱中主要是以男性为家庭祭祀主线,要是哪家没有生育男孩,东郎念唱时到此为止,围观的听众听到就知道这家没有了后人,与主人家来说是一件很没面子和对不起祖宗的事。这种观念影响到现实生活中的是在麻山苗族人的家庭中,必须要生育一个男孩。直到今天,这种观念还影响着麻山苗族人们的生育观,加之现在年轻人外出务工的多,更是几年、十几年不回家直到在外生了男孩才回家接受计划生育政策的处罚。受"文化惯习"的影响,这些风俗并不利于当地的发展。

在国家权力摄入到民族民间文化的保护之中时,民间也在征用国家制度框架内的权力诉求,政府、民族精英积极地促成亚鲁王进入国家级非物质文化遗产名录,除了经济资本上的诉求外,更重要的是地方精英在寻求一种政治诉求的表达路径。民族文化不仅仅可以作为文化资本,还可以作为一种资源博弈的工具、作为制度建构的工具。麻山、麻山苗族一直是在区域上、文化上被认为是贵州最贫穷、最落后的地方之一,在遗产运动之下获得一张文化名片给整个区域与族群洗刷过往的污名化,这种积极争取的态度无可厚非。

3. 申遗成功:彰显族群文化的符号表达

如果说在"亚鲁王"被外界所知、所关注之前,它是麻山苗族人的一种精神寄

---

① 彭兆荣:《文化遗产学十讲》,云南教育出版社,2012年版,第119页。

托,那自从"亚鲁王"被遗产化之后,麻山苗族人、麻山苗族精英凭借这样的文化资源达致地方认同建构的符号表达。如前所述,麻山、麻山苗族一直是贵州经济上最贫困的现实与文化上最落后的想象交织下的印象。在国家制度话语倡导文化大繁荣的背景下,麻山有了一种被国家所认同的族群文化遗产,这样的过程本身就是在多民族的中国国情背景下的一种族群文化符号的彰显,也间接促进了麻山苗族对地方、国家认同的意识。麻山苗族凭借"亚鲁王"的遗产项目达致族群内部文化符号的区分,麻山苗族在时代的契合下用既溯源族群历史文化、又代表区域特色的族群文化作为他们向外界传递族群形象的代表。

"亚鲁王"需要国家的"正名",其努力的目标是欲达成民族文化的象征资本的形成。后发展的麻山苗族地区,经济的发展、民生的改善是目前最紧迫的。而把民族文化置放于现当代的旅游情境之下的展演似乎又成为实现经济利益的最直接快捷平台。特别是在经济资本、科技资本等不是很发达的麻山地区,如果能够通过"申遗成功"创造的路径,利用当地独特的文化,进入主流社会,从而使这些资源变成文化资本,又通过文化资本和经济资本、社会资本之间的相互转化关系,发展当地的经济。在以布依族文化为主导的贵州望谟县,麻山苗族乡的代表队在布依族"三月三"的节日庆典中展演了"亚鲁王"的唱述片段,以代表麻山苗族的特色文化,借此平台麻山苗族人把以前视之为"落后、愚昧"的习俗进行展演,无疑得益于"国家"的有力支撑。

当麻山苗族人自在传承、践习着"亚鲁王"的文化观念时,我们说这种无意识的族群认同在其中起着支配性的作用。传统的麻山苗族村落结构是依照家族、姓氏、婚姻圈这样的认同方式一层层扩展开来,类似于费孝通先生所说的乡土社会中的社群关系。随着现代经济发展对传统文化的冲击,麻山苗族人的认同标志调适至丧葬仪式中唱不唱"亚鲁"。作为迁徙民族的苗族,同姓氏的人群分散居住的也较多,要获得姓氏的认同,还要看在唱"亚鲁"的时候有怎样的姓氏来源。当这种自在运行的文化遗产规约到现实人们的生活实践时,它的重要性在无意识中得到体现。

当国家文化遗产运动浸染到"亚鲁王"时,对族群精英分子来说,它既是一种得到国家认同的符号表现,又是一种反向去争取国家认同的途径——民族文化的遗产化积极诉求最直接的动因是能得到国家及政府在人力、财力上的支持,进一步地以国家获得认可的名义,借助民族文化的象征资本,发展旅游业,以实现封闭社区与外界的互动——当然,这样的路径不是后发展民族地区的唯一出路,但对于麻山苗族的人们、麻山苗族的族群精英来说,需要这种精神鼓舞。

"亚鲁王"获得国家的正名后,不可避免地产生了在麻山苗族族群内部的资源竞争,有相关亚鲁王资源的地方都在争取获得"保存最完整"等方面的冠名,以吸引外界对其可能带来的不可预知的影响。族群之间相互理解的路径可能是多方面的,通过"国家遗产"来进行认识与理解是其中一条十分重要的路径。人们可能对那些并不经常现身于国家舞台中心的民族和族群知之甚少,但"国家遗产"符号却可以保证这些族群的历史和文化在一定程度上得到社会的尊重。① 麻山苗族在经济发展上要滞后得多,仅仅凭借村寨里的青壮年外出务工不可能改观当地的生活发展面貌;外出的大多数人是进菜场务工,几个月的工资收入或者支持家庭的修建新房,或者用于家庭的人情来往。自然条件的客观制约与受教育程度的主观制约,迫使这里的年轻人选择外出打工——进到以体力劳动来换取工资的菜场、工厂,获得他们认为可观的工资。在麻山苗族村寨行走,会看到近几年新修起来的砖房,而这其中的多半又都是没有完全竣工的房子,主人大都外出打工,在"打工挣钱—修建新房—外出打工"的循环中,持续两三年把房子修建好。

当"亚鲁王"以一种自在的族群文化遗产扩展为公共的文化资源时,打破了它自在存续状态时,族群认同在资源享用的过程中此消彼长,而不容置疑的是在族群文化的遗产化过程中强化了国家认同。民间社会的仪式强调自己的民间特色和身份的同时与国家符号的相结合,有利于国家与社会在仪式上的互动。② 国家行政管理体制凭借"亚鲁王"的申遗而近距离地接近了麻山苗族,形成了族群文化"国家在场"的局面。

在消费文化的时代,"亚鲁王"的遗产化也促成了亚鲁王的文化产业化的开端,在"国家级非物质文化遗产项目"的光环下衍生出了一系列的"亚鲁王"相关文化展演:2011 年在第九届全国少数民族传统体育运动会上表演的"亚鲁王之刀山火海"节目;在地方实践上力图打造出"亚鲁王"的相关舞台剧;在苗族村寨力图挖掘出"亚鲁王猴鼓舞"的舞蹈表演等。在时代的变迁中,"亚鲁王"及相关产业会形成麻山苗族"生活世界"的地方性与"国家舞台"的公共性两个场域,而处理好亚鲁王在这两种场域中的关系,达成两者间的良性互动,或许才是"亚鲁王"传承与发展的根本之策。"亚鲁王"的变迁是常态,但"亚鲁王"是生长在麻山苗族乡民之中的文化遗产,这是文化遗产的根所在,同时也关系到麻山苗族族群的深层心理和意识的不可失落的精神家园。彭兆荣教授提出的"家园遗产"的概念③,对于"亚鲁王"的传承与发展有着引导与规范作用。依据"家园遗产"的理念,文化传承与文化遗产保护需要特别强调"家园生态"的保护与重建,强调地方性主体的重要作用。血脉相连的族群文化传承赋予文化遗产的生命力,只有作为遗产真正主人的具体族群,

---

① 彭兆荣:《文化遗产学十讲》,云南教育出版社,2012 年版,第 119 页。
② 马翀炜:《世界遗产与民族国家认同》,云南师范大学学报,2010 年第 4 期。
③ 彭兆荣:《遗产反思与阐释》,云南教育出版社,2008 年版,第 120—127 页。

才深谙这些蕴含着族群情感、道德价值、实践法则的文化遗产对于本群体的本质意义与重要作用；来自家园的精神力量与认同，才是推动地方保护与发展的"原始"动力。1990 年在委内瑞拉举办的第二届世界考古大会上，经过与会原住民与考古学家的讨论，就人们应该如何对待与规范遗产与族群之间的关系问题达成了重要共识，并且制定了相应的操作规范，提出了"需坚持的原则"的族群编码，其中包括"承认原住民与他们的文化遗产之间存在的重要关系、承认原住民的文化遗产属于该遗产的原住民后代"①。因此，亚鲁王文化的传承与发展应当从地方"文化持有者的内部眼界"出发，关注家园生态中各文化事项间的内部结构与关联机制，强调地方与地缘性人群共同体之间的和谐关系和生态纽带与利益的适度分享，在地方自主性实践与国家制度化管理的张力中寻求保护与传承的支点②。

（三）亚鲁王的遗产化与文化认同

千百年来，"亚鲁"自在而真切地存在于麻山苗人的生命信仰与生活世界之中，时刻调适与展呈着自身的存在意义。作为麻山苗人理解与分析生活事象的依据，"亚鲁"是一种整体化、多维化的文化系统，其生成、使用、变迁、融合与传承，均以人群生存为第一要旨。它承载着世代麻山苗人的情感与习俗，在诗性的悬浮与表述中，实则蕴含着族群历史文化的"完整"与"真实"。

苗族是一个在迁徙中形成的民族。"亚鲁"作为苗族特殊的一种文化遗产，首先，它始终保存着作为独特文化物种形制的内核和内涵，以呈现与众不同的特性。其次，文化是交流和变迁的产物，迁徙性民族尤是如此，"亚鲁文化"是历史上不同文化遭遇时的互相理解和"不同观念之间的对等"③。复次，文化更是一种传承。传承意味着麻山苗人在历史过程中的认同性选择。"遗产只不过是在不同的历史背景下，人们根据不同的分类原则和标准进行的选择性划分、主观性描述、经验性解释和目的性宣传的产物。"④因此，就"亚鲁"在其活态传承中形式与功能的多样性而言，英雄史诗不失为其中一种选择的视角与方法，以凸显其在遗产运动背景下的"存在性理由"。

然而，文化遗产的真正意义，来自于"亚鲁"作为"文化物种"的完整性与原真性。如果将"口述传统"表象下的"英雄史诗"作为"亚鲁文化"精髓和内核，或许有窄化"亚鲁文化"之嫌。"亚鲁文化"中的口述（说）只是其表述之一范，认知（思维）、

---

① 彭兆荣：《文化遗产学十讲》，云南教育出版社，2012 年版，第 126 页。

② 杨春艳：《文化遗产与族群表述——以麻山苗族"亚鲁王"的遗产化为例》，《重庆文理学院学报（社会科学版）》，2013 年第 4 期。

③ 参见汤用彤：《论"格义"——最早一种融合印度佛教和中国思想的方法》，载于《理学·佛学·玄学》，北京大学出版社，1991 年版，第 284 页。

④ 彭兆荣：《遗产反思与阐释》，云南教育出版社，2008 年版，第 20 页。

仪式(形式)、技术(各类巫技)等的同构,方可视为"亚鲁文化"的整体文本。而文本的还原,唯有落脚于特定的历史语境和主体逻辑之中,才能够被了解或才具有其"本真意义",这即是"背景"与"呈现"的关系。我们认为,"亚鲁文化"最重要的特质是:家在"念"中。

1. 信念:"家"在情理之中

文化不是现成的,它是人类生命的自我创造与呈现。人类学者的工作,就是通过"交流"与"感知"来检验所谓的"知识宣称",并以"最少的自我"①,关注他者如何看待生命、如何构联和表达他们"自己的经验"。

就人类而言,"家"是一个永恒的、最具实体性、最有归属感的社会基层单位。同时,也是一个代际传承的遗产概念。"family"一词,早先主要指一个确定的人群,包括具有血亲关系的人群和奴仆、佣人等共处的居所,可称"家户"(household),指一个相关人群的共同包容;后来,又从"家户"改变成了"家庭"(house),即由一群扩大性的、拥有共同祖先并有着继嗣关系的世系(lineage)或亲族群(kin-group)所组成;17世纪以后,家的意义更为具体,也更为缩小,大致成为我们今天所熟知的分类,诸如核心家庭、主干家庭等。② 但是,无论"家"如何变化,其作为社会传承基本关系,包括责任、权利和义务等在内的基本要件都没有改变。从这个意义上说,"家园"也是遗产依据、依存、依附的终端。鉴此,笔者将其以"家园遗产"概括。"家园"一词则主要是对家的一种文学性的指称,它是一个具有人类共同生活和居所的泛称,并不具有一个确指边界和量化性的概念。③

在汉人社会,"家"建立在有形的实体形制上。"家"在甲骨文和金文当中,乃是"宀"(房舍)与"犬"组合之形。"宀"下为"犬",即建筑前的奠基仪式时埋入的牺牲。因此,"家"乃祭祀先祖的神圣建筑物,即祖庙。现今"家"写作"宀"加"豕",转释为"家中有猪","家"逐渐演化为住家、家屋。家庭成员生活在"家"中,所以,"家"不仅指建筑物,亦有家庭、家族、氏族之义。④ 中国儒家思想在家国、天下的体系中,选择"家"作为制度的最后依据。但这一"家"的理念却是基于中国农业社会最基本的经济单位——土地,并以"土地"系"血亲",以"土地"分"等级"。所以赵汀阳在《天下体系:世界制度哲学导论》中提出:儒家思想下的家庭性(family-ship)成为大多

---

① See Hall, S. "Minimal selves", in *The Real Me*: *Post-modernism and the Question of Identity*. ICA Documents 6. ICA, 1987.

② Raymond Williams. *Keywords*: *A Vocabulary of Culture and Society*. Oxford University Press, 1983, pp. 131—134.

③ 参见彭兆荣:《家园遗产:现代遗产学的人类学视野》,《徐州工程学院学报》2013年第5期。

④ [日]白川静:《常用字解》,苏冰译,九州出版社,2010年版,第30页。

数中国人理解政治文化制度的原则。[①]

麻山苗人的"家"(bjied),是一个自我完整的存在和表述体。某种意义上说,"亚鲁文化"也可以理解为"家—家园"文化。笔者在与东郎和宝目[②]("亚鲁"传习者)的交流过程中,对此感受尤深。在麻山苗人的认知中,首先,"亚鲁"中的"家"包含了人类起源的意义和意思。笔者与东偌(dongbroh)杨小红、宝目(botmus)吴老二等的交流中发现,他们念诵"亚鲁",必从"开天辟地"的创世史开始,那时的人类拥有一个共同的"家"。

其次,"亚鲁文化"的"家"是祖先的起源地,也是祖先和后代的聚集地。所以,麻山苗人去世,其灵魂必须回到祖先故土。麻山苗人所有的主观体验与客观真实,均在对"亚鲁"之信念的实践中得以转换和实现。当信念在集体承认之下,成为人群总体性、普遍性的观念和态度时,信念就上升为信仰。从信仰的层面上看,麻山苗人作为"个体"的每一件事情,都与"祖先"的行为相联系,恰如克尔凯郭尔(Kierkegaard, S.)所说:"信仰发端于思想离去的地方。"

再者,从表面上看,"亚鲁"仿佛是一种"先验性逻辑",但就其发生学而言,它其实是来自于人们的生活经验与生存策略。"先验"出自"经验"。[③] 这也是大多迁徙性民族的文化表达。就现实生活而言,麻山[④]因居住在这里的先民种麻而得名,这里大部分属于喀斯特地貌,多为石山区、高山区。由于严重缺水、缺土,生存条件恶劣,加上交通阻隔、信息闭塞,一直以来,都是贫困地区的代名词。"生存"与"保种"的艰辛,使麻山苗人建构出了一种具有更大范围和意义的"家",并在其中恪守自然之规,谨合万物之道。其生命理念也被迫超越肉体与现世,形成了以"来生"慰"今生"的生命观,而"来世"就是另一种"家—家园"之归属(地)。

综上所述,麻山苗人以"亚鲁"为表述介质,凸显集体心理的归属——"家园感"。"家",成为麻山苗人在动荡、匮乏的生活现实中,生命依托的理念和理想。作为本体"存在"(being)与"成为"(becoming)的依据,"亚鲁"是人群对家园遗产的忠

---

① 参见赵汀阳:《天下体系:世界制度哲学导论》,中国人民大学出版社,2011年版,第43—44页。

② 麻山苗人将"做亚鲁"的人分为东郎和宝目两大类。东郎主要在丧葬仪式中以"做亚鲁"的方式引导亡人"回老家";宝目则在日常生活中以"做亚鲁"的方式看病、解凶、预测等。"东偌"是宝目中的一种特殊类型,他们不是通过口传身授的方式传习而得,而是在非正常的癫狂或病态中得到"亚鲁"的系统信息,这种传承方式成为"阴传"。

③ 参见李泽厚:《历史本体论·己卯五说》,生活·读书·新知三联书店,2003年版。作者在书中提出"历史本体论"——经验变先验,历史建理性,心理成本体。

④ 麻山地区,位于贵州省黔南布依族苗族自治州的惠水县、长顺县、罗甸县、平塘县、安顺市紫云苗族布依族自治县、黔西南布依族苗族自治州望谟县等六县交界接壤处,包含24个乡镇。

诚与认同。但究其根本,"地方"①与"历史",才是"亚鲁文化"生成与存在的决定性因素。"地方"与"历史"通过特型化的宇宙观与生命观,将"真实"和"隐喻"合二为一,凝结于"亚鲁"之中。

2. 诵念:"家"在知行之中

就本质而言,"亚鲁文化"是实践性的,因此,其信念和信仰也是实践性的,最为集中地表现在"念"上。作为一种特殊的知行方式,"念"既是行为的和行动的,更是认知和信念的。这首先表现在宇宙观当中,"麻山苗人没有东、南、西、北、中的方位概念,只有'上方'(qws pel)和'下方'(qws tom),'看得到太阳的地方'(nong daih)和'看不到太阳的地方'(nong mos)之分。老祖宗的那个天地是"上方",现世的天地是下方,是后代(董冬穹)按照老祖宗的地方来重新做的。"②透过文化持有者的内部眼界(from the native's point of view),我们可以发现:麻山苗人的空间和时间是无法截然分开的——此岸彼岸、此世彼世都在祖先的意志下交合在一起。于他们而言,"时间"并非有限的"此在"和线性的"古往今来",而是"过去、当下、未来"三位一体的无限循环;"空间"亦非确然性的"一点四方"和界分的"中心边缘",而是"上方、下方、阴边、阳边"往来穿行的多维切换。换言之,在"亚鲁文化"的体系中,"家"作为唯一参照,构造出了麻山苗人独特的时空维度。

其次,"亚鲁"中的"家"是一个宇宙的生命共同体。《亚鲁王》文本中记载:"董冬穹"造人后,嘱咐儿女不但要去"造万物",还要去"造祖先"③;乌利接过父亲"董冬穹"的责任,继续创造世界的历程,是在各种生灵帮助下达成的,蝴蝶、青蛙、猫头鹰、老鹰都被称为人的"祖宗"(seid)④;"亚鲁"的出生,也是因为"亚鲁"变成油蚱和蟋蟀,附到母亲身上而得孕。⑤ 麻山苗人以"循环观"和"互渗律"⑥(law of mutual

---

① 此处的"地方"概念,涵括了地理空间区位(location)、物质环境场所(locale),以及观看、认识和理解世界的方式——地方感(placeness)。参见[英]Tim Gresswell:《地方:记忆、想象与认同》,徐苔玲、王志弘译,群学出版有限公司,2006年版,第14—22页。

② 本段资料来自亚鲁王工作室杨正江对麻山苗人宇宙观的讲解。

③ 中国民间文艺家协会主编:《亚鲁王·史诗部分》,中华书局,2011年版,第38—39页。"董冬穹再娶波尼拉娄瑟做王妃,董冬穹再迎波尼拉娄瑟做王后。当家二十八年白天,住家二十八年黑夜。生了诺啃,生了卓诺,……他们是天神的祖宗,他们为地神的祖先,董冬穹说,儿女们呀,你们分别去造万物,你们分别去造祖先。"

④ 同上书,第51—54页。

⑤ 同上书,第66页。"深夜,亚鲁变油蚱在木板上跳蹦唱歌,亚鲁变蟋蟀在席子上舞动叫唤。油蚱唱着夜歌钻入木板,蟋蟀唱着跳着钻进席子。亚鲁像油蚱悄悄附在母亲身上,亚鲁像蟋蟀忽地钻进母亲下体。亚鲁母亲即刻倒地,亚鲁母亲昏沉睡去。亚鲁母亲怀上亚鲁……"

⑥ "互渗律"是法国人类学家列维-布留尔(Levy-Bruhl)在《原始思维》一书中,论述区别于逻辑思维的"原逻辑思维"类型时所使用的概念。互渗律作为原始思维类型,具有无主体性和非逻辑性的特征,人与其他生物、事物之间是相互交感、相互演化、相互渗透与相互完成的。参见[法]列维-布留尔:《原始思维》,丁由译,商务印书馆,1985年版,第69页。

infiltration)为逻辑基础,认知自我与世界。虽然死生有相、万物有别,但却轮转不灭、通感归一。人类学家弗雷泽(Frazer, J.)指出:"永生的信仰和对死者的崇拜是人类自然宗教中最普遍、最有形象力的形式之一。"[①]但诸如儒家将"事人"置于"事鬼"之上,把"生"置于"死"之上,以人为本,以生为重,因此无法超越生命之有限。西方世界指明"神人殊途""宇宙二分",亦成为无法调和的矛盾之局。麻山苗人却以往复循环、异体同质的生命观,应和了"生命社会"的理想状态,达成了"生命一体化"(the solidarity of life)的存在形式。[②]

再次,"亚鲁"成为麻山苗人生命的归属。在麻山苗人心目中,人的灵魂归属要与祖先同在。以下是笔者与东郎和宝目等人的对话:

 笔者:祖先说人死了之后会去哪里呢?

 杨小红:老祖去哪点,你就去哪点,下一辈子就交给祖先。我们唱一晚上,就是
    要(把自己)交给祖先。

 吴老二:我们就是把祖先的根子讲出来,去找到祖先嘛,回到祖奶奶那里去。

 笔者:你们在"做亚鲁"(angt yaxlus)的时候,"亚鲁"除了代表一个具体可感的
   "王"之外,是否还有其他的意思呢?

 陈兴华(东郎)[③]:(其他的意思)在语言上随时都体现出来。苗人说人死了就
       是"回老家"(lwf bjied)。"做亚鲁"就是带他们"回老家"。
       "亚鲁"在的地方是产小米、产鱼虾的,所以我们就算是住在
       深山中,都要想办法找到这些东西带回家。

 笔者:在"亚鲁"的唱诵当中,"回家"是不是最重要的主题呢?

 陈兴华、吴老二、杨小红:是的。

由上可知,"亚鲁"在麻山苗人的认知系统中,是"家"与"祖"、"归"与"来"的合体,是他们对宇宙生命的终极解释。在艰苦漫长的迁徙过程中,不断流离失所的历史记忆,使麻山苗人对"土地"的希冀从实体转化为对抽象"家园"的憧憬与认同。"家园",成为"安定"与"安全"的首要象征;"家园",就是生命的来处、在处和归处。于是,"回家"成为麻山苗人的生命信仰,并以之引导其价值判断和行为实践。而对

---

 ① [英]詹·乔·弗雷泽:《永生的信仰和对死者的崇拜》,李新萍等译,中国文联出版公司,1992年版,第1页。

 ② [德]恩斯特·卡西尔:《人论》,甘阳译,上海译文出版社,1985年版,第106页。"自然是一个巨大的社会——生命的社会。人在这个社会中并没有被赋予突出的地位。他是这个社会的一部分,但他在任何方面都不比任何其他成员更高。生命在其最低级的形式和最高级的形式都具有同样的宗教尊严。人与动物,动物与植物全部处在同一层次上。"

 ③ 陈兴华,男,苗族,生于1945年,国家级非物质文化遗产传承人,东郎。

这一价值的认同,又成为族群凝聚力的源泉。

另一方面,"亚鲁文化"的"诵念"行为,也在世代累积的生命过程中,形成了一套独特的"符号性技术系统",渗透于麻山苗人的生活情境当中。虽然"东郎"与"宝目"会根据情境的不同(诸如葬礼、出生礼、婚礼或日常看病、解凶、预测),调整诵念"亚鲁"的次序与内容,但其中语词的象征与隐喻、工具的选择与使用,都必须严格因循族群的"历史图示",以保证实践活动的一致性和"亚鲁"历时而不变的特性。

比如,麻山苗人称送亡灵为"做客"(angt has),人过世叫"回老家"(lwf bjied)/"变为王"(bint xiud);他们没有"离家"的说法,出门的时候说"先过河,再走路"(lwf gangb lwf gaed)或说去某某地方。而在仪式性的祭礼与日常化的巫术中,"东郎"与"宝目"都必须使用主家的糯米、红稗、小米、黄豆,作为亡人"回家"的食粮与"归祖"的信物,或是占卜打卦的"引路标"。其中最有特点的是麻山苗人葬礼中的"砍马"仪式。马在"亚鲁文化"的意义系统中包含:(1)马是"亚鲁王"的坐骑,是"亚鲁王"屡建功业的见证,因此骑马是对英雄祖先行为之仿效;(2)马是麻山苗人从故土前来的同行,因此,亡人"回老家"需要以马识途;(3)马是现实生活中亡人家庭财富与社会阶序的体现;(4)马能使亡人更快、更轻松地"回老家"。① 因此,"砍马"成为每一个麻山苗人葬礼中不可缺少的环节。作为子孙对故去亲人的孝道仪礼,延续至今。有意思的是,殷人也在战争中大量使用车马,亦用车马来祭祀祖先。在殷墟文化遗址中有大量掩埋殉葬马匹的马坑。所谓"国之大事,在祀与戎"②,马在二者中都有崇高的地位。周代更是设立校人、牧师、圉师、圉人、廋人、趣马、巫马等官职,建立了较为系统的马政制度,祭祀、田猎、出行、作战都离不开马。③ 在不以畜牧作为主要产业方式的地区,一般的百姓很少拥有马匹。商周遗址中出土的车马遗物,都是帝王或贵族墓地所有,自秦汉起,还建立了"卤簿制度",以法律的形式规定帝王使用车马、随从的规格。④ 可见,在中国传统主流文化中,马是特殊阶层的象征物;而在麻山,马却是送老"回家"不可或缺的工具。在现实生活中,无论是糯米、红稗、小米、黄豆还是马,都不是与麻山当地生态相适应的生活必须与生产必备。"物",在仪式过程中完成价值转换,成为"被借用"的"非物",它已经大半失去了在日常生活中的实用性,而完全转化为超越物质、器物和物件的其他意义和意思。⑤

---

① 本段内容来自笔者与东郎、褒牧交流的录音资料,2013 年 8 月 4 日,紫云亚鲁王传习所。

② 出自《春秋左传·成公十三年》。

③ 参见《周礼·夏官司马》。

④ 参见张仲立:《关于卤簿制度的几点研究——兼论周五路乘舆制度特点》,《文博》1994 年第 6 期。

⑤ 参见彭兆荣:《物·非物·物非·格物——作为文化遗产的物质研究》,《文化遗产》2013 年第 2 期,第 14 页。

4."亚鲁":麻山苗人的永恒祖先归属(地)

"亚鲁"是一个可以被多重读解的文化系统,因此我们不能对它加以任何方向的简单化约与片段裁剪。通过上文的梳理,我们可以大略得知,"亚鲁"因何而生、因何而存、因何为用。家在"念"中,是一种"生存策略"与"生活方式",其根本是族群特型化的"生命践行"。

虽然在当今"遗产政治学"的语境里,阶级、社会等级、权力以及民族主义都卷入了遗产的表述、再表述与被表述中。[①] 但被"文字""理性""科学""国家"所述的"文明",绝非唯一的"文明"。在人类认知的历史长河中,它只是人们在现代性语境下建构的阶段性"理想状态"。唯有"传统的效用行为"(traditional efficient acts)[②],才是人类文明真正的"源"与"魂"。在"亚鲁"这一案例中,送老"回家"既是麻山苗人的情感认同,也成为他们的经验认同与行为认同。家在"念"中,不仅仅是他们体察宇宙和人生的历史性行为,也是他们保持文化连贯性的重要工具。

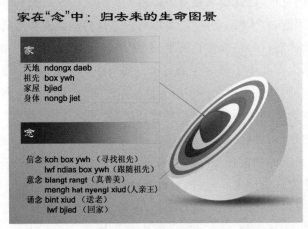

家在"念"中: 归去来的生命图景

家
天地 ndongx daeb
祖先 box ywh
家屋 bjied
身体 nongb jiet

念
信念 koh box ywh (寻找祖先)
lwf ndias box ywh (跟随祖先)
意念 blangt rangt (真善美)
mengh hat nyengl xiud(人亲王)
诵念 bint xiud (送老)
lwf bjied (回家)

当然,家在"念"中,这一关于"亚鲁"之认知可能与阐释尝试,是笔者在背景化与系统化关系结构中的审问与重估。其实,"亚鲁"之于他们的文化持有者而言,是"身体"与"生命"的历史实践,并非是以"语言"和"逻辑"可以完整诠释与表达的东西。对"亚鲁"的重新认知与阐释,不啻是一种身体记忆、储存与表述的"归元"之举。它唤醒了我们对文化起源的忘却,历时性"使得一种既内在于自己又无关于自己的起源的必然性显示出轮廓:如同一个锥体之虚拟的顶点,所有的差异,所有的散射,所有的间断性都在这个锥体中被收缩,以便只形成一个同一性的点,同一之

① Harrison, D. & Hitchcock, M. (ed.) *The Politics of World Heritage*. Channel View Publications, 2005, pp. 6 9.

② [法]马塞尔·莫斯、爱弥尔·涂尔干、亨利·于贝尔:《论技术、技艺与文明》,蒙养山人译,世界图书出版社,2010年版,第2页。

不可触知的形态，但这个形态却具有力量在自我中显示出来并成为他者。"① 在麻山苗人那里，"家"是一种生命的视野，也是历史的开始与终结。

"亚鲁"是"21世纪新发现的古老文化"，作为过去千百年沉淀的文化遗产，它是古老的；而作为人类未来文化的共同创造者，它又是年轻的。亚鲁王除了是一个人格性的英雄之外，他还可能包含着非独立人格所有的意义，这就是归属地——"家"和"回家"的行为，以及包括祖先的集体表达②。

心信的养育："亚鲁王"家归何处？

从作为非物质文化遗产的《亚鲁王》文本在"世界—中国—西南—麻山"的圈层结构中的传播描述，深入麻山苗人丧葬礼仪的实践，以及《亚鲁王》在"非遗"前—"申遗"中—"非遗"后的传承，对比可以发现：

第一，以"亚鲁王礼仪之邦"为名的一系列仪式再现，是一次脱离仪式场域的对仪式进行的技术性解读，在一定程度上满足了人类学者对异文化的神秘想象，但是脱离真实仪式时空的技术动作，只是机械地展示了"亚鲁王"文化整体中的某些技术细节，对于理解麻山苗人的文化，存在盲人摸象的误读危险。

第二，以"苗族英雄史诗"之名在中国非遗普查中亮相的《亚鲁王》（汉苗对照）文本，是地方精英、政府官员和文学创作者对麻山苗人文化传播的策略性选择，在一定程度上提振了地方族群的文化信心，但是对苗人丧葬礼仪中看似与"亚鲁王"无关部分的"剪断"③，使读者在解读《亚鲁王》时，缺少了麻山苗人生活语境的完整支撑，难免存在理解上的困难。

第三，以"亚鲁王文化产业"在西南边疆，在贵州紫云县逐步上演的亚鲁王文化产业化剧目，是地方政府、文化产业公司宣传、推广和利用麻山苗人"亚鲁王"文化名片，试图提升地方经济实力，造福地方百姓的行为，但是如果对"亚鲁王"进行支离破碎的符号运用，将伤害到"亚鲁王"的文化内核。

第四，以"非物质文化遗产"之名回到麻山苗人民间的"亚鲁王"，在地方精英的经营下，逐渐在民众中推广开来，国家认同的力量，为"亚鲁王"的民间传承，消除了政治上的顾虑，但是由"非遗"政策带来的传承人之间的误解，利益分配与日常生计

---

① ［法］米歇尔·福柯：《词与物——人文科学考古学》，莫伟民译，上海三联书店，2001年版，第429—430页。

② 张颖、彭兆荣：《家在"念"中：国家级非物质文化遗产〈亚鲁王〉的认知与阐释》，《贵州社会科学》2013年第11期，第82—86页。

③ 苗族英雄史诗《亚鲁王》的搜集整理翻译者杨正江在谈到编写申遗文本时，为了符合遗产目录的技术要求，把相关的内容"剪"了。

的维持等矛盾,是"亚鲁王"民间传承急需解决的问题。

麻山田野调研的最后一晚,杨正江和格凸河亚鲁王工作站的成员,一起来到我们的住处,以他的田野经验,为我们解读他所理解的麻山苗人的"空间认识"(世界观),或许是为了让我们带着更多的信任来听他的解读,讲解之前,他先表演了"吃玻璃"的"节目",这是他和宝目习得的一项技能。当他以《亚鲁王》的"创世纪"为例讲完了苗人的空间认识后,我带着疑惑反问了他。这或许就是为什么在文章开头杨正江陷入深深担忧的一个原因。作为一种丧葬礼仪中诵念的民间智慧、礼仪和信仰,如果带着不信任、不相信、不信仰的心去看待,那是一种对他者文化的伤害。

据笔者观察,"心信的养育"①,是与信仰相关的非物质文化遗产民间活态传承的一种路径。在文化遗产保护传承的中国智慧中,"生养制度"②为文化遗产的存续和发展提供独特、有效的制度保障,以"遗产过程"③来审视"亚鲁王",其正处于"发现—勘察—认定—保护"四者相互交叠并行的阶段:

第一,被发现的《亚鲁王》史诗文本的编写模式,依循的是"从 20 世纪 40 年代开始的史诗搜集模式,只注重文本的搜集,忽视了演述的场域"④。而"作为口传文化活态形式的《亚鲁王》,用于丧葬仪礼的特殊场合,不应简单理解为现代意义上的'文学艺术'。套用现代人熟悉的'史诗'一名,是一种约定俗成的方便和习惯,但对于研究者而言,需要有超越现代名称的符号遮蔽而透视仪式讲唱真实语境的自觉意识和洞察能力"⑤。还需对"亚鲁王"进行超越《亚鲁王》史诗文本的"再发现",这需要搜集整理翻译者保有心灵的开放度和信仰的坚定性。

第二,在地方精英与外来学者对"亚鲁王"进行的田野调查(勘察)中,语言、思维、立场、观点、信仰的多元与争锋,均使"亚鲁王"从一种"地方叙述",推进到"西方—中国—西南"的多重叙述框架,这需要对麻山苗人的"生命空间"保有心灵的纯净度与信仰的忠实度。

第三,在"苗族英雄史诗"的定名、定性的基础上,应以"心信的养育"为路径,为"亚鲁王"文化遗产进行价值累叠,在持续变迁的语境中"保养"麻山苗人独特丧葬礼仪的自信心、自豪感和信仰感。

---

① 巴胜超:《心信的养育:以〈亚鲁王〉的传播与传承为例》,《贵州社会科学》2013 年第 11 期,第 92—95 页。

② 彭兆荣、李春霞:《我国文化遗产体系的生成养育制度——以三个文化遗产地为例》,《厦门大学学报(哲学社会科学版)》2013 年第 2 期。

③ 即遗产所呈现的"发现—勘察—认定—保护—修复/复兴—阐释/产业化—消损—消亡"的历史过程。

④ 巴莫曲布嫫:《叙事语境与演述场域——以诺苏彝族的口头论辩和史诗传统为例》,《文学评论》2004 年第 1 期。

⑤ 叶舒宪:《〈亚鲁王·砍马经〉与马祭仪式的比较神话学研究》,《民族艺术》2013 年第 2 期。

第四，在国家、政府、企业、学界等相关部门运用"亚鲁王"进行文化再生产的过程中，"保护亚鲁王"的敬畏之心与信仰之情，是我们的出发与归宿。

"心信的养育"概念，既是对文化遗产"生养制度"的传承，亦是对民族文化保护"心灵传承"①概念的延伸。简言之，"心信的养育"就是在民族文化传承中，从对传承人、传承项目的政策保护、资金支持等外部力量的"援助"，逐渐过渡到对传承人、文化持有者的文化自信、文化信仰和文化自觉等内部力量的"维护"，对文化持有者的"心信"进行"养育"。与宗教文化相关的文化遗产的生养，必然始于心灵的传承，达于信仰的实践，而"心信的养育"，恰是连接这个"始终"过程的一座桥梁，亦是"亚鲁王"传播与传承的阈限。

这需要亚鲁王传承、利用的相关人员，以敬畏之心与信仰之情，呵护亚鲁王的文化因子，谨慎慢行。

附录：麻山部分地区歌师基本信息表

普查时间：2011年3月至2012年10月；

普查人员：紫云苗族布依族自治县亚鲁王研究中心

1. 亚鲁王研究中心负责人

杨正江，男，苗族，1983年2月5日生，大学本科。贵州省紫云民族布依族自治县亚鲁王研究中心负责人。（从小对文学感兴趣，大学期间因帮助老师调研对亚鲁王感兴趣，毕业主动拜杨再华、杨正红、韦老王、梁老四、韦小保为师学习、记录亚鲁王，后作为非遗亚鲁王搜集整理的核心力量，完成亚鲁王的申报，正在进行亚鲁王的传承、传播和产业化工作。）

2. 守望苗族传统文化密钥的歌师（亚鲁王文化的核心歌师）

梁登贵、梁正才，宗地乡大地坝村格帮寨歌师；

杨通华，宗地乡大地坝村白岩寨歌师；

杨老送，宗地乡大地坝村格帮寨歌师；

杨光顺、黄光针、杨光东，宗地乡大地坝村摆弄关歌师；

韦国兴，宗地乡大地坝村蜂糖寨歌师；

芩天伦，宗地乡大地坝村白岩寨歌师；

杨昌荣，宗地乡大地坝村打拱寨歌师；

芩万伦、芩万华、韦老五、韦老六，宗地乡歪寨村绞帮寨歌师；

杨小云，宗地乡歪寨村杜排寨歌师；

---

① 和晓蓉、和继全：《民族文化保护与传承的实践总结与理论探索》，知识产权出版社，2013年版，导言第7页。

芩老虫,宗地乡歪寨村山脚寨歌师;

韦老天、韦小保、韦小开,宗地乡歪寨村歪寨歌师;

韦老王,宗地乡坝绒村摆通寨歌师;

韦小云,宗地乡坝绒村打亚寨歌师;

韦小乔,宗地乡坝绒村马寨歌师;

杨二妹,宗地乡坝绒村喜网寨歌师;

韦定强,宗地乡坝绒村竹米冲寨歌师;

韦老天、韦幺记,宗地乡湾塘村竹林寨歌师;

梁周明,宗地乡湾塘村白刀寨歌师;

杨再昌、杨小天,宗地乡湾塘村打哪寨歌师;

黄学忠、梁小保,宗地乡打郎村打郎寨歌师;

杨小王、韦小五,宗地乡打郎村构皮寨歌师;

陈长林,宗地乡德昭村水井边寨歌师;

芩万林,宗地乡德昭村平寨歌师;

陈小满,宗地乡德昭村上德昭寨歌师;

陈小阳、陈杨保,宗地乡牛角村开岩寨歌师;

杨胜清、杨秀忠,宗地乡火石关村巴拢寨歌师;

韦老腊,宗地乡山脚村打猜寨歌师;

杨小红,宗地乡戈岜村戈岜寨歌师;

罗朝海,四大寨乡关口村关口寨歌师;

班小有,四大寨乡关口村背阴寨歌师;

罗廷兴、班由明,四大寨乡关口村新寨歌师;

陈志品,四大寨乡卡坪村卡坪寨歌师;

芩小全,四大寨乡卡坪村牛月寨歌师;

韦朝明,四大寨乡缴卜村打菜寨歌师;

黄老金,水塘镇格凸村格凸寨歌师;

王凤云,水塘镇格凸村大河苗寨歌师;

黄小保,水塘镇格凸村下格凸寨歌师;

陈兴华,猴场镇打哈村打望寨歌师;

李华学,猴场镇四合村摆里寨歌师;

韦文伦、梁通毕、梁通付,韦文兴,栗木乡新场村拉菜寨歌师;

杨有生、杨光国、黄吉华,木引乡兴隆村一寨歌师;

杨光文,懂王乡打告村打告寨歌师;

梁胜付,王朝金,打易镇老寨村大老寨歌师;

杨松,吴斌,杨正兴,杨正江,紫云县亚鲁王研究中心歌师。

3. 麻山部分地区歌师基本信息表

姓名	性别	民族	出生日期	文化程度	家庭住址	出师年龄
梁正昌	男	苗族	1931-06-08	文盲	紫云自治县宗地乡山脚村打哪寨	23
梁忠诚	男	苗族	1944-03-21	文盲	紫云自治县宗地乡山脚村盖角寨	17
杨老七	男	苗族	1942-12-03	小学	紫云自治县宗地乡山脚村新院寨	30
韦忠明	男	苗族	1944-04-18	半文盲	紫云自治县宗地乡山脚村打猜寨	42
杨方明	男	苗族	1947-09-07	文盲	紫云自治县宗地乡山脚村盖角寨	22
韦小贵	男	苗族	1955-06-18	文盲	紫云自治县宗地乡山脚村下寨	27
杨再明	男	苗族	1941-08-16	文盲	紫云自治县宗地乡山脚村新院寨	20
梁小文	男	苗族	1958-11-08	半文盲	紫云自治县宗地乡坝绒村小白刀寨	20
梁小羊	男	苗族	1953-10-09	半文盲	紫云自治县宗地乡坝绒村打供寨	42
韦老红	男	苗族	1937-10-08	文盲	紫云自治县宗地乡坝绒村摆桐寨	37
韦小二	男	苗族	1934-10-01	文盲	紫云自治县宗地乡坝绒村摆桐寨	36
韦小卫	男	苗族	1976-08-05	半文盲	紫云自治县宗地乡坝绒村喜网寨	31
韦小保	男	苗族	1940-03-09	小学	紫云自治县宗地乡坝绒村喜网寨	22
韦小王	男	苗族	1969-01-13	小学	紫云自治县宗地乡坝绒村喜网寨	18
杨腊妹	男	苗族	1933-05-12	文盲	紫云自治县宗地乡坝绒村桐戈冲寨	31
韦小六	男	苗族	1959-01-08	小学	紫云自治县宗地乡坝绒村打供寨	20
韦小权	男	苗族	1936-03-06	小学	紫云自治县宗地乡坝绒村喜网寨	37
梁小七	男	苗族	1978-05-16	小学	紫云自治县宗地乡红岩村格老寨	18
杨小桥	男	苗族	1951-01-08	文盲	紫云自治县宗地乡红岩村龙滩寨	32
韦小桥	男	苗族	1950-08-01	文盲	紫云自治县宗地乡红岩村达闹寨	48
梁老天	男	苗族	1945-10-05	半文盲	紫云自治县宗地乡红岩村高寨	28
梁正权	男	苗族	1963-12-05	初中	紫云自治县宗地乡红岩村格老寨	17
吴国明	男	苗族	1939-01-08	半文盲	紫云自治县宗地乡红岩村达天寨	31
危小叫	男	苗族	1958-05-08	半文盲	紫云自治县宗地乡红岩村打务寨	26
吴小红	男	苗族	1960-06-08	文盲	紫云自治县宗地乡红岩村格不寨	32
梁正清	男	苗族	1951-09-02	小学	紫云自治县宗地乡红岩村格老寨	26

续表

姓名	性别	民族	出生日期	文化程度	家庭住址	出师年龄
韦朝心	男	苗族	1945-11-15	文盲	紫云自治县宗地乡红岩村打务寨	33
吴小氓	男	苗族	1977-05-16	半文盲	紫云自治县宗地乡红岩村达天寨	18
杨再和	男	苗族	1948-05-10	小学	紫云自治县宗地乡红岩村布村寨	36
梁小马	男	苗族	1978-09-09	半文盲	紫云自治县宗地乡红岩村格不寨	15
杨小落	男	苗族	1963-04-23	小学	紫云自治县宗地乡红岩村布村寨	22
杨小虫	男	苗族	1943-11-07	文盲	紫云自治县宗地乡弯塘村白刀寨	43
杨老氓	男	苗族	1947-11-08	半文盲	紫云自治县宗地乡弯塘村打哪寨	27
韦仕荣	男	苗族	1936-08-21	文盲	紫云自治县宗地乡弯塘村羊寨	41
杨正清	男	苗族	1948-01-13	小学	紫云自治县宗地乡弯塘村竹林寨	31
杨小高	男	苗族	1941-09-05	文盲	紫云自治县宗地乡弯塘村竹林寨	33
杨再科	男	苗族	1946-03-10	小学	紫云自治县宗地乡弯塘村羊寨	42
杨光华	男	苗族	1942-10-14	初中	紫云自治县宗地乡弯塘村下宗地寨	19
杨正国	男	苗族	1962-03-10	初中	紫云自治县宗地乡弯塘村白刀寨	26
杨小才	男	苗族	1967-09-10	小学	紫云自治县宗地乡弯塘村竹林寨	23
韦小八	男	苗族	1973-11-29	小学	紫云自治县宗地乡弯塘村下宗地寨	14
杨正强	男	苗族	1963-09-21	小学	紫云自治县宗地乡弯塘村打坐寨	20
罗来方	男	苗族	1947-01-25	半文盲	紫云自治县宗地乡弯塘村打坐寨	25
罗时卫	男	苗族	1946-06-13	小学	紫云自治县宗地乡弯塘村一寨	40
杨正中	男	苗族	1955-05-25	小学	紫云自治县宗地乡弯塘村竹林寨	33
杨老保	男	苗族	1939-10-11	文盲	紫云自治县宗地乡打郎村打王寨	55
杨小文	男	苗族	1954-01-05	小学	紫云自治县宗地乡打郎村打郎寨	25
韦小桥	男	苗族	1943-05-18	文盲	紫云自治县宗地乡打郎村构皮寨	64
杨老岩	男	苗族	1933-05-16	文盲	紫云自治县宗地乡打郎村打王寨	64
罗国学	男	苗族	1940-05-09	文盲	紫云自治县宗地乡牛角村卡尔寨	66
罗忠友	男	苗族	1945-05-06	小学	紫云自治县宗地乡牛角村塘水寨	19
陈仕忠	男	苗族	1971-07-12	小学	紫云自治县宗地乡牛角村开岩寨	17
罗小二	男	苗族	1946-08-05	文盲	紫云自治县宗地乡牛角村塘水寨	19
梁小高	男	苗族	1951-06-08	文盲	紫云自治县宗地乡牛角村栗寨	33

续表

姓名	性别	民族	出生日期	文化程度	家庭住址	出师年龄
杨再学	男	苗族	1958-07-14	半文盲	紫云自治县宗地乡牛角村栗寨	28
杨云华	男	苗族	1934-01-08	文盲	紫云自治县宗地乡牛角村牛角寨	51
梁乔安	男	苗族	1936-09-18	文盲	紫云自治县宗地乡大地坝村格帮寨	31
梁老伦	男	苗族	1938-01-02	文盲	紫云自治县宗地乡大地坝村格帮寨	39
罗小云	男	苗族	1979-05-08	半文盲	紫云自治县宗地乡大地坝村坝鹏寨	18
罗正付	男	苗族	1955-09-06	小学	紫云自治县宗地乡大地坝村坝鹏寨	33
韦帮忠	男	苗族	1964-06-29	初中	紫云自治县宗地乡大地坝村坝鹏寨	22
罗应发	男	苗族	1957-01-05	小学	紫云自治县宗地乡大地坝村小打里寨	15
罗正才	男	苗族	1959-05-08	小学	紫云自治县宗地乡大地坝村小打里寨	15
杨小三	男	苗族	1976-08-15	半文盲	紫云自治县宗地乡大地坝村牛寨	27
杨小云	男	苗族	1969-02-04	半文盲	紫云自治县宗地乡大地坝村牛寨	30
杨小二	男	苗族	1964-03-16	半文盲	紫云自治县宗地乡大地坝村牛寨	22
杨小和	男	苗族	1965-08-10	初中	紫云自治县宗地乡大地坝村白岩寨	21
杨小三	男	苗族	1971-10-13	小学	紫云自治县宗地乡大地坝村白岩寨	25
杨老保	男	苗族	1945-04-16	文盲	紫云自治县宗地乡大地坝村打告寨	15
杨秀才	男	苗族		小学	紫云自治县宗地乡大地坝村打朗寨	15
杨老久	男	苗族	1945-06-09	文盲	紫云自治县宗地乡大地坝村蜂糖寨	18
芩荣才	男	苗族	1970-08-10	半文盲	紫云自治县宗地乡大地坝村蜂糖寨	21
杨小和	男	苗族	1970-09-10	半文盲	紫云自治县宗地乡大地坝村蜂糖寨	20
杨小云	男	苗族	1975-03-14	小学	紫云自治县宗地乡大地坝村猴寨	28
韦小华	男	苗族	1956-04-19	半文盲	紫云自治县宗地乡大地坝村马宗寨	25
杨胜清	男	苗族	1977-11-10	小学	紫云自治县宗地乡大地坝村马宗寨	18
杨保安	男	苗族	1938-10-02	文盲	紫云自治县宗地乡大地坝村马宗寨	40
杨树明	男	苗族	1923-06-09	文盲	紫云自治县宗地乡大地坝村马宗寨	35
韦小明	男	苗族	1955-12-08	文盲	紫云自治县宗地乡大地坝村马宗寨	38
杨昌国	男	苗族	1949-07-08	文盲	紫云自治县宗地乡大地坝村打供寨	15
杨光祥	男	苗族	1935-11-23	文盲	紫云自治县宗地乡大地坝村打供寨	16
梁保又	男	苗族	1948-11-24	小学	紫云自治县宗地乡打毫村山角寨	33

姓名	性别	民族	出生日期	文化程度	家庭住址	出师年龄
韦小罗	男	苗族	1968-07-15	文盲	紫云自治县宗地乡打毫村石板寨	21
韦羊多	男	苗族	1951-03-16	小学	紫云自治县宗地乡打毫村纳行寨	20
梁老天	男	苗族	1947-02-08	文盲	紫云自治县宗地乡戈邑村戈邑寨	52
梁小石	男	苗族	1975-03-12	初中	紫云自治县宗地乡戈邑村戈邑寨	36
韦国忠	男	苗族	1964-03-27	小学	紫云自治县宗地乡戈邑村格然寨	32
韦老又	男	苗族	1945-02-02	文盲	紫云自治县宗地乡戈邑村格然寨	42
韦小四	男	苗族	1968-09-16	小学	紫云自治县宗地乡戈邑村格然寨	20
韦小云	男	苗族	1962-03-18	小学	紫云自治县宗地乡戈邑村七洞寨	43
陈小王	男	苗族	1970-08-23	小学	紫云自治县宗地乡戈抢村大剥皮寨	20
梁金惹	男	苗族	1968-07-20	小学	紫云自治县宗地乡戈抢村戈抢寨	22
梁老桥	男	苗族	1935-07-12	文盲	紫云自治县宗地乡戈抢村叫井寨	35
梁老胖	男	苗族	1946-08-28	文盲	紫云自治县宗地乡戈抢村戈抢寨	16
梁小林	男	苗族	1957-08-21	文盲	紫云自治县宗地乡戈抢村石板寨	20
梁小羊	男	苗族	1956-03-12	文盲	紫云自治县宗地乡戈抢村大剥皮寨	20
梁腰妹	女	苗族	1951-08-16	文盲	紫云自治县宗地乡戈抢村摆纳寨	43
韦良保	男	苗族	1939-09-18	文盲	紫云自治县宗地乡戈抢村大剥皮寨	20
梁老四	男	苗族	1953-04-28	文盲	紫云自治县宗地乡戈抢村石板寨	40
韦小桥	男	苗族	1967-03-28	文盲	紫云自治县宗地乡戈抢村石板寨	25
班忠国	男	苗族	1946-08-13	初中	紫云自治县宗地乡打若村六寨	29
班忠云	男	苗族	1949-08-16	小学	紫云自治县宗地乡打若村六寨	34
梁正明	男	苗族	1945-07-19	小学	紫云自治县宗地乡打若村六寨	35
韦国清	男	苗族	1959-06-23	小学	紫云自治县宗地乡打若村按门寨	35
芩万伦	男	苗族	1944-06-08	小学四年级	紫云自治县宗地乡火石关村巴拢寨	20
芩小长	男	苗族	1962-02-21	初中	紫云自治县宗地乡火石关村提叉寨	33
芩小合	男	苗族	1966-02-06	小学五年级	紫云自治县宗地乡火石关村提叉寨	23
芩小黑	男	苗族	1978-02-26	小学	紫云自治县宗地乡火石关村巴拢寨	22
芩正华	男	苗族	1946-09-21	半文盲	紫云自治县宗地乡火石关村打屯寨	42

续表

姓名	性别	民族	出生日期	文化程度	家庭住址	出师年龄
杨昌伦	男	苗族	1959-08-12	半文盲	紫云自治县宗地乡火石关村打屯寨	21
杨昌荣	男	苗族	1962-11-23	初中	紫云自治县宗地乡火石关村打屯寨	21
杨昌学	男	苗族	1954-06-13	文盲	紫云自治县宗地乡火石关村胡坝寨	27
杨胜达	男	苗族	1978-10-18	小学	紫云自治县宗地乡火石关村巴拢寨	23
杨老敏	男	苗族	1947-01-16	小学三年级	紫云自治县宗地乡火石关村巴拢寨	40
杨胜华	男	苗族	1952-07-09	半文盲	紫云自治县宗地乡火石关村巴拢寨	19
杨小利	男	苗族	1973-08-15	小学	紫云自治县宗地乡火石关村打屯寨	23
王大全	男	苗族	1985-03-21	半文盲	紫云自治县宗地乡打饶村小关寨	37
韦老红	男	苗族	1933-07-16	文盲	紫云自治县宗地乡打饶村打跟寨	54
韦石祥	男	苗族	1941-11-06	半文盲	紫云自治县宗地乡打饶村打饶寨	40
韦云合	男	苗族	1957-01	小学	紫云自治县宗地乡打饶村打饶寨	36
杨正明	男	苗族	1941-07-16	半文盲	紫云自治县宗地乡打饶村高寨	35
罗廷华	男	苗族	1932-06-13	文盲	紫云自治县宗地乡落湾村鼻岩寨	49
韦宝记	男	苗族	1935-12-25	文盲	紫云自治县宗地乡落湾村打扒寨	26
韦昌明	男	苗族	1936-12-06	小学	紫云自治县宗地乡落湾村落湾寨	23
韦定学	男	苗族	1963-08-26	小学	紫云自治县宗地乡落湾村落湾寨	45
杨老脚	男	苗族	1930-08-03	文盲	紫云自治县宗地乡落湾村达折寨	23
得二胖	男	苗族	1968-05-28	小学	紫云自治县宗地乡鼠场村今春寨	35
得永祥	男	苗族	1935-06-30	文盲	紫云自治县宗地乡鼠场村今春寨	28
韦小良	男	苗族	1967-10-12	小学	紫云自治县宗地乡竹林村破岩寨	21
杨光云	男	苗族	1968-04-23	小学	紫云自治县宗地乡竹林村摆同寨	21
杨金虫	男	苗族	1953-07-14	初中	紫云自治县宗地乡竹林村达寸寨	34
梁国才	男	苗族	1947-05-11	小学四年级	紫云自治县宗地乡新寨村新寨	36
韦乔贵	男	苗族	1950-02-19	初中	紫云自治县宗地乡新寨村黄泥塘寨	30
杨敏妹	男	苗族	1964-04-08	文盲	紫云自治县宗地乡新寨村水井平寨	18
杨再荣	男	苗族	1940-10-28	文盲	紫云自治县宗地乡新寨村新寨	26
芩万华	男	苗族	1963-09-10	半文盲	紫云自治县宗地乡田坝村西道寨	45

续表

姓名	性别	民族	出生日期	文化程度	家庭住址	出师年龄
芩万云	男	苗族	1945-10-13	高小	紫云自治县宗地乡田坝村西道寨	21
芩小宝	男	苗族	1963-07-18	小学三年级	紫云自治县宗地乡田坝村西道寨	36
韦帮德	男	苗族	1955-07-19	小学三年级	紫云自治县宗地乡田坝村西道寨	38
韦帮明	男	苗族	1958-01-20	小学五年级	紫云自治县宗地乡田坝村西道寨	33
韦帮全	男	苗族	1953-06-21	小学四年级	紫云自治县宗地乡田坝村西道寨	36
陈正明	男	苗族	1938-12-30	小学	紫云自治县宗地乡德昭村水井边寨	50
韦文学	男	苗族	1939-04-01	文盲	紫云自治县宗地乡德昭村新寨	56
陈明亮	男	苗族	1936-06-24	文盲	紫云自治县宗地乡猛坑村黑关寨	40
金正强	男	苗族	1934-09-14	文盲	紫云自治县宗地乡猛坑村一寨	39
廖中荣	男	苗族	1947-08-15	小学四年级	紫云自治县宗地乡猛坑村廖家坪寨	29
韦定荣	男	苗族	1936-01-18	文盲	紫云自治县宗地乡猛坑村一寨	57
韦国强	男	苗族	1953-06-12	初一	紫云自治县宗地乡猛坑村一寨	24
杨老同	男	苗族	1930-10-25	文盲	紫云自治县宗地乡猛坑村一寨	70
韦廷友	男	苗族	1936-10-27	文盲	紫云自治县宗地乡猛坑村格闹寨	31
谢兴陆	男	苗族	1953-11-08	小学	紫云自治县大营乡打壤村思力坡寨	22
黄光清	男	苗族	1976-02-10	小学	紫云自治县大营乡打壤村中寨	17
黄友林	男	苗族	1977-11-05	小学	紫云自治县大营乡打壤村中寨	16
韦朝明	男	苗族	1950-10-12	初中	紫云自治县大营乡打哇坪村坡盖寨	26
黄仕明	男	苗族	1939-10-13	文盲	紫云自治县大营乡打哇坪村坡盖寨	30
杨长福	男	苗族	1963-07-23	小学	紫云自治县大营乡大龙村小打表寨	22
谢兴胜	男	苗族	1947-11-03	小学	紫云自治县大营乡大营村沙子寨	30
狄关华	男	苗族	1937-12-08	文盲	紫云自治县大营乡大营村鼠场坡寨	35
谢青国	男	苗族	1975-08-17	小学	紫云自治县大营乡大营村新湾寨	31
韦朝珍	女	苗族	1952-08-06	文盲	紫云自治县大营乡大营村新湾寨	40
狄明开	男	苗族	1946-06-12	文盲	紫云自治县大营乡联八村八寨	30

续表

姓名	性别	民族	出生日期	文化程度	家庭住址	出师年龄
狄明宽	男	苗族	1968-06-13	文盲	紫云自治县大营乡麻思坪村毛里寨	25
陈万国	男	苗族	1952-02-11	小学	紫云自治县大营乡妹场村打洞寨	35
芩万和	男	苗族	1947-01-05	文盲	紫云自治县大营乡妹场村打洞寨	41
芩正光	男	苗族	1930-02-24	文盲	紫云自治县大营乡妹场村打洞寨	21
杨昌伦	男	苗族	1962-05-17	小学	紫云自治县大营乡妹场村打洞寨	17
杨小红	男	苗族	1958-12-20	文盲	紫云自治县大营乡妹场村龙木寨	23
杨再富	男	苗族	1956-01-05	初中	紫云自治县大营乡妹场村偏岩寨	26
杨再国	男	苗族	1954-07-19	小学	紫云自治县大营乡妹场村偏岩寨	23
杨通学	男	苗族	1946-06-14	小学	紫云自治县大营乡妹场村岩脚寨	26
谢兴正	男	苗族	1939-08-21	文盲	紫云自治县大营乡三合村田砍寨	25
狄明国	男	苗族	1968-03-20	初中	紫云自治县大营乡三合村郭帮寨	18
马新琴	女	苗族	1956-02-09	文盲	紫云自治县大营乡岩脚村沟脚寨	50
杨昌平	男	苗族	1973-08-23	小学	紫云自治县大营乡岩脚村沟脚寨	25
王家明	男	苗族	1959-06-10	文盲	紫云自治县大营乡岩脚村沟脚寨	28
杨小科	男	苗族	1947-07-05	文盲	紫云自治县四大寨乡毛草村告敖寨	30
班继强	男	苗族	1952-10-13	文盲	紫云自治县四大寨乡毛草村告敖寨	33
杨勇	男	苗族	1984-02-23	初中	紫云自治县四大寨乡尅哨村尅哨寨	18
杨万军	男	苗族	1984-01-13	初中	紫云自治县四大寨乡尅哨村尅哨寨	22
杨小堂	男	苗族	1968-10-02	小学	紫云自治县四大寨乡尅哨村尅哨寨	22
杨小海	男	苗族	1978-04-07	小学	紫云自治县四大寨乡尅哨村尅哨寨	35
杨小心	男	苗族	1985-10-04	初中	紫云自治县四大寨乡尅哨村尅哨寨	23
杨老保	男	苗族	1938-03-02	小学	紫云自治县四大寨乡尅哨村尅哨寨	20
杨小石	男	苗族	1939-10-11	文盲	紫云自治县四大寨乡尅哨村尅哨寨	31
班由坤	男	苗族	1977-10-08	小学	紫云自治县四大寨乡尅哨村竹林寨	21
陈小荣	男	苗族	1978-06-13	小学	紫云自治县四大寨乡毛草村扁计寨	23
王建忠	男	苗族	1981-03-09	小学	紫云自治县四大寨乡毛草村扁计寨	19
伍老告	男	苗族	1935-07-24	文盲	紫云自治县四大寨乡冗厂村高寨	18
伍老保	男	苗族	1935-10-23	小学	紫云自治县四大寨乡冗厂村高寨	20

姓名	性别	民族	出生日期	文化程度	家庭住址	出师年龄
伍小科	男	苗族	1956-07	文盲	紫云自治县四大寨乡冗厂村高寨	40
伍老寸	男	苗族	1952-04-27	文盲	紫云自治县四大寨乡冗厂村高寨	35
伍发生	男	苗族	1969-05-22	小学	紫云自治县四大寨乡冗厂村高寨	25
伍国真	男	苗族	1970-05-05	小学	紫云自治县四大寨乡冗厂村高寨	28
伍老九	男	苗族	1957-09-14	小学	紫云自治县四大寨乡冗厂村高寨	42
伍老拿	男	苗族	1948-03-27	文盲	紫云自治县四大寨乡冗厂村高寨	31
王建昌	男	苗族	1976-12-05	小学	紫云自治县四大寨乡冗厂村平寨	30
王老方	男	苗族	1940-05-07	文盲	紫云自治县四大寨乡冗厂村平寨	50
王小红	男	苗族	1974-03-28	小学	紫云自治县四大寨乡冗厂村平寨	25
王老学	男	苗族	1963-09-11	文盲	紫云自治县四大寨乡冗厂村平寨	33
王老华	男	苗族	1937-02-12	文盲	紫云自治县四大寨乡冗厂村平寨	15
吴文二	男	苗族	1949-07-01	小学	紫云自治县四大寨乡冗厂村卡棒寨	35
王建科	男	苗族	1954-02-08	文盲	紫云自治县四大寨乡冗厂村卡棒寨	42
王周石	男	苗族	1944-03-16	文盲	紫云自治县四大寨乡冗厂村卡棒寨	40
伍老红	男	苗族	1939-01-20	文盲	紫云自治县四大寨乡冗厂村塘寨	33
吴定荣	男	苗族	1955-09-02	初小	紫云自治县四大寨乡冗厂村卡郎寨	20
吴太毕	男	苗族	1974-02-11	高中	紫云自治县四大寨乡冗厂村卡郎寨	31
韦仕荣	男	苗族	1956-07-27	初小	紫云自治县四大寨乡冗厂村卡郎寨	45
班海荣	男	苗族	1976-03-14	小学	紫云自治县四大寨乡冗厂村新寨湾寨	27
班小合	男	苗族	1989-08-25	初中	紫云自治县四大寨乡冗厂村新寨湾寨	22
班德顺	男	苗族	1979-03-15	小学	紫云自治县四大寨乡冗厂村新寨湾寨	21
班由清	男	苗族	1935-07-29	小学	紫云自治县四大寨乡冗厂村新寨湾寨	34
吴太云	男	苗族	1951-02-28	小学	紫云自治县猴场镇平洋村打易平寨	35
杨昌云	男	苗族	1948-03-13	文盲	紫云自治县猴场镇平洋村扁平寨	21
杨昌无	男	苗族	1964-08-11	小学	紫云自治县猴场镇平洋村扁平寨	32
韦应福	男	苗族	1958-11-04	文盲	紫云自治县猴场镇平洋村上扁平寨	17
杨昌忠	男	苗族	1953-03-24	小学	紫云自治县猴场镇平洋村上扁平寨	42
芩万兵	男	苗族	1944-04-02	小学	紫云自治县猴场镇平洋村扁平寨	41

续表

姓名	性别	民族	出生日期	文化程度	家庭住址	出师年龄
杨小国	男	苗族	1972-03-20	小学	紫云自治县猴场镇平洋村扁平寨	27
王建国	男	苗族	1967-08-11	文盲	紫云自治县猴场镇平洋村岩板寨	18
王建平	男	苗族	1979-07-21	初中	紫云自治县猴场镇平洋村岩板寨	15
王周明	男	苗族	1951-04-13	文盲	紫云自治县猴场镇平洋村岩板寨	37
王由科	男	苗族	1951-09-21	高小	紫云自治县猴场镇平洋村后园寨	25
王由亮	男	苗族	1950-06-02	初小	紫云自治县猴场镇平洋村后园寨	23
莫远学	男	苗族	1982-08-26	初中	紫云自治县猴场镇平洋村后园寨	15

案例二

成吉思汗祭典：
蒙古族传统祭祀仪式
田野调查报告

[调查对象]

成吉思汗祭典:蒙古族传统祭祀仪式

[调查目的]

内蒙古伊金霍洛旗有一部分蒙古人叫作"达尔扈特人",他们世世代代履行着祭祀成吉思汗的"使命"。成吉思汗祭典在蒙古民族历史上已经延续了将近八百年,古今中外没有其他历史人物享此"待遇",因而此祭典可为游牧民族的非物质文化遗产提供一种典型案例。

本项目的主要考察目的为探寻成吉思汗祭典传承八百年的文化线索是什么? 仪式的过程、变迁、空间移动,体现了蒙古人怎样的历史记忆与文化?

[田野情况]

调查时间:分别于 2012 年 4 月、7 月、8 月、10 月、11 月,2014 年 4 月先后七次前往伊金霍洛旗伊金霍洛镇,对传统的成吉思汗祭典各子仪式进行实地调查,以参与观察、结构性访谈、深度访谈、文献田野、录音、照相等方法获取了大量翔实的第一手资料,对该仪式有了一个全面了解。

2012 年 4 月的田野调查,在熟悉成吉思汗陵空间格局的基础上,主要采用录音、影像方法对查干·苏鲁克大典的仪式过程进行了全面的记录。接下来,主要以参与观察的方式针对 2012 年 7 月 1 日的阿拉坦·甘德尔敖包祭祀、2012 年 7 月 3 日的淖尔大典、2012 年 8 月的苏鲁锭年度大典和 2012 年 10 月的斯日格大典仪式全过程进行了记录。这期间,通过深度访谈方式访谈了几位老一辈的达尔扈特人,从成吉思汗陵历史、变迁、结构、祭祀、禁忌、神话等方面入手进行了全面细致的了解和认识。2012 年 11 月 16 日,参加了主·苏鲁锭的巡游祭祀和 2012 年 11 月 18 日苏鲁锭龙年威猛大祭,这期间还参加了成吉思汗陵第三届祭祀文化研讨会,获得再一次集中访谈的机会。

调查地点:内蒙古伊金霍洛旗伊金霍洛镇

成员分工:叶高娃主要负责参与观察、访谈

调查对象:伊金霍洛旗伊金霍洛镇达尔扈特人查格德尔苏荣

伊金霍洛旗伊金霍洛镇达尔扈特人查干拉贝

走进圣主"长眠之地"

一、与伊金霍洛旗的不解之缘

伊金霍洛旗坐落于内蒙古西北部,地处鄂尔多斯高原东南部,为原伊克昭盟(也就是今天的鄂尔多斯市)管辖旗之一,自古以来一直是北方游牧民族休养生息的地方。在清顺治及后来的乾隆年间,此地先后设立了鄂尔多斯六旗,包括左翼前旗(准格尔旗)、左翼中旗(郡王旗)、左翼后旗(达拉特旗)、右翼前旗(乌审旗)、右翼中旗(鄂托克旗)、右翼后旗(杭锦旗)。在此基础上,雍正年间增设了右翼前末旗(札萨克旗)。1958 年,合并左翼中旗和右翼前末旗,1959 年称之为伊金霍洛旗。"伊金霍洛",蒙古语为"圣主陵园"之意。顾名思义,"伊金霍洛"与蒙古民族的圣主成吉思汗不无关联。换句话说,著名的成吉思汗陵坐落于此,"伊金霍洛"也因此得名。

2007 年 7 月,我从内蒙古大学毕业,与我的一位硕士同学曾一起到过坐落于伊金霍洛旗伊金霍洛镇的成吉思汗陵管理委员会。前一天,我们买了呼和浩特到鄂尔多斯乌审旗的长途汽车票。中途,在伊金霍洛旗伊金霍洛镇高速路入口的转盘处下车。这是我生平第一次踏上鄂尔多斯的土地上,在书本以外第一次领略了圣主成吉思汗的神圣与伟大。

当我们到达成吉思汗陵管委会之后,管委会的那楚格副主任接待了我们,给我们这些初出茅庐的穷学生提供了不少方便,也令我们颇为感动。作为成陵管委会的领导干部,那楚格副主任分管日常具体事务,对程序复杂的成吉思汗祭祀及其历史极为熟悉。他平易近人,特意抽出时间带我们到陵宫谒拜圣主成吉思汗,还到成吉思汗陵旅游景区参观了那些以成吉思汗及元代文化为主题的规模宏大的雕塑群、蒙古历史文化博物馆等。走了这一遭,我为成吉思汗陵的宏伟、壮观,还有无限的历史感所震撼,作为一个蒙古族人,更有一丝想哭出来的激动。

时隔五年之后,我再一次来伊金霍洛旗,原本计划将鄂尔多斯市鄂托克旗境内的拖雷伊金祭祀作为研究对象。可是由于种种原因,有关拖雷祭祀的调查没能按照预期计划进行,因而我开始了对在仪式仪轨上具有相同结构和相同历史渊源的成吉思汗祭典的田野调查。此次调查前后断断续续延续了三个多月。

二、伊金霍洛镇的街道景观

成吉思汗陵位于伊金霍洛旗的伊金霍洛镇。从伊金霍洛旗政府所在地阿勒腾席热镇驱车 20 多分钟就可到达伊金霍洛镇。要知道,伊金霍洛镇是以成吉思汗祭典为依托的一个新兴现代性小社区。伊金霍洛镇区处于成吉思汗陵宫偏西南方向 4 千米处,一条宽敞的马路直通成吉思汗陵宫。整体上看,宽敞整洁的柏油路穿梭于镇区,除了组团旅游的旅客以外,街上的人非常少。

| 伊金霍洛镇一处住宅小区 | 伊金霍洛镇街区一角 |

20 世纪初,"伊金霍洛镇提出要把成吉思汗陵园打造成世界级的旅游区,把伊金霍洛镇打造成全国民族团结模范镇,把伊金霍洛镇新镇区打造成中国西部最具特色的小城镇,把伊金霍洛镇打造成全区少数民族聚居区人均收入最高的地区之一的'四个打造'的思路",伊金霍洛旗对伊金霍洛镇进行规划,附近的居民整体搬迁,使其形成一个与旅游紧密挂钩的极具现代意义的城镇。为了提高其旅游接待能力和打造具有参观价值的景观,为将伊金霍洛镇打造成为全国西部地区居民收入最高的小城镇。"规划集镇近期容纳人口 1.5 万,旅游接待能力达到 30 万人次,远期可容纳人口 3 万,年接待能力达到 60 万人次。总规划面积 5.56 平方千米,近期建设面积 2 平方千米,目前启动建成面积为 0.82 平方千米。"[1]暂且不提征地拆迁后牧民生活生产状况如何,客观上可以认为,伊金霍洛镇是顺应旅游开发而实现的现代性"移民"小社区。

伊金霍洛镇街区具有非常鲜明的特点。街区主要可分为办公和居住区域,商贸餐饮区域和各种社区所具备的其他建筑。一般,以二层、三层建筑为主,除了新近在镇中心南端正在建设中的居民楼为六层建筑外,其他住宅楼一般为三层,企事业单位和商铺为两层为主。因适应旅游而建成,不用讲伊金霍洛镇外围的高速路,就连镇区内的马路都非常宽敞。城镇建筑呈现以白色和蓝色作为色彩基调,或许是因为蒙古民族所崇尚白色的圣洁,就如同母亲的乳汁一样,而蓝色代表了蒙古人崇尚大自然的天性,就像头顶上的蓝天。宽敞整洁的硬化道路穿梭于伊金霍洛镇,路灯是极具成吉思汗文化特色的苏勒德为模型,马路两边绿树成荫,适合居民健身娱乐的中心广场以及其他配套设施应有尽有,尽显一个现代化城镇的面貌。走在

---

[1]　http://baike.baidu.com/view/1374752.htm(2015 年 3 月 1 日访问)。

伊金霍洛镇的街道上仿佛置身于"天下第一村"。

伊金霍洛镇这一新建社区是以旅游为依托,为呈现特殊的成吉思汗祭典为基础理念建设的一种再造文化景观。尤其是,伊金霍洛镇正在建设当中的内蒙古元代瓷器博物馆、成吉思汗博物馆、成吉思汗大酒店逐步形成"一镇三景"的景观图景更是显示了这一点。据说,成吉思汗博物馆的设计师是来自日本的著名建筑设计师。馆内使用的是当时最先进的3D技术,可是到现在为止还仍未建成。陶瓷博物馆的命运也不比博物馆好到哪里去,目前似乎已经被废弃。因鄂尔多斯地区泡沫经济的崩盘,这种中止的建筑、废弃的"烂尾楼"不计其数。

可是,平日里,来这里的游客并不多,即使到节假日或者重要仪式的日子似乎在街上的游客非常少。慕成吉思汗之名而来的游客来自五湖四海,其中还有很多外国游客,到成吉思汗陵旅游的多数都是团队游客,经常是成群结队的涌入。伊金霍洛镇也有很多大中小型的酒店、饭店,可是村落社区并不是游客所热衷的景观。

走在大街上,整个社区闲置的商铺较多,涉及旅游相关的商铺集中在陵宫通往伊金霍洛镇公路段延伸镇区的一条街上,包括饭店、酒店、超市等等。伊金霍洛镇的开发建设、旅游开发也意味着居民必须要适应很多外来人。基本上,由于近十年来内蒙古东西部区域经济的发展水平参差不齐,在这里进行小本生意或者投入城市基础建设的那些务工者们一般不是当地人,特别是像小饭店、建筑装修等等一些工作环境较差的职业工种往往是外地人在做。例如,饭店一般是由外地人经营,尤其是以经营蒙餐为主的饭店,从承包的老板到服务员大部分都是内蒙古东部地区的蒙古人。

不难发现,伊金霍洛镇居民的生活非常富足。这些年在整个鄂尔多斯大发展以及政府征地的大环境之下,鄂尔多斯人的生活富裕程度,不仅在内蒙古地区甚至在亚洲地区人尽皆知。以至于在与当地人的闲聊中发现,他们经常热衷于谈论的话题是拥有几套房产、装修费用多少、有几套出租出去了,或者拥有几部车、换什么牌子的车之类的话题。对于当地居民来讲,拥有几套房产和两部机动小轿车是非常普遍的现象。而且对于临街商铺的居民而言,他们更容易参与到旅游开发中去获得更高的旅游效益。他们或出租给外地人作为店铺,或者在商铺里从事着比较体面、轻松或者经济利润较高的行业。例如,有些达尔扈特人租赁的超市。而另一方面,伊金霍洛镇是把处于圣主"奉祀之神"周围的达尔扈特人以及其他普通牧户通过征地搬迁而完成的。这意味着过着传统定居畜牧生产生活的达尔扈特人(还包括附近的牧民)被迫放弃传统生产生活方式,促成他们转变为以业缘为核心价值的城镇居民。城镇化固然是好,但城镇化进程中也存在许多令人担忧的问题值得思考。

总体上说,从整体规划格局上看,伊金霍洛镇街道宽敞,崭新、硬化面积大,加之居住人口少、整个环境比较舒适。但作为一个新型小社区，市场不成熟，购物也没有多大的选择性且物价较高。再者，作为一个新兴社区的建设应该充分考虑居民的生计问题，应对这一困境他们不仅要适应新的城镇生活，而且也要适应成职业选择上的转变。剥离掉表面的繁荣，以空间再生产导致牧民们生产生活方式的转变而引发的一系列社会矛盾不得不使我们继续进行深入探究。事实上，居民生活生产的集中定居模式与成吉思汗祭典仪式真实性的保护背道而驰。

三、神秘的达尔扈特人

在介绍成吉思汗陵及成吉思汗祭典这一话题之前，我想首先对祭祀成吉思汗的人做一个大概讲解。蒙古语中有专门的词来表述这部分蒙古族人，叫作"达尔扈特人"。所谓"达尔扈特人"，就是履行管理、祭祀圣主成吉思汗事宜的一个特殊人群。

从词义上看，"达尔扈特"是"达尔罕"一词的复数。而"达尔罕"一词具有两层意思：一是神圣；二是工匠。如果按照第一层意思理解，"达尔扈特人"是具有神圣使命的一群人，达尔扈特人确实与其他蒙古族人不一样，这种不同具体地体现在"不纳赋税、不服兵役"上。按照第二层意思则变成"能工巧匠的组合"。毕竟，达尔扈特人在履行祭祀义务时会涉及一些祭器的制作。最终，到底哪层意思才是原始的意义，暂时还没有得到确切考证。而大部分蒙古人对第一层意思笃信不疑，但这种非此即彼的逻辑，在这里似乎有点说不通。因此有待有志之士进一步研究考证。

查阅关于成吉思汗祭祀的介绍，我们会发现网络或者其他新闻报道总是把达尔扈特人表述成神秘又历史悠久的样子。在《理藩院则例》等汉文文献，还有蒙古文本土历史文献当中，通常有以下几种观点：

第一，有一些学者研究认为，达尔扈特人是13世纪守护成吉思汗与其他蒙古黄金家族大汗们的葬地、历史文献上称之为"大葬地"的兀良哈人的延续。这一观点，明显存在矛盾，譬如，今天称之为"成吉思汗陵"的地方根本不是埋葬成吉思汗遗体的陵墓，确切地讲它是对成吉思汗灵魂的一种崇拜与祭祀。不用重申，达尔扈特人是世世代代祭祀成吉思汗的一个特殊人群，与守陵人完全不同概念。

第二，还有一种观点认为，达尔扈特人是由元世祖忽必烈为祭拜自己的祖父成吉思汗而组建。也有其他学者在此基础上，进一步认为达尔扈特人就是从元朝的怯薛军中筛选出来的。在达尔扈特人的现行组织制度中，大致分为大将木华黎和大将勃斡儿出的后代，也印证了这一假说的可能性。

虽说，还原历史、看清发展脉络，必须从远古谈起，但也不能无限遐想与创造和发明。说起达尔扈特人，当然还得从古说起。历史文献档案当中，最早能追溯到清康熙年间的《理藩院例载》中：

伊克昭境内有成吉思汗园寝。鄂尔多斯七旗,向设有看守园寝,承办祭祀之达尔哈特五百户,每年共出银五百两,以供祭祀修理之用,于该盟内奏派贤能扎萨克一员,专司经理。①

从以上记载中看出,关于达尔扈特人的最早记载也不过于三百多年的历史。并且,不多不少的五百户肯定经过了"修饰",也就是说,这一历史时期的达尔扈特人应是经过了人为的重新组建。并且在历史档案《成吉思汗八白室》中有几则类似蒙古哪个部落什么姓氏的人被征兵一样来到成吉思汗陵恪守祭祀祖先成吉思汗的职责的记载。

在我看来,达尔扈特人有以上几点历史渊源,但是他的重新组建应该是在清康熙年间。他的历史并不那么久远,这之前的历史不曾在历史档案中出现。元朝忽必烈时期,专门祭祀成吉思汗的另有其人,即,烧饭师婆(烧饭不是做饭的意思,而是将各种祭品以焚烧的形式祭享祖先)和薛婵女孩儿。但时至今日,很多的达尔扈特人更愿意让那些专家学者称自己为"世世代代祭祀成吉思汗的部落""世袭守陵人"等等。如此一来,达尔扈特的历史显得如此古老,仿佛与远古的"守陵人"历史有着千丝万缕的联系。就如同英国人类学家埃里克·霍布斯鲍姆(Eric Hobsbawm)在《传统的发明》一书中讲到的一样,他们"试图通过重复来灌输一定的价值和行为规范,而且必然暗含与过去的连续性。事实上,只要有可能,它们通常就试图与某一适当的具有重大历史意义的过去建立连续性"②。随着国家对民族民间文化重视程度的加强,对于像成吉思汗祭典一样需要在国家场域中去进行阐释的非遗项目,也受到一定的关注和研究。因此,达尔扈特人在公开表述自己身份时,有时也叫作"守灵人"。的确,他们的历史已经从被发明、创造和建构的进程中走出来,现在正处于被解构的过程。

达尔扈特人是一个历史范畴。上文讲到,清代之前在任何历史文献历史档案里并不存在"达尔扈特人"这一说法。在其本质上,他的形成缘于清政府为分化蒙古人的实力而对蒙古地区实行盟旗制度。成吉思汗祭典原本属于全体蒙古人共同祭祀的至上神。可到了清代实行盟旗制度之后,蒙古人的力量被割据在本旗范围内,从而成吉思汗祭典历史性地由伊克昭盟来履行。当然,不仅因为按照原来的祭祀规模,成吉思汗祭典的花费比较高,还因只由一个伊克昭盟"出资",他们即使在经济上能承受得起,但内心不太情愿。这时,从其他蒙古地区也召集一些人形成当时的"五百户达尔扈特人"。这五百户达尔扈特人每年一户出一两,共 500 两完成

---

① 成吉思汗八百室编辑小组:《成吉思汗八百室》,内蒙古文化出版社,1998 年版,第 27—28 页。

② [英]霍布斯鲍姆、兰格:《传统的发明》,顾杭、庞冠群译,译林出版社,2004 年版,第 2 页。

一年的祭祀任务。取而代之的是，达尔扈特人拥有"不纳税赋、不服兵役"的特权。德·莱斯顿说："他们［指达尔扈特人］每年一度需要缴纳的税务得以免除，而这些税务对于他们的同胞来说都是极其沉重的负担。"[①]

与此同时，年景不好时还允许达尔扈特人到内外蒙古各地"募化"。其中有一些见钱眼开的达尔扈特人以募化为幌子，打着圣主成吉思汗的苏鲁锭的"招牌"，肆意敛财。募化变成了达尔扈特人的摇钱树，曾经一度达尔扈特人在蒙古人心目中"口碑"不太好。

现在，甚至还有一些鄂尔多斯本土专家认为，成吉思汗祭典是专属于达尔扈特人的事情，与其他地区的蒙古族人没有任何关联。当然，这属于比较极端的观点。不可否认，成吉思汗祭典是具有宏大国家叙事的重要文化资源。也正因为如此，成吉思汗祭典变成了被争夺的资源。当然，成吉思汗还是成吉思汗，他的伟大、他在世界上的影响力不可磨灭。问题在于，剔除掉所有蒙古族人对成吉思汗的崇拜和敬仰之情，何来达尔扈特人这一神圣而高尚的职责或职业呢？当然，这只是少数人的谬论。要知道，从成吉思汗祭典在旅游和祭祀文化两种范畴的建设发展来看，我们要从事和加强的并不是树立达尔扈特人的"高尚人格"、美化他们的历史形象、维护他们的"垄断权力"上，而是怎么做好成吉思汗祭典的心性的养育上。只要蒙古族人对成吉思汗的信仰存在，关于成吉思汗的祭祀肯定会存在。即使没有目前的仪式仪轨和仪式规模，也必定会以其他方式存在。

陵与灵的空间表述

一、衣冠冢还是陵墓？

成吉思汗陵，是所有蒙古族人民向往的神圣地方。它坐落于内蒙古自治区鄂尔多斯市伊金霍洛旗伊金霍洛镇所在地东北方向的甘德尔梁上。具体地理坐标位于东经 $109°43'30''$ ～ $109°52'00''$ 、北纬 $39°19'30''$ ～ $39°25'02''$ 区域。

目前，成吉思汗陵有几个相关"头衔"：即，1982 年 2 月 23 日，成吉思汗陵作为不可移动文物被列入国务院公布的第二批全国重点文物保护单位名单"古墓葬"一项（编号为 62）；2005 年纳入第二批国家级非物质文化遗产名录代表作；2011 年又升为国家 AAAAA 级旅游景区。也就是说，成吉思汗陵自然而然地涉及两个空间

---

① ［英］德·莱斯顿：《从北京到锡金——穿越鄂尔多斯、戈壁滩和西藏之旅》，王启龙、冯玲译，西藏人民出版社，2003 年版，第 28 页。莱斯顿在 1904—1905 年曾到达伊金霍洛的"成吉思汗陵"。

范畴,即仪式和旅游。其中,陵园总占地面积为 55000 多平方米,作为旅游景区的可控制面积可达 80 平方千米。

成吉思汗陵

这里充斥着矛盾和悖论。单从名称上看,我们现在所说的成吉思汗陵好像就是成吉思汗的"陵墓",是不可移动的。但是,有稍许常识的人总会看出,到目前为止美国、日本等发达国家曾组织专业考古队几度在世界范围内"寻找"成吉思汗陵墓,可最终都无果而终。也没有任何研究声称找到了埋葬成吉思汗真身的地点。成吉思汗陵,是没有成吉思汗的"陵墓"。

又有一种讲法,认为成吉思汗陵是衣冠冢。关于这一点有一个证明,据说成吉思汗陵一直以来供奉着一个银匣子。《伊克昭盟志》:"成灵是一个长方形的银棺,长三尺三寸,宽一尺五寸,高约一尺四寸,外面镂有蔷薇花纹,用铜锁锁着。"这里所说的"成灵"与银匣子同指一物。据记载,"当成吉思汗去世之际,随行的窝阔台、拖雷两子及博斡尔出、速别台等诸将,按萨满教传统习俗将一绺白骆驼头顶上的绒毛,放在成吉思汗的嘴上,留下他神灵,与他的画像和部分遗物一同供奉在白色宫帐内,这就是成吉思汗'奉祀之神'。"这一奉祀之神被珍藏于银匣子内,钥匙由太师亚木特德保管。也有人认为银匣子里藏着成吉思汗唐卡像。总之,几百年来,谁都不曾打开窥看。因为蒙古人相信如果谁擅自打看,必遭神谴、损失财产。

其实,历史上这一银匣子曾几度被开启。据说,1954 年成吉思汗大祭的时候,原内蒙古自治区政府主席乌兰夫曾经开启过银匣子。另外,据一位老达尔扈特查干拉贝老人讲,他在"文化大革命"时期曾看见过银匣子,银匣子是檀木构架,外表包银而成。当时,有二十几个红卫兵破坏这一银匣子。他们将银匣子砸在地上,让达尔扈特人用钥匙打开。好几个人试着拿钥匙打开,可是由于紧张和害怕都没能打开,最后是由查干拉贝的父亲打开的。老人当时看见银匣子里有三样东西,即驼毛、脐带、灰烬。"于此可见,成吉思汗陵所供奉的神物与汉地中原"埋藏无数奇珍异宝"的帝王陵墓是完全不同。一绺白骆驼头顶上的绒毛,不仅是成吉思汗留在人世间的"灵魂栖息之所"，更是蒙古人所畏惧而崇仰的瑰宝，正所谓"心中有佛自有佛"。

众所周知，衣冠冢指只埋有死亡者的衣冠而无死亡者尸体的坟墓。如果将这银匣子是被埋在地底下的物品，那么完全可以将成吉思汗陵称作衣冠冢。可是，事实并非如此。

综合以上现实情况，成吉思汗陵应恢复蒙古语语义解释，称之为"成吉思汗八白室"或者"成吉思汗八白宫"。再者，根据汉语语义称之为"成吉思汗灵"。

另一方面，所有蒙古人都知道我们今天所谓的"成吉思汗陵"并不是汉语语义里的"陵墓"。而蒙古语中，很早以来一直将成吉思汗陵称为"成吉思汗八白室""成吉思汗八白屋"或者"成吉思汗八白宫"，原因在于它早先的形制是八座白色的蒙古包（蒙古包早期形制）。自古以来，所有的祭祀仪式都在这里举行。事实上，就是蒙古后人们常年举行祭祀成吉思汗仪式的地方。"八白室"本身就是蒙古民族解释自我语义的一个完整系统。可是为什么后来将其他民族对自己民族价值体系中的概念套入自己的解释中。这最终不仅让人有更多误解而淡化了自身的解释逻辑，从另一方面也证明了成吉思汗祭祀在历史某一阶段有一度曾经被人们所"淡忘"。即使在文化强国的大环境下，如果大肆夸大自身的非核心特质，那必定会走向绝路。

那么，成吉思汗八白室何时开始称为"成吉思汗陵"了呢？这段历史还是跟内蒙古自治区政府第一届主席乌兰夫有关。规模宏大、形制雄伟的"成吉思汗陵"，是20世纪50年代初，在内蒙古自治区政府主席乌兰夫的提议下筹建的。1953年12月国家拨专款80万元人民币投资成吉思汗陵宫的建设。大体上，成吉思汗陵是1954年奠基，1956年正式落成。1985年开始正式改建为旅游景区，接待五湖四海的宾朋。成吉思汗陵门牌楼上的"成吉思汗陵"五大字也是由乌兰夫主席题词的。在是非真假的矛盾与模糊中，成吉思汗陵的建设曾一度朝着"陵"的形制发展，现在成吉思汗陵的"文化建构"存在两种身份的重合，即庙与陵。

二、81 层台阶与甘德尔敖包

第一次到成吉思汗陵的游客都会为其雄伟壮丽所震撼。成吉思汗陵入口处高高耸立在一个门牌楼，上面分别用蒙古语和汉语两种语言写着由乌兰夫主席题词的"成吉思汗陵"。门牌楼形制高大雄伟，具有皇家陵园的恢宏气派。从大门入口处的门牌楼到主体宫殿一条直线上，是象征蒙古文化的九个"九"层台阶。"在蒙古族古代文化中，崇拜'九'数常常蕴蓄着许多象征内涵。蒙古族传统文化及众多文献典籍里，'九'数是蒙古人向往和追求吉庆祥瑞观念的表现，它折射出蒙古民族的社会心态、审美情趣、文化传统和民俗底蕴。"①再者,九或九的倍数是萨满教信仰的一个基本认知。萨满教信仰中有"九十九重天"的说法。显然,这九九八十一级台阶,象征着这一精神文化的根基。"九"字在蒙古族生产生活当中起着重要的作用和影响。蒙古族自古以来是好客的民族,"九"象征着盛情、完满和尊敬,例如,献给贵人的礼品经常是九九八十一件,即,九种不同的物品皆有九件。所以说,这九十九级台阶是至高无上的帝王可汗的皇权象征。

成吉思汗陵航拍图

从入口处进去,首先是一个正四方形小广场。从这里再走上去,与九十九级台阶开始之前的那一区域是一个圆形小广场。广场上有一尊成吉思汗骑战马出征的铜像。铜像为中心点扩散出六十六个同心圆,这代表了成吉思汗年岁的象征。以"皇家陵园"的形制和规模建设的成吉思汗陵,在后来的建造和建构的过程中充满了象征与隐喻。从九十九层台阶,六十六个同心圆,到红砖金瓦的院墙,以及展厅中展览的各种"历史遗物"的陈列,无一不是这一象征与隐喻的表述。当然,这种象征符号都是缘于后人对祖先成吉思汗的纪念。

北京天坛

---

① 巴·苏和:《蒙古族"九"数崇拜文化》,《中央民族大学学报》1996年第2期。

与此相反的是，它的形制"违反"了成吉思汗陵应该蕴含的那些象征符号。看到成吉思汗陵的鸟瞰图，自然而然地联想到什么呢？不知是巧合还是有意为之，成吉思汗陵建筑规模与形制，与北京的天坛有点类似。高耸的门牌楼处有直接通向祭祀点的甬道。甬道连接着两个不同建筑，一条线的另一处有蒙古历史文化博物馆、金戈铁马雕塑群等等。成吉思汗陵的建筑特色与北京天坛相似，但在祭祀的授受对象方面正好相反。例如，北京天坛始建于明永乐十八年(1420)，遵循中国古代"天圆地方"之宇宙观。天坛，是古代"郊社"中的"郊"，即天子祭天于国都南郊。在古代人的观念中，南方为阳位，因此南郊祭天。天圆，所以南郊的祭坛筑成圆形，称为"圜丘"。在这里，"王"字的三横一撇，象征天子是连接天、地、人的媒介。按照这一逻辑，天坛是天子祭天的场所。而成吉思汗陵的象征逻辑与天坛截然相反。它是成吉思汗去世后由后人为纪念成吉思汗而举行祭祀仪式的地方。

从成吉思汗陵入口处进去，走到九九八十一层台阶的尽头，右上角便是著名的甘德尔敖包。甘德尔敖包，全称"阿拉坦·甘德尔"敖包。从它的形制上看，甘德尔敖包属于典型的十三座敖包，也就是一座大敖包周围有十二座小型敖包。十三座敖包，是所有敖包形制中最常见的一种组合方式。从纯粹的感官上，敖包是用自然形态的石头堆积的实心塔，并且敖包顶端插有树枝。树枝或者敖包周围悬挂着哈达和各色小旗帜。哈达，一般是蓝色或黄色，各色小旗帜上是以藏文书写的经文。这些敖包均由钢筋水泥筑成。甘德尔敖包与普通敖包不同的是，大型敖包的顶端有一个宝顶。这与宫殿享殿顶上的琉璃瓦宝顶相呼应。官方宣传称，甘德尔敖包是为纪念成吉思汗而建成的。根据学者赛音吉日嘎拉的说法，甘德尔敖包的建成相当晚近，甚至是与陵宫同期建成。这正应了蒙古语的一句俗语，叫作"没有痕迹的地方，建起了敖包"。也就是说，甘德尔敖包是纯粹新建的，之前在这个地点并没有建过敖包的遗迹。

阿拉坦·甘德尔敖包形制

在敖包的产生发展过程中,形成了不同种类的敖包。根据不同的依据可分为:氏族敖包、村落敖包、妇女敖包、祭天敖包、部落敖包、寺庙敖包、苏鲁锭敖包、纪念敖包、狩猎敖包、儿童敖包等不同种类。在旅游成为一种常态生活方式的今天,有人把敖包理解成一种地理标志。这种理解不能说错误,但没有触及敖包的本质内容。举一个例子,当被问道:"人是什么?"的时候,有人会不假思索地讲:"人是血肉之躯。"没错!但这种解释已经包含了包括人类以及地球上的所有动物,而怎么把人和动物分别开来的阐释才是最有效的解释。所以,类似"敖包是某种地理标志"的解释一样,它是有逻辑错误的。

从目前情况来看,初建敖包时首先要请喇嘛、活佛看建敖包比较合适的时间和地方等,而且在敖包石堆底下会坤"商"。"商"是音译,是经过喇嘛念经祈福的装进瓶瓶罐罐里的一些"宝贝",例如,经书或者珍珠、玛瑙(或许与"佛教七珍"有关)等名贵石头。还有一个问题,敖包一般建在高处,因为它是一个神圣的场所,寓意是距离"腾格里"最近的地方。譬如,敖包祭祀多用于求雨、祈福等等。事实上,它是人界与天界交流与沟通的一个媒介。

有学者研究称,敖包最早来源于英雄祖先的坟墓,而这个祖先可能是萨满巫师。敖包的历史源远流长,对于它的信仰及其仪式,最早来源于萨满教(萨满教这个说法是泛称,先暂且称之为萨满教吧)的仪式仪规,这是肯定的。后来,内蒙古地区盛行藏传佛教,敖包的祭祀方式有所变化,例如,按照萨满教仪规祭祀敖包是逆时针绕三周,与此正好相反的是,按照佛教仪式仪轨是顺时针方向绕三周进行祭祀。

每逢成吉思汗大典,都会在这儿举行祭天仪式。《马可·波罗行纪》等诸多文献都记载了关于洒奶祭天的描述。到目前为止,在蒙古草原上洒奶祭天也是非常常见的一种祭祀方式。甘德尔敖包另一处,还有一个拴马桩,叫作"阿拉坦·嘎达苏"(意为"金马桩")。甘德尔敖包西南角,还配备一个可以拴九十九匹白骒马的"巴图·哲勒"(稳固的拴马缰绳)。还有,用铁栅栏围起来的摆放圣奶桶的水泥台子。这些都是在成吉思汗四季大典之时,拴九十九匹白骒马以其乳祭"长生天"时使用的器具。

在蒙古草原,一般在农历五月十三进行敖包祭祀。内蒙古自治区为了将此日确立为蒙古族的法定假日,在鄂尔多斯市鄂托克旗乌兰镇进行敖包节推展活动,并在此也举办了首届"敖包文化学术报告研讨会"。有关官方人士称,"五月十三日"有望在 2017 年成为蒙古族的法定假日。

一提到"敖包",首先有人可能联想到电影《草原上的人们》中的插曲——"敖包相会"吧。电影《草原上的人们》是由蒙古族作家玛拉沁夫短篇小说《科尔沁草原上的人们》改编而成。而"敖包相会"这首歌也是根据内蒙古东部地区的叙事民歌《韩秀英》的部分曲调改编而成。"敖包相会"的源头与出处在于，举行盛大的敖包祭祀仪式之后，紧接着举行射箭、赛马、摔跤等传统娱乐（原初不是娱乐，而是跟宗教信仰有关）活动。年轻小伙子和姑娘借这个机会谈情说爱，敖包变成了年轻男女约会的地点。关于"敖包相会"这个名称或者对这个文化现象本身的理解上有一些不太赞同的声音。

首先，我们试想敖包祭祀文化从远古的时代传承到我们这个年代。那么，在这种时间跨度的大的叙事场域里，变迁、变化是常态。谁也无法断定，八百年前祭祀敖包的仪式仪规与今天我们所能看到的一模一样。如果有必要拿出蒙古历史当中最"原始"的、最传统的一个年代作为敖包祭祀文化的一个"断面"作为一个"文化标本"，那么具体选择哪个年代呢？不得而知。所以说，这里面本身就有了那种"选择""发明"和"创造"的过程。当然，文化不是人为的拼接而成的。

第二个原因，在空间跨度上。也就是说，整个蒙古地区现存的每一个敖包的祭祀方式不一定是一样。或许它在仪式目的，甚至在某一个细节上都有不同程度的差别存在。

还有，不得不提到的第三个方面，是"仪式在场"。当然，这个话题是在怎么样理解敖包的仪式场域的关系上。按照正常逻辑，"敖包相会"的敖包指的不应该是到"土堆子"上去吧。而是，以那个敖包这个土堆子为中心的同心圆区域。在这种解释前提下，仪式在场这个话题才能行之有效。神圣与世俗，是人们的一种理解仪式的一个重要的时间概念。也就是，不是每一个仪式都存在于永远的"神圣"过程中，更不是存在于永远的"世俗"过程中。所谓"神圣"和"世俗"的理念或者力量，在以仪式举行的不同间隔当中，他们是此消彼长的。正因为这样才有必要以牺牲以及其他各种极品作为"代价"进行祭祀。那么，按照蒙古族文化的传统，能否在敖包上相会，还得依据"仪式在场"与否了。在读硕士研究生期间，有一位讲《宗教人类学》的老师曾经讲过一个新疆某个地区的蒙古族关于怎么样祭祀敖包的例子：当祭祀敖包的时候，男人们在围在离敖包最近的那个同心圆周围，举行神圣仪式。而女人们则在 20 米（具体是不是这个距离有点记不清了）开外跪拜。这个案例说明，即使举行仪式的时候也不是不允许女性在场。

2014 年暑假，我参加内蒙古社科院的《敖包文化普查》课题组，曾到鄂尔多斯西部的三个旗（鄂托克旗、鄂托克前旗、乌审旗）进行调查。确实，"鄂托克十三敖包"当中确实存在女性不能上去的"敖包"。作为女性，这个时候经常被提醒可否上去。听当地的报道人讲，如果女性上去会有怎样不好的后果，还有鼻子有眼地讲到了很多具体的例子。而且，据说这种禁忌对于那些即使不在文化圈当中的人照样

"有效"。

阿拉坦·甘德尔敖包

也就是说,在空间和实践跨度上,敖包这一文化现象一直在变化着,包括它的形制、祭祀方式、祭品、祭祀主持人、祭祀人群、仪式目的等等。年轻男女到底能否在敖包上约会,还真是因时因地而不同,也不能一味地去批评指责。

今天的甘德尔敖包,即使不是以自然的石头堆积而成(而是以钢筋水泥灌注而成)也不能不叫作敖包。而且,这个敖包被祭祀的频率是相当高的。在另一方面,在旅游现代化的年代,它还是成吉思汗陵较早建成的一个景点。在不举行仪式的时候,人们一边洒鲜奶(或者在敖包周围祭献哈达),一边顺时针方向绕三周进行祭祀。之后,也有的人在这里到处走走拍拍照片。而其他不是信众的那些普通游客,正好以这个作为"背景"在一旁拍下"到此一游"的一张具有纪念意义的照片。

三、三座金色大殿

从入口处进去,首先是一个正四方形小广场。从这里再走上去,与九十九级台阶开始之前的那一区域是一个圆形小广场。广场上有一尊成吉思汗骑战马出征的铜像。铜像为中心点扩散出六十六个同心圆,这代表了成吉思汗年岁的象征。以"皇家陵园"的形制和规模建设的成吉思汗陵,在后来的建造和建构的过程中充满了象征与隐喻。从九十九层台阶,六十六个同心圆,到红砖金瓦的院墙,以及展厅中展览的各种"历史遗物"的陈列,都无一不是这一象征与隐喻的表述。

走到九十九个台阶的顶端,出现在眼前的便是一尊香炉。来往的游客或香客,首先要在这里烧香拜"佛"。通常,香炉附近烟雾缭绕,颇具香火旺盛的景象。香炉后面,矗立着成吉思汗陵的主体建筑——三座蒙古包式宫殿。三座宫殿以一座主殿和两座配殿组成。主殿高 24 米,两个配殿高 18 米。主殿与配殿之间由东过厅、西过厅连接。走到九十九个台阶的顶端,出现在眼前的便是一尊香炉。来往的游客或者香客们,首先要在这里烧香拜"佛"。首先,在材质上,整个宫殿建筑均为钢筋混凝土框架。再者,从性质上看,几座宫殿均呈现正八角形,或许象征八白室的"八"。宫殿建筑大体上以白色为主色调,屋顶为黄色琉璃瓦,从远处看金光闪闪。黄色琉璃瓦上装饰有四幅蓝色琉璃如意云纹,并设黄色琉璃宝顶一座。除此之外,还配之朱红色的门窗,显示蒙古与汉式建筑理念的相互融合。

成吉思汗汉白玉雕像

成吉思汗陵的主体建筑由郭蕴诚设计师 1954 年设计完成。根据消息,1987 年、2005 年对成吉思汗陵宫主体建筑在不同城进行了修缮,主要是更换材料。2012 年正殿后面的祭祀大殿的平行天花板改成了金碧辉煌的圆顶。但总体的形状没有改变。白色的墙壁、金黄色宝顶、蓝色的纹饰,朱红的门窗(连外围都是朱红色的高墙)呈现了成吉思汗陵文化的象征与隐喻。

进入主殿内部,能够看到主殿的前端是一个祭祀大厅。如果从金殿中间大门进去(平时配殿的大门是关闭着的),首先映入眼帘的是位于大厅北侧的一尊 4.3 米高汉白玉成吉思汗坐像。坐像前较远,离香客较近的地方摆放着一张大型供桌,供桌与雕像之间区域是不得随便进出。供桌上摆放着圣火。达尔扈特人经常讲,这圣火"七百多年未曾熄灭"。大厅里八根盘龙金色大柱,还有穹庐式、盘金龙的屋顶,尽显这位帝王的尊贵与神圣。"金"色和"龙"都是帝王的象征。在历史上,窝阔台汗时期建在哈剌和林的斡耳朵便称之为"昔剌·斡耳朵"(Syra Orda)。这里,"昔剌"为蒙古语的黄色,而"斡耳朵"为宫殿之意。

成吉思汗陵的这三座宫殿分别以"3＋3＋2"的形式供奉着"八白室"诸神灵。八白室,供奉着八种不同的神灵,这里包括人物的、动物的,还有器具的等等。主殿,供奉着成吉思汗与孛尔帖·格勒真哈屯、忽兰哈屯、准格尔·伊金白宫①。东殿,供奉着成吉思汗的溜圆白骏马白宫和商更·斡尔格白宫。西殿,供奉着成吉思汗吉劳(鞍辔)白宫、胡日·萨德格(弓箭)白宫和宝日·温都尔(圣奶桶)白宫。连接主殿与配殿的过厅的墙壁上是一幅叙述成吉思汗统一蒙古各部成立大蒙古国的长篇画卷。靠近长廊窗口的位置上陈列着代表元代时期物质文化的各种器物文物以及各种祭祀器具以供游客参观。配殿墙面上也展出成吉思汗及忽必烈的一些生平事迹。

四、充楚——可移动的蒙古包

成吉思汗陵富丽堂皇的现代化钢筋水泥建筑,事实上不属于成吉思汗祭典仪式原有的空间表述范畴。成吉思汗八白室,顾名思义,是八座白色的蒙古包构成。八白室是祭祀成吉思汗神灵以及相关神物的帐幕。蒙古人认为,成吉思汗之灵就居住在穹庐式的蒙古包里,八白室一直以来是后人祭祀成吉思汗之灵的场所。

蒙古包是可拆可卸、搬运方便、结构完美,最适合游牧这种生产生活方式。正因为此,迄今已经将近八百年历史的成吉思汗之灵,经过辗转于漠南漠北,最后定居于如今的伊金霍洛镇。成吉思汗之灵以移动形式与其包含的神物一同被供奉在三座宫殿之内,而在其外围建起来的钢筋水泥宫殿成为普遍被认知认可的"成吉思汗陵"。祭祀之八白室,与我们能看到的普通蒙古包有所不同,它是以什么样的方式传承到现在,各个时代的八白室形制是什么样子的?从历史文献中出现过的普通毡帐和八白室的不同理解中可以去阐释八白室的原初形貌,这也是解释成吉思汗祭典能够传承八百年的一个重要线索。

祭祀大殿

---

① 这里的"宫"与"室""屋"的区别运用,源于居住主人的不同身份造成的结果。宫,是帝王的居所;"室"与"屋"则表示普通百姓的安居之所。那么,"白宫"不是字面上的英国皇室白宫,而是祭祀成吉思汗的白色宫帐,简称"白宫"。

（一）八白室与毡帐

历史记载中出现两种功能不同的蒙古式毡帐：一个是埋葬贵族时使用的毡帐；另外一个则是为看守坟墓而在其附近搭建的帐幕。这里，前者用于祭祀祖先，后者用于生者（看守者）。事实上，二者都属于灵庙性质的祭祀祖先的场所。但是，有一点不同的是体现在祭拜者的不同，前者是涉及死者家族内部的祭祀，而另外一个则涉及家族以外的人的祭祀。

蒙古人信仰萨满教。"他们相信，在死去以后，他们将生活在另一个世界里，在那里，他们的畜群将会繁殖，并且吃、喝和做其他事情，像人们生活在这个世界时所做的一样。"[①]也就是，事死如事生。也正因如此，他们对于死去的祖先这样进行供奉。"对于其帝奉一帐以居之，设馔以祭之，奉乳以饮之，奉财货以供其用，奉一牡马以供乘骑，一牝马以供产驹。"[②]同样地，在另一部历史文献当中也有这样的记述："埋葬时，同时埋入他的一顶帐幕，使死者坐在帐幕中央，在他面前放一张桌子，桌上放一盘肉和一杯马乳。此外，还埋入一匹母马和它的小马、一匹具备马笼头和马鞍的马，另外，他们杀一匹马，吃了它的肉以后，在马皮里面塞满了稻草，把它捆在两根或四根柱子上，因此，在另一个世界里，他可以有一顶帐幕以供居住，有一匹母马供他以马奶，他有可能繁殖他的马匹，并且有马匹可供乘骑。"[③]也正因如此，有学者认为，成吉思汗八白室源自于成吉思汗四位夫人居住的"斡耳朵"。

据《多桑蒙古史》记载，当埋葬成吉思汗灵柩之后还命"千人守之……（使之）香火不息"[④]。这一点我们也可从威廉·鲁布鲁乞（William of Rubruck）的描述中看出其端倪："如果死者是一个贵族……他们总是在他坟墓附近留一座帐幕。死者埋葬的地方是不让人知道的。在他们埋葬贵族的地方，附近总是有一座帐幕，看守坟墓的人就住在里面。"[⑤]威廉·鲁布鲁乞作为1253年（蒙哥汗时期）出使蒙古的旅行家，其言说具有相当高的可信度。虽然，此帐幕与八白室形制类似，但在功能上有着明显的区别。帐幕，是守陵人居住的地方，而八白室的斡耳朵是则是守灵人（这时的守灵人是成吉思汗家族成员）居住地方。其实，这种类型的帐幕在成吉思汗陵也可看到其功能性再现。例如，苏勒德祭坛旁边有两座蒙古包，是守夜的达尔扈特人值班时居住的。只是帐幕是守灵人居住。根据拖雷·伊金·达尔扈特人——巴

---

① ［英］道森编：《出使蒙古记》，中国社会科学出版社，1983年版，第12页。
② ［瑞典］多桑：《多桑蒙古史》，冯承均译，上海世纪出版集团，2003年版，第144页。
③ ［英］道森编：《出使蒙古记》，中国社会科学出版社，1983年版，第13页。
④ ［瑞典］多桑：《多桑蒙古史》，冯承均译，上海世纪出版集团，2003年版，第143页。
⑤ ［英］道森编：《出使蒙古记》，中国社会科学出版社，1983年版，第123页。

德玛道尔吉老人讲,在他的记忆当中达尔扈特人每十天为一班,在拖雷·伊金灵帐附近的蒙古包进行守夜并执行这十天当中的祭祀任务,并且有严格的惩戒制度来保障这一责任的履行。

(二)阿布尔日嘎宫殿

20世纪五六十年代,在蒙古国肯特省德勒格尔汗苏木境内,发现了"阿布尔日嘎"宫殿遗址,确认这是成吉思汗第一斡耳朵。据考古资料显示,"遗址中夯土台基很多,大约有100多座,四周可见城墙遗迹"①。遗址大体上呈四方形。众所周知,轮廓呈直线是人造物的典型特征。2004年10月4日,蒙古和日本组成的联合考古队对此遗址"偏东部的夯土台"进行了重新发掘,发现了三个文化层(分别称之为"上部建筑、下部建筑和最下部建筑")。三个文化层遗址可以表明,它们是利用同一个房址进行反复改建的。首先,在整个发掘过程中,除了只在上部建筑遗址上出现了柱础石以外三层文化遗址都没有发现任何砖和瓦,因此可以断定这一遗址是游牧民族所特有毡帐式建筑。

其次,根据放射性碳素断代法测定出了三个文化层的历史年代。三个文化层分别对应于"12世纪末—13世纪前叶、13世纪前叶—14世纪第Ⅱ四半期、14世纪中叶的三个不同历史时期"②。显而易见,这三个文化层恰恰包含了成吉思汗(1162—1227)和窝阔台汗及以后的时期。然而,考古发掘和研究证明这一遗址最初是成吉思汗和窝阔台所居住的宫殿。再次,在13世纪第Ⅱ四半期~Ⅲ四半期的地层遗址中发现了牛头骨和马肋骨的集中区(如图所示,灰色阴影部分)。值得注意的是,这些并不是普通的牛或马的骨骸,而是被切了角的牛头骨和马的肋骨。根据这种特殊形制,可以断定其应该是祭祀所用。与此同时,在上部建筑遗址上发掘到大量的山羊和羊以及马的出土物。在此文化层还发现了几处堆满家畜骨(以马骨为主)和灰的土坑。白石典之(しらいしのりゆき)将遗址中的这一烧马现象与历史文献中"大祭烧马"的记载,还有对此文化层出土的龙纹三足陶器香炉与《史集》中的记载对比分析,认为起初作为成吉思汗和窝阔台居住宫殿的场所在这一时期变成了祭祀成吉思汗的场所。总体来讲,这也与金幼孜《后北征录》中的"萨里怯儿……旧尝建宫殿及郊坛"③的记载吻合。

---

① 塔拉、恩和图布信:《蒙古国古代游牧民族文化遗存考古调查报告:2005—2006》,文物出版社,2008年版,第290页。

② [日]白石典之:『チンギス=ハン廟の源流』,『東洋史研究63巻4号』,2005年,7頁。

③ (明)金幼孜:《后北征录》,载《内蒙古史志资料选编》(第三辑),1985年版,第130页。

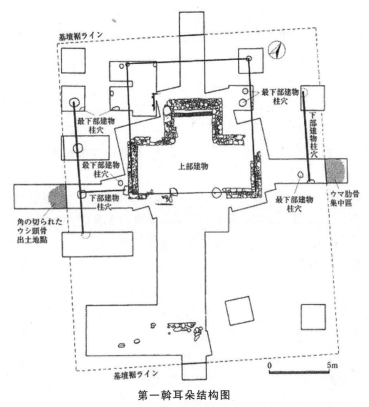

第一斡耳朵结构图

图片来源:白石典之「チンギス＝ハン廟の源流」

白石典之通过遗址中四方型毡帐与成吉思汗陵的"充楚"[①]形制、规模、构造,以及分析伊金霍洛旗成吉思汗陵举行的嘎日利祭祀中以马作为牺牲的现状与上述遗址的对比分析,得出结论认为,此遗址就是伊金霍洛旗成吉思汗陵的前身,而它的功能主要是祭祀成吉思汗之灵。他认为,可能由于政治、经济与气候等众多原因,成吉思汗"灵"在 15 世纪中叶—16 世纪前叶的历史时期整体迁到鄂尔多斯地区。当然,白石典之所建构的迁徙路线可能有待商榷。

(三)八室太庙与八白室

历史上,疑似八白室的记载其来源,可追溯到至元三年忽必烈汗建立的八室太庙。据记载,至元三年九月,忽必烈汗开始作八室太庙。八室太庙,即:"烈祖神元皇帝、皇曾祖妣宜懿皇后第一室,太祖圣武皇帝、皇祖妣光献皇后第二室,太宗英文皇帝、皇伯妣昭慈皇后第三室,皇伯[考]术赤、皇伯妣别土出迷失第四室,皇伯考察合带、皇伯妣也速伦第五室,皇考睿宗景襄皇帝、皇妣庄圣皇后第六室,定宗简平皇

---

① 成吉思汗陵的祭祀白室,称作"充楚"。形制上,类似于蒙古包,或者可以说,是蒙古包的早期类型。

帝、钦淑皇后第七室,宪宗桓肃皇帝、贞节皇后第八室。"①

也就是说,忽必烈汗从自己曾祖父也速·该巴秃尔(成吉思汗之父)到其兄宪宗蒙克汗为止,设立了八室神位。其中,包括直系亲属和旁系亲属,即包括了忽必烈以前黄金家族内最具有影响力和最重要的所有亲属网络。从太庙的记述年代和亲属称谓的结构与名称的表述来看,八室太庙显然是由忽必烈汗亲自设定所为。因为,坐落于鄂尔多斯地区的诸多黄金家族的神灵当中,有窝阔台合汗、孛勒古台(成吉思汗同父异母的弟弟)、拖雷·伊金祭典,甚至还有祭祀木华黎的活动,唯独没有祭祀忽必烈的仪式。

八室太庙与"阿布尔日嘎"宫殿遗址不无关联。《元史》中有将日月山神主迁入八室内的记载②。而研究证明,日月山就在斡难河和克鲁伦河之源不儿罕山(肯特山)中③。而萨里川又在日月山附近:"土拉河东六程,肯特山之阳,东距太宗宪宗即位地,即阔迭兀阿剌勒二程之地。"④可见,忽必烈汗时期合并到太庙的日月山神主便是上文所述"阿布尔日嘎"宫殿遗址发现的灵庙。

历史文献上,"八白室"这一名称始见于蒙古人退居漠北时期的蒙古文文献中。虽然,八室太庙与八白室在名称及一些指涉范畴上有所差异,但性质是相同的。据《草木子》中记载:"郊社所以祀天地。是天子之职。宗庙所以祭祖先。是子孙之职。"⑤皇帝(或者可汗)亲享太庙的现象遗存到近现代,成吉思汗陵直至最后一个"济农"(一般由盟长兼任)被撤除之前都是由他来进行祭祀和管理。所以,历代蒙古可汗或皇帝成为一个连续性的线索可供我们追溯。也就是说,八白室及其里面供奉的神物必然是帝王到哪里它也到哪里。何况,他们所供奉的祖先神灵具有方便携带、可复制性等特点,也正因此,在重要的历史转折时期,如元朝灭亡时期八白室神物随元顺帝的逃亡漠北而整体重新恢复组建,到清代最终又恢复组建而聚集到伊金霍洛旗。这是成吉思汗八白室移动线路的另一说法。

再者,从伊金霍洛旗成吉思汗八白室的现状看,与元朝时期的八室太庙有着惊人的相似之处。例如,从四时大典的制度和仪式中重视以马作为牺牲的现象,可以看出端倪。《元史》记载,忽必烈时期就有四时大典。《十善福白史》《宝贝念珠》等蒙古文献中都称成吉思汗祭祀的四时大典是忽必烈设定的。《草木子》中称:"元朝人死,致祭曰烧饭。其大祭则烧马。"⑥元朝,非常注重以蒙古巫祝的礼仪进行祖先

---

① (明)宋濂等:《元史》,中华书局,2008 年版,1832 页。

② 参见(明)宋濂等:《元史》,中华书局,2008 年版。

③ 宝音德力根:《兀良哈万户牧地考》,《内蒙古大学学报》2000 年第 5 期。

④ (清)屠寄:《答张蔚西成吉思汗陵寝辩证书》,《东方杂志》(第十四卷第一号),1917 年版,第 30 页。

⑤ (明)叶子奇:《草木子》,中华书局,2010 年版,第 63 页。

⑥ 同上。

祭祀，不仅有专门的烧饭院，并在大祭之时以马牲和马乳。

有记载称："凡大祭祀，尤贵马湩。将有事，敕太仆（司）寺挏马官，奉尚饮者革囊盛送焉。其马牲既与三牲同登于俎，而割奠之馔，复兴笾豆俱设。将奠牲盘酹马湩，则蒙古太祝升诣第一座，呼帝后神讳，以致祭年月日数、牲齐品物，致其祝语。以饮诣列室，皆如之。礼毕，则以割奠之余，撒于南棂星门外，名曰抛洒茶饭。盖以国礼行事，尤其所重也。"[1]在成吉思汗陵春季"查干·苏鲁克"大典时期举行的"嘎日利"祭祀过程中以马作为牺牲。将马的"心脏、右耳、上唇、上颚、肠道、尾巴、短肋"的上角或一小部分穿插在一根木棍上，在傍晚举行嘎日利祭祀时同其他祭品一起烧掉，这表示给圣主成吉思汗敬献的是一整匹马。在选择祭祀用马的时候也有严格的讲究。必须是在祭祀当时未受孕的3—5岁骒马。若非如上述所选之祭祀用马，则主祭者将会被责打二十五板，并必须上缴一头三岁牛。

（四）"充楚"与蒙古包

游客或者香客，常常被带到成吉思汗陵举行祭祀仪式的场所进行参观或者膜拜。外来者可以深入各个地方参观，甚至香客们正在膜拜的场景也是游客所能观赏到的景观，但是他们无论如何也不可以跨进用"界限绳"围起来的空间范围之内，尤其是，禁止参观被用作展示并膜拜的"充楚"以及里面陈列的"物"。如果游客不小心触犯了这个界限，达尔扈特人便会过来警告"不要过度接近"，他们经常说"这是我们祖上就这么传下来的规定。"特别是女性，在很多仪式场合都被这种神圣性事物"拒之门外"。

构成八白室的蒙古包，蒙古语称之为"充楚"。在整个田野调查过程中对"充楚"的结构非常感兴趣。调查者在之前看过书籍文献上关于"充楚"的描述，于是想看看其结构到底与现实生活中的蒙古包有什么不同。可是囿于女性在仪式过程中的许多禁忌，所以不曾靠近仔细观察。在有一次访谈中，调查者向一位达尔扈特老人表达了想了解的愿望，他说："等明天上午的仪式结束后，你过来找我，我可以带你进去看一看。"只可惜，第二天在陵宫举行的仪式正好与十三年一次的哈日·苏鲁锭巡游祭祀在时间上重叠，因为难得碰到参加巡游祭祀而选择了后者，所以未能实现我进入观察"充楚"的愿望，只有从远处观察的份儿。

充楚与蒙古包的区别，首先体现在蒙古包是圆的，充楚是方形的。蒙古包，是蒙古游牧民族的居住空间，是蒙古民族传统居所的统称。关于蒙古包的早期形制，宋代学者彭大雅曾记述道：

> 其制既是草地中的大毡帐，上下用毡为衣，中间用柳编为窗眼，透明，用千

---

① （明）宋濂等：《元史》，中华书局，2008 年版，第 1841 页。

余条索拽住,一门阀与柱皆以金裹。中可容数百人。……穹庐有两样:燕京之制,用柳木为骨,正如南方罜宪,可以舒卷,面前开门,上如伞骨,顶开一窍,谓之天窗,皆以毡为衣,马上可载。草地之制,以柳木织成硬圈,径用毡挽定,不可卷舒,车上载行,水草尽,则移,初无定日。[①]

彭大雅曾这样描述蒙古包的早期形制。具体说,与地面连接的圆柱体,叫作"哈那",哈那上面架了一个"被截去了顶的圆锥物",由木棒交织而成的类似于伞骨东西,叫作"斡尼"。截去了的那一部分称之为"陶那"(天窗)。哈那和斡尼组成蒙古包的主体骨架,并在上面用毛毡包裹。通常毛毡是白色的,故蒙古包的主体颜色也是白色。蒙古包中有火炉,火炉顶端是天窗。一般,天窗上覆盖一层毡子,并且用绳子拴在包身。这一层毛毡平时是舒展着的。天气热的时候,哈那外面包裹的毛毡也可以翻开,以此来纳凉。

据信,八白室的"哈那"(构成墙壁的树条)高约5尺,而且它不像蒙古包是交错(菱形网状结构),而是垂直的。哈那的上下两端分别插在两个方形低矮框架上,构成"房基"。上面有孔,便于插上哈那。东、西、北面各九个眼儿,前面是六个眼儿(这一侧需设门)。

还有一个特点,八白室的天窗上有一个伸长的"脖子"。关于第二点,在《柏朗嘉宾蒙古行纪·鲁布鲁克东行纪》里也谈到过类似的问题:

> 他们把宿夜的住宅安放在用棍条编织成的圆形框架上,顶端辐凑成小小的圆环,上面伸出一个筒当作烟囱,而这个(框架)他们覆以白毡。他们常用白粉,或白黏土,或骨粉涂在毡上,使它显得白些,有时(他们把毡子)涂成黑色。顶端烟囱四周的毡子,他们饰以种种好看的图案。[②]

鲁布鲁克以上记录的这一形制是鞑靼人的居所。它的特殊形制吸引了不少对游牧文化感兴趣的专家学者的目光。充楚的斡尼下端是往内弯,上端则往外翘,所以呈现颈状"烟囱"。烟囱上镶嵌宝顶(也就是,鲁布鲁克所描述的有颈的房子)。故此,充楚的天窗不是在正中央,而是在宝顶前端。可是,现在的充楚几乎没有天窗了,相关民族志资料可以证明这一点。

另外,从1949年前的图片资料可以了解到,当时的充楚,可分为单层和双层两种结构。据说,成吉思汗与孛尔帖·格勒真哈屯的白屋,拖雷·伊金白宫都是双层。而蒙古包则没有出现过双重宫帐的形制。之所以,作为仪式空间的充楚之所

---

① (南宋)彭大雅:《黑鞑事略》,《内蒙古史志资料选编》(第三辑)(内部资料),1987年版,第27页。

② 耿昇、何高济译:《柏朗嘉宾蒙古行纪·鲁布鲁克东行纪》,中华书局,1985年版,第209页。

以会出现双重宫帐，这或许由于在漫长历史过程形成的两种神灵的合并祭祀。总之，在历史上的充楚，从结构到功能都经历了变迁。据达尔扈特人说，在大众旅游盛行之前，几乎相关的所有祭典仪式都在充楚内部举行。而现在的充楚已经不仅仅是存放神圣物品的空间，其本身也转变成为神圣之物或者被供奉的对象。

成吉思汗双重宫帐

充楚，是仅存于鄂尔多斯地区的一种特殊表述方式。它与现代意义上的蒙古包在形制上相似。有研究称，充楚，是蒙古早期社会帝王（汗）居所的形制，是蒙古包的早期类型。

四季的铭记

成吉思汗祭典大体分为两大种类：第一是圣主祭祀；第二是苏鲁锭祭祀。圣主祭祀和苏鲁锭祭祀都包含日祭、月祭、季祭。这一部分讲一下圣主祭祀的四季祭典。圣主四季大典分别名为：春季——查干苏鲁克大典；夏季——淖尔大典；秋季——斯日格大典；冬季——达斯曼大典。由于四季大典是包括蒙古黄金家族和后来的蒙古后人们纪念祖先成吉思汗所举行的大型祭祀活动，因此早已不是那种"悲伤之情"，是族群认同感的一种象征性资源。所以，在蒙古文献当中有时也称之为"宴礼"。

在我的经验中，鄂尔多斯蒙古人的纪年法与普通的农民历有所不同，它是一种独特的地方性表述。鄂尔多斯地区的蒙古人对一年四季的十二个月份有独特的叫法。鄂尔多斯历法中，每个月都有不同的词来表示，并且与普通的农民历不同。鄂尔多斯蒙古人把普通农民历法的"一月"或"正月"称之为"查干·萨日"（白月，是泛蒙古的叫法）；二月称为"五月"；三月为"六月"；四月为"七月"；五月为"八月"；六月为"九月";七月为"十月";八月为"也客·贵勒日";九月为"巴嘎·贵勒日";十月为"霍比·萨日";十一月为"哈日·呼吉日·萨日";十二月为"斡勒津·萨日"。

鄂尔多斯蒙古人对于月份的这种特殊表述,归根结底还是与成吉思汗的历史相关。据说,当年成吉思汗当年攻打西夏。五月份的时候,准备对敌人进行强攻。可是,五月份由于河水已经开化而不适合渡黄河。因此,决定过了蒙古民族传统的"白月"之后就直接攻打西夏,结果大获全胜。从那以后,这里的蒙古人就把"白月"过后的第二个月称为"五月",以此类推。可见,鄂尔多斯的农历与普通的农民历法足足提前了三个月,并且这一习俗一直延续到现在。据说,在现实生活中人与人的交流过程中,这种错位性表述也曾引来不少误会和尴尬。

一、春季:查干·苏鲁克大典

春季大典,又称为查干·苏鲁克大典。从目前状况看,查干·苏鲁克大典是成吉思汗四时大典中最隆重和盛大的仪式。每年农历三月二十一日举行,包括前期准备工作和正式仪式为期一周。其实,仪式之所以延续一周,原因在于当时交通手段主要以马为主,而随着现代交通工具的改善,各种机动车在鄂尔多斯地区已经相当普及,因此实际使用的仪式时间已经没有那么长了。据说,春季大典不仅是圣主成吉思汗大祭的日子,届时还会有"友邻地区——包头、曲府、神木、榆林及宁夏等地商人组成的一个物资交流大会"①。故此,在20世纪80年代,春季大典也被称为"三月会"。

春季大典的最主要内容是洒奶祭天。众所周知,蒙古人信仰萨满教。在蒙古人以"长生天"(蒙古语为"蒙克·腾格里")为核心的萨满信仰中一共有99个"腾格里"(居于西方的五十五个腾格里和居于东方的四十四个腾格里)。而且,每个"腾格里"都代表了不同人格的神灵。因此,查干·苏鲁克大典的主旨在于以九十九匹②白骒马之乳祭祀这九十九个"腾格里",称之为"洒奶祭天"。正因如此,查干·苏鲁克大典也被称为"额苏格"(马湩)祭祀。

关于查干·苏鲁克大典有这样一个溯源性传说。相传,"成吉思汗圣主刚到五十大寿之时,忽染贵恙,两月后方愈,遂为从此了结八十一天的凶兆,便在三月二十一日这天,拉起万群牲畜的练绳,用就是九匹白色骒马之乳,向长生天祭洒,并将'神马白骏'涂抹成神,谓之玉皇大帝的神马。又记载,成吉思汗五十岁的那年春天,碰上罕见的荒年旱月,成吉思汗认为春三月主凶,是个凶月,必须使之逢凶化

---

① 伊锦文:"成吉思汗陵寝概况与新陵园纪实",《内蒙古大学学报》,1984年3月31日。

② 这里所说的数字"99"为虚数。据研究表明,其实在萨满信仰当中"腾格里"的数量是多于99。并且,成吉思汗的畜群有数万匹马,"万"也指众多、繁盛之意。

吉，于是就用许多白色骒马之乳，向苍天祭洒。又将一匹选出的灰马用白缎披挂，使之神化，作为神马加以供奉。把这次祭祀称为查干·苏鲁克祭。"①这一传说形式的表述，阐释了成吉思汗查干·苏鲁克大典和溜圆白骏的来历。再者，蒙古文历史文献《水晶珠》中对查干·苏鲁克大典有着类似的描述："成吉思汗五十岁的夏之初月，降旨道：'用宝马之初乳，向祭洒苍天祈祷。'并将此事设定为律法，号令全体蒙古通行。于是，居于克鲁伦河畔嫩绿的草滩上举行了隆重的祭天仪式。"②也就是说，查干·苏鲁克大典的肇始沿袭了成吉思汗在世时亲自举行过的祭天习俗。

（一）大典之前的准备

我们曾提到成吉思汗陵原名为"成吉思汗八白室"。成吉思汗八白室，顾名思义，就指关于成吉思汗的八种神灵。八种神灵，不仅包括祖先神灵，也有成吉思汗生前用过的物件，还有他祭祀过的神马等。具体地讲，八位神灵分别为：成吉思汗及孛尔帖·格勒真哈屯、忽兰哈屯、准格尔·伊金、温德根·查干（溜圆白骏马）、商更·斡尔格（仓廪）、吉劳（鞍辔）、胡日·萨德格（弓箭）和宝日·温都尔③等八项。其中，宝日·温都尔和胡日·萨德格，既是被供奉的对象，也是在仪式过程中被使用的祭祀器皿。换句话说，在有些场域，它是神圣的，可受人们的顶礼膜拜，在其他语境下又与其他的祭器一样被用作盛装祭品。在成吉思汗八白室形成与发展过程中，神圣空间珍藏的物与物的形式和作用在不断变化。

宝日·温都尔

当时，这八座白室神物分散于鄂尔多斯七旗。举行仪式的时候，分别从各自所在的旗用牛车、马车，或用骆驼拉到伊金霍洛旗的成吉思汗陵。那么，作为仪式准备，在农历三月十八日（2012年4月8日）之前，所有散落于鄂尔多斯地区的八白室神灵都要聚集在成吉思汗陵。据说，宝日·温都尔从准格尔旗用牛车，忽兰哈屯的神物从札萨克旗用马车拉到这里来。当然，现在成吉思汗八白室所有神物都已经常年供奉在成吉思汗陵。因此，举行大型祭祀仪式时，有按照惯例表明"所有神物已经聚集到这里"的小型仪式。主要是，宝日·温都尔、溜圆白骏马和另外两匹银合白骏在农历三月十八

---

① 那楚格、李振文：《成吉思汗陵探秘》，鄂尔多斯日报社印刷厂印刷，2010年版，第10—11页。

② 拉喜彭斯克：《水晶珠》（蒙古文），内蒙古人民出版社，2000年版，第69—70页。

③ 宝日·温都尔，是檀香木奶桶，祭祀之用器皿。主要在仪式之时装鲜奶或酸奶所用。

日之前聚集到成吉思汗陵。当天上午、溜圆白骏马和另外两匹银合白骏（三匹神马都由一位穿着传统蒙古袍的达尔扈特人牵着）分别伫立在陵宫正门两侧铺开的白色方形毛毡上。三者前面都摆放着供桌，供桌上有神灯、煨桑炉、哈达、牲羊、酒等祭品，预示着八白室神灵都已经各就其位。当三个神灵聚集到一起并将祭祀用品摆放好之后，首先有一名达尔扈特人手持一支香炉，按顺时针方向分别绕三个神灵三周，以备人们顶礼膜拜。

当八白室神灵全部聚集到成吉思汗陵便举行殿内祭祀。祭祀圣主成吉思汗的达尔扈特人着盛装参加各种祭祀仪式。他们总是戴着帽子，并盘腿坐在成吉思汗及诸哈屯神灵的前面，咏诵《伊金·桑》《苏鲁锭·桑》和《伊金桑·热希》。这三篇祭文经常在成吉思汗祭典仪式过程中咏诵，只是不同仪式过程中咏诵的顺序有些变化而已。不仅如此，达尔扈特人每天清晨醒来第一个要做的事情也是咏诵这三篇祭文。《伊金·桑》中这样唱道：

吉劳祭典

  唵嘛吽唵嘛吽唵嘛吽／札——／喇嘛本尊佛法僧三剑珍宝为首／英明圣主成吉思汗及其心腹盟友／从那吉祥幸福的蜃景似的宫殿／顺天承命的臣僚和全体助手／还有自古坐镇此地天上龙王／各方各界所有的水土烈神／请满足我们的期望应邀来此光临／来这用珠宝装饰的祭坛上／在这八仙桌美丽的坐垫上／大慈大悲的尊者大吉大利的乌巴什／全体盟友、内臣和天上的龙王／请诸神欣然赏光就座于这里／为了与圣洁的祭祀虔诚的心相一致／用那百香俱备的食品之精华／奶香俱备圣水之汁液／供奉英明圣主成吉思汗及其盟友／让旺盛的火苗愈燃愈烈／用灿烂的灯山把你供奉／用檀香、柏叶燃烧的香味／浓烈而盛大的香烟把你供奉／札——／圣主成吉思汗和您的盟友／一同享用这虔诚圣洁的盛奠／赐给那平定一切骚乱的神力／赐给那驱逐一切病

魔的神力 / 赐给那消除对立纷争的神力 / 赐给那兴盛无量福禄的神力 / 赐给那增加智慧的神力 / 赐给那发扬威势的神力 / 受天帝之命赈济百姓的大救星 / 竭尽全力用魔法般的神速 / 粉碎异教可汗的征伐 / 操纵五族四夷的国家 / 成为八万四千可汗的宗主 / 像执掌法轮的世界之王的巨大力量 / 挫败一切异教之敌害人者 / 万能的真神向您赞颂膜拜 / 赞颂崇拜圣主发挥其威力 / 使我的盟友和牲畜财产俱增 / 使我的生命幸福权势得到保证 / 为创造辉煌的业绩奠定基础 / 札—— 消除那天灾与人祸 / 消除那征战和战乱 / 消除那会盟时加害的敌人 / 把那对抗佛师宗教的贼子 / 用锋利的金刚宝刀彻底地戳穿 / 把他的生命脉狠狠地切断 / 让金刚如意佛的黄教在十方流传 / 把那背信弃义的家伙坚决地勒死 / 向那凶妖恶魔的头上降下霹雳 / 消除那狂风暴雨冰雹严霜 / 治理那泛滥成灾的水土烈神 / 由于神圣庄严的三维始祖的法力 / 全力全智真神大吉大利的乌巴什 / 请给臣官显贵及全体盟友们 / 满足他们祈求的所有愿望 / 由于喇嘛本尊三剑珍宝的救助 / 特别是有金口玉言的真神圣主 / 使我们顺世的事业圆满成功 / 一生幸福之福禄永存。①

咏诵《伊金·桑》，紧接着咏诵《苏鲁锭·桑》。《苏鲁锭·桑》中这样唱道：

唵嘛吽唵嘛吽唵嘛吽 / 向喇嘛膜拜 / 向佛爷膜拜 / 向经卷膜拜 / 向菩萨膜拜 / 名曰金苏勒德 / 能诛杀任何凶妖顽敌的 / 镇远哈日苏勒德 / 用急切的声音呼唤的 / 金苏勒德向你供奉膜拜 / 怒持金刚宝戟 / 其面青春焕发 / 颤动着你的须发 / 向青春的圣苏勒德供奉膜拜 / 面生千只慧眼 / 揭穿秘密之事真相的 / 其面装饰威严 / 向你圣苏勒德供奉膜拜 / 具有巨大无比的力量 / 在那须弥山之巅 / 让举世无双的圣主天帝 / 在你的面前屈膝 / 圣苏勒德向你供奉膜拜 / 只因为有坚强的毅力 / 才有空中飞翔的生灵 / 只因为有为非作歹 / 才请你出面镇守 / 圣苏勒德向你供奉膜拜 / 只因形形色色的妖敌泛滥 / 由你降下各种各样法力 / 将那多多少少妖孽之军 / 全部粉碎诛灭 / 向你圣苏勒德供奉膜拜 / 因有坚忍不拔的意志 / 能用千只慧眼怒目而视 / 把那遍地的妖孽之敌 / 踏在脚下连滚带爬的 / 圣苏勒德向你供奉膜拜 / 因有勇猛无敌的力量 / 能怒持锋刃的神剑 / 劈砍亿万敌人之首 / 佩戴公马鬃之装饰穗 / 圣苏勒德向你供奉膜拜 / 为仁慈受苦受难的众生 / 而守护他们 / 降下神通广大的神力的 / 慈悲的守护神 / 圣苏勒德向你供奉膜拜 / 遵命而行 / 镇压那错误和做坏事者 / 向你圣苏勒德供奉膜拜 / 对那不按圣苏勒德之令行事者 / 对那不对佛经

---

① 旺楚格：《成吉思汗陵》，内蒙古人民出版社，2004年版，第274—276页。

之义谨守者／屈服那做错事坏事者／圣苏勒德向你供奉膜拜／现为破坏宗教者／奸人坏事越来越多／学者贤人越来减少／成为安邦治教的尊者／圣苏勒德向你供奉膜拜／粉碎所有来犯之敌者／勇猛无比力量的／圣苏勒德向你供奉膜拜／震慑黑心肠仇视者的威风／圣苏勒德向你供奉膜拜／助兴好臣的盛事／征服作对的仇人／圣苏勒德向你供奉膜拜／每天能够将你供奉／没有疾病享受健康／没有痛苦享受幸福／没有灾害四季安宁／每天能够将你供奉／将那顽敌盗匪／打击在千里之外／为把所有的生灵／从黑暗的世界拯救出来／用经卷禳除一切不测之灾者／圣明苏勒德向你供奉膜拜／明争暗斗的平息者／对顽敌痛痛快快砍杀者／圣苏勒德向你供奉膜拜／成为世界之国的君主／国家中的总神祇／人世间崇奉的神明／显赫一世的圣主成吉思汗的／镇远哈日苏勒德／请恩赐保佑／皇家子弟平民百姓／全体民众。[①]

敬献哈达

敬献全羊

念诵"乌其格"

回酒礼

接下来，几乎不加任何间断地吟唱《伊金桑·热希》。以上提到的三个祭文当中，只有《伊金桑·热希》比较简短：

　　愿九种期望如夏天的淖儿漫溢／白璧无瑕的每个氏族勿断足迹／让昼夜按照至圣喇嘛的经典循环不已／使大家欢聚在一起的吉利永存／让我们更加

---

①　旺楚格：《成吉思汗陵》，内蒙古人民出版社，2004年版，第349—352页。

谨慎和勤勉／用宝石珍宝和扶桑树／尽力满足生灵的愿望／赐给那心想事成的福禄／愿昼能安宁夜能康乐／日中也能平安／日日夜夜永远安乐／三件珍宝之福禄永存。①

从祭文的内容来看，不难发现它们是深受佛教影响的产物。并且，"桑"本身就是佛教一个祭文形式，主旨在于歌功颂德。

吟唱《伊金·桑》《苏鲁锭·桑》和《伊金桑·热希》之后，献哈达、神灯和牲羊。

第一，献哈达。哈达，在蒙古语中被尊称为"年德尔"。所以，《哈达祝祷词》也称之为《年德尔祝颂词》。在《年德尔祝颂词》中这样唱道：

救星啊／向圣明天子成吉思汗／哈屯母后神灵／你的皇室贵胄／你的全体蒙古子孙／把那蚕丝所纺的／锦丝所织的／荣冠祭品之首的／象征万福吉祥的／放置日月行星的／陪衬红花绿叶的／绘有八莲宝座的／绣着五爪飞龙的／圣洁的哈达／捧在手掌／白缎的哈达／举在头顶／举行盛大的祭奠／诵着誓词献上／如我所祭的布下恩典／如我所祷的示下圣谕／将未来一年的／一切恩泽福禄／像旋风般神速地／甘霖般滋润地／星宿般众多地／天空般广阔地／惠赐给我们／向父皇圣主／母后神灵／你的子孙后代／真诚的祈祷。②

与吟诵"桑"和"热希"不同，在献哈达、献神灯时只有一名达尔扈特人手捧蓝色哈达面向站在圣主面前吟唱祝颂词。其他达尔扈特人则跪对着成吉思汗及诸哈屯神灵，双手向前伸、手掌向上，持一种敬献的样态。这样，祝颂人的位置在圣主神灵与其他达尔扈特人之间，起着交通与交流的作用。

第二，献神灯，诵《神灯祝祷词》。祝颂词中提到：

救星啊／向圣明天子成吉思汗／哈屯母后神灵／把那桶里鲜奶的结晶／滩上百草的精华／桩上五畜的养分／光明圣洁的神灯／全体向您祭献／在您巨大的袍襟／宽大的两肋庇护下／增加我们的豪气／发扬我们的智慧／赶走作祟的鬼魅／延长有限的生命／摆脱繁重的徭役／远离蛮子的污秽／把结冤者送走／把诅咒者驳回／使攻击者垮下／使敌视者躺倒／让那黑心者／碰撞石头之上／让那邪念者／趴倒于草丛之中／除灭那猛兽／驱逐那害虫／在昼夜廿四时／冬夏四个季节里／没有"吭咳"一声咳嗽／没有"阿嚏"一声伤风／把那／博大的利禄／巨大的福分／尊贵的名分／深重的恩典／赏赐给我们。③

①　旺楚格：《成吉思汗陵》，内蒙古人民出版社，2004年版，第276页。
②　同上书，第277页。
③　同上书，第278—279页。

第三,献全羊,这时两名达尔扈特人站起来将一个摆放牲羊的木制大托盘托起,祝颂达尔扈特人诵《全羊祝祷词》:

> 救星啊／向圣明天子成吉思汗／哈屯母后神灵／把那千羊之首／万羊之头／热乎的唇吻／亮堂的脑门／大白绵羊／做主圣洁的牺牲／举行盛大的祭奠／给祭献者以恩典／给祈祷者以保佑／为黄金子弟及平民／赋予安康与幸福／请让我们躲避／天上的陨石／请大地上平息／龙王的祸害／使家族安康／让亲戚平安／凡是心想之事／让予以实现／从这新年的现在／到那明年的今天／天天吉祥／月月平安／请保佑我们／惠赐我们。①

献上哈达、神灯、牲羊之后,由另外一名达尔扈特人在靠近神案的前面盘腿坐下,吟诵《成吉思汗小祭文》。这一祭文与上述祝祷词不同的是,祝颂人以非常模糊不清的语言来吟诵。

> 受上天之命而诞生／集天骄大名于一身／夺得天下国家之权／长生天骄子成吉思汗／苍天之根源／计谋之远大／天生之智慧／不衰之政权／英明伟大的成吉思汗／名叫铁木真英雄／有四位尊贵的夫人／四个强壮的胞弟／四名杰出的贤子／天下国家之君主／成吉思汗／受星天之命而降生／生于斡难河德里温孛勒达格／夺下王汗的政权／征服克烈惕诸部／坐镇鄂尔多斯万户／成为众国的君主／成吉思汗／有崛起之前遭逢的／孛儿帖格勒真贤惠哈屯／号称圣主／孛儿只斤黄金家族／勃斡儿出木华黎挚友／普天之下的君主成吉思汗／有神奇般遇见的／忽兰聪明哈屯／有献乐的琴声／有随从的九大将领／成为全体民众的君主／称帝于克鲁伦河畔／赢得白璧无瑕的鸿名／统治所有的人种／才智过人的／成吉思汗／带着日月光辉而降生／夺得奈蛮部太阳汗的江山／成为天下大国的君主／岁岁吉祥如意的／成吉思汗／统帅亿万民众／在土拉河的三个弯处／枝叶葳蕤的大树底下／升起旗幡吹起号角／作为旗手交给札来尔国王木华黎的／成吉思汗／翻越山川丘陵／粉碎三姓莫尔格德和泰赤兀惕／一身赢得呼图格图的大名／在那黄金家族中／获得巨大声誉的成吉思汗／沿着杭盖罕山阳行进／袖筒玉宝印信／歼灭外来的敌人／统帅其国家／指挥其精军／赢得显赫声名的／成吉思汗／沿着阿尔泰罕山阳行进／统帅所辖国民／剿灭不共戴天的敌人／赢得威震四海美名的／成吉思汗／沿着札拉蛮罕山阴行进／纵马猎取麝鹿／征服凶顽之敌／推行其政令／天命所降的／成吉思汗／沿着道布很罕山阴行进／身跨膘肥体壮的快骏／放

---

① 旺楚格:《成吉思汗陵》,内蒙古人民出版社,2004年版,第279页。

出训练有素的猎鹰 / 征服成群结伙的敌人 / 旗号之军中出生的 / 成吉思汗 / 越过萨里塔日巴嘎泰 / 夺下萨里图拉王国的 / 札利勒晋苏勒丹王的政权 / 牵着凶猛的猎狗 / 追捕意中的野兽 / 让他的子嗣 / 分霸一方的成吉思汗 / 沿着兴呼兰罕山阴行进 / 征服色日勃格勒图王国 / 身跨强壮有力的骏马 / 推翻萨日图拉王国 / 从斯米斯格勒开始占领的 / 成吉思汗 / 沿着山阳进发 / 征服乌其古特翁古特 / 让其母斡额仑兀真统辖 / 吉祥如意的 / 成吉思汗 / 沿着木纳罕山阴行进 / 统帅您的蒙古国 / 征服了唐古特国 / 处决了希尔古国王 / 纳古日别勒津高娃为妃的 / 成吉思汗① / 从日升到日落 / 以茶饮滋润 / 征服众多国家民众 / 圣誉集于一身的成吉思汗 / 今天吟唱乌其格 / 备齐红白祭品缘由在于：②

这时，另一名达尔扈特人微微起身（点名），接着"乌其格其"（念诵《乌其格》的达尔扈特人）接着继续：

至高无上的圣主 / 请保佑您的后辈子孙 / 您的皇室贵胄 / 寻求您的恩泽福禄 / 稳固您的疆域 / 提高您的威望声誉 / 粉碎那入侵的敌人 / 实现您所有的期望 / 如按祈求之词恩赐我们 / 请赐长命益寿 / 增长您的财产 / 扩大我们的国民 / 发扬您的宗教 / 扩展您的畜群 / 从今往后 / 谨记您赐下的谕令和训诫。③

之后，参加祭祀的达尔扈特人站起举行敬酒礼。这一程序的仪式所用到的祭器有：查古、巴如勒图、朝日高图、银碗和查尔给。查古，事实上是一种摆放双杯的小托盘，属于酒器。巴如勒图，是形制类似高脚杯的大型酒杯。查尔给，属于打击乐器，形制也比较特殊：上端为马头形状，下端是九面扁长的打击板。由于这一马头形状的打击板在形制和功能上的特殊性，汉语翻译也称之为"马头响板"。在成吉思汗祭祀的敬酒礼中的祭歌都是伴随马头响板的打击声伴唱下进行的。所以这些祭歌也称之为《查尔给之歌》。祭歌，主要唱"十二歌"④，并且这些祭歌都是用常人听不懂的"腾格里之语"来唱，因此也称之为"天歌"。

值得一提的是，作为酒器的查古和作为乐器的查尔给，其下端系有象征"五色四夷"的五彩哈达。历史文献中"五色四夷"中的"五色"被解释为："孛儿帖赤那之

---

① 旺楚格：《成吉思汗陵》，内蒙古人民出版社，2004年版，第284—287页。

②③ 根据调查资料翻译。

④ "十二歌"分别为：《大蒙古》《召木尔苏》《乌其肯》《德尔特》《贵乎》《哈毕尔嘎》《哲伯》《希日吉勒》《哲尔格》《札嘎拉》《额德乎》和《浩尔浩勒吉》。

后为青蒙古,其余者,一称白高丽,二称黄回回,三称红汉人,四称黑党项……"①再者,由于"蒙古族在礼仪活动中忌讳黑色,因此用绿色代替黑色的习俗"②。因此,五彩哈达就变成红、蓝、黄、绿、白五种颜色。

敬酒礼时,参加祭祀的人们退到离神灵十多米远的地方,面向圣主神灵站到一起。他们的右侧一旁,由一名达尔扈特人手持巴如勒图,第二个达尔扈特则捧着查古,第三个手捧"朝日高图"。左侧,由另外一名达尔扈特人打击马头响板唱天歌。首先,将朝日高图的酒斝满查古,将查古交到献祭人的手中。他们用双手捧着查古到神桌面前,这时再由另一名达尔扈特人接查古并将其放到神桌上。

在这一过程中,站在神桌前的达尔扈特吟唱《圣酒祝祷词》③:

> 救星啊 / 圣明天子成吉思汗 / 哈屯母后神灵 / 把那饮用鲜奶的头份 / 拴系牲畜的结晶 / 乳中的精华 / 圣酒的玉液向您祭献 / 如所祭布下恩典 / 如所祈示下圣谕 / 让乳汁的主人发财 / 使圣酒的主人益寿 / 让子子孙孙 / 缸里酿酒 / 锅里滚油 / 奶水丰盛 / 酒水流溢 / 日日吉祥 / 年年幸福 / 请保佑我们 / 惠赐我们。

接着,一位达尔扈特人肩上挂着蓝色哈达走到神桌前,用哈达沾湿查古里的酒,之后随即象征性地洒向圣主神灵方向。将查古连同查古里剩下的酒,又重新端回起点处,倒进巴如勒图。如此反复。根据仪式规模和参加人数的不同而回酒礼的次数也不等。

以上是,三月十八日的八白室神灵聚集成吉思汗陵的准备仪式。为期一周的查干·苏鲁克大典所需祭品有:"全羊九十一只、全马一匹和白酒十三樽。"④按照清代流传下来的传统,这些祭品也是由鄂尔多斯七旗⑤在二十一日大典之前需要准备妥当。根据笔者了解,现在这些祭品不再由鄂尔多斯七旗准备,而是成吉思汗陵作为职能单位在行使此任务。鄂尔多斯七旗只是在查干·苏鲁克大典当天委派代表,带九只牲羊牺牲参加公祭。祭品数量庞大,以前的条件准备这些祭品实属不易。或许因为现在经济条件好了,能够在较短时间内准备齐全搜集这些数量庞大祭祀之用羊,所以所谓七天的准备事宜和举行相关仪式所占用的时间也变得有些相对松弛。笔者看到,农历三月二十日,成吉思汗陵专门准备牺牲的"厨房"里只有五六个人在大汗淋漓地忙碌着。其中,有些人在用他们特定的方式用刀麻利地将

① 朱风、贾敬颜译:《汉译蒙古黄金史纲》,内蒙古人民出版社,2007 年版,第 17 页。
② 吉日嘎拉图主编:《成吉思汗祭祀史略》,内蒙古人民出版社,2011 年版,第 177 页。
③ 旺楚格:《成吉思汗陵》,内蒙古人民出版社,2004 年版,第 280 页。
④ 那楚格、李振文:《成吉思汗陵探秘》,鄂尔多斯日报社印刷厂印刷,2010 年版,第 13 页。
⑤ 鄂尔多斯七旗分别为:鄂托克旗、鄂托克前旗、准格尔旗、达拉特旗、乌审旗、伊金霍洛旗、杭锦旗。

仪式之用的羊牺牲进行分解，另外一个人将分解好的羊牺牲小心地放到大锅里，还有一个人则专门添柴加火并时不时地观察锅里正在煮着的羊。

　　农历三月二十日傍晚举行祭祀祖先的嘎日利①祭祀。嘎日利祭祀是所有仪式前奏曲当中最特殊的一次仪式。我觉得，嘎日利祭祀是查干苏鲁克春季大典最重要的仪式。这一特殊的仪式共需全羊九只、全马一匹。其中，全羊牺牲是在前一个冬天，也就是过年之前宰杀并风干的，所以蒙古语也称之为"哈图"（硬的意思）。值得注意的是，"哈图"这一名词只限于称嘎日利祭祀一事中所用牺牲。而全马，是农历三月二十日上午在成吉思汗陵东北角处宰杀。

杀马仪式上

　　2012 年 4 月 10 日下午，几个穿着蒙古传统服饰的达尔扈特人聚集到成吉思汗陵宫东北角墙外。我早在学校时，在书上读到相关记载，但不曾亲眼看到。在斯琴毕力格指引下，我早早来到杀马的场所。图中老者是拖雷伊金的达尔扈特人，在嘎日利祭祀中必须提前一天到达成吉思汗陵。他是在这个仪式当中充当仪式助手，职别叫作"达尔罕·赫亚"。据老人讲，他从年轻时期就开始做"达尔罕·赫亚"这个"工作"。但由于现在年事已老，由一位成吉思汗陵的达尔扈特人（手持银斧的人）代替其完成这个任务。仪式主持人是老人的侄孙，也是拖雷伊金的达尔扈特人，具体职别叫作"鄂托克·伊如勒其"（祝颂人）。

　　据说，这匹祭祀之用的马必须是三岁骟马，而且没有受孕。祭祀之马，有个特殊的名字，称之为"哈图"。达尔扈特人的杀马方式绝对可谓独一无二。我发现，在成吉思汗祭典所有大小仪式中唯一用到以马作为牺牲的场合，只有嘎日利祭祀。

　　手持香炉的达尔扈特人绕着马走三周，进行烟祭。然后，用蓝色哈达将马的眼

---

　　①　所谓"嘎日利祭祀"，就是对祖先之灵进行焚食祭拜，本质上属于契丹、女真等北方少数民族所特有的"烧饭"祭祀。

睛蒙住。手持银斧的达尔扈特人对这祭祀之马跪拜了三次。紧接着,由手持银斧的达尔扈特人对准用力敲打马的脑门(两眼中间上方)。这里,"敲打",不是指以捣蒜速度乱打一番。事实上,有经验的人只敲一次便让马晕死过去。但是,今年的"达尔罕·赫亚"对这活儿显得有点生疏。虽在仪式开始之前还向巴德玛道尔吉老人请教了一番,但仪式之时还是没能够一次完成。试了几次之后仍没能完成,还是不得不选择用了刀子。

在宰杀的过程中,一名达尔扈特人在一条比筷子稍微粗的小木棒上依次穿着马身上的某些部位。这位达尔扈特人时不时有意地躲避"镜头"。数了一下,前前后后在这根细棒上共穿插了七种脏器,分别是:一截小肠、小块心脏、右耳上方、一小块唇、上颚的一部分、小块短肋、尾巴的一部分。这个东西煮熟之后用于在当晚的嘎日利祭祀上与其他祭品一起进行焚烧。

稍微晚些时候,在陵宫大殿里面,好几个达尔扈特人围在一起。把全羊"哈图"放在干净的布子上,用手掰成一小块一小块。这个过程中,只是用手,没有看见用刀具。这个全羊"哈图"是去年冬天就开始风干的,因此异常干,变得容易用手掰开。

天色渐渐暗下来,大部分不知情的游客离开了陵宫,剩下知晓这一仪式的香客,还有像我这样做田野调查的人。从历史可以追溯的年代开始,嘎日利祭祀上只允许黄金家族参加,所以一直是秘而不宣的。近代文献上讲,男性可以参加,女性依然被拒之门外,女性调查者的立场还是比较尴尬。在为能否参加而犹豫不决的时候,发现了一位"志同道合"的人,她也是在北京某高校的一位在读博士研究生。她说,她这是第二次近距离观察嘎日利祭祀。我好像碰到了贵人一样,选择跟她结伴而行。

随着一声海螺的吹响,宣布仪式正式开始了。这时,陵宫中间祭祀大殿的西门开着,聚集在陵宫大殿的人们排队从西门慢慢走出来。西门外,达尔扈特人手里拿着一大把点着的香。人们从西门走出去时,每个人从这位达尔扈特人那里获取三根香,跟着前面的"鄂托克·伊如勒其"等几位达尔扈特人顺时针绕陵宫大殿三周。这时,陵宫大殿东门处有位手持火把的达尔扈特人,一个牵着马的达尔扈特人,还有两个拎麻袋(麻袋里装的是祭祀之用的"哈图")的达尔扈特人。绕完之后,"鄂托克·伊如勒其"在"达尔罕·赫亚"的搀扶下骑上马,往陵宫东北方向的嘎日利壕一路狂奔。

嘎日利祭祀之火把

参加仪式的人们从成吉思汗香火上点燃火炬，带上嘎日利哈图，"敞开衣襟，用左边的偏胯坐上马鞍，把脚后跟认在马镫里，用小指勾着马鞭，用食指勒着扯手"[1]。并且"他们一路上横冲直撞，所向披靡，遇到的一切都要打散、砸烂，不能有一点障碍，直到到达嘎利勒举行的地点"[2]。这是一个非常有特点的行为。

我们跟在仪式队伍，到达嘎日利壕的时候，发现嘎日利壕是一个用砖墙围起来的长方形的园子。"女性不得参加"的禁忌到这个地点就真正"奏效"了。我们也遵守这个规矩，在"界限"之外观察仪式过程。

当仪式队伍到达嘎日利壕之时，在此已经事先准备好了三堆木柴，叫作"纳木喜格"的木头。"纳木喜格"之木是不可或缺的祭祀用具，其选料相当考究。此木由"不分杈、无旁枝，无印痕、笔直的"二十七根榆树干构成，而且必须从准格尔旗取料。这三堆木柴是分别为成吉思汗和孛儿帖·格勒真哈屯、忽兰哈屯而准备。每一堆上有九根"纳木喜格"之木，并且这九根榆树干以三角形摆放叠加而成。达尔扈特人"用火炬点燃三堆木柴，再将嘎日利祭品放入红火上焚烧，接着将全马骨头、圣酒、酸奶混在一起焚烧。这时"鄂托克·伊如勒其"开始诵读"嘎日利金册"，呼唤过去的可汗、祖先的名号，向火堆九次祭洒食物进行膜拜。他们相信这样的召唤使成吉思汗及其其他黄金家族祖先聚集到嘎日利壕接受他们的祭享。

① 旺楚格：《成吉思汗陵》，内蒙古人民出版社，2004 年版，第 140 页。
② 赛音吉日嘎拉、沙日勒岱：《成吉思汗祭奠》，郭永明译，民族出版社，1987 年版，第 89—90 页。

嘎日利祭祀现场

当"烧饭"及祭拜结束之后，"伊如勒其将全羊的一条左前腿、尾巴、肚子、肥肠等放入奶桶，绕嘎日利香火转九圈，并将未烧尽的火炬带上，唱着《嘎日利之歌》返回"[①]。"鄂托克·伊如勒其"和其他达尔扈特人在返程的路上不许回头看也不能说话。《嘎日利之歌》是由"鄂托克·伊如勒其"唱，其歌词模糊不清，听者也无从获悉究竟唱的是什么。歌词中这样唱道：

> 扎额利利扎呼
> 额日德姆珠会扎呼
> 乌日赖乌日赖
> 扎额利利扎呼
> 额日德姆珠会扎呼
> 乌日赖乌日赖
> 扎额利利扎呼
> 额日德姆珠会扎呼
> 乌日赖乌日赖
> 额日赖额日赖[②]

据说，嘎日利之歌专属"鄂托克·伊如勒其"在嘎日利祭祀时唱，不得在仪式之外的其他场合随便唱。传承到现在，歌词已经相对模糊，不知其义。就这样，仪式

---

① 旺楚格：《成吉思汗陵》，内蒙古人民出版社，2004 年版，第 140 页。
② 同上书，第 347 页。

操演者们一路唱着嘎日利之歌到达成吉思汗金殿将火炬放入圣主宫帐的香火里，把《嘎日利金册》放回原处，仪式结束。

如果说，洒奶祭天，是查干·苏鲁克大典的核心内容的话，那么，嘎日利祭祀便是它的前奏曲。因为，在每一个仪式正式开始之前，祭拜圣主成吉思汗是最重要的仪式程序。

（二）大典的祭祀程序

作为仪式当天（2012 年 4 月 11 日）的第一步骤，上午六时左右在成吉思汗金殿后厅举行金殿小祭。也就是，献哈达、献神灯、献圣酒。大约九时左右，白螺和洪声烈性乌兰·布日耶①的神圣声音响起，预示查干·苏鲁克大典正式开始。所有参加祭祀的达尔扈特人端坐在金殿大厅门口，面向成吉思汗 4.3 米高汉白玉雕像前，咏诵《伊金·桑》《苏鲁锭·桑》和《伊金·热希》，之后举行公祭仪式。所谓"公祭"就是由鄂尔多斯市政府、伊金霍洛旗、东胜区、达拉特旗、准格尔旗、乌审旗、杭锦旗、鄂托克旗、鄂托克前旗等市、区、旗为代表的行政单位举行的祭拜仪式。其中，各个事业单位、私人企业等集体也可以报名参加公祭。

公祭结束之后，在甘德尔敖包举行"洒奶祭天"仪式。甘德尔敖包，由一个大敖包和十二个小敖包组成。在敖包西侧有一个水泥台子，并且这一台子用铁栅栏围起来的。这时，台子上面放置了装满酸奶的宝日·温都尔。在宝日·温都尔北侧指向陵宫的一条直线上是阿拉坦·嘎达苏（金马桩）。据说，20 世纪 60 年代之前，金马桩位置站着的是阿拉坦·嘎达苏氏族的人。关于金马桩，流传着一个很有趣的传说。据说，成吉思汗有一个纯金雕琢的马桩。有一天晚上金马桩被人偷走了，于是成吉思汗下令寻找偷拴马桩的贼。然而，第二天早上抓到了这个小偷，作为惩罚将他充当拴马桩。而后，每年春季大典，偷马桩的氏族派出一个人充当金马桩。据说，这个人的腿埋到事先挖好的坑里，一手牵"溜圆白骏"一动不动地站着，直至仪式结束。1963 年的春季大典上，"乌兰夫同志专程来此谒拜。……陵包前，醒目地挺立着一个身高体大，一脸黑毛胡子，面孔黝黑的汉子，他左右两手各牵一匹白马，两只脚全被埋进一个浅浅的土坑里，仿佛木偶一般，一动不动地站立着"②。后来在乌兰夫的提议下，活人马桩被金马桩取而代之。

---

① 即，黄铜号角。佛教法会所用乐器，三米多长，分三节至四节。声音低沉而有力。
② 王文明：《成陵前的金马桩》，《草原古今》1995 年第 4 期。

仪式中的九十九匹白骒马

　　在阿拉坦·嘎达苏后面,是代表"腾格里"的长方形花池式台子。台子上等距地插满了 99 根芨芨草棍,芨芨草棍上用棉花或者绒毛缠绕了 9 个白色圆球,每个圆球之间的距离也相等,这一形制的物,蒙古语称之为"翁嘎日勒"。它代表了 99 个"腾格里"。故此,插满 99 个翁嘎日勒的台子称之为"天座"。从位置上看,宝日·温都尔、阿拉坦·嘎达苏、天座与陵宫大殿几乎在一条线上。

　　洒奶祭天,是游牧民族所特有的一个古老仪式。《元史》中称,元太祖忽必烈"每岁,驾幸上都,以六月二十四日祭祀,谓之洒马妳子"①。洒奶祭天仪式开始之时,首先由达尔扈特人向宝日·温都尔敬献斡特格(牺牲)、并焚香祭拜。在早些时候,宝日·温都尔可能是一个祭祀器皿,可是现在它已然变成被膜拜的对象。

查干·苏鲁克大典中宝日·温都尔

---

① (明)宋濂等:《元史》,中华书局,2008 年版,第 1924 页。

祭拜宝日·温都尔之后，由一名达尔扈特人咏颂《九十九匹白骒马之乳祭洒赞》：

让统辖一切的／向那至高至圣之苍天／将这九十九匹白马之鲜乳／分作九个九的洒祭／愿温情和蔼、欣喜欢快、将那非凡的谕旨赐予／让统辖所有的／向那神圣的长生天／将这九十九匹白马之鲜乳／分作九个九的洒祭／向那四重宽广的天／将这九十九匹白马之鲜乳／分作四个九的洒祭／向那四方之苍天／将这九十九匹白马之鲜乳／分作四个九的洒祭／向那四重辅佐之天／分作四个九的洒祭／向那盟友的苍天／分作三个九的洒祭／向那兄长的苍天／将这九十九匹白马之鲜乳／分作两个九的洒祭／向那兄弟的苍天／将这九十九匹白马之鲜乳／分作两个九的洒祭／向那金色的太阳／将这九十九匹白马之鲜乳／分作两个九的洒祭／向那银色的月亮／将这九十九匹白马之鲜乳／分作两个九的洒祭／向那峡谷般的天／将这九十九匹白马之鲜乳／作满九的洒祭／向那威猛的苍天／将这九十九匹白马之鲜乳／作满九的洒祭／向那大神明的圣者／将这九十九匹白马之鲜乳／分作两个九的洒祭／向那赐予的天／将这九十九匹白马之鲜乳／分作两个九的洒祭／向那八极的天／将这九十九匹白马之鲜乳／分作八个九的洒祭／向那英雄的天／将这九十九匹白马之鲜乳／分作两个九的洒祭／向那有福的天／将这九十九匹白马之鲜乳／分作两个九的洒祭／向那有智的天／将这九十九匹白马之鲜乳／分作两个九的洒祭／向那招福的天／将这九十九匹白马之鲜乳／分作两个九的洒祭／向那先早寄托者／将这九十九匹白马之鲜乳／分作两个九的洒祭／向那保佑神灵／将这九十九匹白马之鲜乳／分作两个九的洒祭／向那明净的天／将这九十九匹白马之鲜乳／作满九的洒祭／向那苍老的天／将这九十九匹白马之鲜乳／作满九的洒祭／向那可汗留下足迹的故地／将这九十九匹白马之鲜乳／作满九的洒祭／向那杭盖罕山／将这九十九匹白马之鲜乳／作满九的洒祭／向那阿尔泰罕山／将这九十九匹白马之鲜乳／作满九的洒祭／向那哈尔古纳罕山／将这九十九匹白马之鲜乳／作满九的洒祭／向那扎拉门罕山／将这九十九匹白马之鲜乳／作满九的洒祭／向那阿尔巴斯阿拉善罕山／将这九十九匹白马之鲜乳／作满九的洒祭／向那穆纳罕山／将这九十九匹白马之鲜乳／作满九的洒祭／向那肯特罕山／将这九十九匹白马之鲜乳／作满九的洒祭／向那包尔罕嘎勒屯山／将这九十九匹白马之鲜乳／作满九的洒祭／向那斡难河／将这九十九匹白马之鲜乳／作满九的洒祭／向那土拉河／将这九十九匹白马之鲜乳／作满九的洒祭／向那德里贡包勒达格／将这九十九匹白马之鲜乳／作满九的洒祭／向那霍道布／将这九十九匹白马之鲜乳／作满九的洒祭

/向那呼森巴如达／将这九十九匹白马之鲜乳／作满九的酒祭／向那溜圆白骏／将这九十九匹白马之鲜乳／作满九的酒祭／围着那马群／将这九十九匹白马之鲜乳／作满九的酒祭／向那所有大千世界的天地山水神佛圣灵／将这九十九匹白马之鲜乳／作满九的酒祭。（此处重复的部分省略）

抹画：圣火祭祀

在吟唱《九十九匹白骒马之赞》的过程中，"济农"①带头的九位黄金家族男性成员光着脚排成长队，每人手持一柄"楚楚和"②，从宝日·温都尔中舀上一勺奶，漫步跑到代表"腾格里"的翁嘎日勒前将奶子抛洒出去。这一"抛洒鲜奶"动作一直延续至九九八十一次。现在所谓的"济农"已退出了历史舞台，相对地对抛洒奶子的人的要求并不那么严苛。取而代之的是，只要求男性就可以，但女性还是被排除在外。事实上，世俗化成为展演性的仪式，在仪式中的身体实践也变得不存在严格规范，只是停留在象征性认知上。天公不作美，当这次（2012年春季大典）洒奶祭天仪式进行到一半时，天上下起了鹅毛大雪（据说，几乎每次查干·苏鲁克大典总会碰到这般糟糕的天气），因此，仪式也就中途草草了事。最后将宝日·温都尔剩下的鲜奶（其实是鲜奶和酸奶的混合物）作为圣主成吉思汗赐给众生的"福分"分给前来参加祭祀的人们，洒奶祭天仪式就结束了。

与此同时，在成吉思汗陵金殿举行殿内大祭。殿内大祭主要举行"牲羊祭""圣火祭"和"芒赖拉呼"等。达尔扈特人将领了牲的绵羊从头到尾用圣酒和酸奶"抹画"③，并观察它的各种举动来观相占卜。吟唱《牲羊祝词》：

三月二十一日这一天／触天的花角／触地的尾巴／二十七个脊椎／两个八件大股／皱褶的肠肚／弯弯的胸荐／愿贤明国家的／可汗哈屯全体平民／

---

① 济农，是汉语"晋王"的谐音。是仅次于汗的职位，可以理解为"副汗"。

② 洒奶器，实质上是一把形制特殊的勺子。木质的，勺头为正方形，上面凿有九眼正方形浅坑。

③ 抹画，蒙古语称之为"弥里亚兀特"。抹画，是指仪式时用圣酒、酸奶、马奶、油脂涂抹仪式对象。萧大亨《北虏风俗》中记载："夷人产育男女，不似我中国护持，产时即裹以皮或以毡，越三日方洗，洗毕，仍裹之如前。是日，椎牛置酒，召亲戚邻里会饮，名曰米喇兀产。"

永享平安幸福 / 字纹般的上颚 / 慧眼般的双目 / 号角般的鼻子 / 紫貂般的面孔 / 愿福大贤明国家之 / 可汗哈屯全体平民 / 永享平安幸福 / 愿你的五脏康泰 / 愿你的肥肠健全 / 愿你的心有胆略 / 愿你的肝有胆识 / 愿你的香火更兴旺 / 愿贤明国家的 / 可汗 / 哈屯全体平民 / 永享平安幸福。①

当宰杀绵羊之后，举行"祭灶"仪式。燃烧香火的同时，咏诵《金殿香火大祭文》：

上天神明佑中所有的 / 下界母亲脚下所有的 / 古代成吉思汗击燃的 / 以生铁为父的 / 以燧石为母的 / 以如意树之薪为生命的 / 成了满朝君主的 / 成了全民国母的 / 以闪缎为面的 / 以亮油为脸的 / 向那圣主季子 / 宗室社稷象征的香火 / 祭洒香脂醇酒 / 愿为贤明向上的朝廷之 / 君主可汗哈屯和全体民众 / 恩赐那永久的安康幸福 / 从那九十九重天 / 意愿而降生 / 父亲也速该巴阿秃儿 / 用花朵点化而成 / 母亲福晋斡额仑 / 生于铁摇篮中的五儿 / 成为金刚如意菩萨的化身 / 降于斡难河的德里温孛勒达格 / 正当统治众多的蒙古国家时 / 将孛儿帖格勒真贤惠哈屯 / 钦定册封为夫人 / 将皇冠官服穿戴在身 / 作为有福之君主 / 将您祝颂 / 江海起于细流 / 骏马来自幼驹 / 喷泉源于细流 / 富贵夫人出自小妮 / 滔滔恒河源于小溪 / 光彩照人的夫人出自姑娘 / 可汗之香火 / 上有重天的紫气 / 下有透地的热量 / 以黄草针茅为命 / 黄头绵羊为供 / 黄油白脂为粮 / 向那圣主季子 / 代表皇室社稷的香火 / 祭洒香脂醇酒 / 愿为贤明向上的朝廷 / 君主可汗哈屯和全体民众 / 恩赐那永久的安康幸福 / 以生铁为父的 / 以燧石为母的 / 以硬铁为父的 / 以砾石为母的 / 以榆树之薪为命的 / 向那圣主季子 / 旺盛的香火 / 祭洒香脂醇酒 / 愿为长治久安的国家之 / 君主可汗哈屯和全体民众 / 恩赐那永久的安康幸福 / 在您无限宽阔的江山里 / 是我们当作臣民 / 无边无量的祭奠 / 由我们举行 / 华丽的绫罗绸缎 / 是给您穿戴 / 神圣盛大的祭奠 / 由我们举办 / 宽大的圣服 / 是给您穿戴 / 愿为长治久安的国家之 / 君主可汗哈屯和全体民众 / 恩赐那永久的安康幸福。②

于是，祭完灶火献圣酒、唱《查尔给》之歌，唱《大歌》，咏诵《成吉思汗大祭文》。大祭文与《成吉思汗小祭文》行文类似，只是篇幅更长，主要在举行金殿大祭时咏诵。咏诵《成吉思汗大祭文》之后咏诵《殿外祝词》：

从光明圣洁的天宫 / 受命而降 / 永不衰弱的三十五样本领 / 样样精通 / 将那

---

① 旺楚格：《成吉思汗陵》，内蒙古人民出版社，2004 年版，第 377－378 页。

② 同上。

五族四夷／征服于手下／从这权力无上的／圣主成吉思汗身边／像贵宝香檀一样繁衍的／皇室贵胄后代子孙／平民百姓／举行盛大的祭奠／请保佑敬献者／请恩赐祈祷者／愿太平大国开始／永存这兴旺发达之瑞祥。①

金杯问卜

这时，以十二座敖包为中轴线，在中心敖包的另一侧早已架起"巴图·哲勒"。我们知道，巴图·哲勒被用作拴九十九匹白骒马之用。小马驹则可以自由地周旋在母马身旁。挨着马群的另一端铺着一张白色毛毡。毛毡上站着溜圆白骏马，由一名达尔扈特牵着，而旁边桌子上还有酥油灯、香炉等等祭祀之神器。据说，溜圆白骏是在成吉思汗在世时，自己供奉着的一匹神马。当这匹神马生老病死之时，还要按十八项标准找其转世之身。转世之说，或许这是与受到佛教信仰影响之下对时间表述范式的转变有关。九十九匹白骒马是溜圆白骏的随从马群。"在草原牧区，每一个苏鲁克［群］都要选一匹神马来主宰这群马。这是游牧民族的一种原始信仰，认为牲畜是上天赐给的，上天也要派神马来管理畜群。"②当成吉思汗陵旅游的游客发现有三匹马肆意在草坪里或其他牲畜不能进入的场地自由觅食而人们也不去赶走它，无疑它们就是溜圆白骏和成吉思汗的两匹银合白骏。

在结束金殿大祭之后，达尔扈特人用一尊圣酒与一只全羊祭拜溜圆白骏神马，将剪切成条状的白缎系在马鬃上，并把占卜之用的金杯放到溜圆白骏马的背部。达尔扈特人观察金杯掉在地上之时是否朝上来判断吉凶。如果朝上就意味着一年的风调雨顺、平安太平。如果金杯掉下去的方向是朝下，那就多次重复这一动作使其朝上为止。再接下来，达尔扈特将在巴图·哲勒和溜圆白骏上抹画酸奶，并吟诵

① 旺楚格：《成吉思汗陵》，内蒙古人民出版社，2004年版，第300页。
② 苏日娜、同萨日娜：《蒙古族的马崇拜及其祭祀习俗》，《内蒙古大学学报》2008年第3期，第44页。

"巴图哲勒赞"，就这样，整个查干·苏鲁克大典结束了。

二、夏季：淖尔大典

夏季大典，是成吉思汗四季大典中的第二个大型仪式。夏季大典，蒙古语称之为"淖尔大典"。"淖尔"一词是蒙古语的湖泊之意。夏季大典中，九十九匹白骒马仍然是一个主角。因此有一说法认为，淖尔大典是夏季奶水像湖海一样涌流的节庆，寓意一个洋溢丰收繁茂的景象。与此不同的是，在更早的蒙古历史文献中记载，夏季大典为"斡尔"（气候）宴礼，或许带着一种季节转换、过渡的含义。再者，在蒙古语中"淖尔"和"斡尔"两个字在形制上有相似之处，因此也不能确定哪一个说法更为准确。当然，这是语义学领域的研究范畴，在这里也不敢妄下结论。总之，在以后的研究当中有待继续深入研究这两种不同的文字表述。

淖尔大典，每年农历五月十五（鄂尔多斯历法为八月十五）举行。2012 年的淖尔大典是公历 7 月 3 日。在这之前算好时间，我便轻车熟路地提前一周来到伊金霍洛镇。

与往常一样，达尔扈特人早早来到陵宫，迎接那些陆陆续续来祭拜成吉思汗的人们。香客多的时候，祭祀大殿里摆上几个神案，以供达尔扈特人为香客念诵经文祈福之用。与查干·苏鲁克大典仪式相同的是举行殿内祭祀。在陵宫举行了殿内祭祀（包括献圣灯、献哈达、献全羊、献圣酒等）之后，便请出圣主成吉思汗之雕像殿外。2012 年的淖尔大典，是在距成吉思汗陵宫东南方向的巴音·昌呼格草原举行。巴音·昌呼格草原，是经常出现在关于成吉思汗传说中的一个水草丰美的地方，熟悉这一片土地的人称它为"草皮滩"或者"草滩营地"。

淖尔大典

巴音·昌呼格草原,距离陵宫大概有三四千米。草原深处是成片的蒙古包。蒙古包里经营着蒙古特色食品,发现这里也不乏很多内蒙古东部地区的蒙古人开的饭馆。巴音·昌呼格草原深处有个自然形成的小湖,仪式就在这个湖泊的旁边举行。据信,2012年的淖尔大典是第一次在巴音昌·呼格草原举行。

与春季的查干·苏鲁克大典对比起来讲,夏季的淖尔大典的规模似乎不是很大。小湖边早已请来了陵宫主殿里供奉着的圣主成吉思汗金色雕像。雕像坐北朝南,前面桌案上摆满了各种祭品,包括白食(酸奶、鲜奶)、红食(全羊)、酒、砖茶、水果等等。还有各种祭器,祭器包括香炉、神灯、宝日·温都尔等。圣主雕像对面铺有一张大毡子,供人们祭拜时使用。不管举行仪式与否,这样的毡子成吉思汗陵随处可见。很显然,圣主雕像这里也就是仪式主要场所。另外,在雕像东北侧临时搭建了两座帐篷。帐篷是供乌兰牧骑还有马术队的演员们休息。圣主雕像之西侧,则又拉起了"巴图·哲勒"(稳固的缰绳)。巴图·哲勒后侧是"阿拉坦·嘎达苏",阿拉坦·嘎达苏后侧一条线上则遵照甘德尔敖包上的形制插起了象征天座的九十九个"翁嘎日勒"。翁嘎日勒对面摆了三角形叠加起来的"木柴",旁边还有一堆散乱的"木柴"。

在圣主雕像前举行献哈达、献全羊祭祀之后,人们(男性)从圣奶桶里用"楚楚和"舀鲜奶,光脚跑到翁格日勒处,将鲜奶抛洒,这与查干·苏鲁克大典中的洒奶祭天仪式一样。洒奶九九八十一回之后,所有参加祭祀的达尔扈特人各自拿着祭品(鲜奶、美酒等)有规则地排队走向"木柴"那里,将手中祭品抛向冉冉升起的火堆中。以焚烧的方式祭享圣主成吉思汗。

淖尔大典上的九十九匹白骒马

之后,人们走到圣主雕像前面的毡子上坐下来,一边分享着圣主"赐给"的美酒,鲜奶等,一边可以载歌载舞。伴随着悠扬的长调声中举行了传统马术表演。

据研究证明："清代之前，淖尔大典是成吉思汗四时大典中最隆重的一次集会。"①而现在的淖尔大典也仍有欢歌聚会的含义。祭天、祭祖，分"托格勒"②、草地酒宴是淖尔大典的主要内容。淖尔大典，与其他季度的三大祭典仪式有所不同的，就是咏诵《圣主·伊克·芒赖图格勒》，并奖赏功臣后代。据《析津志辑轶》中的相关记载称："八月，滦京太史涓日吉，于中秋前后洒马你子。此节宫廷胜赏，有国制。是时紫菊金莲盛开，则内家行在，俱有思归之意。"③显而易见，淖尔大典中为功臣后代分份子这一仪式行为，或许与元世祖忽必烈在元上都举行的奖赏功臣的仪式有着渊源关系。再者，只有元朝忽必烈汗时期曾经存在制度化的官僚体系，依照元大都举行封赏功臣，至少从清代开始变为封赏功臣之后裔。

由于淖尔大典在仪式结构上与查干·苏鲁克大典有诸多相似之处，所以有些重复的内容在这里就不赘述了。总之，从整个淖尔大典的仪式过程来看，淖尔大典，最主要寓意也是在于用白骒马之乳祭（洒）长生天，更甚者可以说，是以聚会、娱乐为基调的模拟性仪式。特别是，为功臣后裔分份子这一仪式小"插曲"主要展演再现太平盛世的事件原貌。从这个意义上，也可以理顺为什么夏季淖尔大典是从清代以来仍保持成吉思汗四季大典中最隆重的集会性仪式，现在则失去以往的隆重而成为一个规模较小的象征性仪式行为。

祭拜圣主

三、秋季：斯日格大典

秋季大典，是成吉思汗四时大典中的第三个大型仪式，蒙古语称之为"斯日格"大典。斯日格大典在每年农历九月十二日（2012 年 10 月 26 日）举行。据研究表

---

① 旺楚格：《成吉思汗陵》，内蒙古人民出版社，2004 年版，第 146 页。

② 托格勒，为蒙古语，是"分份子"的意思。

③ （元）熊梦祥著，北京图书馆善本组辑：《析津志辑佚》，古籍出版社，1983 年版，第 205 页。

明,斯日格,是马驹嘴上的禁奶叉①。因此有人认为,斯日格大典是一个与游牧生产生活紧密相关的仪式行为。如果说,夏季的淖尔大典象征着开奶节,与此相反斯日格大典便成为禁奶节,代表了收起"巴图·哲勒",取掉小马驹嘴上的笼头,人们不再挤母马的奶,小马驹可以自由地吸吮母马的奶汁了。总的来说,整个淖尔大典仪式"轻过程,重结构",也就是隐喻大于真实的仪式实践。

收起巴图·哲勒

成吉思汗秋季大典,在各个历史时期,仪式所用之牺牲祭品都不同。据记载,秋季斯日格大典"全羊九只、全马一匹、白酒九樽"②。但是,实际的仪式过程好像并没有用到那么多祭品。首先,在殿内举行小祭之后,仪式重心移到甘德尔敖包处。这时,也如同查干·苏鲁克大典一样,九十九匹白骒马已经拴在永固练绳上。达尔扈特人手持一个叫作"呼努格"③的奶桶绕九十九匹白骒马绕三圈洒奶祭祀,便将"巴图·哲勒"收起,标志着斯日格大典结束,也标志着整个这一年的挤奶季节的结束。

四、冬季:达斯曼大典

成吉思汗四十大典中的冬季大典,蒙古语称之为"达斯曼"大典。冬季大典在每年的农历十月初三(2012 年 11 月 16 日)举行。

11 月 16 日大清早当我赶到成吉思汗陵宫,达斯曼大典即将要开始的时候,得知今天也正好是苏鲁锭启程仪式。启程仪式,是为苏鲁锭威猛大祭做准备,为此今

① 旺楚格:《成吉思汗陵》,内蒙古人民出版社,2004 年版,第 147 页。

② 那楚格、李振文:《成吉思汗陵探秘》,鄂尔多斯日报社印刷厂印刷,2010 年版,第 13 页。

③ 呼努格,是装鲜奶、酸奶等的鲜奶桶。形制上比"宝日·温都尔"略小一些。

天会有一整天的巡游祭祀。恰巧能碰到龙年举行的苏鲁锭威猛大祭实属不易,而且七月十四日的巡游祭祀由于种种原因没赶上参加。为避免留下遗憾,我决定十月初三的启程仪式非参加不可。当殿内举行的冬季达斯曼大典开始之时,我便登上了跟队的顺乘车辆。

达尔扈特人手持达斯玛

关于达斯曼大典的具体情况,我只能按照文献记载和事后的采访调查以及朋友提供的图片作为依据,简单介绍一下。

达斯玛,是名词,指的是用羊皮制作而成的皮条。所以,汉语也称之为"皮条祭"。达斯玛,必须由"归圣的山羊皮制成。羯山羊必须自羊羔时就归圣,而且身长达3.5尺(约合1.17米)"①只有符合这一标准的羯山羊,才可能制作祭祀之用皮条。值得注意的是,达斯玛必须是熟制皮条。

制作达斯玛过程相当考究。首先,选择领过牲的,且足有三尺五寸长的羯山羊。经过仪式处理后将山羊宰杀。接着把肉煮熟捞出来在其肉汤里放各种冰糖、葡萄干之类的辅助调味品,再将其山羊皮放进来煮熟。待煮熟羊皮之后捞出来,用竹刀把羊毛刮干净之后晾干。再接下来,以羊脊梁骨为中轴线把羊皮分为两部分,每一半羊皮再划分九个条。也就是,一共有十八根山羊皮条,于是将所谓的"达斯玛"制作完成了。

与夏季和秋季祭典不同的是,在达斯曼大典上咏诵"成吉思汗四时大典之达斯玛祝词"。新的达斯玛制作成之后,换取成吉思汗银匣里的旧达斯玛。换取掉的达斯拿出来切成小块作为"福分",分给参与祭祀的香客。通常,人们把这小块达斯玛

---

① 赛音吉日嘎拉:《蒙古族祭祀》,赵文工译,内蒙古大学出版社,2008年版,第175页。

视为护身符珍藏起来。

总的来说，达斯曼大典是纪念成吉思汗的人生礼仪的一种仪式。传说，"成吉思汗出生的时候，从刚断脐带到脐带干缩脱落，都是用达斯门［达斯玛］包扎腰部的"[①]。另外，"在忽兰哈敦白宫中主持祭祀的人们传说，成吉思汗出生的那年冬天，包在一个新缝制的襁褓里，外面用领了牲的山羊皮条包扎起来并加以祝福"[②]。在鄂尔多斯地区有一个新生婴儿出生的第三天举行"米里雅古特"（抹画）之宴的习俗。所以，达斯曼大典也称之为"米里雅古特"宴。按照出生后的第三天举行"米里雅古特"仪式来看，成吉思汗的生日是农历十月初一（2012 壬辰年农历十月初一是阳历 11 月 14 日）。根据成吉思汗陵举行的传统冬季达斯曼大典的仪式时间，2012年 11 月 14－16 日在蒙古国乌兰巴托举行的《圣主成吉思汗诞辰 850 周年纪念大会》上确定 11 月 14 日（公历）为成吉思汗诞生日。

威猛的哈日·苏鲁锭

一、哈日·苏鲁锭形制

哈日·苏鲁锭[③]被供奉在成吉思汗陵宫东南方向的苏鲁锭祭坛。祭坛有四层，最上层有一顶小铜庙，祭坛正中下方有一顶香炉，平日里也是香火很旺。现在的苏鲁锭祭坛是 2006 年建成的。苏鲁锭与八白室其他神物不同，因为它是天降神物，所以不得请入室内祭祀，而必须供奉在露天场所。在这，"黑色"在蒙古人心目中是一种纯粹的颜色，显得威严凝重。例如，蒙古人认为，传统的萨满教信仰当中的哈日·孛额（黑萨满）因比查干·孛额（白萨满）更有控制超自然的力量而被蒙古人所崇尚。黑萨满是蒙古族传统萨满教的产物，而白萨满则是与佛教融合的产物，因此白萨满要比黑萨满更为柔和一些。在这个意义上，哈日·苏鲁锭是具有纯粹而威严的性质，才能使其作为一种战无不胜力量的象征而存在。也正因如此，据说成吉思汗在每次出征时都会祭祀哈日·苏鲁锭。苏鲁锭在蒙古人心中很有威力，因此也称之为"威猛的哈日·苏鲁锭"。

哈日·苏鲁锭的形制非常特别。哈日·苏鲁锭的主体由"吉里巴尔"（金刚杵）、"希利毕"（木柄）、"查日阿"（圆形木盘）及"呼呼勒"（缨子）构成。最上端的双刃矛头，称之为"吉里巴尔"。吉里巴尔下方有一个可以安装木柄的孔。木柄和矛

---

① 那楚格、李振文：《成吉思汗陵探秘》，鄂尔多斯日报社印刷厂印刷，2010 年版，第 12 页。
② 同上。
③ 苏鲁锭，汉语经常翻译为"纛"。哈日·苏鲁锭，即"黑纛"。

头中间固定一个银色圆盘,圆盘外围凿有九九八十一个圆形孔眼,这八十一个圆孔则用九九八十一匹黑色公马鬃穿插孔眼使其垂直下来,并用达斯玛固定住,称之为"缨子"。哈日·苏鲁锭的柄长约一丈三尺五寸,用柏木制作而成,其表层用红色漆粉刷。事实上,为使其稳固,挨着木柄另外还有一个柄来支持。从哈日·苏鲁锭的整个形制来看,除了主·苏鲁锭之外,还有四个相对比较小的臣·苏鲁锭构成,故哈日·苏鲁锭也称之为"四斿哈日·苏鲁锭"。四个臣·苏鲁锭象征着苏鲁锭的四只腿。苏鲁锭的木柄插在乌龟底座上。苏鲁锭的每一根木柄都用黄缎罩衣包裹着,罩衣外面用蓝色哈达系成蝴蝶结样子作以装饰。并且,主·苏鲁锭与四个臣·苏鲁锭之间分别用"黄缎套起的粗毛绳"链接起来,使之更加牢固。

苏鲁锭形制

哈日·苏鲁锭,是蒙古文化中具有崇高地位的象征物。根据颜色与性质不同,蒙古民族的苏鲁锭分为三种:第一,哈布图·哈撒尔①的阿拉格·苏鲁锭(花纛),林丹汗的查干·苏鲁锭(白纛)和成吉思汗的哈日·苏鲁锭(黑纛)。历史上关于查干·苏鲁锭的记载,源于成吉思汗在 1206 年在斡难河畔建立蒙古汗国大典时,树立起来的"九斿白纛"。九斿白纛,也称之为"九足白纛"。顾名思义,它的形制,有一柄"主·苏鲁锭"之外,还有八柄"臣·苏鲁锭"。北元时期,查干·苏鲁锭由蒙古黄金家族中具有继承正统皇权地位的林丹汗亲自祭祀,所以一般叫作"林丹汗的查干·苏鲁锭"。据说,"查干·苏鲁锭的八柄臣·苏鲁锭,鄂尔多斯有两柄,锡林郭勒一柄,蒙古国有两柄。"②而阿拉格·苏鲁锭也叫作"哈布图·哈撒尔的阿拉格·苏鲁锭"。哈日·苏鲁锭称之为"四斿黑纛"。"四斿"代表了四柄臣·苏鲁锭:"一

---

①　人名,成吉思汗胞弟。

②　哲·彻旺等著,M.孟克达来编:《国际蒙古学者畅游成吉思汗八白室记》,内蒙古文化出版社,2012年版,第 275 页。

个在库苏古尔省,一个在东方省,一个在哈剌和林。"①

二、哈日·苏鲁锭与成吉思汗的故事

哈日·苏鲁锭是成吉思汗的遗矛。哈日·苏鲁锭,是成吉思汗所向披靡的战神。在鄂尔多斯地区关于哈日·苏勒德流传着这样一个传说:"成吉思汗在一次战争中失利之后,万般无奈,取下马鞍,朝天捧着,跪拜长生天,并大声疾呼:'长生天啊父亲,救救我吧!'[此时],突然空中一声巨响,降下一柄神矛,落在枝叶横生的大树之上。成吉思汗命大将木华黎[将其]取下,并许下口愿说:'准备一千乌拉[驿马],一万全羊供奉!'遂将九九八十一匹黑色公马鬃,编成缨子,将神矛装饰起来。一万全羊一时来不及凑足,就用九九八十一只全羊,每只羊带一只蹄子来供奉。成吉思汗许下不足部分由长生天差下的苍狼,到蒙古人的畜群里如数捕获。从此,成吉思汗百战百胜,横扫欧洲。"②

苏鲁锭祭典之时

传说,是对某一历史事件的意象性解释。在现代语境之下,仪式实践本身就是一种建构下的产物。或许可以说,对于这一仪式具有相应解释功能的这一传说只是从另一个侧面加强原有的建构性结构。而仪式实践与其解释功能的传说故事之间,是在不断地被解释与解释、被表述与表述的关系中保持永久的结构性关联。

三、哈日·苏鲁锭祭典

哈日·苏鲁锭祭典与圣主祭典不同,它有专门祭祀苏鲁锭的仪式团体,称之为

---

① 哲·彻旺等著,M.孟克达来编:《国际蒙古学者畅游成吉思汗八白室记》,内蒙古文化出版社,2012年版,第275页。

② 那楚格、李振文:《成吉思汗陵探秘》,鄂尔多斯日报社印刷厂印刷,2010年版,第25页。

"苏鲁锭·达尔扈特"。有一种说法认为，由于哈日·苏鲁锭的本质在于它的军事意义，因此自成吉思汗时代都是由国王木华黎亲自进行守护和祭祀，木华黎之后，由他的子孙后代来继续履行这一职责。另一种说法则认为，从清代开始达尔扈特人就已经分裂为圣主·达尔扈特和苏鲁锭·达尔扈特。

哈日·苏鲁锭祭祀，主要包括每月初一和初三的小祭、春夏秋冬四季营地祭祀[①]、七月十四的大祭以及龙年威猛大祭。接下来，笔者将根据田野调查资料与相关文献记载展示这些不同仪式类型的大概状况。

（一）小祭

正月初一，属于哈日·苏鲁锭小祭。在这一天"从鄂尔多斯各旗来的成吉思汗黄金家族王公台吉分别用一牲羊祭奉苏勒德［苏鲁锭］"[②]。这些参加仪式的黄金家族成员及其委派人必须在腊月二十九日前到达。当然，现在已经不存在黄金家族，所以哈日·苏鲁锭小祭，还是由成吉思汗陵的达尔扈特人进行祭祀。正月初三，则用三只牲羊来祭祀。平时的月祭，"每月初一日，由达尔扈特主持，用一牲羊祭奉苏鲁锭。初三日祭祀由执行轮班之达尔扈特人用一只牲羊祭祀"[③]。

（二）四季营地祭

夏季营地祭祀：首先，献哈达、吟唱《哈达祝颂词》；献神灯，吟唱《神灯祝颂词》；献牲羊、吟唱《牲羊祝颂词》。吟诵《苏鲁锭·桑》之后，参加祭祀的达尔扈特"解下蒙古刀，将其放于身边，将腰带松开一周，把腰带两端拿在两手中，两手在胸前交叉而坐"[④]的姿势吟唱《哈日·苏鲁锭祭词》。据说，哈日·苏鲁锭是突然从天而降的，因此，成吉思汗没有来得及扎好蒙古袍的腰带就是以这种姿势祭祀哈日·苏鲁锭。最后，在咏诵《哈日·苏鲁锭祭词》之后，在敲击马头板及《大歌》的伴唱下，用查古献酒，分"福份子"（胙肉），仪式结束。

（三）威猛小祭

农历七月十四日的哈日·苏鲁锭祭祀，是一年中比较重要的仪式。据说，"这一天是成吉思汗出征金国，举行誓师大会的纪念日。"[⑤]哈日·苏鲁锭这一祭祀也可称之为"达斯曼祭祀"或"威猛小祭"。因为这一仪式的主旨在于，替换苏鲁锭的

---

① 正月初三为春季营地祭祀，以此类推，每个季度的营地祭祀分别在那个季节初月初三举行。例如，夏季营地祭为夏初月初三，秋季营地祭为秋初月初三日，冬季营地祭为冬初月初三日。正月初三的春季营地祭用三个牲羊进行祭祀。

② 伊尔德尼博录特、萨·那日松、客列亦惕·那楚格：《新校勘"成吉思汗金书"》，内蒙古文化出版社，2000年版，第12页"

③ 客列亦惕·沙日乐岱、客列亦惕·那楚格：《成吉思汗祭祀文化》（蒙古文），内蒙古人民出版社，2007年版，第7页。

④ 赛音吉日嘎拉：《蒙古族祭祀》，赵文工译，内蒙古大学出版社，2008年版，第183页。

⑤ 群克加、雷英：《成吉思汗灵柩迁移过程》，《青海民族研究》1997年第2期，第53页。

缨子及固定缨子所用之达斯玛。制作达斯玛的山羊需要两只。仪式的前一天,也就是"十三日晚就要将归圣的山羊宰杀"①。宰杀祭祀用的山羊也非常讲究。"将选好的黑山羊按倒在黑毡上,衙役抓羊腿,使臣将羊嘴捂上,由达尔扈特·把阿秃尔将开腹揪断羊的主动脉,由一名衙役将羊皮连四蹄剥下,将羊皮绷挂在仓房内。"②这两张羊皮就用来制作达斯玛。

据说,正式仪式上需要十二只牲羊。分别是"济农方所献牲羊九只,圣酒九樽、达尔扈特方牲绵羊三只、圣酒三樽"③。仪式开始之时,由"图克钦·达尔扈特把哈日·苏鲁锭从龟座上取出,一名万户[达尔扈特的一种,万户长之意]用羊尾尖部弥俩(抹画)苏鲁锭,再卸下苏鲁锭柄,由一个图格钦[举旗之人]举握。用沾[过]酒的哈达擦拭金刚杵,圆盘等部位,用祭坛上摆放的九匹枣骝马的鬃毛制成缨子,把苏鲁锭绝大部分的旧缨子取下来,换成新缨子"④。所以,每年农历七月十四日的仪式也称之为"添缨子"祭祀。

在请苏鲁锭回原来的龟座上时,首先由四位丞相[达尔扈特]左腿单腿站立,双手捂住苏鲁锭的柄。这表示他们是哈日·苏鲁锭的四只腿或者四个臣·苏鲁锭。这时,四位丞相面前早已摆放好了等量间距的四张桌子,用来蹾击苏鲁锭。他们每到一张桌子前都要在那里将苏鲁锭蹾击九次。而且,从第一张桌子移动到第二张桌子时,他们也一直保持左腿跳过去。最后,再由图格钦·达尔扈特将哈日·苏鲁锭请回祭坛,插到原来的龟座上。这一仪式与十二年一度的威猛大祭(龙年农历十月初五的威猛大祭)相似,因此七月十四日的祭祀也称之为"威猛小祭"。

按照平常的年份的做法,威猛小祭到此就算结束了。但是,如果遇到龙年,威猛小祭也就意味着哈日·苏鲁锭威猛大祭的开始。也就是,从今天开始,哈日·苏鲁锭的四个臣·苏鲁锭即将巡游鄂尔多斯七旗。四个臣·苏鲁锭分四路,其中:扎萨克旗和乌审旗为一路;郡王旗和杭锦旗为一路;达拉特旗和准格尔旗为一路;鄂托克旗为一路。原来,主·苏鲁锭和四个臣·苏鲁锭都参加巡游祭祀,可是到清同治七年(1868年)停止主·苏鲁锭的出游。又据清咸丰八年的档案记载获悉,苏鲁锭巡祭的原先范围涉及整个内外蒙古各旗,而到了清代只保留了苏鲁锭在鄂尔多斯七旗境内的巡游祭祀⑤。

---

① 客列亦惕·沙日乐岱、客列亦惕·那楚格:《成吉思汗祭祀文化》(蒙古文),内蒙古人民出版社,2007年版,第21页。

② 赛音吉日嘎拉:《蒙古族祭祀》,赵文工译,内蒙古大学出版社,2008年版,第184页。

③ 同上书,第184—185页。

④ 同上书,第185页。

⑤ 《成吉思汗八白室》编辑小组编辑整理:《成吉思汗八白室》,内蒙古文化出版社,1998年版,第245—246页。

哈日·苏鲁锭本身是成吉思汗的遗物，在蒙古人心目当中显得异常神圣。苏鲁锭在蒙古地区到哪里都受欢迎。关于哈日·苏鲁锭巡游祭祀有一个不得不提的禁忌，就是"祖先遗物，不许渡黄河"。这种禁忌更增加了它的神圣性，达尔扈特人通过苏鲁锭的明暗光泽来进行占卜以测未来前途的吉凶。加之，哈日·苏鲁锭的巡游祭祀是每十二年一个轮回，因此更是受到当地群众及广大蒙古群众的热烈欢迎。在汽车还没有成为代步工具的时候，达尔扈特人就手握苏鲁锭骑马前行。为此，鄂尔多斯各旗都会准备驿马和粮草供给达尔扈特人持苏鲁锭巡游祭祀。由于担负巡游任务的达尔扈特必须在威猛大祭之前赶到伊金霍洛旗，加之路途遥远，因此四个臣·苏鲁锭同时出发巡游接受祭拜。可是，现代化交通工具极为普及的今天，传统的巡游祭祀理所当然地由马匹变成用汽车作为代步工具。毋庸置疑，汽车速度比较快，所需时间也相应地缩短，现在的整个苏鲁锭巡游祭祀则成为四个臣·苏鲁锭逐一轮流巡游的现象。

三、哈日·苏鲁锭威猛大祭

哈日·苏鲁锭威猛祭祀的仪式过程与农历七月十四日的威猛小祭基本类似。特殊在于仪式时间、场所与其隆重程度的不同。1949年以来，威猛大祭举行过三次，分别是1988年（戊辰）、2000年（庚辰）、2012年（壬辰）。其中，1964年（甲辰）和1976年（丙辰）威猛大祭由于"文化大革命"的缘由停止了两次。1988年威猛大祭也并没有按照传统举行巡游祭祀，而只是农历十月初五举行了威猛大祭。2000年在各方努力之下恢复重建巡游祭祀。事实上，根据历史档案，威猛大祭不会刻板地遵守龙年祭祀的规则，如遇强盗横生或者灾害之年也会举行哈日·苏鲁锭威猛祭祀，以抵挡和镇压消极势力的影响和作用。

（一）威猛大祭之启程仪式

上文曾提到，七月十四日的哈日·苏鲁锭威猛小祭可算作龙年威猛大祭的开端。龙年威猛大祭，具体在十月初五举行。出去巡游的四个臣·苏鲁锭必须在十月初三之前回到祭坛。而主·苏鲁锭十月初三早晨开始巡游，最终当天到达举行威猛大祭的地点，也就是启程仪式。启动仪式是指主·苏鲁锭的启程仪式。

农历十月初三这一天，将出巡祭祀回来的四柄臣·苏鲁锭用三只牲羊祭祀之后，安放在原来的地方。而这个时候，有四位图克庆达尔扈特将主·苏鲁锭从石龟座上取下来，由四位宰相亚木特德将其清下祭坛。然后，由另外一名宰相手握苏勒德并骑上枣骝公马绕成吉思汗陵一圈后，将苏鲁锭请上早已准备好的皮卡车上。车上由四名宰相跟随护送苏鲁锭到"明安·木都"的地方。从另一方面，启程仪式意味着伊金霍洛旗境内主·苏鲁锭的巡游祭祀的开始。

迎苏鲁锭仪式

主·苏鲁锭上午九时左右从成吉思汗陵出发，首先到达的地方叫作"沙布日台"的地方。当车辆行驶到一半，发现走在前面的车辆都停了下来。走到跟前一看，柏油路中间横着铺上毡子，还摆了两张低矮的桌案并排在一起，桌案上还摆上了全羊"馐斯"。原来是当地乡民提前赶来在半路上沿途举行了欢迎仪式。图为，当地乡民向护送哈日·苏鲁锭的达尔扈特人献哈达，互换鼻烟壶。

马队迎接

马队迎"宾"，迎来了神圣的哈日·苏鲁锭。当到达一个高一点的缓坡上人们已经铺上了特别大的苫布，显然这是供人们祭拜所用。它形成了一个特殊的仪式场所。卡车停在那坡的最高处，苏鲁锭原封不动，卡车本身构成了临时"祭坛"。安顿好之后，达尔扈特人坐到铺好的苫布上，开始咏诵《苏鲁锭·桑》，献上哈达、献全羊牺牲。等到这些惯常的仪式结束之后，达尔扈特人为这些前来祭拜苏鲁锭的人们念诵祝福之词。人们拿着砖茶、哈达、美酒，还有早已准备好的"牺牲"祭献神圣的苏鲁锭。

到中午时分,人们陆续到仪式场所附近的蒙古包里喝茶、吃饭。蒙古包位于一处能瞥见车辖辘的平缓下坡上。当天的天气异常寒冷,厚羽绒服、雪地靴也显得很单薄。当人们走进蒙古包,喝了几碗热气腾腾的奶茶后才暖和起来。说起鄂尔多斯地区的习俗,也有其独特之处。无论是红白喜事、还是其他各种"乡间宴请",一般会在临时搭建起帐篷或者蒙古包里举行。蒙古包当中的桌椅摆设也比较独特,这可能与当地宴请饮食习俗有关。一般蒙古包正中间有一张能够旋转的大圆桌,沿着这大桌子外侧摆上多张小桌子。刚从外面进来的人,先坐到小圆桌上,喝茶。蒙古人所说的喝茶,当然不只是喝奶茶,而是除了奶茶还有煮熟的手把肉(一般是前一天煮的)、炒米、白油、黄油、酸奶、果条等。喝完茶之后,按照长幼尊卑、先来后到的顺序移至中间的大圆桌吃正餐。今天的"宴席"算是一个多张小桌子,先喝茶再吃正餐。食物很丰富,人们吃饱喝足后也是很有秩序地进进出出。作为主·苏鲁锭巡祭第一站,到了下午过一点就结束了。

第二站,是位于伊金霍洛旗所在地阿拉腾希热镇的母亲公园。路况很顺畅,护送主·苏鲁锭的车队很快到达了目的地。尽管具体地点、环境、参祭人不同,但是仪式程序、仪式规模,与第一站没有什么不同。从母亲公园出发,车队驶向了第三站——乌兰木仁镇的"苏鲁锭·浩热"(安放苏鲁锭的院落)。到达时天色已暗,在雪地的映衬下,勉强能看清迎接马队的大体轮廓。这月夜使人如同在梦境中一般,倒是另有一番景色。在这里,人们把苏鲁锭从卡车上请下来安放到了用铁栅栏专门围起来的院落里。所谓"苏鲁锭·浩热",是在成吉思汗陵建成之前安放苏鲁锭的一个遗址。待这里的仪式全部结束后,乌兰牧仁镇的镇政府还宴请了护送苏鲁锭的达尔扈特人及跟随的大队人马。宴请上,乌兰牧仁镇的业余艺术团还表演了当地的特色节目。

第四站也是最后一站,是"明安毛都"。到达目的地时虽然已经是晚上九点多,达尔扈特人还是按照仪式程序念诵《苏鲁锭·桑》《伊金·桑》,之后,把苏鲁锭安放在祭坛上。由于天太晚了,没有专门过来祭拜的人,只有达尔扈特人及一路跟随的车队人马。安放好苏鲁锭意味着这个巡游祭祀结束,人们各自坐到自己所乘的车,车队开始返回伊金霍洛镇。

(二)哈日·苏鲁锭威猛大祭

哈日·苏鲁锭威猛祭祀在龙年举行。据说,龙是十二生肖里唯一天上的动物,因此从天而降的哈日·苏鲁锭必须在龙年进行威猛祭[1]。另外,关于这一祭祀的

---

[1] 根据田野调查资料整理。

由来还有着这样一个传说:"成吉思汗西征时路过鄂尔多斯地区,看见一个枝繁叶茂的大榆树,并在此树底下祭祀了哈日·苏鲁锭。果然,这次战争大获全胜。恰逢这一年是龙年,后来就遵循这一传统,演变为每到龙年在那一颗大榆树下对哈日·苏鲁锭进行威猛大祭了。"①

另外,清代文献记载,哈日·苏鲁锭威猛大祭在叫做"明盖毛都"的地方举行,所以那个时候也称其为"明盖·毛都大祭"。明盖·毛都有两棵古老的榆树,据说这就是当年哈日·苏鲁锭从天而降的地方,最后落到这两棵大榆树上。据信,这两棵大榆树在"文化大革命"期间被破坏,但幸运的是在原来那两棵大树的根部重新长出小树,现在已经围绕两棵树建起了用铁栅栏围小院将其保护了起来。

哈日·苏鲁锭,在历史上的出现以及它的文化意义都与成吉思汗密切相连,所以,称为"成吉思汗的哈日·苏鲁锭",它是成吉思汗所向披靡的战神。正因如此,它是威猛的。

另一方面,威猛的哈日·苏鲁锭,随着时间的流逝此消彼长。哈日·苏鲁锭威猛大祭是一个蕴含着重要历史文化意义的仪式载体,每逢农历龙年举行。单凭这个仪式名称,便可了解仪式活动的本真和仪式原动力。通过展现哈日·苏鲁锭威猛大祭的仪式过程,可从更深层次上探讨如何实现仪式目的的内在根源。

著名蒙古学家符拉基米尔佐夫曾经说,"全体黄金家族的成员即成吉思系的台吉和诸王,不论其相互关系如何,他们总是父系的宗法氏族,这个氏族不只是由亲族关系的意识和各种传统结合起来,而且也是由只有他们参加的特殊的祭祀仪式结合起来的。祭祀的对象是成吉思汗及其遗物,即他的帐殿和他的纛"②。这里的"纛",指的就是哈日·苏鲁锭。哈日·苏鲁锭是以萨满信仰为依据,以巩固蒙古黄金家族的凝聚力、以增加神圣力为核心价值的一个古老仪式。实质上,哈日·苏鲁锭威猛大祭就是将"生命本原"转化为"精神本原"的仪式。

首先,介绍一下哈日·苏鲁锭威猛大祭举行的仪式场所、祭司、时间、牺牲等相关信息。

时间:龙年,农历十月初五,辰时。北京时间 2012 年 11 月 18 日上午 7:00—9:00。2012 年是壬辰年,非常幸运可以参加哈日·苏鲁锭龙年威猛大祭。

场所:成吉思汗陵有专门供奉苏鲁锭的祭坛,这是平时安放并供奉哈日·苏鲁锭的地方。哈日·苏鲁锭威猛大祭是在叫作"明安·木都"的地方举行。明安·木都,位于伊金霍洛旗乌兰木伦镇境内。明安木都,有两棵枝繁叶茂的榆树而得名。

---

① 乌力吉森布尔:《2000 年哈日·苏勒德威猛大祭》(未出版)。

② [苏联]弗拉基米尔佐夫著,刘荣焌译:《蒙古社会制度史》,中国社会科学出版社,1980 年版,第 227 页。

据说，当年用一千匹乌拉(驿马)护送哈日·苏鲁锭到这个枝繁叶茂的大榆树地下举行威猛大祭的，因此后来这个地方被称之为"明安·木都"了。关于这一点，达尔扈特人中还流传着这样一则传说：成吉思汗西征，经过鄂尔多斯地区的时就在这个大榆树下面祭祀了苏鲁锭。结果真的打了胜仗凯旋。因为这一年正好是龙年，后来形成了龙年在这个地方祭祀哈日·苏鲁锭的习俗。

关于"明安木都"威猛大祭，可追溯到清代。清代开始，每到龙年十月初五的前两三个月开始，达尔扈特人便护送哈日·苏鲁锭到鄂尔多斯境内七旗进行巡游祭祀，接受当地牧民的祭拜。按照传统，农历十月初三当天哈日·苏鲁锭必须到达在苏鲁锭霍洛，在举行过专门的启程仪式之后才前往"明安木都"，为十月初五的威猛大祭祀做准备。

祭司：圣主达尔扈特和苏勒德达尔扈特都要参加。具体地包括四位宰相，洪晋，芒乃、图克庆、昭图、彻尔彼、浩舒其·巴秃尔，图利，两名布日耶庆。

哈日·苏鲁锭威猛祭祀之 81 只全羊牺牲

牺牲与祭器：离明安木都遗址不远的地方已经建起了半米高的祭台。祭台的三边是用铁栅栏围起来的，铁栅栏外面则用黄色绸缎围起来，形成一个半封闭性的空间。这一区域内只有祭司人员可以自由进出，其他人不得随意进入，特别是女性。祭台的中央有一个用水泥砌成的圆形双层祭坛，上面安放哈日·苏鲁锭。祭台上除了这个圆形祭坛外，还有一个用水泥砌成的长方形的，形制上类似于神案的台子，用于放置哈日·苏鲁锭威猛祭需准备九九八十一只绵羊牺牲（蒙古语称之为"斡特格"）。在这八十一只"斡特格"中，七十八只摆放在长方形台子上，其余三只则装在大木盘中。

台子旁边则是放置神灯、圣酒、哈达、黄油、香炉等的神案。还有值得一提的是，"举行祭祀前，用于威猛祭的八十一只牲羊的每个头上，都要连上三块颈椎骨，去掉每一根前肢所连的短肋骨,留下胸骨。肾与肝要被切成小块,再用奶油炒熟,装入木桶。"①这一特殊物品称之为"扎萨布日"。"扎萨布日",实质上指的是蕴藏动物生命本质的"主勒都"②。

紧接着祭台南边,是与祭台宽度等同的小广场。祭台下方是"五雄"(象征着力量)的位置。所谓"五雄"是代表五畜的绵羊、山羊、骆驼、马和牛。每一只都由一名达尔扈特人牵着。"五雄"旁边有一个浩尔其纳日(弓箭手)手捧用蓝色哈达包裹着的弓箭。从这里往东南方向的一条线上等距摆放着四张低矮的桌子,这四张桌子是用于蹾击苏鲁锭。四张桌子的另一端又摆有一张桌子,上面摆放着一个装有羊血的大木盘和一只羊头。距离祭坛八十一箭步远的草丛里有一只黑山羊。据说,这两只羊都是祭祀之前由浩舒其·巴秃儿到附近的牧户家里抓的"不吉利的黑山羊"和"有角、黄睫毛、黄白花绵羊"③。抓羊的这种仪式,蒙古语称之为"希古日拉克"(扑抓之意)。

不难看出,这些祭祀用的牺牲和祭祀器皿在空间结构上形成一个朝东南方向展开的趋向。据说,这是因为残忍杀害成吉思汗祖先俺巴孩的敌人就是从东南方向而来。所以,"所谓苏鲁锭的威猛大祭是这样一次大祭,它要发扬光大黑纛[哈日·苏鲁锭]的威猛之力,激起它的仇恨与怒火,将不共戴天的敌人一举压垮的挫败"④。

仪式过程

十月初五一大清早,从各地赶到明安木都的牧民及香客络绎不绝。大家都想在这样特殊的日子前来祭拜哈日·苏鲁锭。按照平日祭祀的惯例,在正式的仪式开始之前是香客们的自由祭拜时间。因此,祭台下跪满了香客们,他们在达尔扈特人的祝颂词中敬献哈达和砖茶、酒或钱物等祭品。

到九时许,在"苏鲁锭·桑"与"伊金·桑"的咏诵声中,哈日·苏鲁锭威猛大祭正式开始。与春季查干·苏鲁克大典的开幕式相同,作为威猛大祭的开幕式首先举行的也是公祭仪式。鄂尔多斯市各旗区依次祭拜哈日·苏鲁锭。之后,祭拜"五雄"和弓箭。依照顺序敬献"哈达""神灯""牲羊""圣酒"的同时,相应地咏诵《哈日·苏鲁锭哈达祝祷词》《哈日·苏鲁锭神灯祝祷词》《哈日·苏鲁锭牲羊祝祷词》和《哈日·苏鲁锭圣酒祝祷词》(敬献圣酒是在呼赫·亚木特德唱响马头响板的伴唱下进行的)。

---

① 赛音吉日嘎拉:《蒙古族祭祀》,赵文工译,内蒙古大学出版社,2008年版,第188页。
② "主勒都",又称"只勒都",蒙古史学家都称之为"半截腔子"。
③ 赛音吉日嘎拉:《蒙古族祭祀》,赵文工译,内蒙古大学出版社,2008年版,第188页。
④ 赛音吉日嘎拉、沙日勒岱:《成吉思汗祭奠》,郭永明译,内蒙古人民出版社,1987年版,第201页。

敬献圣酒仪式结束之后，装在木桶里的"扎萨布日"分给大家分享。《蒙古秘史》第43节中有这样一段描述，即"以竿悬肉祭天"①。在清代之前，具有分享这一祭品权力的人也许只能是黄金家族成员。似乎每个民族有自己预想达到的目的而选择适合本民族文化传统的物体作为牺牲。例如，哈日·苏鲁锭威猛祭祀用"主勒都"。"主勒都"，虽然在说法上稍微有些不同，但在总体上指"祭祀供奉的家畜或野兽的头和食道与心肺相连的部分"②。蒙古人相信，主勒都是动物的灵魂所栖息的居所。也就是说，它与血一样，是生命本原，也是仪式中可以转换成精神本原的特质。哈日·苏鲁锭威猛仪式用绵羊的主勒都来祭祀。

主勒都，是狩猎文化的遗存。《蒙古秘史》第12、13节中记载："朵奔篾儿干，往脱豁察温都儿名字的山上捕兽去。于树林内遇着兀良哈部落的人在那里，将杀了一个三岁鹿的肋扇肚脏烧着。朵奔篾儿干，问他索肉。兀良哈的人，将这鹿取下头，皮带肺子自要了，其余的肉都与了朵奔篾儿干。"③这里，主人自己留下的"可食性"不强的部分（主勒都）预示着未来也同样获得狩猎的丰收。一言以蔽之，他所掌握的是动物的生命本原抑或命脉，所以不会为打不到猎物而烦恼。

就如曾经到蒙古地区进行传教的使节约翰·柏朗嘉宾（Jean de Carpin）所描述的那样："当他们屠宰一条牲畜时，便用碟子盛放宰祭动物之心脏供奉于车上的偶像前，一直在那里放置到清晨，然后再从偶像前撤下来，烹而食之。"④事实上，在蒙古汗国时期就已经存在这种祭祀现象，即用主勒都祭祀完祖先之后参加仪式的成员"共餐"以达到神圣化过程。"牺牲的某些部分是为神而保留的，而其他部分则由奉献牺牲的人来享用。正是出于这个原因，《圣经》才经常把牺牲说成是摆在耶和华面前的宴席。"⑤共餐，可以在祭拜对象与祭拜者之间以及祭拜者相互之间建立起或强化他们的共同起源。因此，在整个哈日·苏鲁锭威猛祭祀仪式过程中的这一"共餐"仪式之前比较占据重要地位。可是，从目前的祭祀状况来判断，这一共餐仪式早已失去了原有的意义，在仪式当中不是显得那么重要，甚至已经被忽略或删减。

---

① 札奇斯钦：《蒙古秘史新译并注释》，联经出版事业股份有限公司，1979年版，第34—35页。"以竿悬肉祭天"，《蒙古秘史》中的原文为"主格黎"。在《蒙古秘史新译并注释》中解释道："为萨满教仪之一。自佛教在蒙古普及后，此种习俗已不再见。惟于仍信封萨满之达呼而部中仍旧行之。祭祀时以未切开之心肝肺悬挂竿上祭天。满洲人亦有此种习俗，即清代之所谓'祭堂子'的礼仪。……在十二世纪，此种祭祀乃全氏族主要大典，是全氏族成员对其氏族神火祖先——ongghon的祭祀。凡由'主格黎'中被除名者，就等于被逐出族外。成吉思可汗幼年时，也曾遭遇到此一严重的打击。"
② 僧格：《古代蒙古宗教仪式与"只勒都""主格黎"祭祀》，《世界宗教文化》，2011年第3期，第68页。
③ 额尔登泰、乌云达赉校勘：《蒙古秘史》，内蒙古人民出版社，2007年版，第916—917页。
④ 耿昇、何高济译：《柏朗嘉宾蒙古行纪·鲁布鲁克东行纪》，中华书局，1985年版，第33页。
⑤ ［法］爱弥尔·涂尔干：《宗教生活的基本形式》，渠东等译，上海人民出版社，2006年版，第319页。

哈日·苏鲁锭威猛祭祀现场

这时,由四名图克庆亚木图德将哈日·苏鲁锭从龟座上取下来交给四名丞相亚木特德。四名丞相用右手握着苏鲁锭柄缓缓地走到祭台下。另外,四名"布日耶庆"(号角手)两人一组肩上扛着洪声烈性布日耶(号角)紧随其后。这一过程伴随着白海螺的吹奏和锣的敲击声,并在它们的带领下苏鲁锭抬下祭台,走到四张排列整齐的桌子旁边。这时,为站在祭台下的"五雄"进行祝祷祭祀,在五雄的脖子上系哈达,并用圣酒酸奶抹画。抹画的主旨在于,借"五雄"之力增加苏鲁锭的威力。这个时候,格赫庆亚木图德诵颂《成吉思汗哈日·苏鲁锭祭文》。

　　　十月十四日①/向那/外海的彼岸/日出的方向/毛花长腿的/外翻红唇的/黄睫毛的/著白鞋的/异敌的头上/扔下灾难之祸根/哈哈！哈哈！哈哈！

　　　十月十四日/用枣遛公马的鬃/连缀而成/成为全体蒙古/供奉的神祇/成为挫败/无数敌人的/可汗圣主的/凶猛无敌的/神明根源的圣苏勒德/愿你意志更加坚定/哈哈！哈哈！哈哈！

　　　十月十四日/愿家乡的每一个角落/没有旱涝灾害/愿里面的人们/没有灾难不幸/愿外面的五畜/不要有暴风疾病/愿神明的圣苏勒德的/意志更加坚定/哈哈！哈哈！哈哈！②

"嘎布希勒嘎"仪式；不吉利的黑山羊

---

　　①　这里所说的"十月十四日",是指鄂尔多斯历法的十月十四。按照农历就是指七月十四日。事实上,农历十月初五的威猛大祭是从七月十四日的哈日·苏勒德年度大祭开始计算。龙年祭祀与往年不同的是,七月十四日开始哈日·苏勒德的四个"臣·苏勒德"便到鄂尔多斯境内的七旗进行巡游祭祀。

　　②　旺楚格：《成吉思汗陵》,内蒙古人民出版社,2004年版,第363—364页。

每当咏诵"哈日·苏鲁锭祭文"的小段（共三段）的时候，两位布日耶庆将布日耶吹响三次。四位丞相则大喊"哈哈！哈哈！哈哈！"的同时，在桌子上将苏勒德蹾击三次，每次三下。蹾击的同时，四位丞相挥动苏鲁锭缨子，使其呈现扑抓状（威猛的样子），手握苏鲁锭柄后端的达尔扈特人为避免苏鲁锭沾到地上而试图往下压住苏鲁锭柄端。这时，苏鲁锭对面的一张桌子上放置着"从牧户家抓来的两只羊的血（一只为黄鼻梁的绵羊，一只为白脊梁的山羊），跟香醪美酒兑在一起，盛放在盘子里"①。盘子旁边是嘴已经用刀使其扩张到耳根部位的绵羊头。跪拜在桌子前的"哈布舒日嘎钦"双手捧起羊头沾到盘子里的羊血，接着用力将羊头骨一张一合，使血溅到苏鲁锭上。

在蒙古文化历史上，也有类似以血祭祀作牺牲的现象。例如，成吉思汗的苏鲁锭，最初是用俺巴孩合汗②之血（使）威猛（抑或"开光"）。所以，苏鲁锭带着血仇和战争意义而建立起来，成为寓意战胜敌人的战旗。据说，俺巴孩之后，以敌人的血作为牺牲将苏鲁锭威猛（化），现在则以动物（绵羊）之血取而代之。

之后，四位丞相用右手握苏鲁锭之柄，以左腿单立，寓意成吉思汗哈日·苏鲁锭的四只腿。首先左腿单跳三步，又换右腿三步，再换到左腿三步到达第二张桌子前，将苏鲁锭之柄放到桌子上。以此类推，重复蹾击苏鲁锭柄、挥动苏鲁锭缨子，溅血到苏鲁锭的仪式实践。等到达第四张桌子之时，已经蹾击苏鲁锭之柄共二十七次。这时，浩舒其·巴秃儿将不吉利的黑山羊射死。在这里，黑山羊的残留物被完全认定为神圣的属性，射杀后被扔置于原地。

据说，浩舒其·巴秃儿是"古代蒙古军队伍中威猛阵营中一员。他的职责是冲入敌阵中，随意抓住一个敌人，疾驰回军营，将敌人放到哈日·苏鲁锭前刺开他的胸腹，挖出他的跳动着的心，用来祭祀苏鲁锭。他被视为神圣的英雄，他还要和敌人的血。后来这种仪式逐渐演变为了以羊代人"③。

接下来，图利亚门特喊道："浩舒其·巴秃尔在吗？前来！"浩舒其·巴秃尔走到刚才溅血仪式的那张桌子前。这时，图利又道："饮尽木盘里的血！"这时，按传统，浩舒其·巴秃尔祖露左臂、右手握剑，并且单腿跳着到图利亚门特面前。但现在他身着蒙古袍慢慢走到桌子前。首先跪拜神灵，然后双手捧起装血的木盘象征性地喝一点羊血。图利站在旁边监督。如果浩舒其·巴秃尔喝不下去，按照传统

---

① 赛音吉日嘎拉、沙日勒岱：《成吉思汗祭奠》，郭永明译，内蒙古人民出版社，1987年版，第207页。

② 俺巴孩合汗，是成吉思汗曾祖父合不勒汗的兄弟，后来继承合不勒汗的位置当上泰赤兀惕部的首领。合不勒汗时期，在某件事情上与另外一个崛起的塔塔儿部首领发生冲突。当俺巴孩继承汗位后，答应将女儿嫁给塔塔儿部落首领。在护送送女儿出嫁到塔塔儿，被塔塔儿人出卖到金朝皇帝，金熙宗将他活活钉在木驴上揉搓，残忍杀害。由于这一历史事件，出现了蒙古人嫁女儿时父亲不会护送女儿出嫁的习俗。

③ 赛音吉日嘎拉：《蒙古族祭祀》，赵文工译，内蒙古大学出版社，2008年版，第188页。

图利便举起那只带蹄子的山羊前腿往他身上鞭打,督促他喝下去。

准备喝羊血的"浩舒其·巴秃尔"

如果说,在古代是用敌人之血祭祀哈日·苏鲁锭的话,作为展演仪式的现在场景便是狩猎文化的一种遗存现象。仪式展演中担任主要角色的浩舒其·巴秃尔事实上是一个战争英雄,包括他所饮下去的羊血以及射杀"不吉利的黑山羊"都是代表敌人之血,后来变成用猎物代替敌人之血,而现在又以家畜代之。而这里所说的"黑山羊"的黑色是力量的象征。根据萨满教与藏传佛教的对抗过程中,可以追溯"黑与白"两种颜色的发展轨迹,即,"上古尚黑,黑色地位最高;中古尚白,白色最神圣;尚黑随着蒙古人生产方式由狩猎进化为游牧而分化;尚白随着蒙古人游牧生产的发展而固化。从宗教意义上讲,尚黑因蒙古孛额的衰落而淡化,尚白因喇嘛教的兴盛而强化"[①]。所以说,当苏鲁锭征服了象征力量的黑山羊,也就意味着得到了威猛力量使其威猛起来了。

在上述仪式结束之后,吐默特(万户长)亚木特用全羊肥尾抹画苏鲁锭,用圣酒擦拭沾在苏鲁锭上的血迹,最后四位丞相抬着苏鲁锭安放在石龟座上。最后,众香客蜂拥而至抢象征圣主成吉思汗的福分的"胙肉"。据说,成吉思汗时期已经形成了这种习俗。

纵观整个威猛大祭的仪式结构,不难看出哈日·苏鲁锭之所以能够威猛起来,仪式实践中的两个环节非常重要。第一,共餐仪式,即分享"扎萨布日"。第二,以羊血溅(到)苏鲁锭的仪式。通常说,"所有力量,即使是最具精神性质的力量,如果

---

① 白翠英:《蒙古孛额教的尚黑习俗》,《黑龙江民族丛刊》1998年第3期,第102页。

在事物的正常运作中失去的能量得不到补充的话,那么就会随着时光的流逝而消耗殆尽"①。蒙古人信仰动物的生命本原在于"主勒图""血",并通过这些构成生命本原的"物"转化为哈日·苏鲁锭的精神本原。也就是说,这种介质是哈日·苏鲁锭如何威猛起来的内在文化根源所在。

---

① 〔法〕爱弥尔·涂尔干:《宗教生活的基本形式》,渠东等译,上海人民出版社,2006年版,第320页。

案例三

山海之间：福建海洋文化遗产田野调查报告

[调查对象]

　　山海之间:福建海洋文化遗产

[调查目的]

　　本调查选取福建海洋文化遗产作为研究对象,从人文自然环境与遗产的互动建构视角,通过福建的地理环境与条件特质:山、海与山海之间互动作为主线索,透过伴于海的南音、源于山的朱子理学与山海之间的客家土楼三者进行遗产维度的调查与研究,以期呈现出我国东南沿海丰富且极具地方特质的海洋文化遗产。

[田野情况]

　　本课题福建海洋文化田野调查小组从 2012 年 1 月起至 2013 年 6 月历时近 1 年半时间,共计 4 次前往福建泉州、武夷山,以及福建南部、西部分别对南音、朱子理学与客家土楼进行田野调查。2012 年 1 月至 2 月,课题组成员在彭兆荣教授带领下前往泉州对南音进行遗产维度的调查,从南音的形成、作为遗产的传承与价值,以及目前所面临的传承困境进行深入调查与资料整理;2012年 4 月至 5 月,课题组成员前往武夷山对朱子理学进行深入田野调查,从朱熹与武夷山密切联系的角度,对朱子理学孕育、形成、成熟、发展的整个过程进行详细梳理,从中寻觅朱子理学作为遗产生成与发展的思想脉络;2013 年 5 月至 6 月,课题小组前往闽东与闽西对客家土楼进行田野调查,从客家人的迁徙中寻找土楼所呈现形质背后的遗产传承脉络,并针对此传承实质,探索土楼今后的传承之路。

　　调查时间:2011 年 10 月—2013 年 12 月

　　调查地点:福建省

　　成员分工:彭兆荣教授负责设计田野调查线路,布置具体田野点任务;葛荣玲博士负责南音遗产田野调查;李春霞博士负责朱子理学田野调查;郑向春博士负责客家土楼田野调查。

　　调查对象:南音、朱子理学与客家土楼

引 言

福建古称"闽",多山、环海是其独特的地理条件与环境,《山海经·海内南经》记载"瓯居海中。闽在海中,其西北有山。一曰闽中山在海中。"[①]福建境内山脉绵延、丘陵起伏,其面积占全省土地面积的 82.39%,西部为武夷山脉,中部为鹫峰山脉、戴云山脉,北部有太姥山脉,"山地丘陵所占比重之大,在全国沿海各省区与亚热带东部各省区中居前列"[②]。此外,福建海岸线曲折,港湾与近岸岛屿众多,海域面积达 13.6 万平方千米,由此促成福建先民自古"以海为田""以舟为车"的海洋生活方式,以及对妈祖的虔诚信仰。

绵延的山系阻隔了发源于山区的河流向西北注入内陆,而直接奔流进入东南沿海,由此促成福建港口的发育与发展。宋元时期,长期的南北对峙堵塞了陆上丝绸之路,促使海上丝绸之路成为重要交通要道,当时,泉州刺桐港成为"世界第一大港"(马可·波罗),世界各地的人、货物、宗教、建筑、音乐等均在此地汇集交融、互动生成。与此同时,山、海互动中形成的福建本土文化又在同长时间、大规模海上贸易中到来的全球文化碰撞融合,最终滋养出这块浸染着咸味与湿气的土地丰富、多元且独特的海洋文化特质。

由此,本课题选取南音、朱子理学与客家土楼,以山、海作为主线索,调查研究福建本土文化之间、本土文化与外来文化之间的互动与融合过程,进而对福建特有的海洋文化历史、现状与传承进行遗产维度的调查与研究:

其一,南音——伴于海。中国现仅存的少数几个古老的乐种之一,以泉州为核心地区,集中于漳州、厦门以及中部的三明等地,它保留了中国盛唐以来中原雅乐的音乐元素,并吸取元曲、弋阳腔、青阳腔和昆腔等地方戏曲特点,同时在历史上的航海贸易过程中,吸纳西域乃至中亚文化中的音乐元素,逐渐从一个地方性的民间音乐形态演变成为一个覆盖闽南、潮汕,甚至东南亚和世界各地闽南籍华人社会区域和跨区域性"南音文化带"。

其二,朱子理学——源于山。1999 年武夷山同时获得世界"自然遗产"和"文化遗产"两项桂冠,其中一个重要原因便是武夷山乃朱子理学的发源地,也是世界研究朱子理学乃至东方文化的基地。朱熹与武夷山紧密维系、难舍难分,作为武夷文化核心内容之一的朱子理学之文化经典性价值,在中国四大世界双遗产中无与

---

① 袁珂:《山海经校注》,上海古籍出版社,1980 年版,第 267 页。
② 福建省地方志编纂委员会:《福建省志·地理志》,方志出版社,2001 年版,第 1 页。

伦比。

其三，客家土楼——山海间。土楼作为客家文化运动的物化标识，逐渐成为客家人情感认同的重要符号。它凝聚了客家人的知识体系、价值观、宇宙观，并与自然环境、社会环境互动生成。客家土楼的独特结构，蕴含了客家人对天、地、人三界的宇宙观和价值观，是客家人在居住空间里的文化展演。

遗产事象之一：南音

南音，中国现仅存的少数几个古老乐种之一。古称泉州弦管，它既保留了中国盛唐以来中原雅乐的音乐元素，吸取了元曲、弋阳腔、青阳腔和昆腔等地方戏曲的特点，又在泉州长期、大规模的海上贸易中，吸收了西域、中亚文化中的音乐元素，逐渐从一个地方性音乐种类成为一个辐射菲律宾、马来西亚、印度尼西亚、新加坡、缅甸、泰国、越南等地约 5000 万人的"南音文化带"。

一、作为遗产的南音

南音这一独特的文化表现形式具有鲜明的文化空间特质。文化空间原是一个人类学概念，而现在则成为联合国教科文组织作为遗产表述的一个重要类型。它被定义为"一个集中了民间和传统文化活动的地点，但也被确定为以某一周期（周期、季节、日程表等）或是一事件为特点的一段时间，这段时间和这一地点的存在取决于按传统方式进行的文化活动本身存在"。虽然不同缔约国文化间之间存有巨大差异，而且各类型的遗产间又存在实践上的交叉性和相关性，由此使得"文化空间"迄今为止仍缺乏一个共识的定义和量化标准，但它已是人类非物质文化遗产中公认的、最普遍的一种文化表现形式和社会活动。而本调查与研究正是针对南音所表现出在文化空间上的独特价值，提供一个具有实践意义与参考价值的遗产版本。

（一）南音文化空间中的空间性

就南音的空间分布而言，据不完全统计，我国泉州、厦门、漳州三地供奉"郎君大仙"的南音社团超过一百供位，台湾、香港和澳门超过五十供位；而在国外，菲律宾、新加坡、马来西亚、印度尼西亚、泰国、缅甸、日本和韩国等国的华人社会的南音社团也有超过七十个供位。在台湾，"郎君祭"仪式多仿效清末的礼仪，每年的农历八月十二日，弦友们着清朝礼服，下午五点开始，吟唱"金炉宝篆"。"郎君祭"时一律采用泉州腔，也是建构全球"闽南语文化圈"文化认同的符号。

南音文化空间表现形式的另一个明显特点在于"泉州腔"与"拜馆"。"南音"之所以称为"泉州南音"或"泉州弦管",正是在于唱曲时一律以泉腔闽南方言演唱,咬字吐音必须以泉州府治所在地,即今泉州市区的方言语音为标准音。泉州所属县区因地域声腔与标准声腔稍有差异,特别是周边地区如厦门、漳州等地声调差异较大者,要学习演唱"南音",都必须先学好泉州腔,经过"正音"之后才能唱准其音韵。"南音"用泉腔闽南语演唱,交流方便,沟通容易。1977年以来,先后举行了十五届弦友大会唱,大陆和台湾关系解冻之前,交流始于"南音",后两地弦友往返频繁,这些交流客观上发挥了两岸文化认同的巨大作用。20世纪80年代以来,有许多的海外南音社团派代表来到闽南各地的南音社团"拜馆",以表"追思认宗"之意,这类"拜馆"活动不但深受普通民众的欢迎,而且各级政府部门也予以积极的支持和肯定,南音成为沟通的纽带和互信的基石。

此外,作为文化展演的生存空间。20世纪80年代以来,泉州南音得以复兴。据统计,现在泉州城乡各地有232个比较活跃的南音社团,7467个社团成员。南音的生命力表现为它具有广泛的生存空间与群众基础,它既是广大人民群众喜闻乐见的艺术表现形式,也是他们千百年来秉承的一种生活方式。从城市到乡村,从沿海渔村到内陆村落,从汉族到少数民族,从小孩到老人,茶余饭后之际,人们都能够承袭和享受南音舒缓缠绵的古风音韵。

(二)南音文化空间中的时间性

南音在文化空间方面的意义还表现在与历史的交融与借用;"郎君祭"就是一种历史遗存。南音界历来崇奉后蜀主孟昶为乐神,每年的农历二月十二日和八月十二日举行"春、秋二祭"。据传,孟昶和妃子花蕊夫人(后蜀,934—965,辖地今四川成都一带),都热衷音乐歌舞,在他们的参与和支持下,才有了对曲子词影响至深的《花间集》的问世。宋灭后蜀,孟昶君臣被羁押到汴京(今河南开封),花蕊夫人被宋太祖收入后宫,孟昶被封为秦国公,赐宴七日而卒。花蕊夫人暗中画像祭祀孟昶,被宋太祖发现,她谎称是"张仙",太祖也因此诏示天下,从此开始了孟昶的崇拜。宋太祖袭唐制,建立教坊,普天下选拔乐工,从后蜀选去的多达139人,占整个教坊乐工的三分之一左右。这批乐工入宋教坊之后,因怀念故主"温衣美食四十年",也跟着花蕊夫人崇拜起"孟昶郎君"。及至宋室南渡,赵匡胤嫡系的"南外宗正司"中的宋教坊旧人,也随之迁入泉州。乐工们"郎君祭"的传统带入泉州,也随着人群的迁徙,传播到世界各地的"闽南语文化圈"。

(三)南音文化空间中的根基性

文化空间虽强调其在特定时空范围内,由某一社群世代相传、与其生活密切关联的文化表现形式;而更为重要的是,它在历史的演变过程中形成了该社群的认同纽带与认知体系。南音的生命力根植于民间社会;蕴藏于普通民众之中。传统南

音,不论从曲谱、乐器或演唱形式、风格而言,都尤为古朴独特,具体表现为:

(1) 南音的工乂谱,可上溯先秦的宫商角徵羽五音,可以为中国上古音乐的唱名谱的发展变化找到活生生的历史见证;

(2) 南音现有的曲项琵琶,可以让甘肃嘉峪关出土的魏晋三号墓奏乐图的曲项琵琶,和在西安发现的唐代砖雕乐舞图同样的琵琶相印证;南音使用的尺八(今名洞箫),可以与四川彭山崖墓三伎乐石刻和河南登封启母阙吹笛播鼗图像石等图中的长笛相印证;

(3) 南音的演唱历来是持拍板而歌,其拍板可以与西安安灞唐代乐舞雕中的拍板相印证;而这种其他古老乐种少见的“持拍板而歌”的演出形式,正是汉代相和歌“丝竹更相和,执节者歌”的遗存;

(4) 南音现在经常演奏的有标题器乐曲《走马》《梅花操》等十二套大谱,和广泛演奏演唱的套曲、散曲,都可以与隋唐雅乐、燕乐、大曲和法曲相印证。还有一部分套曲、散曲吸取自宋元南戏;一些早已佚失的宋元南戏,却可以在南音的曲目中找到它的遗存。

此外,南音伴随着闽南人从生到死的整个生命历程。婴儿(男孩)出生伴随南音;小孩在襁褓中听到母亲哼唱南音;新人结婚时,婚礼上都会响起熟悉的喜庆曲目;有些地方的老人葬礼上还要演奏相当规模的南音曲目,如果逝者是弦友,还要举行有传统仪式的南音“弦管祭”,演奏的曲目亦有特别的规定。

(1) 演奏形式。南音演奏时,乐队的排列次序是以拍板居中,洞箫和琵琶分列两侧为主乐,这和唐乐队图(“敦煌窟 85 号”)、唐舞乐图(“敦煌窟 156 号”)有着完全相同的排场。在室内为琵琶、三弦居右,洞箫、二弦居左,唱者执拍板居中。在室外,同样是唱者执拍板居中,而琵琶、三弦在左,洞箫、二弦居右;与汉代相和歌“丝竹更相和,执节者歌”的遗制,与南唐《韩熙载夜宴图》十分相似。南音的正规演唱,依照古例必先吹奏“指套”,然后唱散曲。

唱曲是南音的主要内容,一人唱完把拍板恭敬地递给第二人,逐首接连地唱下去,最后是奏大谱结束,所以,南音表现出强烈的自娱自乐性:表演者与观赏者是一体的。有的馆阁还搭“彩棚”,或在舞台上放置宫灯、黄凉伞,传说康熙皇帝封赐弦管人为“五少芳弦”“御前清客”,故以此为荣耀。

(2) 演奏风格。南音工乂谱只有骨干音,润腔做韵形成的装饰音,概由演唱演奏者依一定的规律加以发挥,让每个演唱演奏者表现出各自鲜明的风格,也使南音的演奏更加丰富多彩。这种谱不把所有音乐符号都写在谱面上,为演奏演唱者留有一定的创作空间,以利于调动人的聪明才智。南音的演唱,字少音多,节奏徐缓,咬字吐音特别讲究,对每一个字不是张口就唱,而是分字头、字腹、字尾的三段,而以字头吟唱全腔十之八九,而后过渡到字腹再切入字尾,最后收音归韵,因而其曲调一波三折、缠绵悱恻、如丝如缕、婉转悠远。这也是古人在声乐中给后人留下一笔珍贵的经验与遗产。

(3)乐器结构。南音之所以多姿多彩、韵味无穷,是因为它有四个管门一百零八个滚门。管门则是宫调、调式、乐音序列的总和,而滚门则统率同类型的曲牌。仅以宫调而言,五空管包括了C、G两个宫调,四空管和倍思管各只有一个F宫、C宫和D宫。在节拍方面,则有七撩(相当于8/2)、宽三撩(4/2)、紧三撩(4/4)、叠拍(2/4)、紧叠拍(1/4)等六种类型和慢头、慢尾和破腹慢等相当于散板的自由节拍。这说明南音集中我国古代音乐成果之大成,把古代音乐方方面面的智慧与技巧尽可能地收存下来。

二、南音的传承之路

南音在"闽南方言文化带"长期传承与传唱的原因与线路包括以下要素:

(1)闽南独特的历史地理与文化生态。南音的历史发展经历了"自北向南"的空间传播与"自上而下"的阶层流动,并且在伴随本地化和世俗化的变迁和定型过程中,形成了以泉州为核心的地缘群体的独特结构,包含各社会阶层、政府与民间、专业与业余、老人与儿童、男性与女性、不同的族群、信仰群等。南音这一古老而又具有鲜明地方特色的文化表现形式,其形成无疑是闽南文化生态的产物。作为一种中国现存最为古老的乐种,南音兴盛于唐宋,最早可追溯到汉、晋,因历史变迁,中原板荡,南迁入闽的移民又把中原音乐文化也带入今晋江流域一带,与古闽越文化中的民间音乐长期交融而形成一种特殊的人类非物质文化遗产。

韩熙载夜宴图卷(观舞)

(2)在中原汉人南迁的漫长过程中,南音由北向南,继承了古代中原的宫廷音乐、宴乐等,特别在盛唐时期,因骠国献乐("方国献乐")等历史事件,不少地方和族群把各种音乐带到了中原，使中原的音乐文化融合了大量异文化的元素，比如蜀、滇等地的音乐元素；今日被敬为南音始祖的"郎君"原型就是史称后蜀主的孟昶。这与唐代的"骠国献乐"、宋初"国朝大乐诸曲多袭唐旧"的制度和礼俗有着密切关系。

（3）在此南音的空间传播中，南音又从宫廷、教坊和贵胄之家流向普通民众，并且在流入地生根发芽，进而完成了本地化与世俗化的历史演变。根据现有的研究和资料表明，晋唐以来，作为当时中国政治文化中心的中原河洛一带战乱不断，史载"永嘉之乱"（307—313）、"安史之乱"（755—763）、"靖康之变"（1127—1130）等时期，皇族、士族和百姓纷纷南迁，形成了"礼崩乐坏""乐人南奔""遗声旧制""散播江左"情形。特别到了"靖康之变"时期，皇室南迁，"南外宗正司"迁入泉州（1133—1279），长达146年之久。在北宋做官的泉州士族，如韩琦、吕惠卿等望族的后裔，随之回归故里，也把中原音乐文化带入泉州。当时南宋小朝廷还特许宗室正任以上的机构，可以借京城教坊乐人来教学，因此，临安许多音乐戏曲艺师到"南外宗正司"任教。

南音中的西域形式

（4）此外，南音的文化空间特点还表现在，南音吸纳和借鉴了西域的音乐形式和形态。我们不仅可以从南音"横抱琵琶"这一特殊音乐文化形态中瞥见西域音乐的特点，还可以从现存于敦煌莫高窟的飞天造型、图像、拓片等实物与材料中得以佐证，而且在泉州当地的寺庙（如开元寺的雕像、绘画和形态等）、博物馆以及出土文物中找到许多同类的材料。

（5）宋元以降，随着西域陆路丝绸之路的堵塞，海上丝绸之路逐渐成为中国与世界交流与交通的重要通道。宋元时期（960—1368），泉州刺桐港成为"东方第一大港"（马可·波罗语），它汇集了来自世界各地的货物、人员、宗教、建筑等，形成了多元文化交融互动、和谐并存的格局。借助繁华的刺桐港和兴盛的"海上丝绸之路",南音注入了更为多元的文化养分,吸纳了中国西域乃至中亚文化中的音乐文化元素,并使之在南音中得到了历史的沉积;逐渐形成了以泉州南音为核心并向周边的漳州和潮汕地区传播辐射的空间格局。

(6)伴随中国海洋文化兴起与闽南人出洋的历史进程,南音渐渐远播至港澳台地区及东南亚华人社会。明清时期,大量泉州、漳州、厦门一带的闽南人"过洋贩番",移民"南洋"。这一批处于社会底层的华工因南音而在异国他乡而相识相知,他们自发组织了各类社团传唱乡音与传递乡情,形成另一种独特文化景观。现在东南亚的华人社区中,南音依然拥有庞大的乐迷人群。菲律宾的"金兰郎君社"(1817)、"长和郎君社"(1820)都是现知东南亚最早的南音社团,至今仍然相当活跃。东南亚多数南音社团或"南音组"设在各地华人会馆里,比如马来西亚的"霹雳太平仁和公所""吉兰丹仁和音乐社",以及"马六甲同安金厦会馆"等,印度尼西亚的"雅加达东方音乐基金会""泗水东爪泉属会馆",与新加坡的"湘灵音乐社"等。经过多年发展,其中有些已演变为专业性演出团体,经常应邀出席各类庆典活动,并且参与政府的文化交流,成为表现华人文化凝聚力的重要象征符号。

(7)南音悠久历史的演变与多元文化的交融使之发展成为极具特色的地方性曲艺,并与当地其他形式的艺术种类形成了互汲滋养、繁荣共存的关系。比如南音的"谱""曲"以叠句开始,以相同的尾句"送"结束,这其实是源于汉代演奏的形式;南音的节拍多为"缓—急—缓"节奏,"指"一般由散板开始,属典型的"散—慢—中—快—散"的板式结构,这与唐《大曲》的节奏相似;"指"中有14套的形成与宋代的梨园戏剧目情节密切相关;南音的琵琶手弹法、抱持法、四相九品和在乐队中的地位都保留了宋代音乐演奏的特征⋯⋯另一方面,从曲目情节、基本音调、唱腔等方面看,南音与闽南的其他剧种、曲艺也有密切的互为影响关系。竹马戏、木偶戏、高甲戏、梨园戏、锦歌、山海曲、号子小调、歌仔戏、四锦班和盲人的说唱音乐等戏曲种类都可以在南音中找到其"痕迹";比如竹马戏中的小调,木偶戏中的"傀儡调",高甲戏的唱腔和"撩拍",梨园戏中的吹打曲牌和唱腔等都与南音相似。

(8)20世纪80年代以来,随着闽南地区经济的繁荣与发展,一度沉寂的南音得到复振,南音借助泉州在历史和现实上的区位优势,特别是闽南地区与海外闽南籍华人华侨的文化寻根,南音从一个地方性的民间音乐形态逐渐演变成为一个覆盖闽南、潮汕,甚至东南亚和世界各地闽南籍华人社会区域和跨区域性"南音文化带";而且,其文化空间的伸张力仍在显现。这种现象在世界上都是罕见的。

三、南音的遗产价值

南音具有人类非物质遗产代表作的突出价值主要体现以下几个方面:

（一）独特的表现形式

泉州南音由"指套""大谱"与"散曲"三部分(俗称"指""谱""曲")组成,既有用于歌唱的声乐曲,又有用于演奏的器乐曲,是一个内容丰富、结构完整的音乐体系。"大谱"有十六套,另有三套佛教音乐《金钱经》,每套谱分为四到八个乐章,可演奏十分钟至二十分钟;"散曲"有谱、词,多达二千余首。其艺术表现形式融音乐、戏剧、曲牌、唱腔、指法、乐器、故事、服饰、记谱、韵文、古音等于一体,实属罕见。

（二）鲜明的艺术特征

1. 曲调悠长缓慢。南音自宫廷、教坊和贵族之家逐步流向民间,但悠长缓慢的特色依然存在。这种根植于农耕文明的婉约曲调正是南音流传千年的神韵所在,也可以成为现代社会人们舒缓压力和怡情养性的生活追求。

2. 多元的文化结晶。南音曲目有器乐曲和声乐曲二千多首,蕴含了晋清商乐,唐代大曲、法曲、燕乐和佛教音乐及宋元明以来的词曲音乐、戏曲音乐等丰富内容。其中"大谱"里的三套《金钱经》延续着汉唐以来中国音乐的血脉和品质,并保留着古代西域音乐文化的元素。

3. 特殊的记谱方法。南音以"乂工六思一"五个汉字记谱,对应"宫商角徵羽",旁边附上琵琶指法和"撩拍"符号,自成体系,完全不同于常见的"工尺谱",比"敦煌古谱"更严密,为本乐种所独有。泉州南音的歌唱者严守以泉腔闽南语(或称泉州方言)"照古音"咬字吐音做韵的歌声,正是在中原早已消失的"河洛语"与古乐相融合的遗存。

（三）多元艺术交融的器乐形制

南音的乐器保留着隋唐大乐的琵琶、箫、琴弦和拍板的全部乐器。南音乐器以琵琶、洞箫、三弦、二弦和拍板为主,又有嗳仔、品箫及小打击乐器四宝、响盏、扁鼓、双铃、小叫等,有的班社仍继续使用笙、云锣;个别的还用筚篥和轧筝作伴奏乐器。泉州南音的拍板,是承袭汉相和歌"丝竹更相和,执节者歌"而来的,在唐代已列为胡部之乐器。拍板分四板、五板、六板等多种。南音所有的乐器,都由民间手工作坊的世代传承、复制,其产品除内销外,还供应东南亚各地。弥足珍贵的是现仍珍藏在北京故宫博物院(2件)和南京博物馆(1件)的明代瓷制的洞箫。洞箫原是汉代从羌传入中原后演变而来,唐初(627左右)所制的洞箫为一尺八寸,俗称"尺八";现在各地乐队所使用的洞箫已经超过二尺长,唯独南音中所用的洞箫十分严谨地保留了唐代的规制。

据现存的资料表明,南音的历史来源至少包括以下四个文化空间方面的影响与成就因子:1.中原宫廷音乐艺术的原型与影响;2.西域"丝绸之路"(包括学界称"古南方丝绸之路")的异文化特征;3.闽南地区独特的文化因素;4.以闽南地区为核心的海外传播。就南音与相关社区的文化传统关系而言,主要是来自晋唐时期的中原文化和融合在其中的西域文化。泉州自古以来就是移民定居的区域,秦汉开始,闽越人北迁,汉人入闽为第一批(前140—前87),接着是汉末魏晋(307—313)时期、梁太清"侯景之乱"时期(549)、唐武后时期(685—688)、五代(907—960)及南宋(1127—1279)时期,中原一批又一批的军民移入福建,其中相当一部分定居在泉州一带。南音成为人们交流相处的媒介。

泉州南音南戏的演唱皆用方言,又在口传心授中,十分强调"照古音",为使这种古音不致走样,业内人士在"曲簿""戏文"中习惯使用谐音字而不用本字。如泉州明代(16世纪)刊行的戏曲文本中,保留大量古代中原的汉语表述的遗迹,由此看来,泉州南音包含了古老音乐和古代汉语的双重无形文化遗产,并成为闽南人社会实践活动中不可或缺的部分。

另一方面,泉州南音有不少古代宗教音乐的遗存,有些源自西域。南音大谱有三套《金钱经》,套曲中有《南海观音赞》,显然都是佛曲。值得注意的是,其中有个曲牌《兜勒声》。有专家研究认为,《兜勒声》与汉代张骞出使西域,于公元前126年,"惟得摩诃兜勒一曲而归"有直接关系;从《兜勒声》的唱词、曲调风格、情趣、演唱场合、演唱规矩等,均与佛教经典、佛经唱念、观音行事日期相关。这是南音兼容多元文化的一种突出表现。

南音从远古而来,又随闽南人走向世界各地。在这个广阔的时空坐标中,南音持续地与各种不同的文化要素接触,形成了自己强大的文化张力。孕育时期,它既融合了中原的燕乐、周边方国呈献的音乐,又受到来自西域文化的影响;成长和发展时期,南音吸取了闽南的地方性音乐文化;成熟和向海外传播时期,面对异域文化的冲击,它又成为华侨华人固守中华文化的标志和文化认同的工具。

如今,遗产在现代全球化力量的影响下,南音正面临从传承方式、记谱、剧本与受众群体的分化到为追求利益的冲击,南音开始面临前所未有的危机与挑战。为使南音在现代社会的变迁中得以传袭,闽南地区各地方政府已经开始着手制订与实施积极的保护行动方案。如泉州市人民政府多次以各种不同形式举办国内与国际性"南音文化节",扩大南音在国内外影响力,并积极推行南音进入中小学,甚至进入大学课堂的组织工作。泉州师范学院从2003年开始陆续向海内外招收"南音"表演专业的学生,此外,资助出版《明刊闽南戏曲弦管选本三种》《清刻本文焕堂指谱》等传统南音古本和孤本等工作。同时,政府与民众的保护行动赢得了海外华人积极回应。从1981年起,每年都有不同规模的海外华人南音社团来中国,参与各类形式的南音演出与交流活动。祖国大陆的南音走出国门,到海外华人社会与其他国家的舞台上表演交流,使南音这一杰出艺术形式的文化空间越拓越宽。

遗产事象之二:朱子理学

　　理学又称道学,又由于其主要在福建地区形成和发展,因而又称为闽学,朱熹为闽学的集大成者。[①] 理学作为一种不可阻遏的儒家文化新潮,踏着充满障碍的荆棘之路登上了东方文化的历史舞台,显示它过于乐观的道德主义、我道一体的哲学追求、执着仁爱的人文精神、沉静达观的理性思辨和进步济世的人生态度,给整个民族心理的深层结构、思维方式直到古老的东方文化精神和文化性格以新的巨大冲击。而在理学的形成之地福建,理学的文化规范与东南的社会经济变迁有着紧密的联系,直至今天在东南地区的社会经济活动中依然保留有理学的影响。这种影响主要表现在两个方面:一是理学对东南家族制度以宗法伦理的影响;二是理学的文化规范对东南家族的经济伦理教育的影响。以《朱子家礼》为代表,宋代以来东南闽籍的理学家十分重视对家族制度的建构和实践,这对以血缘和地缘关系为纽带的东南家族及乡族组织的建构与运作影响至深。另一方面,随着明清以来理学宗法伦理观念的庶民化及其文化规范的程序化及可操作化,东南的家族社会在自觉或不自觉中活用理学的文化象征资源,将之内化为一种并非纯粹功利主义的经济伦理精神,用于指导家族成员的工商业实践,明清以来的东南“儒商”呈现出一种义利相容的“文化经济”形态。

一、作为遗产的朱子理学

　　1999 年 12 月 1 日,联合国教科文组织正式通过中国武夷山列入《世界文化与自然遗产名录》,武夷山摘取了世界旅游业含金量最高的“金牌”,从此拿到了走向世界的通行证。武夷山具有秀丽的自然风光,素以“碧水丹山、珍木灵草”名扬天下,这里是“鸟的天堂”“蛇的王国”“昆虫的世界”、动植物的“天然避难所”、“研究两栖、爬行动物的钥匙”,这些都为它被评为世界自然遗产提供了充分的条件,这也是为大部分人所了解的武夷山;然而武夷山同时摘取了“自然遗产”和“文化遗产”两项桂冠,这就更显得弥足珍贵了,其中一个很大的原因就是武夷山乃是朱子理学的发源地,是世界研究朱子理学乃至东方文化的基地。有诗为证:“东周出孔丘,南宋有朱熹;中国古文化,泰山与武夷。”但孔府、孔庙与孔林虽然与世界遗产泰山相邻,但孔子及其学说毕竟不是在泰山孕育形成的,因此,孔子和泰山的关系,并不像朱

---

　　① 高令印先生云:“闽学是指以朱熹为首包括其门人在内的南宋朱子学派的思想,以及其后福建理学家的一些思想。闽学是相对于其他地域性的学派濂、洛、关、浙东、江西等而言的。”“就闽学源于洛学来说,闽学属程颐、朱熹一系。”参见高令印、蒋步荣:《闽学概论》,易通出版社,1990 年版,第 13－15 页。

熹与武夷山那样难舍难分。

围绕着对朱子理学形成和传播,我们将要展现的是一条思想路线的扩散过程,它呈现出来的正是一条内卷化的路线。首先是随着南宋的躲避战乱、人口迁移、经济重心南移等因素,随之带来了道学的南传,这一时期幼年朱熹在武夷山受到儒道的熏陶,这是朱子理学的孕育时期,也是海西向外界"吸纳"的时期;南宋淳熙十年(1183)后,朱熹在武夷山筑武夷精舍开始讲学,此后数十年在武夷山传经讲道,朱子理学逐渐走向成熟和完善。这一时期闽地的学术思想尽管已经相当活跃,但从全国更广的范围来看,仍处于蓄势待发的孕育阶段;朱子理学真正成为显学,是在南宋理崇以后,这时的朱子理学经过朱门后学的推动,在政治层面上找到了与王权的契合处,在统治者的推动下,四方翕然争售朱学。于是这一最初源自于中原的道学,经过在海西的回旋酝酿后,继而反哺中原,释放出其强大的张力,深刻影响了宋元时期的社会与经济发展。

二、朱子理学的吸纳孕育过程

朱熹虽然客居武夷山,但是他最初受教育,后来的生活、教学与著述都完成于武夷山。朱熹一生的大部分时光都是在武夷山度过的,武夷山是朱子理学的诞生和发展的地区。所以我们考察朱子理学与武夷山文化的关系,自然要从朱子理学在武夷山的起源和发展入手。

建安四年(1130)九月十五日,朱熹出生于东南闽中尤溪城北青印溪南山下的郑氏馆舍。朱氏是一个源远流长的望姓大族,但到朱松父亲时已经家道式微。朱熹之前的两个哥哥早夭,父亲朱松将全部希望寄托在第三子朱熹身上,将其培养成一个标准的道学儒士。朱松奉祠归闽,携家定居在建瓯城南的建溪之上,朱熹在父亲的苦心督教下,接受了极为严格的家庭训蒙教育。

师从武夷三先生

南宋绍兴十三年(1143),朱熹14岁,家里突然发生了不幸的变故,父亲朱松病逝。其父弥留时将后事托付给武夷山籍的挚友刘子羽,要朱熹拜刘子羽为义父,并要儿子跟随义父到武夷山麓的开耀乡五夫里拜遇世居那里的理学宿儒胡宪、刘勉之、刘彦冲为师。他说:"籍溪(五夫里的别称)胡原仲(胡宪)、白水刘致中(勉之)、屏山刘彦冲(刘子翚),此三者,吾友也,其学皆渊源,吾所敬畏。吾即死,汝往父事之,而唯其言是听,则吾死不恨矣!"(民国《崇安县新志》)。刘子羽把朱熹母子从建瓯接到崇安的五夫里居住,由刘勉之主持料理了朱松的丧事,在第二年把朱松葬在五夫里西塔山,并在刘氏庄园前修葺了一座紫阳楼,以供朱熹母子止宿读书之便。

刘子羽(1096—1146),字彦修,建州崇安(今福建武夷山市)五夫里(今五夫镇)府前村人。宋徽宗宣和中父刘韐帅浙东,佐父主管机宜文字,以破方腊功,入为太府簿。后随父帅真定,以抗金知名。宋高宗建炎初,除枢密院检详文字。张浚宣抚川陕,辟为宣抚使参议军事。绍兴二年(1132),以功拜利州路经略使兼知兴元府。四年,因富平兵败事与张浚俱罢,责单州团练副使白州安置。六年,张浚还朝,起知鄂州、权都督府参议军事。八年再贬单州。十一年,知镇江府兼沿江安抚使。以不附秦桧,十二年罢,提举太平观。十六年卒,年五十。事见《名臣碑传琬琰集》下集卷二三《少傅刘公墓志》《少傅刘公神道碑铭》,《宋史》卷三七〇有传。[①]

从绍兴十三年卜居潭溪起,朱熹住在紫阳楼中开始受学于胡宪、刘勉之和刘子翚三先生。一直在刘子羽、刘子翚的家塾中受教。在刘氏家族中,朱熹受到了更正规更全面的儒家教育:从小学到大学,从法帖临摹到苦读经书,一面为科举入仕攻习程文与辞章之学,一面为入"圣贤之域"而潜研二程洛学的理学。

三先生爱在山水胜境筑室读书,携诸生讲学山中,吟诗作文,那里也成了朱熹的受教之地。最有名的是武夷水帘洞。在崇安城南的武夷山,九曲溪流、三十六青峰、九十九幽岩、七十二洞穴的人间奇景中,有一方"绝壁飞泉挂白龙,一帘风送玉玲珑"的水帘洞,崖顶两道流泉凌空飘洒而下,有如珠帘,幽邃奇绝的洞穴高广数十丈,可容纳千百人,成了三先生为诸生讲学的天然学堂。

当他到潭溪受学三先生时,正当南宋统治者严厉禁绝二程洛学的时期。朱熹师事三先生的少年时代就是在这种反程学的文化氛围中度过的。这时二程洛学走向民间,被排斥的洛学传人们在林下倡道,山间授学。武夷三先生都是程洛之学的虔诚信徒,而非传统的经学家,他们在直接用二程及其门人的著作来灌输朱熹理学思想的同时,把重点从五经学转移到了四书上。14岁的少年朱熹已怀着异乎寻常的虔诚崇拜开始潜心研读起二程和张载的著作。[②] 三先生又都好佛老,他们又把渗透浓重佛老气的理学思想传授给了朱熹。正是此三人的教导才使得朱熹自小便耳濡目染程氏理学的博大精深,更在以后将其发扬光大,成就千古理学第一人的伟业。应当说武夷山野间流传的程氏理学传统已经为朱熹日后的学术道路指明了方向。但是朱熹并不是一味盲目地接受三先生的理学观念。实际上三先生虽都崇程学,但其学问思想却各有渊源,在经学上,刘子翚更多取于胡瑗、程颐、胡安国。胡宪更多有取于谢良佐、胡安国、谯定、朱震及湖湘派。刘勉之则更多取于刘安世、杨时、张载。朱熹在继承三人的理学思想方面更多的是兼容并包,而自成一家。

---

① http://baike.baidu.com/view/989959.htm(2015 年 3 月 1 日访问)。
② 傅小凡、谢清果:《朱子理学与武夷山文化》,厦门大学出版社,2008 年版,第 33—50 页。

出入佛老与儒家

"朱熹是个大器晚成的学者,一生经历了数次的思想转变,而最终'复归'于程颐理学一脉的义理框架。早年他一方面向往'只我无心可愁得,西湖风月弄扁舟'禅道之境,另方面又愿'愿子驰坚车,蹑险摧其刚',誓成儒者有为之志。"①

朱熹 20 岁以后学术思想发生两个重要变化:一是由章句的记诵死读转向对经义的融会贯通,二是从注重读经转向对经史子集百家之书的全面攻读。他在读佛经和道书上也都作了两大册的心得笔记。对朱熹思想有重要影响的佛教《圆觉经》《楞严经》《坛经》华严宗与天台宗的主要经书、宗杲新派禅宗的著作和《道藏》中的道图、道说,他就是从这时起开始潜心阅读的。

绍兴十八年的登科中举,使朱熹可以抛去应试文章,全力专攻古文。他把目光从理学家又转到了古文家。在唐宋八大家中,朱熹推崇韩愈、欧阳修、曾巩。他 20岁以后狂读经书,并醉心于禅家式的以心观心的心学认识—修养方法,自称 20 岁以后的全面读书是一个以吾心"体验"圣心的时期。他说:"读书须是以自家之心体验圣人之心。少间体验得熟,自家之心便是圣人之心。"

在绍兴十八年登科之后,朱熹有两次远游。绍兴二十年春回婺源省祖墓,是一次荣归故里的出闽远游。绍兴二十一年的铨试又再给了他一次远游访禅的机会。

朱熹在婺源借少年新科进士的名望与众多的新安后生学子谈诗说文,讲学论道,生平第一次把自己的影响带到了皖地,他毕生好与弟子讲论学问的生活就此开始。朱熹在婺源用程学来开导新安学子。

当婺源士子汪次山出面请朱熹作《四友堂记》,叩问读经之法,征求让儿子读《周礼》入手治学的意见,朱熹回闽复信告诉他读经不可求自"异书"。朱熹虽要求别人不能求于"异书",他自己却出入于佛经道藏,这表明年轻朱熹的内心存在着理学思想与禅学观点的矛盾。

南宋在绍兴三年以后恢复了初入官人铨试之法,凡任子及同进士出身者须赴铨选。朱熹在绍兴二十一年春入都,参加了三月三旬的铨试,考经赋予经义、诗赋、时议、断案、律义五场,又一举中第,授迪功郎、泉州同安主簿。泉州同安是望州中县,朱熹还要待次。仕途顺利,春风得意的朱熹,离开临安后到处参访问道,最值得一提的是庐山道士灵石山虚谷子和灵石山药寮居士谢极。

大概就是这次在临安,他结识了庐山道士虚谷子刘烈,同他论《易》学,问金液还丹修炼之法,细读了虚谷子的《还丹百篇》。朱熹完全拜倒在了这个名噪一时的道士脚下。刘虚谷精通《易》和《参同契》,著书多种,广交朝士,声名远播。虚谷是

---

① 陈支平、詹石窗:《透视中国东南:文化经济的整合研究》,厦门大学出版社,2003 年版,第 543 页。

朱熹生平第一名真正的道家老师，他后来筑室步虚长生求仙，精研还丹，作《周易参同契考异》，都渗透着虚谷子说易论丹的最初启迪。在归闽的途中，朱熹特地前往黄岩灵石山拜访了药寮居士谢极，向其问道。绍兴十八年的远游访禅开拓了他的佛学视野，但在赴同安任以后，朱熹的学术思想逐渐复归于儒学。

绍兴二十三年，朱熹南下赴同安任。在同安，朱熹住在主簿廨西北的斋屋中，开始了他浮沉官场的主簿生涯。南宋迫切的社会现实问题已不容他进行高士的玄思冥想了。从屈辱的"绍兴和议"以来南宋朝廷苟安了十余年，朱熹面对的同安是一个赃吏恣奸、富豪横行、百姓穷困、民生凋敝的同安，同多数宋代士大夫的好佛老一样，朱熹把以佛养心、以老养身、以儒治国作为人生的最高信念和准则，儒佛道可以并行不悖而各尽其妙，一置身于同安尘世社会，他的儒家积极经世治邦的现实精神的一面高昂起来。

在同安，朱熹开始渐渐相信不是佛学和老学，而是理学，才是拯救南宋衰世的精神力量和伦理支柱。他以同安主簿兼主学事，所以他把更多的精力花在整顿县学教育上，主张"敦礼义、厚风俗、劲吏奸、恤民隐"，通过振兴儒学教育来实现。朱熹亲自授课讲学，推广儒学教育，这使他与同安士人有了广泛的接触交往，在同他们的讲学论道中形成和发展自己的经学和理学思想。

在同安五年，他尽忠王事，风尘仆仆于泉、漳和莆田之间，出没于烟涛野岭之上。但朱熹早已生归居田园之念，目睹民众饥羸不堪，深感自己身为一县长吏竟无补于民。矛盾与自责已使他无意官场升迁，欲求洁身自退。所以他在同安只经历了五年宦海沉浮，便自甘退藏，深山奉祠不出，而骨子里却在清苦的授徒讲学中默默铸造自己庞大的理学体系，实现自己以理学良方疗救天下、力挽衰世的"圣人"抱负了。

从同安归后他才"尽弃旧学"，往见李侗。他以"而立"之年恭执弟子礼于李侗门下。绍兴二十八年正月的相见，主要是讨论理一分殊。李侗思想学问的大旨可以概括为最根本的两点：理一分殊和主静，具有杂糅程颐之学和程颢之学的特点。以绍兴二十九年校订《上蔡语录》、绍兴三十年完成《孟子集解》、隆兴元年上半年完成《论语要义》和下半年入都奏事为里程碑，朱熹展开了他师从李侗从"存养"到"致知"到"应事"的三部曲。

李侗和禅家不同，他涵养与察识紧密统一不分，并不孤立地只讲主静，他不仅注重静中体认，而且更注重分殊体认；不仅注重静中体认喜怒哀乐未发时的所谓"中"，而且更注重实际中的"发而皆中节"；不仅注重一心存养的用静，而且更注重即物穷理的致知。因为强调"分殊"，所以他要求于朱熹的"致知"就是要穷究事物各特殊之理而最后达到对一理的融会贯通。绍兴三十年冬，朱熹到延平与李侗相见，讨论的中心问题就是如何在"用"上下功夫，达到体用无间的挥洒融释。

三、朱子理学的发展与成熟

淳熙十年(1183)四月,朱熹在武夷五曲构建的武夷精舍落成,那里成了理学"素王"传经讲道的当代洙泗弦歌之地。"圣人"虽不废游息,但却无时无刻不"志于道",行用退藏无不以"道"为指归。就在这简陋的武夷精舍,朱熹展开了他后半生的读书、讲学、著述和论战的不平静生活。

武夷精舍坐落于五曲溪北隐屏峰西麓,建于南宋淳熙十年(1183),是南宋大理学家朱熹(1130—1200)创建的讲学著述之所。初建时有仁智堂、隐求室、止宿寮、石门坞、观善斋、寒栖馆、晚对亭、铁笛亭等建筑,有钓矶、茶灶、渔艇等自然景观(朱子作《武夷精舍杂咏》诗十二首),占地数亩(数千平方米),世称"武夷之巨观",是南宋时期有较大影响的学府。精舍落成后,朱熹在此著述讲学前后八年,来此就读的四方学者甚众,直接受业于朱熹的有两百多人,许多成为著名理学家,如蔡元定、游九言、刘爚、黄干、詹体仁、真德秀、李闳祖、李方子、叶味道等,形成了一个强有力的儒学学派——理学,并引来大批学者相继在武夷山九曲溪两岸建筑学堂,聚徒讲学,武夷山因此而成为人文荟萃之地,成为一座理学名山,被后人誉为"道南理窟"。

1952年,书院改建为部队疗养院,只保留下主体建筑仁智堂和两庑隐求室、止宿寮。仁智堂1973年被拆除改建礼堂,1998年礼堂被拆除铺设草皮。2001年8月29日,武夷山风景名胜区管理委员会拆除隐求室、止宿寮(保留一部分墙体展示),重建书院。总占地约7250平方米,建筑面积862.17平方米,单层,分为前厅、正厅、仁智堂、隐求堂、止宿寮、碑廊等七幢单体建筑,书院前有牌坊,宽17米,高9.33米,均为仿宋建筑风格,建筑总造价300万元,名为紫阳书院。书院遗址1992年12月武夷山市人民政府公布为第四批文物保护单位。[①]

笔者于2008年3月来到这里时,天空中正飘洒着蒙蒙细雨,武夷精舍的大厅正中高悬着孔子的画像,画像前是一代理学宗师朱熹手持书卷讲学的塑像,从大厅的中轴线两边延伸开来有十来位读书人坐于案几前听讲的塑像。凭借着现代科技的景观再造,以及武夷精舍本身特殊的历史地位所带给人的想象,我们仿佛又听到了那来自千年前的读书诵经声。庭院的两边,高高的玻璃围墙里围有两堵断壁残垣,那颓败的土色似乎在向我们讲述理学在武夷山的几百年来的发展历程。

朱熹在武夷山生活、著述、教学达50余年,集孔子以降学术思想之大成,形成儒学思想文化的杰出代表——朱子理学。以武夷精舍为朱子思想的传播基地,淳熙十年以后朱学从一种学派思想变成了普遍的理学文化新潮,借着朱熹在武夷讲

---

① 资料来源:厦门大学人文学院武夷山考察小组内部资料;《武夷山风景名胜区古书院及遗址》。

学著述的声势迅速向整个社会蔓延。在他的影响下，宋至元朝在武夷山广办学院，传播理学思想的著名学者达 43 位，使武夷山成为"三朝（宋、元、明）理学驻足之薮"。至今武夷山的山间溪畔仍留有众多的理学文化遗址、石刻。

朱熹自称继承了二程恢复的孔孟"道统"。他在吸取"北宋五子"的思想成果的基础上，进一步回应道、释两家对儒家思想的挑战，建立了庞大的理学体系，在集理学之大成的同时，最终完成了天理本体论体系的建立。朱熹建立的客观本体论，包含诸多范畴，主要有"天""天理（理）""道（天道）""太极（无极）"。这些本体论范畴，意义有一致的地方，是使用不同的名词表达同一个对象，但是因为使用不同的词，在不同的语境中意义有一定的差别。而这些客观本体论范畴，又都体现在一定的物质性存在之中，这些存在以"气""器"等范畴表达，而理气与道器统一，则表现为本体与存在的统一。朱熹在客观本体论的基础上考察了人的本质，建立了他的主体本体论，为其伦理学奠定了坚实的哲学基础。朱熹认为，他所建立的客观本体与主观心性之间有着内在的统一性，但是这种统一性是潜在的，还需要人通过后天的学习达到对客观本体的把握，才能变成现实的统一，这就是朱熹哲学中的认识论问题。面对客观本体，主体的任务是按照客观本体的本来面貌去认识它，在客观本体与主观心性之间，客观本体占据主导地位，而主观心性只有将自己统一于客观本体之中，才能达到所谓"尽心知性而知天"的最高境界。这种将主观心性融入客观本体之中去的认识论，当然是服从于本体论的，所以在朱熹的哲学中，主体的地位次于客观本体的地位，人的情感服从于理性，人的意志服从于客观的天命。这种独断论哲学的确为封建主义极权提供了本体论证明。不过，朱熹在认识论方面却有不少精辟见解，他在知行关系问题上，得出行重于知，以能行之与否检验知之真伪的结论。[①]

四、朱子理学的传播与影响

南宋时期，经真德秀、刘爚、魏了翁等朱门后学的推动，朱子理学在政治操作层面上找到了与王权政治的契合点。统治者恢复了理学名誉，并褒扬了朱熹及其门人。宝庆三年（1227），理宗以朱熹"发挥圣贤蕴奥，有补治道"[②]，特赠熹太师，追封信国公。绍定三年（1230），又改封徽国公，淳祐元年（1241），则将朱熹与周敦颐、程

---

① 傅小凡、谢清果：《朱子理学与武夷山文化》，厦门大学出版社，2008 年版，第 66—67 页。
② 冯琦原编，陈邦瞻纂辑：《宋史纪事本末》（第三册）卷八十，中华书局，1955 年版，第 687 页。

颢、程颐同祀孔庙。黄干、刘爚、蔡元定等也先后被褒扬。此外，科举考试已重视用朱子理学阐释儒家经典。理宗淳祐四五年间，已有用朱说而取科甲者，于是四方翕然争售朱学。

降至元代，理学特别是朱学，随着政治中心的北移而迅速向北方扩散。"元仁宗皇庆二年（1313），酌定科举条例，规定蒙古色目人首场经问五条和汉人南人首场明经经疑二问，皆四书内设问，用朱熹《四书章句集注》，复以己意结之。而经义一道，各治一经，《诗》以朱熹《集传》为主，《书》以蔡沈《传》为主，《易》以程颐《易传》和朱熹的《本义》为主。朱熹的经传注本正式成为考试程式。朱学更演变成一帮甘愿'入彀'的儒生科场角逐的工具。"①

除了朝廷通过科举考试将朱子理学意识形态化以外，元代的书院在理学传播中也起到了极大的作用。元代建立以后，南宋遗民将书院作为研究与传播程朱理学的基地，以捍卫其作为"道统"维护者的尊严。在官方支持下，程朱理学以书院为依托实现了北传，不但将程朱理学的影响成功地向北方广大地区扩展，而且也使蒙古贵族对其有了更加深入的认识。在学习程朱理学与科举应试相统一的思想指导下，元代书院的教学成为程朱理学传播与普及的最重要途径。②

至明代初期，朱学更进一步走向唯我独尊，在全国各个角落散播开来。明开国伊始，宋濂、刘基等一批东南理学家便与明太祖朱元璋"论道经邦"，推阐程朱理学。明太祖曾首立太学，令学者非五经孔孟之书不读，非濂洛关闽之学不讲。他和刘基还沿袭皇庆条制，定以《四子书》及五经命题试士，要求以朱熹及门人著作为范本，其文章制定是谓八股。洪武年间，解缙则议修书，力主将关、闽、濂、洛之著作随事类别，勒成一经。"明永乐十二年（1414 年），为标榜'以道治天下'，朝廷指派众儒生开始纂修《五经大全》《四书大全》《性理大全》等三部理学巨著，历时近半个世纪，标志着朱学正式从民间走进官府，最终确立了统治地位，成为官方的意识形态。"③

五、理学的遗产价值与传承

遗产和环境还有一种建构关系。事实上，建构环境（built environment）这一概念，不管是房屋结构或土地，所有的环境都是建立在当地人的认知基础上的，人们通过文化性的生产活动塑造认知形式、塑造环境。④ 认知与环境是相辅相成的，从

---

① 陈支平、詹石窗：《透视中国东南：文化经济的整合研究》，厦门大学出版社，2003 年版，第 572 页。
② 李兵：《元代书院与程朱理学的传播》，《浙江大学学报》2007 年第 1 期。
③ 陈支平、詹石窗：《透视中国东南：文化经济的整合研究》，厦门大学出版社，2003 年版，第 572 页。
④ Nelson H. H., Graburn: *Learning to Consume: What Is Heritage and When Is It Traditional?* New York: Routledge, 2001, p. 69.

这一点来看，我们既可认为朱子是在体认武夷山的自然山水之中孕育出了其理学思想，同时也应看到朱子理学的影响也渗入武夷山及其周边地区，从而对东南地区乃至整个中国的社会大环境都产生了不小的构建作用，其最直观最物化的体现就是在福建东南地区广泛分布的书院以及遍布民间的大小宗祠、族田等。

书院：武夷山的书院是武夷山成为文化名山的主要构成之一，仅在九曲溪两岸就分布有三十五处之多。书院的创办者大多数为历代名贤。就读生均为高品位的学者，数量亦极可观，并多有成为历代名臣高士的。书院分布均匀，建筑各有南方特点，并与自然风景融为一体，增添了景观色彩。可惜如今建筑大部分倾圮，遗址均在。

祠堂："朱熹强调'庶民祭于寝，士大夫祭于庙'，'庶人无庙，可立影堂'[①]，其祠堂之制显然尚未违宗法旧制，但他有关祠堂可祭祀高祖以下的四代神主的主张，实际是将'五世则迁'的'小宗'之祭落实到了民间社会。"[②]在这以后，民间广修祠堂，祠堂遍布东南地区的每一个角落。在东南的家族制度中，祠堂是家族的中心，象征着祖先和家族的团结。东南家族组织常通过建祠和修谱，来实现敬宗、尊祖、睦族的目的。

朱子理学虽然主要形成于福建武夷山，但从它的起源及其传播来看，却都超越了地方这一既定空间，成为朱子留给后世的一份精神礼物，这份礼物直到今天依然泽被中华大地上的人们。近年来，在朱熹的故里五夫镇成立了朱子学校，除了完成日常的教学以外，增加了些朱子文化的内容，让朱熹故乡的孩子了解朱熹，这对朱子学的传承起着重要的作用。而武夷山市武夷学院的建立，更使朱子理学在当今社会得到了继承和延伸。站在今天多元文化的视野里追溯东南理学数百年的传播历程，我们或许能明白，理学的文化传统尽管曾使我们沉重过，但我们决不能因为沉重而将之忘却或抛弃。这是一份来自前辈先哲的珍贵礼物，这份礼物经过多年的磨砺显得沉重，不易获得，但我们若通过努力消化和吸纳，则在建设和谐社会的今天，这份礼物将继续绵绵不断地泽被子孙。

遗产事象之三：客家土楼

土楼，形状或圆，或方，或方与圆结合，或椭圆等，集中存于赣南、闽西、闽南、粤北与粤东地域，而这一天地又恰是客家人核心聚集地。所以土楼在人们的表述中，经常与客家联系在一起。林嘉书认为：闽南漳州、泉州土楼中的居住者九成左右是元末明初或更晚时候从闽西汀州府上杭、永定与宁化等县迁徙。

---

① （南宋）朱熹：《晦庵集》卷七五《家礼序》。
② 陈支平、詹石窗：《透视中国东南：文化经济的整合研究》，厦门大学出版社，2003年版，第619页。

一、行走中的客家人

(一)中心趋向边缘的行走

"客家"作为人群共同体的概念其实是一个新近事物,对于这一人群共同体的源流问题而言,目前国内学者普遍认为与北方汉人大规模迁徙相联系。目前客家人分布区域大约自北纬18°的海南三亚至北纬31°的四川广汉;东经103°的四川广汉至东经121°台湾彰化。境内多山区、丘陵与河流。就客家人聚居中心的闽西、赣南、粤北三角区而言,不仅多山而且还是赣江、汀江、九龙江、闽江、韩江与东江等大水系的源头。

罗香林先生在其《客家源流考》中指出,客家先民东晋以前的居地,北起并州上党,西属司州弘农,东达扬州淮南,中至豫州、新蔡、安丰。换言之,即汉水以东,颍水以西,淮水以北,北达黄河以至上党,皆为客家先民的居地。他认为中原先民经五次南迁而形成客家人,这五次迁徙的过程现在已经较多为研究者们所接受。[①]

中原汉人第一次大迁徙,由五胡乱华侵扰割据所引起。中原汉族为了避难,自晋代永嘉以后,开始南迁,当时被称为"流人",并逐渐形成三大支流,最后,远的到达江西中部南部、福建等地;近的则仍徘徊于颍水、淮水、汝水与汉水一带;第二次南迁则由唐末黄巢起义引起。在十几年动乱中,古代中国各地人民都分头迁徙。这次迁徙,远者,少数已达惠、嘉与韶等地,而多数则留居闽汀州,与赣州东部各地;第三次大规模南迁在宋代时期,由于金人与元人的入侵,客家人的一部分再度迁徙。这次由文天祥等组织人马在闽粤赣山区抗击入侵外族,三省交界处成为双方攻守的重地,于是,先至闽赣的中原氏族再分迁至粤东粤北,而与此同时,流入汀州者也为数日多。第四次南迁发生于明末清初,一方面客家内部人口已不断膨胀,另一方面满洲部族入主中国。在抵抗清无力之后,民众再次分头迁徙,被迫散居各地;相当一部分人迁入四川,重新开辟垦殖,即"移湖广,填四川";第五次迁徙在清后期,这可以说是一次世界范围内的迁徙,人口日多,山区条件差,不足养口。于是,客家人又再次开始分头迁徙,南至雷州、钦州、广州、潮汕等地,渡海则至南洋群岛,甚至远至欧美等地。[②]

对于客家源流的问题,不同学者有不同的看法:房学嘉认为客家是由古越族残存者与秦汉以来中原流人互相融合而成的人们共同体,客家人并不是中原移民,他们既不完全是蛮,也不完全是汉,而是由古越族残存者后裔与秦统一中国以来源自

---

① http://www.mz.sti.gd.cn/kjwf/客家源流考.files/hakka21.jpg,2015年3月1日访问。

② 参见罗香林:《中华民族中客家的源流和系统》,程志远编:《客家源流与分布》,香港天马图书有限公司,1994年版,第6—41页。

中国北部及中部的中原流人互相融合混化而成的人们共同体。(房学嘉《客家源流探奥》)；而蒋炳钊则认为客家的形成与畲族关系密切。客家是入迁的汉人和当地的畲族文化互动于闽粤赣交界处形成的一个新的文化共同体，客家的形成可能始于元，明清时期是其发展壮大的历史时期。(蒋炳钊《试论客家的形成及其与畲族的关系》)陈支平认为客家血统与闽粤赣等省的其他非客家汉民血统并无明显差别，客家民系是由南方各民系融合而成，他们都是中华民族一千多年来大融合的结果。(陈支平《客家源流新论》)从以上分析可以看出，作为一个人群共同体，"客家"是汉族的一支，由南迁汉人，在闽、粤、赣联结地区与当地汉、畲、瑶等原住民互动融合而成，具有区别于汉族其他支系的方言、文化与特性。

(二)边缘趋向海洋的行走

作为一个移民与原住民互动而成的人群共同体，客家人在人口增长、资源短缺、族际竞争与社会动荡等综合因素的作用下，从宋元之际，便开始向南洋开拓生存空间。客家人大批出洋，大致经历三个时期：一是南宋末年，跟随文天祥作战败北后，逃亡到海外谋生的幸存者；二是明清时期，由于客家人人口增长，生活资源短缺，加之当时政府在广州、宁波与泉州设三个船舶公司，有利于中国与南洋来往，大批客家人遂漂向南洋，伴随1820年英国开始在新加坡建埠，而西方殖民者在东南亚开采矿山，建种植园，需大批劳力，这个阶段即所谓"契约华工"的高潮期；而到了雍正、乾隆期间，海禁日渐松弛，出洋华工也日渐增多；三是鸦片战争以后，特别是太平天国运动失败以后，嘉应州的汪海洋部多为客家人，战败后幸存者多数来到南洋谋生，部分被卖到美国当苦力。[①] 目前亚洲的客家人主要分布在印度尼西亚，大约有120万人，新加坡60万，马来西亚125万，泰国60万，菲律宾0.68万，越南15万，缅甸5.5万，柬埔寨1万，印度2.5万。[②]

台湾与福建、广东隔水相望，从明朝开始，惠州、潮州、嘉应州与汀州等地的客家人便以"山贼"和"海盗"的形式成为客家人迁台的先驱，开始前往或定居台湾。客家人移居台湾大致分为以下几个阶段：第一阶段是荷兰统治时期(1624—1662)，一些闽粤两省人，包括福佬人和客家人开始移居台湾。第二阶段是郑成功时代，郑成功收复台湾的部队中有不少客家人，大将刘国轩便是汀州客家人，其部下也多为客家人，台湾收复后，大部分留居台湾。陈孔立认为，郑成功时代，台湾的汉族移民增加到10万—12万人，其中客家人约为4万—5万人。第三阶段是施琅主持福建军政时期，1683年，施琅攻克台湾，台湾成为福建省的一个府。1684年，清政府结

①　黄玉钊：《论客家人迁徙海外的经历及其历史贡献》，《嘉应大学学报》1997年第1期。

②　http://lzmgc.blog.163.com/blog/static/2699432200598953430/(2015年3月1日访问)。

束海禁,闽粤的漳、泉、汀、潮、惠等地很自然成为渡台移民最多的地区,而这些地区的居民主要是福佬人和客家人。第四阶段是康熙中晚期到嘉庆年间。1696 年,施琅去世,清朝不许粤人渡台的禁令逐渐废除,导致闽粤客家人自康熙后期,历经雍正、乾隆、嘉庆时期后,再度掀起一次次移民高潮。至乾隆末期,台湾的客家人大约为 33 万人;嘉庆中期,客家人约为 66 万人。第五阶段是道光以后,这一阶段起初只有小规模客家人渡台,主要发生在太平天国运动失败后,一些百姓逃难和一些客属将士避害而渡台;光绪元年(1875)鼓励人们迁台开垦后,一大批客家人迁台。[①]

（三）行走人群的文化标识

由此看来,客家文化是中原汉文化与南方原住民文化融合的产物。客家文化的主体是汉文化,因为它更多保持了汉人文化的基本特征,但诸多方面又受原住民文化的影响,这就使客家成为既不同于土著又不同于中原汉族的一个汉人群共同体。

客家人群共同体在长期迁徙过程中,其方言成为重要的族际认同纽带与身份文化标识。客家话称客话,又称客家方言或客方言,大体分布于我国福建、广东、江西、广西、湖南、四川、台湾的 200 多个市县。其中以广东省东部、北部地区,福建省西部地区,以及江西省南部等地区最为集中。正如客家祖训所言:"宁卖祖宗田,不卖祖宗言",客家人把不讲客家话看成忘本叛祖的行为。邓晓华教授对客家方言的形成进行了有益研究,其把现今客话音韵与晚唐五代、宋北方语音进行了历史比较,粗略勾画出它们之间的关系,并探索客家方言的历史形成与发展脉络。邓教授认为,客家话的许多音韵特征与晚唐五代、宋代的音韵相符,音韵格局介于唐末至《中原音韵》之间,从而推论客家方言基本上是在晚唐五代至宋初时从中原汉祖语分离出来,逐渐发展演变而形成的。[②]

民居建筑,既是人们日常生活的空间又是族群文化的空间展演,体现了一个族群的伦理道德、价值观、宇宙观与意识形态等。在客家文化运动中,作为一种物化文化标识,客家土楼在客家人的情感认同中逐渐扮演了认同符号角色。当遥远的岁月成为往事,这浸润着客家人血与泪的围屋,亦在世人眼里成为客家人的典型家园构造,成为客家人情感世界的象征符号。它凝聚了客家人整体的心灵感喟,包容了客家人的岁月沧桑,并留存于人们的心中,构成漂泊他乡客家人梦牵魂绕的呼唤。

二、作为遗产的土楼

就现存的客家土楼来说,从外部形态到内部结构上,都与闽南人居住的土楼存

---

① 参见谢重光:《闽台客家社会与文化》,福建人民出版社,2003 年版。
② 邓晓华:《论客家话的来源——兼论客畲关系》,《云南民族大学学报》2006 年第 4 期。

在着一定差别，其中最大的差别便是客家土楼是内通廊式，而闽南土楼是单元式。客家圆楼与闽南圆楼的区别如下：

	客家圆楼	闽南圆楼
相同点	完整的圆形平面，体量巨大；聚族而居；类内均设祖堂；厚实的夯土外墙、外围封闭、一二层不开窗、三层以上开小窗；外墙广设枪眼防卫；通常只设一个大门，门上设水槽以防火攻；内院设水井，楼内设谷仓，便于长期固守。	
相异点	平面布局为内通廊式，分户不明确	平面布局为单元式，分户明确
	单环楼或者多环楼组合	多数为单环楼
	设二个至四个公共楼梯	每个单元内均设独用楼梯
	谷仓设在第二层	谷仓分散在各户顶房
	祖堂居中在圆心位置，向心性强	祖堂不设在圆心位置
	外墙为卵石墙脚	底层多为条石砌筑（沿海地区）
	土墙用净黄土和田泥和熟夯筑	用粗沙土或三合土和糯米浆、红糖水夯筑
	外围夯土墙承重，内部为木质结构环楼	内外墙均为夯土墙承重
	瓦顶结构为木穿斗构架，架檩条	硬山搁檩支撑瓦顶
	屋顶为大出檐式	屋顶为小出檐或不出檐的女儿墙式（沿海地区）

引自黄汉民：《客家土楼民居》，福建教育出版社，1995 年版，第 30 页。

　　土楼民居主要分布于福建、广东与江西三省交汇处。客家土楼与闽南土楼多为大型生土建筑，主要有圆楼、方楼、五凤楼以及各种不同规则形状的土楼。本书以闽西客家土楼为例，归纳福建客家土楼的类型和分布如下表：

类型	分布地区
圆楼	永定县湖坑镇、下洋镇、古竹乡、岐岭乡；南靖县书洋乡、梅林乡、奎洋镇、船场镇；平和县芦溪镇、霞寨镇、九峰镇；诏安县官陂镇、秀篆镇；华安县仙都镇
方楼	永定县高陂镇、湖坑镇、下洋诸乡；新罗区适中镇；南靖县书洋乡、梅林乡、奎洋镇、金山镇；平和县芦溪镇、九峰镇；诏安县官陂镇、秀篆镇；华安县仙都镇
五凤楼	永定县高陂镇、湖坑镇；南靖县书洋乡、梅林乡、金山镇；平和县芦溪镇、九峰镇、霞寨镇、大溪镇、国强乡；诏安县太平镇、秀篆镇、霞葛镇；华安县仙都镇
椭圆楼	南靖县书洋乡、南坑镇；诏安县官陂镇；平和县大溪镇
八卦楼	永定县湖坑乡；诏安县官陂镇；南靖县书洋乡
半月楼	平和县芦溪镇、霞寨镇、国强乡；诏安县太平镇、秀篆镇、霞葛镇
多边楼	永定县湖坑镇、古竹乡
备注：	上杭县、武平县、长汀县的部分地区也分布有土楼，本表未列入。

引自陈丽玲：《福建土楼：地方性文化景观的模板》，《福建地理》2002 年第 4 期。

（一）客家圆楼

客家圆楼主要分布于闽西永定县东部及邻近的山区，以永定县的古竹、湖坑、大溪与下洋等地最为集中，约 300 座；南靖县的书洋乡、梅林乡西部村落里约 80 座。客家圆楼又称"圆寨"，一般为一环楼，少数为二环甚至三环，小型圆楼一般直径在 20 米左右，大型圆楼直径 40 米以上。圆楼一般为三层，第一层作为厨房，第二层作为谷仓，第三层及以上才是卧室。

1. 承启楼

承启楼

承启楼位于永定县高头乡高北村，建于清康熙四十八年(1709)。承启楼直径 73 米，走廊周长 229.34 米，全楼为三圈一中心。外圈 4 层，高 16.4 米，每层设 72 个房间；第二圈有二层，每层设 40 个房间；第三圈为单层，设 32 个房间，中心为祖堂，全楼共 400 个房间、3 个大门、2 口水井，整个建筑占地面积 5376.17 平方米。全楼住户 60 余户，400 余人。承启楼它高大、厚重、粗犷，其雄伟的建筑风格和端庄的庭园院落造型艺术，融于如诗的山乡神韵，让无数参观者叹为观止。台湾"小人国"和深圳锦绣中华都有承启楼模型。1981 年承启楼被收入《中国名胜辞典》，号称"土楼王"，与北京天坛、敦煌莫高窟等中国名胜齐名。历时 3 代，历经半个世纪，规模巨大，造型奇特，且古色古香，充满浓郁乡土气息。"高四层，楼四圈，上上下

承启楼平面图

下四百间；圆中圆，圈套圈，历经沧桑三百年"，正是对该楼的生动写照。

2. 怀远楼

梅林镇坎下村的怀远楼，是南靖县建筑工艺最精美、保护最好的双环圆土楼。该楼建于 1909 年，楼高 4 层约 13.5 米，楼基用巨型鹅卵石和三合土垒筑 3 米多高，其墙基与墙体是目前土楼中最高夯土技艺的代表作之一，可以作为古夯土技术研究的标准实物。楼直径 38 米，内通廊式，每层 34 间，共 136 间。四部楼梯均匀分布，楼内排水系统是众多土楼中最为讲究的，从楼中楼到大门共设计 3 个水道，每个水道安放 3 口水缸，楼内污水中的泥沙可以沉在水缸中，以便清理。土楼只留一个大门，门框、门槛均用石条镶砌，门板用实心的木料拼接而成，厚 12 厘米，门楣梁

上设置有水槽,与二层楼上的灌水道相通,若遇用火攻门,可以从二楼灌水,水通过门顶的水槽均匀沿木门外表流下,形成水幕,浇灭攻门之火。土楼外墙高层处,设有四个瞭望台,在瞭望台广设枪眼,防卫功能极好。

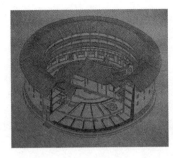

怀远楼

这座土楼最引人注目之处,是天井核心位置的祖堂与作为家族子弟读书的私塾"斯是室",它极其精巧秀气,"四架三间"上下堂五凤楼建筑,占地 190 平方米。"斯是室"正堂两边屋架斗拱上别出心裁的装饰着木刻书卷式饰物,镌篆书镏金对联:"月过花移影,风来竹弄声";"琴书千古意,花木四晓春"。"堂上悬挂的横匾上刻着苍劲有力的'斯是室'3 个大字,两边的柱子上有副对联:右联是'斯堂讵为游观衹计敎书开耳目',左联是'是室何嫌隘陋惟思尚德课儿孙',斯是室营造的古雅的书香气息,一进怀远楼便能感受到。"①

3. 振成楼

振成楼位于永定县湖坑镇洪坑村,建于 1912 年,占地面积 5000 平方米,悬山顶抬梁式构架,分内外两圈,形成楼中有楼,楼外有楼的格局。前门是"巽卦",后门为"乾卦"。外楼圈有 4 层,每层 48 间;每卦 6 间,每卦设一楼梯,为一单元,卦与卦之间以拱门相通。楼内有一厅、二井(暗合"八卦"中的阴阳两极)、三门(即正大门和两头边门,意合八卦中的天、地、人三才)和八个单元。卦与卦之间隔着火墙,一卦失火,不会殃及全楼;卦与卦之间还设卦门,关闭起来,自成一方,开启起来,又各方相通。一旦盗贼入屋,卦门一关,便可瓮中抓活鳖。祖堂似一舞台,台前立有四根周长近 2 米、高近 7 米的大石柱,舞台两侧上下两层 30 个房圈成一内圈,二层廊道精致的铸铁花格栏杆,是从上海运至此嵌制的。大厅及门楣上有民国初年黎元洪大总统"里堂观型""义声载道"的题字。中厅门石刻楹联:"干国家事,读圣贤书。"后厅柱联:"振作哪有闲时,少时壮时老年时,时时须努力;成名原非易事,家事国事天下事,事事要关心。"楼外两侧各有一幢双层半月形的条丝烟烟刀加工作坊

①　谢华章:《南靖土楼》,《中国文化遗产》2005 年第 1 期。

和学堂。全楼共大小房间 222 间（含厅），内部空间设计精致，变化众多，富丽堂皇，是中西合璧的生土民居建筑杰作。

振成楼

4. 田螺坑

田螺坑土楼群位于南靖县书洋镇海拔 787.7 米的大湖米山坡，居高俯瞰，土楼群像一朵盛开的梅花。早在 600 多年前，黄氏客家族人便开基于此。当时一个叫黄百三郎的青年来到此莽莽密林间，见到这里依山傍水，风水极佳，就在此搭盖草寮蜗居，放牛、养鸭，并开荒种地，由此开始繁衍传家。黄氏家族结合这里的地形，就地取材，筑起了一座座坚如城堡般的土楼。土楼最早建于 1796 年，是居中的方形步云楼，后于 20 世纪 30 年代毁于战争，1949 年在原基上重建；以后又在四周建起圆形的和昌楼（1796 年、1953 年重建）、振昌楼（1927 年、1934 年毁于战火，1940 年重建）、瑞云楼（1918）和椭圆形文昌楼（1969）。五座土楼依山势起伏，层层土墙与梯田遥相呼应，秀丽奇异，美不胜收。振昌楼与众不同，它的内堂坐正西南，与门不在同一直线上，反映了一种"富不露白"的风水文化理念；瑞云楼则坐落于五座楼的内隅，有藏风聚气之功，体现了含蓄吉顺的朴素观念。

（二）客家方楼

客家方形土楼俗称"四角楼"，分为长方形状与正方形的四合院式。其特点是外墙均有泥土版筑而成，内墙多是木构。方楼多数为三层：一层多作厨房、饭堂；二层是仓库堆放粮食与杂物；三层及以上则是卧室。一层一般不对外开窗，要作为卧室的房间才开窗，窗口内大外小，可作枪眼，楼内多有通廊式走马廊；在四角处设有公共的楼梯，天井中常建有一层楼的中堂作为厅堂。在土楼体系中，方楼的数量多于圆楼，但是少于五凤楼，广泛分布在闽、粤、赣三省的交汇处。

1. 和贵楼

和贵楼

和贵楼位于梅林镇璞山村，"是南靖方形土楼的代表，这座楼建于清雍正十年（1732 年），高 5 层 21.5 米，是南靖县唯一一座 5 层的方楼。土楼外墙用鹅卵石砌就一米多高的墙脚，底层夯土墙厚 1.34 米，往上逐层收缩 10 厘米，整座土楼除外墙用夯土墙承重外，楼内全部用木构架承重。楼面宽 36.6 米，进深 28.6 米，坐西向东，设一个大门出入，楼进门为门厅，每层 24 间房周边对称布置，围成一个内院。四部梯道分布于楼的四角。每户分配一至五层占一个开间，各层内侧设走马廊。楼底层房间用作厨房，对外不开窗；二层作谷仓，只开一条不足 20 厘米的通风小缝；三至五层为卧室，窗洞宽约 50－60 厘米，做成内大外小，具有防卫功能。这座土楼与众不同之处在于瓦屋顶坡度平缓，出檐达 3.3 米，楼的外围后高前低，九脊顶随之高低错落，显得格外壮观。楼内院建有 159.1 平方米的'三间一堂'式私塾学堂，楼外建有 15 间平房护厝，形成'楼包厝，厝包楼'的奇特景观。楼的天井两边有两口水井，水质截然不同，左边井水清澈甘甜可饮用；右边井水混浊不清供洗涮，被人称为'阴阳井'，让人感到'上阳下阴，阴阳交汇，气聚丹田，否极泰来'的效果。这两口水井的水位均超过地面，但又不溢出井沿，成为一个未解之谜。和贵楼附近方圆 3000 平方米都是沼泽地，为何能建起如此高的楼房来。据说当初楼刚建一层就像沉船一样，慢慢下沉到烂地里。楼主简次屏用 100 多立方米的松木打桩，俗话说'风吹千年杉，水浸万年松'，松木在水里浸泡万年不烂，这座楼就这样历经 200

多年,依然坚固沉稳,巍然屹立"①。

2. 遗经楼

遗经楼位于永定县高陂镇上洋村,建于清咸丰元年(1851),是一座方形土楼。外墙东西宽 136 米,南北长 76 米,占地面积 10336 平方米。其后座主楼高 17 米,有 5 层,是永定现有土楼中最高楼房。主楼左右两端分别垂直连接一座四层楼房,并与主楼平行的四层前楼紧紧相接,围成一座巨大的方楼,如此环绕形成一个大大的"口"字。里面又有一组小"口"字形建筑,形成一个独特的"回"字形奇妙造型。正所谓"门中有门,楼中有楼,重重叠叠",当地人都称它为"大楼厦"。中间为祖堂,前楼一左一右建有两所学堂,楼内子女可以在楼内就读,学堂中间是个石坪,前建大

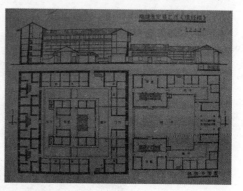

遗经楼

门楼,大门高 6 米宽 4 米。在主楼后面有花园一座、鱼塘一口,以及碓房、牛舍等附设建筑。遗经楼是目前所知方形土楼中最为庞大者,共有房间 267 间,51 个大小厅堂,占地五公顷,建筑面积四千余平方米,整个建筑布局规整,条理井然,费时七十多年,经三代人努力方建成。当地人形容其说:一个人从太阳升起即开始开窗,开到中午下楼吃饭,然后上楼关窗,直到太阳下山才能关完最后一扇窗。遗经楼的布局突出了传统建筑的特点:突出中轴,前低后高,左右对称,其变化多端的平面,参差有致的楼阁,使人回味无穷。

3. 奎聚楼

奎聚楼位于湖坑镇洪坑村,是宫殿式结构的方形大土楼。奎聚楼建于 1834 年,已 160 多年历史。占地 6000 平方米,高约 15 米,用 3 年时间建成。现有住户 24 户,107 人。一百多年里,楼里考取进士和官至七品以上的有 4 人,大学生 20 多人,海外华侨 40 多人。正如大门对联所言:"奎星郎照文明盛,聚族于斯气象新"。奎聚楼的建筑特点是中厅高,两厢低,经 160 多年风吹雨打,岿然

奎聚楼

---

① 谢华章:《南靖土楼》,《中国文化遗产》2005 年第 1 期。

如山。中门平时不开，只有贵客来时，方才打开中门迎接。楼内檐梁雕刻尤为精美，"文化大革命"期间遭受破坏。方楼外墙土筑，极为封闭，只有顶层开窗，留一大门出入，前后楼的顶层一高一低，错落有致，侧楼屋顶做悬山跌落，与周边山峰遥相呼应。

4. 顺源楼

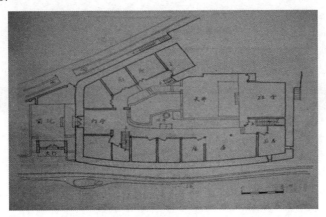

顺源楼

顺源楼位于永定县古竹乡高东村，是由方形楼变形而来的内通廊道式五角土楼，高 3 层，坐落于溪边三角地带，沿溪边为弧形，顺溪而建，取名"顺源楼"。顺源楼由江氏修建，现住 3 家 20 余人。顺源楼前房 3 层、后房 2 层，祖堂居中对称，其他房间依地势自由组合，依山傍水，层次多变，是客家土楼中难得的精品。

（三）客家五凤楼

五凤楼是客家土楼中数量最多，分布最广，文化内涵最为复杂的土楼类型。闽西客家上杭县有传统五凤楼 2000 多座。永定县有五凤楼 1000 余座；武平、宁化、清流、长汀、连城等地各有五凤楼 1000 多座；龙岩县 300 多座；广东 10000 多座，主要分布于粤北、粤东，全国估计共有五凤楼 25000 多座。五凤楼的主要特征：敞厅堂、敞廊与天井构成三位一体的厅井空间，至少上下两堂，左右有平衡对称的厢房，无论是中轴或横屋，必须以"四架三间"为基本构图；大门前有半圆形水池；土楼前低后高，中轴高两横低。[①]

---

① 林嘉书：《土楼——凝固的音乐和立体的诗篇》，上海人民出版社，2006 年版，第 98 页。

1. 大夫第

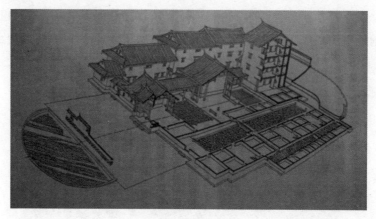

大夫第平面图

大夫第原名"文翼楼",位于永定县高坡富领村,王氏始建于清道光八年(1828),历时 6 年建成。前后纵深 108 米,东西宽 58 米,占地面积 5112.5 平方米。主楼 4 层,高 11.4 米,局部 5 层,配楼 3 层,高 9.5 米,大小厅堂计 25 间,房间 118 个。门外有 17 米宽的大晒坪,坪外又有 30 米宽的半月形鱼塘。大夫第布局为"三堂两横"式,三堂分为下堂、中堂、后堂。下堂为出入口,放于最前面;中堂是全家的团聚中心,居中;上堂供奉祖先牌位,居于最后,是最深藏、最安全、最崇高的地方。由于这种形式端庄方正,主次分明,高低错落,极富有宫殿情趣,被当地人称为五凤楼。又由于大门口匾书"大夫第"三字,建筑界又多称"大夫梯式"土楼居民。依其建筑特征而言,堂横式,即三堂(屋)两横(楼),面山背水,占尽山川灵气,反映了中原文化传统。

2. 福裕楼

福裕楼位于湖坑镇洪坑村,是永定府第式土楼的杰出代表,建筑风格富丽堂皇。公元 1880 年开始兴建,耗资十多万光洋,历时三年完工,占地 7000 余平方米。该楼由楼主三兄弟(林仲山、林仁山、林德山)的朋友汀州知府张星炳设计。其结构特点为:在主楼中轴线上前低后高,两座横屋,高低有序,主次分明。楼前三个大门,在主楼和横屋之间有小门相隔,外观连成一体,内则分三大单元,楼门坪和围墙用当地河卵石铺砌,做工十分精细,与大自然环境浑然一体,十分和谐。外形像三座山,隐含楼主三兄弟"三山"之意。清末,林氏三兄弟经营条丝烟和烟刀生意,产品销往日本、东南亚各国,发了大财,富甲永定。他们捐巨资兴办日新学堂。日新学堂也是由张星炳设计,是一所典雅富丽、中西合璧的建筑。该学堂办起后,培育了不少人才,名气远扬,许多外乡人都来此日新学堂读书。黄汉民认为福裕楼是五凤楼的变体形式,五凤楼下堂在这里变成两层楼房,延长与两侧三层的横屋相连,中堂建成楼房,后堂五层的主楼扩大与两横相接,构成四周高楼围合更具防卫性的形式,是五凤楼发展到方楼的过渡类型。最盛时期楼内居住 27 户两百余人,其前门两边的对联"福田心地,裕后光前",隐喻了楼名和楼主的追求。[①]

福裕楼

3. 永隆昌楼

永隆昌楼位于永定县抚市乡社前村,由五凤楼"福盛楼"和方楼"福善楼"组成。福盛楼门上刻"大夫第",为四堂两横式,主楼高六层,为福建最高土楼,布局与众不同:在三堂与两横的空间中又有六个小四合院,使得大家族内部的小家庭相对独立。福善楼门楼上则刻"中议第",为四层土楼,黄汉民认为是单元式方楼的变异。矩形的内院中心是祖堂,每个单元都由中厅和两侧卧室组成,底层用作厨房。永隆昌楼现住黄氏家族 60 余户 300 多人,福善楼建于清咸丰、同治年间(1851—1874),福盛楼比福善楼早建约一百年。据记载,永隆昌楼当时共有 144 个木楼梯,746 间房,92 个厅堂。楼内共有 7 口水井,地理师取名为"七星赶月"。楼内刻石刻对联:"四山高拱金屏列,一水长流玉带环。门迎渠水清而活,户挹和风乐且湛。"生动地描述了永隆昌楼的风水景观。[②]

三、客家土楼的结构与功能

作为世界文化遗产的福建土楼,包括永定县的初溪土楼群、洪坑土楼群、高北

①　黄汉民:《客家土楼民居》,福建教育出版社,1995 年版,第 74 页。
②　黄汉民:《客家土楼民居》,福建教育出版社,1995 年版,第 75—76 页。

土楼群、衍香楼与振福楼;南靖县的田螺坑土楼群、河坑土楼群、怀远楼与和贵楼;华安县的大地土楼群。这些福建土楼中,永定县土楼与南靖县的田螺坑土楼群、怀远楼、和贵楼均为客家土楼,其他为闽南土楼。对于福建土楼的成因,目前研究土楼的专家一致认为与防卫有关;其一,闽南海域明末海盗猖獗,为防卫而建土楼;其二,在资源竞争中为获得更好生活环境,为防盗、防匪而建造土楼。厦门大学石奕龙教授认为,客家土楼的建造首要因素是明末清初深受农业伦理影响的客家人经商成功后,回乡买田建房,与显示财富和光宗耀祖有关,当然防卫也是土楼在建造过程中被考虑的因素。土楼作为聚族而居的人群居住模式选择,应该是人群共同体的文化背景、知识体系、价值观、宇宙观与自然环境、社会环境互动的产物。客家土楼的独特结构中,蕴含了客家人对天、地、人三界的宇宙观与价值观,是客家人居住空间里的文化展演。

（一）土楼空间结构

客家土楼的主要类型为五凤楼、方楼、圆楼,以及各种变形的土楼。黄汉民先生认为,客家人从北方南下迁徙,居住模式经历了由北方四合院、五凤楼、方楼到圆楼的发展过程。就目前存在的土楼数量而言,最多是五凤楼,其次是方楼,最后是圆楼。

五凤楼沿全宅中轴线内前至后布置下堂、中堂与上堂（主楼）,合称三堂。下堂即门厅;中堂为家族聚会大厅,都是单层;主楼大多三、四、五层,底层正中为祖堂,供祖先牌位,左右及以上各层为各家居室。三堂之间隔以天井,左右各有厢厅,并有通道通向横屋。横屋指与中轴平行的条形长屋,也是各家居室,由前至后层数递增,最后与主楼高度接近。以主楼为重心,两横楼如大鸟之翼左右拱卫,气势舒展若凤凰展翅,所以称为"五凤楼"。五凤楼选择在前低后高的山脚地带,屋顶多为歇山式,屋坡舒缓,檐端平直,明显保留了较多的汉唐风格。

方楼在福建土楼中,较圆楼更为普及。方楼特征就是夯筑一圈方形的高大围墙,只留一个进口,一间门厅,沿屋墙设置房间,中央是敞开天井,天井周围是回廊,如此重叠,高达五、六层。这种土楼将传统夯土技术发挥到登峰造极的地步。在同一形式下,有大有小,层次不同,但都十分坚固。方楼的造型特征与五凤楼近似,唯其下堂和横屋的外墙另厚升高,形成更为壮观的整体。

圆楼是三种典型土楼中造型最富魅力的一种。从建筑学上而言,圆楼采光、通风较为平均,且节省建筑材料,风阻较小,因为受力均匀,抗震能力也最强。从方楼发展到圆楼,防卫要求是重要因素。圆楼一般都由二、三圈组成,由内到外,环环相套,外圈高十余米,有一二百个房间,共四层:一层是厨房和餐厅;二层是仓库;三、四层是卧室。二圈两层有三五十个房间,一般是客房,中一间是祖堂,是居住在楼内的几百人婚、丧、喜、庆的公共场所。楼内还有水井、浴室、磨坊等设施。土楼采用当地生土夯筑,不需要钢筋水泥,墙基宽约 3 米,底层墙厚约 1.5 米,向上依次缩小,顶层墙厚不小于 0.9 米,然后沿圆形外墙用木板分隔成众多房间,其内侧为走廊。

从客家的五凤楼、方楼和圆楼的结构分析可以看出客家土楼建筑特点主要在于:中轴线鲜明。一般来说厅堂、主楼、大门都建在中轴线上,横屋和其他附属建筑分布在左右两侧,整体两边对称极为严格;以厅堂为核心,突出主厅位置,以厅堂为中心,规划院落,再以院落为中心进行土楼整体的组合;廊道贯通全楼。小单元式、各户自成一体、互不相通的土楼在永定乃至客家地区为数极个别,如集庆楼。

(二)土楼符号功能

人类的任何聚居场所都需要处理好人、自然与社会三者之间的关系。从人与自然的关系来看,居所需要能防水、防火、防震,以及充分利用自然条件为人服务;从人与社会而言,需要居所有防盗、防御等功能;从人与人的关系来说,则要求居所的空间布局和格调能够保持人群内部秩序的功能。

1. 生活居住功能

土楼建造初始是为了客家人的居住,所以土楼在选址、规划、设计、布局、用材、装饰等方面都充分考虑了人的居住需要。土楼底层作厨房、饭厅与客厅,二层作粮仓,三层及以上作卧室。内院设祖堂、厨房、浴室、天井、廊道,或者只设天井,浴室等则建于楼外两侧,显得十分协调、恰到好处;土楼坚固性满足了客家人在生活中对防震的需要,客家土楼尤其是圆楼,外墙底部最厚,往上渐薄并略微内倾,形成极佳的预应力向心状态,土墙内部埋有竹片木条等水平拉结性筋骨,在一般的地震作用下整体不会发生破坏性变形。客家土楼大多用大块卵石筑基,高度设计在洪水线以上。墙顶则延伸出达 3 米左右的大屋檐,以确保雨水甩出墙外。按照太极八卦设计的永定振成楼,卦与卦之间是隔火墙,一卦失火,不会殃及全楼。作为一个封闭式建筑,土楼在建筑时需要考虑自然环境的变化,从而设计适应环境变化的结构。客家土楼的墙体厚达 1.5 米左右,可以去热避寒,形成楼内相对独立的人化自然特征。厚土保持了适宜人体的湿度,环境太干燥时,能够自然释放水分;环境太湿时,则吸收水分,这种调节作用十分益于居民健康。

2. 防御入侵功能

人类居所包括民居空间与村落空间。作为聚族而居的江南村落一般以水口林为村落内外空间的界限,而以土楼形式作为村落聚居形式的客家土楼,则以土楼厚实、高大的土墙为界限,进行客家人内外空间的二分法。空间内是族人、亲人与我者;空间外则为族外人、陌生人与他者。空间内是客家人情感的归属之处、是安全的;空间外是客家人无法控制的地带,是不确定的。作为一个迁徙的人群共同体,一个"客人",在闽、粤、赣三省交界地区的山林地带、资源紧缺的状况下,客家人与原住民之间、先后迁移姓氏不同的家族之间的关系必然处于一种竞争状态,也进而不断发生殊死械斗。所以居所要承担防盗、防御功能。恶劣的生存环境迫使聚族而居的客家人极为重视防御,他们将住所建造为一座易守难攻的生活空间。客家土楼的厚墙是最为重要的特征之一,如和贵楼外墙用鹅卵石砌 1 米多高的墙脚,底层夯土墙厚 1.34 米,往上逐层收缩 10 厘米,在垒砌鹅卵石时把较小的一头朝外,相互交错砌筑,上面夯筑土墙,这个土楼的墙体成了固若金汤的堡垒。以常见的四层土楼为例,底层和二层均不辟外窗,三层开一条窄缝,四层大窗,有时四层加设挑台。土墙的薄弱点是入口,加强措施是在硬木厚门上包贴铁皮,门后用横杠抵固,门上设置防火水柜。如南靖县的怀远楼,只留一个大门出入,门框、门槛用石条镶砌,门板用实心的木料拼接而成,厚 12 厘米,门楣梁上设置水槽,与二层楼上的灌水道相通,若遇用火攻门,可从二楼灌水,水通过门顶的水槽均匀地沿木门外表流下,形成水幕,浇灭攻门之火,而且土楼外墙高层处挑设有四个瞭望台,在瞭望台广设枪眼,防卫功能极好。土楼内部是一个独立空间:一楼厨房与厅堂、二楼粮食仓库,还有水井(如永隆昌楼就有 7 口井)、畜圈、生活工具的储备、排水系统等。凭借着高大坚实的墙体、土楼上开设枪眼等防御手段,如果再与其他土楼形成掎角之势,这些土楼将使进攻之敌难越雷池半步。

3. 整合秩序功能

土楼不仅是族众遮风避雨、抵御入侵的场所,还是族众内部秩序和族员教化的空间。客家土楼作为聚族而居的社区,其整体布局中必然体现出这一具有南迁渊源的人群共同体的文化特征。

客家土楼作为聚族而居的空间,里面包含"家"和"族"所蕴含的"私"与"共"二元结构,但是在这个空间中,属于家庭的空间是绝对依靠与服从于家族空间才能得以实现其功能。如土楼的大门、三堂、天井、水井、回廊、楼梯等均属于家族共有,属于家庭的仅仅是自下而上的纵向单元阁,但是每个单元阁还共用内通廊。从而使家庭内化于家族的公共秩序之内。除圆楼外,五凤楼和大多方楼内部房间大小不一,卧室的分配与家户的居住位置存有明显等级差别。客家土楼无论是圆楼、方楼还是五凤楼,整体空间的基本特点是向心性、均匀性与前低后高性(一般为五凤楼独有)。在五凤楼的房屋空间中,中轴线上为"三堂",即下堂(门廊)、中堂(祭祀和客厅)以及后堂(宅中尊长的住所)。中堂、后堂又比下堂大些。五凤楼后堂最为高大,以昭示一家之主的权威地位,其他辈分较次者分居两侧且呈阶梯状叠落的横屋。体现传统的长幼尊卑、礼仪孝道的儒家思想。可见其整体布局规整,主次分明,展示着宗法制度的深刻烙印。土楼最显著的地方在于:公祠、家庙传递历史性文化信息,土楼建筑本身则倚重于表达家族内部共享空间的共时关系。公祠、家庙在聚族而居的汉人社区处于核心地位:中心或者中轴线的最高处,是家族权威的物化象征,也是聚族而居社区的秩序枢纽。在客家土楼中,中心位置在厅堂,突出主厅位置,以厅堂为中心,规划院落,进行土楼整体的组合。

四、土楼遗产中的文化展演

客家人是北方移民与南方原住民长期互动而成的人群共同体。作为中原汉人血统和高度农耕文明的拥有者,客家人在帝国边缘一方面尽力去保持中原文化传统,以满足其怀旧情结,且与南方百越族群相区别;另一方面长期在与百越原住民的交往与文化互动中,形成自己特有的区域文化体系。儒、释、道三家思想是中国传统思想的核心:儒家讲究"忠孝仁义"的价值观是农业文明中关于人与人之间关系的道德规范;道家"天人合一"的思想则反映了传统思想中人与自然的和谐相处;释家的"因果相生"则是对人们行为方式的神明约束。儒释道三家思想的核心在于"天地人"三才秩序化。土楼作为客家人聚族而居的住所,从土楼的构建、布局、装饰到客家民俗的展演既体现了客家文化的中原连续性,又体现客家文化的地方性。

(一) 土楼中的风水文化

以阴阳八卦与五行为基础的风水理论是在选择"阴宅"基础上发展而来。风水一词首次出现于晋代郭璞的《葬书》:"葬者,乘生气也。经曰:气乘风则散,界水则止,古人聚之使不散,行之使有止,故谓之风水。"风水理论从选择"阴宅"转向于"阳宅"的时间无从考据,风水家称"龙、穴、砂、水、向"为"地理五诀",又所谓"龙要真,穴要的,砂要秀,水要抱,向要吉"之说,其强调"阳宅须教择地形,背山面水称人心。山有来龙昂秀发,水须围抱作环形。明堂宽大斯为福,水口收藏积万金,关煞二方无障碍,光明正大旺门庭"①。从上面的论述可看出,风水理论是根据阴阳法则,追求阴阳和平的大小环境,顺应天人合一,创造有利于生活、顺从自然规律的情境。

客家人的风水理念表现在土楼的选址与土楼内部结构的布局上。土楼的选址必须经过风水师的觅龙、察砂、观水等步骤。觅龙就是观察山脉走向,求得阴阳之气、和合之地,以期"万物不失,生气不竭,天地气交、万物华实"的理想风水之地;察砂是观察主体山脉四周的小山或护山,来风一边为上砂,要求高大,能遮风挡暴;与上砂相对的是下砂,要求低矮,能回风护气;观水是指观察水源与河川之走向,观水要"开天门,

---

① 转引自高寿仙:《徽州文化》,辽宁教育出版社,1998年版,第187页。

闭地户",天门是来水处,去水处为地户,要求天门敞开,财源广进,地户缓出,留住财源,几乎所有早期开基的客家土楼村落都是临水而建。现在客家土楼村落的位置大多是坐北朝南、背山临水、负阴抱阳、上砂高耸、下砂低伏、天门开敞、地户幽闭等,如永定县的湖坑土楼群与南靖县田螺坑土楼群。对于单座土楼而言,建造也要按照风水的阴阳五行来建构。如永定县建于 1912 年的振成楼,按照《易经》"八卦图"布局建造。卦与卦之间设有青砖防火隔墙,隔墙中有拱门,开则全楼相通,合为整体;关则各卦自成独立院落,互不干扰。站在厅前中心点上,可以看见左右水井和侧门。两口井位于振成楼太极八卦图阴阳鱼的鱼眼上,一阴一阳,水面高低差 2 米,水温差 2 度。全楼 1 厅、2 井、3 门、4 梯,依照八卦对称布局,井然有序。

南靖县建于清雍正十年(1732)的和贵楼,对称布局,围出一内院,楼的四角分布四处楼梯,各层内侧设走马廊。和贵楼坐酉向卯兼庚甲,正盘乙酉分金(楼主人提供资料为坐庚向甲兼酉卯、庚申庚寅分金,有误),水口为壬。方楼庭中放水从正门下流出,楼外前庭门位于人盘甲上,水从天盘乙上放出。方楼中庭在学堂两侧各凿一水井,左井为阴井,右井为阳井。风水体现为:楼为未坤申方来龙结穴,入首粗壮似卧牛,为牛卧烂泥穴,穴在沼泽地中;酉山卯向,开中门为巨门,利财丁。甲方开外门为辅弼门,利文学功名。水从乙上流出,亦为合局;左水井为艮卦位,艮覆碗,三阴一阳;右水井为巽卦位,巽下两阳一阴。(从中庭中架罗盘格出)故左为阴井,右为阳井。左井不可用之故,盖泉口从泥沼中出之故也;门前案山回护,正中有一尖峰,据传达室为简家用人工挑土筑成文笔山。卯禄在甲,宜偏左,并不可成孤恋状。加上只有案山而无案后之峰,形势略为不足;可谓"财丁贵"齐全。①

(二)土楼中的家族文化

土楼是聚族而居的家族文化产物,客家土楼多数以一个家族或几个家族共同修建。如南靖县田螺坑土楼群由黄氏家族修建,永定县振成楼由林氏家族修建,永定县大夫第由王氏家族修建,南靖县和贵楼由简氏家族修建等。土楼的空间布局也体现以血缘与地缘为纽带的家族文化,强调儒家文化的秩序与等级。孝作为儒家思想的核心要素之一,包括对逝去祖先的缅思和敬畏、对长辈的尊敬和赡养,以及对家族香火的延续、光宗耀祖等。体现在家族文化上表现为祖祠、祖堂的修建与敬仰,家族长者多居于土楼的后堂(见上文土楼的功能部分),兴办学堂等。

客家的祖祠或祖堂位置有两种形式:一是建在土楼外;一是建在土楼内部。

建在土楼外的祖祠或祖堂,多为开基较早的客家村落所建。他们受中原儒家

---

① 巫祯来:《和贵楼风水分析》,http://www.woosee.com/kyfs/nanjing/njtl.htm(2019 年 8 月 5 日访问)。

思想影响较深,认为人、祖灵、神灵不能同住一屋,所以选择风水宝地建祖祠或祖堂,祭祀祖先,期盼祖先保佑族众。永定县洪坑村的林氏祖堂就是修建在村落最北端的山坡上,坐东北向西南,靠山面水,俯览族众。

建在土楼内的祖祠、祖堂,位于土楼的中轴线。五凤楼的祖祠、祖堂位于中堂明间,居于整个建筑中心,如永定县上洋村遗经楼的中心是厝,即为祖堂;永定县高北村的承启楼,四个圆楼环环相套,祖堂居于中心,所有的房间都面向祖堂。这些客家土楼内祖堂、祖祠处于核心地位,是客家人敬祖思想的集中体现,是家族血缘文化的物化表征。

家族的存在与发展还需后世延续,使得以农业文明为核心的家族文化必然重视对后世教化,以期能光宗耀祖。客家聚族而居的村落一般都有自己的学堂。五凤楼类型的土楼一般都是将前堂两侧的房间作为私塾学堂。永定县高陂镇上洋村"遗经楼"则是在大门前建一个前院,两侧一文一武两所学堂相对。客家土楼的楹联从另一个方面反映出客家对后世教化的重视,如永定县洪坑村的振成楼,门联为"振纲立纪,成德达材",二厅联为"干国家事,读圣贤书",右门中厅联为"振刷精神担当宇轴,成些事业垂裕后昆",后厅的长联为"振作哪有闲时,少时、壮时、老年时,时时须努力;成名原非易事,家事、国事、天下事,事事要关心"。这些楹联反映了客家对封建伦常的恪守、家族规范的灌输和训诫、子孙后代的教化,以及家族的传统文化顺从。

(三)客家人的地域信仰体系

客家作为从北方迁徙而来且与当地原住民相互融合而形成的人群共同体,其文化系统中既保留了原有的中原文化,如风水、家族、儒家伦理等,又在与地缘性文化互动中形成新的亚文化系统,如客家话、服饰文化、饮食文化等,其中最具特色的是客家方言,以及客家人对妈祖与保生大帝等闽粤地缘性神灵的信仰。

妈祖是福建莆田湄洲岛上的水上居民——疍民创造出的神,最初属于水上居民独有的神灵信仰。谢重光认为妈祖信仰是在南宋后期由汀江航运传到汀州,明清时期闽西客家地区普遍建立了妈祖庙。[①] 他指出山区信仰妈祖是根据妈祖娘娘扑灭山林火灾而对其信仰性质的改造。客家土楼的分布地带也是客家人南迁栖息地域中离海洋最近地区。对于闽西客家山区的妈祖信仰,我们认为可以看作是山海交接地带客家文化矛盾心态的产物:一方面他们有来自人与地的"捆绑"关系与道德伦理,体现对农业文明本能的忠诚与捍卫;另一方面国家制度对已部分"南蛮"土著化、自治性管理的客家实行严厉的官方统治,形成了一定程度的文化冲突。客

---

① 谢重光:《闽西客家地区的妈祖信仰》,《世界宗教研究》1994 年第 3 期。

家人迁移到南方后在与原住民的文化涵化（aculturation）中所生成的部分文化新质，如自己的语言、风俗习惯等，与中原文化产生了事实上的距离，官方对客家人也以"蛮夷"对待，所以在遭遇天灾人祸时，客家人必然要做出更有利于自己的生存选择；另外，客家人的居住地区，山多田少，向海洋发展也是他们生存空间的必然拓展。① 客家人在保持原有祖先信仰与神灵信仰的同时，把妈祖纳入其信仰体系中，这也是客家文化地方化的一种表征。在这种信仰的地方化过程中，客家人吸收了闽南人的神灵信仰，如保生大帝。永定县湖坑李姓客家人每年九月都要"做福"，尤其是每隔三年举办一次"做大福"仪式。② 恭迎的神灵主要有李姓各村神庙的刘汉公王、妈祖、广济祖师、合溪口公王、西坑口民主公王、石灰坑公王、长滩公王、五黄村口公王、石窟公王、土地伯公等神像，以及九月十五日斋戒期结束时迎接的最重要的神灵——保生大帝。

五、客家土楼的传承之路

作为已成为世界文化遗产的土楼与土楼文化，我们认为目前需要集中解决的问题在于土楼的主体性、土楼遗产的表述，以及发展道路的选择。

作为遗产的客家土楼，均是客家祖先的遗留物，按照客家父系的祭祀原则，传承给现在继而后世的居住者。黄氏、王氏、林氏等客家后代作为土楼主体，对于土楼拥有所有权，既继承了祖辈的遗留物——土楼，又有义务使土楼得以延续。按照遗产原初的归属性而言，如果土楼不被用来申报遗产，仅仅是家族民居，那么上述的分析不会产生任何问题。但现在土楼由客家人聚族而居的生产生活空间，变为了全人类的文化遗产，问题便也随之而来：任何一个遗产，归根结底都属于人类的智慧与劳动结晶，都应该为全人类所共享。基于上述原则，原先属于某一个家族的客家土楼，在"保护人类文明遗产"的前提下，可以被拥有遗产继承权的个人、家族以转移、交换、捐赠、剥夺等形式将私人或家族继承权移交给国家、国际组织或机构监管。

由此导致的将是土楼遗产的表述主体由原来的地方性客家人群共同体，转变为了政治权力代言人，继而作为继承物的原生主体利益将面临至少部分的丧失；土楼遗产作为一个文本，其真实性的解释权威本该归属居住于土楼的人群共同体，如果遗产的原生主体在遗产表述中处于失语状态，那么土楼文化体系的真实表述可能会在旅游利益的刺激下而发生变异；此外，政治权力代言人基于文化遗产管理模

---

① 彭兆荣：《土楼：一种地方性人文生态的表述范式——以福建省永定县客家土楼为例》，《东南文化》2000年第5期。

② 详细内容参阅石奕龙：《福建土围楼》，中国旅游出版社，2005年版，第145页。

式化的需要，对文化遗产的解释会趋于单一化，那么作为文化多元生态形式将面临遗失，如土楼成因问题，大众流行的说法是防御性功能造就的，但民间存在多重说法，如发展说从城堡、山寨到方楼、圆楼（黄汉民，1995 年）；五凤楼、方楼、圆楼的共生说（转引：林镜贤，1991 年）；光宗耀祖和显富说（石奕龙，2005 年）；防御等功能说。

由此，我们将强调"家园共同体"的重要性，这是人类遗产的根本，如果人类遗产丧失了地方性家园纽带，也就等于失去了文化的原初性和归属性。我们不能脱离某一具体的地方性家园背景去认识与理解遗产；反之，遗产的人类价值也只有通过人们对自己家园的巢筑、经营、记忆与认同才可达到真正的体会和体验。这也是强调"家园遗产"的重要性所在。就客家土楼遗产来说，选择"家园遗产"的发展道路，意味着在遗产所有权让渡后，尊重遗产原生客家人群共同体对遗产的主导性，因为即使是在后现代的背景下，也没有因为遗产的所属权发生"转换"，原先遗产的所有者就完全丧失了对它们的认同与继承关系。在客家土楼的文化表述中，从主位的视角，聆听客家人自己对文化系统中天、地、人三者关系以及地方性知识的解释。因为土楼凝结着客家人的历史记忆、地方性知识体系与特殊认知，是他们从"过去"到"现在"并连接"未来"的纽带与情感归属。

案例四

阿细祭火：西南山地族群遗产田野调查报告

[调查对象]

阿细祭火:西南山地族群文化遗产

[调查目的]

云南省红河州弥勒县的阿细人有一个年度性的祭火仪式,课题组认为研究此仪式可为山地族群的非物质文化遗产提供一种案例;虽然世界上很多民族有火崇拜,但流传至今的火崇拜仪式已经逐渐稀少。为什么这个地方的阿细祭火能够流传至今?它有怎样的传承体系?伴随这个仪式,体现了阿细人怎样的生活与记忆?

[田野情况]

调查时间:分别于 2009 年 2 月、9 月、10 月以及 2010 年 3 月、2011 年 3 月、2013 年 2 月、2014 年 5 月、2014 年 7 月八次前往阿细人聚居的、有祭火传统的弥勒西一镇的起飞村委会红万村民小组、小起飞村民小组,西三镇蚂蚁村委会的可邑村进行实地田野调查,以深度访谈、参与观察、影像记录等方法取得大量翔实的调查材料,比较全面细致地了解该仪式。

2009 年 2 月的田野主要以了解该仪式的全面情况为基础。课题组进行了大量的深度访谈,从来源、仪式神话进行了全面访谈,对村民进行一些参与观察,并对仪式全过程进行了录像采集。2009 年 9—10 月,此阶段主要采用参与观察,对当地人的日常生活进行参与观察,参加了阿细人组织的唱先基活动,感受先基魅力;2010 年 3 月主要针对仪式的非参与者——妇女的活动进行仪式期间的参与观察,与参加仪式的男子的活动形成对比,为比较研究打下了基础;2011 年 3 月的田野主要是在两个点进行:红万村与近邻的小起飞村,对两村的祭火仪式进行比较与访谈;2013 年 2 月团队成员一行 7 人又进入红万村,对祭火仪式再次进行体验式参与。

调查地点:云南省弥勒县西一镇起飞村委会小起飞村民小组、红万村民小组

成员分工:彭兆荣负责整体设计;路芳主要进行访谈并进行参与观察;谭红春、闫玉、刘珩、郭颖进行体验式观察。

调查对象:红万村民小组红河州州级非物质文化遗产传承人何汝贵

红万村民小组国家级非物质文化遗产传承人何玉忠

小起飞村委会村民郭锐

弥勒县文化馆馆长陈保舜

弥勒县文化馆葛永才

弥勒县西一镇红万村民小组石学林、石国良等

弥勒县西一镇小起飞村村民小组何吉升、马学生等

西三镇可邑村部分村民

缘起于滇越铁路

2008 年至 2009 年，课题组首席专家带着一群博士生，在云南昆明至云南海防之间的"滇越铁路"上来回调查，希望在滇越铁路竣工或通车一百年之际为这个值得记忆、值得纪念的日子留下些什么。在这两年的来来回回中，这群学者围绕铁路这个物的存在，讨论了与之相关的历史的场景、文明的碰撞、文化的变迁、民族的自觉等文化脉络，而且，沿着滇越铁路那些传教士留下的教堂、建筑，课题组走到了一座被称作"弥勒"的城市，提起弥勒，人们就会和"大肚能容，容天下难容之事，开口便笑，笑天下可笑之人"的弥勒佛联系在一起，且在距弥勒县城 10 千米的地方还会看见一座金碧辉煌的弥勒大佛，落成于 1999 年的大佛据说是世界上最大的布袋僧像弥勒坐佛，佛高达 19.99 米，从山脚到山顶有 1999 级台阶。在旅游成为城市发展的新引擎的当下，当时的地方领导因附会而建立的这座佛像和 1999 这数字又有怎样的能指和所指呢？

然而，弥勒当地人却不这样认为。翻阅历史，发现弥勒建立的历史悠久，西汉元鼎六年（前 111），弥勒境内西南为律高县地，东北设置了同并县地，两地均属牂牁郡（今云南东南部和贵州境内的清镇、平坝、安顺等地）。清康熙《弥勒州志》载："弥勒，唐虞，南交昧谷之交。夏、商梁州州域。周合梁于雍。战国属楚滇国地。秦通道置史。汉益州域牂牁郡地。蜀汉属兴古郡。晋属宁州，隋属牂牁。唐黔州都督府。宋弥勒部些么徒蛮之裔有名弥勒者居郭甸、巴甸、布笼等处，故名其部曰弥勒。元云南行中书省律落蒙万户府，至元中以本部为千户总把，领吉输、哀恶、步笼、阿欲四千户属广西路，后改部为州。"清乾隆《弥勒州志》记载："弥勒汉属牂牁郡，唐昔些莫徒蛮之裔居之，故名其部为弥勒部。"有关些么徒蛮之裔弥勒部的记录在《元史·地理》《大明一统志》《读史方舆考证》《寰宇通志》《南诏野史》《五代会要》《新通志》《滇系·典故系》都有记载，这些记载为弥勒地名来自部族首领名字一说提供了证据。

不仅如此，流传于弥勒西山地区一带的传说以及阿细人世代相传为魂灵指路的《指路经》经文中，也明确指出：弥勒非彼弥勒也。据传，此"弥勒"很久以前是彝族支系——阿细人部落首领的名字。据传在南诏时期，阿细人奉命从昆明分两路南迁，一路由名叫"mu^{11} tɣ^{33}"（木愣）的首领率领他的"木愣部"人马经呈贡、宜良、路南而下，到达弥勒，发现一块青山绿水的坝子①。"木楞部"的阿细人在此定居下

---

① 坝子：山间盆地。是云南方言，指山间一块比较开阔平坦的地方。

来,并用"$mu^{11}\dagger\gamma^{33}$"(木愣)将其命名。因此,木愣一词从人名到部落指称再到地方命名。久而久之,木愣又演变成今天的"弥勒"。

也正是因为云南弥勒自古属于"蛮夷地区",这里少数民族风情浓厚。弥勒的彝族非常有特点,包括阿细、阿者、阿乌等支系;相互间既有族源关联,又有些许差异。因此,当地彝族传统资源非常丰富,除了摔跤、阿细跳月,还有古老的《阿细的先基》,有独具特色的民族服饰,在南盘江东南的五山、巡检司、江边一代,有云南古长城埂的终点,有记录庆祝古长城落成的盛典舞天崖画等。最令人感到奇特的是古老而神秘的祭火盛典——祭火节,首席专家认为这是他此生见过最为"原生"的仪式,感叹在云南的山村居然还保有这么一个奇特的仪式。

问道于祭火表演场

带着好奇,带着将此仪式介绍给学术界的打算,课题组成员路芳开始了探路式的田野调查。

2009年2月23日,课题组成员从弥勒文化馆馆长葛永才先生处得知,2002年被正式确定为云南生态文化村,由于其浓厚的阿细文化,此村彼时已经被定于2009年7月27日至31日召开的以"人类、发展与文化多样性"为主题的国际人类学与民族学联合会第十六届大会代表们重点考察的村落,于是课题组成员再次造访可邑村。

城门还是那个城门,门前还是那两尊石狮。只是建筑已经焕然一新,顺着城门进去,就来到可邑村的密枝山,这是阿细人的神山,相传是阿细人最崇拜的密枝神的居住地。此神是村寨人畜兴旺的保护神,据说此山中最古老的那两棵树被定为"龙树",是密枝神的象征。在可邑村,村民祭祀密枝神的时间是农历四月初二。

再次进入可邑村,发现这两年建的房子也比较多,且基本都保持了传统的建筑特色。但外墙都统一用沙粉刷过,并绘了图案,图案内容主要围绕阿细的民间传说及民风民俗,如阿细跳月、钻木取火、阿细祭火及背柴认公婆、跳水认亲等,部分是歌颂改革开放以来的生活。在可邑村的民族文化陈列室,课题组成员碰到了两位画家,从他们那儿,始知村子里的所有绘画均出自他二人之手。

在陈列馆的墙上,我们发现了可邑村的村史简介。可邑,意为吉祥之地,已有300多年的历史。村内一景还是那座教堂,从教堂门前的碑刻上看,此教堂是由中国人修建,建筑的风格也是采用了中西合璧的方式,看上去怎么都觉得新奇和怪异。把基督教堂修得有"中国特色"大概属于一种创新吧。

田野期间,恰好撞到当地举行的阿细民族民间民俗文化座谈会,会上得到很多有关阿细的信息；听到了阿细跳月欢快的旋律，飞舞的大三弦及狂野的舞姿。也从会上得知，阿细跳月已经于 2008 年成功申报为第二批国家级非物质文化遗产；阿细先基被列入《云南省第二批非物质文化遗产名录》，阿细祭火、阿细摔跤等等也是传统的民族文化财富。传统的民族乐器除了大三弦，还有小三弦以及小三胡。

在访谈中，也得知由于可邑村的区位优势以及自然条件，如典型的喀斯特地貌。奇峰异石林立，树木繁密，森林覆盖率达 80％。现在正利用浓郁的民族文化，如阿细跳月、阿细祭火、阿细摔跤、阿细斗牛等作为可邑村旅游特色活动。其古老纯朴的阿细婚俗、独特的民风民俗和自然优美的生态环境，也吸引了来自全国各地的游客。看来，阿细祭火是当地发展民族生态旅游的一个重要吸引力，也成为阿细文化展示的一个重要因素，但这貌似不是我们寻找的对象。几次去彝族村寨都未能看到阿细人的祭火，这让我们感到遗憾，后从文化馆葛永才老师处终于了解到另一个阿细寨子红万村将于当年二月举行盛大的祭火仪式，课题组成员专程前往。

初识祭火仪式的践行者——彝族阿细人

2009 年 2 月 24 日，课题组成员才走进红万村，就听说当晚有祭火表演，虽然还不是祭火仪式，就暂且先"热"下眼。在从与毕摩何玉忠以及他侄子小陈的交流中，得知祭火仪式逐年为人所知，来自弥勒县城的旅游者会偶尔专门到此，并点名观看祭火仪式，当地村民也觉得这是好机会，便将仪式作为发展旅游的资源。

当村主任通过工房里的小喇叭告知村民有祭火表演，村民们便会早早用过晚餐，绘好身，赶到祭火台进行表演。房东毕摩何玉忠说，现因经常会有旅游团队来观看祭火表演，每次都烧火神、重新再做火神太麻烦。于是现在的火神不再用青竹篾藤等物来编，而会做得比较结实，可多次使用。

祭火表演前，毕摩一边喝着苞谷酒，一边讲着他们的古老传说。他告诉课题组成员：在很久很久以前，位于红万西边密枝山的大红石岩洞内、大树脚底下都有阿细先民居住。有一天，天上电闪雷鸣，狂风暴雨。突然，天上落下一个红彤彤的、圆滚滚的东西，掉到了树枝里，他们的先人看见了，就很好奇，想看看是什么好东西，于是就拿树枝来撬，撬着撬着就撬出火来了。也发现站在火旁边很暖和，但那时阿细先民还不会用火。又有一天，有一场野火在树林里烧了还几天，烧死了在里面生活的野物①，先民发现熟肉比生肉香，于是就慢慢学会了保存火种，这就是祭火的来源。毕摩也在解释说有些细节因为用汉语不好表达，所以他只能说说大意，但是

---

① 当地人将野生动物统一称为野物。

用阿细语就比较好说一些。但是通过毕摩的解释,我们知道了阿细人祭火的起因,为了纪念自己的生活方式从食生到食熟。很有意思的一个仪式,关于是谁为人类取得的火种,不同的族群有不同的解释,古希腊人认为是天神普罗米修斯从天庭盗来火种;中国也有燧人氏发明了钻木取火方法的传说;现在我们又在祖国西南边陲的一个小村庄发现了关于火的另一个传说,而且还能以仪式的方式留存。"在中国的传统文化中,仪式是与道德和风俗习惯相关的,可以用其来维护统治者的整体利益,如我国的《仪礼》一书就是由一系列仪式组成的详细的礼仪制度章程,内涵丰富,从冠婚殇射到朝聘丧葬,无所不备,学者们通过对该书的研究,从语言文本的叙事角度为我们解释了《仪礼》中所涉及的礼制、礼仪、历史、文化和思想的研究,对认识中国古代的礼仪文化有很大的帮助。"[1]"通过仪式,可以考察到人们是怎样来解释他们与赖以生存的自然和社会环境相处的关系及生活方式等,同时也可以了解仪式表达了他们什么样的思想、世界观、价值观等等。"[2]这是怎样的一个仪式,又是以怎样的方式传承,阿细人又在表达他们的什么世界观呢?课题组成员觉得越来越有意思了。

火神像

祭火台

我们走到祭火台,发现对面空地已经围了一圈人。祭火表演开始了,只见一群上身赤裸,身体用白、黑、黄、红四种颜色涂满圆圈的火神汉子过来了,肩上扛着一个有 3 米左右高的火神,火神坐在一把有靠背藤编椅子上,右手高举,左手握剑,同样赤裸身子,只有藤条为其遮羞,但却没遮住他硕大的羞处。(见上图)胸前也是两个大圆圈,逐层用白、黑、黄、红精心填涂,两组圆圈下面还有一个类似的圆圈,最内

① 路芳:《火的祭礼:阿细人密祭摩仪式的人类学研究》,北京大学出版社,2012 年版,第 30 页。
② 同上书,第 33 页。

层都是红色,围上一圈黄色,再往上加一圈黑色,最后再圈白色。其手、腿上也分别有同样的装饰。火神周围的人也和火神相似装束,只是多了一些脸的装饰,有些人将脸用黑色颜料抹黑,有人把脸遮住。火神前面还有人扛刀开道,后面紧跟着敲锣打鼓的人,祭台已经围着一群人,正拿着棒棒在钻木取火。火星被钻出来了,号角吹响了,用火种点燃的火在跳月场上越烧越旺,大家一起"哦、哦"叫起来,四个火神汉子立刻抬起火神,其他人跟在后面包括妇女与小孩,其中小男孩浑身赤裸,身上也用红白黑黄四色涂满圆圈;女人用植物装饰,如藤条、芭蕉叶、野花、棕叶及甜菜叶都成了她们的装饰品。他们都围着火堆跳起来,抬着火神转了一圈后,火神被放在了一边,人们继续狂欢。欢快的音乐让从弥勒县城来的游客不由自主舞动起来,一个一个加入进去。小火娃们也开始调皮起来,一旦发现谁不进场,就用涂满黑色颜料的手去偷袭,很多游客变成了花脸,姑娘们被小火娃追得四处逃窜,被抹到的人就冲进去抓一把颜料,又将同伴涂成花脸。祭火表演不仅成了歌舞的海洋,还充满了尖叫和哄堂大笑。

红万人模仿原始人在钻木取火　　　　　　小火娃在寻找目标

夜已深,火慢慢熄了,人群依依不舍散去。毕摩说,这只是表演,农历二月初三的仪式才是真正的祭火仪式。而且,在那天,身上绘的这些画是一定要洗干净才能回家的,不然会不吉利。今天是表演,可以回家后再洗。

看样子,表演的仪式对他们来说只是表演,不是他们的真正的祭火。这让人不由自主想起社会学家麦坎内尔(MacCannell)于 1973 年提出的"舞台真实"(staged authenticity),[①]《奈良文献:真实性》对 authenticity 解释为"文化遗产的原初与后续特征",习俗、世系与权威的古老程度、传统与否、遵循关系与否等都成了衡量 authenticity 的标准。旅游者专程来小山村观看的是表演吗? 或是他们需要观看

---

① MacCannell D. "Staged Authenticity: Arrangement of Social Space in Tourist Settings", *American Journal of Sociology*, 1973,79(3):589—603.

古老的、传统的仪式,或是他们仅只需要一种氛围,在其中感受到与朋友或同事情感? 现在,学者都在关心由于文化旅游的快速扩张,使中国境内部分地区,特别是少数民族地区开始出现同化现象,这使学者们担心文化旅游的急速发展,是否会形成对传统文化资源的冲击,文化资源的可持续发展,应该如何实践?[①] 面对旅游者,当地人该如何面对? 这些都可以作为一种思考,带入我们对此仪式的研究。

此地 2005 年就被云南省红河州政府公布为"彝族火文化保护区",2006 年被云南省人民政府认定为"非物质文化遗产保护区",2013 年 1 月,云南省文化厅还专门召开《弥勒县西一镇红万村彝族(阿细)传统文化保护区保护规划》专家评审会,来自云南省文化管理、非物质文化遗产保护、城乡规划、旅游开发、民族文化研究等方面的专家对其评审,希望对此保护区进行规划,截至 2014 年,400 多万元的资金已经注入红万。而在 2009 年以前,此仪式几乎没有引起学界对它的关注。

在田野调查里,发现阿细人的仪式特别多,除了每年农历二月的祭密枝与祭火活动最为隆重外,还有彝族传统的火把节,还有祭祀年神、月神、龙神、山神、叶神、天神等各种各样神的仪式;在如此繁多的仪式中间,为什么阿细人会认为"祭火节"是最重要的仪式? 因为阿细人是一个无文字族群,一般来说,无文字族群的文化记忆会较多地依靠仪式的传递,按照德国学者扬·阿斯曼(Jan Assmann)的观点,一个民族或国家的集体记忆力,就是文化记忆,这种文化记忆能够回答"我们是谁"和"我们从哪里来、要到哪里去"的文化认同性问题;而文化记忆的交流,主要是靠有组织的、公共性的集体交流。其传承方式可分为"与仪式相关的"和"以文字相关的"两大类别。在他们的这个年度"祭火节"中,是否也传递了"与仪式相关的"文化记忆,或产生了涂尔干提出的创造和加强社会凝聚力的作用,因此也加强了社会内部的稳定?

在田野中,课题组还发现一个现象,"祭火节"用阿细语表达是 $mi^{33} d\!z i^{21} mo^{55}$,阿细语对此的解释与汉语称谓"祭火节"明显不同,根据当地人的解释:mi^{33} 是指人口,$d\!z i^{21}$ 指"多、增"之意,mo^{55} 指"过(……的日子)"[②],笔者结合仪式,认为这源于阿细人对丰产的一种渴求,仪式中,毕摩代表众村民向神祈求子女众多,牲畜丰产、平安。

这让课题组不禁思考,云南作为一个少数民族众多的地区,随着民族文化旅游活动的开展与深入,"误读"或"缩小"内涵是否加速了某些民族风俗或仪式的变迁,带着一系列问题,课题组进入了对此主题的研究,希望通过此仪式的个案研究,来

① 朱桃杏、陆林:《近 10 年文化旅游研究进展》,《旅游学刊》2005 年第 6 期,第 82—88 页。
② 何汝贵解释,弥勒县西一镇红万村毕摩,红河州州级非物质文化遗产传承人,2010 年 3 月。

揭示无文字民族的仪式与传承。

寻根于祭火原生地

在调查过程中,虽然一提起祭火,大家都会说就是红万的,西三镇的可邑村也在民族生态旅游中力推阿细祭火,甚至从 2010 年起,每逢农历六月二十四,可邑村的阿细祭火就作为一个特定的安排,被邀请到位于昆明的云南民族村进行展演。但起飞村民小组和红万村民小组的村民都认为他们的祭火仪式不是正宗的,是模仿他们西一镇的。至于起飞村与红万村之间的祭火仪式谁更正宗,又各执一词,都在争阿细祭火的发源地。在弥勒人中间也有"起飞的祭火被红万祭火了"的说法。2008 年,弥勒县彝族研究学会和弥勒县民族事务局编撰的《弥勒彝族文化概览》一书提到:"早期'祭火'起源于弥勒西一镇起飞村,选农历二月初属鼠或属马日举行。西一镇起飞村一直还保存着较为原始完整的'祭火'活动仪式。改革开放以后,由于发展民族文化旅游之需要,由当地政府倡导把弥勒县西一镇红万村选定为阿细祭火旅游试点,并把农历二月初三确定为祭火节。"[①]近年来,随着阿细祭火节名声的扩大,红万祭火已成为弥勒的一大亮点。红万人更坚持说他们村才是"祭火"的原生地。而且提出很多佐证:该村有阿细先辈居住过的红石岩,阿细英雄祖先阿猜曾居住过的山洞、有他曾用于祭祀的香炉等。虽然小起飞村的村民提出:祭火节在小起飞村称为"木邓赛鲁比","木邓"的阿细话就是"火"的意思,而"赛鲁比"就是"祭祀",整个词就是"祭火节"的意思。原来红万人是被邀请过来玩的,后面发现好玩所以就模仿他们了。这个仪式在红万只有七、八十年的历史。[②] 但是,每年定期在红万举行阿细祭火节已成为西一镇一年一度非常重要的节日庆典了,这已经是一个不争的事实了。

祭火田野事象

"祭火节"据说是流传于居住在云南省红河哈尼族彝族自治州弥勒市西一镇起飞村委会红万村民小组(以下称"红万村")的阿细人中道的一个仪式,是一个已经延续了几千年的传统。说到传统,就会联想到霍布斯鲍姆提到的"被发明的传统",他认为这是"一整套通常由已被公开或私下接受的规则所控制的实践活动,具有一

---

① 弥勒县彝族研究学会、弥勒县民族事务局:《弥勒彝族文化概览》,云南民族出版社,2008 年版,第 189 页。

② 2011 年 3 月在小起飞田野时村民的说法。

种仪式或象征特征,试图通过重复来灌输一定的价值和行为规范,而且必然暗含与过去的连续性"①。所以,有必要对这个实践活动进行介绍,来看看此族群希望灌输怎样的价值与规范,与过去有什么连续性。

首先,我们了解一下什么是祭火节,据了解,阿细祭火节的最早记录见于1995年版的《弥勒彝族历史文化探源》②,当时的祭火节指祭火仪式;在2001年由弥勒县西一乡③人民政府主办、红万村村民小组承办的红万祭火节简介中,祭火节包括祭祀纪念活动——祭密枝活动和祭火活动;在2004年出版的《火祭》一书中,祭火节又被解释为在农历二月初二举行的祭龙野炊和二月初三举行的祭火;④虽然都指同一个仪式,但从以上简介可知对祭火节称谓却不少。本调查报告讨论的"祭火节"则是结合了当地政府对它的称谓以及阿细人对密祭摩(mi³³ dʑi²¹ mo⁵⁵)仪式的解释,基于课题组自2009年起开始对祭火节田野调查基础之上的综合形成了此报告。

一、山地遗产的主人简介

仪式的主人——阿细人是彝族的一个支系,自称为阿细颇(阿西颇),他称为阿细、阿西。主要分布在云南弥勒、宜良、石林等县。就弥勒一市,彝族人口约15.7万人(2000年人口普查数),占全县总人口的31%。其中,阿细人约6.3万人,主要分布在西一镇、西二镇、西三镇(此三镇历史上统称为西山)、卫泸乡、弥阳镇、新哨镇、东山镇、竹园镇。⑤

(一)阿细人的起源

阿细人,自称"阿细颇",按弥勒县志,据清康熙《广西府志》卷十一载:"阿细罗罗其俗及衣袍等,俱同白罗,但语言稍异。"阿喜、阿西、阿细同为彝语汉译的同音字。本支姓氏多为石、毕、李、卢、杨、昂、段、何、武、岳等。⑥

根据阿细丧礼上使用的口耳相传的《指路经》以及创世史诗《阿细的先基》,再加上相关的彝族研究,发现对彝族的起源有多种说法:羌人北来说;金沙江两侧土著说;以黄帝为始祖的早期蜀人说;东来说;南京来说等。

1. 羌人北来说

彝族有人死"指路"送魂回老家的习俗,指路的经文主要是靠口传,方向大都自

---

① [英]霍布斯鲍姆、兰格:《传统的发明》,顾杭、庞冠群译,译林出版社,2004年版,第2页。
② 葛永才:《弥勒彝族历史文化探源》,云南民族出版社,1995年版,第98—106页。
③ 即西一镇,时称西一乡。
④ 葛永才撰文、蒋剑摄影:《火祭》,云南美术出版社,2004年版。
⑤ 弥勒县彝族研究学会、弥勒县民族事务局:《弥勒彝族文化概览》,云南民族出版社,2008年版,第25页。
⑥ 云南省弥勒县志编纂委员会:《弥勒县志》,云南人民出版社,1987年版,第689页。

南而北，越过金沙江，再送往北方（在彝语里用水头称北方，水尾称南方）。因此，有学者认为彝族是自北向南迁移而来。有学者结合古代记录，认为：彝族的祖先与"羌人"有关，从古代羌人的语言记录——《白狼歌诗》三章的结果，认为彝、纳西、藏、普米、西夏语都与白狼歌诗相同或相近，并提出彝语或傈僳语与羌语有最亲密的亲属关系。《后汉书·西羌传》和《西南夷传》所载的如"累石为室""披毡为衣""以射猎为事"发现古代羌人的生活和文化特征的记录与彝族较具共性，从《西羌传》所载的(1)"以父名母姓为种号"；(2)"十二世后相与婚姻"；(3)"父殁则妻后母，兄亡则纳厘嫂"，筰都夷说；(4)"言语多好譬类"；冉駹夷说；(5)"死则焚其尸"；(6)"贵妇人，党母族"等描述的古羌人的特征与彝族特征比较也大致相同。从《后汉书·西羌传》《华阳国志·南中志》中的记载来看，以越巂夷、建宁夷为族名的居民都与羌人有关。因此，从彝族迁移的方向及语言、生活、文化、名称的特点看，有"彝族渊源出自古羌人"的提法。[①]

2. 金沙江两侧土著说

刘尧汉先生也曾提出：考古证明，乌蒙山和金沙江之间的元谋县有170万年前的猿人，是迄今所知亚洲大陆最早的原始人类，被考古学称为"元谋猿人"或"元谋人"。元谋猿人及其同类子孙从东南西北遍及全国，至印支半岛、印度及缅甸。彝族是乌蒙山与金沙江的土著，至今在大姚、姚安、永仁、元谋等地制作的陶器与元谋新石器时代遗址出土彩陶的一致性及石寨山遗物中的彝族先民形象等，都提供了彝族是金沙江两侧土著说的证据。[②]

3. 早期蜀人与古东夷族后裔说

据《贵州通志·土司制》（清）和《安顺府志·普里本末》（清）均引"罗鬼（彝巫）夷书"曰：一世希慕遮"自旄牛徼外入居于邛之卤，为卤氏，亦以字为孟氏"[③]，因此，有人认为彝族是从希慕遮开始传代的。而从汉籍记载看，原居于旄牛徼外的彝族先民为居于蜀山的蜀人。《史记·五帝本纪》也曾记载："黄帝……生二子，其后皆有天下：其一曰玄嚣，是为青阳，青阳降居江水；其二曰昌意，降居若水，昌意娶蜀山氏女，曰昌仆，生高阳……是为帝颛顼也"。《吕氏春秋·古乐》记载"颛顼生自若水"。从这些记录，也可推断颛顼生自中原之外的若水。因此，居住在蜀山的蜀人被《史记》《汉书》概称为"西夷"的一部分或"西夷"的祖先。蜀山氏也因此被认为是彝族在希慕遮以前居于旄牛徼外时的祖先。从广汉三星堆遗址、绵阳的边堆山遗

① 方国瑜：《彝族史稿》，四川民族出版社，1984年版，第12—39页。

② 刘尧汉：《中国文明源头新探——道家与彝族虎宇宙观》，云南人民出版社，1985年版，第26—29页。

③ 《贵州通志·土司志二》，1965年贵州图书馆依（清）康熙三十六年(1697)阎兴邦等主修之本复制，转引自易谋远：《彝族史要》（第2版），社会科学文献出版社，2007年版，第116页。

址及汉源狮子山遗址的考古材料,有学者推断:既然成都平原早在新石器时代就已存在土著濮人文化,自然要与由蜀山而来的蜀人文化和由西北而来的昆夷文化共同融为一种新的"早期蜀文化"。虽然并非从蜀山而来的庶民均为彝族的先民,但是"自旄牛徼外入居于邛之卤"说明彝族先民是由蜀山迁来成都平原的,是以黄帝为始祖的蜀山氏之后裔的一支,因此就有彝族先民的父族为"以黄帝为始祖的早期蜀人"一说。并提出昆夷是彝族多源起源中的一源,而昆夷是源出古东夷的颛顼族,昆夷从西北迁到古蜀地,与彝族的父族早期蜀人联姻并融合。彝族的族称统称为"尼"是古"夷"字,是古东夷族之"夷",且彝族及其先民古东夷族都以"天"为主宰之神,而"尼"在古彝文里是"天"的意思,因此,有了"以黄帝为始祖的早期蜀人与古东夷族后裔说"。①

4. 东来说

有一种说法认为彝族先民原是楚国人,居住在洞庭湖流域。《左传·桓公十三年》载称:"楚屈瑕伐罗。"罗与卢两部联合起来大败楚军,后来罗、卢两部随楚将庄蹻入滇,后播迁西南各地,历久演变,成为今日的彝族。② 新中国成立前彝族被称为"罗罗",就为"罗卢"的谐音。③

5. 南京来说

在弥勒县西一镇起飞村委会的红万村和小起飞村民小组一带,村民普遍会说,他们的祖先来自南京柳树湾。并说他们的祖先流传一个故事,说是在经历了洪水之灾之后,兄妹两人骑着牛从南京柳树湾来。④ 无独有偶,昭乌初礼与莱密波诺也推论说阿细先民有来自南京的说法,并以阿细史诗为例,"在很古很古时,我们的祖先在内地,生在南京应天府柳树湾。……"并以弥勒西一镇中和铺、大额衣武姓、勒色方姓和野猪塘段姓墓碑为例,证明墓碑上均刻有他们在元末明初随军进入云南的记述,有一墓志铭上还清楚刻有:"琬,以桓次子,宝公胞弟,原籍南京柳树湾高石坎人也……"⑤

除此之外,还有西来说、南来说、濮人说、卢人说、卢戎说等⑥,每种说法都有自己的证据,因此,在此民族形成的发展过程中,在与自然环境的相互作用中,它也会

---

① 易谋远:《彝族史要》(第 2 版),社会科学文献出版社,2007 年版,第 116—152 页。
② 陈士林:《翻译与语言》(凉山语委铅印本)。转引自《彝族简史》编写组:《彝族简史》,民族出版社,2009 年版,第 9 页。
③ 《彝族简史》编写组:《彝族简史》,民族出版社,2009 年版,第 9 页。
④ 红万村民小组的老毕摩石学林(2014 年 88 岁)、何汝贵及小起飞村民小组的文化传承人郭锐(2014 年 43 岁)都对笔者讲述他们祖先来自南京的说法。
⑤ 昭乌初礼,莱密波诺:《火一样的激情》,中国财政经济出版社,2002 年版,第 6—7 页。
⑥ 《彝族简史》编写组:《彝族简史》,民族出版社,2009 年版,第 10 页。

吸取别人的文化，同时保留自己相对独特的、适合自己民族的、与自然环境相互依存的民族文化。

（二）阿细人依存的自然生态

红万村距弥勒市区 30 千米左右，位于弥勒市区西北部。从市区出发，沿着弥（弥阳）小（小河门）路，往西北方向走 30 千米，沿途经过磨香井、镇政府所在地——油榨地，就进入西一镇起飞村村民委员会的管辖范围。此村委会管辖四个村民小组：三家、起飞、红万和大平地村民小组。红万村距油榨地仅 5 千米左右，从油榨地往东，就属弥勒市西三镇。

红万村 2006 年即被云南省文化厅授予"云南省非物质文化遗产保护区"。村民都是彝族支系阿细人，据说早先还有几户刘姓汉族，后因与阿细人通婚，也都变成阿细人了。村民平时的生活用语为阿细语。该语言属汉藏语系，藏缅语族彝语支，彝语东南部方言阿细土语。虽然离市区很近，由于与外界交流甚少，很多村民，特别是女性甚至不会说汉语。因此，该村阿细文化保留得相对浓郁。

提起红万村的村名，村民们会说红万村的名字是以讹传讹的结果。此村原名红岩村，这是因为在很久以前，阿细的祖先就居住在村西北大红岩下面的石洞里。穿过他们现居的红万老寨，走出新寨，沿着后山一条崎岖的山路，步行差不多半小时，远远就看见一壁很大的红石岩，长 500 米左右，高 100 多米，悬崖陡峭，犹如被一把利刃从空中削过，直插地面，神奇的是这块悬崖上方居然有绿色灌木覆盖，生态保持良好，石岩下有石洞一个，阿细先民就居于此了，他们村也因此命名为红岩村。但是由于发音的异同，不知从什么时候起，就被称为红万村。

传说中阿细人祖先的居住地——大红岩

（三）有关阿细祭火节的研究

关于阿细祭火节的研究，相对来说较贫乏。2009年之前，主要集中于文字描述与录像资料，文字描述如葛永才在他的专著《弥勒彝族历史文化探源》中描述过"原始的祭火盛典"，并以《火祭》为名，出版了一部图文并茂的彩版书籍。以阿细祭火为关键词也能搜索到许多关于阿细祭火的报道；并录制了很多录像，包括：2002年云南民族文化音像出版社录制发行的《火祭》碟片；2006年12月中央电视台十套《百科探秘》节目的《火之祭——彝族阿细人祭火习俗》对该仪式进行了全面的报道。在弥勒市人民政府的官方网站上，也能发现在"弥勒旅游"的"民族文化"板块上对"阿细祭火节"的宣传①。这些宣传中，有的"祭火节"指的是农历二月初三的祭火活动，有的则指祭密枝与祭火活动。从该仪式的名称上看，"祭火节"的指称有比较模糊的情况。

课题组在此将以二○○九年农历二月初二、初三两日进行的阿细祭火节为例，为读者全面展示阿细祭火节的全貌。

二、山地遗产——阿细祭火节田野事象

（一）祭密枝活动

阿细祭火节被本村人称为"$mi^{33}dzi^{21}mo^{55}$"，包括"祭密枝"活动和"祭火"活动。"祭密枝"是指村里的男性村民到"密枝山"进行的祭祀活动。"密枝山"即阿细语的"神山"。相传为阿细人所崇拜的密枝神就住在那。此神是村寨人畜兴旺的保护神，密枝神一般就居住在密枝山那两颗最枝繁叶茂的树旁，这树也被村民称为"神树"或"龙树"。"祭密枝"就是通过祭祀神树来表达阿细人对神的祭祀。祭密枝包括祭密枝前的准备活动与祭密枝的祭祀过程。

（二）密枝祭祀准备

通常在农历二月初二一大早，红万村民小组的公房②就会热闹起来。村干部会在公房的院子里放置一张桌子来记账，等待村里每家每户派出的代表前来，他们还会拿来两炷香、五块钱、一捆柴火，及一碗一斤左右的米③。首先村民会将柴火放在公房墙角的空地处，然后从后门走进公房院子，自行将香放好，将米倒入装米的口袋，最后登记名字并交钱；整个过程自始至终由两名村干部负责，他俩一人负责收米，一人负责收钱、登记名单。他们之间见面也不用寒暄，前面有人

---

① 具体情况参见：http://www.mile.hh.gov.cn/mlly/mzwh.htm(2014年8月7日访问)。

② 村民们议事、聚会及村民举办各种如长龙宴、孩子出生之祝米客宴席、老人过世之丧葬宴席等的地方。

③ 在课题组的调查过程中，发现此习惯在过程中也有些变迁。如：过去是每家交玉米面，现在变成了大米，祭祀物也由生米变成熟饭。

就静静等待,大家不用大声喧哗,交钱的人只要将钱递过去,如果刚好5元,负责收钱的人就直接将其扔进箩筐,如果需要找零,就会安静等着找补,程序完成,人也就离开公房。村干部则尽职尽责地进行记录。所有的一切都在一种默契的环境下进行,没有日常所见交钱交物时出现的喧闹,没有听见"这是我的""该我了""你叫什么名字""不要插队"等诸如此类的语句。交与接的过程甚至可以不用眼神交流;上交米也是类似的程序,看见有人过来,村干部就撑开口袋,村民就自然将米倒入口袋;一切都顺其自然。反倒因为看见我们这些"生人"在场且无所事事而将好奇的目光投过来,此过程通常持续一个早晨,整个过程虽然都是这些单调的动作,却秩序井然。

　　与此同时,在原红万小学①的操场边,毕摩何汝贵与两位寨老带着一名阿细男孩在做寨门(也称刀门)。何汝贵和其中一位寨老破开一种当地称为伍栢枝②的树,将它的树枝削成木刀的形状,共做了13把,每把木刀都有刀把,刀把两端还分别留了一个供拴绳打结用的口,以备能将此刀挂到编好的寨门上,木刀做好后开始涂色。他们找来几根玉米秆,并用砍刀刀背顺手在秆上锤几下,纤维随即变软,玉米秆也就具备了画笔的功能。老人开始用这几支自制的画笔分别在木刀上涂上红、黑、黄三色。通常刀尖处会涂上红色,接着再涂上黄黑相间的斜线条,当询问老人为什么要如此涂色,他回答说这是老古老代传下来的规矩,可任我们怎么数也只发现三色,当我们请他数一下是哪五色时,他指着刀为我们数了红、黄、黑、白,原来木头的本色也算一色。可是第五色却怎么也说不出来。老人转而用阿细语相互说了几句,边说边笑,但是却不告诉我第五色是什么颜色了。我再问,何汝贵大爹直接把话题岔开了,对我们如此重的好奇心,当地人会是一种什么样的心态呢?是觉得城里人啥都没见过,还是发现这个问题他们也无法回答呢?在他们身旁,一位张姓寨老在用尖刀草③编像草绳一样的东西。一看我们关注他,未等我发问,能讲汉语的毕摩马上向我解释说他在编寨门,等绳子编好后,再编上木刀,等再到山上砍上两棵竹子拴好,寨门就算做好了,也就可以用于"祭火节"了。

---

①　2011年3月,学生都去油榨地上学了,由于阿细祭火的知名度的提升,越来越多的资金开始投入红万村民小组,原来的小学校现已经变成红万村民小组的展示室。

②　据何汝贵介绍,此树的特点就是能够开花结果。

③　也称作白草,是在红万村周围山上随处可见到的一种草,叶片两边非常锋利,叶背为红色。在传说中,这种草与阿细人的一位民族英雄有关,而这位英雄与阿细人的称谓有直接关系;下文将专门介绍这个传说。

寨老在制作寨门之刀具　　　　　　编寨门所用之尖刀草

制作好的寨门　　　　　　　　密枝山上搭好的寨门

（三）祭密枝神的仪式

祭祀当日，用完午饭，毕摩与村里的几名壮年男子首先去赶毕摩事前选好的祭祀用的黑毛猪。按照他们的传统，祭祀用猪必须是品相好的黑毛伢猪。因此，毕摩通常会先考察村里的所有肥猪，然后决定祭祀用猪，主人在得到通知后就会将此猪留下以备祭祀用。祭祀当日，众人会首先将此猪拉到公房门前过磅称重，以备付款。然后将其抬上一辆拖拉机，运到神山入口处等待毕摩。

与此同时，毕摩与寨老们朝位于村西的密枝山进发了。他们按先前的分工，分别背着祭祀用碗、香及早晨弄好的木刀与草绳，晃晃悠悠来到当地人称为"mi³³ dʑi²¹ le³³ bu³³"（密枝山）的神山。走近神山，发现路旁已搭起四口简易石头灶，灶上架着锅，锅里烧的水已沸腾了，七八个男人在忙着择菜。毕摩和寨老们也忙活起来：一位毕摩首先砍了几枝清香叶树枝及两枝松尖，然后从荷包里拿出两个不大不小的碗，然后再扯几片清香树叶子，折两小段树枝，将它们分别放在两个碗里，再往碗里倒入取自神山的水，最后从火堆里夹两块烧过的炭渣，也分别放入碗里，这就是祭祀用的"圣水"；主祭毕摩则忙着换祭祀装，戴上黑帽，穿上纯色麻布制作而成、滚了黑边的传统衣服，再配上一条长及小腿的围腰；寨老们则砍来竹枝拴在草绳两边，寨门立好了。一切准备就绪，两位毕摩一人一边立于寨门下。祭祀即将开始，一位寨老与两名壮年男子赶着祭祀猪慢慢朝寨门走去，两位毕摩用事先准备好的小树枝蘸着"圣水"往祭祀猪上洒，往从寨门通过的人们身上洒，口里用阿细语说着"洗、洗、洗"。祭祀用黑猪随即被推着，拉着，洒过水，穿过寨门、爬上小坡，来到位于密枝林的"神树"前。按规矩，这头猪不能走回头路，所以，通常有两人一前一后紧跟此猪，直到到神树前将其拴好。

在等待祭祀之大黑伢猪

祭祀的两棵神树相距不远，大概四五米的样子。黑猪被拉进去后，首先被拴在公神树前差不多五六米的一棵树脚，毕摩随即又开始用"圣水"洒两棵龙树，嘴里还口口念词，据说他们在扫除树脚周围"不干净"的东西，即污秽、不洁之物。按习俗，杀猪前，毕摩首先要报告天神、山神、地神和寨神："每年有一祭，今天是大节日，我们拉猪来献您，请您帮我们管好村子里的老老小小、牛马牲口，保佑他们平平安安！"这一系列动作完成后，几个赤裸着上身的男子从树林里走出，下身有的只穿着内裤，有的用棕榈衣包裹，上身都进行了彩绘，大多以乳房两个点为圆心，用红、黑、白、黄相间绘圈圈；腹部则以肚脐为圆心，同样用四色画圈圈，背部也用相同的手法绘制了对称的圈，手臂及腿部的图案有些许不同，有画圆的，有画曲线的，还有用手掌涂满黑色颜料直接朝身上盖手印的。这几人齐力将猪按倒，并将其杀死。猪血汩汩流了一地后，第一次献祭完成；然后，众人七手八脚将猪扛出树林，将其放到锅灶旁，往上浇已烧开的水，刮净猪毛后，割下头、脚及尾巴，接着开膛破肚。先取下肩胛骨送进树林给毕摩，然后将猪头、猪脚及猪尾巴在火上烤得金灿灿后，也送给毕摩以便毕摩摆祭台。剩余的猪肉被切成块放到锅里煮，作为村民晚上在山上与神共享的美食。厚厚的脂肪被先拿去炼油，炼好后的油渣被捞出与切好的猪肝、猪心、猪肺加米饭一块儿煮，做成独具阿细特色、溢着油香味的米饭。两个多小时后，美食准备完毕。村里的阿细男子陆续已聚集到密枝林，自愿七、八人围成一圈，有在打牌的，有在聊天的，都在开心等待共享美食。

祭密枝活动之祭台

　　神树旁,毕摩和寨老们利用等待的间隙,从周围砍来一些青杆栗树的树枝,首先将树皮给剥了,露出非常光滑的白色内杆。待一切准备就绪,肩胛骨刚好也送进来,毕摩用刚备好的"丫"字形状的树杈将肩胛骨插好。祭台就是公神树下一块大约80厘米×40厘米的石板,毕摩将一高一矮两个松树尖相互紧挨着神树放好,插着肩胛骨的树杈被摆在松树尖中间,石板两边分别插上准备好的两根光滑的、呈"丫"字形青杆栗树枝,丫杈上再横上一根树枝,就可以往上摆偶数目的清香叶小树枝。石板上还铺了些松针,往上再放上祭祀贡品:猪头摆中间,尾巴放在猪嘴里,四只猪脚围在周围;祭品放置好,毕摩又在周围洒"圣水",嘴里一直用阿细语念着"洗、洗、洗",然后将碗里剩余的水和碳渣都倒了;再往祭台中间摆两碗酒、两碗刚做好的米饭;另一位毕摩点燃八支清香,祭台左右各摆两支,母神树旁也左右各摆两支。最后,主祭毕摩开始摇铃,手端"圣水"到祭台前,洒三次后,与另一毕摩跪在祭台前,嘴里开始念祭祀文①:

　　　　今天是二月初二,是好日子,是阿罗神②安太阳的日子,是代婆神③安月亮的日子,是阿志神④安星星的日子,是毕婆神⑤安云彩的日子,是他们所选择的最好日子。

---

　　① 讲述人:何汝贵,男,州级非物质文化遗产传承人,红万村毕摩,老年协会会长,年龄:74(2014年),该经文由笔者在2010年3月于红万村何汝贵家院子访谈所得,该文按照何汝贵讲解大意写出,尽量保留了一些当地语言特色,写成后曾与何汝贵核对过。
　　② 阿罗为阿细人的太阳神,解释人:何汝贵。
　　③ 代婆为阿细人的月亮神,解释人:何汝贵。
　　④ 阿志是阿细人的星星神,解释人:何汝贵。
　　⑤ 毕婆是阿细人的云彩神,解释人:何汝贵。

新衣服洗过就不好了,旧衣服洗过就变好了;属牛年①已经过去了,今年是好的一年来了。今天是二月初二 $mi^{33}dʑi^{21}mo^{55}$,二月初二是最好日子。

最好的普内至②山神来了,大年三十、一月是(祭祀)老祖老辈的日子;二月随着一月来,普内至山神随着老祖老辈来了,今日该祭拜山神了。

山坡上种有荞地,山坡脚种有甜荞、苦荞。甜荞种十排,苦荞种十排;甜荞长三叶,苦荞长四叶。大山头上哟,有黄树一丛哟,可以做成大黄梳子哦;③老圭山④山脚下,有黄竹蓬一丛哟,可做成细木梳子哦;大木梳把女人的辫子梳哟,细木梳把女人的辫子梳光滑哟,一梳梳到头顶上哟,再梳从头顶梳到头中部哟。

红万寨子里的人哦,村子里的人哦,今天是初二啊,我们来祭山神普内至,那要做什么准备呢? 要用什么来祭祀呢? 三年的大胖猪拉山脚哟,好猪是黑猪哟,不要花猪,不要白猪,只要黑猪哟。来到神树下哟,砍两棵竹子哟,一边栽一棵哦,用伍柏枝⑤树来做刀哟。刀挂寨门上哟,绳子尖刀草来编哟。青干栗树的叶子,清香叶都挂在树干哟,用这些干净的东西,做成干净的大门哟。还有两炷香哟,这样搭起来哟;左边点一炷哟,右边点一炷哟;点香这样点哟,竹子插在哪哟,盘溪的黄香就插在哪哟。拿个碗来装水哟,放入碳渣与树叶哟。这水是干净水哟,干净水洒下去哟,洒啊洒,洒啊洒,洒向害人的神哟,把害人的神赶跑,全部都赶跑哦,完全彻底洒干净哟。村子重要的人从寨门里经过,重要的人摆酒罐哟,猪从里面过哟,家家户户凑一碗米跟着来哟,全村老少跟着来哟,两位毕摩跟着来哟,来到普内至神(歇脚)的树脚下,把害人的神洗干净哟,把害人的男人、女人洗干净哟。

很古很古⑥的时候哟,山谷里有水冬瓜树哟;很古很古的时候哟,有这么一群人哟。这些人看看天空,(发现)天空很远,天宽地阔哟。

天上有太阳哟,天上有月亮哟,天上有星星哟,天上有云彩哟。这样就好

---

① 属牛年指过去的一年。
② 普内至指山神,普内至为作者音译。
③ 梳子的音在阿细语里与寨子的音同,在祭祀词里两个词相互引申,梳子从头梳到尾不但表示头发打理得很好,也表示整个村的东西南北各个地方都被山神庇佑。
④ 位于红万村附近的山名。
⑤ 当地一种会开会结果的树。
⑥ 在阿细语里,"很古很古的时候"与"有水、潮湿的地方"同音。

了,过了一年又一年,过了一月又一月,过了一天又一天,这些人在天空下。

专门害人的男人哟,专门害人的女人哟,有这样的人一对,专门把老虎放出来。把虎放到天空上,太阳被虎吃了哟,快被吃完了哦,只剩一个印子了哟,只剩一个圈圈了哟。

专门害人的男人哟,专门害人的女人哟,专门把白狗放出来,把白狗放到天空上,月亮被白狗吃了哟,只剩一个印子了哟,只剩一个月牙弯了哟。

专门害人的男人哟,专门害人的女人哟,专门把石岩上的毒蜂放出来,把毒蜂放到星星上去,星星快被吃完了哟,只剩下天亮星①了哟。

专门害人的男人哟,专门害人的女人哟,背着金罐罐,背到海子②边上哟,把水舀到罐子里哟,水泡冒出来哟,冒到天空中哟,云彩被(融)化了哟,只剩下一丝丝云彩哟。

很古很古的时候哟,天上有一男神哟,天上有一女神哟,站在高山上哟,端着一银碗哟,银碗里有银水哟,银水洒在天空里,洒在太阳身上太阳亮哟,洒在月亮身上月亮亮哟,洒在星星身上星星亮哟,洒在云彩身上云彩亮哟,洒到哪里哪里亮哟。

世上有山了,世上有石了,世上有树了。风神赫梭神③来造风,造了清风哟,一季放晴风哟,一季放冷风哟,一季放神风哟;晴风中也会有龙卷风哟,会把树吹倒哟,会把人吹倒哟,会把房吹倒哟,冷风中会有雨风哟,冷风中会有微风哟④;微风吹过树哟,微风吹过山哟,微风吹过石哟;树被微风吹过哟,(雨水)慢慢浸透树脚哟,(雨水)慢慢浸透树根哟,(雨水)也落在神树上哟。

世上也有不好的风哟,不好的风吹过树木哟,不好的风吹过石头哟,不好的风吹到田里哟,不好的风吹到地里哟;拿什么东西来把不好的风赶走呢?拿

---

① 天亮星即金星,或称启明星,太白金星。
② 海子:云南方言,主要指小湖泊。
③ 赫梭为作者音译。
④ 指三四月份随雨而来的微风。

什么东西来把这<u>些</u>不好风制伏呢?

很古很古的时候哟,山倒有了,却不够圆,山倒有了,却不够尖,也没有连绵不断的山;①山和平地看起来都一样,在这个时候哟,有一个好男人哟,有一个好女人哟拿出一把尖钉耙哟,拿出一根尖棍棍哟,左甩一下山变团了,右甩一下山变团了。钉耙左抓一下哟,钉耙右抓一下哟,山与平地就分开了,这就是现在的红万村哟,这就是普内至山神在的地方。

寨子吹过不好的风哟,

不好的风吹过寨子哟,

这神如何把不好的风吹走?

这神如何把寨子管好? 他用钉耙来抓哟,从舍蒙②开始抓哟,一直抓到我红万这哟。山有十二座哟,山坡十二个哟,石岩十二床哟,最后耙出密枝山哟。三年的公鸡养好了,公鸡来祭神哟,华宁的香,弥勒的酒,竹园的米,请神来接住哟,接住这东西,保佑我们村,永远在一起哟;全村的人都好哟,不论男女老少哟,大大小小哟,全部都要好哟,心想事就成哟。

大山头上哦,有黄树一丛哟,可以做成大黄梳子哦;老圭山山脚下,有黄竹蓬一丛哟,可做成细木梳子哦;大木梳把女人的辫子梳哟,细木梳把女人的辫子梳光滑哟,一梳梳到头顶上哟,再梳从头顶梳到头中部。从头梳到尾哟,梳到红万村哟,红万寨子里,牛有 70 头哟,住家 70 户哟;梳到寨中间哟,住家一百多,牛马百多头;梳到寨子尾哟,寨尾有千家,牛马有千头;不管姓什么哟,男女又老少,全部穿得好哟,穿戴很整齐;全部来祭你哟,全部来磕头,全部来祭神哟;普内至不在,我们去请他哟,我们红万村,不管姓什么,都要来祭你哟,小的也爱你,老的也敬你哟;年轻的也尊你哟;男人也爱你,女人也爱你哟;两个毕摩来请你,首先来到新寨,普内至神在不在哟,这个地方不好在哟③;没见普内至神,接着往回转哟;顺路到老寨,没见普内至神,这个地方不好在哟;又到中和铺与黑路丫④,普内至神也不在,这个地方不好在哟;我们顺着普内至

①　阿细人认为:山要圆(团)或尖才好,而且还要连绵不断,即一串串的。
②　红万附近的一个地名。
③　不好在:弥勒方言,表示居住环境不佳。
④　中和铺与黑路丫都是红万村附近的两个村子名称。

神的足迹走,一直来到舍蒙村,普内至神也没在;还是没请到哟。来到起飞村①,不是普内至神在的地儿,一直追到山坡上,追到放羊的地方;追到磨香井②,追到矣六村③,普内至神不在哦,没有见到他;野鸡飞到山背后了哟,④我们往回转,再找普内至神;来到可邑村⑤哟,普内至神也不在,可邑不好在哟,找不到普内至神哟。太阳落在坡头上,我们往回转哟,没找到普内至神;追到老圭山,一直追啊追,追到路南⑥城,还是没追到;一直追到宜良⑦城,找到树一棵,发现戴着帽子的他,笑眯眯地站在树脚那,终于找到他哟。毕摩拿着香哟,毕摩拿着酒哟,紧跟普内至神,把普内至神请到红万村;他说红万村哟,村前村后有大山,山有十二串,坡有十二床,山岩十二床,是好的地方,是普内至神喜欢的地儿;山顶有大树哟,树叶一万多,树枝一万多,是个普内至神喜欢的地儿;我们将他请到树脚下,这是他认为的好地方。山顶有大树哟,大树长得很茂盛,树叶有千片哟,叶子上挂满花哟,叶子上挂满果哟。男神请过来哟,您就站在那,树脚这歇着,我们来祭您哦,怎么来祭您,请您来接着,庇佑红万村,庇佑一辈子,人啊牲口要管好。

三十晚上祭献后,又过了一月,这月是二月,初二来祭您,今日是好日,双日的一天,今日来献您,样样献给您,这树是普内至神喜欢的地,是专门请您来的地,是请女神来的地,祭拜的时候,我们的毕摩,在十二座山谷里,把松毛⑧砍过来,山坡上有麦菌叶,叶子拿过来,山坡上有雪麦,毕摩将这些东西拿过来了;坡脚有青干栗树,将青干栗树扛过来,将青干栗树竖起来,叶子搭在上;上面挂了六把刀,一边挂几把,松毛铺上面,祭祀物放上面,这就是您俩住的地方了。我们要开始祭拜了,华宁的香,弥勒的酒。玉麦⑨酿的酒,竹园种的米,养了三年的大胖猪。猪的命由您说了算,您为全村做了事,我们把猪的命送给您,您来接住猪的命,接住所有的祭品。没有杀猪的刀,就从天上拿刀来。这猪是好猪,这猪是黑猪,无其他杂色,纯黑猪来祭,来祭这棵树。怕猪不干净,

---

① 起飞村是与红万村相邻的村子名称,两个村子相距 3 千米左右,该村也每年举行祭密枝活动与祭火活动。但是两个村子在对仪式的阿细语的称谓上有所不同。
② 磨香井,村子名称。
③ 矣六村,村子名称。
④ 表示天快黑了。
⑤ 可邑村,村子名称。
⑥ 路南,县名,1998 年 10 月 8 日更名为石林彝族自治县,位于弥勒县东北方向。
⑦ 宜良,县名,位于弥勒县西北方向。
⑧ 松毛即松针。
⑨ 玉麦即玉米,当地方言。

洗啊洗，洗啊洗，用露水来洗哟，用龙潭水来洗哟，天上的露水与龙潭的水，是最清的水。猪头还没洗干净，洗啊洗，洗啊洗，用露水来洗哟，用龙潭水来洗哟，洗后就是最干净的猪了。猪身不干净，洗啊洗，洗啊洗，用露水来洗哟，用龙潭水来洗哟，洗后就是最干净的猪了。猪脚不干净，洗啊洗，洗啊洗，用露水来洗哟，用龙潭水来洗哟，洗后就是最干净的猪了，这样洗了就干净了。用这刀来杀猪，将刀刺进猪脖子，猪就流血了，把血接过去，命就交您手了。全村人都来了，都来祭祀您，把猪杀好后，将血拿来祭，用四只猪脚祭，用三个石头搭起灶，用两支猪脚祭煮肉的灶神，用两支猪脚祭煮米的灶神，米是一家一碗凑来的，煮熟后装在碗里拿来祭，这是专门呈给神的肉；猪头拿来祭，猪肝猪腰子拿来祭，猪心猪肺拿来祭，总共有六碗，拿一碗生米来祭，其他都做熟后拿来祭，这样来祭神。

很早的时候，老古老代祭山神，普内至神的时候，就是这样祭。过完年以后，二月初二日，此月是双月，此日是双日，二月初二日，今日来祭拜。人在这里祭，抬头看看天，高高天空下，已有人无数，先祭天上管太阳的神，再祭天上管月亮的神，再拜天上管星星的神，祭拜天上管云彩的神。这样祭完后，我们红万村，所有姓氏人，所有男女老少，走到太阳下，就和太阳一样亮哟，就和太阳一样好哟；走到月亮下，就和月亮一样圆哟，就和月亮一样亮哟，就和月亮一样好哟；走到星星下，就和星星一样亮哟；走到云彩下，就和云彩一样好哟，一朵接另一朵不会断哟。

天上的神祭完了，看看地上的万事万物。地面很宽很阔，在这块大地上，四面八方都有神，一座山一尊神，一座庙一尊神，我们来祭神。这些神是管人及牛马牲口的神，这样祭完后，全村牛马牲口在山上放牧时，牛若吃青草，样样可以吃。只有毒草不能吃。放羊到山上，羊去吃叶子，样样可以吃，只有毒叶不能吃。村边有塘子①，塘子里有男塘神，塘子里有女塘神，我们祭你们，接住呈给您的物哟。山上的野鸡飞到山背后了哟，哦，原来不是野鸡飞到山背后了，而是太阳落下了哟。正是太阳落山时，牛羊赶过来哟，赶到塘子边哟，赶牛来喝水哟，水是可以喝的哟，青蛙的毒液不能喝哦。赶羊来喝水哟，样样可以喝哟，鱼毒不能喝哟，你们要管好哟。沟上有种草哟，坡头上长着很好的花哟，这种花是最好的花哟，请把牛羊看护好哟，像花一样赶拢到山边哟。红万村的

---

① 塘子：云南方言，"小水塘"。

人,凡是做活人,种子地里种,地鼠不能吃,苗子肥又壮,像麂子牙齿一样好;虫子不能吃幼苗哟,让它长得像竹子哟,玉麦长得如牛角哟,籽籽多得如星星哟。玉麦棒子不能被田鼠吃,玉麦籽籽不能被小鸟啄。收玉麦时,收到家里时,收到三间房子里,用席子围住满满的囤子,囤子要装满,楼上要摆满,大房小房全装满。这样祭完后,我们红万村,所有姓氏人,所有男女老少,全部来磕头哟。双手合十拜哟,双膝跪地拜哟,头要及地拜哟。

念到此,在场的包含毕摩和寨老的所有人脱帽、磕头,随后一位毕摩将其中一个松树尖和叉着肩胛骨树枝叉捆成一束,将其绑到公神树树枝上。另一个松树尖及另一个丫字叉也被捆成一束绑到母神树上。念祭文的毕摩也紧随其后来到母神树下,继续念祭文:

猪已经杀好,猪已经流血,所有人都磕头了。磕头求男女种,我们拿米来祭,想拿男种的来磕头,想拿女种的来磕头。男种您也有,女种您这有,男种是英俊种,女种是漂亮种,大学种也有哟,当兵种也有哟,这样来要种哟。(毕摩分米)您要让我们心随所愿。整个红万寨子里,男女老少祭,您要帮我们实现愿望哟,您要帮我们实现这些愿望。不管要男种还是要女种,您如何安排如何实现,您要让我们想养牛马牲口的愿望实现,让我们对收粮食的愿望应验,帮助家家都有金子银子。

红万这个寨子,杜鹃花开得很好哟,二月时开得最好哟,水牛在泥浆中滚过最好瞧哟,这个寨子里生儿生女都是最好瞧的哟;铜锅煮出来的米是最好的哟;我们寨子里的干部就和铜锅里煮的东西一样很团结哟,群众也团结哟,夫妻也团结哟,父子也团结哟,母子也团结哟,姐妹也团结哟,兄弟要团结哟,妹子要团结哟,姑嫂要团结哟。二十岁能牵儿子走哟,四十岁能抱孙子走哟,六十岁牵重孙走哟,七十岁头发白哟,八十岁牙齿黄哟,九十岁会躬腰哟,活到一百多岁哟,长命又百岁哟。祭,祭,祭。

祭文念完后,在刚才杀猪献祭的地方燃放了一挂鞭炮。毕摩先向母神树行了三次礼,尔后抬起碗,又洒"圣水"。一名寨老先熄灭燃着的清香,又将其重新插回原处。等毕摩祭祀完母树,走回公神树旁,寨老们就一起收拾祭品,所有的清香均被熄灭又被再次插好,祭祀的酒和米饭都被倒在祭台上,对神的祭祀完成了。下一个环节就是村民们在密枝山进行集体共餐活动。

（四）仪式共餐

密枝林的空地上,已经坐满红万村各年龄层次的男子,老、中、青及小男孩。通常,年龄相近的人会相互邀约围坐在一起。每人皆携带自己的吃饭用具和酒。菜做好后,负责做菜的村民就将它装入一只只大桶里,然后将其置于空地上,村民们就会自己动手,派代表按顺序各自取菜。舀来现煮的坨坨肉、萝卜,炒熟的青蒜苗、芹菜、莲花白和拌好作料的凉卷粉一起分享。在外人看似简简单单的菜肴,对他们来说却是珍馐;对于居住在高寒山区的阿细人来说,平时最常见的家常菜是便于储存的马铃薯、白芸豆、老南瓜等。青蒜苗、芹菜等当季菜在平时的饭桌上是难得一见的,凉卷粉则属于赶街的日子才能品尝到的美味,坨坨肉更是要在节日期间才能吃到,平日里大家食用的肉食品基本就是老腊肉。因此,看到这些美食,村民们都兴致很高,很多人喝起自带的美酒。每人都吃得香,喝得甜,喝到高兴处,还一起唱起了阿细山歌。这顿与神、与同伴分享的大餐,也成为阿细男子年度性固定的聚会,成为外出之人的一个牵挂,大家在这里不仅分享美食,而且分享神赐予每一个人的平安与吉祥。

男性村民们密枝上席地共餐

三、祭密枝活动的禁忌与特点

（一）祭密枝活动的禁忌

密枝山既然是神山,自然就有禁忌:（1）按阿细人的传统,严禁任何人砍密枝山上的树,即使是自然折断的树枝、落叶都不能捡回家（除了祭火仪式中的用品,如松树头、枯树枝等,但树不可砍);(2)二月初二的祭祀活动,女人是禁止参与的。甚至密枝祭祀活动后的七天,女人都被禁止进入密枝山,也不准从密枝山旁经过,更别说接近龙树了。据说,谁违反了规定,进了密枝山,那人准会生病;3.二月初二一整天,自大黑猪被拉上山那一刻起,各家各户就不能做春碓,洗衣、梳头等诸如此类的事,女人更不能在外行走,以防撞见"祭密枝"的队伍,此禁忌在过去甚至会持续到二月初三火神被送出村为止。

这些禁忌就这样年复一年被遵循着,近年来,随着阿细女人被鼓励加入祭火队,出现了女青年进入密枝林参加集体共餐的情况,但却没人会走近龙树,在准备菜品时也没有女人参与。据毕摩何汝贵介绍:密枝山祭祀之所以没有女人去,也不敢去是因为女人在生理期间不"干净",进密枝林就会带来不洁之物,神会因此惩罚她,甚至让她患病。据说几年前,村子里曾经发生过稀奇古怪的事:密枝山祭祀后三天,有一位妇女在生理期赶着羊经过密枝林,回到家就病倒了,好久都未痊愈。后来,这名妇女来找何汝贵看病时和他聊起此事,还自责没遵守禁忌,所以病了;历史上也曾有一妇人在此禁忌期去了密枝山,结果回来也病倒了。有了这些先例,更没人,特别是那些上了年纪的妇女,再不敢在禁忌期间踏进密枝山。何汝贵学过一些西医知识,他说按他的推断,此二人应该是着凉了,又刚好在此禁忌期,村民们就将这两件事联系起来了,后来也就再没人敢尝试了。

(二)祭密枝活动的特点

1. 参与面广

祭密枝活动对红万村民来说是一年中最大的事情,人们对它的重视程度甚至强于火把节或春节。调查组在祭火节期间,发现在镇上上学的孩子们会因此放假;外地打工的青年人会专门在此期间赶回家,仪式过后又匆忙离家的。第一次田野就碰到的小陈就告诉我,他在外打工的时候非常想家,想回家乡过祭火节,春节时还没那么想家,所以祭火节时他更思乡,在他看来,此日子是好玩的日子,是重要的日子。

2. 地方性强

祭密枝活动时,会发现祭祀物除了青香、鞭炮、酒及猪、米、蔬菜是由村民从密枝林外带进来的,其他如松树头、松针、青杆栗树、清香叶及搭寨门的竹子、柴火、水等祭祀用品都采自密枝山,村民们只需身背一把镰刀,所需祭品就可以随手拈来,包括吃饭用的筷子,都是人们在祭祀的间隙,从树林里折砍小树枝加工而成。用完也都直接扔在山林里,体现了人们取之于林,弃之于林的传统。

3. 时间观念"弱"

在这里,我必须借用埃文斯-普里查德在《努尔人》当中提到的"结构时间",以此来表达阿细人特殊的时间观念，"因为它们都是对于并行的、协调的或合作的活动，即一个群体的运动的概念化表达，否则，这种时间概念是不可能存在的，因为它们对群体内的每个人来说都必须有一个相同的意义。"[①]吃饭时间、祭祀时间、放牛时间、上山祭祀等的时间对相互往来的人们来说基本是相同的。在祭祀中，无人催促，无人用手表这些现代工具来计时。拉猪上山的时间，统一的时间是吃过早饭后，在外人看来不确定的时间，对他们却是确定的。祭祀队伍只要在公房门口站几分钟，人就齐了；到密枝祭祀时，听不到几点将祭祀物准备好，但是大家会各自准备自己需要的工具和行头，也是前后几分钟完成。譬如说，造寨门，寨老们一进山就去砍两棵竹子，随即将它拴在事先编好的寨门上，然后再将其立于固定位置；拉猪的拖拉机司机会负责将猪拉到入口处，然后就停在那，等待祭祀开始；接下来不管是洒"圣水"，杀猪，还是摆祭台、做饭做菜，甚至共餐，都是一个环节接着另一个环节，一个环节就绪，另一个环节就自然跟上。看似他们没时间观念，大家做事也是不紧不慢；在等待烤猪头、猪脚时，很多外来者都无所事事，有的干脆睡起了大觉。但毕摩和寨老们还是不紧不慢，或在削筷子，或在闲坐，或在闲聊，一副怡然自得的样子，当有人问他们什么时候开始祭祀，他们会慢悠悠地告诉你，林外的东西送进来就开始。现代的时间观念到了密枝林完全失去了约束与效力，几点几分不再是挂在嘴边的宠儿，而是暂时变身为看客。

4. 认同度高

在祭密枝活动中，全村的每位男子都会参与整个活动。房东何汝贵的儿子汉语说得不是很好，平时也不会说我们去干什么之类的话题，然而，到了"祭密枝"时，他也会主动邀请我"女老表[②]，一哈[③]一块去密枝山噶！"我说好的，并随口问他是否也去，他用很奇怪的样子看着我，并回答说，"去呢嘛[④]！"感觉我问了一个很白痴的问题，就像我们问别人是否会呼吸时看到的眼神一样。在密枝山，不用组织，不用吩咐，每个人都会力所能及做一些自己应该做的事。比如在杀猪的人绘身时，陪我们进山的小陈会主动跑去帮他们绘身，他很自然就拿起画笔，左一下，右一下帮忙绘身；猪杀好后，几个人同时围着一头猪，有的割头，有的破肚，大家各司其职，不会出现推诿或偷懒的人；几百上千人在山里吃饭、喝酒，也没出现无序的状态。笔者第一次进山，是小陈帮我们带的吃饭碗，因为他是房东的侄子，因此理所当然就做

---

① 　［英］埃文思·普理查德（E. E. Evans-Prichard）：《努尔人》，褚建芳等译，华夏出版社，2002 年版，第123 页。

② 　女老表：当地对同辈女性的称呼，老表，在红河州一带还有表哥、表弟的意思。

③ 　一哈：当地方言，表示"一会儿"。

④ 　去呢嘛：很肯定表达"去"的意思。

起了主人,并提前为我留好了位置;第二次进山,由于我天天混迹于村里的毕摩、寨老们处,又理所当然地被他们当成其中一员。吃饭时,正准备去找碗筷,已经有人将碗与自制的筷子递过来了。然而,事前却没人询问过是否要为我准备碗筷或是听说谁为我准备。但是,不管是谁都会把你看成自家人,会帮你提前准备好。吃饭过程中,约在一起还会分享各自带来的酒、咸菜之类的东西。而且不管带与不带,都不是问题,有就多吃,没就少吃,没有人会说不平等,也不会有人说你炫富,也不会出现劝酒或劝菜的话语,但是每一个人都很尽兴。用他们的话说就是:"大家一起打平伙①,很好玩。"在祭密枝活动活动中,红万村的男性村民以整体大家庭成员的形象出现,正是"粗略一瞥,共同体似乎出现在村庄的宗教仪式之上,特别是体现在集体祭神祈雨之中"②。这个阿细的"男性共同体"也出现在了祭密枝活动和集体共餐中,所以,这不是简单的食物共享,而是共餐时大家和谐共处、愉悦、其乐融融的氛围。

5. 主动性强

农历二月初属于风干物燥的季节。在上山前,我心里老在犯嘀咕,那么多男人上山,很多人喜欢抽烟,祭祀还会点香,燃放鞭炮,多危险啊,会一不小心引起大火吗?2009年农历二月刚下田野就听说过附近有一场森林大火。可是在祭祀过程中,我发现村民能够随时防患于未然,在燃放鞭炮前,就会有一人抬来一大桶水,围着挂鞭炮的树用水浇上一遍;等鞭炮放完后,又浇一次水。旁边的人也都会参与一起检查,看旁边还有无冒烟的鞭炮;在点香时,虽然没有浇水,但是在插香前,毕摩首先拔去旁边的杂草;祭祀结束后,首先将香先灭了,才撤走其他东西。所有一切貌似不经意的动作,却体现出用火的小心与谨慎;虽然没有人监督,更没人来罚款,但是每一个人都知道山是他们的依靠,火会带来好运,也会带来灭顶之灾,所以他们随时小心谨慎,随时小心防范。

6. 充分体现德高望重

虽然全村男性村民都能到密枝山上与神共餐,但是参加祭祀准备、参与到祭祀中来的,即靠近神树旁的,几乎都是老年人,而且要求必须是老伴还健在的老年男子。杀猪的人倒是壮年,但杀完猪后,这些人就会扛着猪走出密枝林。虽然村主任也负责祭密枝活动和祭火活动的安排,但整个祭祀过程都是毕摩和寨老们在张罗,只有当祭祀完成,集体聚餐时,他的身影才又出现。虽然课题组到红万第一个找到的人是村主任,是有关祭火事宜的第一个访谈对象。他却回答:"你们稍等,因为我

---

① 打平伙,指大家一起凑钱,一起购买食材,一起做饭做菜,一起吃饭。

② 《中国农村惯行调查》(日文),1981年,6卷,东京,转引自[美]杜赞奇:《文化、权力与国家》,王福明译,凤凰出版传媒集团、江苏人民出版社,2008年版,第177页。

也说不清楚，一会你们问毕摩吧。祭祀一类的事他们会比较清楚。"然而，当去问老年人相关事宜时，虽然没有毕摩表达得清楚，但也能大概描述关于仪式的一些传说或背景。阿细人敬老，应该不仅是年龄的问题，还因为老人的经历与知识也让后辈敬仰。所以，仪式共餐时，虽然大家吃一样的饭与菜，但是抬菜的顺序是先老人再其他人的。

在阿细的祭密枝仪式中，我们也能够体会"礼之用，和为贵；先王之道，斯为美。小大由之"。所以自古以来，礼的功用主要是用于调和，和谐为美，即"和为贵"在阿细的传统仪式中随处可见，也正因为该种仪式已经内化在阿细的生活中，所以，人们对此仪式才有如此高的认同，参与面才如此广。

四、狂放的祭火活动

可以说，许多人慕名前来参与阿细的"祭火节"（mi³³ dʑi²¹ mo⁵⁵ 仪式），最初是源于祭火活动，是因为仪式的钻木取火活动、参加者独特的绘身、独具地方特色的松毛长街宴，还有长街宴上那动感十足、感染力超强的酒歌、奔放的阿细跳月舞蹈使该仪式让游客念念不忘。本小节将从仪式前的迎宾舞、松毛长街宴、绘身准备及祭火仪式来展示祭火节的全过程。

（一）祭火活动前的迎宾舞

二月初三一早，不到八点，横穿红万村的连乡公路上已经熙熙攘攘了，道路两旁摆满了各种卖东西的摊位，平时安静的、难得见生人的道路上一夜间多了许多着阿细盛装的妇女，公路的那头还传来阵阵大三弦的声音，欢快的旋律让路上行走的课题组成员不由得加快脚步，朝村外走去，前儿日忙着在村里到处走访，都没发现啥时候在通往村里的公路上搭起一座寨门，门上用彝语写了红万村，两边站了两位"武士"，手里都拿大刀。周围围满了手拿照相机的人，两人的装束和绘身的确与昨日密枝林里见到的人不一样，这二人的头和下身用棕榈衣或一种当地称为土木基的植物包裹，其他赤裸的地方也用黑、红、黄、白四种颜色进行彩绘，两人的选材虽然不一样，但是基本的图形却都一样，都采用了圆或椭圆的圈圈，与祭密枝活动杀猪男子的图形一致：前胸围绕乳房、肚脐眼三个圆心用四色绘圈，上面两个圈，下面一个圈，后背绘四个或三个，手臂上与腿上也进行相似装饰，其中一名武士甚至比较夸张地装饰了男人的私处，看得出绘身精致。不仅让路过的大姑娘、小媳妇看得窃窃私语，也让外来的小伙子也看得瞠目结舌。更多的摄影师镜头也给予了他，据说，每年他都会因为这夺人眼球的装束得到一些金钱的回报。这是否可以称为"消费遗产"的后人？

祭火当日新立的红万村寨门

门前的两位武士正在准备行头

养眼的迎宾队伍

寨门内,背着阿细传统民族乐器——大三弦的阿细小伙儿身着盛装,与同样着盛装的阿细姑娘各站一列,只听见哨子号令一下,他们就奏响三弦,跳起欢快的"阿细跳月"。如此隆重又热情的迎宾仪式、缤纷的色彩、传统的乐器、动感十足的舞蹈、让人脚痒痒的乐曲声,吸引了远道而来的嘉宾、记者,都不由得围着迎宾队伍,久久不愿离开。

再往村子里走,又可见中老年迎宾队,他们也身着节日盛装,但衣服的色彩和款式和年轻姑娘们的有些不同,虽然白色是阿细妇女服装的基调,但姑娘们的配色更鲜艳、绚丽,头花更鲜艳夺目。相比而言,中老年人的配色就暗淡一些,头上的装饰也更单调,舞蹈的旋律也明显和年轻人的慢了好多,但中老年的乐器却丰富多彩得多,有小三弦、圆琴、四胡、笛子、唢呐、鼓等。虽然老年人人数不多,动作也没有青年人的豪放,但一招一式却别有韵味。

具传统内涵的中老年迎宾队

（二）祭火活动之长街宴

走到公房,发现二月初三的公房比初二更热闹,里面一片热气腾腾的景象,几口大锅都用上了,饭、菜、肉都已快准备好了,这是为即将上场的长街宴准备的,厨房里还是清一色的男厨,与头天的祭密枝活动一样。

走出公房,发现祭火台周围已经用松针铺了一圈,这些松针是各家各户从红万村附近的山上采集而来的,地上铺上松针,就能以地为席,菜肴可直接摆在松针上,受邀宾客也可以席地而坐。这些松针在被使用过后,各家各户再收集回去做引火草,一点都不浪费。祭火台上面也铺满了松针,这是为毕摩和寨老们用餐准备的;祭火台前的连乡公路上近200米的路面也铺满了松针,公路边上的空地也满眼看到的都是松针。不同的是,这块空地已经用彩带围起来了,旁边立了一块牌子——"嘉宾区"。

据说这是为受邀嘉宾准备的区域,而公路上的长街宴则是为其他来宾准备的。

　　早11点左右,碗筷都已摆好,嘉宾也陆续到了。公路上的人越聚越多,只见人头攒动,声音嘈杂。长街宴即将开始,人们七八个人,或九十个人围着碗筷一坐下,马上就会有村民端上菜肴。这些菜肴基本都出自红万本地:有煮老腊肉、老腊肉汤炖红豆、煮萝卜、炖老南瓜、韭菜炒柴花(这是长在栗树上的一种菌类)、炸核桃仁、炒棠梨花、煮土木基茎。嘉宾席比来宾席的菜品丰富一点,如多一碗炖土鸡肉;在一般人看来,这都是很普通的菜品,也没有大鱼大肉,但席间的每一道菜都具有当地特色,所有蔬菜都是几乎没有用过农药或化肥的蔬菜,产于当地老腊肉和自养的土鸡汤更是没吃就闻见阵阵香味,让人垂涎欲滴。才吃了几口,又听得阵阵欢声笑语传来,这是刚才在寨门前"跳月"的姑娘小伙端着酒碗,顺着一桌一桌敬酒来了。都说阿细是能歌善舞的民族,今天是大饱眼福和耳福了,他们的酒歌不仅将气氛渲染得很热烈,而且也让我们见识了这是歌的海洋,他们一桌与一桌的敬酒歌是不一样的,有几首是平日里听他们唱过的,大意为:"我们朋友今天相会了,抬起酒来,喝、喝。""高兴地喝一口,客人朋友到了,大家一起高兴了,一起喝一口。""欢迎您来到阿细的故乡!欢迎您参加阿细祭火!红万的阿细人,具有火一样的激情,是像火一样的民族,具有火一样的文化、火一样的歌舞,喝着火一样的烈酒。情意令心醉,歌舞令人醉;阿细的烈酒,香味飘四方。""喝,高兴地唱起来,高兴地喝起来,客人朋友们,我们大家都来到,我们是朋友,大家喝起来。"……也有一些是今天才第一次听到,虽然大多数来宾都听不懂他们唱讲什么,但是他们动人的表情,高昂的歌声却令每一位在场的人陶醉,大家都学会了最后一个词:"tu^{22}"(喝),一听到"tu^{22}",每个人都会端起酒碗,跟着敬酒队一起喊"tu^{22}"。热闹的长街宴结束了,人们开始期待最重要的祭火活动。

红万村平日里安静的祭火台

（三）祭火活动之绘身

据说，午饭后，男性村民就会躲到树林里去绘身。祭火活动一般要等他们绘好身才开始。在村子旁边的一片小树林里，他们用装过化肥的塑料编织袋搭建了一个临时的化妆棚，村里的中青年男子及小男孩正在绘身、化妆。据说，祭火那天，村民之间一般不会互相打听谁化装成什么样子。即使认出对方，也不说穿。孩子们从小耳濡目染，每个人都擅长绘身。很多人会首先用棕榈衣将头包裹，其他地方全部赤裸，然后绘身，所绘形状与祭密枝活动中的绘身形状以及前面提到过的两位武士的形状都是异曲同工——以圆圈为主旋律，色彩主要为红、黑、黄、白；也有些人用棕榈衣将私处包裹，其他赤裸的地方主要绘圈圈来装饰；小男孩们则直接把衣服全部脱光，也用红、黑、黄、白在裸体上绘彩圈圈，但是每个小男子汉的标志处都会被给予精心装饰，还用红色来突出显示。间或也有几人没用圆圈图案，而用了半圆形的图案，但是所用的四种基本颜色还是不变；还有几人只有头是被棕榈衣包住的，其他地方一丝不挂，也没做任何彩绘，但是身上用稀泥浆抹了个遍，手里面还提着桶稀泥随时补上；有的则用山上扯来的野草将私处装饰一下，甚至在那儿挂个铃铛以示张扬的，看到镜头对准他们，还会故意做出一些出格的姿势供人家拍摄。化妆棚入口处通常由村里的人把守，不准局外人进去。化妆棚外面，站满了手持各种长短镜头的人，有来自各地的摄影记者、摄影爱好者，也有旅游者，小孩们面对这些人说得最多的一句话就是："拿钱来！"

装新火的火盆及支架

突然，不知从哪儿传来一声号角声，只见绘身的男人们加快了速度，绘好身的人开始走出化妆棚。每个人手里还提着各式各样的道具：大刀、鸟笼、罐罐、嘴里喊着"喔哩"，一起朝祭火台那走去。

（四）祭火活动全貌

1. 祭火仪式前的准备

祭祀在祭火台上举行，祭火台正中间有一棵长势很好，枝繁叶茂，并有两根树干的栗子树。栗子树的前面横放这一段枯木，此枯木是村民们专门挑选好放在这儿专门用于钻木取火的，也有两根树干。大树的左边有一块大石头，它的背面有一个孔。这块石头起到号角的作用，在钻木取火成功后，会专门有人吹响石头来通知村民。每年祭火活动前，老年协会的老人们就提前打扫祭台，今年也不例外，而且还用油漆重新将石头上的字重漆了一遍："远古时代，无火取暖，野兽胜人，伤害人畜，以此石号，钻木取火。二月初三，号角震天，火光明亮。惊天动地，撵走群兽，保住人畜，平安生活。老协。"这段文字概要性地介绍了火的出现改变了阿细人的生活，写出了阿细人对火的眷恋与希冀。

平时的祭火台，寂静而落寞，如一名耄耋之年的老人，只能静静坐在那里，偶尔会有几人路过，但都匆匆而过，没有半分钟的停留。但每年的二月初三，是祭火台一年最热闹的时候，所有参加祭火的人都会在此汇集。吃过午饭，祭火台周围陆续集聚了很多人，他们都在等待祭火活动。祭火台上，用来抬新火的工具已准备好：是一根有三枝树杈的伍栢枝树的树枝。树枝长得很奇特，下面两枝，上面一枝，上下之间刚好能摆置放新火的火盆，火盆的四周也用尖刀草编成的草绳环绕。栗子树脚下，放着毕摩祭火所需的帽子、锣、摇铃，以及清香叶等。

在林子边的村民正忙着绘身时，祭台上的碗筷已经被收拾干净，毕摩、寨老们已经在做祭祀前的准备了。首先，在树脚搭建了与前一天祭密枝活动相同的祭台，同样铺着松针，同样是"丫"型树枝叉着大黑伢猪的肩胛骨，两根已削去外皮的青杆栗树树枝靠在树脚两边，树枝都是丫杈朝上的"丫"字形，上面同样横放着另一枝树枝。偶数的清香叶小树枝骑在这根树枝上，前面放着长街宴上出现过的八碗菜，还有两碗酒、两碗米饭。两位毕摩穿戴整齐，都戴着黑瓜皮小帽，一模一样的麻制衣服，衣服外面还有从腰到小腿长的围腰，外面还套了一件滚了花边的阿细传统褂子。

2. 祭火仪式之钻木取火

祭祀开始，两位毕摩各端了一碗"神水"，碗里面放了阿细代表能驱邪的清香树叶，他们绕着祭火台四处洒水，与头天一样，边洒边说"洗啊、洗啊、洗啊"。然后，传来锣鼓声，绘好身的男性村民敲锣打鼓，嘴里"噢、噢、噢"叫着，拥到了祭火台。用黑、红、黄、白四色绘满彩色圈圈的火神也被抬出来了，担任钻木取火任务的人首先围着枯木桩跳了一圈，然后几个人开始钻木取火，只见他们用一根木棍在枯木桩上飞快旋转，旁边的人一直在"噢、噢"叫着为他们鼓劲，毕摩念着祭火经文：

今天好日子到了,我们全村男女老少都来献了,以前没有火,吃的是生的,穿的也没有,住的也没有。自从有了火,肉也可以吃熟的了,冷了可以用火来取暖,我们生活好起来了,感谢你给了我们火,感谢你管好我们全村老老小小牛马牲口,以前没有火,没有吃的找野菜打野兽来吃,没有穿的用藤子用树皮做衣裳,没有住的找到大红岩当住房,现在我们平平安安,人丁兴旺,五谷丰登,我们明年还要来献。[①]

一阵青烟冒起,鼓励声变成欢呼声,鼓声、锣声也一块响起,号角被吹响了,这是在告诉村民新火种已经钻出来了。木桩还在旋转,火苗燃起熊熊大火,人们敲锣打鼓庆祝,开心地围着火堆又喊又叫。两位绘身的阿细男子骑着"飞龙马"也飞过来了;有名男扮女装、身背孩子的人抱着白公鸡来了;所有绘身的村民也围过来了,祭火台上下站满了绘过身的村民,他们都在欢快地呼喊着、相互庆祝着,新取的火种被放进了火盆。

3. 祭火仪式之送新火

接下来该挨家挨户送新火了,毕摩、寨老们要将取得的新火按一定的线路送到各家各户。只见两人抬着前一天祭密枝活动使用过的寨门在前引路,后面紧跟着两名抬着大刀的人,三人抬着火盆架子紧跟其后,旁边是那名抱着白鸡的男扮女装的人。这些人过后,就是两位毕摩端着水碗,摇着铃敲着锣为火神开道,火神被四个人抬着紧跟在毕摩后面,后面就是飞龙马及其他绘过身的人。祭火队顺着村子的小路往前走,到了路口,会用阿细语叫一几声:"送新火了。"时不时,会有几个老妇人用瓦块抬着放了点油渣的木炭走出来,倒在路边,然后再将送火队送过来的新火迎进家。就这样,送火队围着大寨小寨转了一圈后,再绕过村里的水塘,往跳月场走去,然而,跳着跳着,绘身队伍就转到村子的跳月场里去跳月狂欢去了,一直跟着绘身队伍的人也跟着他们走进跳月场了。很多人没有注意到,寨门依然还在朝村东走。毕摩及抬着火盆、抱着白鸡的寨老们,还在一路往前走,一行人到了村子边,毕摩告诉课题组成员说,阿细人认为,旧火会带着所有不洁,带着村子里所有疾病,如伤风、感冒等不好的疾病从村子东边而走,所以,他们的任务还没完,还必须将旧火送走。

4. 祭火仪式之杀鸡送火神

该杀鸡送神了,首先他们将白鸡拴在火盆架子,毕摩又开始摇铃念经了,他又端上了那碗"圣水",他首先对四方八面的神说:

---

① 该祭文为笔者在红万田野时访谈时,由红万村毕摩何汝贵用汉语为笔者解释时记录而成。访谈时间:2009 年 2 月。

很久以前没有火,人们没有住的;没有穿的,人们吃生的……现在有火了,大家都喜欢火,火的用处很多,人们靠火生活,靠火吃饭,旧火送出去,新火迎回来,大家好好过生活,全村大大小小,老老少少,一年到头好好的。①

接着,毕摩还会报告鬼神说:

我们用大白公鸡来送你们了鸡血献给你们,鸡血已洒在刀上,鸡头、鸡脚、翅膀挂在寨门上,鸡头会对着村外,它就会帮我们看守村子,不干净的东西不准它进来,要保护我们村子平平安安。

念完经文后,两位毕摩一块将鸡杀死,鸡血洒在火盆和刀上,鸡扔出了寨门之外。据说,这鸡是千万不能让它蹦跶进寨门的,否则会引起不吉利的事。仪式快结束了,毕摩将鸡头、鸡翅及鸡脚割下来,并将其绑在寨门上,然后,这扇寨门就被永远挂在了村子的东头。寨门上的白鸡如一勇士,在此帮助红万村民守卫着他们的家人及牲口,保佑全寨人畜平安。最后毕摩寨老用水将火盆里的火熄灭,将所有灰烬倒在了大路上。神秘的阿细祭火在经过了差不多四个小时的取火、送火及送神后,随着将最后一点灰烬倾倒在村东头而结束了。②

5. 祭火仪式之净身回家

送火仪式结束了,跳月场上跳月的人们也结束了他们的活动,大家首先聚集在村子中央的塘子边,或某户近邻的房前屋后,把精心绘制的图案洗去。老人们说,二月初三这天,必须要将身上的绘身洗净后才能回家,否则会将不洁的东西引入家中。

年度的祭火仪式结束了,但火的传说、火的故事,还世代流传在阿细人中间,正如刘宝荣老人(2014 年 85 岁)给我唱过的一段先基:③

远古远古时,老人走在前,老人说在先,老辈人说了,首先有了天,首先有了地,如没有天地,人就无住所;天上有太阳,天上有月亮,地上有大山,地上有大水,有了天地后,我们红万村,有个古传统,二月初三日,传统祭火节,一代传一代,老的走在前,老的踏在前,后代跟前辈,跟随老一辈,一年十二月,二月初三日,皆行祭火节,不知从何时,不知从何年,一代传一代,皆行祭火节;有了天与地,然人无住所,有了天与地,寨子有了人,有了人类后,不会做劳动,不会盘

---

① 该祭词由红万村主祭毕摩何玉忠为笔者提供汉语解释,访谈时间:2009 年 2 月。

② 至于祭祀留下的鸡身子,最后被抱回村子,在公房里做个下酒菜,毕摩寨老们可以小酌一番。

③ 参见路芳:《火的祭礼:阿细人密祭摩仪式的人类学研究》,北京大学出版社,2012 年版,第 23—24 页。

庄稼①，就没有食物，只有一样水，没有安居所，人住山洞内，人住森林里，远看鸟儿飞，耳听鸟儿叫，喜欢过一天，好笑过一天。晚上歇箐沟，听得野兽叫，怕了过一晚，冷了过一晚，饿了过一晚，白天这样过，晚上这样过，日子不好过，鸟类有住处，鸟类有歇处，野物有住处，野物有歇处，祖先都没有，住处也没有，穿的也没有，吃的也没有，喝的也没有，这些都没有；远古的时候，冷了过一天，饿了过一天，没有办法啊，没有住处啊，要找住处了，山谷里面找，大山小山找，大森林里找，找到大石洞，找着小石洞，洞里过生活，住处有了，还是没穿的，树皮剥下来，石皮取过来，树皮做衣服，藤子做系带，这样子就好；穿的也有了，吃的还没有，吃山茅野菜，山上挖土瓜，山下采草果，山下采树果，女人找石头，男人找棒棒，来把野物打，野物打着了，但是没有火，都是吃生的，由于没有火，世上找不着，白天有太阳，晚上有月亮，由于没有火，原始人活在世上，觉得值不得，无火的日子，是漫长的日子，谁也没想到，突然有一天，原始人当中，有一聪明人，寻食森林中，发现老枯木，枯木有一洞，找来一棒棒，放进树洞里，火钻出来了，大家围火跳，大家围火唱，大家高兴唱，都喜火边跳，围着火暖和，围着火防兽，自从有了火，活在世上值，然不会防火，就遇大火灾，火燃七日又七夜，大火熄灭后，找到一野物，发现熟肉香，再寻到野味，即能用火烧。我们红岩村，传统祭火节，二月初三日，纪念火师父，如何来纪念？吃过早饭后，毕摩陪着走，抬着白公鸡，抬着酒碗来，抬着饭碗来，拿着清香来，来到大树底，毕摩来念经，钻木取火了，新火取出后，吹牛角，敲铜鼓，新火取出来，旧火送出去，新火迎进门，抬起火师父，骑着马出来，弹起大三弦，笛子吹起来，巴掌拍起来，围着新火跳，纪念火师父，管好全村人，不发生火灾，山上做活人，不发生火灾，后代跟前辈，跟随老一辈，管好用好火，家庭用火时，不发生火灾，生产用火时，不发生火灾。

祭火仪式与记忆

　　为什么红万的阿细人会有如此隆重的祭火仪式？为什么要近乎赤裸来绘身？为什么会选这几种颜色？在田野之初，笔者先被告知这种习俗源自老古老代，颜色有五色，代表大地的五色②；至于为什么要绘圆圈，而不是其他形状的问题却无法

---

① 　盘庄稼：表示种庄稼。
② 　在葛永才先生所著的《火祭》一书中曾解释过说他们用五色：红黄白褐蓝五种颜色的含意是阿细人生活的土地是由这五种颜色的土所组成，木邓发现和使用火使人们结束了茹毛饮血的野蛮时代，五色土地上的食品才得以熟食，但对于为什么画成圆圈该书没有解释。

回答。到了第二次田野,和当地人熟悉了,又有了另一种答案,绘身的原因是因为当时他们的祖先只能住在山洞里、树枝上,没有衣服穿,御寒主要靠一些树皮、石皮等,往身上涂抹颜色就是为了重现当时的情景。在阿细人看来,祭火时的绘身已成为一种习惯,而这种习惯的形成和时间与环境有关。正如维克多·特纳(Victor Turner)所描述的:"人类的社会生活既是时间的生产者,也是时间的产物。"①从这种因习惯而形成的仪式中,从阿细人的身体实践中窥视出一种族群的记忆,从他们生产出的历史产物中去看看这群人的历史。

一、仪式绘身描述的记忆

一般来说,脱离开一定的历史与文化背景,将很难理解一个简单的文化现象,想了解阿细的祭火传统,需要将其置于阿细的历史时段中。红万村地处高山,气候温差大,笔者9月份在此地田野时每天都要穿外套,早晚更能感到寒意袭人,特别当早晨用凉水刷牙时会有牙齿要被冻坏的感觉,洗完脸手就会有冻僵的感觉。也因此理解了当地人为什么会在晚上烧火塘,也理解了怕冷的老年人腿上为什么会出现"花"皮肤,这是因为有些部分被火烤煳了,皮肤颜色也就会深浅不一;也了解到在缺医少药的年代,为什么让病重的阿细老人睡在火塘旁,因为火不仅为他们带来温暖,而且也带来了心灵的慰藉。仪式中的裸身则再现祖辈所处的恶劣情境,让后辈去体验、感受先辈的生活,据此来传递他们的历史文化记忆,回忆祖先艰辛的生活、恶劣的生存环境。在阿细人的口传创世史诗《阿细的先基》②中,就有一段专门描述人被造出来以后,却处于缺衣少食,居无定所的状态。吃野果、饮露水;不会种植,靠大自然的恩赐生存:剥下树皮当衣穿;揭下石皮当裤穿;为躲避老虎、豹子等野兽的侵袭,人们只能爬到树上栖息。虽然生活条件很艰苦,但是大家却学会了分享:采集来的野果大家一起"打伙分着吃"③;后来,人类学会用石头和棒棒打豺

---

① [美]维克多·特纳:《戏剧、场景及隐喻:人类社会的象征性行为》,刘珩、石毅译,民族出版社,2007年版,第12页。

② 先基,是阿细语的音译,即"歌"的意思。即阿细男女互唱的山歌,是阿细人的史诗,流传于云南省弥勒县的阿细人聚居区。用"先基"歌唱的传统的歌,内容上基本是固定的、系统的,它构成了一部完整的叙事长诗。一般在节庆时,两个寨子就会相约,找一块空地,未婚的男女青年就会到这个地方来对唱。按老一辈的规矩,"先基"对唱一般是一对一的方式,所以唱"先基"是要避开别人,特别是老人的,但由于现在很多年轻人不会唱了,唱"先基"更多变成了阿细人的一种自行组织的娱乐活动,从笔者2009年10月1日在红万参加的唱"先基"的活动中来看,参加者基本是中老年人和小孩(小孩主要是和老人一块去玩的),形式也很多样,有表演,有二人对唱的,也有一群人对唱的,参加者基本是"先基"的爱好者。

③ 云南省民族民间文学红河调查队搜集翻译整理:《阿细的先基(阿细族史诗)》,云南人民出版社,1959年版,第39页。

狗①、野狗，并学会了将他们的皮剥下披在身上取暖，从这些来自远古时代的叙述中，就比较容易理解为什么阿细人的仪式绘身中，会有裸身的、彩绘的、还有用树枝、野果打扮的，而绘身的花纹，也让人不由得让人联想起动物皮毛上的花纹。在《阿细的先基》唱"人是怎样生活的"②部分，我们还可以找到相关的叙事：

> 会唱的哥哥呃！人已经造好了，可是他们没有吃的，他们没有穿的，他们没有住的，以后的日子怎么过？聪明的小姑娘呃！半夜三更时候下露水，露水掉在叶子上。造人的男神阿热，造人的女神阿咪，拿露水给人喝。埂子上结黄泡果，黄泡果长得黄桑桑。造人的男神阿热，造人的女神阿咪，摘黄泡果给人吃。箐沟里有老树，树皮上生树花，阿热和阿咪，把树皮剥下，拿给人们当衣裳穿。山坳里有些石头，石头上生着石"皮"。阿热和阿咪，把石皮剥下，拿给人们当裤子穿。箐沟里有豹子，山头上有老虎，世上的人嘛，都没有住处，他们爬到树上住，扯叶子来垫；住不下去了，又爬下树来。到地上来嘛，还是没有吃的。荒地上有撒哈托果，世上的人们，把果子摘来，放在手心里。吃果子的时候，姑娘和儿子，搭伙分着吃，果子已经吃完了。大路上有豺狗，坝子里有野狗，世上的人们，都没有住处。人们跑到石洞里边，抬石头来堵住洞口，姑娘和儿子啊！一起躲进石洞里面。儿子慢慢地长大了，姑娘也慢慢地长大了。儿子拿石头，姑娘拿棒棒，用石头打豺狗，用棒棒打豺狗。豺狗被打死了，剥下它的皮，拿来披在身上。儿子拿石头，姑娘拿棒棒，用石头打野狗，用棒棒打野狗。野狗被打死了，剥下它的皮，拿来围在腰上。身上披的有了，腰上围的有了。老虎吼吼地叫，豺狗呜呜地叫，野狗汪汪地叫，世上的人们，还是怕得不得了。

无文字的社会主要靠口传来传递他们的文化与记忆，阿细人正是通过口传"先基"的形式为后辈传递了这样的信息与文化。阿细人还充分利用绘身来呈现他们构筑社会现实的特征，用身体来展现先辈的日常生活现实，而对于想要了解他们社会背景的人来说，也可据此而掌握有关他们历史的信息。通过身体化的实践，再累加先基的解释，可发现阿细的祭火仪式就是一场栩栩如生的历史再现：阿细人的祖辈在发现火的妙用前，是以树皮、石皮及动物皮毛作御寒的物质。阿细人之所以在身上绘圈，能不能理解为他们在模仿动物毛皮的图案，他们会把威胁他们生存的老虎、豹子、豺狗等打死然后把皮剥下来披身，而这些动物的图案恰好是一个一个的圆圈。阿细人的后辈为了纪念先辈的生活，用绘身来表达这种叙事。正如马林诺

---

① 豺狗：方言，指"狼"。

② 以下节选均选自云南省民族民间文学红河调查队搜集翻译整理：《阿细的先基（阿细族史诗）》云南人民出版社，1959年版，第36—42页。

夫斯基认为：神话对风俗有规范作用，神话被赋予建立风俗、决定行为模式、树立制度的权威和重要性的规范力量。控制部落生活的力量正是风俗的惯性，亦即人们对一致行为的偏好。正如特罗布里恩德的土著人会严格遵从风俗，因为"过去比现在重要"，所以他们本能地以上代的行为做指南，因此，神话中的故事、神人、英雄的事迹，比刚逝去的先人更有社会影响力，重要的故事被奉为圭臬。① 在阿细的祭火仪式中，祭火仪式的过程就是在模仿这个被奉为圭臬的神话，以身体来模仿先人的行为，通过他们的身体重演过去的形象，同时借助表演某些技艺动作，完全有效地保存过去。通过一代一代的传承，这种风俗得以延续，孩子们耳濡目染，把这种实践形成一种认知记忆进而形成一种习惯记忆，而利用身体实践刚好把认知记忆和习惯记忆结合起来。每次仪式的操演，都会让参加者重演从古至今都在延续的风俗，也重述了这群人重要的分类系统；在操演中，明确的分类和行为准则，被理所当然地视为自然，被记忆为习惯，也使群体成员共同记忆的认知内容具有说服力、持久力及规范性。康纳顿提出："许多习惯技能的记忆形式说明，对于过去的记忆来说，虽然从不用追溯其历史来源，但却似我们现在的举止重演过去。在习惯记忆里，过去似乎积淀在身体中。"② 一旦习惯成为身体的记忆，它就成为一种知识，以其具象的外观，去体验和模拟当时的情境和境遇，重演过去的回归，并从中形成习惯的时候，恰恰是身体在展示、在理解，也就变成了一种记忆的再现，历史的展演。所以据说阿细人在祭火时候，身上不能有布，没有布的历史体现的才是阿细人眼中的历史，这是通过身体来展示的一种描述。

二、仪式祭品引发的族群记忆

世界上几乎各个民族都有洪水传说，并都具有一个母题：都在传说人类由于种种原因遭遇洪水而灭绝，但在洪水中总有某一位始祖由于某种机缘而得以再生。如《旧约全书·创世纪》中讲述的是上帝为惩罚人类作恶而普降洪水；希腊的丢卡利翁洪水神话也是由于人类贪婪、粗鲁且不虔诚、不尊重公理与法律、殷勤好客的风俗被遗忘，所以遭受洪水惩罚；1922 年梁启超所著《洪水》一文也指出按古书记载，远古洪水有三：一、伏羲神农间，女娲氏"积芦灰以止淫水"；二、少昊颛顼间，共工怒触不周山致洪水；三、尧舜时鲧禹治水。③ 南方广大地区的很多少数民族也几乎都有此类传说：如苗族的《洪水滔天》《兄妹结婚》传说；布依族的《捉雷公》传说；侗族的传说《祖先从哪里来》，瑶族的传说《古老岁月》；土家族的传说《繁衍人类》；

---

① ［英］马林诺夫斯基：《西太平洋的航海者》，梁永佳、李绍明译，华夏出版社，2002 年版，第 280—281 页。
② ［美］保罗·康纳顿：《社会如何记忆》，纳日碧力戈译，上海人民出版社，2000 年版，第 90 页。
③ 苑利主编：《二十世纪中国民俗学经典·神话卷》，社会科学文献出版社，2002 年版，第 9—16 页。

纳西族的传说《洪水翻天》及流传于贵州西部的《洪水记》都涉及此类题材。

在弥勒阿细人中间，也有洪水神话在流传。这个神话不仅给我们讲了洪水传说，而且也讲述了在密枝祭祀和祭火仪式中，祭祀物——松树头为什么会屡屡出现，阿细的祭台上为什么要摆松树头呢？根据阿细人的传说，这源于阿细祖先对神的许诺与报恩，传说是这样的①：

初二到密枝山，是去献两棵树的，（这是因为在很久）以前水满天下（时），（有）一家人有四个儿子，（有一天）爹妈说："你们太懒了，活计不做可以，饭不吃不得，你们去挖块地（然后）去种庄稼吧。"四人于是与（他们的）小妹子一块去开荒，挖了四天（终于开出一块地，然而，到了晚上，他们开的地不知被谁给破坏了，第二天又恢复了原样），谁又把它翻过来，四兄弟很生气，就说："我们在开荒，是哪个死鬼做的，把我们的地给翻过来了，被我们发现就要把他打死。"（于是，四兄弟商量了一下，就决定躲起来看看是谁做的，到了晚上，）兄弟几个各站（东南西北）一方，到了夜里，（发现有一个）白胡子这么长的老头，手拿一根竹竿，（来到地里）东戳一下，西戳一下，（又把地给翻过来了，兄弟几个一起）抓到了这个破坏者，大哥抓住了就说："（你把我们辛苦弄好的地给破坏了，我们一定）要把你打死。"（小妹在旁边听了，连忙）说："不要打死他，问问（情况）再说。"老人听见了，觉得小妹妹良心好，就说："（如果你们不打死我，我告诉你们一个秘密）你们不用做活了，老天（爷）说由于你们心太黑，所以，要把你们整死，（天马上要下大雨了，你们赶快打柜子来藏身吧）有钱就打银柜子，没钱就打木柜子。"（于是大哥、二哥、三哥就打了银柜子，四哥和四妹没有钱，就打了木柜子）随着一天天的不间断地下雨，（于是）水满天下，（他们就都躲到了柜子里），但是大哥二哥三哥做的是银柜子，就都落下去，而四哥和四妹的木柜子就随着水浮走了。兄妹两人在茫茫大水上漂泊，十分害怕，就大喊："父亲母亲来救命，（天下已经）没人了，水满了，来救我们，老天（爷）救命，（现在）只有我们兄妹两人了。"这时，（被妹妹救下的）白胡子老人出现了，他用他的竹棍子往地上左戳一下，右戳一下，（于是）在地上戳了一个大洞，水也就落下去了。（但是）四哥四妹的（藏身的）木柜子也随之往下落，兄妹俩吓得又大喊："父亲母亲，世上没人了，来救命，谁救了我们，谁就是我们的父母，以后一年四季供桌上都会献你，不然我俩就要落下去了。爹啊，妈啊。"（正在这时）有一枝松树头把他们的柜子往边上吹了一下，松树头挂了一下他们的柜子。柜子又往边

---

①　讲述人：石学林，红万村老毕摩，88岁（2014）。由课题组成员路芳访谈于2009年2月25日，为了保持原文的原真性，几乎按讲述者原稿。但为了帮助读者理解，加了括号内内容。

上偏移了一点,然后柜子又被竹枝挡了一下,柜子没往下掉,他们得救了。松树头又吹了一阵风,旁边的水干了一截,但是周围全是稀泥,兄妹两人还是出不去。(于是)他俩又喊:"父亲母亲来救命,谁救了我们,我们一年四季来献祭。"这时老天(爷)放了个水牛和一头母牛下来,对他俩说:(你们)坐着水牛,它往哪走你们就歇哪。(妹妹走在牛身上,但是牛身子四处光溜溜的)没有扶的地方,(于是,就)找了块布,拴在脖子上(当扶手,从此水牛的脖子底下就带块布,就有了一块像布的东西)——你们不信就去看,现在牛的脖子上是不是有块像牛一样的东西——于是,兄妹俩就坐着牛从南京柳树湾到了红万地方。

兄妹俩坐着水牛来,哥哥说天下有地有天却没有人了,所以祈求妹妹说:"我们俩做一家算了。"妹妹说不行。妹妹建议说:"我俩各朝一边走,女的朝这边走,男的朝那边,到处喊喊看,谁答应我俩的话,我们就和谁做一家。"(可是兄妹俩)找了两三天,都找不到任何人。哥哥又(对妹妹)说,"世上没有人了,我俩做一家了。"但是妹妹还是不同意。哥哥说:"或者我俩来看天意怎么样?我俩来推磨,男的抬上面(那半磨),女的抬下面(那半磨),一块抬到坡上再滚下来。"结果妹妹抬的那半边在底下,哥哥抬的那半边合在上面。哥哥说:"对了,(你看天意)我俩(可以)做一家了。"(但)妹妹还是不同意。(于是,他俩又用其他方法试)他俩又一块儿抬着筛子和簸箕到山上放(下来),(结果又是)哥哥(抬)的簸箕还是扣在了妹妹(抬)的筛子上,可妹妹还是不同意。(于是)俩人又一人拿线一人拿针(来到水边),哥哥(把他拿)的线先放到水里,妹妹(把她)拿的针后放进水里,结果,哥哥拿的线还是穿进了妹妹放进去的针眼里;(经过这几次)俩人觉得这是天意,他们就做了一家。

成家后,兄妹俩一块去做活,一人朝前一人在后,白天认真干活,回来认真过日子,但是俩人婚后一直没有孩子,好不容易有了,却生出了一个葫芦瓜,妹妹很后悔,说:"你看,我就说不行,你偏说要成一家,现在生了一个葫芦瓜,怎么办啊?"俩人只好把它放在楼上,不管它。然而,这个瓜却一直不消停,总是从瓜里传来很嘈杂的声音,让他俩无法好好吃饭休息,哥哥生气了,说"我吃饭都不能好好吃",就提了刀把上楼把葫芦瓜劈开,结果,却从葫芦瓜里走出了很多一对一对的人,走向各个方向,走到山上的就是苗族,走到平地上的是汉族,留在大红岩①的就是阿细人。②

虽然老人用汉语讲述不太流利,但我们知道是源于兄妹俩的好心,才获得了神

---

① 大红岩,是红万村的前称,红万是红岩(方言为 ai³⁵)的谐音。
② 参见路芳:《火的祭礼:阿细人密祭摩仪式的人类学研究》,北京大学出版社,2012 年版,第 54—56 页。

仙的救助：在洪水大泛滥时，兄妹俩才能够躲在木箱子里得以逃生，最后甚至得到了松树头与竹枝的帮助，他们才没随着大水沉到漩涡里，于是兄妹俩许下诺言：每年都要用大肥猪来祭祀救命恩人，这才有了祭密枝，也才有了祭台上的松树头及竹枝。

卡西尔曾说：神话的意义远不只充作材料；它被认为是人类认识世界方式——于神话的环境是必需的———一种特定功能。① 列维-斯特劳斯也提出在神话的意义矩阵中，神话的终极意义"意指心智，而心智借助世界精心制作神话。因此，也许同时地，神话本身引起他们的心智产生，已铭刻在心智结构中的世界形象则由神话产生。……神话思维仅在自己能够去复现自然的条件下才接受自然，在这样做时，神话思维只选取自然赖以意指自己的、因而适合于隐喻的那些形式性质。"② 正是带着这种终极意义，神话带着长久亘古不变的模式，在无垠的空间里流传，凝聚社会运行的动力。通过仪式，反映人的思维方式及怎样思考世界的方式，仪式不是对生活的反应，而是对思维处置生活做出反应。它不直接回应世界，甚至也不回应世界的经验；它回应人思考世界的方式。说到底，仪式试图克服的不是世界对人的抵抗，而是人的思维对人的抵抗。③

三、仪式神话阐释的记忆

纵观世界各国，大部分都有在新年通过神话来回忆世界是怎样被创造及接下来发生情况的风俗。如霍卡特（Hocart）就研究过斐济的神话，在斐济，国王的登基典礼又被称作"世界的产生""形成土地"，或"制造土地"几部分，在君主即位典礼时，宇宙起源被象征性地重复。印度国王的就职，被称为"rajasūya"，也包括宇宙的再创造；在埃及，法兰克福同样也写过关于新法老的加冕典礼被看做是在社会和自然和谐时经历一次危险的断裂后的新时期的创造。④ 这些仪式最后都有一个结局——宇宙的重建。通过仪式及伴随仪式的神话，人们不仅可以了解宇宙如何重建，而且可了解一个族群的价值体系。也许保存下来的大多数过去的传统，乃至整个传统价值体系的要素，都不再适合现代的法律、政治或道德的状况，它们面临着同样的问题。然而，倘若我们希望保护产生它们的信念，我们就须始终重视各种程序、象征、习俗以及必须被不断重演和再现的仪式。正是这种对传统价值的执着，昨日的社会以及社会进化过程中相继出现的各个时期才得以存续至今。因为"社会是从总体出发来

---

① ［德］恩斯特·卡西尔：《神话思维》，黄龙保、周振选译，中国社会科学出版社，1992年版，第3页。

② ［法］克洛德·列维-斯特劳斯：《神话学：生食与熟食》，周昌忠译，中国人民大学出版社，2007年版，第440—441页。

③ ［法］克洛德·列维-斯特劳斯：《神话学：裸人》，周昌忠译，中国人民大学出版社，2007年版，第732页。

④ Mircea Eliade. *Myth and Reality*. Trans. Willard R. Trask. Harper and Row, 1963, pp. 1—3.

进行思考的;它把一个观念与另一个观念联系起来,并把它们聚合在一起,成为人物和事件更为复杂的特征,而这些人物和事件的表征本身也是由更加复杂的观念构成的"①。正如阿细人通过仪式的再现,创世史诗《阿细的先基》的世代口传,祭祀物的出现等,使阿细人的记忆能一次次被唤起,也让后人可以从中了解阿细的社会与文化。那么,《阿细的先基》是什么,带来什么样的记忆呢?

(一)《阿细的先基》简介

"先基"是阿细语"ɕie³³ʤei³³"的音译,意译为"歌",是一部比较完整的阿细叙事长诗,主要流传于云南省弥勒县西山一带的阿细人当中。2009 年 10 月,课题组成员在田野期间曾参加过在红万村龙树附近举行的先基歌会,亲耳聆听了传说中的先基,这种从远古流传下来的歌如今连阿细年轻人也听不懂了,更别提会唱了。唱先基要求有一定的场合,一般来说,会在过节或祝米客的时候演唱,首先是由两个村子的年轻人互相邀约并商议先基对唱的时间和地点,然后就选一块位于两个村子中界的地方;对唱一般在一男一女之间进行,原来主要是在未婚男女之间进行。② 但由于当代的年轻人连听都听不懂,更别说唱了,所以基本现在唱先基主要在 40 岁以上的人之间进行。由于唱先基会持续很长时间,所以歌手的声音都不大,且一般两两相约并肩而坐,由于现在会唱的人不多了,所以也出现一对二,或集体围坐来唱的情况。

两名近 90 岁的老人在唱先基

---

① [法]莫里斯·哈布瓦赫:《论集体记忆》,毕然、郭金华译,上海人民出版社,2002 年版,第 78 页。
② 据笔者的观察,唱先基应该是过去适龄男女青年在参加社交活动时进行的对唱,在访谈中,访谈者都说先基一般是在两个村的交界处举行,参加人主要是一男一女对唱,如果大家唱得比较满意,就会另找地方单独唱,如果唱得满意,两人有可能会唱几天几夜。正如红万村 81 岁的石国良老人对我说,原来唱先基是要避开老人的,不然会不好意思。相关情况由笔者访谈于 2009 年 10 月 1 日。

众所周知,阿细人是一个没有文字的族群,他们怎样进行文化传承,听过他们的先基对唱,突然意识到他们的文化传承在很大程度是在青年男女的先基对唱中进行的。在先基的对唱中,他们一般是即兴对唱,往往会从身边的事唱起,然后就开始从眼前的物质追溯来源,如眼前的物质怎样来的等,一直追溯到天怎么来的。地怎么来的。通过这种追溯,往昔的历史就从先基对唱中被叙述出来。所以,《阿细的先基》也吸引了无数的学者的好奇心,先后有不同的学者整理出版过《阿细的先基》,如《阿细的先基》由光未然先生于1943—1944年间收集并整理,并由李公朴先生主持的昆明"北门出版社"出版,1953年该书由人民文学出版社以《阿细人的歌》为名再次出版,内容分两部分,第一部分包括"序诗""创世纪""开荒记""洪水记",第二部分包括"谈情记"与"成家记"。同年,北京大学袁家骅教授又收集了在弥勒县西一镇磨香井村一带流行的先基,并以彝语原句、汉语直译以及汉语意译的形式出版了《阿细民歌及其语言》;1958年,中国作家协会昆明分会与昆明师范学院共同组织了"云南省民族民间文学红河调查队",运用与当地村民同吃、同住、同劳动、同学习、同娱乐的田野调查方式,又进行了更进一步的搜集、翻译和整理。调查队走访了西山地区的十多个寨子,访谈了二十多个阿细歌手,对先基进行了比较全面系统的调查搜集,在1959年9月由云南人民出版社出版了《阿细的先基(阿细族史诗)》。该书较全面地记录了阿细人的口传史诗:如造天地、造人;人是怎样生活的;世上的几代人;分年月、盘庄稼、造屋、祭神,以及阿细人的婚恋风俗等等,为我们提供了一部了解阿细的丰富的资料;1995年起,弥勒阿细人石连顺历时六载,也采用了国际音标、汉语直译、汉语意译的方式于2003年10月又整理出版了《阿细颇先基》。这几本书的出版,不仅读者可以从中"读出"阿细风俗的一些背景,而且也让大家了解了这个族群文化的一些变化,使后人对阿细的研究起到了很好的作用,是阿细人用歌表达的历史。

(二)阿细先基的叙事

在这些已出版的"阿细的先基"里,读者可以找到阿细人的祖源叙事:在他们的先基里,天、日、月、星、云彩,地、山、石、草、木都是由天神造的,在云南人民出版社出版的《阿细的先基(阿细族史诗)》一书中,叙述了太阳、月亮、星星、云彩刚造出来时不够亮,是众天神使用金水、银水、铜水及锡水分别洗了它们后才将其洗亮了;树和草的种子则是天官爷爷和天官娘娘赐给的,这些东西都被造出来后,男神、女神首先将山、树、石头及草分成雌雄,然后再造出男人和女人。被造出来的男人和女人一开始生活很艰辛,只能靠喝露水、吃野果、披树皮、穿石皮,躲在山洞及树上过日,后面有了火,人们的生活才有了改变。先基里的传说与流传于红万的传说非常类似,都提到有一对夫妇,他们生了四对或五对儿女,兄妹几人去开荒,连续两天,他们翻好的地都在第二天早上被还原了，弟兄几人就分别拿着金、银、铜、锡四种叉叉，在四个角落守着，到半夜三更时来了位白胡子老倌，手拿一把铁铲铲把他们翻过的地又给翻成原样了。老大、老二、老三说要捆、打、吊这个老倌，却被小儿子与小女儿给制止了，故事的结果发现老倌是天神，天神告诉他们要有水灾了，他们做不了活，盘不了庄稼了，让大儿子、大姑娘、二儿子、二姑娘、三儿子、三姑娘、小儿子、小姑娘分别做银柜子、铜柜子、锡柜子和木柜子，然后分别带上饭和火，只是吩咐哥哥姐姐的饭和火要用锁将其锁在柜子外面，而小儿子和小姑娘的饭和火则要锁在柜子里面，而且还让小儿子、小姑娘带上马、牛、猪和鸡。接下来发生的故事，就和石学林毕摩讲述的比较吻合：大雨下了十三天十三夜，做了木柜子逃生的小儿子和小姑娘得到了飞松树、青杆栗树、野竹的救助，通过滚石磨、筛子、簸箕，往河里扔针和线的测试，都预示兄妹两人做一家。先基里还多了一种验证：两人还分别在两座山架起两塘火，妹妹火塘冒起的烟硬是又和哥哥哥哥火塘的烟缠绕在一起，在兄妹二人倍感奇怪时，天神出现并告知二人世人无人会绝种，所以让兄妹二人做一家。接下来的结果，两本先基的讲述有点异同，1959 年的《阿细的先基》讲由于妹妹心好，打绿苍蝇喂燕子，燕子感恩衔来一粒瓜子送给兄妹二人当种子，结果种子发芽结果，结了个很大的瓜，兄妹二人用刀将瓜切成四瓣，结果发现瓜里藏有世间万物：第一瓣里藏着人；第二瓣里藏着野物[①]；第三瓣藏着花种；第四瓣藏着家畜。[②]而在光未然先生所著一书中，讲的却是兄妹二人在成婚后，妹妹怀孕后生下了大南瓜，南瓜被剖开后，只见从南瓜里分别走出了汉人、苗人和阿细人。

不同的年代、不同的人在讲述阿细人的创世神话时，会有一些不同的细节，但是，仪式上出现的松树、青杆栗树、竹子等相关祭物都出现了，而且无论是毕摩讲述还是先基的讲述都展示了一个事实：都源于兄妹俩良心好，天神就来帮助他们；同时，他们也许下诺言，要用祭拜再生父母的礼物来祭奠松树、青杆栗树及竹子；兄妹成婚则都是天神的旨意，神话还暗示说各个族群是一家，都是从瓜（南瓜、葫芦瓜）里走出来的。

阿细的洪水神话，不只有助于了解为什么阿细人祭密枝时要祭松树头；也可知他们对人的评价标准是什么；祭祀的时候葫芦为什么会频繁出现；最后，也理解了阿细人的世界观：1. 善有善报。由于妹妹良心好，特别对老人好，所以在洪水中得到了老天爷指点，派松树头来救她；因此，良心好也成为阿细人判定人好坏的标准。在田野里，经常会听见阿细人用"良心好"来夸人，抬个凳子给老人坐，他会夸你"良

---

① 野物：方言，即野生动物。
② 云南省民族民间文学红河调查队搜集翻译整理：《阿细的先基（阿细族史诗）》，云南人民出版社，1959 年版，第 38—62 页。

心好!"和老人问下好,他也会说:"你良心最好了!"从城里买点糕点给老人,他也会说"你良心好!"反之,在说谁不地道,会骗人,则会说:"这个人要不得,良心不好。"因此,通过神话的代代讲述,阿细人表达了他们认识世界的方式及世界观。而仪式的指导作用对于服从它的人来说是理所当然的,因为他们所拥有的信念已把这指导作用融入一种世界观。2.一切自有天意,所以要遵从神旨:兄妹婚是上天安排的,即使妹妹强烈反对,但根据上天的旨意,兄妹俩所做的几次极具偶然性的测试均不可思议的偶合了,这表达了人类的一种思维,兄妹婚不是一种乱伦,而是一种天意,表达了一种人对自己思维的对抗。3.葫芦生作为一种圣物:葫芦生的传说为我们诠释了为什么阿细人会那么喜欢葫芦瓜①,把葫芦看成一种圣物,在祭祀的时候,为什么葫芦会频频出现,松树头为什么为摆上了阿细人的祭台以及家内供奉祖先的供桌。因为,阿细人认为就是松树头救了他们的始祖,而祖先是从葫芦里出来的,之所以要把这些东西放在祭坛上,是因为这些祭物让他们回想起祖先,因此,它们与现在仍在生存的同类植物是同一种现实事物,具有相同的属性。"整个物质世界掩蔽在神话思维和神话幻相之中,就是它们,给予神话对象以形式、色彩和特殊的特征。"②通过在日常生活中所见的物质,用神话的形式,一种日常的物质被给予了特殊的特征。

通过伴随仪式的神话,仪式为我们无声演绎了阿细人在愿望与现实、影像与物体之间的一种幻想。仪式神话从阿细人生活的自然界中汲取原料,正如列维-斯特劳斯所说:1.神话的话语无非就世界的秩序、实在的本性、人的起源或者人的命运给我们以教益;2.神话让我们充分了解它们渊源所自的社会,有助于展现这些社会运行的内在动力,昭示信念、习俗和制度存在的理由;3.它们使得人得以发现人类心灵的某些运作模式。③

四、祭火唤起的原初生活记忆

(一)原初生活记忆一

2009 年 2 月份,当课题组成员第一次去红万田野时,毕摩何玉忠曾经边喝酒边给大家讲他们的传说:在老古老代时,先民只能居住在密枝山的大红石岩、大树脚底下。有一天,天空电闪雷鸣,风雨交加。突然,从天上飞下一个红彤彤的、圆滚滚的东西,(他们的先)人看见了,就赶过去看,看不见就拿树枝来撬,想把这东西给撬出来,撬着撬着,就把火给撬出来了,大家也不知道这是啥,只发现站在旁边很暖

---

① 葫芦瓜被视为一种圣物,葫芦生则表示从葫芦、里生出来的。
② [德]恩斯特·卡西尔:《神话思维》,黄龙保、周振选译,中国社会科学出版社,1992 年版,第 1 页。
③ [法]克洛德·列维-斯特劳斯:《神话学:裸人》,周昌忠译,中国人民大学出版社,2007 年版,第 689 页。

和,但那时大家还不会用火,也不会钻木取火。又有一天,森林被野火给燃着了,烧了好长时间,森林里的野物没能跑出去,就被烧死在火里了,先民捡起它的肉来吃,发现熟肉比生肉香,于是就慢慢学会了用火,学会了用火烤肉吃,这就是祭火的来源。

(二)原初生活记忆二

何汝贵毕摩也为课题组讲述了一个美丽的传说:在一个寒冬腊月的日子,山林里很冷,为了取暖,阿细先祖木邓就拿了一根棍子在木头上使劲地搓,使劲钻,这样活动着他就不感到寒冷了,不知不觉中,他的木头越钻越快,这时,突然发现木头上冒出了烟,再钻,火就燃着了。从此,他就知道了钻木可以取火。从这以后,阿细人就保留下了火种。木邓就被视为发明火的祖先,因为他在农历二月初三钻出火来,为了纪念木邓,阿细人世世代代就把他钻出火的那天当成纪念日,每年的这一天,就成为阿细人最大的节日——祭火节。

(三)原初生活记忆三

与红万相邻三千米的小起飞村村民也讲述了一段不同的火记忆,2011 年 3 月,课题组成员来到起飞村委会的小起飞村,因为此村也祭火,但是其名气没有红万大,此村的文化传承人郭锐告诉课题组成员:根据小起飞一直流传的传说,阿细人在发明钻木取火的方式之前已经知道用自然火了。然而有一天,大雨将他们的火种给熄灭了,没有火,阿细人冷得受不了,就挤成一堆,抱成一团来保暖。这群人的首领木邓发现人与人在互相挤来挤去的时候会感觉有些温暖,就从中得到启发。于是他就拿小木棍在朽木上打钻,不停地钻了三天三夜,他终于钻出了火星,由于钻出火那天是属马日,因此自那天起,每到正月下旬的属马日,他们就会祭火来纪念其发明钻木取火的祖先——木邓,也就有了他们称为"木邓赛禄毕"("火的祭祀活动")的节日。

(四)原初生活记忆四

在红万村,还有人会和课题组成员讲,某一天,有个叫"木邓"的人坐在一根朽木上,他觉得无所事事,就捡起一根坚硬的小树枝在朽木上打钻,不经意间却发现钻磨处越来越热,甚至竟然有青烟冒起,于是他又夜以继日地钻,直到钻出了火花,取得了火种,钻出火的那天刚好是农历二月初三,于是就有了"木邓赛禄毕"的说法。还有人说:当阿细先民住在红石岩的大石洞里时,时不时会有野兽跑进来,为保护自己,阿细人祖先就拿石头去打野兽,没打到野兽时,会出现小石头打在大石头上的情况,相互就碰出了火星,木邓得到了启发,所以,就用小树枝和朽木钻出了火。也有人说:"没有火之前,啥都没有,逮到野物,都是吃生的,有一天天上掉了一个红球下来,就很奇怪,想看看是什么,由于火球掉得比较深,两人就扶着朽木撬,结果撬出火来了,还引发了森林大火,大火过后,发现被烧过的野物比较香,所以,知道了钻木取火来烤食物。"从此,阿细人也就有了祭火仪式。

（五）原初生活记忆五

祭火仪式甚至也引出了老人们对过去钻木取火方式的记忆。小起飞村的村民告诉课题组成员说:由于现代取火工具的普及,钻木取火已经变成一种形式,现在祭火仪式上的钻木取火环节基本是加入火药来模拟表演,所以,村民能在很短的时间内就可以取得火苗。然而他们听村里的何汝明老人回忆,在老人的孩提时代,即80年以前,那时的祭火仪式会严格地按传统方式进行钻木取火,后来他本人也试过,也曾成功地钻出火苗直至燃起火来,老人家回忆说:钻木取火必须要具备几个条件:1.天气必须晴朗,朽木要十分干燥;2.钻孔要小,且不能朽;3.钻孔内要垫一种当地称为火草的东西;4.钻木取火的棍子是那种最坚硬的蒿枝底部的干枝;5.钻木取火时,火棍顶端要先扣上一支碗来将其按下。而且,整个过程一般需要十余个手劲比较大的人轮番打钻,且要坚持两小时左右方可钻出火苗。

红万村94岁(2010)的石姓老奶奶还回忆了70多年前红万祭火的风俗,那时候祭火节也和现在一样热闹,除此之外,适逢祭火,每家还都会用到两根木棒,上面各挂一个葫芦,然后将其靠在大门边,这是因为传说人是从葫芦瓜里走出来的,所以要挂葫芦。同时,村民还会将一碗水泼在房顶上,其原因是因为当时猴子多,而且会学人用火,人们怕猴子用火烧到房子,就往房子泼水让猴子模仿以防止火灾。

五、《阿细的先基》唱出来的火记忆

在《阿细的先基》里,唱到:神把人造出来后,人们由于缺衣少穿,只有喝露水,食野果,披石皮,穿树皮,躲在山洞或树上过日。但是先民的生活还是经常受到老虎、豺狗、豹子、野狗的威胁,人们天天过着提心吊胆的日子。有一天,"天上打起雷来,有一样红彤彤的东西,从天上掉下来,一直钻进老树里去。这样好看的东西,人们从来没看过,这样稀奇的东西,人们从来没有见过。姑娘和儿子们,在旁边的树蓬里,折了些小树枝,拿来撬老树,撬着撬着嘛,撬出火来了"。从这首先基里,可以看出火对当地人的重要性,所以,将发现它的途径都唱到了代代相传的歌里。所以,这种非物质文化遗产是被不断地展示,不断地交流而被传承下来的。正如劳拉简·史密斯(Laurajane Smith)所认为的:"你可以将遗产看作一种文化展演。它是一种人为的过程而非一个既成事实。在这个过程中,遗产的意义与价值被不断生产,交流,并且被重制,再交涉与再思考。"①

---

① 该评论是在访谈过程中由澳大利亚国立大学劳拉简·史密斯教授提出的。该访谈于2014年5月劳拉简史密斯教授参加中国四川省乐山市参加第三届旅游高峰论坛暨四川旅游发展研究中心2014年学术年会时由课题组成员路芳与澳大利亚国立大学博士后流动站朱煜杰博士联合完成。

《阿细人的歌》里还有一种记载:人们收获了五谷,可是还不知道,怎样把它弄熟;是天上的些尼神,把天上的火种,传到人间,人们终知道,用火煮饭,用火取暖,在黑夜里,点起火把来,可以赶走毒蛇和猛兽;用火光照见人们的路。此种记忆强调了神的重要性,是神把火种传给了人们,教会了人们用火做饭,用火取暖,用火赶走野兽。所以,人们祭神拜神也成为经久不衰的一种传统。

《阿细颇先基》则唱到:远古那时候,如是梭仁氏,火种是他造,圣火造出来,造出来以后,熟肉才会有,熟饭才会有,熟菜已有了,才会这样吃。① 从这三本先基的描述,我们也可以看出外来文化对阿细文化的影响,由于《阿细颇先基》是 21 世纪以后才出版的,所以阿细人的火神已由木邓变成了梭仁氏,一个与"燧人氏"谐音的词,给阿细人留下了一种新时代的记忆。

六、政府打造的记忆

据西一镇政府的相关人员介绍:近年来,西一镇政府力推红万村的祭火仪式,并把它作为一个具有旅游吸引力的亮点来打造,已相应进行了大量宣传,为帮助来访客人更好地了解祭火节的背景知识,还专门印制了宣传材料,现将其中与火相关的一段摘录如下:"相传某年立春后,正是二月初三,下了一场雷阵雨。在雷电交加之中,一个巨大的火球(雷电)从天上掉到密枝山的大树顶上,又从树梢滚到树脚,此时发出山崩地裂般的轰鸣声。这突如其来的震动,被正在密枝山打猎的一群原始人发现了,人们不知是什么东西,非常稀奇,边吆喝吼叫,边赶快跑过去看究竟。此树是整座山中的第一棵大树,要十个大人才能合抱过来,年代很久,树脚里面已空,可以容得下十五六个人。他们东寻西找,一个火球也不见,只有大树皮被撕破,树脚下被犁掀的痕迹。人们立即劈下树枝,拼命在树脚下挖,在大树干上撬钻,聪明过人、力大无比的部落首领燧人氏在枯干的树中先钻出火花来了。人们赶快用火苗在大树旁空地上烧起了大火,一群原始人们围着火塘边欢快地吼叫,狂跳。……不知是哪年,也是二月初二那天,一个令世人悲痛的事发生了,燧人氏驾崩。人们七天七夜围着燧人氏的龙体,里三层外三层,全部失声恸哭……人们为了永远铭记燧人氏对人类的巨大贡献,将每年二月初二定为燧人氏逝世纪念日,二月初三为钻木取火的祭火节。以示永远纪念给人类带来温暖、带来光明的燧人氏。……"②

在这种表述中,"木邓"已经又由"梭仁氏"变到"燧人氏",身份也由阿细人的先祖变到给人类带来光明的"燧人氏"了。这的确我们展示了一个遗产是一个展演的

---

① 石连顺翻译整理:《阿细颇先基》,云南民族出版社,2003 年版,第 307—308 页。
② 参见:弥勒县西一乡人民政府主办,红万村村民小组承办 2001(辛巳)年红万祭火节的简介。

过程,是一种作为过程的遗产,因为"遗产是被制造出来的事物,它是人们制造出来,而非持有或拥有的。被我们称作遗产的东西就像我们今天在佛寺看到的标语一样。它们当然是重要的,但它们应当被认为是意义制造这一过程,这一展演的最终结果,它们是文化工具或支撑。它不仅决定过去以及历史叙事中那些我们优先考虑的东西并帮助我们理解现在,也决定了在背后支撑这些叙事的文化,社会以及政治价值,以及我们希望将什么带到今天来。它们在定义我们需要什么的同时,也在定义我们不需要的事物与价值。"①不同的人带着不同的文化、社会及政治价值,不同的希望,将自己的记忆或外界的记忆添加进来。

小　结

但是不管哪种记忆,都叙述了一件事实,很久以前,有一位阿细先民发明了钻木取火的方法,火改变了阿细人的生活方式。由于有了火,他们不用再食生肉,不用再惧怕黑暗与寒冷。为什么阿细人每年都要祭祀火神,梅列金斯基曾提出,神话中特有的、对自然界的"感悟"并非以万物有灵论为前提的,而是主要基于人们对自然界与社会的整体认识。② 阿细人生活在高寒山区,气温较低,特别早晚天气更冷;3月初在弥勒县城,一般人只穿衬衣再加薄外衣即可,可在红万,早上起来,还得穿上毛衣。阿细人还习惯在灶旁边烧一个火塘,不仅令人温暖,而且非常实用,可以在上面炖菜,烧水,特别是当有一天停电,课题组成员从黑漆漆的外面访谈回到房东家,看见烧得旺旺的火,红彤彤的火苗不仅让身体顿觉温暖,心里也觉得暖暖的,一切恐惧、害怕与寒冷全部随着火苗的跳动而烟消云散了。

而且,火不仅改善了阿细人的生活条件,还改进了他们的生产条件。《阿细的先基》里,曾这样叙述:"有了火以后,聪明的人们,什么都不造,先去造风箱,风箱造起好打铁。打铁的时候,聪明的人们,别样都不打,先打大铁叉,先打大砍刀。拿来抵挡老虎,拿来抵挡豹子,拿来抵挡豺狗,拿来抵挡野狗。……聪明的人们,又打出撬锄和板锄,打出镰刀和斧子。有了这些东西,世上的人们,就要做活计,就要盘庄稼。"③总而言之,火彻底改变了阿细人的生活与生产,这就诠释了为什么对他们来

① 该观点是在访谈过程中由澳大利亚国立大学劳拉简·史密斯教授提出的。该访谈于2014年5月劳拉简·史密斯教授参加中国四川省乐山市参加第三届旅游高峰论坛暨四川旅游发展研究中心2014年学术年会时由课题组成员路芳与澳大利亚国立大学博士后流动站的朱煜杰博士联合完成。

② 叶舒宪:《熊图腾:中华祖先神话探源》,上海锦绣文章出版社、上海故事会文化传媒有限公司,2007年版,第104—105页。

③ 云南省民族民间文学红河调查队搜集翻译整理:《阿细的先基(阿细族史诗)》,云南人民出版社,1959年版,第42—44页。

说祭火仪式为什么如此隆重,为什么此仪式能够一直保存下来,为什么会全村男女老少听到这个节日就激动。正如利奇所述:"所有的社会人类学家都会把研究对象关注于人类社会与文化的多样性,他们也都认定他们的任务不仅是描述多样性是什么,同时也要解释他们为什么存在。"①

仪式记忆与阐释

一、记忆中的溯源

从阿细人的日常生活中的表现、他们所唱的先基、为过世的老人唱的《指路经》及在孩子满月的祝米客(即满月客)时所祝愿的山歌,可以发现阿细人有从眼前事物追溯历史的习惯,比如说看到抽水烟的人,他们就会唱《吃烟调》的先基,俩人会通过烟丝是怎么来的,唱到烟是需要怎样栽种的,栽烟的地需要怎样去开荒,吸烟的烟筒怎么来的,做烟筒的竹子怎么来的……最后会一直追溯到人是怎样来的,天是怎样出现的,地怎样出现的,星星月亮怎么来的。在为死者唱《指路经》时,毕摩也会从死者的出生追溯起,从他父母年轻时的恋爱如何谈起,他父母怎样成家,他母亲怎样怀胎九月生下死者,再唱死者怎样离开人世前往祖源地:他会先离床,离开火塘、离开他曾经生存的生活环境,再离开生活用具以及生产用具,最后死者就会离开家、离开村子……总之,毕摩会按顺序把离死者曾生活最近的地方一直唱到祖源地,包括期间可能碰到的每件事物、每个地点都会按顺序指点出来;在举办祝米客的时候,老人会首先为婴儿祝福,希望她/他好好成长,像大树一样成长;希望孩子以后长寿;唱完祝愿后,有人就会从孩子父母的恋爱追溯起,接着追溯他们父母如何成一家,孩子如何生下;也有的人会以祝米客上吃的饭菜唱起,然后来追溯以前怎么过生活的,席间,如果棋逢对手将遇良才,这先基就可以一直唱下去,双方会一直追溯到天与地怎么来的,人怎么来的,相当于把他们的历史又复述了一遍。因此,文化传承就是在这种使用过程中,通过问与答的形式,通过口述一代代传承下来。

这种追溯表达了阿细人的一种信仰,因为当教义和仪式的形式不能由纯粹的理性动机来解释时,人们就必须在过去,而不是在现在,寻找这种形式的基础。通过这种追溯,可以说,这种仪式实际上是一种残存物,只是对已经终结的事件或早已不复存在的圣人的纪念而已。通过仪式,表达了阿细人的一种宗教观,因为"宗

---

① Leach, Edmund. *Culture and Communication*, London: Cambridge University Press, 1976, p. 3.

教实践总是伴随着对具有神圣色彩的人的信仰。这些具有神圣色彩的人物曾在过去现身过,并且在特定的时期、特定的地点发挥了影响,而他们的言谈举止以及思想,又通过多少具有象征性形式的实践再现出来"①。

因此,虽然时间在流逝,但阿细人喜欢追溯的传统将记忆框架既置身其中,也置身其外。"超出时间之流,记忆框架把一些来自框架的稳定性和普遍性传送给了构成它们的意象和具体回忆。而社会思想本质上必然是一种记忆,它的全部内容仅由集体回忆或记忆构成。但其中,只有那些在每个时期的社会都存在,并仍然在其现在的框架当中运作的回忆才能得以重构,这也是必然的。"②从"祭火节"(mi^{33} dʑi^{21} mo^{55} 仪式)中,阿细人追溯了他们的祖源神话,从追溯中,我们了解了火在他们生存环境中的重要性。正如耶律亚德驳斥泰勒关于神话是一种误读的解释,他认为神话揭示了宇宙创造和象征敬畏与震撼的符号,这是一种与神性的遭遇。耶律亚德提出,把人类行为与对保留在神话中神性的模式的认同,能使人感受到存在性的真实与意义,才能重新生成时间的周期性的概念,恢复社区的繁荣和丰产。仪式建立了这种认同的起点,因为它是对原初的神灵演示过的以及在神话故事里保存下来的活动的再演示(reenactments)。通过在仪式再展演这些活动,参与者在此时此地带着大地混沌初开之前神圣的神灵所处的原始时期的感受来认同历史。通过对原初事件(primordial)的再展演,人类逐渐意识到他们是真正的人,他们尊崇世界,使他们的生活变得有意义。而仪式神话也成为对历史真实的想象及文化再生产的产物。无论是先有神话仪式,然后再与偶然性历史事件发生并接;或先有史实,再产生神话仪式,都发生了文化的再生产,且文化再生产的背景都与当地的文化相关。阿猜的故事③之所以存在于阿细的神话当中,和阿细人当时所处的社会环境也有很大的关系,作为一个人数不多的族群,面对残暴的统治阶级,如何加强族群凝聚,保持本族群崇尚的美德,使得在口述史中出现了史实与当地文化相互结合的形式。通过文化再生产,产生了符合各自文化逻辑的当地神话。而且,在无文字社会,历史事件通常也无法用文字进行保存,一些重要的事件往往是以口传的形式代代相传。在此过程中,主要的结构性要素一般不会发生太大的变化,但是,由于对祖先的尊敬、崇拜与对英雄的崇拜元素的相互融合,产生了对有些元素的神化、并接,导致发生了文化的再生产。正如袁珂先生所说:"原始性固然是构成神话

---

① [法]莫里斯·哈布瓦赫:《论集体记忆》,毕然、郭金华译,上海人民出版社,2002年版,第297—298页。

② 同上书,第313页。

③ 在弥勒西一镇红万村一带,阿细被称为"阿猜",据昭乌初札、莱密波诺在《火一样的激情》一书里的介绍,也有"阿戏""阿嘻""阿系""阿哂"的叫法。

的要素,但是,神话是会随着时代的进展而发生变化的。"①因此,神话也是一个追溯的过程。

二、记忆体现的分类

身体在展现记忆的同时,阿细人的分类也随之被体现。阿细人属无文字族群,他们的分类体系主要靠口传诗歌来体现,在仪式中,发现身体也是他们利用的对象,如发现仪式绘身的颜色和图案总是相似的几种,有什么意思呢? 是否可以随意选择? 通过对此仪式几年的观察,并对往昔图片资料进行查询,发现在阿细的绘身中,红黄黑白四种颜色反复出现,再根据阿细人所吟唱的《阿细的先基》,这四种颜色也反复出现,再细读先基,发现这四种颜色对阿细的先人来说比较吉利的色彩,与他们先辈的宇宙观也有着非常紧密的联系:根据阿细人的传说,远古的时候没有天,没有地,只有两块云彩,轻云往上飞,就成了天;重云往下落,就成了地,但是天地都不稳,阿底神就用四根柱子抵住天,又用四包元宝压住天,最后才把天给压稳了;地是圆的,是被铺在鱼背上,由于鱼老跳来跳去,于是银龙神让阿托把鱼拴起来,鱼就跳不了了,所以地就稳了。天与地产生后,阿洛神安了太阳;纳巴神安了月亮;阿耐神安了星星;涅姐神安了云彩;但是它们都不亮,金龙男神和女神用金盆里的金水把它们洗了以后,太阳才亮了;银龙男神和女神用银盆里的银水把它们洗了以后,才把月亮洗亮了;星星和云彩则是分别被铜龙男神和女神及锡龙男神和女神分别用铜水和锡水洗了以后才洗亮的。②

天地后,人们又去找种子,"红云彩做楼梯方,黄云彩做楼梯板,白云彩做吊索"③,去找种子,然而,找来的种子由于缺水不发芽,于是,阿细人先祖在风小伙与雨姑娘的帮助下,"去东方嘛,东方红云彩,吹来遮着龙头;去到南边,南边有一朵黄云,刮来遮龙身;去到西边嘛,西边有一朵黑云,刮来遮龙尾;去到北边,北边有一朵白云,刮来绊龙脚"④。有了雨水后,种子开始发芽,世上才开始有草有树。从此,万事万物都被取神取了名字,并被神分了雌雄。

随后,造人的男神女神开始造人,他们走到"太阳下的黄土山,山顶上有一张黄桌子,在黄桌子上,要造男人了,……走到月亮下的白土山,山顶上有一张白桌子,

---

① 袁珂:《中国神话史》,上海文艺出版社,1988 年版,第 15 页。

② 云南省民族民间文学红河调查队收集翻译整理:《阿细的先基(阿细族史诗)》,云南人民出版社,1959 年版,第 8—17 页。

③ 中国作家协会昆明分会民间文学工作部:《云南民族文学资料》,1963 年版,第 5—6 页。参见云南省民族民间文学红河调查队收集翻译整理:《阿细的先基(阿细族史诗)》,云南人民出版社,1959 年版,第 21—22 页。

④ 同上。

在白桌子上,要造女人了"①,于是,在虎年、虎月、虎日、虎时,男神和女神"称八钱白泥,称九钱黄泥,白泥做女人,黄泥做男人"②。红、黄、黑、白,是频繁在他们祭祀时出现的四色,根据《阿细的先基》,这是吉祥的颜色,能为他们带来甘露,使植物发芽,让他们的生存有了保障。另外,在《夸姑娘》《向火调》《拔黄草调》等比较传统的先基里,也发现红云、黄云、黑云和白云能为他们带来雨水;红鱼、黄鱼、黑鱼、白鱼被认为是好鱼;红花、黄花、黑花和白花被认为是最好看的花。③

从以上叙述,可以发现阿细人经常提到东南西北四个方向的红、黄、黑、白的云彩或花,对他们来说,这是最好的、最能帮助他们实现愿望的幸运色。因此,在身上绘上红、黄、黑、白四色图案,是否也反映了他们的历史,虽然他们没有文字,但对他们而言,身体就是一种精妙的工具,是一种特别的载体。在特别的日子里,可利用身体来履行从先辈时代起就存在的一些社会传统,通过身体的颜色将他们的历史进行演绎。正如课题组成员对绘身五色的追问,老毕摩一开始介绍说这是五色土④之意,但是与他们熟悉后再接着往下问,老毕摩会说实际上他们在模仿"原始人"⑤。针对这一说法,我们也可以从以上讨论得到一些启示,阿细的分类中基本是以雌雄来进行,对他们来说,双数是代代相传的习俗。在这里,身体是社会行为可渗透的根基,人们经过世代相传,使身体成为连接过去与现在的一个媒介。通过身体,社会风俗与价值观念得到必要表达。因此,绘身的颜色应该不会出现五色。因为在中国传统中,五色土主要象征广博的大中华,因为最高统治者黄帝居于核心地位,所以黄土居中。东西南北依次为青白红黑,即黄帝的四方各有一个统治者辅佐。阿细的黄红黑白四种颜色所指涉的方向与传统五色土的象征方向却不一样,所以,绘身颜色与五色土关系太牵强。相反,毕摩所述"模仿原始人"却有一定的道

① 云南省民族民间文学红河调查队收集翻译整理:《阿细的先基(阿细族史诗)》,云南人民出版社,1959年版,第35—36页。
② 同上。
③ 参看中国作家协会昆明分会民间文学工作部:《云南民族文学资料》,1963年版,第34—35页;第36—39页;第47—82页。
④ 根据金山词霸汉语词典:所谓的五色土是指青、红、白、黑、黄五种颜色的土。五色土象征着我们广博的大中华,在社稷坛的东边是青土,代表着东边的大海;西边是白土,代表西部白色的沙;南边是红土,预示南方的红土地;北边是黑土,象征北部的黑土地;而中间的黄土,就是黄土高原的寓意。关于社稷坛五色土的分布,还有另外一种说法,有人认为,黄,象征居中的黄帝,他统治天下,因为由手拿绳子掌管四方的土神辅佐;青,象征东方太暤,他由手持圆规掌管春天的木神辅佐;红,象征南方炎帝,他由手持秤杆掌管夏天的火神辅佐;白,象征西方少昊,他由手持曲尺掌管秋天的金神辅佐;黑,象征北方颛顼,他由手持秤锤掌管冬天的水神辅佐。黄土居中,因为最高统治者黄帝居于核心地位。东西南北依次为青白红黑,也即皇帝的四方又各有一个统治者辅佐。下载地址:http://hanyu.iciba.com/wiki/331300.shtml(2011年5月13日访问)。
⑤ 在整个田野过程中,在提到古老的祖先的时候,毕摩何汝贵经常会用原始人来叙述,而且在说到祭火的起源时,他也会提到茹毛饮血年代,在后来的交谈中,发现他很喜欢看关于祭火的文章,而且还有把相关故事记录保存的习惯,加上他汉语说得比较好,所以是外来人员必访谈之人。

理。而且,根据《阿细的先基》黄土和白土分别是用来造男人和女人的原料。因此,祭火时的裸身、圆圈、红黄黑白是否体现了一种阿细人对族源的追溯,这与阿细的分类系统、族源、生计方式及自然环境相连。正如菲奥纳·鲍伊提出的:"象征是文化的建构,象征只有放在与其他象征的关联中,才能被理解,他们构成同一个文化复合体的组成部分。"①

阿细人的象征符号也是世世代代的阿细人在与自然相处的生活中逐渐建立起来的。如果只从单个的仪式展演中,是无法理解他们为什么会选这些图案或颜色,但如果把这些展演与他们的环境、创世史诗及分类系统联系在一起,就可以尝试来解释他们的身势语。阿细人不能诠释为什么会画圆圈、为什么涂这几色,是因为老古老代的祖先就是用这种方式祭火,因为"所有的习惯都是感情意向:通过经常重复一些特殊动作而形成的嗜好,是我们自己固有的和基本的部分"②。经过世代重复这些行为与实践,他们已然将祭火的方式当成生活的一部分。但是,绘身只出现在仪式中,并未见于阿细人的生活中。而且,按阿细人的习惯,仪式做完后,要洗净所有绘身图案才能回家,否则会不洁。所以仪式后,他们会集中在村边的池塘里,洗净彩绘才回家。阿细人之所以无法解释这些传统习惯,因为过去已经积淀在身体里,留存在他们的习惯记忆里。仪式作为"一种可展示语言(a performative language),本身就构成了某种行为"③。所有参加祭火仪式的人,在绘身过程中、在欢呼声中,仿佛又回到了远古,在其中演绎了久经严寒、深受野兽烦扰的先辈在发现取火方法后的惊喜与狂欢。在狂欢中,他们不在生活在现代,而仿佛回到了先祖生活的年代。狂欢之后的净身,则意味着阿细人又回到了现实生活,与祖先生活的年代割裂开来,祖先则随着火神的逝去而去到他们应到的地方。

三、记忆与口述传统

哈拉尔德·韦尔策曾经说过:一个人的回忆脱离不了客观给定的社会历史框架,正是由于这种框架,才使得人们的全部感知和回忆具有了某种形式;过去的许多方面,一直都会影响人们的情感和决定;而且,经验是可以跨代传递的,这种传递甚至一直延续到儿孙们的神经处理过程的生物化学中区,过去未能如愿的未来希望,可能会突然和出人意外地具有行动指导作用和历史威力。④ 扬·阿斯曼提出

---

① [英]菲奥纳·鲍伊:《宗教人类学导论》,金泽、何其敏译,中国人民大学出版社,2004年版,第46页。

② [美]保罗·康纳顿:《社会如何记忆》,纳日碧力戈译,上海人民出版社,2000年版,第115页。

③ 同上书,第66页。

④ [德]哈拉尔德·韦尔策:《社会记忆:历史、回忆、传承》,季斌等译,北京大学出版社,2007年版,"代序"第3页。

的文化记忆,即"每个社会和每个时代所特有的重新使用的全部文字材料、图片和礼仪仪式[……]的总和"①。在文化记忆的浸淫中,每个社会和每个时代巩固和传达着自己在此文化记忆之上建构的自我形象。涉及过去的知识、群体的认同性及独特性都与此相关。就像阿细人中间流传的文化记忆,也为阿细人提供了过去的很多知识与记忆,这份记忆承载着历史,在这个族群空间中不断应用这份记忆。

(一)文化记忆承载着"阿细"的历史

在阿细人中间,流传着一个《飞马的故事》,这是有关阿细来源的神话。在此故事里,主人公阿细心地善良、勇敢、诚实、能干,但父母早逝,从小寄居在居心叵测的舅舅家做牧马人,长大后就被舅舅撵出家门,只给了阿细一匹与之从小相依为命的小马驹,作为他多年辛苦的酬劳,没想到这是一匹神马,它一听到吹口哨就能长出翅膀,而且能飞,所以被称为"飞马"。在此飞马的指引下,阿细还在一个山坡上找到一把刀,这把刀很神奇,具有指向什么什么就落地的神奇力量,阿细将刀指向树,树会马上倒地;将刀指向迎面而来的鸡,鸡头立刻就掉地。阿细发现了刀的神奇力量,将它称为"仙刀"。借助着仙刀和飞马的神奇,阿细也变成一个英勇无敌的人,他带领他的人民一次又一次消灭了欲想霸占阿欲布山的土司请来的官兵,因为他的刀指向哪里,哪里的官兵的人头就纷纷落地,官兵始终无法战胜不了阿细和他的队伍。最后,官兵设下诡计,收买了他的舅舅,先让舅舅将他的女儿嫁给阿细,阿细的妻子成婚后将阿细灌醉,哄阿细讲出了飞马的秘密,随即就吹口哨让飞马长出翅膀,然后将其剪掉,然后和官兵一起设计包围了阿细,混乱中,还在迷迷糊糊的阿细又丢失了仙刀。在宝物全失的情况下,阿细只有赤手空拳与官兵作战,在打死很多官兵后,没有飞马、仙刀帮助的阿细最后还是被俘虏了。由于阿细宁死不屈,被下令问斩。然而,阿细的神威至死一直延续:"官军把阿细的头砍下后,却见闪了一道红光,又长出一个新的来,跟原来的头居然一模一样。在场的官兵吓得魂飞魄散,长官又下令再砍,阿细的头又长,怎么也砍不掉,只好重新将其关进牢房。……后来,他们又让阿细的妻子去问阿细,于是按照阿细妻子供出的秘密,将阿细的头砍下后,用白茅草在伤口上抹一下,于是阿细的头就再也长不出来了。"②白茅草自从被阿细的鲜血染过后,从此就叶边也变成了红色,而且也染上了阿细的神性,白茅草也具有了消灾镇邪的功能。而他的死更激励了乡民们保卫家园的斗志,人们纷纷拿起武器,将官军赶出了阿欲布山;虽然仙刀落入阿细的舅舅手中,但是当他意欲拿着仙刀到官军处领赏的时候,仙刀化为一股黑烟,天空中雷雨大作,而后山洪

---

① [德]哈拉尔德·韦尔策:《社会记忆:历史、回忆、传承》,季斌等译,北京大学出版社,2007年版,"代序"第5页。

② 参见昭乌初札、莱密波诺:《火一样的激情》,中国财政经济出版社,2002年版,第35—36页。

暴发,官军与舅舅都被淹死了,乡民们为了纪念阿细,都说自己是阿细的子孙,便从此自称为阿细人。①

关于《飞马的故事》,民间还有一传说,故事的前半部分与前一个故事无异,也是说阿细自小父母双亡,靠给舅舅放牧牛马度日,长大后,离开舅舅家,舅舅给了一匹小白马,用以抵几年工钱,后来发现这是能长出翅膀的神马。但接下来的讲述较之前一个传说有了更传奇的色彩:阿细在飞马的指引下,"在尖顶山(红万坡)找到了那把剑一出鞘便能让人头落地的飞龙剑;在祖先灵魂的指引下,他又获得了一个能装3斗黄豆,并能撒豆成兵的昆仑山宝葫芦。他凭借此三件宝物,成了举世无双的英雄,就连皇帝老子也奈何不了他,只好封他为王,成为管理一万四千户人民的十皇帝,并把三公主许配给他,在被三公主识破法宝的用法后,他被活活烧死,但他的骨灰化成黑烟,变成洪水淹死了那些为非作歹之人,阿欲布山上的民众为了纪念他,都说自己是阿细的后代,自称'阿细颇'"②。

又据《弥勒彝族文化概览》,阿细是来自大理王朝的西绿、自吻的一位部落首领的名字。他精通兵法、武艺高超,精干勇猛,很受大理王侯阿厄的赏识器重,在大理东绿的阿栽叛乱期间,阿细领受阿厄王侯之命,在阿格来打败阿栽叛军,为继续平乱、安邦大业,阿细领命,在鲁底、巴颂底、窝底之东安营扎寨,镇守边防,兴修水利,屯田垦荒。随后化卒为民,兴建家园,其他凡与阿细有缘和入伙者,自称为阿细颇。③

(二) 县志为文化记忆提供的佐证

在弥勒县志西汉至清代的大事记中有以下记载:"正德十五年,十八寨土酋阿寺、阿勿聚众'叛乱',巡抚何孟春和巡按陈察率兵镇压(陈察一路出动象马军),经激战二月余,阿勿战死,阿寺被俘⋯⋯《州志》《新通志》)"④

从这一段县志中,我们可以看出来在历史上的确出现过一位叫谐音为"阿细"的人,但是县志与传说却为我们提供了不同的记忆,在官方的记载中,阿细是一名聚众"叛乱"的土酋,而在当地人的传说中,阿细却是一位勇敢的、受祖先庇佑的民族英雄,他具有阿细人所崇敬的一切优点:勇敢、善良、善战、很得人心。所以,出现了下文的口述记忆的"文本化"。

---

① 该故事在笔者田野期间由何汝贵毕摩讲述,其故事情节同于有关"弥勒十八寨"的讲述,详情可参见昭乌初札、莱密波诺:《火一样的激情》,中国财政经济出版社,2002年版,第25—36页。

② 葛永才:《弥勒彝族历史文化探源》,云南民族出版社,1995年版,第15—16页。

③ 弥勒县彝族研究学会、弥勒县民族事务局:《弥勒彝族文化概览》,云南民族出版社,2008年版,第5—6页。

④ 云南省弥勒县志编纂委员会:《弥勒县志》,云南人民出版社,1987年版,第9页。

（三）口述记忆的"文本化"

从以上记录可以推断出，"阿细"来源于民族英雄的名字，虽然因为发音的不同，出现了不同的写法，但所有故事都指向同一位英雄人物。我们可以推知，历史上的确出现过一位与"阿细"谐音的人，他的确率民众反抗过官军的横征暴敛，不畏强暴，赢得了民意。为了纪念这位民族英雄，当地人及其子孙都说自己是阿细的后人，从此以后便自称是阿细人。而且，不仅阿细的故事被神化，与之相关的物件也被神化，如沾染了阿细鲜血的白茅草被称为了"尖刀草"，每年农历二月初二祭密枝的时候，阿细人就会用尖刀草编成寨门，放在密枝山的入口处。据说，寨门有镇魔避邪及消灾的功效，人和祭牲从寨门下通过后，所有的不洁与邪恶、灾难就被挡在门外了。在每年二月初三为纪念祖先发现钻木取火而举行祭火仪式当中，火种被取出后，首先出现的也是飞马，它被当成是火神的"卫士"。从发现钻木取火方式的时间与阿细的英雄故事发生的时间来看，两件事有着不同的时间性。在阿细的故事中，阿细从小靠打柴为生，如果没有发明如何取火的途径，是不可能出现以打柴为生的樵夫的。但是，在阿细人的心目中，阿细是英雄，是他们的保护神，阿细的飞马是神物，因此也就被当成阿细人的保护神，而火的发现与取火方法的发明，改变了他们的生活方式，使他们走下树枝，走出了山岩洞，开始能防御野兽，能吃熟食，过上了他们觉得高兴的日子，他们再不能没有火，因此，火是他们的圣物，需要神物来守卫；他们在密枝山祭祀的一公一母两棵树，也与他们的创世祖有关，子孙后代的繁衍及全村的风调雨顺、人畜平安都与之相关联。因此，人们通过仪式、仪式神话、祭祀物在传承过去的一种记忆，同时也在不知不觉地、附带地和无意地承载着他们的历史。

虽然阿细及其神马是何时与密枝祭祀及祭火发生并接已无从得知了。不可否认的是，这其中肯定发生了一定的文化再生产。文化再生产的结果使得整个族群的价值得到了加强与保护，之所以发生文化再生产，是因为在阿细人心目中，阿细就是他们的保护神，在他们的文化图式中，就认为阿细是确有其人的，而且也在通过各种方式强化这种意识：1. 通过地名强化：红万村村外有一个地方被称为仙刀坡，据说这里是阿细发现仙刀的地方。2. 强调神旨：在仙刀坡附近，据说还有一尊坟墓是阿细母亲的。老人们还传说阿细这么英勇无敌主要是因为他母亲坟墓的门下特别好，正对着一座圆形的大山，而这座大山的确比周围的山要大很多，圆很多。[①] 3. 强调遗址：在红万村附近的树乃龙村委会境内，在两座大山之间有一个山

---

① 笔者在 2009 年 9 月在红万村做田野时，曾听几位 80 多岁的老人说，他们很小的时候在仙刀坡附近跟随父母在地里玩耍时，曾听他们祖辈讲过一块很大的石头旁就埋有阿猜的母亲，为了证实他们所讲的话无误，几位老人还带笔者拜访此地，那块大石头已经布满成年的青苔，掩映在丛林深处。按红万村 83 岁老毕摩石学林与何汝贵的指点，也远眺过阿猜母亲坟墓对着的那座山，的确是周围山中最大的一座。

洞,相传是阿细带兵打仗时休息的地方,至今,这座山洞里保存着完好的石床、拴马的石柱以及一个石槽,据说这是阿细饮马的地方,地上还有一个圆形的石盆,据说是阿细的洗脸盆。在这座山洞的对面,还有一座造型独特的石头山,石头犹如莲花瓣,山顶上还有一个酷似香炉的石头,阿细人说这是阿细每天焚香、祭拜神灵的地方。[①]

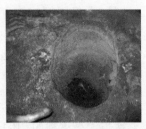

两位毕摩对阿猜遗址的"朝圣之旅"、传说中阿猜的洗脸盆以及观看图片的阿细人

传说中阿猜的石床、拴马的石柱以及阿猜的香炉

（四）被"神化"的记忆

在阿细人看来,阿细就是他们的民族英雄,在笔者田野期间,老毕摩才听说我们准备去看阿细曾经生活过的地方,不顾年事已高,而且那几日还得了很严重的感冒,坚持要和课题组成员者一起去,还说他好多年没去了,想和大家一道去看看。一路上老人兴致很高,仿佛在进行朝圣之旅,去朝拜他心目中英雄的圣地。来到传说中阿猜的香炉底下,老毕摩端着水烟筒坐在那儿,想象着当年阿猜上香的情景,两位毕摩说据说当年阿猜在每天上完香后,就会坐在香炉底下抽会儿水烟,才去与官军周旋。两位毕摩还专门想象阿猜会做什么,然后模仿各种动作,请我帮他们照了很多相片。当天晚上,当我用笔记本电脑为他们展示完当天所拍的相片后,房东

---

① 以上几个地点笔者都于 2009 年 9 月亲自走访过。

家开始热闹起来,一波又一波的红万村民来毕摩家观看相片,他们中的很多人只听过传说,都还没去现场看过,看到我拍的相片,特别是看到两位毕摩在这些传说的遗址中的相片,他们兴奋地用阿细语讲着、比画着,边说边看着我,一副崇拜的样子,也许在他们心目中,我也沾了英雄的光,因为我把他们的英雄遗址呈现在他们面前,我也瞬间成了一个英雄。

综上所述,阿细的故事主要源于一种阿细人对民族英雄的崇拜,这种对英雄的崇拜,不但使阿细人在想象中神化和夸张了阿细的力量,如阿细的头颅屡次被砍,屡次又重新长出,而且通过这种神化,表达了阿细人的一种祈望,只要具备阿细人的良好品格,这样的人是可以再生的。因此,神化与阿细相关的物品,用仪式加强阿细人共同的社会记忆,通过对故事的复述来表述人们对某种价值的认同或传承。在用神话、史实及仪式进行展演的过程中,他们的英雄祖先及与其相关的事物一次次被提及和展演,唤醒了阿细人对祖先的纪念,同时,族群记忆被一次次得到加固,通过仪式的社会功能,每年农历二月初二、初三,阿细及飞马的故事随着祭火及祭密枝山的仪式被当地人屡屡拿出来叙事,通过此方式,"社会叙事和社会记忆互为依据,共同建构成为一个社会传承机制"①。其实,历史人物被神化的例子自古都有,如姜太公、李冰,甚至专以研究政治、伦理、道德的古代学者、教育家和思想家孔子都是"不语怪"的人,然而,他和他的几位著名门徒也在《淮南子·主术篇》《琴操·孔子厄》《博物志·异闻》等书中也被神化。② 这些人之所以被神化,主要是因为他们为大众做了很多好事,受到大众的敬重,而后在传说中被神化,因此,神话的流传也在发展演变之中的。

在阿细的族源传说中,阿细人的历史英雄人物也被神化,县志上的寥寥几笔在阿细的文化中却变成了世代传承的美丽传说;县志中的"土酋叛乱"在阿细人的口传中却是被神化了的英雄人物,在神化的过程中,族群的价值观、宇宙观也被当成英雄的一种品质,被赋予了阿细的文化意义,甚至可以追溯到阿细人的族源来历。在阿细人相传的《飞马的故事》中,主要人物阿细所具有的品质代表了阿细人崇尚的价值观与世界观:勤劳、勇敢、敬老、善良。再通过仪式展演,也在教育人们,只要你善良(良心好)、敬老、勤劳、勇敢,上天就会赐予你神奇的力量,会保护你消灾免祸。通过神话仪式,这种美德被不断地提及,被展示,使这种品德每年都能在仪式参加者中间得到传承;通过祭祀物与遗迹,将神话与现实进行并接。

---

① 彭兆荣:《文学与仪式:文学人类学的一个文化视野——酒神及其祭祀仪式的发生学原理》,北京大学出版社,2004年版,第3页。

② 袁珂:《中国神话史》,上海文艺出版社,1988年版,第147—163页。

仪式与身体

在田野中,课题组成员发现阿细的祭火仪式之所以成为外来者津津乐道的话题,能够吸引来自全世界各地的摄影家的到来,让他们拿起手中的相机,将其发到网络、微博,在很大程度上都因为仪式里的身体,确切地说应该是仪式里的裸体绘身。在仪式中,阿细男子在绘身装饰特征是不带"布"的传统,就是装饰所用之物是取自大自然的树枝、野果,或动物的皮毛,这给予过多依赖现代科学技术的人们一种回归自然、耳目一新的感觉。且随着人们对文化多元的理解与认同,独特的、独有的文化也越来越受到人们的关注,激发了人们的好奇心。正如课题组成员在田野期间还觉得阵阵寒意,但是这一群人为什么会进行裸体或近乎裸体的绘身,为什么所绘图案会大同小异,有没有什么特别的意义,是否想利用身体来进行某种表达呢? 阿细人自己有什么样的解释,从阿细的身体体现中,能否发现什么深层意蕴隐藏于阿细创造的人文世界之中?

其实,在现代社会里,突然发现自己被身体或有关身体的政治运动、商品化活动所包围,身体或被称为身体化的主体;或成为通过广告进行诱惑的对象;或成为伴随商品化符号解释的对象;或成为政治制度折磨的对象;或成为再生产权力和健康保健之间激烈争斗的对象;或成为重新选择性别认同中斗争的对象;或成为逃脱流行病威胁的对象;或成为新技术改变自然创造的身体特征的对象。人们可以通过美容外科手术、无性生殖或对再生产生物过程的多种形式的干预,更改遗传特征,人为地延长或缩短生命周期来改变身体的自然特征。即使在人类学家的研究中,他们已进行了一些有关身体的解释。纵观世界各国,可以发现全世界许多地方和时代都有做文身①的记录,一般来说,文化不同,文身的目的也不同:如文身可作为代表皇室的、与众不同的标志,或表示宗教虔诚者的象征,或代表勇敢作战的饰物,或是性的诱惑、爱的表白、集体身份的符号,甚至是个性的标记或惩罚,或可以用来当作奴隶、流民及流放的标识。然而,在许多文化中,文身主题最普遍的是动物,这和传统的思维有关,与魔术、图腾及被文身者想与动物息息相通的愿望有关,甚至古代世界的文身与现代的文身也有很多共同之处,一般都与心灵的感官、性爱及情感等方面相关联,且全世界的文身都有着深刻而普世的心灵起源。②

---

① 指一种身体装饰形式,会采用针刺穿皮肤,并把色彩扎进皮下,形成色彩终身不变的图案。

② 参见[美]史蒂夫·吉尔伯特:《文身的历史》,欧阳昱译,百花文艺出版社,2006年版,第15页。

一、绘身与面子

在阿细的"祭火节"中,虽然没有文身,但是绘身是每个参加仪式的男子都要进行的,在课题组的田野中,发现"面子"在他们的裸体绘身中会重点考虑的一个重要部分,从开始脱下衣服的那一刻起,脸部即成为他们考虑要遮蔽的部分,因此,当他们在那个相对独立、隐蔽,且不对外来者开放的空间绘完身出现在大众面前的时候,就会发现每一个人都特别注意脸部的装饰,而且,身体裸露越多的人就越注重面部的装饰,那些全裸的男子,更是整个头部都被棕叶包裹了。至于绘身男子的装束,他们一般不会和其他人宣讲,即使被问到他也不会告知他准备装扮成什么样子了。

按当地的规矩,人们一般也不会去打探这种装束隐藏了怎样的真实身份,这是否某种意义上说明:他们可以裸露身体的任何其他部分,但是脸部却不能裸露,是要保全的。按中国的传统观念,"脸"与面子是最重要的东西,脸面需要同时得到保全。毕竟,"面子"在传统文化背景下是需要每个人为之努力追求的非常重要的象征。因为仪式过后,他们还将回到世俗社会,在这个社会里,赤身裸体是要被人取笑的。①

二、仪式绘身中的神圣与世俗

在祭火仪式中,绘完身的男子有着平时没有的很多特权,一旦阿细男子绘身完毕,他们就变得很重要,钻木取火要等他们出现才能开始,在整个抬新火巡游的过程中也会一直跟在毕摩寨老之后,他们可以肆无忌惮地做任何事情:能将手涂满颜色去偷袭路人;能夸张地展示自己男性的特征;能去驱赶任何阻挡巡游队伍的人;能故意去逗乐"他群"的大姑娘小媳妇。在2011年的仪式进行中,曾有一位拍摄钻木取火场面的女性由于靠祭火台太近,就被两位裸体绘身男子直接抱进祭火台,几秒钟之后才把她抱出来,弄得这位女士又羞又气,但也无可奈何。按阿细人的规矩,女人是不能参加仪式的,祭火台对于女性也是禁忌。所以,当这位女性处在这个禁忌的地方,她就面临了与危险相接触的危险。而绘身男子之所以如此胆大,也是得益于他们的绘身。所以,不但这位女子无法与他们计较,他们的行为甚至还给旁边的观众带来娱乐性;因为绘身男子处于似神非神,似人非人的阶段,也即他们不属于日常生活的结构,他们就不用遵守平时的规定,由于有绘身的帮助,他们甚

---

① 何汝贵告诉我:在红万,如果有谁穿的衣服衣不蔽体或是比较脏,人们就和他开玩笑,问他是不是要去过祭火节了。

至还可以借用这个阶段来做一些在平日看来是无礼甚至违规的行为。因此,这种模棱两可的阈限状态使他们得以摆脱先前的社会地位和社会角色的状态,还免受规则惩戒。

涂尔干曾说过:土著人不但把圣物与俗物分开,而且无论是直接抑或间接与世俗生活有关的物体都不能与宗教生活相混。土著人还把全身赤裸作为参加礼仪的先决条件。他们将平时身上穿戴的所有饰物全部摘掉,甚至包括那些平时最常戴的、对其有保护作用的、一般不情愿摘掉的装饰物。如果的确需要装饰,他们会根据当时的情况特制一些神圣的装饰,但在世俗交往中这些装饰是被禁止的。因此,礼仪一旦结束,人们就会将这些饰物埋在地下或烧掉;人们甚至要洗澡,将身上礼仪装饰的任何痕迹都洗掉。[①] 这种习惯与阿细祭火仪式中出现的情况非常类似,阿细人在仪式过后,也会将饰物丢弃在村外,洗净绘身。

在阿细人看来,神圣与世俗是分得很清的,祭火是神圣的,是和祭祖、祖先崇拜相关的,它和洗衣服等这些日常活动是互不相容、互相排斥的。涂尔干也曾经指出:"在所有知名的宗教中,节日的特点就是停止工作,暂停没有宗教目的的公共生活和私人生活。"[②]因此,当旅游成为无烟产业,成为地方发展的主旋律时,我们在宣传海报中发现有"天天都过祭火节"语句,这和阿细的传统祭火会发生冲突吗?仪式还有神圣可言吗?面对旅游,阿细人是怎样的心态?

祭火仪式中
的蒙面绘身男子

随着阿细的祭火仪式知名度的提高,它越来越成为追求奇风异俗与独特的文化的旅游者探寻的目标,由于他们的裸体绘身及阿细跳月舞蹈动感十足的魅力,越来越多的人慕名而来,有些游客要求在二月初三以外的时间也能观看祭火仪式,村民们由于仪式为人所知也很高兴,由于热情好客的本性,他们也会按游客的要求给予表演,那么此祭火表演与二月初三的祭火仪式有什么不同呢?阿细人如何解释?因为在他们的文化中,祭火仪式是一个非常重要的活动,该活动的重要性甚至是彝族最盛大的节日——火把节也无法替代。

2009年2月的一天,课题组刚好碰到旅游团队进村旅游,这支旅游团队甚至

① [法]E. 涂尔干:《宗教生活的初级形式》,林宗锦、彭守义译,中央民族大学出版社,1999年版,第336—337页。

② 同上书,第338页。

专门为观看祭火仪式预留了时间，当天晚饭后，公房里的广播响了，那是村主任在通知安排村民吃过饭后去祭火表演。那天晚上，用阿细语进行的广播也难得有一个课题组听得懂的时间词，晚上七点三十分。那晚村民为游客准备了一场热闹的狂欢活动，有绘身、祭火，宾主一起围着火堆跳阿细跳月。对游客来说，那是一场原汁原味的篝火狂欢，在原生地观看当地居民的祭火、然后又加入他们的阿细跳月，最后脸上、手上还留下了绘身小男孩用涂料或木炭灰抹过的痕迹；对于村民来说，这是一次算出工的机会，会得到一点出工酬金。最重要的是，他们认为自己是一个爱玩、爱唱、爱闹、爱笑的族群。他们最喜欢的娱乐项目就是唱歌、跳舞、喝酒。当晚，连毕摩都以普通村民的身份跑进跳舞场里，两手沾满涂料，去涂抹身边的外来人。事后，当他和我谈及此事，他说："好玩呢，我也是个爱玩的人。"看来当晚的狂欢是属于主客皆很尽兴的活动。然而，毕摩说："这只是表演一下，到二月初三，才是真正的祭火仪式，那天的仪式比这热闹，而且比这还好玩。而且，这只是祭火表演，所以我们毕摩都不参与祭祀。"在他们看来，祭火表演只是一项好玩的娱乐活动，却不能称为祭火仪式，很多禁忌在表演时也是不须遵守的。如身上的绘身，表演时的绘身可以回家洗。但祭火仪式时的绘身是在回家前要洗干净的，不然会不吉利的。

宾主同欢的祭火表演

包括对绘身的颜色的选择，仪式与表演也存在很多不同：首先是色彩的选择，在仪式中，颜色主要是黄、红、黑、白；在表演时，颜色却比较随意，通常是看家里或公房里有什么颜色。然后是图案的选择，仪式中的图案主要是以圆圈为主；表演的图案会非常随意，村民大都是饭后匆忙涂几笔就过来参加表演，所以，图案就五花八门。最后是时间，那晚的表演是献给游客的，所以，使用了他者的时间"7：30"，而不是按当地的习惯"吃完饭后"。因此,神圣与世俗在他们的实践中是有区分的,只是游客因为将其看成一种狂欢,神圣与世俗就不存在于游客的知识体系中。故,从绘身上也可以看出神圣的仪式与世俗的表演都是有区别的,因此,仪式的研究不仅要结合在场,而且还与仪式施为者的性情等宇宙观结合起来。

综上所述,身体作为一个表述,存在于表述者的世界中,身体表述也不能脱离在场,因为它与环境、思想、关系及其他的生命体相交融。通过阿细绘身的身体实践,自然会把仪式与它所源出的真实状况相联系,如决定其功能、发挥其功能所循的途径与这些状况相关联。因为"仪式之所以举行,是因为、也只因为:仪式只有在仪式的存在条件、只有在不能提供逻辑推断、神秘的玄想(mystical effusions)或是形而上学焦虑这些奇缺的优势条件的施为者的性情(dispositions)里面,才能找到存在理由"。① 正如 Monica Wilson 说:"仪式揭示了隐藏于最深程度的价值,人们在仪式中表达最使他们感动的事情。由于表达的形式已成为惯例和义务性的价值,这种价值就成为被揭示的这一群体的价值。"②

三、仪式绘身与表述

莫里斯·梅洛-庞蒂说过:"身体在记忆中的功能就是我们在运动的启动中发现的同一种功能:身体把某种运动本质转变为声音,把一个词语的发音方式展开在有声现象中,把身体重新摆出的以前姿态展开在整个过去中,把一种运动的意向投射在实际的动作中,因为身体是一种自然表达的能力。"③人们通过身体的自然表达,不但历史记忆、族源的传说通过无声的身体在表达中被演绎、被展开,这些人的分类系统及宇宙观也得到展示。社会现象是在他们所属的环境产生的,当将阿细身体表达的仪式与"阿细的先基"联系起来,就发现蕴含其中的象征。鲍伊认为"为环境赋予意义、赋予秩序、分类和调整,构成最基本的东西"④是人类创造世界并形成文化的一种努力,正如阿细人创造自己的世界并形成独特的文化,又从他们个人和集体的经验中创造出仪式。一旦建立这种模式,它就会被不断地强化,不断被使用,就是由于这种被使用的经常性,使人们对自己所赋予的东西也习以为常,视而

① Pierre Bourdieu. *Outline of A Theory of Practice*, translated by Richard Nice. Cambridge University Press,1977,p. 115.

② Monica Wilson. Nyakyusa ritual and symbolism, p. 241. *American Anthropologist*, vol. 56,no. 2. 转引自:Victor W. Turner,(1987),*The Ritual Process*(*Structure and Anti-Structure*),p. 6, ITHACA, Cornell Paperbacks Cornell University Press,the fifth edition.

③ [法]莫里斯·梅洛-庞蒂:《知觉现象学》,姜志辉译,商务印书馆,2001 年版,第 236—237 页。

④ [英]菲奥纳·鲍伊:《宗教人类学导论》,金泽、何其敏译,中国人民大学出版社,2004 年版,第 43页。

不见。然而,通过身体实践,通过仪式,被人们视而不见的模式在仪式过程中得到了升华,在这种仪式过程中,阿细人的分类系统、族群记忆得到追溯,并被叙事化。

"原始思维与科学乃是一脉相承"①,某种东西之所以神圣,只是因为它们各就其位,相互遵守规则,没有违犯或者威胁有序状况,只有保持有序,才能繁荣兴旺。科学的策略无非是从感觉世界中抽象出来的。而初民们一开始就是在感觉世界中发现自身,用自己的感性心智进行思考。通过发现,通过思考,阿细的先辈们学会了耕作、织布等,还形成了祭火、祭密枝、火把节、婚丧嫁娶等仪式,在这个过程中,他们保存了这种秩序的创造过程及产物,列维-斯特劳斯曾经指出:"建立这类秩序的方法能够导致一些必要的结果,以便使人类能从一种不同角度来研究自然界。神话和仪式远非像人们常说的那样是人类背离现实的'虚构机能'的产物。它们的主要价值在于,时至今日还保留着某些观察和反思方式的残留痕迹,这些方式曾经(无疑目前仍然如此)完美适用于某类发现,而自然从用感觉性词语对感觉世界进行思辨性的组织和利用开始,就认可了那些发现。究其本质,这种有关具体范畴的科学的必然结果必然不同于注定要有精确的自然科学所达到的那些结果,但它的科学性毫不逊色,其结果的真实性也毫不逊色。在万年之前,它们就被证实,并将永远作为我们文明的基础。"②

从阿细人祭火仪式展现的身体实践中,可以看出,身体除了被动地被规训、被控制或被呈现,身体还受传统内在的影响,浸淫其自身文化象征表述中,在这种传统之下的身体实践,不仅可以讲述历史,而且还在无文字民族传统文化的传承、产生认同方面起了不可替代的作用。

(一) 仪式中的身体表述

在无文字民族的仪式中,身体是一种超越文化规范的语言,是表达与交换的形式,同时,它也是一种对潜在的人类普遍性的搬演。"身体有两个截然不同的层次,习惯身体的层次和当前身体的层次。因此,身体不仅应该在一种瞬间的、特殊的、完全的体验中被理解,而且也应该在一种普遍性的外观下被理解,并被理解为非个人的存在。"③在仪式中,通过身体实践,每一个回忆都重新打开已流逝的时间,使回忆在重新唤起的情境再现。

在仪式中,通过身体的表现,身体的说话,内在于或产生于有生命的身体的一

---

① [加]约翰·奥尼尔:《身体五态——重塑关系形貌》,李康译,北京大学出版社,2010 年版,第 26—27 页。

② [法]克洛德·列维-斯特劳斯(C. Levi-strauss):《野性的思维》,李幼蒸译,中国人民大学出版社,2006 年版,第 20 页;并参考[加]约翰·奥尼尔:《身体五态——重塑关系形貌》,李康译,北京大学出版社,2010 年版,第 27 页。

③ [法]莫里斯·梅洛-庞蒂:《知觉现象学》,姜志辉译,商务印书馆,2001 年版,第 117 页。

种意义贯穿整个感性世界,人们的目光也因受到身体本身体验的提醒,将在所有其他"物体"中重新发现表达的奇迹。[①] 而维克多·特纳也曾提出:文化主要是在仪式和戏剧展演中被全部表达和引起关注的,展演是一种流动的逻辑(dialectic of flow),因为行为与意识是合二为一的,反思(reflexivity)也会同时发生,在这个过程中,重要的意义、价值及文化的目标都在行为中看出来,因为他们会塑造和解释行为。仪式展演是对人们共享的人性的宣扬(declarative),然而它也说出某些文化的独特性。相互通过成为展演的一员并学习相互的语法和词汇并能够更了解对方。[②]

同时,身体的体验显示了一种模棱两可的存在方式,身体不是物体,对身体的意识也不是一种思想,身体不能被分解和重组。认识身体的手段是去体验它,接受贯穿身体的生活事件并与身体融合在一起。[③] 阿细的小男孩从孩提时期就开始的实践加强了他们对身体体验的理解,自五六岁起,就开始赤身裸体参加祭火仪式,被用红、黄、黑、白四色在身上绘圈,然后懵懵懂懂跟随长辈参加仪式,随着年龄的增长,他们甚至从被动接受装饰的小孩成长到主动准备装饰物的男青年,知晓并学会在遵守意识空间内共性原则下展示自己的个性特点,从被动地跟随变成一种主动地模仿继而实践。

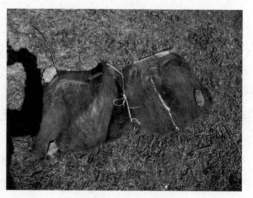

小朋友在等待绘身　　　　　　孩童自己准备的道具

在这种观察、模仿、实践的过程中,身体实践成为一种习惯。通过仪式,活动不断进行,身体不断实践,伴随仪式的身体实践,传递的不仅是习惯,文化的要义也被传承下来。依托着身体实践的具体形式,阿细的文化通过身体的操演,族群的文化

---

① [法]莫里斯·梅洛-庞蒂:《知觉现象学》,姜志辉译,商务印书馆,2001年版,第256页。

② 参看:Schechner, R. and Appel W. *By Means of Performance*: *Intercultural studies of theatre and ritual*. Cambridge University Press,1990, Introduction. p. 1.

③ [法]莫里斯·梅洛-庞蒂:《知觉现象学》,姜志辉译,商务印书馆,2001年版,第257页。

符号、记忆、宇宙观、传说以及传统的分类、传统的生活方式、英雄祖先的故事，在这种实践中得到再现或表述，成为记忆体系的源泉。身体是由社会构成的，社会是由身体实践演绎出来的。阿细的独特社会特征通过年度的身体实践被演绎出来，生活的经历、祖先的传说、阿细文化的重大事件（如洪水传说、钻木取火）的元素都在身体实践和行为不断同化中成为阿细人的一种认知类型。

这种记忆的形式以仪式这种非文本的形式得以流传，仪式行为作为一种特殊的记忆符号在特殊的仪式场合得到表达，不仅男性参与者强化了记忆，对于女性旁观者来说，这也是一种表达和记忆。虽然这个裸体绘身的身体实践只在祭火仪式这个特殊的时间，但通过举行隆重的庆祝活动，附加在其之上的各种禁忌却增加了它的神秘性与神圣性。

通过绘身、拜祭、钻木取火、巡游送火、跳乐①、取火这些活动，然后再辅以"飞马"来保护火种，人们把需要强化的过程通过身体实践进行模拟，现场和往昔因此建立起联系，把参与人的感知、祭祀物、祭祀的时间、地点等环境也结合起来，就获得了一种实践掌握力（practical mastery）②，一起唤醒了隐藏在族群文化中的历史，复苏了文化记忆。而且，由于阿细人信奉万物有灵，且敬老、敬祖先。通过仪式，不仅祭祀了神灵，也祭祀了祖先，当然，在神灵与祖先领受了祭拜之后，也会保佑后辈实现他们的祈望：如村子平安、村民健康、心想事成、六畜兴旺。在仪式中，通过祭火队取得火种后抬着火神巡游村落，挨家挨户送火，表达了火神带着福祉挨家挨户的送达，各家各户在此过程中还因此可洁净居住环境，因为旧火可以带着一切不洁。在仪式中，迎新火的是男人，送旧火的是女人，人们用身体实践在仪式中演绎了迎—送，新—旧，男—女，洁—不洁，表达了比语言更含蓄、更丰富的因素。正如布迪厄所述：这就是为什么仪式的来源比语言的来源要宽广得多，模糊得多，而且仪式实践活动（gymnastics of ritual），如做梦一样，总是看起来要比对梦境的口头解释丰富得多，因为这些解释是单一和随意的。即使有一定的含义，言语还是限制了选择的范围，使身势语能够联想的关系变得困难或不可能。③

在仪式中，男子的裸体绘身与衣着整齐、穿着女装的男子也形成了鲜明的对比：一方面仪式对女人是有禁忌的，另一方面，由于阿细文化里的万事万物都分雌雄或公母，所以，祭祀物要一对一对出现，树要分公母，所以有两棵；钻木取火的树枝有两个，祭祀的酒两碗、饭需两碗、点的香的支数也是双数的，因此，祭祀的人也

---

① 跳乐即阿细跳月。

② 参见 Bourdieu, Pierre. *Outline of A Theory of Practice*. Translated by Richard Nice. Cambridge University Press, 1977, p. 118.

③ Ibid., p. 120.

是要有男女的,然而女人的出现却是禁忌,通过男扮女装,禁忌没有被违犯,宇宙观却得到展示。通过身体实践,不能或不方便用言语表达的情况被清楚明白地表达出来。因此,在身体实践中,每一个被成功社会化的主体(agent)都拥有对世界排序的工具,组织所有实践活动的分类图式体系,而语言图式只是这个体系中的一部分。因此,通过神话构成的现实时刻去掌握神话时代行为的构成时刻,并不是如理想主义所设想的,是到意识中去寻找"神话时代主观性"(mythopoeic subjectivity)的普世结构(universal structures)及一种不顾社会条件,管理所有通过实证意识到的结构的精神原则的统一体。① 反之,布迪厄认为,是通过重建生成原则并统一所有实践,也就是依照社会世界决定性状态的客观结构,建立一套规划世界愿景不可分的认知和评价结构体系,这套原则就是"了解社会的身体"(socially informed body),有好有恶、有欲望有排斥,要有所有的感觉,不只是传统的五种感官,还要有需求感、义务感、方向感、现实感、平衡感、美感、常识感、圣洁感、谋划感、责任感、使命感、理解感、幽默感、荒谬感、道德感以及务实感。②

也就是,通过场景模拟,能使现场参加仪式的人在参与、展示中,全身的各种感觉都被启发,从现场实践中得到各种体会感觉,俗话说"百闻不如一见",而"百见不如一做",从看见,到参与,再到亲身实践与体验,此身体实践超越时间与空间,带给参与者完全不一样的全新感受,此实践感来自身体内部,可以对行为和言论有导向,并在这种反复的习得中获得自己的信念。布迪厄说:实践信念不是一种"心理状态",更不是对制度化教理和信条大全("信仰")的由精神自由决定的信从③,而是一种身体状态。实践信念来自原始习得的反复灌输,而原始习得把身体当成备忘录,作为一种共识和默契,同时此备忘录上也包含有最可贵的价值。这种实践活动基于实践者从小在环境中习得的常识,所以才会出现实践者有时并不一定能够解释他们为什么这样做,他会说因为"老古老代这样做了",所以他们通过模拟实践也在获得常识。

(二) 仪式身体表述文化记忆

身体是社会和文化共同作用下的产物,正如莫里斯·里恩哈特(Maurice Leenhardt)研究表明:对于美拉尼西亚人来说,人的躯体主要是效仿植物界。作为浩瀚宇宙的一分子,人的躯体与树木、果实、植物纵横交错在一种互联体系中,与世

---

① 参见 Bourdieu, Pierre. *Outline of A Theory of Practice*. Translated by Richard Nice. Cambridge University Press,1977, pp. 123-124。

② Ibid., p. 124.

③ "信从"指деп的从属关系的组成部分,它表现为无数认可行为,而在这些认可行为中不断生成集体不知情。参见[法]皮埃尔·布迪厄(Pierre Bourdieu):《实践感》,蒋梓骅译,译林出版社,2003年版,第104页。

界的身体交互构成成分，身体仿佛另一种形式的植物，而植物也犹如身体外在的一种形态。在美拉尼西亚人看来，死亡并不意味着毁灭，相反，它标志着通向另一种形式的存在。在那里，逝者可以是动物、树木、神灵甚至会再次回到村庄或城市里。人只是一个映象，在那里，任何人都不具备个体特征，对他们来说，身体与世界是混为一谈的。[①]

人是自然世界的一部分，人无法脱离此客观自然世界，但人类能够在与自然世界相互依存的过程中形成自己的文化，并利用自然以取得人的生存和发展。为了传递体验与历史，人类利用多种方式方法来达成目的。通过各种符号与其历史和现实打交道。因此，人类生活在充满符号的世界里，现实和历史也是由符号构成的。而人类使用符号应对和构成现实和历史的方式不同，不同的符号方式也决定了文化记忆的方式。

德国学者阿斯曼在 20 世纪 90 年代提出的文化记忆论，就认为以文字和仪式为主要媒体的文化记忆对民族主体性的形成有直接的影响，这种文化记忆以类似集体灵魂的价值观念为核心，经过民族精英的努力而外化为文本和仪式，二者在互动中共同塑造一个族群的整体文化。[②] 因此，我们知道文化必须借助于符号才能保留、加工和生产，其中最重要的符号为文字和图像。图像指一切视觉化的符号手段，包括图画、影视、雕塑、建筑、服饰、文物、实物、景观、体态、歌舞、仪式、各种视觉技术媒体等等。例如，礼仪的物质铭刻性表现在超越时空的程式化规则以及与礼仪情景相关的象征性实物的利用。[③] 祭火仪式绘身也是运用图像，仿真地模仿了先辈的生活场景，通过裸体彩绘、钻木取火，模仿祖先的生活经历，并融入他们自己习惯的、特有的使用符号：如一个松树枝头、两根树干来表达族群的宇宙观。

通过仪式、身体的实践，或文化形塑的身体经验来传承某种传统、某种文化或某种知识，而非通过叙述、教义或话语来传递，不但提醒操演者注意社会分类原则的名分和世袭制度，而且能使这些操演者回忆共同拥有的祖先与过去。于是，与祖先有关的传说或有据可查的史料都被提及。因此，在此身体实践的空间里，该人群的组织与社会关系的分层被联系起来，此空间里的活动，既是一种文化的象征形式，也是记忆系统。

因为通过仪式中的身体的建构，此有组织、公共性的集体交流传递了族群的文

---

① 参见［法］大卫·勒布雷东：《人类身体史和现代性》，王圆圆译，上海文艺出版社，2010 年版，第 7—12 页。

② 参见王霄冰：《文化记忆视角下的文字与仪式》，王霄冰、迪木拉提·奥迈尔：《文字、仪式与文化记忆》，民族出版社，2007 年版，第 21—36 页。

③ 参见孟华：《记忆文化中的中法比较》，王霄冰、迪木拉提·奥迈尔：《文字、仪式与文化记忆》，民族出版社，2007 年版，第 307 页。

化记忆,在阿细的祭火仪式中,参加仪式之人的身体被建构成先辈的身体,通过建构,他们回到了记忆中先辈们生活的状态中,获得了对无火年代生活的体验,无衣可穿,无熟食可食。在此过程中,饥与寒的体验不用言语来叙述,而是通过亲身体验来感知,并体会火给他们带来的巨大益处。构思周密的身体一旦行为得当,就是一种有效的符号,能够通过定期的有规律的举行集体仪式而使这种体验与记忆持续发展。

(三)身体实践中的传承

在此身体实践中,还存在一种身体实践的传承作用,通过对祖先献饭,通过绘身的颜色来灌输传承阿细人的宇宙观、道德观、思想体系,特别对于阿细人这个无文字族群,他们通过身体化的状态将世代传承的知识淋漓尽致地表现出来。通过负载它的身体,借助用来展示知识的实践活动,知识不断得到再现,通过实践模仿,阿细人达到此传承的目的。因为"只要教育工作不是被构建为特殊的和自主的实践,只要整个集团和整个具有象征结构的环境在既无专门化行为人又不受特定时间限制的情况下发挥一种无个性的和泛泛的教育作用,说明实践掌握之特性的实施方法的要素就会在实践中传递,处于时间状态,而不会达及话语层次"。[①] 通过模仿前辈的行为,实践者在无意识中获得了"技艺"和处世原则,并从中理解意义和社会价值,所以,布迪厄曾提出"物体的世界类似于一本书"[②],在这本"书"中,很多隐喻的东西被呈现出来,松树头、竹枝、尖刀草、青杆栗树、祭祀物是双数、黄红黑白四种颜色、绘圆圈、张扬男根等元素在祭火仪式中呈现出来。孩子们从小参与,因此在很小的时候就开始阅读这本"书",并通过自己的实践,形成了身体空间、宇宙空间和社会空间的一体化。人们就在这个自己熟悉、自己建构的书里接受自己族群的教育。在多元文化得到关注的今天,这种展示还为参与人带来了自豪感,这种身体实践对本族群的人也成为一种历史教育实践,一种文化传承方式,一种族群凝聚的象征。

一般而言,文化的传承离不开一定的传承方式和传承场[③]。在仪式中,人们在由身体空间、宇宙空间和社会空间的一体化传承场中通过身体实践这种传承方式,人们传递文化或习得文化。在此过程中,族群的特点与风俗被彰显出来,也理解了为何一提到祭火仪式,人们就会提到阿细人;在网络中输入祭火,就会跳出无数与

---

① [法]皮埃尔·布迪厄:《实践感》,蒋梓骅译,译林出版社,2003 年版,第 113—114 页。

② 同上书,第 119 页。

③ 参见赵世林在《云南少数民族文化传承论纲》中提出的"传承场"概念,传承是指人习得文化和传递文化的总体过程,所以一切人与人,人与社会接触的空间组合都可以是传承场。赵世林:《云南少数民族文化传承论纲》,云南民族出版社,2002 年版,第 101 页。

阿细祭火和绘身相关的链接；在仪式的身体实践中，个人意识与群体意识也得到了沟通，我群的认同在实践中得到强化。正如在阿细的祭火仪式中，密枝祭祀部分让人们回忆起洪水神话与兄妹婚的传说，由此也追述了葫芦为各种人畜的始祖；飞马的出现让人们重温阿细族群名称的来历；祭火的仪式使人们回忆了无火年代的艰辛，也有助于理解火文化在阿细文化中的重要性，理解为什么祭火仪式是阿细人最隆重的仪式，它使阿细人在感谢发明钻木取火的英雄的同时，也能倍加珍惜今天的生活，感叹现在的美好生活。

通过伴随仪式的各神话传说，阿细人的道德标准得到传承：洪水神话的传说告诉后代，只有对人善良，知恩图报，信守承诺，你才能获救，同时也强调了神灵的强大及万物有灵，也传承了人与生态相互依存的观念，提倡一种与生态和谐相处的理念；通过飞马的故事，讲述了英雄阿细的传说，传承了阿细人宣扬为正义而战、为人民而战的主旋律；钻木取火英雄的故事，宣扬了做事要坚持，要有毅力，并提倡只有付出努力，才能改善生活，并提倡并传承了后辈要勤于思考，善于在大自然中发现新事物，并且善于学习。在身体实践中，还传承了一种集体主义的思想，人们相互配合，相互协调。火种取得后，大家一起庆贺，一起跳乐，家家都有份，使孩子们从小就在一个传承场中学会与别人分享，互相帮助。总之，通过身体实践，族群的集体传承得以施行，美德与道德得以传承，文化得到传承。

奥尼尔提出："人类是以自己的身体来思考自然与社会的，即他们首先把世界和社会设想成一个巨人的身体。然后，这个身体的区分产生了世界和人类社会及动物社会的区分。"[①]正是以这种遵循社会性别、亲族关系和繁衍谱系的身体化区分逻辑的原始分类为基础，日后又在人的科学和自然科学中发展出抽象的、理性化的范畴化类型。这正如初民的神话并不是现代人看来糟糕的科学，也不只是有关真理的预言，而是人类秩序和人类共同体不可或缺的源泉。

阿细的身体实践，不仅仅是个体的身体实践，它更是对历史的记录，虽然这个族群是一个无文字族群，无法通过文字来记录族群的历史，而口传文化又主要掌握在少数人如毕摩手中，为了让每个人都能记住自己的历史与记忆，为了让文化得到传承，通过身体实践，使参与者从实践中掌握其文化的精髓，回顾其族群光辉的历史、英雄的历史、苦难的历史，并将道德观巧妙地镶嵌其中，且通过身体实践得到传承。

---

① ［加］约翰·奥尼尔：《身体五态——重塑关系形貌》，李康译，北京大学出版社，2010 年版，第 15 页。

结论与反思:消费抑或传承

综上所述,可以看出:仪式不是单独存在的,它总是深埋于深厚背景之中,存在于传统、变化、张力、未受质疑的假设与实践中。它是一种人们得以在世界中行动的方法,同时影响了一个人或一群人的行动,同时,这些因素也会影响仪式的展演及对它的理解。一个社区的态度及仪式化的风格和他们的世界观是不可分离的,譬如阿细人有喜欢溯源、"打伙吃"的特点,并可以发现此特点贯穿于整个仪式与日常生活中。由于喜溯源,阿细的历史文化记忆能够在很多重要场合被展示和加强,如在阿细人传统的"密祭摩"仪式、祝米客、葬礼,甚至在男女社交的场合,阿细的口述创世史诗《阿细的先基》会被阿细人频繁提起。各种仪式正如一册册内涵丰富的阿细历史书,为参加者与观众展示这个无文字民族独特的文化内涵,也使人们意识到仪式活动与它的存在的社会的那种无法摆脱的依存关系,社会背景也会以各种方式被反映在仪式的展示活动。作为建构世界解释世界的方法之一,仪式行为不仅给予宇宙以意义,它也成为宇宙的一部分。通过仪式化的活动,主观世界的图画也变为一种社会现实。仪式使人类生存的世界有意义,它使过去与现在相联系,现在与将来相连接。通过这种方式提供一种族群的延续性,建立族群自我的信心,解释人类现在居住的世界与原来的世界是同一个,与将来的世界也是同一个。特别对无文字族群来说,仪式更是承载了族群的历史文化记忆,展示了生存智慧与文化理念,它有着独特的地域性、不可复制性、不可替代性等特点。

仪式表达的生态智慧展示了一个族群从古至今的智慧与信仰,是一个庞大的文化生态系统,是文化与自然环境、生产和生活方式、经济形式、语言环境、社会组织、意识形态、价值观念等相互作用的完整体系。在阿细的祭火仪式中,可以发现仪式生活与日常生活相辅相成,在政治、经济、文化、历史等方面也形成了具有阿细族群特点的人与环境互为主体、互相建构的自然生态;人与神之间相互信守承诺、相互尊重以及人与人之间相互协作的人文生态,两种生活构成了有意义的阿细社会。

在阿细人的祭火仪式中,还有一个明显的特点——仪式的身体化实践,这是阿细文化的智慧结晶。因为人类的身体形象、身体经验和身体知识都受制于生活环境和文化形态,在仪式过程中,从身体实践不但可以看出族群的文化建构,它的体现和经验、表述与叙事还演绎了丰富的内涵。宇宙观、记忆、历史都通过身体化出来,仪式把身体作为一种文化传承或教育的方式,经体验、模拟、象征等方法,将族群的哲学观、宇宙观、道德观、民族史甚至族群认同等都在身体实践中展现,进而实现文化的传承,以确保民族文化的延续,并加强了阿细人的族群认同,在展现仪式的过程中,在与他群的接触中,阿细人更清晰地认识到自己族群的特点,意识到他们祖先诸如如何理解宇宙秩序的智慧,不但加强了民族自豪感,而且唤醒村民们的集体记忆,集体的共餐加强沟通与凝聚力,共同的装扮彰显了"我群"特色,共同的禁忌、共同的规则也使群体感油然而生;集体根深蒂固的、广泛认可的群体价值观念在此得到强化,共同世系的观念也得到进一步巩固。

因此,仪式在情境中用场景再现的方式把宇宙观、文化智慧赋予其中,并通过不断重复来加强社会结构的稳定性,不仅使族群的生态智慧得到传达,它的象征意义也被表达。在仪式中,身体作为一种文化载体,族群文化从身体的展示中得到传承。因此,仪式作为对外实现自己的文化表述的方式,是非常生动而传神的。欧美学者甚至认为"仪式反映并促进了他们的世界观的基本元素的问题;仪式的概念成为这些文化体验和理解这个世界的一种方法"①

在现代语境下,面对我们传统的文化是消费,还是传承,如何传承都是亟待研究的问题。目前,从国家到地方政府都非常重视民族民间传统文化的保护,继承和弘扬优秀的民族文化得到法律法规的保护,并给予相应的民族民间传统文化保护经费的支持;特别在《国家"十一五"时期文化发展规划纲要》第七款还专门提出了民族文化保护,强调"发挥重要节庆和习俗的积极作用、重视中华优秀传统文化教育和传统经典、技艺的传承、加强重要文化遗产保护、抢救濒危文化遗产"等。云南省在 2000 年 12 月制定并颁布了《云南民族文化大省建设纲要》,提出了建设文化大省的必要性和重要意义,并制定了指导思想、奋斗目标和基本要求;在第 22 款,提出了规划和建设特色文化区的任务,并提出建设"遍布全省的各种'民族文化生态村',把特色文化区建设成为保护、展示、研究民族文化的重要基地和旅游观光地"。② 同年,还颁布了《云南省民族民间传统文化保护条例》,以条例的形式加强对民族民间传统文化的保护,继承、弘扬优秀的民族文化传统,提出了"保护为主、抢救第一、政府主导、社会参与"的方针,在政府的主导下,云南在民族文化的保护与传承的探索和实践方面取得了显著成绩,在 2006 年时,已经规划并建立了民族文化生态保护村(区)87 个③,祭火仪式举办地——红万村就是其中之一。自 2001 年起,红万村所属的乡政府就每年投以资金,并隆重地进行宣传、策划、主办该仪

---

① Catherine Bell. *Ritual Theory*, *Ritual Practice*. New York & Oxford: Oxford University Press, 1992, p. 14, p. 266.

② 《云南省民族文化大省建设纲要(摘要)》(云发【2000】32 号),资料来源:中国文明网,下载地址: http://www.godpp.gov.cn/zlzx/2003—11/13/content_1194474.htm(2011 年 6 月 12 日访问)。

③ 熊正益:《云南非物质文化遗产保护工作的实践与思考》,《民族艺术研究》2007 年第 2 期。

式。逐步扩大了它的影响,使此仪式慢慢为人所知,其独特的文化也吸引了来自世界各地的记者、游客,甚至学者。红万村也因此获得了很多荣誉:2005 年就被云南省红河州政府公布为"彝族火文化保护区",2006 年被云南省人民政府授予"非物质文化遗产保护区"。为进一步宣传此仪式,西一镇专门成立了一个名为"弥勒县西一镇阿细火文化开发管理中心"的部门,专管祭火事宜,据说,这两年的"阿细祭火节"就是由此中心组织、策划。为了配合这一举措,红万村在 2009 年还挂牌成立了"弥勒县西一镇红万村延安精神研究组"(简称研究组),它与红万村老年人协会(简称老协)合署办公,老协和这个研究组的负责人也就是"祭火节"的主祭毕摩,此部门的一个主要任务就是要研究如何利用阿细老人的智慧来传承阿细的火文化,使之能够发扬光大。因此,政策对此仪式的扶持是不遗余力的,而且也得到了阿细人的积极配合。

老协及延安精神研究组在活动

这些政策的出台,也在慢慢改变民族文化保护过程中出现的共性问题,如:缺乏专业人士的指导;在没有弄清楚文化资源情况下,甚至不清楚自己的民族文化特色的情况下,就匆匆忙忙对其开发。而对于当地的村民来说,他们浸淫于自己的文化,无法感受其中文化特点。正如弥勒当地一位在县里做教师的阿细人曾对课题组成员说:你们是外人,所以能感受到我们阿细的特色,可是我们自己由于身在其中,却无法辨识我们的特点是什么。所以,在活动中也就不知道怎样去彰显民族文化特色了。他的话语的确道出了目前民族文化保护的困境,在发展民族文化旅游的过程中,村民们可能过多考虑游客的兴趣与需求,在游客的"凝视"中建构旅游文化,出现了一些重开发、轻保护与传承的现象。远离大城市的村民自身对本民族的文化自信心也不够,存在一定的文化心理上的弱势,更没意识到非物质文化遗产与民族精神血脉、民族基因的延续和保持的作用,所以无法体会仪式与族群记忆的紧密联系,在民族文化的管理上还没真正发挥主人翁意识,也没意识到民族文化在增强民族的自信心、自豪感、增强民族的认同感与归属感的意义,更不可能把自己的文化特色与族群生生不息的创造精神,及周边的自然环境对文化的影响联系在一起。在面对无法回答的问题时,在无人可以咨询时,将眼光投向了游客或书本,因此会出现了文化移植,即把其他文化对相同现象的解释植入了本民族的文化,由此也引发了一些仪式的变迁。如"密祭摩"仪式变为"阿细祭火节";祭火始祖由"木邓"变成了"燧人氏";在 2002 年至 2011 年期间,一直被禁止参加仪式的女性也有了参加仪式的机会,2011 年开始,当地人觉得应该遵守传统的禁忌,又开始禁止女性进入密枝山。可以看出来,面对国家的政策,游客的需求与影响,当地阿细人也在思考,并互相打听,哪种方式能够让他们的传统文化得到传承,得到他群的认可,怎样获得资金支持,怎样成为一种旅游资源,所以他们也在报纸杂志上寻找相关的信息,在与记者、游客、学者的聊天中捕捉对他们有用的信息。2009 年红万村还挂牌成立了"弥勒县西一镇、红万村延安精神研究组",它的负责人就是仪式的主祭毕摩,作为红河州州级非物质文化传承人,他非常热衷于这件事,甚至拿出自己的津贴补贴文化传承的有关工作。每到"祭火节"前,他还会把全村的 60 岁以上的老人和党员集到一起,发挥老年人的余热,商量如何通过祭火节把阿细的传统延续下去,并充分挖掘老年人记忆中的仪式与相关传说。他也积极接纳外来人员给他们的建议,并适时对仪式进行改进,希望仪式得到他们的认可,并帮助他们对此进行宣传,让"全世界的人们都知道他们的仪式"。正如 2014 年 7 月,在课题组成员又一次进村田野时,红河州州级非物质文化遗产传承人何汝贵也谈起,由于阿细文化的独特,得到了各方面的支持,包括几百万的资金投入以及政策的导向,2013 年 1 月 21 日,云南省文化厅召开《弥勒县西一镇红万村彝族(阿细)传统文化保护区保护规划》(以下简称《规划》)专家评审会,邀请来自省内文化管理、非遗保护、城乡规划、旅游开发、民族文化研究等方面的专家组成评审组。[①] 得到这些支持的阿细人看到了实质上的帮助,用他们自己话说,是因为现在路也好走了,公房也修好了,也有自己的文化展览馆了,作为非物质文化遗产传承人,不仅得到了国家的经费支持,而且年轻人甚至小孩也开始关注自己的民族文化了。

总之,政府已经不遗余力为民族民间传统文化的保护制定了政策上与经费上的支持性法规。毕竟民族传统文化是各民族群众在长期的历史发展过程中创造出来的宝贵财富,也是一个民族赖以生存和发展的动力。

---

① 参见:云南非物质文化遗产网《省文化厅召开弥勒县红万村传统文化保护区规划评审会》,2013 年 2 月 7 日,http://www.ynich.cn/Article/ShowArticle.asp? ArticleID=1413(2020 年 5 月 1 日访问)。

从此案例中,课题组也更深刻意识到,对于少数民族的传统,首先要帮助当地民族认识到,要在保护与传承为根本目的的前提下,尽力去探究族群文化与天地万物产生、存在、发展变化的关系。对研究者来说,在对少数民族独特仪式的挖掘中,要注重对其整个文化系统内涵的挖掘与理解,也要正确引导当地文化人处理继承和发展的关系,任何人都应怀有一种敬畏的心情对待历史,看待祖先的智慧,思考民族传统的价值所在及其对现在生存状态的意义。教育当地民众不能只关注文化的经济或社会效益的部分,而应在整个系统下彰显特色,对自己族群的文化整体性进行静态和活态的保护。更要加强对该民族广大民众的宣传,让他们明白自己文化的特色所在,培养他们的"文化自觉"意识,不但让他们对自己的民族文化充满自信,同时能够怀有一种鉴赏的心理去对待他人的文化,而非人云亦云或"邯郸学步";不能让内涵丰富的民族传统文化变成了一种简单的展演,甚至变成狂欢;更不应该把民族传统文化看成过去的、历史的定格之物。特别面对仪式这种活态的文化,不可能对其进行封闭式的保护,因为社会意识、社会世界概念化的模式是在人们从自然和社会之间的关系过程中发展起来的。世界的模式是在历史过程中的构成、变化及发展的动态实体。任何情况下,人们依据自己对世界的解释而行动,而行动的结果又对形成他们的观点、感性知识及对现实的解释和形成世界的精神模式起到重要影响。[1]

如果要让少数民族群众对自己的文化有自信心、认识到自己的民族文化价值,那么就需要政府的引导、学者的研究、理论与实践相结合。对于少数民族文化保护机构来说,也应该注意培养该民族的,且喜欢并希望了解该民族文化知识、历史、传说、神话、民族手工艺的传承人,让这些来自少数民族的文化精英能对自己民族的材料进行管理并能够对他人宣传。在这个过程中,政府、学者要引导他群的人赋予少数民族原始技术和现代技术平等的价值,鼓励人们学习这些价值。一旦少数民族文化与知识得到别的民族的理解、欣赏、尊重,由此产生的民族自豪感能够进而保护并进一步发展该民族文化。[2]

---

① Zdzislaw Mach. *Symbols, Conflict, and Identity: Essays in Political Anthropology*, State University of New York Press, 1993, p. 7.

② 参见路芳、彭兆荣:《建立我国遗产保护教育体系管见》,《文化遗产》2011 年第 1 期。

案例五

热贡唐卡：藏族非物质文化遗产技艺传承田野调查报告

[调查对象]

热贡唐卡:藏族非物质文化遗产技艺传承

[调查目的]

热贡艺术是联合国教科文组织非物质文化遗产代表作,是藏传佛教中最具特色的一种文化表现形式。热贡艺术之所以被称为"热贡"艺术,是因为它孕育于青海热贡地区,形成了以藏族、土族艺人为代表的,包括唐卡、雕塑、木刻、建筑彩绘等多种表现形式的佛教艺术传统。热贡唐卡之传承,并非一个简单的技艺传承体系,而是一个宗教与地方、传统与现代、多族群交融的漫长历史过程。

[田野情况]

2012 年 7 月至 8 月间,"中国非物质文化遗产体系探索研究"重大项目课题组一行 21 人来到青海黄南州同仁县的热贡地区对热贡唐卡的传承制度和方式进行调查。

为了较全面地了解热贡唐卡艺术的传承方式和传承规律,我们根据项目需要,把调查分为七个组,包括:寺院组(主要了解藏传佛教体系中的唐卡传承制度和方式);社区组(主要了解当地社区、民众、家庭制作和传承唐卡的方式);行业组(主要了解在热贡地区唐卡制作的专业性协会、行会的情况);画院组(主要包括热贡的各类画院、培训学校、传习所等);政府组(主要了解当地政府在唐卡申遗、热贡文化生态保护区的整体情况,以及围绕着这些所进行的各项工作);市场组(主要了解唐卡艺术的市场情况,特别是在唐卡成为联合国非物质文化遗产名录后的市场变化情况);大师组(主要追踪访谈唐卡艺术大师的个人经历和成就,以及作为传承人的情况)。

调查组选择对黄南州同仁县热贡文化生态保护区管理范围进行集中调查,具体田野地点包括:青海省西宁市区,黄南州的同仁县城及吾屯上庄、吾屯下庄、加仓玛村、年都乎村,以及附近的吾屯上寺、吾屯下寺、隆务大寺、年都乎寺、郭麻日寺、汪加寺、尕沙日寺、文家庙等各藏传佛教寺院。调查对象涉及热贡唐卡艺术传承人、各寺院喇嘛画师、村落中的唐卡艺人及其家庭、各类学徒、村落中的画院组织、各村主任或支书、同仁县文化体育局、同仁文体广电局、热贡文化生态保护区管理委员会、热贡文化艺术产业集团、黄南州文物保护管理局以及青海民族大学艺术系。

前　言

　　"热贡艺术"入选联合国教科文组织非物质文化遗产代表名录,是藏传佛教中最具特色的一种文化表现形式。热贡艺术之所以被称为"热贡"艺术,是因为它孕育于青海热贡地区,形成了以藏族、土族艺人为代表的,包括唐卡、雕塑、木刻、建筑彩绘等多种表现形式的佛教艺术传统。热贡艺人的作品工艺细腻,色彩浓艳,富于装饰性,其艺术影响遍及青海、西藏、甘肃、四川、内蒙古以及印度、尼泊尔等佛教流行的地方,堪称藏传佛教艺术的重要流派。其中,热贡唐卡更代表了热贡艺术的精华和典范,是热贡艺术最主要的代表类型之一。

　　2012 年 7 月至 8 月间,"中国非物质文化遗产体系探索研究"重大项目课题组一行 21 人来到青海黄南州同仁县的热贡地区对热贡唐卡的传承制度和方式进行调查。为了较全面地了解热贡唐卡艺术的传承方式和传承规律,我们根据项目需要,把调查分为七个组,包括:寺院组(主要了解藏传佛教体系中的唐卡传承制度和方式);社区组(主要了解当地社区、民众、家庭制作和传承唐卡的方式);行业组(主要了解在热贡地区唐卡制作的专业性协会、行会的情况);画院组(主要包括热贡的各类画院、培训学校、传习所等);政府组(主要了解当地政府在唐卡申遗、热贡文化生态保护区的整体情况,以及围绕着这些所进行的各项工作);市场组(主要了解唐卡艺术的市场情况,特别是在唐卡成为联合国非物质文化遗产名录后的市场变化情况);大师组(主要追踪访谈唐卡艺术大师的个人经历和成就,以及作为传承人的情况)。调查组选择对黄南州同仁县热贡文化生态保护区管理范围进行集中调查,具体田野地点包括:青海省西宁市区、黄南州的同仁县城及吾屯上庄、吾屯下庄、加仓玛村、年都乎村以及附近的吾屯上寺、吾屯下寺、隆务大寺、年都乎寺、郭麻日寺、汪加寺、尕沙日寺、文家庙等各藏传佛教寺院。调查对象涉及热贡唐卡艺术传承人、各寺院喇嘛画师、村落中的唐卡艺人及其家庭、各类学徒、村落中的画院组织、各村主任或支书、同仁县文化体育局、同仁文体广电局、热贡文化生态保护区管理委员会、热贡文化艺术产业集团、黄南州文物保护管理局以及青海民族大学艺术系。本篇田野报告正是在上述调查的基础上写作,试图沿着热贡唐卡艺术—吾屯唐卡—寺院唐卡的线索,通过调查访谈和对田野个案的细致分析,来呈现热贡唐卡传承的图景,揭示其背后文化传统与族群社区共生的文化生态结构,并进一步探讨热贡唐卡传承在当今全球遗产运动中的走向与问题。

一、何谓"热贡唐卡"？

（一）热贡唐卡之"名"与"实"

1. 唐卡的内涵

"唐卡"是藏语"thang-ga""thang-ka""thang-kha"或"thang-ga"的汉语音译，也译为"唐喀"或"唐噶"。根据藏族学者察仓·尕藏才旦的解释，唐卡的字面就包含了四层意思：一为平展平面之意，它不止表明绘制唐卡时对画布平展性的要求，还把唐卡画面中的各种形象比作平地上展满无数珍宝；二为"皮画"之意，这说明"唐卡"一词与古老的皮毛文化有着十分密切的关系，也为我们展示了唐卡的游牧背景；三为标准之意，因为"唐"字是指早期官方常用的"文稿"之意，在吐蕃时期更有遗教、公文等含义；四为权威之意，因为"唐"字还反映了至高无上的权威和价值趋向、审美准则等，这从另一侧面说明唐卡的主题是严肃的、神圣的、受到认可和尊重的[①]。

而在田野访谈中，我们开始逐渐追溯到"唐卡"一词某些更为根源的解释。热贡唐卡国家级非物质文化遗产传承人更登达吉告诉我们说，"thang 在藏语里有'平坦'的意思；ka 在藏语里实际上就像是'小方块'"。"平坦"的"小方块"，形象地说出了唐卡的样子。有意思的是，"平坦"和"小方块"的描述都是某种对空间的指喻。而唐卡恰恰正是这样，在有限的"小方块"中包容了神圣而精彩的"大空间"。正如达吉师父对"唐卡"一词的理解一样，"唐卡"不光是一种藏传佛教艺术类型的名称，在"唐卡"中其实隐含了藏族传统视觉艺术的某种空间表现原型，乃至藏族宗教文化中深刻的空间认知观念——"一花一世界，一叶一菩提"。在方寸的图像当中，以有形空间包容无形空间，天、地与有情万物都不受限制，天界、人间、地界构成了唐卡内部更为宏大的空间模式。这正所谓眼中的唐卡，心中的世界。

在访谈过程中，无论是吾屯上、下寺还是年都乎寺的艺僧们都告诉我们说，画唐卡，都是从佛经中来的。按照达吉师父的说法，学习画唐卡，就是像念经、修行一样的学习过程。最初的唐卡并不是一种用来观赏的艺术。早期的寺院艺僧们根据佛经的描述绘制出佛像唐卡，是用来供奉的，或者作为游方僧侣随身携带的方便圣物。悬挂唐卡，不仅是向修行人展示神圣的佛像，更是提供了一种可以有助于修行人观想世间人与人、人与万物的基本方式。比如当看到释迦牟尼佛的唐卡时，僧人们就会由衷地感受到佛祖释迦牟尼至尊至高、神圣无比的佛性，认为那是最完美最纯洁的形象，并会自然而然地联想起两千多年前的这个印度王子，在参透人世间的

---

① 察仓·尕藏才旦：《热贡唐卡》，青海人民出版社，2011 年版，第 109—111 页.

生老病死之后,决意离开自己的家庭放下一切的荣华富贵,为了众生而历经磨难成为"觉者",利益众生的故事。不仅僧人如此,信仰藏传佛教的信众们也会不自觉地产生这样的想象。当他们看到唐卡中的佛像时,便仿佛照见心中那些美好的事物,升起善念,积德消业。其实,在藏传佛教中,宗教绘画和造像的目的就是要让佛更加容易被形象化,以供人冥想。在观想的过程中,修行人专注于他们的思想活动,并将自己引入一种通神的境界,从而获得一种"镜面反射"般的梦境效果。这种视觉冲击加强了在场的幻觉,促使人产生超越日常经验与时空限制的宗教体验。因此,或许我们可以更进一步地说,唐卡不仅是观看、观想的对象,也是一种观看、观想的方式。

热贡郭麻日寺著名的唐卡艺僧嘉央群培则为我们理解"唐卡"提供了另外一个不同的线索。据说,在西藏历史上最古老的寺院桑耶寺建寺的古文献《巴协》中最早提到了"唐卡"。在该文献当中,对"唐卡"最初的解释包含有"日志"的意思。在嘉央群培的理解中,这种"日志"有点像今天人们所说的"日记"。但与日记不同的是,这种"日志"不是用文字记下来的,而是用绘制唐卡的形式记录下来的,勾一笔、画一画,就像是现代人写"日记"一样,记录下自己每天修行的感悟,记录下自己观想神佛的内心图像。那时候的艺僧绘制"唐卡"并没有固定的画法,而是通过绘制唐卡来描绘自己内在的心路历程,到后来才渐渐形成了许多画法和技艺定式。嘉央群培认为"唐卡"与"绘画"根本不同。最初在"唐卡"一词的含义中并没有强调绘画的意思;同样,"绘画"一词在藏语中也有它自己另外的解释,代表着另外一个不同的系统。因而,当说到"唐卡"时,就必须遵循与藏传佛教相关的仪轨、内容与画法;而藏语中的"绘画"则是指那些民间的、民俗的、具有装饰作用的东西,并不严格地与宗教发生联系。

可见,作为藏族文化独特的遗产形式,唐卡原本的意义根源于藏传佛教。唐卡从根本上不同于现代意义上的艺术欣赏、装饰装潢乃至艺术品收藏等用途,在唐卡凝重鲜明的视觉表达背后,深深地隐藏着一个庞大、复杂的知识系统。藏族人看唐卡,不光看到了神佛,看到了美与善,更看到了世间的人与万物。从这个意义上说,唐卡的灵魂寓于那咫尺方寸间所映照出的"神圣之域"。

2. 热贡唐卡的源流

毋庸置疑,唐卡是源自佛教或者佛教寺院的一种绘画形式。唐仲山的《热贡艺术》一书曾收录了一个关于"唐卡之母诞生"的传说。

> 早在佛祖释迦牟尼尚未涅槃之前,古印度摩竭陀国影坚王和古印度南部胜云城国仙道王二君虽未曾谋面,但因彼此常有书信和礼品往来,逐渐成为莫逆之交。一天,仙道王派遣全都为影坚王送来一幅镶嵌有无数珍宝的铠甲。

后者无以回赠，踌躇多日，终未觅得如意礼品，佛祖见其愁眉不展，问明事由，建议他为仙道王送去一幅佛像及部分经卷，以感化其皈依佛门。影坚王听众佛言，命人绘制一幅释迦牟尼佛像，但佛之仪态如日月之光，无比耀眼。画师观之，忘乎所以而手不能绘。后请佛祖称回河边，画师看着水中倒影，方才绘成。这幅佛像被后人称之为"水生释迦"，也是自佛教产生以来，人们绘制的第一幅佛像，所以被推崇为"唐卡之母"。后来，佛祖为教化斯里兰卡公主穆豆赤香皈依佛门，运用无边潜力，使布面上自然显现出闪光的佛像，佛命画师按图描绘，取名为"光生释迦"，赠予公主。这是藏传佛教史上的第二幅唐卡[①]。

吾屯下庄的唐卡大师曲智也给我们讲述了一个类似的故事。据说在佛祖还在人世的时候，有两个国王，一个穷，一个富。有一天富国王用金丝打造了一副铠甲送给了穷国王，后者接到礼物后非常为难，因为按照藏地的规矩，他应该回礼，可他又没有那么多钱，很难准备出同等价值的礼物来。就在这时，国王手下的一位大臣建议道：富国王那里虽然有钱，却没有佛祖，也不懂佛法，何不把佛法给他送去，岂不是最好的礼物？于是这位国王就请了当地最有名的画师来画一幅释迦牟尼佛的本尊像，画师将佛祖请到河边，对着河里的倒影画出了佛祖的形象，第一幅唐卡就这样诞生了。佛像是照着水里的倒影画出来的，这也就是今天唐卡上佛像的周围往往有水印的原因。画好的佛像被送到富国王那里，刚一展开就闪闪发光，而且开始宣讲佛法，富国王听得入迷，非常惊喜，赞叹道：这是更宝贵的、黄金也换不来的礼物。据说，佛法就是这样传播到富国王的领地去普度众生的。

关于热贡唐卡的起源，1949 年以来不少学者都曾对此提出过各自的看法。舒勇认为热贡艺术滥觞于 15 世纪，"四寨子艺人开始参与宗教艺术活动"[②]。赵清阳认为热贡艺术大体始于元代[③]，唐仲山认为热贡艺术最早应始于公元 1028 年，后藏拉堆地方的年扎嘉措三兄弟从尼泊尔学成绘画技艺后来到热贡传授绘画技艺[④]。而吾屯当地有村民解释，老辈传说释迦牟尼一代曾出过有名的画家，名叫嘎玛木候活佛，他去世后转世成为一只麻雀。但是，这只麻雀仍然舍不得他的画笔，一直衔着画笔往北飞，经夏河飞到热贡，麻雀的画笔掉在了吾屯，吾屯人得了活佛的画笔，因此会画画，而且都是画佛像。西合道大师则说，过去有传说佛祖徒弟给了吾屯一只画笔，给年都乎堆绣工具，郭麻日木雕工具。也有人传说是西藏有贵族家庭的三兄弟，他们到佛祖面前算卦做商人好呢，还是打仗好或是学艺术好，结果抽到签说

---

①　唐仲山：《热贡艺术》，青海人民出版社，2010 年版，第 50 页.

②　舒勇：《热贡艺术研究》，《美术研究》1987 年第 4 期.

③　赵清阳：《热贡艺术历史考察纪略（上）》，《西藏艺术研究》1996 年第 4 期.

④　同上书，第 11 页.

一个打仗、一个学艺术、一个做商人。后来吾屯人的祖先就到萨加寺学画画,也到处打工学画。13世纪,他们达到了一个学画高潮。因为当时西藏赞普松赞干布娶了尼泊尔赤尊公主和汉族的文成公主,她们从尼泊尔和汉地带来了一批实力很强的艺术家,彼此一起展示,互相切磋手艺,吾屯由此出现了第一张唐卡。也有人说,吾屯画唐卡大概有500年,吾屯人是当时西藏军队中的神仙画师留在吾屯的后代,所以,吾屯这两个村子画画的人就特别多。

此外,在隆务峡谷谷伦曲志《达哇卡其雪扎》中也记载了一个热贡艺术的起源故事:

> 吾屯人的祖先智尖措、赛松、贡保多杰、兄弟三人到尼泊尔拜答玛班杂等著名绘画艺术大师为师,系统地学习佛画绘画技巧,最终达到了出神入化的境界。他们学成返藏后,依照护法神的语言及父辈的教诲来到了朵麦地区,先后在成都、南海普陀山、五台山、梁州、嚓哇绒、卓尼、兰州等地绘制了无数佛画,由此,"卫藏佛画师"的美名响彻藏域内外。其中赛松之子僧格坚参、华达僧格、男觉僧格三兄弟号称"三僧格",来到热贡地区的僧格雄(今吾屯地区)定居下来,而他们所传袭下来的藏传佛画艺术也就成为热贡艺术的发端①。

虽然这些传说的历史真实性已经不可考证,但足以看出在当地人的观念中,唐卡最初的诞生,就是为了宣扬佛法,其最初的表现题材就是佛像,而用来传播弘扬佛法的唐卡,其价值远在金银珠宝之上,因为其中有智慧。另一方面,它们也生动地说明了热贡唐卡艺术来源于印度、尼泊尔等佛教发源地区,并且,在其传播发展的过程中,藏族先民进一步创新了其绘画样式,从而形成了热贡地区独特的唐卡创作风格。

3. 热贡唐卡的分类

热贡唐卡的分类很多,有根据表现手法分的,有根据绘制唐卡的时间分的,有根据不同材料分的,也有根据绘画使用原料分的。较常见的分类是按绘画使用原料区分,可分为止唐和规唐。所谓止唐,在藏语中意为绘画唐卡,主要是用颜料在画布上绘制的唐卡。止唐是外界普遍认知的唐卡类型,甚至在某种程度上,止唐被直接等同于唐卡。所谓规唐,在藏语中意为绸缎唐卡,它有一个更为广为人知的名称叫"堆绣",是一种主要以真丝锦缎作为原料来缝贴的唐卡。

实际上,在止唐和规唐两大类之后,还可以又往下分类②。具体列表可见下图:

---

① 摘自隆务峡谷谷伦曲志《达哇卡其雪扎》.

② 察仓·尕藏才旦:《热贡唐卡》,青海人民出版社,2011年版,第111—112页.

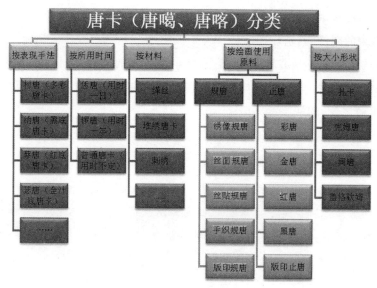

唐卡分类列表

比如止唐还可以分为彩唐、金唐、红唐、黑唐和版印止唐。彩唐是最流行的止唐,是以白色为底色,用各种色彩绘就的唐卡,亦称村唐。热贡地区流传下来的唐卡大多是彩唐。金唐是以金色为底色,用朱砂绘就的唐卡,亦称瑟唐。红唐又称蔡唐,绘画时先以朱砂涂在画布上,然后用金粉绘制轮廓。黑唐是以黑色为底色,用白黏土绘制而成,也称作纳唐。版印止唐是先将画好的图像刻成雕版,用墨印在画布上,然后再着色装裱而成。同样,规唐也可以分为很多种类,比如绣像规唐、丝面规唐、丝贴规唐、手织规唐、版印规唐等。绣像规唐是一种用各色丝线经手工刺绣而成的唐卡。丝面规唐是将各色的丝绢按底稿要求剪成各种形状后,再用针缝接成画面的唐卡;丝贴规唐与丝面规唐的制作相似,只不过是用粘贴的方法将各色丝绢组合成画面,使之更具有层次感。手织规唐,是一种以缎纹为经,用各色丝线为纬,间错提花手工织造而成的唐卡。版印规唐的做法与版印止唐类似,也是用墨或朱砂把事先制好的雕版印在薄绢上而成的一种唐卡。

此外,唐卡还包括郭唐(皮唐卡,即在揉好的整张兽皮或人皮上绘制的唐卡)、热唐(骨唐卡,即在人、兽、动物的骨头上绘制的唐卡)、妥唐(头盖骨唐卡,即在天灵盖上绘制的唐卡)、雪唐(纸唐卡,即画在纸张上的唐卡)和代布热(壁画,即画在墙壁、岩石上的唐卡)等分类[①]。

---

① 唐仲山:《热贡艺术》,青海人民出版社,2010 年版,第 31—32 页.

（二）热贡唐卡的图像阐释

1. 生命的图像：六道轮回

在热贡唐卡中，《六道轮回图》是一个非常典型的表现题材。更登达吉说，画"六道轮回图"，是用画笔体验生命、领悟宗教教义的过程。他用平缓的语调向我们讲述了"生命之轮"的深层意义：

> 生命之轮图整体上看上去是死神阎摩的肚子里环抱或包含了六道。它用口和爪握住此轮。

> 按照顺时针的方向看第一个就是天道。人们总是会认为第一个天道当中幸福没有痛苦。但是手抱乐器的白色佛陀提醒天道当中的众生：福报是需要积累和珍惜的，天道当中的生命和其他生命一样，如果福报用尽也还是要离开此道，也就是提醒人们没有永恒的幸福。

> 第二个叫作阿修罗道，这当中绘制的是相互残杀的人们。而绿色佛陀就是命令阿修罗停止战争并且宣说持戒的功德。

> 在第三个饿鬼道当中，人的面相画为喉咙细窄、肚子膨胀的非常丑陋的形貌。这个实际上就是人们的内心的贪欲引起不满足即饥饿之苦，红色的佛陀送给饿鬼很多的食物，目的是宣说布施的功德。

> 第四个地狱道是由人内心的恨与愤怒而生的。在让人们饱受极热和极冷的地狱道中，蓝黑色的佛陀带来了水和火宣教人们学会忍辱的功德，并显示光明之道。

> 第五个牲畜道是说，无明、无情和迟钝以及不能修行都会带给动物痛苦，蓝色佛陀手持《般若经》教导畜牲入智慧领域以及宇宙法则的益处。

> 最后一个就是人道。在人道当中，生老病死周而复始，这些都源自人们的自我无知和贪婪。但是只有人道当中的众生能够自制。黄色的佛陀讲说慈悲心的功德，慈悲心也是人们通向觉悟之道的根本。

> 整个六道轮回图呈圆形。而死神阎摩的爪似乎在转动着。它又再一次提醒人们没有哪一个轮回之道是单独存在的，他们彼此都是相互关联、循环着的。

藏传佛教作为一个庞大的哲学系统，其宗旨之一就是要解决、回答人们内心那些无法在现实中得到答案的超越性追问，例如人与世界、有情万物从何而来，到何处去；人又该如何认识自己等等。这也就是要帮人们解决心识（意识）的问题。对一般人而言，一生就是从出生到生命的终结；世界是以人为核心，其他所有的物质都是为"我"而存在。而对于佛教徒而言，生命的持续伴随着永恒的轮回。一般人眼中视为全部世界的"人世"，在唐卡《生命之轮六道轮回图》中，只是那个宏伟无尽的轮回世界中的一部分而已。《生命之轮六道轮回图》展现出了一种全然不同的宇宙观，在生命之轮的内部是六道，即众生的转生处。天道、阿修罗道、恶鬼道、地狱道、牲畜道和人道，每一道都不是恒定不变的，而是循环、无常的。人界是整体世界的一部分，人生是轮回的一部分。

2. 四方世界与神的宫殿：坛城

和《六道轮回图》相比，坛城唐卡是寺院唐卡中更具神秘色彩的表现题材。在嘉央群培洁净朴素的家中，我们专门向这位有名的"坛城阿卡"请教关于坛城唐卡绘制的相关内容。

对于初见坛城的人来说，坛城图就像是以一种类似于敦煌石窟壁画或传统建筑中藻井图案等以几何图形为主的构图模式。嘉央群培一再向我们强调，坛城唐卡比一般唐卡的绘制仪轨、技法和准确性要求更为严格，一定要遵从藏传佛教的教义内容才能正确理解坛城唐卡。具体而言，"坛城"是指佛的宫殿，一般由外到内层层相套而成：正中间为主尊或佛；外面的图形以水图案及火焰图案装饰；第二层起用圆形的金刚图案，水图案、莲花图案装饰，表示大海、风墙、火墙和金刚墙、莲花墙、护城河；内套则以正方形或菱形图案表示城墙、屋檐、层层深入，最后到达主尊殿；同时一般用红、黄、白、蓝表示东、南、西、北四方。从艺术角度看，坛城的构图紧凑、图案繁复多变、装饰性强，具有很美的形式感。而从佛教教义来看，坛城为神佛宫殿，是神圣世界的显现。坛城绘制难度很大，深奥难懂，是佛教密宗内容，传统上只有具备高超技艺和丰富宗教知识的画师才能绘制。

绘制坛城唐卡也有格外严格的要求。一般唐卡中的佛像和菩萨像，无论出家人和在家人都是可以画的，但唐卡坛城是佛教密宗的内容，必须是出家人才能画。而且即便在出家人中也不是所有的艺僧随便都能画的，须经过上师传法灌顶、闭关，得到坛城密修传法的僧人才有绘制的资格。

目前在国内展览的最大和最为精美的沙画坛城、76幅天文历算与坛城唐卡都出自嘉央群培的创作，目前较为集中地存放在热贡艺术馆。但对嘉央群培来说，得到外界的赞誉并不是最主要的，他给自己定下的目标是通过多方求学能够绘制完整的关于坛城的111幅图像。能够这样完整地绘制坛城唐卡的僧人到目前为止屈指可数，也正因为如此，嘉央群培将传承坛城唐卡视为自己修行、惠利大众、弘扬佛法的一项重要职责。

在长时间的沙画坛城制作和坛城唐卡绘制过程中，嘉央群培对于坛城有了自己更深刻的认知：坛城当中所呈现的是一片封闭的地盘，象征着摆脱了任何外部干扰和影响的空间，是密宗修行者的修行道场。他说，坛城虽然描画在平坦的画布

（按今天的说法就是二维图像）上，但实际上是一个多层立体的空间（按今天的说法即是多维图像），是一个相当于五层楼的神圣宫殿。在中央站立着的是本尊，标显出证悟的姿态。坛城是由一个中心点和带有四个门的一道围墙环绕而成。四门形成一个四边形，四边形本身又有多道的环形围墙环绕。中心点象征宇宙和人体中心，中央是须弥山，这象征世界中心。他进而向我们解释说，观想坛城唐卡，仿佛是经历了一种秘密的身和心的唤醒过程，心智从外面的世界和万物中开始逐渐上升，最后达到最高点，即证得圆满和菩提心。

坛城当中蕴含着藏传佛教艺术中极为独特的空间表达方法。它所要向观想者显现的，并不是表面上画在画布上的二维图像，而是唤醒观想者心中的多维多层立体空间。这也就是为什么许多人观看坛城唐卡时会产生一种类似眩晕的感觉，因为其绘制技法中杂糅了直视、俯视、展开（前二者的结合）等多种视角，以一种超越性的全知全能的方式来看世界。观看坛城，就是要放弃人以自我为核心的"我执"观念，以无我、开放的心包容世界。

3. 人神之像：神耶，人耶？即佛，即我

热贡唐卡所绘制的佛像，都以藏人和藏人日常生活情景的体验为基础，是藏族人自身形象的映照。今天人们所见到的许多热贡唐卡，不仅佛像的形象创造参考了藏人的长相，而且，在唐卡的背景、法器、饰物等细微之处，如雪山、圣湖、牦牛、青稞、珊瑚等，也都是藏人熟悉的形象。这样充满了雪域特色的表现方式，使藏地信众们在顶礼唐卡时能够直观、贴切地感受到佛的慈悲，从而增进其信仰的信念。赵清阳在《热贡艺术历史考察纪略（上）》一文中曾记录过这样一个故事，也生动说明了热贡唐卡充满藏族文化风格的独特表现形式，促进了藏传佛教在藏族地区的发展。

> 相传，早在藏王赤松德赞建成桑耶寺以后，里面空荡荡的，需要用绘画和雕塑来装饰，就从印度核康核格日地方请来一位叫甲参吾又叫甲参拉卡的高明画师，为桑耶寺作画。作画前，他问藏王按印度的样子画还是按汉地的样子画。藏王一时也拿不定主意，就和大臣们共同商议。大臣宝迪桑道说，印度人说佛祖释迦牟尼出生在印度，就按印度人的样子画为好。藏王说，还是按西藏人的样子画好，如果不这样，西藏人就不信仰。宝迪桑道说，那就把藏人多叫一些来让我们仔细看看再画吧。藏王就下令招来了许多人，让宝迪桑道和画师细看。若中有个叫科代核的人长得十分英俊，就依他的形象画了阿牙巴落神；有个叫马萨贡的男子汉，长得很威武，就依他的模样画了丹真神护法神；有个叫腾桑德洛的人，长得面目和善、慈祥，就依他的模样画了格周巴神；有个叫居科绕扎的女人长得秀丽、文静，就依她的模样画了女菩萨卓玛，又依她的妹

妹的模样画了拉毛卧赛杰。这样画出来的佛像，既保持了佛画的特点，又吸收了藏人形象的特征，很受藏族人的欢迎，使佛教在藏地深深地扎了根 ①。

（三）热贡唐卡的绘制规范

传统寺院传承中唐卡的绘制，不但讲求表达技艺，更讲求遵循藏传佛教信仰体系，形成了一套严格的绘制规范。这套绘制规范不仅明确地规定了唐卡制作过程完整的工艺程序，而且，体现了唐卡制作过程中所必须遵守的仪轨与禁忌规定。特别是包括《造像量度经》《佛说造像量度经疏》《绘画量度》和《造像量度》在内的"三经一疏"，是藏传佛教传统造像绘画的基本依据②。

1. 热贡唐卡制作的基本技能

无论是绘制彩绘唐卡还是制作堆绣唐卡，首先都必须经过系统的基本技能训练，除了必需的高度专注能力外，掌握打底稿和五种佛像的基本绘画技法，是一名画师独立制作唐卡的前提。在隆务河谷清晨的澄净天空下，吾屯下寺门外的广场上桑烟缭绕。阳光透过窗户照进寺院的门房。吾屯下寺的唐卡艺僧次成说，他从最基本的打底稿，到学画五个基本佛造像、学习上色等，到最后能自己独立绘制唐卡，总共用了 16 年的时间。

年少的次成初学唐卡时，师父让他在一个特定的长方形灰盘上练习基本技法。师父让次成反复地练习五种基本佛像的画法，并告诉他，只要学会画这五种佛，就可以懂得如何去画其他任何一种佛像。次成当时并不太明白师父的做法。随着年龄和学识的增长，在长久的练习中次成明白了，在这五种佛像的画法中包含着唐卡佛像绘画的基本模式：神佛的姿势有坐、立、盘、走等；神态有悲、喜、怒、思、静等；画法有繁、简、粗、细等。只有练好了这些基本功，做到心中有佛，笔下才能画佛，日后才能独立绘制唐卡。以五种基本佛像之一的佛祖释迦牟尼为例，学画者需要从基本构图开始，背诵画经，熟练掌握复杂的构图、比例与度量尺寸。初学者首先要熟悉三十二善相和八十随好的释迦牟尼身像。以打底稿来说，在具体的绘制过程中，初学者先要打好梵线，接着画头像。以画面宽为计量单位；坐姿像身高四个面部宽；顶髻、头发、颈部、肚脐、双脚跏趺缝隙高度为四指宽；跏趺身像的宽度和高度从双足交叉处到眉间之尺度。用以上尺度勾勒整个身像，并熟练笔法、熟悉绘画顺序，日后才能进一步学习细部修饰、填色增彩等更复杂的技艺。

再以同为五种基本佛像之一的度母为例。在藏传佛教的世界，度母专指观世音菩萨的化身，是观世音菩萨的救苦救难的本尊，有二十一面相，以颜色来区分。

① 赵清阳：《热贡艺术历史考察纪略（上）》，《西藏艺术研究》1996 年第 4 期。
② 同仁县志编纂委员会：《同仁县志》，三秦出版社，2001 年版，第 793—794 页。

其中白度母、绿度母为众度母的代表,经常出现在各种宗教造像和绘画艺术中,为人们所熟知。还有另外一种说法,度母即救度佛母,是佛教依救度八难而立的一类本尊佛母名。具体而言,依身色、标帜、姿态不同,可以细分为二十一度母。也就是说,五种基本佛像除了基本的姿态和神态外,每一种佛像又有很多的变相和显现方式,因此绘制五种基本佛像的长久练习其实是将"不变"与"变"很好地结合在了一起,从而为学习者打下扎实的基础。

2. 热贡唐卡制作的工艺程序

彩绘唐卡的工艺程序与制作堆绣唐卡的工艺有所不同。彩绘唐卡的制作工序包括:(1)制作画布,即按画面需求把几节尺寸相同的白棉布缝合在一起,用绳子绷紧在木框上;(2)浆制画布,即用自制的牛皮胶和石膏粉把画布浆制、打磨,确保画布平整匀称、不起皱;(3)矫正,即用自制的圆规校正画布,以使画布方正无误、松紧均匀;(4)打底稿,即根据度量经的描绘要求,来勾勒出佛与菩萨的形象以及背景图案;(5)上色,即用各种矿物、植物等天然原料调配颜色,为佛与菩萨等人物的形象、法器、动植物、蓝天、大海、雪山、草木、风墙、火墙、金刚墙、莲花墙以及护城河等调色、上色;(6)勾线,即用尖细的笔尖勾描画面上的人物面部轮廓、衣服褶皱、花瓣形状、山水行云、变化曲线等,以使人物形象饱满,曲线分明,色泽艳丽,充满活力;(7)开眉眼,即为画面上的人物形象画上眼睛、嘴唇、鼻孔和手足指甲等,表现出不同人物的精神气质;(8)缝裱,即为画面的四周缝裱上丝绢绸缎,配上精美的卷轴。

堆绣创始于青海塔尔寺,被誉为藏传佛教圣地塔尔寺的艺术三绝(堆绣、壁画、酥油花)之一。在热贡的村寨中,以年都乎村从事堆绣的艺人数量最多、成就最高。堆绣的取材大都是佛经故事,主要以佛像、神话人物、仕女、花鸟、吉祥图案等为表现对象,多以人物为主,一般不表现大场面。它注重人物的造型和神态,讲究绸缎色泽、质地和图案的搭配,粗犷中见细腻,主体突出,色彩鲜明,对比强烈。堆绣一般色彩绚丽、对比分明、质感饱满、做工考究,具有很强的鉴赏价值和工艺价值。

堆绣是一种运用"剪""堆"技法塑造形象的特殊艺术,它运用刺绣与浮雕巧妙相结合的手法,构成了一幅丝质的彩色浮雕作品。从技法上,堆绣又可以分为"剪堆"和"刺绣"两种。热贡地区的年都乎村被称为"堆绣村",年都乎村的堆绣主要以剪堆为主。堆绣制作的工序包括了起稿、剪、贴、裹、堆、绣、染等步骤。其中最重要的首先也是打底稿,热贡艺人一般把打底稿视为最能体现唐卡艺人制作功底的技能。特别是巨幅堆绣,艺人起稿的难度很大,对艺人的绘画功底要求极高。因此,只有会打底稿的画师,才被认为是真正的唐卡艺人。打好底稿后,唐卡艺人会根据内容表达需要选好各种颜色的绸缎,剪成一定尺寸的人物、走兽、花鸟等形状的散件,然后把散件缝贴、粘压在事先剪好的纸张模型上,然后按其颜色从浓到淡的顺序,依次粘堆,由于中间突起,故产生了较强的立体效果。至此,堆绣已经初具雏形。然后,再用色笔勾勒佛像的面部、五官、手指、发须等部位。最后,镶边装帧完成作品。

3. 热贡唐卡制作的仪轨与禁忌

由于唐卡最早出自于佛教徒之手,其中最为主要的就是藏传佛教各教派艺僧。对于僧侣而言,绘制唐卡的意义更接近于一种修行、一种供养、一种功德,是一种虔诚的、专注内心的视觉文化表达。基于宗教修行的出发点,传统唐卡制作的首要保证是制作者有一颗虔诚供养的心。唐卡制作的内心动力来源于对佛的虔诚信仰。因此,在制作唐卡的过程中,艺人必须一边绘制,一边在心中观想所绘佛的本尊。这样的内在追求不容许存有一丝一毫的私心杂念,须是至诚至真、全神贯注、一丝不苟,才能够得到佛的庇佑,增进修行,也才能确保制作出的唐卡是"干净"的。正是出于"干净"的观念,热贡唐卡艺人在制作唐卡过程中,有许多必须遵守的禁忌和仪轨。

第一,唐卡艺人在制作唐卡期间,必须要尽量切断一切与个人意愿、情感、欲望等相关的因素,要洗手沐浴,忌食葱蒜,不近女色,忌碰脏物,忌家中吵闹,必须保持清净,尤其不可以抽烟或饮酒。一位受访僧人这样形容:

> 画佛像时必须严格遵循经文中描述的造像比例,不能有丝毫偏差,这是对佛应有的尊重。唐卡比例不合适的话,就开不了光。不开光的唐卡是没有任何意义的。市场上做唐卡的人都喝酒、抽烟,没有一个清净的心。而我们做唐卡就是凭着一个很干净的心,做一幅佛像很是功德无量,做出的佛像很多人都能用,这样的话意义不一样。很多人说,我这个做出来就赚很多钱,卖很多钱,这就是不像话。做出来就不一样。意义在哪里?(做唐卡是)给群众带来解脱痛苦、消灾消难的意义。而且心里很干净。做什么佛像我们念他的经,一边画一边念。这样的话,功益很大。有些人一边画一边抽烟,完全是没有意义。

第二,唐卡的形象创造必须严格遵守藏传佛教经文的规定。无论是寺院僧人还是普通民众,"画从经中来"是大家公认的唐卡的基本准则。因此,绘画的基础是读经。唐卡制作者必须谙熟藏传佛教经文,对经文所描述的佛及菩萨的形象、背景和精神气质了然于胸,能够完全掌握《佛说造像度量经》等经文对佛像形象、尺寸比例的规定,深刻体会佛经所描述的佛像的动作、姿势和表情。

第三,唐卡艺人在制作唐卡的过程中须根据一定的仪式来开始和结束其创作过程。唐仲山在《热贡唐卡艺术》一书中,曾详细记载了唐卡艺人日常的制作仪式。他记述:

唐卡艺人在每天开工之前,首先要清洁自身,点灯熏香,进行如下祷告:

我绘三宝身语意所依,广行利乐自他诸善业。

以此功德祈请利乐源,殊胜佛法普照时空间。

具德上师长寿恒扬善,心想之事无碍自成就,

比丘僧众同心持戒律,讲修显密如同上旬月。

我等所有得结善缘者,生生世世证得暇满身,

并遇圣贤怙主解无明,尽快证得五道十地果。

病灾饥荒动荡战乱等,不吉诸事世上永勿留,

暇满诸善如同潮水涨,吉祥之光普照于三界!

祷告完毕,才开始一天的绘画劳作。晚上收工之前,还要念三遍四句谒文:

凭借佛与菩萨加被及,缘起真理真实无欺诈,

并且我心虔诚之功德,成就所有纯洁之发愿![1]

第四,唐卡绘画必须完全使用天然植物和矿物颜料,以保证其绘制的唐卡色泽饱满、庄重、醇厚,历久不衰。热贡唐卡制作的一大特色,就是其丰富绚丽的色彩。热贡唐卡通常以红、白、金色作为主色调,用以表达神圣、庄重、吉祥的意义。据说彩绘唐卡制作最基本的颜色为白、黄、红、蓝、绿、紫、青、黑这八大颜色,这八大类颜色再经过相互调配,可达159种色彩。

第五,唐卡开眉眼前必须诵经,要择吉日,必须由修行高深的艺僧为佛像"开眼"。比如四月初八佛祖生日,或是农历二月十一、五月初四都是好日子,或是逢三、六、九、初八、十五也是比较好的日子,而在一般情况下,初七、十四、二十、二十六则被认为是不好的日子,不宜在这些日子给佛像开眼或开光。在开眼当天,负责开眼的艺僧必须斋戒、沐浴更衣、念诵经文,并选择一个吉时,以庄重敬畏的心意来为佛像点画眼睛。

最后,画好的佛像必须请活佛诵经,举行开光仪式。就好比人类学家熟悉的"通过仪式",一旦完成这个程序,唐卡中的佛像就从艺僧笔下绘制的线条、色彩和图像转换为了神圣神佛本身的显现,不再是属于世俗的东西。

此外,如果画的是密宗本尊和护法神,还要根据本尊和护法神的习性,进行入密修行,通过观修,得到该本尊或护法神的许可后,方可进行绘制[2]。

唐卡制作过程的各种繁复的禁忌与仪轨说明,热贡唐卡作为藏传佛教文化表

---

[1] 唐仲山:《热贡艺术》,青海人民出版社,2010年版,第42页。

[2] 同上。

现形态的杰出典范之一,根本上是藏文化和藏传佛教信仰体系的一种表达,是世代生活在这片土地上的信仰者群体的内心写照。热贡唐卡的内涵,如下图所示,至少包含了唐卡的"意义系统""技艺系统"与"仪规系统",三者以藏传佛教文化为内核紧密地结合为一体,构成了热贡唐卡作为一种文化所表现出来的观念、态度和行为的复合体系。

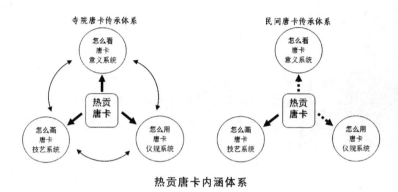

热贡唐卡内涵体系

热贡唐卡的多种传承形态

今天的热贡地区,号称"中国唐卡艺术之乡",从事唐卡绘画或制作的艺人数量已经超过了万人,成为藏区唐卡绘画艺人最为集中的地区。走进今天的热贡,可以清楚地发现,寺院不再是唐卡文化唯一的守护者,僧人不再是唐卡艺术主要的创作者。热贡唐卡的传承形态呈现出越来越多元的趋势,越来越复杂的传承主体出现在热贡唐卡的传承过程中,它们同脉并存,相互交织,共同影响着热贡唐卡的传承与发展。

(一)寺院传承

如前所述,热贡唐卡,根在宗教。寺院曾经是热贡唐卡的发源地和主要的传承者,热贡历史上出现过的唐卡艺术大师基本上都出身于寺院,或者曾经是寺院的艺僧后来还俗。然而,出乎我们意料之外的是,在最初的访谈中,却有不少当地人告诉我们,现在热贡地区各个寺院的唐卡传承已经基本消失,寺院喇嘛很少有画唐卡的。当然,在随后的调查中,我们发现实际的情况并非如此。热贡寺院中不仅有更登达吉这样的中国工艺美术大师、国家级非物质文化热贡艺术代表传承人,培养了众多技艺出众的弟子,还有许多像嘉央群培这样画艺卓越的年轻艺僧。只不过是他们中的很多人立志一生顶礼佛法,将画唐卡视为修行的一种方式,只为表达心中对佛法的理解,并不在意能否向外界展示自己的技艺,因而少为外人所识。

1. 唐卡艺僧嘉央群培的故事

郭麻日寺 43 岁的艺僧嘉央群培是一位著名的坛城阿卡①。嘉央群培 3 岁在郭麻日寺出家为僧,师从同寺的阿旺尊者,按照寺院的传统惯例,入寺后他就苦练念

诵法行、法事。他 16 岁师从本寺画师扎西学习唐卡绘制,并且到隆务寺拜洛桑更登大师学习《菩提道次第广论》。18 岁学做沙坛城,21 岁之后担任寺院领经师六年。1999 年前往拉萨拜安多强巴大师为师。嘉央群培不仅绘制唐卡技艺精湛,而且绘制失传已久的坛城唐卡、天文历算唐卡,其绘制的《时轮坛城》《胜乐坛城》《药师佛坛城》等 10 余幅唐卡被热贡艺术馆永久收藏和展览。2002 年,他制作了迄今为止世界上最大的《时轮彩沙坛城》。他曾作为藏族当代艺术唯一代表,参加文化部主办的"全国首届少数民族非物质文化遗产展",还曾在北京举办题为"香巴拉"的"时轮金刚沙坛城"个人展览。

"坛城阿卡"嘉央
群培(索南措摄)

嘉央群培不仅绘制唐卡的技艺超群,而且学识和佛教造诣都非常深厚。但是,和热贡绝大多数寺院里的唐卡艺僧一样,嘉央群培把这些都只当作是一个艺僧必要和必需的功课,对于艺僧们来说,绘制唐卡是他们一生修行中的一部分,二者无法截然分开。嘉央群培认为,唐卡是传递佛法的媒介或者途径。经文很深奥,唐卡的作用就是观想佛教世界,尤其要注意正确性。而判断所绘唐卡的正确性,可以询问自己的绘画师父,也可以请教高僧大德,以及懂得鉴定唐卡的活佛。在 20 余年的学艺过程中,嘉央群培曾先后拜过很多的高僧大德为师。这其中包括如:拜洛桑克珠嘉措为师,学习有关姆知 66 神教法的修行次第;拜第六世赛仓洛桑白丹为师,接受了金刚珠 45 神的修行灌顶;多次拜访闻名全藏区、一生一世在山洞闭关修行的江嘉仁波切,向江嘉仁波切请教极乐和金刚帕姆以及空行母等修行法门;前往佛教六大道场之一的拉卜楞寺,从巴赞大师那里学习了完整的时轮金刚坛城的加行、正行、结行三个阶段的制作过程;在藏区著名的坛城时轮金刚大师洛桑处学习了彩色细沙坛城的制作方法;也曾在西绕热穷丹巴大师处学习了藏族天文历算唐卡的绘制知识;在郭麻日寺阿旺师父等高僧大德的支持和教导下,他还将几乎在藏区消失的 111 种坛城的知识和制作方法完整地继承了下来。

在嘉央群培看来,唐卡绘制从根本上是以藏传佛教内容为根基的,并不是单纯意义上的手工技艺,其背后蕴藏着宗教的精深奥义和繁复仪轨。尤其是某些特定

---

① 在安多藏语口语中对男性僧侣的尊称,汉音译为阿卡。

的唐卡类型,如坛城唐卡的绘制,要求绘制者不仅是恪守戒律的佛教僧侣,还必须要付出长期的时间做好相关宗教知识的储备,更要在正式开始绘制坛城之前闭关修行、念诵经文,接受高僧大德的教授传法、加持和灌顶。我们在访谈中了解到,他正在开始绘制 120 种观音唐卡。他说,现在的画师们只记得"千手千眼观音""四臂观音"等寥寥数种观音唐卡的画法,而不知道最初根据佛经,观音有 120 多种画法。他认为若想画齐这 120 多幅观音唐卡,需要对佛学有更精深的理解。

2. 吾屯下寺艺僧的故事

在吾屯上下寺的年轻一辈喇嘛中,很多人从小时候就学习唐卡绘画技艺,这是他们寺院修行生活中的一个重要部分,比如我们在下寺门房遇到的 28 岁的艺僧次成。初见次成,他正在仔细地绘制一幅朋友定做的护法神唐卡。次成一天中的大部分时间都在门房度过。对于他而言,门房就是画室,画室就是门房。

次成 12 岁时,师承吾屯下寺僧人卓玛本开始学画唐卡。初学的日子里,次成每天的时间一半放在学经上,一半放在学画上。次成说,学经是僧人的必修课,学画则是进一步提升自己的一种方法。唐卡里面的佛像、坛城、宗教故事这些,在经书里面都是有的。详细到哪位菩萨手中拿什么法器,骑乘什么坐骑,什么表情代表什么含义,丝毫乱不得。而每当僧人修炼时需要观想神佛,平日里手中笔画过的那位神佛也就可以清楚地浮现在脑海之中,对修行也有多种好处。

吾屯下寺的艺僧旦增才让为我们讲述了一个艺僧的生活方式:在寺院里画唐卡是一个修行的过程,艺僧每天都要做十几个小时的功课。除此之外,每天早上要上课。上课的时候主要是学佛法,之外的时间才画唐卡,画唐卡前也要念经。在寺院里,通常由僧人师父教徒弟学画画。进入寺院要专门拜师,一个师父通常带十几个小孩。这些小阿卡每天早上 8 点上课,到 12 点半或 1 点;下午 2 点上课,画到 8 点下课。每天都要先念半小时的经再画唐卡,下课以后念半小时的经。吾屯下寺有 180 个僧人,80% 都学唐卡。但这些僧人也不完全一样,他们从小进入寺院修行,除了很少的人,几乎都画唐卡。等他们长大一点,就会开始有分工。有些人就会专门学画画,平时念经的时间少一点,画画的时间多一点;有的就专修佛法,画得少,甚至不画唐卡,他们的时间就主要用在念经和修行上。一边学经书一边学唐卡,这是热贡地区寺院特有的修行方式。在这些僧人眼中,画唐卡也是修行的一部分,因为唐卡画的都是佛祖,画佛必须要尊重,也是一种福报。

旦增才让说,寺庙里的学习和传授也有一套与外界不同的规范。小阿卡进寺庙必须要拜师父。学经书只是拜师父,不是拜上师。拜上师是拜学问很高的高僧学佛法,拜上师的时候是要用 6 年的时间互相了解。这 6 年考察你的性格,比如是不是学佛的人,性格是否善良,人是不是老实。每年都有考试,要考经书。这样考过经书,在师父跟前差不多也学了十年。在这学经的十年中,唐卡也差不多学会了,可以带徒弟,或者去人家家里画。学会唐卡之后,现在也有些僧人会离开寺院还俗。同时,寺院里也收专门来学画的俗家弟子。寺院一般收本地俗家弟子,村里的俗家弟子每天可以回自己家吃住。如果外地弟子在寺院里学的话,可以跟着师父自己做饭吃。在寺院里,每个师父有一个院子,在院子里吃、住、学习。不过,若是女弟子则不可以在寺院里住。

作为一位画唐卡的僧人,次成认为僧人和俗人所画的唐卡多少还是不一样的。次成说,画唐卡时,喇嘛们是在心中和头脑中观想神佛和神圣世界。他们付出心血一笔一笔地绘制唐卡,好比念经一样是在"做功德"。这种画唐卡时所持的慈悲心,决定了寺院僧人们画的唐卡要"干净得多"。尽管僧人也卖唐卡,但是,他们不会将唐卡明码标价,当作牟利的商品,而是一方面希望展示学艺的成果,一方面也希望向别人传递自己画唐卡时虔诚的心境。旦增才让说:"虽然我们画唐卡挣钱很快的,但是挣的钱都是为了修殿或去学校里给孩子捐款,不是为自己。"

(二)家庭传承

目前来说,家庭传承是热贡唐卡传承的主要形式。唐卡在家庭中的传承主要沿袭了父与子、亲属和家中师父带徒弟这三种脉络传续,以家庭生活场所为主要传习场地,生产机制以自销或定做为主。此外,随着传统文化在自由市场中经济价值的节节攀升,唐卡与家庭对接的传承方式有了新的突破,开始呈现出一些新的表现形式。

1. 父与子两代之间的传承

吾屯村落中随处可见家庭式唐卡绘画作坊,聚集着父子兄弟在一起专心作画。几乎所有稍年轻一辈的唐卡艺人都会提到父子相传,每个艺人家庭都可以追溯到至少两代的唐卡艺人,村中的唐卡大师大都师从于自己技艺精湛的父亲。比如年都乎最负盛名的堆绣唐卡大师久美嘎达把堆绣和唐卡的技艺传给了儿子桓贡和智华,如今桓贡也成为著名的堆绣唐卡大师之一,现在他也在教授他的儿女们制作唐卡;蜚声热贡内外的吾屯上庄的夏吾才让大师把自己的两个儿子更登达吉和索南都培养成了吾屯著名的唐卡大师,特别是现为吾屯上寺僧人的更登达吉,还是首批国家级非物质文化热贡艺术代表传承人、国家级工艺美术大师;画艺精湛的更泰,其父是与吾屯下庄的尖措大师、尕藏大师齐名的尕沙日的更藏大师。甚至这些大师的孩子们也迅速从同辈中脱颖而出,如吾屯下庄的西合道大师的小儿子普华已获得省级、国家级多项唐卡绘画奖项。

父子之间从小的耳闻目染,使儿子最容易领悟到画技精湛的父亲的精髓与思想;父亲在子女面前的具有绝对权威和耳提面命,更成为儿子画艺不断精进的保证。吾屯上庄的著名工艺美术大师(大)夏吾才让,他的两个儿子更登达吉和索南都是卓越的唐卡艺术大师。更登达吉说起自己的"出师过三关"学艺经历,感慨万千。

出师第一关:达吉 7 岁开始随父亲学习绘制唐卡。父亲教子十分严格,无论是背诵画经画诀还是绷制画布,都要求不能出一点差错。学画十余年间,达吉没有得到父亲的一句表扬。二十岁出头的时候,达吉见邻居家正在画一幅《时轮金刚》,神像的顶上还缺面宝镜。达吉提起笔来就勾画而成了。邻居夸奖说很不错啊,达吉自己也觉得可以。但父亲知道这件事以后却没有赞扬达吉。达吉不知道问题出在哪里,心中有些失落。

出师第二关:二十八九岁的时候,达吉和一位活佛一起去四川黄岩寺画唐卡。寺主先考两人的画工。达吉认认真真地画了三、四天功夫打底稿,可究竟要得要不得,自己却全然无底。达吉心中忐忑不安,但黄岩寺的活佛在看过一眼达吉画的底稿后就立刻放心地把这个工程交给了达吉。达吉在黄岩寺潜心画唐卡,这一画就是整整三年。对于最后的成果,黄岩寺的活佛相当满意。这是达吉第一次独立在外承担绘制工作,由此获得了许多宝贵的经验。达吉结束这次游艺回到家中之后,父亲仍然对他的成绩不置可否,但由此开始让他独立绘制唐卡。

出师第三关:在达吉三十岁出头的时候,夏琼寺一位活佛送来一幅老唐卡想请画师照原样复制。乍一见这幅名叫《弥勒佛极乐世界》的唐卡,包括达吉在内的所有在场僧人都吃了一惊:不但其中有很多未曾见过的人物,而且绘制之精致令人惊叹——透过放大镜,拇指大小的人物眼球中黑黑的瞳仁都清晰可见。达吉和画僧们对着这幅唐卡一边观看一边揣摩。一晃十天过去了,大家都不知道该从何下手。父亲指派达吉负责为这幅复制唐卡打底稿。达吉觉得压力很大。他对着画像整整看了两天,然后全力以赴,一鼓作气用七天时间打好了底稿。看着达吉完成的底稿,父亲沉默了半晌,最后淡淡地说了一句话:可以了。虽然还是没有听到父亲热情赞扬的话语,但在达吉心中,这短短一句话终于应该算是对自己绘画能力的一种肯定了。

西合道的儿子普华这样描述自己追随父亲的学画经历:"我跟阿爸学的时候,他要求很严格,教得很仔细。从一开始画素描草稿的时候,就手把手教,画错一点都不行。打比例时,佛像的身量比例要会计算,每个索尔之间的量度关系要清楚。我小时候练习草图的本子有很厚一摞,都是阿爸一遍遍改过的,修改的时候,第一遍出现错误,他会很耐心地指出来,然后在本子上反复画给我看,直到我画出来他满意为止,如果出现第二次同样的错误,他就很生气,一巴掌打过来,打得我牢牢记住那些错误⋯⋯"

2. 亲属之间的传承

在吾屯村落中,亲属之间的唐卡传承也是非常普遍的传承形式。比如上述嘉央群培就是向其表哥郭麻日寺的唐卡艺僧扎西学习唐卡绘画;吾屯下庄的桑斗合大师的唐卡师父是自己的岳父吾屯下庄大城的夏吾塔及其哥哥嘎藏,现在他也教授自己的女婿画唐卡;吾屯下庄的(小)夏吾才让比较有名的徒弟包括了他的大女婿东智加、大女婿东智加的弟弟卓玛本、东智加的儿子夏吾加、小兄弟桑丹等;16岁的彭措向自己的母亲的哥哥关却闹日学习唐卡;吾屯下庄的尖措、夏吾尖措、夏吾扎西三兄弟小时候向自己外公卡洛学习唐卡绘制。

而且,这种亲属之间的传承并不受寺院、村落之间分隔的影响,许多村落俗人师从寺院中擅长唐卡绘画的亲属,寺院中的僧人也向村落中的亲属学习唐卡绘画。以上述吾屯上寺更登达吉为例,在他所带的徒弟中包括了他姐姐的儿子们、堂侄、侄女婿和侄孙女在内的两代亲属。

达吉授徒情况详见下表:

表 1　更登达吉授徒情况

技艺等级	年龄段	姓名	性别	关系	备注
第一等	35—40	洛桑次成	男	僧人,非亲戚	跟学画唐卡都在十年或十年以上,被视为未来的优秀传承人
		卡洛	男	大姐的大儿子	
	25—35	仁青加	男	二姐的儿子	
第二等	25—35	更登	男	堂侄	跟学画唐卡也都在十年或十年以上,技艺优良
		公保	男	非亲戚	
	20—25	拉桑太	男	侄女婿	
第三等	40—45	卓嘎才让	男	非亲戚	跟学画唐卡也都在十年或十年以上,技艺中上
	30—35	夏吾卡	男	非亲戚	
	25—30	龙周	男	大姐的小儿子	
一般	30—35	东方红	男	非亲戚	跟学时间大多在五到十年间,技艺一般。按传统,唐卡技艺传男不传女,如今开始打破这一传统,但优秀的女传承人甚为少见
	25—30	旦正加	男	非亲戚	
		更登热祥	男	非亲戚	
	20—25	吉毛杰	女	侄孙女	
初学	10—20	约十多个,略,最小的仅12岁			

吾屯上寺的僧人角巴加和他的两个俗家兄弟郎吉才让、万马才让都师从他们的父亲的哥哥僧人群培,现在郎吉才让又教授自己的儿子松太才让学习唐卡。我

们在吾屯村落的调查中,也常常见到一些年幼的小阿卡放学后回到家中跟随自己
的父亲学画唐卡。

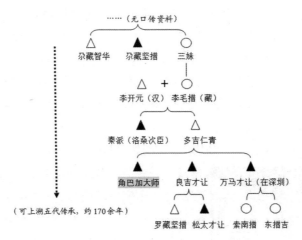

图例:▲ 会画唐卡男性,△ 不会画唐卡女性,○不会画唐卡男性

角以巴加家族唐卡技艺传承谱系

即便是父子之间存在传承关系的一些唐卡艺人,也同时存在亲属之间传承的
关系。比如年都乎村的唐卡大师桓贡师从自己的父亲久美嘎达,而久美嘎达则师
承他母亲的哥哥曲旦;村中的年轻人尖措除了最先师从于自己的父亲关却外,之后
还向自己大伯父的儿子叶西学习画唐卡;创办龙树画院的吾屯下庄的扎西尖措和
曲智兄弟在最初跟随父亲学习唐卡后,又拜其母亲的哥哥僧人久美曲宗为师。

扎西尖措和曲智一家四代人的传承谱系图如下:

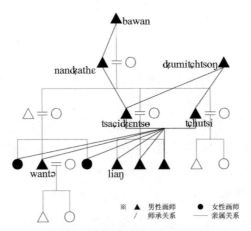

扎西尖措家族唐卡技艺传承谱系

3. 家庭作坊中的师徒传承

在家庭作坊中还有一类家中师父带徒弟的传承方式。由于它的传承过程也是

在家庭这个主要生活场所中发生，所以，我们把它归入广义上的家庭传承。家庭作坊中的徒弟基本上都来自热贡的村落，他们的家庭往往父辈不会画唐卡或唐卡绘画技艺比较差。然后，他们利用村落中传统的人际关系网络，通过相互介绍，来拜一些村落中比较有名望的唐卡画师为师。吾屯下庄的唐卡大师西合道介绍，过去收徒弟，主要看家庭、与朋友亲戚关系如何，由于大家都认识，所以若符合要求便选定日子拜师收徒。目前，跟随桓贡大师学习唐卡的除了自己的小儿子外，还有他儿子的两个朋友，他们于与桓贡的儿子相熟，所以追随桓贡一起学习唐卡。

4. 家庭传承的新形式

在与外界媒介、高校、文化机构、政府的频繁接触中，热贡唐卡的家庭传承开始

桓贡家的传习所

出现了一些新的形式。吾屯下庄的西合道大师正在新建一个家庭博物馆，除了留出日常绘画空间外，更辟出专门场所用于陈设与展出自己的绘画工具与作品。他希望借助这个家庭博物馆，以图片与影像的方式生动教授后人如何运用传统技法绘画唐卡，并能够让更多的人觉悟到，在唐卡为其带来了丰厚经济收入与足够社会尊重的同时，我们有责任去保护和传承唐卡艺术。年都乎村的堆绣唐卡大师桓贡，与黄南州政府合作开办了"黄南州热贡艺术职业技能培训学校"，这是一个致力于培养唐卡传承人的项目，三个月为一个培训周期。为鼓励热贡地区的村民们踊跃参与，州政府给每个学生每天补贴生活费 20 元。除自己作为培训老师外，桓贡也要到村中去请画技精湛的授课教师，州政府按照每位学生 1000 元的学费支付给老师报酬。目前，桓贡家的培训学校已经开过三期，在整个热贡地区招收学徒，每期都能招收到四五十名学员。

此外，家庭与市场的对接还产生了画院这样公司性质的传承形式。他们以家庭为基础，通过广收徒弟，形成规模，成为外界市场与地方家庭相联系的一种新渠道。

(三) 画院/公司传承

1. 曲智的龙树画苑

如果说，画院传承是家庭传承与市场的对接的结果，那么，曲智的龙树画苑应该就是这个结果的典范。

曲智是吾屯下庄人，是青海省级工艺美术大师和中国艺术研究院工艺美术研

究所客座研究员。曲智的家庭是一个典型的唐卡世家,热贡历史上的著名唐卡艺人巴完就曲智的先祖,其后的多杰卡、尕桑次成、才让多杰、普华、赞拉、曼拉、桑杰尖措都在热贡享有一定声誉。曲智 8 岁时开始随父亲学画唐卡,后来又拜吾屯下寺的久美曲宗和哥哥扎西尖措为师,他和哥哥扎西尖措号称"吾屯唐卡的两支野牛角",是热贡地区普遍公认的"唐卡王"。

2002 年,曲智和他的哥哥扎西尖措率先创办了吾屯雪域艺术中心,开始教徒弟画唐卡,并为贫困学员的深造提供免费吃住和补贴。2009 年 5 月,他们在吾屯雪域艺术中心基础上成立了同仁县热贡龙树画苑。在政府的企业资源调查表中,龙树画苑被认为是一个拥有良好产业形态和发展前景的优质企业:

> 同仁县热贡龙树画苑位于国家文化产业示范基地——吾屯文化艺术村,成立于 2009 年 5 月,注册资金 * 万元,固定资产达 * 万元。画苑集精品唐卡制作、热贡艺术品开发、唐卡艺人培训、观光旅游等为一体的综合性企业。有较强的技术力量,画苑院长由省级工艺美术大师曲智担任,获得中国艺术研究院工艺美术研究所研究员称号 1 人,省级工艺美术大师 2 人,管理人员 12 人,职员 98 人,学员 156 人,并以"公司＋农户＋市场"的经营模式,建立与农户利益联结的经营机制,签约热贡艺人 450 名,是同仁地区发扬和继承热贡艺术传统、加工制作精品热贡艺术产品的主要厂家之一,也是按照传统的培训模式,培养热贡艺人最多,师资力量最强的唯一厂家,年制作各类精品唐卡及热贡艺术品 3000 余幅,年销售收入达一千万元。产品远售至北京、香港、上海、深圳、山西等国内市场及日本、马来西亚、泰国、新加坡等国家。为扩大经营规模,2009 年经县人民政府、国土资源局批准,并通过乡镇规划建设许可,在同仁县吾屯下庄村征地 10 亩,投资一千万元修建热贡龙树画苑。

在龙树画苑的宣传资料上,我们可以看到曲智兄弟是这样定位他们的画院:

> (龙树画苑)以"继承与发扬佛教艺术,培养传承人才,创作精品唐卡,以唐卡庄严而自庄严,利益有情,庄严净土"为宗旨。画苑招收的学员多是家境困难但有绘画天赋的孩子,经过八年左右的学习,使其完整的掌握唐卡的义理及绘画技艺,通过学习,授之以能,使自己获得安身立命的技能,将来传承与发扬唐卡艺术,利益自己造福社会。
>
> 龙树画苑目前的主营业务是创作各类主题的系列唐卡作品,接受预定创作大师级精品唐卡,承接寺院等殿堂彩绘,办理各类展览等,欢迎各位艺术品收藏家及展览机构关注画苑的建设发展,希望以张张精美的唐卡庄严人天净土,利益法界有情!

龙树画苑创办时仍是以曲智家居住的老宅和新宅作为作画授徒的主要场所，很快，作画授徒场所就要迁移到龙树画苑了。画苑增添了很多新的功能区，如展厅（兄弟俩都有专门的大型展厅）、专门的画室（可供绘制超传统尺幅的唐卡）、专门的徒弟宿舍、锅炉房（用于给宿舍和画室供暖）、停车场、篮球场。过去小小的经堂现在变为一个三层楼高的空间，打算安放宗喀巴大师的泥塑像。

龙树画苑效果图（曲智提供）

曲智兄弟把创办画院、发展唐卡产业视为利益众生、净化身心的修行，曲智将绘制唐卡、教授唐卡的过程解释为修行和做功德，犹如拜佛诵经布施供养一样。在他看来，这辈子能成为唐卡画师是前世的福报，而练习绘画技艺的过程，也是一个自我修行的过程，是积累自身福报的过程；要学画唐卡，必须熟知所绘佛像的相关佛学知识，因为这是藏传佛教徒修行的五明之一，如果不熟读佛经是画不好唐卡的。龙树画苑的学徒多半家庭比较贫困，早些年曲智曾用钱粮接济穷人的方式来做功德，发现画唐卡所得的收入很快就所剩无几。后来，他改变方法，招收穷人家的孩子为徒，教他们画唐卡。曲智说，给徒弟讲完释迦牟尼的 108 个故事，他们就不敢杀生了，把徒弟带向善良的心，让他们学到底，把佛像塑得漂漂亮亮的，有了这样的手艺就能把家里的父母、媳妇养好，不会因为贫寒无暇顾及孩子的教育，下辈子也就有了好路，投生到好的家庭。所以，带好徒弟是功德，带不好是罪过。

曲智认为，学画唐卡应该先做人，要画佛先要学佛法。所以在招收徒弟时，他要考察其人品和耐性，在传授唐卡技艺的过程中也要教授徒弟学习佛法。只有明白佛像背后的故事，明白佛的善良、不忍，才能在佛像眉眼之间把这种慈悲画出来。

其次要把学习视为修行。学习画唐卡是一种修行，也是你自己的福报。你用一分钟画上去的一笔，别人可能要看 50 年，所以，一点都马虎不得，必须时时用心。

再次，作为师父要给徒弟最好的学习条件。曲智把教授徒弟、抚养和教育子女都看作是做功德。当我们问及唐卡如何传承下去时,他给我们讲的是如何为每个徒弟思考他/她未来的生活,如何养家,如何孝敬父母,如何好好教育下一代。所以,教授一个徒弟绘制唐卡实际上担任着对这个生命一生的责任。

从某种角度来看,龙树画苑呈现出家庭传承向企业传承转变过程中的一种中间状态,既保留了传统家庭式作坊的师徒传承模式,又已经开始向产业化、规模化迈进。曲智的实践和表达向我们展示了一种独特的传承样态。把教授徒弟看作是师父的修行,不聚焦于"真实性",不聚焦于保护,而聚焦于对生命的责任,这赋予传承问题更宏大深邃的背景。

2. 娘本的热贡画院

相比之下,娘本的热贡画院具有更多的现代气息。吾屯上庄的娘本师从吾屯上庄的(大)夏吾才让大师,先后被评为中国知识产权文化大使、首届中国唐卡大师、青海省级工艺美术大师和青海省劳动模范,并于 2009 年 6 月被文化部命名为世界非物质文化遗产—热贡艺术国家级代表性传承人。娘本先生于 2006 年 8 月筹资 400 万元在吾屯村创办的青海黄南州热贡画院,是热贡地区最早的、也是规模最大、影响最大的、集热贡艺术的展览、研讨、培训、收藏为一体的综合性群众文化艺术企业。

热贡画院占地面积 4 亩,建筑面积 2000 平方米,目的是"为了更好地保护、传承和发扬世界级非物质文化遗产热贡艺术,培养热贡艺人,促进唐卡推介"。热贡画院内设展示部、培训部、创作部和市场外联部,集唐卡、堆绣、刺绣、泥塑、石雕、木雕和铜制品艺术为一体;下设青海热贡艺术传习所、黄南州热贡艺术传播有限责任公司和同仁县热贡画院职业技能培训学校。热贡画院收藏有明清时期老唐卡及过世老艺人作品 130 幅、当代国家级大师精美唐卡 600 余幅。热贡画院还恢复创新了藏传佛教艺术中失传已久的皮绣唐卡技艺和珍珠唐卡技艺;所创作唐卡作品《大黑天》《木质浮雕唐》等 4 幅作品获国家知识产权局颁发的"外观设计专利"。

热贡画院采取"公司+农户+基地"的模式运作,截至 2012 年,汇集了 180 余位知名老艺人,签约了 632 个农户的独立画室,为这些艺人作品的宣传销售搭建平台,组织吾屯艺人到北京、上海、香港、澳门、台北等经济发达城市参加各种艺术博览会,甚至远赴澳大利亚、日本、荷兰、德国、比利时等国家,为吾屯艺人提供订购和外销服务。2011 年,以热贡画院为平台的吾屯唐卡销售额达到了 3700 多万元。2006 年至今,为热贡艺术赢得 50 多项国家级和省级大奖,为热贡艺术融入社会融入当代、走出国门、走向世界奠定坚实的基础。此外,热贡画院还成为同仁热门旅游景点之一,每年平均接待国内外游客 37 万人次,占同仁县旅游总人数的 85%以上。

热贡画院注重以唐卡的传习培训来推动一些扶贫项目,开办热贡职业培训学校,为吾屯以及黄南州的贫困户提供唐卡培训服务,并与吾屯村委会合作,免费提供场地,开展针对吾屯唐卡画师的技能提升培训。2009 年 8 月,热贡画院收养了黄南州儿童福利院的 10 名孤儿,先后招收了 23 名特困家庭学生,并向他们免费教授唐卡绘画技艺;2010 年 4 月,热贡画院赴澳门举办展览、拍卖部分唐卡作品,为青海玉树地震灾区筹集、捐赠善款累计 36.5 万元[①]。同时,热贡画院还打破热贡艺术技艺传承对民族、地域和性别限制的传统观念,与中央民族大学、清华大学美术学院、中央工艺美院和青海民族大学美术系等艺术高校接轨,接纳专业大学生来传习所交流、研讨、借鉴和学习。

鉴于多年来对热贡艺术的传承、保护和发展做出的突出贡献,2009 年 2 月,热贡画院被青海省文化厅命名为"青海省文化产业示范基地"。2009 年 3 月被共青团青海省委评为"青年就业创业见习基地";2009 年 8 月被青海省黄南州人民政府评为"优秀非公有制企业";2009 年 10 月,被认定为"黄南州农牧产业化重点龙头企业"。2010 年 4 月,被青海省文化厅立为"青海省热贡艺术传习所"。2010 年 9 月,被青海省扶贫开发局认定为"省级产业化扶贫龙头企业"。2010 年 11 月,被中华人民共和国文化部立为"国家文化产业示范基地"。2011 年 10 月,被文化部命名为国家级非物质文化遗产生产性保护示范基地。[②]

很明显,展示和销售被热贡画院摆在了最突出的位置,画院的功能就是通过市场推介的手段,来为热贡艺术的展示提供一个平台,从而达到培养唐卡艺人,传承热贡艺术的目的。市场推介,作为现代商品经济社会重要的表现特征,已经深深地浸透在热贡艺术传承的过程中——为市场创作产品,为产品的销售开拓市场,为市场的发展培养艺人,越来越成为公司性质的画院传承的目标,也使画院传承越来越从地方走向了全球。

(四)高校传承

今天的热贡艺术不仅在民间存在多种样态的传承形式,而且,早在 2001 年已经作为文化遗产被引入了高校的教育体系。2001 年年初,青海民族大学民族学与社会学院马成俊院长受黄南州州长扎西热旦邀请组成了 10 人教授团队,对热贡文化进行了一系列的考察,完成了《神秘的热贡文化》一书,并以此为起点,青海民族大学成立"唐卡艺术研究中心"。与此同时,在民族学与社会学院副院长吕霞教授的倡导下,本着挖掘、抢救民族民间艺术瑰宝宗旨,青海民族大学率先将名闻遐迩

---

① 热贡画院:《娘本先进事迹材料》,青海省黄南州热贡画院提供,2012 年版.

② 热贡画院:《青海黄南州热贡画院 2011 年度工作总结报告》,青海黄南州热贡画院提供,2012 年版.

的优秀民族文化遗产"热贡艺术"融入高校艺术教育体系中,成立了艺术系,创办了民族工艺美术设计班(唐卡艺术专业),并聘请"全国十大工艺美术大师"吾屯上庄的(大)夏吾才让和热贡艺术馆著名工艺美术师吾屯下庄的(小)夏吾才让为唐卡艺术专业客座教授,为民族工艺美术设计唐卡班授课,专门从事民族工艺美术设计专业本科教学。从此,艺术系以唐卡艺术专业为基石不断发展。2007年成立了"民族艺术研究所""青海省非物质文化遗产研究所""青海民间美术研究中心"。2009年,青海民族大学艺术系唐卡艺术专业被教育部批准为特色专业。迄今,培养唐卡专业本科生350人,研究生6人。

唐卡在高校艺术学的知识分类中是以工艺与美术相结合来设置专业,因此,不同于藏族民间对唐卡是一种手工艺作品的认知,唐卡在高校的传承更被当作是一种"艺术品"、一种艺术的创造。不同于民间师父带徒弟以佛法为基础的口传、眼看、手授的传承方式,在高校的唐卡绘画学习,不仅要求教师口传、眼看、手授,在此基础上,学生还要学习艺术理论知识、素描、色彩等美术基础知识。作为一种专业教育,唐卡的课程设置主张把美术学专业理论课程同藏学相关课程相结合,强调高校体制下的唐卡教学,既要继承唐卡的构图、造像等传统技艺、理解唐卡背后的宗教理念和文化精神,更要在此基础上为适应时代要求进行创新,寻求传统法则与当代体验的有效对接。

在高校的传承中,唐卡绘画被解释为一种程式化的传统艺术,传统的师徒传承形式被认为是限制唐卡创作发展的一种障碍。因此,对于高校的唐卡工艺美术专业来说,唐卡的传承意味着使唐卡绘画从民族民间的一种工艺技术成为艺术,从而达到对这种艺术进行保护抢救、开发利用和精品化、专业化的过程;是培养具备民族民间传统工艺美术理论基础和实际操作能力,能从事传统工艺美术唐卡绘画制作和设计工作人才的过程。其意义就是要站在更高的层面和更宽广的视野去透视整体的文化传统,在原有的中国艺术传统和西方艺术传统两大谱系中,加大民族民间文化系统,使整个美术教育体系的文化根基和内涵更为全面、坚实而宽广。

(五)政府传承

早在20世纪五六十年代,政府就已经开始关注青海吾屯的唐卡艺术。20世纪50年代,青海美术事业开创人、现代青海山水画的先行者方之南先生和同事郭世清、郑守宽、孙舒勇先生在深入黄南地区采风时,首先发现了隆务河谷地僧格雄、郭麻日等5个村寨民间绘画、彩塑艺人高度集中,世代相传的艺术现象。村民的作品艺术品位之高、技法之卓越大大出乎他们的预料。他们带了一批绘画和雕塑艺术品回西宁,并将这个惊人的发现向省委宣传部和省文联详细汇报,在这次汇报中,这种艺术形式被命名为"吾屯艺术"。

20 世纪 60 年代中央发出了艺术家要到民间开展调查研究的倡议,省文联向吾屯派驻了美术工作队深入调研吾屯的唐卡。随后,工作组组织民间艺人绘制了八十余幅作品送到北京,并获得中国美术家协会的高度评价。1962 年工作组完成《吾屯艺术调查》报告,全面的考察吾屯艺术的历史沿革、艺术与作品状况、艺术特色。次年,美术工作组再次将历年来搜集、整理、抢救的一批唐卡、彩塑、铜雕等民间艺术精品和组织艺人新绘制的民族装饰图案等送到北京,这批艺术品一经展出便引起社会各界的关注。

改革开放以后,政府在保护和传承吾屯艺术的事业中扮演了越来越重要的角色。特别是在现代遗产知识体系和管理机制楔入之后,2006 年热贡艺术列入《国家级首批非物质文化遗产保护名录》,2008 年热贡文化生态保护实验区成立,2009 年热贡艺术列入联合国教科文组织《人类非物质文化遗产代表作名录》,政府传承机制以一种全新的姿态成为热贡艺术保护传承最重要的主体。

1. 吾屯艺术协会

可以说,政府传承机制构成热贡艺术传承体系的一环,并且在其中扮演强有力的角色,始于 1979 年成立的"吾屯艺术协会"。当时的青海省政府为继承和发扬少数民族传统艺术,批示省文联和黄南州成立了"吾屯艺术协会",并从吾屯、尕沙日、郭麻日和年都乎等地召集了 12 位技艺精湛的唐卡和泥塑艺人[分别是:吾屯下庄的尖措、(小)夏吾才让、完麻尖措、卡洛,吾屯上庄的(大)夏吾才让、完德尖措、娘萨阿嘉、德尕,加仓玛的尕让,尕沙日的更藏、齐加、乡八甲]。他们的工作就是给"公家"画唐卡,一幅唐卡大概要画 4 个月。1981 年,这些唐卡被送往北京、上海、深圳等地巡回展出,在美术界产生了广泛影响。

1981 年,"吾屯艺术研究筹备小组"成立。1986 年胡耀邦视察后,认为"吾屯"太小,不足以彰显这个地区的唐卡、雕塑等艺术,于是易名"吾屯艺术"为"热贡艺术",并为之题词。1986 年,青海省文联接管"热贡艺术研究筹备小组",并在同年 6 月相继成立"热贡艺术馆"和"热贡艺术研究所",开展培训艺人、进行热贡艺术研究等活动①。

"吾屯艺术协会"是热贡唐卡传承历史上最重要的节点之一。因为它在热贡唐卡艺术经历"文化大革命"摧残,传统传承制度极度衰败、唐卡艺术的灯火摇摇欲息的时候,聚集了热贡唐卡艺术的最后火苗,并使它绽放出令人震撼的光芒,从而为热贡艺术的传承创造了一个滋养性的社会环境。尽管由于种种原因,此前小组的10 余人陆续离开,只剩下夏吾才让等 6 位艺人,成为热贡艺术馆的骨干。但可以

---

① 李春霞、郭颖采访夏吾才让访谈记录,2012 年 7 月 29 日。

说，正是这个半官方、半民间的组织打开了民族民间工艺与现代艺术之间的隔阂，创造了政府传承与民间传承相得益彰的合作空间，为热贡唐卡繁荣发展时代的到来铺平了道路。

2. 热贡艺术的遗产之路

21世纪以来席卷中国的"遗产热"同样不可避免地影响到这个地处雪域高原的偏远小城。早在2002年，黄南州和同仁县就开始了"申遗"的筹划与准备工作；并请省内外专家学者论证、制作申报文本，特邀北京电视台专题制作部两次实地拍摄；投入专项资金组织撰写并出版《神秘的热贡文化》《黄南秘境》《热贡艺术》《赞世祭神》等热贡艺术专题著作；成功举办包括"热贡艺术作品大汇展""中国·青海热贡唐卡艺术品博览会""国际唐卡及非物质文化遗产保护——青海论坛"等各种展览；2006年还在同仁县8所小学开设热贡艺术绘画课程。此外，在全面普查、建档基础上投入专项资金，建立对热贡非物质文化遗产传承人的资助制度和奖励传承保护机制。为了"申遗"，同仁县文体广电局还专门成立"申遗办"。

为配合"申遗"及其后的"非遗"传承、落实国家与青海相关决定与精神，黄南州和同仁县先后颁布、制定了各类决定、规划、实施办法与相关政策文件，并逐步将文化建设重大政策和措施上升为地方性法规，以保障上述目标与定位的实现。相关文件大致包括：

◆《关于推动热贡文化大发展大繁荣若干问题的决定》（黄南州）
◆《关于建设文化名州的决定》（黄南州）
◆《黄南州"十二五"文化发展规划》（黄南州）
◆《热贡文化生态保护实验区总体规划》（黄南州）
◆《热贡文化生态保护区管理暂行办法（讨论稿）》（黄南州）
◆《热贡文化保护区管理条例》（黄南州）
◆《热贡非物质文化遗产保护条例》（黄南州）
◆《热贡文化保护区传习中心建设规范》（黄南州）
◆《热贡文化保护区专项资金使用管理办法》（黄南州）
◆《热贡文化市场管理暂行办法》（黄南州）
◆《中国同仁热贡艺术村开发建设概念性规划》
◆《关于全州文化改革发展大会精神落实措施》（同仁县）
◆《同仁县建设全省文化名县工作实施意见》（同仁县）
◆《关于在全县文化大发展、大繁荣中政策优惠保障意见》（同仁县）
◆《同仁县关于加强非物质文化遗产保护工作实施意见》
◆《同仁县非物质文化遗产保护与管理暂行办法》

◆《同仁县县级非物质文化遗产项目代表性传承人认定及保护暂行办法》

◆《热贡文化生态保护实验区规划》

◆《热贡文化生态保护试验区文化遗产保护方案》

◆《同仁历史文化名城保护规划》

◆《"千家万户绘唐卡"工程实施方案》

◆《同仁县热贡文化对外宣传工作方案》

◆《热贡文化产业发展规划(2006—2020年)》

◆《中国·青海热贡文化产业发展规划》

◆《同仁县吾屯艺术村修建性详细规划》

◆《国保单位隆务寺及附属寺院保护与整治规划》

上述规划、决定与相关政策文件,可以反映出黄南州和同仁县对热贡艺术的传承与保护的大致思路。总的来说,包括了热贡艺术专题研究(学术著作与纪录片)、传承人制度、文化产业化与市场推广等等。

在热贡文化整理与研究源头方面,除前述公开整理出版的相关学术著作与公开的纪录片外,黄南州还在《关于建设文化名州的决定》中专门制定了高、中、低端相结合的热贡文化研究、传承与发展体系(见下图)。

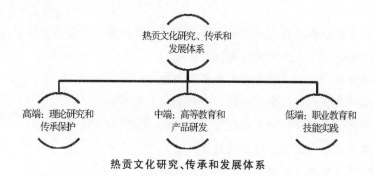

热贡文化研究、传承和发展体系

在传承人的制度建设方面,已建立国家级、省级、州级、县级名录体系。州、县对国家级与省级传承人会给予一定额度的补贴。2011年就给予8名省级传承人每人2000元的专项补助资金。就县级传承人的确定方面,最近同仁正在制定《同仁县县级非物质文化遗产项目代表性传承人认定及保护暂行办法》。在《同仁县县级非物质文化遗产项目代表性传承人认定及保护暂行办法》没有完全出台之前,传承人一般没有数量限制,按照自愿申报和一定的标准进行选择,最主要的是看"技术、人品、社会影响和作品"几个方面。在申报方式上,通常是由村、乡推荐,再由文化局聘请传承大师进行遴选,通过后再向县里推荐;如果县里通过后还可以进一步向上一级推荐。

作为热贡艺术传承人制度的重要保障,黄南州、同仁县两级政府建立了人才激励机制,制定文化艺人行为准则,出台文化领域高层次人才引进办法和实施细则。建立热贡文化政府顾问聘任制度,县级、州级工艺美术大师评选制度,同等对待非公有制文化单位人员职称评定、表彰奖励等。完善人才激励机制,制定热贡文化特殊人才贡献评比办法,州政府每两年评选对热贡文化做出特殊贡献的人才,予以重奖;同仁县建立热贡文化创新奖励基金,每年评选奖励对热贡文化创新做出突出贡献的人员。

此外,同仁县由文化局牵头、热贡艺术协会具体操办,着重推出"艺人之家"制度,作为传承人制度的重要补充。"艺人之家"制度主要围绕但不限于现有各级传承人与大师,三年评选一次,同仁县现已评出了115户"艺人之家"。除第一次申请后支出"艺人之家"的铭牌费用外,申请者不需要支付任何费用,被授予"艺人之家"称号后政府还将给予5万—10万的资助。

在文化产业化方面,按照"政府主导、企业主体、群众参与"的原则,通过加大资金投入、项目支持、资源配置力度,积极筹建热贡文化集团公司、唐卡集团公司、热贡传媒集团公司等大型文化产业经营企业,推动文化企业向集约化、规模化方向发展。同时,采取"公司+文化专业户"的模式,通过赋予一定优惠扶持政策,激励、培育和发展一批中小文化企业。同时,在资金上给予政策上的极大支持,在公共文化基础设施建设和文化区用地等方面制定了比较优惠的政策。同时,为配合热贡文化产业化,两级政府积极开发各种项目,包括:以热贡艺术品制作、销售、艺术交流为主建设热贡文化产业园区(总投资9000万元);同仁县少数民族工艺美术(热贡艺术)品制作基地建设项目;热贡艺术旅游纪念品开发项目;同仁民族民俗工艺美术用品等等。

2011年,中共黄南州委、州人民政府制定了《关于推动热贡文化大发展大繁荣若干问题的决定》,并于2011年12月24日下发《关于建设文化名州的决定》,提出"紧紧依托自治州历史文化、民族文化、生态文化和宗教文化优势,以建设社会主义核心价值体系为主线,以热贡文化为载体,以国家级热贡文化保护区建设为支撑,强化基础,完善公共文化服务体系,精心打造以'九品'(即唐卡、堆绣、六月会、石刻、泥塑、藏医、古迹(古城)、射箭、坎布拉国家公园)为主要内容的热贡文化特色品牌,实施创新建设和富民强州战略,把自治州建成全国一流的藏文化基地,以高度的文化自觉和自信,推动文化改革发展,实现文化自强"。基于这样的定位,黄南州还提出"把热贡文化生态保护实验区"打造成为"全国民族地区文化生态保护与建设的成功典范、国家文化生态综合配套改革实验区、青藏高原适应性旅游观光和休闲度假胜地"的战略目标。

在市场推广方面,黄南州、同仁县两级政府建立了专项的文化发展基金,不断增加文化推广资金投入规模,一方面组织热贡文化企业到沿海发展城市宣传推广,另一方面也在热贡地区大量组织各类文化交流活动,扩大热贡艺术的知名度和影响力。截至 2012 年,仅同仁县的文化发展基金就从最初的 5 万元增长到 300 万元。从 2010 年起,黄南州集全州之力,启动建设"六个一"项目,即每年召开一次全州文化发展建设观摩交流会、组织一次全州文化精品节目会演、举办一次文化国际博览会或国际体育赛事活动、制作一部展示热贡文化艺术的精品宣传片、举办一次热贡文化产品及品牌创新评比大赛、举办一次全国范围的热贡精品唐卡拍卖会。树立唐卡博览会、热贡艺术节等文化节庆品牌。并拍摄相关影像资料,出版热贡文化系列丛书。与此同时,黄南州民间歌舞团参与北京春节龙潭庙会展演;州民族歌舞团代表青海参加上海世博会;举办青海·热贡文化摄影节、中国青海热贡艺术品博览会、第三届青海国际唐卡博览会暨热贡艺术(世界非物质文化遗产)博览会等活动;组织热贡艺人参加青海省国际唐卡艺术节、青洽会,在北京、上海、广州、深圳、成都、香港、台北等城市以及英、美、法等近十几个国家进行了唐卡艺术品巡回展示活动。

热贡唐卡传承的结构与变迁

由上所述,热贡唐卡今天呈现出相当多元的传承样态,它们相互交织,在隆务河谷这片"金色谷地"上,共同鸣奏出激昂热烈、澎湃汹涌的非物质文化遗产保护的和声。然而,透过如火如荼的遗产运动,我们不能不思考热贡唐卡作为一种"活的文化",它是在一种什么样的文化语境中传承与发展的?热贡唐卡是如何在其原生的文化语境中去表达其作为一种信仰体系、一种民间的手工艺的价值与意义?热贡号称"金色的谷地",那么,热贡唐卡原生的文化持有者是如何在这片热土上生活?他们的文化是如何与这片土地联结在一起?

(一) 游走于边界的族群文化

"热贡"是藏语的音译,意为"金色的谷地",一般指的是青海省黄南州同仁县的隆务河谷地区。这是一个多山的丘陵地带。隆务河奔腾地穿过热贡地区注入黄河,河谷两岸满是崎岖的沟壑、陡峭的山崖,河谷一带相对平坦。时逢麦子成熟,伴着湍急的隆务河哗哗的流水,河畔的麦田就像一条细长的金色腰带,揽着隆务河在山崖间蜿蜒奔腾。越过隆务河谷往西、往南,则是地广人稀的高原草甸。显然,这里是典型的牧区和农区自然生态的交界地带。在这片河谷中,杂居着藏、汉、土、回族等多个民族,他们分别在河谷两岸的坡地上聚居成大小不等的村落,吾屯上庄、下庄、加仓玛、霍尔甲、年都乎、尕沙日、郭麻日这些村子就零星地散落在这片河谷之中。以连成一片的吾屯下庄和上庄为中心，南面是加仓玛和霍尔甲，与之隔河相望的是尕沙日、年都乎和郭麻日。这些村庄就是热贡唐卡、堆绣、雕塑等艺人最为集中的地区。

1. 族群认同

从民族成分上看，除霍尔甲是藏族村落外，吾屯上庄、吾屯下庄、加仓玛、年都乎、尕沙日和郭麻日都被识别为土族。虽然吾屯上庄、下庄、加仓玛与年都乎、尕沙日、郭麻日所讲的土话几乎完全不相通。

据《同仁县志》记载，吾屯上、下庄的地名，1949 年前的书刊一般都记为"吴屯"，在解放初期的一些社会调查与总结材料或政府行文中，曾出现"五屯""吾同"或"梧桐"等写法[①]。吾屯下庄包含了四个小庄子，名为李家庄、铁匠庄、侯家庄和大城。据说大城还遗存有古城墙遗迹，大城人自称城里人，称其他庄子为城外。从地名表述上看，吾屯下庄这四个小庄子是典型的汉族村落，吾屯的历史反映出与军队屯垦明显的关联性。因此，《同仁县志》认为，同仁县境内分布在隆务河两岸的土族，其实是明永乐九年（1411）在贵德守御千户所辖区所设的保安四屯——吴、季、脱、李四屯的屯兵后代。其中吴屯，包括了今天的吾屯上、下庄、加仓玛和霍尔甲，他们的祖先主要是来自江南吴地的汉族军屯士兵，可能也包括少数的藏族；季屯就是今天的年都乎村，他们主要是蒙古族的后裔；李屯分为上下屯，上屯现称郭麻日，下屯现称尕沙日，其祖先包括了蒙古族和当地土著；脱屯是今天的保安下庄，其祖先包括了较多的藏族[②]。

然而，从主观认同角度上看，吾屯上庄、下庄和加仓玛的当地人几乎全部认为自己是藏族。他们认为自己说的话是以藏语为主的汉藏混合语。有报道人说他们的祖先是从西藏来的萨迦派，在这里住了 800 多年了，也有的人认为他们是吐蕃时驻边的藏族士兵后代。也有报道人则解释"吾屯"，其实意为五个班的兵力。吾屯人的祖先是清雍正朝前从西藏过来打仗的藏族士兵，他们从宁夏打到甘肃、青海，最后流落到吾屯上下庄的地方扎营，正好当时吾屯没人居住，就拖家带口在这里住下了。这一路上，他们娶的媳妇有汉族、蒙古族、回族的，所以吾屯话和周边的村落都不一样，穿的衣服也和汉族、藏族也不一样，它的特点就是很杂。但是，因为吾屯人的祖先都是藏族，宗教上信仰藏传佛教，风俗习惯也和藏族差不多，加上说藏话有加分，而说土族语没有，所以，当地人喜欢说自己是藏族。

---

① 同仁县地方志编纂委员会：《同仁县志》（下），三秦出版社，2001 年版，第 780 页。
② 同上书，第 927—929 页。

在《达哇卡其雪扎》中记录的一些唐卡传说这样叙述:热贡地方族群的祖先是藏族,曾经浪迹萨迦、日喀则、拉萨等地,后来移居卫藏地区。最早学艺扬名的祖先名叫年智坚措、赛松和贡保多杰,他们分别娶了蒙古族、汉族和回族女子为妻。之后继承祖业并使热贡唐卡扬名天下的,是俗称"三僧格"的佛画大师。他们的作品遍及长安城、西夏王宫及安多地区的各大寺院,被称为"后藏拉朵的佛画艺人"。"三僧格"指的是赛松的三个儿子僧格坚参、华达僧格和南觉僧格,他们因为自己的母亲是汉族女子,后来也娶了三个汉族女子为妻,所生子女个个聪明能干,技艺高超,秉性善良,身材高大而容貌端庄秀丽。第一饶迥之土龙年(1028),三僧格携家迁居热贡地区的僧格雄,即今天的吾屯①。据说,今天的吾屯上庄、吾屯下庄和加仓玛就是这三兄弟与汉族女子的后裔。

姑且不论今天热贡地区族群认同的复杂性问题,至少我们可以从中确知一点:今天的热贡地区历史上曾经是汉、藏、蒙古、回等族群的边缘地带,是农业文明与游牧文明相互竞争、彼此拉锯的地带。生活在这里的族群曾经同时受到汉、藏、蒙、回等多元文化的涵化作用,当地族群融会多族群的文化要素,形成了自己独特的族群文化。热贡艺术本身就是这种族群多元文化交流的成果之一。

2. 亲属制度

从家庭的组织形式来看,吾屯人实行的是典型的父系大家庭制度。常见的家庭类型是在核心家庭基础上演化的直系双偶家庭及由父辈及两对或两对以上子代及配偶组成的联合家庭,一般每个大家庭的规模都在十人以上。每个年轻的小家庭除一夫一妻外,往往育有2~4个孩子。在现在五六十岁的父亲一辈大多育有3~6个孩子。在吾屯人家庭中,父亲作为一家之主,掌握着家庭完全的权力。如果父亲过世,长兄可以扮演着类似于父亲的角色,如扎西尖措和曲智家。一般来说,儿子们挣的钱必须全部交予父亲掌管,父亲根据家庭的需要来安排具体的开销,如建房、娶亲、家用等。一般在子女成家之后,父母会将祖屋首先留给长子,另外在村里选址为其他儿子盖新房,让小家庭分别居住。若是有儿子到寺院出家,父母也会为他在寺院盖一座僧舍,或是为多个出家的儿子共同盖一座僧舍。吾屯人在惯例上极重视儿女对父母的孝顺和赡养。即便是分开居住的小家庭都必须分别为老人预留专门的卧房,争先邀请公婆到自己的房屋居住。若儿媳妇不孝顺老人,或公婆很少到她家居住,则这个小家庭的夫妇会被村里人瞧不起,不被当人看待。甚至,在家庭经济条件不佳的情况下,出家为僧的儿子若有收入也需要给父母生活费。

然而,从吾屯人的亲属称谓的角度而言,吾屯人并不区分父系或母系的亲属,

---

① 转引自赵清阳:《热贡艺术》,青海人民出版社,2010年版,第51—52页.

甚至不区分父系与母系亲属中长辈(包括伯父叔父与姑夫姨父,伯母叔母与姑母姨母)与平辈(堂兄弟与表兄弟,堂姊妹与表姊妹)或下一辈之间的辈分关系。除了称自己的父母为"阿爸""阿妈"之外,对于与自己亲密的、父母的平辈亲属,也可称"阿爸""阿妈",或者也有把爸爸的哥哥叫大爸,爸爸的弟弟叫小爸;妈妈的姐姐叫大妈,妈妈的妹妹叫小妈。对于所有年长的亲属均称呼"爷爷""奶奶";而对于比自己年龄大的同辈,甚至是有些与其父母平辈的长辈,均称呼"哥哥""姐姐";而对于比自己年龄小的平辈,或与父母平辈、但年龄比自己小的长辈,均都可称呼"弟弟""妹妹"。换句话说,在村民们的亲属称谓中,父系或母系并不是主要的亲属区分,相反,年龄、性别与日常生活的亲密程度成为区分亲属的最重要依据。

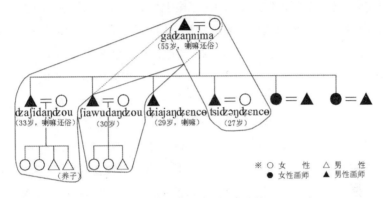

尼玛(吾屯上庄人)的家庭结构

　　吾屯人最主要的婚姻对象都是本庄人,大约占到六七成,少数也有来自附近的年都乎村、保安村和郭麻日村等。姻亲对象的族群背景基本上是土族、藏族、汉族,极少数是回族。在本庄的婚姻对象中,邻居是优先的婚配对象。因为他们往往十几年来都是一家有事,十几家帮,彼此处得像亲戚一样。而最近一代兄弟姐妹的孩子是不能互为婚姻的,只有两三辈以上没有血缘关系的本庄两家之间可以互相通婚。

　　一般情况下,吾屯人都是女儿出嫁到男方家。但是,在实际的继嗣制度上,招赘和收养螟蛉子也是非常普遍的。特别是在 1949 年前,由于吾屯人一直有让聪慧的男孩出家侍奉佛祖的传统,据说当时基本上家家户户的所有男孩都会进村里的寺院当喇嘛,并且很少还俗。因此,俗家的父母常常会把女孩留在家里,招赘在吾屯一带打工的汉族男子做上门女婿。直到现在,村里还有几十个这样的上门女婿。此外,吾屯的男人们常常会从他们经常去打工、绘画、做泥塑的寺院所在地区收养两三岁甚至更大的孩子,带回吾屯养大,作为赡养父母的俗家儿子。他们在收养时并不计较收养对象与自己的族群或家族是否存在血缘关系,也无所谓收养对象的性别。一旦完成收养,吾屯人会把收养的孩子视为己出,并与养子的亲生家庭结成亲戚,密切往来。

3. 信仰习俗

吾屯人基本上是全部信仰藏传佛教,看得出,藏传佛教在吾屯人生活中占据了极重要的位置。吾屯人在地域层面上的自我区分是围绕寺院形成的,吾屯上庄和加仓玛村围绕吾屯上寺,村民把它们一起称为上寺的,下庄则独立被称为下寺的。据吾屯下庄书记尕藏伊玛介绍,吾屯原名保安五屯,这三个村过去是一个寺院的,原名"玛贡良哇",意为"古老的母寺",寺院旧址在吾屯下庄。后来,玛贡良哇因故解体了,然后,就分成了吾屯上寺和吾屯下寺两个寺院。

在吾屯,吾屯上寺和下寺这两个寺院基本上构成了吾屯三村村落的中心。不同于汉地佛教寺院普遍与俗家聚落保持着一定的空间距离,吾屯的村落基本上是紧紧围绕在寺院周围,许多人家与寺院仅一墙之隔。寺院是村民宗教生活的中心。村民几乎每天都会到寺院转经;村民的孩子一出生,其父母就会到寺院中请活佛根据孩子的出生时辰,算出孩子的名字和孩子的护法神,有钱的人家还会请唐卡画师为孩子专门画一幅护法神,送到寺院悬挂;村民去世也必须到寺院请活佛根据去世者的死亡时辰来算出他的护法神,无论家庭贫富,都必须为去世者画一幅护法神唐卡,挂在家里的佛堂;寺院有任何活动,村民会尽全力参与,视其为积功德。比如吾屯寺院重建时,因为"文化大革命"时把寺院里的唐卡都烧了,只剩下 30 多张之前被没收而后来返还的老唐卡。当时的老人们就根据记忆来恢复重建佛殿,很多村里的画师都自愿认捐一幅唐卡挂在寺院;当吾屯下寺的活佛和僧人们请西合道帮忙出面组织修建宗喀巴大殿时,西合道不仅想方设法组织村民集资修建,还用了 6 年的时间把大殿完整地画出来;当有外地老板出资捐建经堂时,村支书尕藏尼玛积极组织村民义务参与经堂的修建;娘本在致富返乡后也为吾屯上寺捐建了宏伟的佛塔。即便是落户在吾屯的砖厂也会定期捐献财物给寺院,他们还在吾屯下寺捐建了宏伟的佛塔。

吾屯寺院的僧人全部都是本村村民。走进吾屯的寺院,除了供奉佛像的殿堂、念经的经堂外,连绵成片的是寺院僧人的僧舍。与汉地佛教的寺院与村落关系很不相同,这里的寺院与俗人村落之间,不仅仅是一种相互对应的供养结构,它们之间更类似于一种彼此交错的结构。寺院不是外在于村落俗世的另一个神圣空间,而是村落俗家交织为一个整体。在一个村落空间中,寺院延伸联结村落,村舍与寺院合成为村落。寺院及僧人不仅构成村落的一个组成部分,它们与村落中的俗家还保持着无法割断的亲属关系。寺院与俗家像一个屋檐下生活着的两个彼此关联的亲密群体,只是一部分人住在了寺院,另一部分人住在了俗家。

吾屯许多家庭都有孩子在寺院当和尚,甚至有的不过四五岁光景,就是已经是寺院里的阿卡了。这些当阿卡的孩子们一般都居住在本村的寺院如吾屯上寺或吾屯下寺，他们仍然与其原生家庭保持较为密切的联系。没有成年的小阿卡会一边上学，一边在寺院念经，在课余时也会经常到父母家里来。若是父母家里有带徒弟画唐卡的，这个当阿卡的孩子也会每天回到家里跟随父亲习艺。比如吾屯上庄书记的一个儿子当了小阿卡，但他每天放学后会带着一群小阿卡到父亲家里来学画唐卡。即使是这些阿卡成年后仍在寺院当喇嘛，他也需要以他念经或画唐卡的收入，为他俗家父母的养老承担一定的赡养责任，给他的父母一些生活费用。若是这些喇嘛具有较高的画唐卡的技艺，则他的俗家亲戚就会把孩子送到寺院，让他帮忙教徒弟。吾屯下庄的扎西尖措和曲智拜九美曲宗为师、西合道拜侯家尕藏为师、尕藏尼玛拜尖措为师都是很好的例子。

　　除了寺院的佛教信仰以外，春节、端午节和六月会也是吾屯人生活中重要的节庆。吾屯人一般过汉族的春节，也同时过藏历新年。但是，相比之下，吾屯人更重视端午节和六月会。每年五月初四下午，每家年轻人都会到隆务河边的树林中下帐篷，安置锅灶，摆放坐毯和餐具。五月初五日出之前，一家人起床后就到隆务河先喝口河水，然后象征性地用河水洗脸。主妇们则要背水到家中，还要折些杨柳枝插在家里的大门和房门上。吃过早饭后，各家收拾东西到河边各自的帐篷。从中午开始就在河边野炊，全家老幼欢聚在帐篷内，就连出家的僧人在这一天也可告假与家人团聚。下午大家则要进行娱乐活动，如拔河、喝酒、唱歌、跳舞直至夜半时分尽兴而止。天黑之后，家中的老人则回家休息，年轻人则在帐篷内挑灯对歌、聊天，尽情欢娱与交流。端午节的活动，有的村一天就结束，有的则持续到初九方结束。

　　而六月会，则是吾屯人及整个热贡地区最为独特、最为隆重的节日，当地人称为"六月鲁热"。传统上，吾屯人无论身在何地，工作再繁忙，都会准时赶回家乡来参加六月会的集体祭祀活动。每年的六月会首先从四合吉村开始，热贡地区的十几个村庄都会依次举行这种盛大的活动来祭祀山神与祈求福泽。在会场，各村还要举出画有护法神或山神的唐卡画像。六月会活动以煨桑、祭山神活动为始，以全村人一起制作祭品煨桑敬神为终结，前后延续近十天。六月会一般由各个村庄的拉哇即法师组织，他们是各村六月会活动的主持人和神谕的传达者。在六月会期间，法师会组织全村在山神庙或空旷之地跳拉什则（神舞）、莫合则（军舞）和勒什则（龙舞）。参加舞蹈的人都穿着自己最华丽的服饰、用最优美的舞姿表达对神灵最虔诚的敬意。并且，会举行插口钎、插背钎和法师"开红山"等血祭仪式来祈求村庄来年风调雨顺、人畜平安。除此之外，各村之间还要相互敬贺六月会，一起跳舞，举行各种活动。

　　4. 技艺传承

　　过去吾屯的唐卡技艺一向有"传男不传女"和"传内不传外"的说法。报道人说,因为唐卡画的是佛像,所以,在过去女人是不可以画唐卡的。而且,因为过去画唐卡是用来辅助修行的,必须一边学佛经一边画唐卡,所以,只有在寺院里当喇嘛的男子,才能学习唐卡。

所谓"传内不传外",并不是传统意义上的家庭内父子相传。虽然,对于现在俗家的唐卡画师来说,家庭内父子相传是很重要的传承形式。然而,我们发现,除了最近一代的新唐卡画师外,在1949年后较早的两代唐卡画师中,包括那些现在较有名气的、成长于20世纪80年代的唐卡画师,其师承真正源于亲生父亲的并不多。但是,他们与师父之间的关系也不同于一般技艺行业的契约性师徒关系。特别是在"文化大革命"前开始习艺的那一代唐卡画师,他们与师父之间的关系往往首先是亲戚,可能是母系的亲戚如母亲的兄弟,也可能是父系的亲戚如父亲的兄弟;然后,他们被从小送到寺院,作为这位喇嘛亲戚的徒弟,与这位喇嘛亲戚长期居住在一起,由这位喇嘛亲戚来照顾他的生活和安排他在寺院中的教育。比如出生于1946年的西合道大师,他在5岁时就由他的姐姐送到甘肃夏河的拉卜楞寺,师从吾屯下庄侯家的尕藏。尕藏实际上是他母亲的哥哥,而尕藏的师父尕吾也是尕藏母亲的哥哥。西合道和尕藏一起在拉卜楞寺待了5年,后来又跟随尕藏从拉卜楞寺回到了吾屯。但是,当时的他仍然没有回到吾屯自己的家,而是在吾屯下寺尕藏的僧舍中,与尕藏共同生活,直到尕藏去世后才还俗回到自己的家。在与尕藏一起生活期间,尕藏不仅亲自教他画画,还为他安排了僧人老师,教他学经、写字[①]。再如尕藏尼玛,他也是在9岁时就被送到寺院当小阿卡,师从吾屯下庄的尖措大师。尖措实际上是他父亲的哥哥,当时他在吾屯下寺当喇嘛。此后10年,尕藏尼玛都和尖措生活在一起。

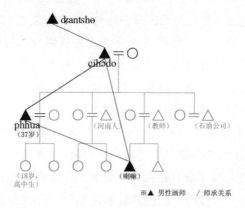

西合道大师承关系

直到20世纪80年代以后,这种血缘式的师徒关系仍然是吾屯村落中技艺传

---

① 王文章主编,吕霞整理:《美善唐卡——唐卡大师西合道口述史》,中央编译出版社,2010年版,第31—41页。

承的重要方式,比如扎西尖措与曲智兄弟师从吾屯下寺的九美曲宗,实际上,九美曲宗也是他们母亲的亲戚。他们在父亲去世后,被母亲领到寺院拜九美曲宗为师,也同样当了僧人,后来才还俗成家。值得注意的是,九美曲宗与扎西尖措的母亲并不是血亲关系,而是因为扎西尖措被九美曲宗的哥哥家收养,两家才成为亲戚。实际上,我们在调查中发现,类似这样因为收养所建立的亲戚关系而发展出血缘式师徒关系的并非只此一家。

可见,这种师徒关系更类似于亲属群体中的一种广义上的父子关系,扮演父亲角色的不仅这个孩子的父亲,也可以是这个孩子父亲的兄弟或母亲的兄弟。他们与孩子的父亲一样,承担着教孩子学做人、受教育的责任。换句话说,这些住在寺院中的俗家姐妹的兄弟或俗家兄弟的兄弟通过接纳姐妹或兄弟的儿子作为徒弟的方式,扮演了孩子在寺院中的父亲的角色。这从另一个角度上说,通过这种师徒关系的建立,寺院中的喇嘛不仅得以强化其与俗家亲属之间的关系,而且,它也以一种血缘的方式延续了作为寺院喇嘛的兄弟的衣钵,使这个家族得以继续维系他们与寺院之间的关系。这个孩子不仅是其喇嘛师父信仰和艺术生命的继承者,从某种程度上说,他也是其喇嘛师父血缘生命的延续,是其家庭在寺院中的组成部分的生命延续。这种师徒关系本质上也是吾屯村落特殊的亲属制度的一种文化表达。表面上看,它是外在于亲属制度的一种业缘传承制度,是最初由寺院形成的、外在于俗家生活的独立的传承体系。实际上,它却与俗家的亲属继嗣者保持着千丝万缕的联系,它以这种师徒传承方式沟通了寺院与俗家两个表面上各自独立的系统。

(二)从族群生计到经济产业

对于今天的热贡唐卡来说,1958 年和 1979 年,可谓是唐卡传承的两个重大转折点。几乎所有的唐卡艺人都提到 1958 年时,唐卡传承从寺院流落到俗家,成为寺院与俗家共享的技艺。1979 年,寺院的恢复为唐卡传承与发展的创造了肥沃的民间土壤。与此同时,政府开始介入唐卡传承,成为唐卡传承新的重要主体,使唐卡技艺开始了从地方族群遗产逐渐走向国家遗产的转化历程。

1. 唐卡技艺由寺入家

千百年来,寺院在藏传佛教地区一直扮演着文化中心的角色,寺院僧人不仅是修行者,也是地方族群文化的权威、地方知识的传承者和研究者。与其他许多藏族文化遗产一样,唐卡一直被当作寺院修行的一部分,寺院僧人一直是唯一的唐卡技艺传承者。特别是在热贡地区的藏传佛教寺院,唐卡、泥塑、雕刻等手工艺制作一直被当作寺院僧人修行佛学五明之一的工巧明,被视为与念经同样重要的佛法修行方式。因此,在热贡地区的藏传佛教寺院中,许多僧人都是一边学经,一边学习唐卡、泥塑、酥油花等技艺。同时,他们也以为各个寺院绘制唐卡、泥塑佛像作为自已献身佛法的一部分。

而对于信仰藏传佛教的热贡地方族群来说,神圣的信仰本来就是他们日常的生活,他们的一生都与藏传佛教密不可分。吾屯人降临人世时,家人要煨桑祷告,祈求神灵保佑母子平安;孩子刚一出世,就要给孩子穿"旺拉"(给未满月孩子特制的夹层背心);给孩子起名还要找一位博学之士(僧人为主)为其取名,所取之名绝大部分是祈求吉祥的藏语词汇;从七八岁开始,一律要学习藏文;生病期间,通常请能掐会算之人卜卦,念长寿经等为其禳解;过年时要做象征五谷丰登、人畜兴旺的"切玛",要在佛像前点灯上香,要在大门上插《圣幢经》等经幢,还要到"穆洪"及"拉泽"煨桑、放炮、撒"风马",祈祷在新的一年里家人平安、遇事呈祥。吾屯人去世后要做法事,向身、语、意之所依虔诚叩头并按顺时针方向围绕转圈,这样可禳解来世的厄运及指明来世的超脱之路。

对吾屯男子来说,藏传佛教信仰更是与他们的一生紧密相连。吾屯人按照藏传佛教的习俗,总是将家中最端正聪慧的男子送入寺庙做喇嘛,供奉菩萨;喇嘛将在寺庙中受到良好的教育,获得世人的敬重,则被视为是对家人的福报。因此,对于吾屯人来说,一个男孩能够当喇嘛,是他一生的福报;家中有男孩侍奉佛祖,更是自己家庭的无上荣耀。正是出于这样的人生观与世界观,吾屯男孩过去都有去寺院当喇嘛的传统,并且形成了以招赘、收养为补充的独特的亲属继嗣制度。

另一方面,面对山多田少、坡陡壑深的自然生态环境,出家为僧也不失为一种合适的谋生方式。热贡地区地处青海省东部农业区与南部牧业区的结合部,是一个多山的丘陵地带。隆务河自南向北贯穿热贡地区,河谷两岸是连绵起伏的山峦高地,吾屯上庄、吾屯下庄、加仓玛、霍尔甲、年都乎、郭麻日、尕沙日等村子就散落在这隆务河两岸的台地上。从地形地貌上看,这里除了狭窄的河谷一带相对平坦,有丰富的水源,适宜种植农作物,其余地带全都是崎岖的沟壑、陡峭的山崖,山坡上到处是大片裸露的红褐色泥土,间或有稀疏的草甸。因为坡地笔陡,水土流失严重,适宜放牧的地带很少。所以,种地成为热贡族群传统的重要生计方式。但是,由于这里适宜耕种的土地很少,加上降水集中,地里的收成常常不足以维持基本生活。若逢夏季雨水多的年份,山洪暴发,庄稼常常都烂在地里,家里就没吃的,导致一些村民不得不外出流浪。

相对而言,寺院比俗家拥有更多的谋生手段,更能够保障稳定的生活来源。寺院的僧人不仅能够通过佛事活动获得俗家的供养,而且,他们能够外出游方,借助唐卡、堆绣、雕塑等手艺维生。此外,据说吾屯上庄、吾屯下庄等村落曾有一个古老的风俗:凡庄户人家中生有男子,其父母如果承诺将其送入寺院为僧,便可以从承诺之日起,从寺庙领取一定份额的供资。反过来说,家中男子出家为僧,不仅能够满足内心的信仰追求，获得较高的声望与地位，能够创造一个相对稳定的生活条件，还能够为其家庭带来荣誉和额外的经济支持。因此，据说在 20 世纪 30 年代或 40 年代以前，吾屯一带几乎家家户户的男孩都会到寺院出家为僧。

《同仁县志》记载：大约从 18 世纪初开始，热贡艺僧就已经师徒相随，亲朋结伴，陆续外出云游，到其他地方的藏传佛教寺院化缘献艺。他们挟艺游方，萍踪浪迹，足迹遍布信奉藏传佛教的各个角落，甚至远涉印度、尼泊尔、蒙古等国家。热贡艺僧往往都有多地游艺的经验，他们常常在一个地方寺院或多个地方寺院游方达几年、十几年乃至几十年。在他们与其他聚集在寺院中的各地手工艺人一起从艺期间，他们接触了甘孜木刻、敦煌艺术和南亚犍陀罗艺术，使其能够广纳博采，兼容并蓄，促进热贡艺术的逐渐完善，并使之发展成为一个著名的佛教艺术流派[1]。

1958 年，寺院被关闭，所有在寺院居住的僧人都被强制要求还俗。这些还俗的僧人回到民间娶妻生子，成为拥有唐卡技艺的俗人。由于当时的国家政策还没有严禁信仰藏传佛教，仍然有一些信仰藏传佛教的人家会请这些还俗的僧人画唐卡。自然而然地，原本在寺院作为修行方式和艺僧谋生的唐卡手工艺就转变为俗家的一种生计模式。这些还俗的僧人运用长久修行的唐卡技艺，为信仰藏传佛教的俗众绘制唐卡，以此为自己的家庭获取收益。

1961—1963 年间，政策更加放松，有些还俗的僧人重新回到寺院，还有一些男孩进入寺院当小阿卡，跟随这些僧人学经习艺。这些艺僧和留在俗家的艺人们利用他们过去挟艺游方所形成的寺院网络，外出到其他藏传佛教流行地区如青海的西宁、果洛和甘肃的甘南、夏河一带以及四川的若尔盖地区去画唐卡、画壁画、做泥塑。也有的人外出到甘南、夏河一带去做买卖。家里的农活一般都是女人做，家里除种地外，也会用麦秸养些牛羊，生产一些奶子和肉类。由于过去交通不便，只能骑马外出，男人一去常常就是两三年才回。但是，因为男人外出打工画唐卡、壁画或做泥塑的收入就比妇女在家劳作的所得高很多，比如当时才不到 20 岁的西合道大师在 1963—1965 年间，就曾在甘南博拉寺及其周边一带画过两年的壁画和唐卡。他在口述史中说当时画一幅唐卡可以卖 20 元，最高可以卖 50 元，相当于现在5000 元，他在甘南甘愿流浪了两年，挣了 240 元钱，回到吾屯后，他就用这笔钱还了照顾母亲的姐姐欠生产队的钱[2]。所以，在家庭中，男人扮演着主要的生计承担者的角色，在家庭经济中占据了绝对优势的地位。

---

① 同仁县方志编纂委员会：《同仁县志》，三秦出版社，2001 年版，第 782 页.

② 王文章主编，吕霞整理：《美善唐卡——唐卡大师西合道口述史》，中央编译出版社，2010 年版，第 43页.

2. 唐卡民间传承的衰微与复兴

"文化大革命"时期,寺院完全被关闭了,不能念经,也不能画唐卡了,所以,在那个年代成长的、现在五六十岁那辈人中,很少有学唐卡的,大多人以种地为生。但是,因为气候地形的限制,开荒种地并不能生产出足够的粮食。村里很多人就逃出去要饭,或者到州县周边做工,或者到牧区帮人放牛羊。当时,能够从政府获得一份稳定的工作,是吾屯年轻人最佳的选择。在这一辈人当中,"工作"或"当干部"的比例特别高,在这些"工作"人中最主要的职业则是老师。在我们访问的三四十岁的报道人中,几乎绝大多数的父亲都是有"工作"的,即使这些父亲的父亲们是当地相当有名的唐卡画匠,比如加仓玛村村主任多吉太的祖父是当地有名的画师,他的父亲则是一位老师;吾屯下庄完德的祖父即扎西尖措和曲智的父亲也是当地的画师,但是完德的父亲即扎西尖措和曲智的大哥却没有继承父业,而选择到政府部门工作。据三村的村主任、书记报道,吾屯三村中不少没有画唐卡的人家都是干部,比如吾屯上庄没有画唐卡的 80 户中当"干部"的占到了一半,其中绝大多数的"干部"是老师。

据说到 20 世纪 80 年代初,三个村子中能画唐卡的画师数量只有十几个人。这十几人除了七八个 1958 年从寺院还俗的老师父外,也包括一些曾在寺院跟随他们习艺的年轻徒弟。比如当时比较有名的唐卡老师父吾屯下庄李家庄的尖措、侯家的尕藏、铁匠庄的康加夏吾、大城的九美曲宗以及吾屯上庄的夏吾才让等都是1958 年以前出家的寺院僧人;当时他们一些比较著名的徒弟如吾屯下庄的卡先加、西合道、完玛尖措、大城的尕藏、卡洛等也都在五六十年代曾有过幼年出家学僧的经历。

1979 年,国家宗教政策的调整,给藏区寺院的恢复重建带来了希望。20 世纪80 年代的改革开放也使牧区人民生活逐渐富裕,许多原本在"文化大革命"中被摧毁的、遍布各地的大小藏传佛教寺院掀起了修缮重建的高潮。20 世纪 80 年代寺院的复兴带动了热贡唐卡民间传承的复兴,创造了此后延续 20 余年的热贡唐卡民间传承欣欣向荣的景象。那些在"文化大革命"前请过唐卡的寺院们纷纷与这些曾经到那里游艺的热贡唐卡老师父们重新取得联系,邀请他们为这些寺院的重建画唐卡、壁画和做泥塑、做彩绘油漆。于是,这些老师父开始带着自己的徒弟们闯荡青海、四川、甘肃、西藏,甚至远赴内蒙古的各藏传佛教寺院。

大规模修复重建工程为长期因地不足食而艰难度日的热贡人打开了一片不一样的天空。在 20 世纪 80—90 年代,村里家庭有外出打工的,差不多一年平均可以挣两三千块钱。在当时来说,虽然画一幅唐卡可能要花五六个月的时间,但是,画唐卡、做泥塑的价值仍然比种地高很多。1980 年,一幅唐卡可以卖到 1000 多元。

若是做泥塑的话，仅一米高的佛像就值两三百块钱。相对来说，村里画唐卡的人家都属于经济条件比较好的。有报道人说，那时候村里的老师父常常是一个人带十几个徒弟到外地找寺院包工，先与寺院说好一个殿画十几幅唐卡，每幅多少钱，把寺院的唐卡、壁画还有泥塑工程包下来，然后自己带着徒弟做，这样一年工作下来，即便是一个年轻的徒弟也能拿到 1000 块钱。而对于当时的年轻人来说，一面是可观的生计收入，一面是生产队的解体，看不到其他的出路，学画唐卡、壁画或学做泥塑当然是一种极有吸引力的选择。因此，20 世纪 80 年代以后，越来越多的村里年轻人希望通过学习画唐卡、壁画和做泥塑的手艺，使自己多一种谋生手段。

虽然经过 10 余年的磨炼，那些曾在 20 世纪 50 年代或 60 年代幼年出家的艺徒在 20 世纪 80 年代初已经成长为热贡唐卡技艺新的中坚，但是，当时应不暇接的工程需要，使过去 10 年的断裂危机愈显深刻。与此同时，当唐卡技艺从一种具有生计意义的寺院修行方式转变为俗家的生计方式时，这些从寺院中还俗回家的唐卡老师父们不得不在一个比寺院生活更为复杂的亲属关系处境中来传承唐卡技艺。他们在传承对象的选择上不再能够依据信仰的最高准则，也无法再维持传统的、寺院亲属继嗣式的传承制度。他们传承技艺的对象不再能仅仅包括姐妹或兄弟的儿子，还必须直接面对自己亲生儿子、女婿甚至女儿们传承唐卡技艺的需要。他们在唐卡技艺的传承上，必须依从俗家亲属继嗣制度来进行调整与改变。

尽管过去唐卡传承一向有"传内不传外""传男不传女"的说法，但是，世代庄内通婚的结果，也使庄子里各家各户之间的血亲与姻亲关系错综复杂，构成了一张紧密的亲属网络。在这样的俗家生活环境下，"传内不传外"的传承原则首先突破了原本亲属继嗣制度的框架，被扩展为地缘性的"庄内"与"庄外"的群体区分原则。"庄内"与"庄外"，取代了"家内"与"家外"，成为唐卡传承"传内不传外"原则的新解释。

20 世纪 80 年代"吾屯艺术协会"的成立，为那些并无家传渊源的年轻人学艺创造了新的机会。比如桑斗合大师就是这样的一个例子。桑斗合并没有出身于一个画唐卡的家庭，小的时候因为寺庙中看不到唐卡，也没人画唐卡，根本不懂唐卡。他是在八九岁后，因为同学的父亲是画师，看到同学画画也跟着同学学画。吾屯艺术馆成立后，他看这些老人画画，知道了这是唐卡，因此对画唐卡产生了兴趣。十二三岁后，只要是别人画佛像，就喜欢站在边上看。直到 18 岁娶了吾屯下庄大城的夏吾塔的女儿，才正式拜大城的夏吾塔和嘎藏兄弟为师学艺。而大城夏吾塔和嘎藏兄弟则是吾屯下庄尖措的徒弟，是 1958 年以后成长起来的那一代人中最好的画师之一。除此之外，20 世纪八九十年代，不少上门女婿也开始学画唐卡。

这些初习艺的年轻人在村里学习画画三五年后，就跟着老师父和年长的师兄弟一起,到四川、甘肃和青海各地寺院去包活,一般一做都是连续几年,甚至十几年。比如吾屯下庄的西合道在 20 世纪 80 年代初利用他在海北州工作的优势,包下了海北州刚察县沙陀寺重建的壁画与唐卡工程,从吾屯村带了 40 多人外出画唐卡和壁画,而后又从村里带了 80 多人到班禅大寺院画了 3 年的壁画与唐卡,在整个八九十年代,其足迹遍及青海、西藏、内蒙古、甘肃等主要的藏传佛教流行地区。扎西尖措和曲智在 1989—1991 年间在白什来寺画了 2 年的壁画。1991 年,西宁塔尔寺开始复旧工程,他们借助九美曲宗的技艺影响力,到塔尔寺参与修复壁画和唐卡的工程,从此在塔尔寺画了 9 年的唐卡和壁画。1999 年他们又到五台山密宗的寺院去画唐卡壁画,直到 2012 年,他们一共在五台山画了 54 幅唐卡和 4 幅壁画。

实际上,基本上村里三四十岁以上的画师都普遍有过跟随老一辈师父们外出到寺院、牧区去画唐卡、壁画和做泥塑的经验。他们先是在热贡附近的寺院和牧区画画,之后到青海的青海湖、果洛、玉树地区,甘肃的夏河、甘南一带,然后到更远的四川、西藏、宁夏和内蒙古地区去画画,他们称之为打工。由于 20 世纪 80 年代主要的交通工具是骑马,走四川一趟就是两三个月,男人们一般最多只是在一年中种庄稼、过年、拾麦子和跳六月会时才回家。一年中,他们往往是三四月种下庄稼就到外地寺院打工,到七八月份收庄稼和跳六月会时,再回家住上十几天,然后再出去,直到过春节时才回家。报道人说,在那个时候的夏天,村里基本上见不到男人,家里最怕出现老人在夏天过世,因为村里的男人们都外出打工了,常常送葬时连抬的人都找不到。许多男人十六七岁就跟村里师父外出画画了,20 多年都在外奔波。

20 世纪 80 年代和 90 年代成为热贡唐卡复兴的黄金岁月,尽管传承群体在俗家亲属继嗣制度的规定下得到了扩大,唐卡技艺逐渐从族群的信仰形式转换成为族群的生计模式,但是,它仍旧维持了以藏传佛教寺院为载体的游艺传承传统,保持了唐卡作为佛教信仰形式的基本属性。因此,在 20 世纪最后 20 年中,热贡唐卡的技艺仍在不断发展,在久美嘎达、大夏吾才让、尖措、更藏等一代名师之后还出现了更登达吉、西哈道、小夏吾才让、桓贡、扎西尖措、曲智、娘本等佛学修养与绘画技艺俱佳的一代大师。

3. 从民间文化到经济产业

随着西藏旅游开发的深入,20 世纪 90 年代以后西藏的唐卡开始被外界所关注,特别是那些外国游客开始收藏西藏唐卡,吾屯的唐卡画师开始接触到西藏的唐卡生意人,逐渐进入西藏的唐卡收藏市场。比如吾屯上庄的娘本大师,就是在这个时候带了吾屯上庄的一批年轻艺人,到拉萨去经营唐卡绘画,学习根据市场需要来探索自己的绘画风格。

2002 年以后,唐卡作为艺术品在收藏市场中知名度的逐渐提高,吾屯村间或出现一些游客来搜寻出售的唐卡作为艺术收藏品。2006 年,唐卡被收录进非遗名录后,许多汉地的老板们开始踏足吾屯来大批订购唐卡,然后转往艺术市场出售。在这些汉地老板的市场运作下,唐卡的收藏价值猛涨。大约也就在最近这五六年,吾屯的男人们开始结束了长期外出打工的漂泊生活,越来越多地留在了本地。他们有的人在家里画唐卡,有的为了减少家庭和外界的干扰,则利用菜园子大棚的空间或到镇上租用大的房屋来画唐卡,甚至开杂货铺的店主也在看店之余兼营唐卡绘画。

他们有的把画好的唐卡卖给到村里来"淘宝"的外地游客或来村里收购的外地老板,有的把唐卡卖给村里个别能人办的唐卡公司或画院,再让他们出售给外地收购者,有的则是接受一些寺院或外地老板的订单,根据他们提供的图案和大小尺寸来绘制唐卡。一般一幅唐卡少则 2000 元,多则卖到 200 万元,只要是一幅比较精致的佛像图就能卖到 7 万—10 万元。普遍来说,只要画唐卡的家庭近年来平均每家的年收入有七八万,人均一年至少能达到五六千元。村里一些比较有名气的唐卡画师,因为其能够大量收徒来协助其完成更多的唐卡作品,其唐卡生意一年甚至可以达到 300 万元。

据说在 1990 年热贡一带画唐卡的人不过 1700 余人,时至今日,出现了"人人事艺,家家作画"的壮观景象。2006 年,热贡艺术进一步被命名为世界非物质文化遗产,政府开始扩大其在热贡唐卡传承中的角色,成为推动热贡艺术"非遗"传承的主要力量。在政府的大力推动下,文化产业化成为热贡唐卡传承的重中之重。

在市场扩张的背景下,为加快热贡唐卡的产业化发展步伐,同仁县政府专门为此制订了《同仁县"千家万户绘唐卡"工程实施方案》,其总目标是:在"十二五"期间平均每年新增热贡文化产业从业人员 900 员,到"十二五"期末期全县从事文化产业人员达到 7450 人以上,基本实现各村社每户都有 1—2 个热贡文化从业人员。为实现这一目标,同仁县采取了以下的具体措施:

热贡文化进农(牧)户:从 2010 年起,每年计划培训各类热贡文化从业人员 900 名,其中,以唐卡、堆绣为主的热贡文化技能培训 700 人;2010—2015 年共培训各类热贡文化人员 5400 人,其中:热贡文化技能培训 4200 人;

热贡文化进(中小学)校园:2010—2015 年逐步在全县中小学各年级美术、音乐课中增设热贡文化课程,实现对全县 15600 名中、小学生全面开展热贡文化教育,培养创作"苗子",为传承和发展热贡文化做好人才储备;

建设各类民办热贡文化培训机构:2010—2015 年,计划每年建设和发展 1—2 个民办热贡文化培训学校,2015 年,各类民办热贡职业培训学校达到 10

余家,满足热贡文化产业发展的需要。

黄南州进一步提出:

> 到 2015 年……文化事业和文化产业发展壮大……文化产业从业人员达到 5 万人以上,文化产业收入达到 10 亿元……到 2020 年,文化基础设施建设达到国家标准,实现文化产业收入翻番,文化产业在省内市场占有一定份额,增长速度明显高于国民经济增长速度,在文化产业引领农牧民脱贫致富和推动跨越发展方面走在四省藏区前列。[①]

为此,黄南州和同仁县州县两级政府均对文化产业化特别是唐卡产业化进行了详细规划,还聘请北京大学专家制订了《文化产业发展规划》。同仁县特别制定了《关于全州文化改革发展大会精神落实措施》和《同仁县建设全省文化名县工作实施意见》,明确要"将同仁建设成为国际唐卡展销基地、全国特色文化名县和西宁至九寨黄金通道上的高原文化旅游名城",要"加快文化体制改革,大力发展文化产业,挖掘整合文化资源,把文化资源转变为产品优势、产业优势、经济优势,不断提升经济文化品位和价值,推动民族文化事业的全面繁荣和文化产业的跨越式发展"。同时,"发展壮大文化产业,通过资金投入和项目支持,培育发展一批有品牌、有实力、有核心竞争力的骨干企业和集团公司,大力发展文化旅游产业、积极培育新兴文化产业,提升传统文化产业。组建热贡艺术产业孵化基地、热贡艺术集团公司"。

据统计,在同仁县围绕热贡文化实施"千家万户绘唐卡"工程以来,吾屯上庄、吾屯下庄、郭麻日、年都乎等村均已形成了"家家是画室,人人是画师"的壮观场面,吾屯村、热贡画院被命名为"国家文化产业示范基地",同仁县被评为"中国唐卡艺术之乡",目前已被命名为"国家级工艺美术大师"的热贡艺人有 5 人、国家级非物质文化遗产项目代表性传承人 10 人、省级代表性传承人 14 人、省级工艺美术大师 44 人。"十一五"期末,同仁全县唐卡从业人员 3083 人,产业收入达到 14067.05 万元,人均创收入 4.56 万元;2011 年,全县唐卡文化企业达到 87 家,从业人员 1.26 万人,实现文化经营收入 2.04 亿元,人均收入超万元。

4. 热贡唐卡文化生态的变迁

当热贡人的家庭越来越依赖唐卡市场的收益后,其传统的生计模式、家庭结构、信仰习俗和技艺传承形式在现代文化产业的背景下日益消解与变迁。

热贡俗家传统的经济生活是以种植大麦、小麦、洋芋、油菜农作物为主,兼以麦

---

① 《中共黄南州委黄南州人民政府关于建设文化名州的决定》(2011 年 12 月 24 日)。

秸养些牛羊，提供日常所需的奶子和肉类。热贡人的主食都是面类，他们把麦子磨成面，兑上奶子，做成馍馍和糌粑。寺院僧人会以念经来赚取日常供养，他们也常常游方各地寺院以画唐卡、画壁画、做泥塑、雕刻等手艺维生。1958 年宗教改革后，唐卡由寺入家，绘制唐卡和壁画和做泥塑和雕刻开始与种地一样，成为俗家重要的生计方式。特别是在 20 世纪 80 年代寺院大规模重建修复之后，挟绘制唐卡、画壁画、做泥塑和雕刻等手艺到各地藏传佛教寺院"打工"，在热贡人的家庭生计占据了越来越重要的地位。但是，此时"打工"仍只不过是热贡人传统生计方式中的一种男女两性分工，尽管它已经打破了俗家与寺院传统分工的界限。种地仍是当时热贡人的家计生活主要内容，每逢种庄稼、拾麦子的时节，热贡的男人们都必须从四方回到家中。因此，从根本上说，当时的热贡人仍旧是一个典型的农业族群。

另一方面，由于当时热贡人外出打工主要是围绕着寺院重建修复的需要，因此，绘制唐卡、画壁画、做泥塑和雕刻等多种手工艺能够并存发展，并且，这些与寺院装饰相关的手工艺之间并没有明显的分隔，许多老一辈的唐卡画师兼具做堆绣、泥塑、画壁画等多种才能。比如吾屯下庄的尖措不仅是著名的唐卡画师，也是这一带远近闻名的泥塑匠，尖措大师的师父把拉完同时也是一个著名的泥塑大师；年都乎村著名的唐卡大师久美嘎达也是一位绘画、堆绣、泥塑兼优的艺人。

今天被认知为唐卡绘画村的吾屯，其实过去画唐卡和做泥塑的手艺都非常有名。由于吾屯当地的红泥土特别润滑，黏性好，很结实，是极佳的泥塑材料，所以，吾屯人一向有做泥塑的传统。在 20 年前的寺院重修热潮中，因为寺院不放心画师在寺院外画的唐卡是否能够符合寺院的要求，所以，无论画唐卡还是做泥塑都必须长期外出住在寺院，村里师父们在寺院里包了工程后就带了一批徒弟一起在寺院里工作。可是，现在寺院订唐卡可以让画师量好尺寸后在家里画好，再拿到寺院里挂在墙壁上。而做泥塑却不可以这样，只能亲自到外地的寺院中去做，所以，现在村里做泥塑的手艺人越来越少，也很少有人愿意外出做泥塑了。

"申遗"运动特别是成功"申遗"后，在包括政府职能部门、学界、商界、新闻媒体等社会各界的共同推动下，唐卡的知名度与市场价值得到空前提升。短短十年间，唐卡从神圣物品变成了收藏艺术，甚至是挂在墙上的"股票"，其价值飙升了上百倍。在唐卡经济价值持续攀升的背景下，越来越多的热贡人投身到为市场生产唐卡艺术品的产业中。其带给热贡人家庭经济生活的直接变化就是，唐卡绘画从热贡人家庭多种经济生产方式之一一跃成为热贡人家庭最主要的生计方式。比如吾屯下庄 317 户人家中有 280 户以画唐卡为生；吾屯上庄 260 户中除 40 户当干部外，有 180 户画画；加仓玛 140 户中也基本上是家家户户画唐卡。过去村里会做泥塑的手艺人，像尕藏尼玛书记在不出去做泥塑、画唐卡后，曾利用泥塑手艺在村里搞过手工艺厂,但是,现在他也只画唐卡了。现在村里的男孩一般在小学毕业后,大约十三四岁就辍学在家画画了。以加仓玛村为例,全村140多户人家中现在基本上没有一个上大学的男孩。尽管许多家庭的女人仍然维持着种地的传统生计方式,但是,村里已经不再有人养牛羊了,生活中必需的奶子和肉类变成全部依靠市场的供应,甚至有些家庭已经不再种地了。热贡人的生计已经紧密地与国内外市场结合在一起了,成为世界市场体系的一部分。

由冷智画师成立的唐卡工作室(张进福摄)

由于热贡传统上有"女人画出鬼,男人画出佛"的说法,绘制唐卡一向被认为是只有男人才能做的事。因此,家庭中男丁的数量就直接影响了家庭的收入。在吾屯村落中,现在只要是儿子多的人家,其家庭收入一年可以达到十几万元,儿子少的人家一年收入就只有四五万元。与生计的改变相适应的是亲属制度和信仰习俗的改变。从唐卡等手艺成为俗家的生计方式后,热贡人的家庭中不再延续全部男孩当和尚且出家后不再还俗的传统。尽管现在吾屯人家庭中幼年出家比例仍旧较高,但是大部分家庭都会至少留一个男孩作为俗家继嗣者。一个家庭若有3个男孩可能只有2个兄弟出家;若有2个男孩的则1个兄弟出家;若只有1个男孩的,可能出家而女孩招上门女婿入赘,也可能就不再有出家者。并且,即便是出家的男孩在学完佛经后也可能还俗回家结婚生子。当然,即使是有男孩继嗣的家庭,现在仍然可能保留收养或招上门女婿的传统。

与此同时,热贡唐卡技艺传承所秉持的"传内不传外"和"传男不传女"的传统原则遭到了进一步的消解。2000 年,当吾屯上庄的(大)夏吾才和吾屯下庄的(小)夏吾才让接受青海民族大学艺术系聘请担任其唐卡课程教授时,吾屯村民还曾批评他们把自己的艺术传给了外人。但是,时至今日,在村里画院、艺术中心甚至是家庭中学艺的徒弟中,相当大部分来源于吾屯村落以外的地区。这些外乡徒弟有的来自同仁县的其他乡镇,有的来自同属黄南州的其他县城以及甘肃的夏河等地,有的甚至来自北京、天津、山东、安徽等汉族地区。吾屯村落的一些著名唐卡大师甚至还担任了北京一些高校的客座教授。就现在吾屯村落传承的情况来看,似乎这个"传内不传外"的说法已经被彻底打破了。

女人,这个在佛像绘制中的传统禁忌,在这个文化产业化的时代中,也被模糊了。从 2000 年开始,在吾屯村庄里,出现了越来越多年轻的女画师。她们大多是跟着自己父亲或丈夫学艺,也有个别是专门拜师学艺的。她们除了承担原本农作、家务的责任之外,现在还要协助家中的男人一起完成唐卡的绘制。部分女性画师还专门开设了唐卡工作室。尽管仍然有人说女人不能画佛像,但是,更多的人则承认女徒弟可以画渡母、观音等女佛像,而且,她们也可以绘制那些作为艺术品收藏的唐卡。而且,政府在非遗保护实践中也积极引导和鼓励女性从事唐卡制作。当地妇联设立专项经费,利用农闲时间开展女性从事热贡艺术的培训。同仁县政府甚至在最近几年的唐卡博览会上,还专门为女性设立了一等奖和二等奖若干名。

即将进入深圳某餐厅的巨幅唐卡
正在做最后的点睛与润笔(张进福摄)

伴随着传承禁忌的打破,是一系列仪轨禁忌的弱化与新形式的出现。尽管寺院的唐卡画师仍在虔诚坚守着佛像绘制的各种禁忌,极力确保唐卡最后的洁净。然而,在市场浪潮的汹涌冲击下,俗家唐卡已经一步步地远离"心中的佛相"。特别是文化产业化,唐卡被当作一种充满异域风情的艺术品,艺人为市场生产供人观赏、收藏之工艺品,一批批年轻的、为市场创作的艺人被复制出来。他们不再读经念佛,不再依靠经文来描绘佛之本相,不再坚持佛像的永恒,不再将唐卡当作冥想神佛的寄托。

因此,唐卡的绘制不再需要禁欲、禁情,不再需要沐浴洁身,不再需要煨桑诵经,不再需要保持一颗绝对清净的心灵,不再需要以佛之名义开光交代,赋予唐卡以神性。今天的艺人不再会见到唐卡绘制工具都存战兢之心,不再担心抽烟喝酒之口会污秽唐卡绘画之笔,不再关心唐卡是否能够被消费者合适安顿。艺人们边听现代流行音乐边绘制唐卡,讨论如何用现代油画的技法来创作唐卡生动的图像,公开展示以唐卡绘制技法创作的非宗教非佛像作品,公开表示他们在创作中曾经使用非矿物颜料,甚至接受用喷绘唐卡来表现佛像唐卡。出售的唐卡甚至是寺院中悬挂的唐卡、壁画的空白之处也被小心地签上艺人的名字,自己的名字是否足够承受世人的膜拜,已经不再是很多人关心的问题。越来越多的艺人为世界各地的订购者绘制唐卡;越来越多的唐卡不仅被当作商品出售,还被当作了礼物交换;越来越多的艺人开始以唐卡的消费对象来区分唐卡的神圣性与世俗性,认为用非传统的方式绘制作为艺术品的唐卡是可以被接受的。从此,藏传佛教寺院和信徒不再是唐卡不二的消费者;大多数唐卡名为"唐卡"却不再需要被"请",不再需要隆重的开光仪式。艺术品市场的逻辑已经深深地改变了热贡唐卡的本质。

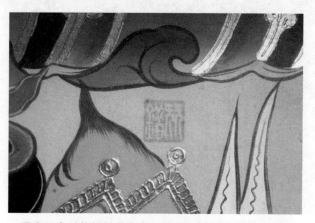

吾屯下寺时轮解脱塔唐卡上盖的艺人印章(李春霞摄)

二、余论与反思：热贡唐卡走向何方？

综上所述，热贡唐卡原本是藏传佛教信徒观想修行的一种形式，唐卡的绘制最初的含义是藏传佛教信徒用以记录修行感悟和内心神佛图像的一种方式。因此，唐卡之于其最初的遗产所有者，并不在于现代意义上的艺术欣赏、装饰装潢或艺术品收藏，而是一种修行人观想世间人与人、人与万物的基本方式。正所谓画唐卡是一种修行。唐卡的文化意义扎根于藏传佛教，是藏传佛教文化感性知识的一种视觉表达。唐卡的技艺内容来源于修行，是藏传佛教修行者记录心路历程，而逐渐累积出的技能方法，或者说，它是修行者物化其感觉知识的"记忆图式"[①]。正因为"艺"是"意"之表达工具，是一种"物"化的知识形式，它必须遵循一个严格的表达程式，来确保唐卡作为藏传佛教文化遗产的文化意义得以传承与延续。

换言之，唐卡的遗产内涵包括三个重要的组成系统：一是唐卡的意义系统；二是唐卡的技艺系统；三是唐卡的仪轨系统。它们反映了唐卡遗产传承中如何解释、如何表达以及表达什么三个不同方面的内容。包括唐卡绘制的内容与工艺技法在内的唐卡技艺系统，本质上是藏传佛教文化知识的"物"化形式，它提供了一种媒介以呈现与记忆藏传佛教文化深刻而复杂的意义系统。从这个意义上说，唐卡绘制不仅是一种技能知识，更是一种感性的知识[②]。不同于一般的陈述性知识，感性的知识和技能的知识是通过行动，而不是言语来理解与记忆的。因此，它需要仪式化的行动来保证了感觉的形式化，并使知识得以明确化与传承。唐卡的仪轨系统正是通过建立这样一个明确的、程式化的行动仪式，赋予了唐卡意义系统与技艺系统一个联系的网络，使唐卡所根植的文化意义得以借助物化技艺形式代代传承。这三个系统，彼此相辅相成，互为支持，共同构成了唐卡基本的文化内涵。

热贡唐卡源于藏传佛教，更是热贡人日常生活的一部分，热贡唐卡的传承深深植根于热贡人的族群文化。热贡人地处一个农业文明与游牧文明的边缘地带，同时遭遇多元族群文化的洗礼与交融，最终形成了以藏传佛教文化为核心的一种开放性的族群文化结构。僧人、俗人或围绕不同寺院形成了热贡人内部的自我区分，然而，这种区分并不是完全对立的，而是相互交错，充满了千丝万缕的联系。俗家村落不仅在空间上紧密环绕着寺院，寺院和僧人的家构成了聚落的重要组成部分，而且，寺院还是村落日常生活的中心，僧、俗的生活完全以寺院为中心来展开。更

---

① J. Fentress and C. Wickham. *Social Memory*. Blackwell Publishers，UK，1992，p. 17.

② J. Fentress 和 C. Wickham 把知识区分为三大类：陈述性知识（proposition knowledge）、感性知识（sensory and experiential knowledge）和技能知识（skill knowledge），通常只有第一种知识被当作完全意义上的知识。J. Fentress and C. Wickham. *Social Memory*. Blackwell Publishers，UK，1992.

重要的是,寺院与村落中的俗家还保持着无法割断的亲属关系,它们相互依赖、彼此沟通,构成了一个不可分割的整体。

热贡寺院与俗家之间相互包容的亲属制度,构成了热贡唐卡社区传承的基础。尽管绘制唐卡作为一种修行的方式,本属于热贡僧人之间世代传承的寺院文化遗产,然而,热贡寺院与俗家之间交错的亲属结构,使这种寺院文化传承具有了鲜明的亲属传承的特质。同时,唐卡绘制作为一种融会感性知识和技艺知识的文化元素,使它客观上具有生计的功能。热贡唐卡艺僧挟艺游方于藏传佛教信仰区域内的各个寺院,早已成为热贡唐卡传承中的重要传统。广大的藏传佛教寺院,构成了热贡唐卡传承最重要的参与主体。广阔的藏传佛教信仰区域,超越了热贡地方,构成了热贡唐卡事实上的传承社区。

1958年的宗教改革,改变了热贡唐卡传统的传承轨迹,使热贡唐卡绘制由寺入家。唐卡主要作为一种修行方式的本质内涵开始松动,同时,它作为一种生计方式的功能逐渐加强。但是,由于热贡艺人从事生计活动的社区仍然是传统的藏传佛教信仰区域,其主要的参与主体仍旧是传统的藏传佛教寺院,因此,直到20世纪80年代和90年代热贡唐卡的复兴时期,唐卡仍旧被众多的俗家艺人视为是佛弟子在俗家修行的一种方式。他们以修行者的虔诚之心,来从事其唐卡绘制的生计活动,保持着唐卡绘制严格的仪轨与禁忌,试图去维护唐卡意义传承的完整性。当然,随着唐卡绘制成为俗家重要的生计方式之一,传统以寺院为本的传承制度开始转变为寺院与俗家交互传承,家庭传承逐渐取代寺院传承成为热贡唐卡传承最重要的方式。

2000年以后,伴随着雪域高原旅游开发、"申遗"活动和文化产业化发展的步伐,热贡唐卡的绘制越来越取代传统的农业和多种手工艺,成为当地人赖以维生的基本生计模式。旅游纪念品或艺术品市场取代了藏传佛教寺院和信徒,成为热贡唐卡新的参与主体。画院传承、政府传承和高校传承在热贡唐卡传承中占据了越来越重要的位置。热贡唐卡传承呈现出参与主体愈加复杂化,表述声音愈加多元化的趋势,从而使热贡唐卡在表达内容、表达方式等各个方面都表现出不同程度的转型。大量的唐卡创作被建立在非宗教的世俗消费的基础之上,唐卡制作的神圣仪轨被打破,唐卡从神圣物品转变成为市场消费的商品;在"千家万户绘唐卡"的产业化工程的推动下,绘制唐卡逐渐去除了其神圣性而转化成为一种生计产业。许多年轻的艺人不再学经、不再懂经,甚至只是根据前人画的图纸在照章模仿,唐卡意义系统与技艺系统之间的关联日益薄弱,唐卡技艺的精致程度也在日益削弱。

许多人都说,比较起来,还是现在这一代的唐卡画师画得最好,还是现在的新唐卡更好看。因为新唐卡佛像背景变得更加丰富,比如背景的山水和花木笔法更加精细了,唐卡上用的金粉勾线更多也更精致了,因此也显得更加亮丽。从唐卡的艺术审美角度上说,今天唐卡绘制的创新使唐卡真正成为一种符合现代审美品位的"艺术"。然而,若是回归其原本的文化逻辑,我们很容易就发现:今天在收藏和装饰品市场上被热烈追逐的黑唐,原本却是宜供寺院不宜奉于家的护法神。显然,唐卡作为商品的逻辑已经改变了唐卡作为文化的逻辑。

当我们把唐卡当作一种非物质文化遗产时,无疑,它首先就是一种文化。它的生命源于地方族群活生生的日常生活实践。热贡唐卡首先应该是热贡地方族群的遗产,热贡地方应该是唐卡"文化生成的土壤,是其文化展演的舞台,也是其文化存续的依托"①。唐卡文化的发生与存续应该根植于热贡地方知识体系,因此,热贡地方族群的价值应该是唐卡作为遗产进行保护与发展的根本。唯有尊重遗产地方性主体的价值,热贡唐卡才可能保持其地方性的家园纽带,才可能在不断的传承中保持其不衰的生命力。

唐卡在热贡文化中的内涵,应该是其原生的遗产属性。它不仅表达了热贡地方族群深刻的文化价值情感,更代表了热贡地方族群对其精神家园的不断求索。尽管从来没有一成不变的文化,市场、旅游和公权力的力量已经使全球化成为任何族群文化都无可逃避的趋势,遗产发展过程中必然出现遗产属性的复杂化与遗产主体多元化的趋势,遗产作为经济资本和文化资本的价值也不可避免地突显出来。但是,无论如何,任何遗产都只有当其具有特定族群共同文化的基础时,才可能代表了人类遗产的独特性,并为人类普遍价值所珍视。因此,家—家园构成了遗产主权与属性的基本依据,"家园遗产"与家园生态的关系构成了遗产保护的基本概念。如上所述,唐卡作为一种"家园遗产",其属性显然受其家园生态变迁的密切影响,某种程度上直接体现了其家园生态的特征。唐卡的保护必须重视其家园生态的保护,关注其在自然过程所形成的共同文化的边界范围,关注地方族群与其家园环境的关系、地方族群亲属制度与家园遗产的关系以及地方族群信仰习俗与家园遗产的关系,限制其他外来的主体在唐卡传承中的权力,唐卡的技艺传承才能得以根深叶茂、源远流长。

---

① 彭兆荣:《遗产反思与阐释》,云南教育出版社,2008年版,第110页.

案例六

万里茶道：文化线路
遗产与文明交流田野
调查报告

［调查对象］

万里茶道：文化线路遗产与文明交流

［调查目的］

本组田野调查的对象为国家级非物质文化遗产项目"武夷岩茶（大红袍）制作技术"及文化线路遗产"万里茶道"的传承，目的在于理清以茶为媒的万里茶道对文明交流、反哺的影响，对于"万里茶道"的世界非遗项目申报和保护传承有理论指导意义。

［田野情况］

调查时间：2011 年 12 月，2012 年 5—6 月，2013 年 12 月

调查地点：福建省、山西省晋中市、云南省普洱市

成员分工：彭兆荣、肖坤冰、张颖、巴胜超、郭颖。肖坤冰负责武夷岩茶（大红袍）制作技术的调研写作，彭兆荣、肖坤冰、张颖、巴胜超、郭颖负责山西晋中市茶叶线路相关遗产的资料调研、搜集，巴胜超负责云南省普洱市茶马古道资料的搜集，统编调研报告。彭兆荣负责全篇的编撰。

调查对象：文化线路遗产"万里茶道"

茶:文明交流的媒介

　　茶叶,一片树叶,在马背上,在船舱中,在挑夫的肩头,行过万里茶路,经过雨雪风霜,以贸易商品的名义,成为人类舌尖上的大众饮品,最终表征为一种文化符号,与咖啡、可可、烟草一样,深刻改变了世界经济、政治格局。茶叶,在行走的过程中,经历了太多的故事。

　　茶叶,在土地和手掌的温度尚未褪去时,就已经在中国人双手的劳作下,幻化为各种各样的茶类。在云南天然林中的野生古茶树,经过半驯化的人工栽培,野生茶树的野性,在人工栽培的呵护下,将茶叶的性情融为一体,以野生型、过渡型和栽培型古茶树,向茶客展示着原始神秘的味道。湖南安化等地生产的黑茶,深受陕西、甘肃、宁夏、新疆、青海人民的喜爱,一壶黑茶,承载着西北人对安化黑茶的期待。“欲把西湖比西子,从来佳茗似佳人”,西湖龙井茶有“四绝”——色绿、香郁、味甘、形美,从来都是茶客品茗的佳人之味。苏州碧螺春,亦称“碧萝春”,原名“吓煞人香”,俗称“佛动心”,因与桃、梅、橘、李、杨梅、枇杷、板栗等果树间种,独有一种独特的果香,被誉为“茶中仙子,人间珍品”。“祁红特绝群芳最,清誉高香不二门”,祁门红茶,根植于肥沃的红黄土壤,温和的气候、充足的雨水和适度的日照,使其外形条索紧细、匀整,锋苗秀丽,色泽乌润,从来都是英国女王和王室的至爱饮品。信阳毛尖、福建安溪铁观音、台湾冻顶乌龙茶、武夷山大红袍,诸多知名茶品,拨动着茶客的味蕾。

　　茶叶,在人们闻其味品其香的同时,也被编织进社会的日常生活、价值系统和文化实践当中。在接纳茶叶的各类文化群体中,随时间的流动,茶叶承担了不尽相同的社会功能,并不断被赋予不同的意义。很早就成为商品和文化事物的茶叶,在人类文化与文明的发展、传播中,起到了至关重要的作用。中国,作为茶叶的发源地和茶叶生产、销售的古老国度,更是随着茶叶贸易的发展,深深卷入世界体系当中,以茶为媒的文化移动与回迁,形成了以茶为媒的文化线路,茶叶路上星星点点的物质与非物质文化遗产,如同珠串,串联起一道道泛着茶香的文化线路遗产。

　　在中国的历史上,“茶马古道”无疑是茶文化线路遗产的一个代表。以川藏道、滇藏道与青藏道(甘青道)三条大道为主线的茶马古道,辅以众多的支线道路、附线构成的马帮道路系统,其地域跨川、滇、青、藏四省区,向外延伸至南亚、西亚、中亚和东南亚等国家,马帮运输的货物远达欧洲。茶马古道又可分为三段:一条从四川雅安出发,经泸定、康定、巴塘、昌都到西藏拉萨,再到尼泊尔、印度,国内路线全长3100多千米;一条路线从云南普洱茶原产地(今西双版纳、普洱等地)出发,经大理、丽江、中甸、德钦，到西藏邦达、察隅或昌都、洛隆、工布江达、拉萨，然后再经江孜、亚东，分别到缅甸、尼泊尔、印度，国内路线全长 3800 多千米；一条主要是"茶马互市"，起源于唐、宋时期，封建王朝用茶叶与西北少数民族进行茶马交易，在贸易往来中维护了民族的和睦和国家的统一。这条"茶叶之路"涉及的主要是中华各族群之间，农耕文明与游牧文明之间的互动交通。

纵观中国历史，农耕民族与游牧民族之间围绕着"15 英寸等雨线"，南北方的拮抗持续两千余年。① 期间，或是游牧民族跨越长城，侵略和入主中原；或是霍去病、李靖们驰骋征战于漠北、阴山，双方虽不能以原有之文化形态去统一"他者"，但均未放弃文化和经济上的交往，而是形成了一种纷争其表、共存其内的密切关系。梁任公所谓"中国之中国"形成过程中，原本作为经济作物的茶叶所起的作用，远远超出了其作为单纯日用饮品的作用（价值），在文化涵化和传播过程中，扮演了极其重要的角色，并成为文明交流、传播的重要媒介和纽带。

茶叶贸易流动的繁荣，将南北方紧密地联系起来，双方的频繁交流互动，使南北方在文化和经济上的联系，突破政治和疆域的限制，为形成大一统的民族国家和多元一体的民族关系，提供了动力。茶叶贸易作为帝国边疆政策一枚重要的棋子，为中心与四方的力量均势提供了平衡的砝码。

以战国赵武灵王效仿游牧族群胡服骑射为起点，灵活机动的骑兵，开始在战场上取代笨重的战车，马匹在古代战争中的重要性日益凸现。中原汉人建立的政权要想与北方游牧族群的骑兵部队相抗衡，就必须获得马匹。但是对帝国而言，马匹这种如此重要的战略物资，却多产于西南部和北部边疆的少数民族聚居的牧区。为了获得这种当时最具战斗力的军需物资，中原王朝开始与边疆驯养马匹的游牧族群进行互市，刚开始多使用金帛进行，随着国内茶叶种植面积和产量的扩大，民间饮茶之风的日益盛行，茶叶逐渐传入西部和北部边境，调整了游牧民族的饮食结构。边境游牧民族，长期以肉类和奶制品为主食，而茶叶富含维生素、单宁酸、茶碱等，能补充游牧民族所缺少的果蔬营养成分，并能化解油脂。此外，饮用滚开的热茶，可以杀灭细菌，也就减少了肠道、血液寄生虫感染的机会。因此，在中原汉族作为生活调剂品的茶叶，对于北方的少数民族，却像粮食和盐巴一样，成为生活必需品。在唐代，茶业贸易成为唐帝国充实边防、"以茶制边"的重要物资。两宋期间，中原王朝与北方游牧政权辽、金、西夏战事频发，军队对马匹的需要更为迫切，"以

---

① 黄仁宇先生有所谓 15 英寸等雨线的概念，在等雨线的东南，平均每年有至少 15 英寸的雨量，适合发展农业，人口茂盛。而在等雨线的西北，气候干燥，适合游牧民族逐水草而居，长城就是依此而建，其中的一部分是与等雨线重合的。

茶易马"成为关系帝国存亡之要务,故宋设"茶马司"专司其职。据记载,宋代每年与边境民族易马达两万匹。元代,原本出于军事需要的茶马贸易暂时中断。明代,蒙古政权虽被逐,但其在北疆的势力仍然强大,且当时西北诸蕃尚多观望的情况又使得明帝国不得不恢复茶马贸易。明初,中央政府在西北设茶马司,并参唐宋茶法,制较完善茶法。① "明茶法有三,曰商茶,曰官茶,曰贡茶。商茶输课给引略如盐制,官茶贮边易马若征课钞,贡茶则上供同也。"② 可见,商茶和官茶乃是茶马互市的重心所在。明代边境茶马贸易主要有两种形式,官方的"差发马制"和民间互市贸易。③

另一条茶路就是中俄"万里茶道",这条茶道在长度、空间跨度上以及对后世所带来的影响方面,均有超越茶马古道的趋势。这是一条跨国、跨族群、跨多种地理生态区的国际商道,更被俄国称为"伟大的茶叶之路"。从中国的福建北部到俄国的圣彼得堡,以最近线路测算,"茶叶之路"全长应达 9000 千米以上,因而又被称为"万里茶道"。其中俄国境内 5000 余千米,中国境内的主干线 4000 余千米(含蒙古境内 1060 千米)。俄国境内的驼帮茶路,大部分在北纬 55°线上,东起当时中俄边界恰克图,横跨西伯利亚的针叶林荒漠、乌拉尔山脉,经莫斯科到圣彼得堡,主要由俄国和蒙古商人运输;中国境内的茶路,南起福建武夷山(后期由湖南安化或湖北羊楼洞起),纵穿长江、黄河、长城、草原和浩瀚戈壁,直抵恰克图,完全由华商运输。而"华商"中的绝大部分是山西商人,所以堪称"晋商万里茶路"。④

在资本主义世界体系建立初期,来自中国的特有商品——茶可以说是最早进入全球贸易网络的大宗商品。自 16 世纪至 19 世纪末叶为止,世界上有两条主要的"茶路"将茶叶从中国运到西方:一条向北,由陆路(茶叶之路)穿越蒙古和西伯利亚到达欧洲。另一条向南,由中国南部贸易港口沿海路运到欧洲。由海路运送的茶叶被称为"tea",由陆路运送的茶叶则被称为"chai"。⑤ 这一条茶路也就是由山西晋商走出来的中俄"万里茶道"。俄国人瓦西里·帕尔申在描述于 1835—1840 年间在"茶叶之路"贝加尔湖至尼布楚一路的见闻时,曾这样描述到:换回茶叶,这是交易的主要目标。换来的茶叶有:各种花茶,各种字号的茶,普通茶和砖茶。砖茶

---

① 肖坤冰:《人行草木间:贵州久安古茶树历史人类学考察》,贵州人民出版社,2013 年版,第 28—29 页。

② (清)王原:《学庵类稿》,见《古今图书集成·食货典》卷 287"茶部"。

③ "差发马制"又称为"金牌信符"制度,是明代对唐宋时期茶马互市政策的发展和变革。是一种由国家主持进行的,建立在边境地区少数民族与中央臣属关系基础之上的互市行为,即少数民族贡马作为差发,政府则酬以茶斤以示赏赐。

④ 程光、李绳庆:《晋商茶路》,山西经济出版社,2008 年版,第 1—2 页。

⑤ [美]艾梅霞:《茶叶之路》,范蓓蕾、郭玮等译,中信出版社,2007 年版,第 18 页。

在外贝加尔边区的一般居民当中饮用极广,极端必需,以致往往可以当钱用。一个农民或布里亚特人在出卖货物时,宁愿要砖茶而不要钱,因为他们确信,在任何地方他都能以砖茶代替钱用。① 接下来,我们将循着"制茶"—"茶路"—"茶道"的线索,探寻茶叶之路中文化遗产的传承与传播。

二、制茶:岩茶产制中的"技"与"术"②

(一)技术、传统手工艺及其在"非物质文化遗产"中的表述问题

人与物质、环境的互动离不开技术,然而,技术却是一个很难明确定义的概念。在英语中,技术(technology)一词源自于希腊语"tekhnologia",它的词根为"tekhne",意指"艺术或手艺"。

从17世纪以来,"技术"主要用以描述对艺术的系统性研究,到了18世纪,"技术"的定义特别强调对"机械的、手工的"(mechanical)艺术研究。大约到了19世纪,"技术"才专门指称"实践性艺术"(practical art)。③ 技术一方面被多样化地描述为带有强烈的个人特征,但同时又非专属个人,而是属于社区或网络的财产。在大部分学者看来,"社会"与"技术"动力之间具有一张"无缝的网络"(seamless web),即便是在"纯科学"的研究领域,也没有纯粹的技术主导性。④

一方面,技术是一种具身的(embodied)知识,要求长时间地实践,融于从业者的肢体和感觉器官中。另一方面,它"内嵌于"(embedded)社会关系之中,并通过从业者所在社区、社会等级制度与分工假设得以再生产。⑤ 也即是说,"技术"同时包括"个人的"和"社会的"两个维度。

从西方社科界对"技术"研究历程和定义来看,技术的优越性也是伴随着现代性而建立的。作为一个知识和设备的系统,使高效或低效的物质产品的生产得以进行,并对环境加以控制——科技(technology)——乃是西方优越性话语的核心要素。在这个认识论框架中,西方科技变成了一个象征等级结构的符号,在这个等级结构中,现代对立于传统、进步对立于停滞、科学对立于无知,西方对立于东方,男

---

① 〔俄〕瓦西里·帕尔申:《外贝加尔边区纪行》,北京第二外国语学院俄语编译组译,商务印书馆,1976年版,第47页。

② 此文作为课题阶段性成果,已由肖坤冰以《岩茶产制中的"技"与"术"——兼论非物质文化遗产中的"传统手工艺"》题名,发表于《民俗研究》2013年第6期,第83—90页。

③ Raymond Williams. *Key Words*:*A Vocabulary of Culture and Society*. New York:Oxford University Press,1983,p.315.

④ Ron Eglash. "Technology as Material Culture", in Christopher Tilley, *Handbook of Material Culture*. London:Sage Publication,2006,p.330.

⑤ 〔德〕雅各布·伊弗斯著,胡冬雯、张洁译,肖坤冰校:《人类学视野下的中国手工业的技术定位》,《民族学刊》2012年第2期。

性对立于女性。[①]

虽然对于非西方社会的本土科技已经有了严肃认真的研究,李约瑟(Joseph Needham)策划的多卷本的《中国的科学与文明》的直接目的,就是证明所谓科学和技术不是西方心智的独特产物。但李约瑟的科技概念是较为保守的,科学是理论,技术是实践。在书系的整体编排上,李约瑟将中国知识分成理论的和应用的,工艺技术则属于应用科学范畴。[②] 费尔南·布罗代尔(Fernand Braudel)强调对一般人的日常生活和物质文化进行研究,提出必须将生产和消费结合起来,将当地科技嵌入广阔的地理和社会的语境之中来考察。

但最早注意到并声明"技术"中的"精神"层面内容的当属涂尔干(Emile Durkheim)。涂尔干认为社会行为的所有形式都与宗教有特定关联,确保道德生活(法律、道德、艺术)和物质生活(自然科学、工艺技术)功能的技艺和技术的实践,同样也源于宗教。作为涂尔干的继承者,马塞尔·莫斯(Marcel Mauss)进一步强调"社会化的技艺",指出"动力或者工具的发明,使用他的传统,乃至这种使用本身,本质上都是社会的产物"[③]。近年来,白馥兰(Francesa Bray)在对中国传统社会中的"技术控制"与"性别分工"进行了深入分析的基础上,将技术描述为"是一种有效用、有传统的行为",认为在此点上,技术与"一种法术、宗教或符号行为并无不同"[④],而这更倾向于汉语中的"术"。同样关注中国农村社区中的手工艺的雅各布·伊弗斯(Jacob Eyferth)注意到了在"工艺知识"生产的过程中,书写文本与"口头文本"之间的共存和互渗现象,但他认为很难并且没有必要将"默会知识转化为书写知识,记载工艺知识的文本更关注道德价值的宣传而非技术传递"[⑤]。

根据联合国教科文组织对"非物质文化遗产"的分类和定义,"传统手工艺"(traditional craftsmanship)是非物质文化遗产的所涵括的五大项目之一。[⑥] 由我国国务院办公厅颁布的《国家级非物质文化遗产代表作申报评定暂行办法》对非物质文化遗产作了这样的界定:非物质文化遗产是"指各族人民世代相承的、与群众

---

① [美]白馥兰:《技术与性别:晚期帝制中国的权力经纬》,江湄、邓京力译,江苏人民出版社,2006年版,第7页。

② [德]雅各布·伊弗斯答,肖坤冰问,彭文斌校:《汉学人类学视域下的民众日常生活史研究——芝加哥大学教授雅各布·伊弗斯专访》,《民族学刊》2012年第2期。

③ [法]马塞尔·莫斯、爱弥尔·涂尔干、亨利·于贝尔原著:《论技术、技艺与文明》,[法]纳丹·施郎格编选,蒙养山人译,世界图书出版公司,2010年版,第1—31页。

④ [美]白馥兰:《技术与性别:晚期帝制中国的权力经纬》,江湄、邓京力译,江苏人民出版社,2006年版,第302页。

⑤ [德]Jacob Eyferth著,胡冬雯译:《书写与口头文化之间的工艺知识——夹江造纸中的知识关系探讨》,《西南民族大学学报(人文社科版)》2010年第7期。

⑥ Text of the Convention for the Safeguarding of Intangible Cultural Heritage.

生活密切相关的各种传统文化表现形式（如民俗活动、表演艺术、传统知识和技能，以及与之相关的器具、实物、手工制品等）和文化空间"①。在国内，众多学者围绕"非物质文化遗产"这一概念进行了相关讨论，很多学者注意到了"文化空间"一词的专业性和模糊性而对其进行了阐释，但是对于"传统手工""传统知识与技能""器具、实物、手工制品"等一系列概念则将其视为"显而易见"而缺乏相应关注，从而忽略了"非物质文化遗产"作为一个东方式（日本）概念经由联合国教科文组织的推广，在几次语言转换之后所发生的"文化传译"与"误读"。在联合国教科文组织《保护非物质文化遗产公约》中出现的"craftsmanship"一词被对应翻译为"传统手工艺"，而事实上"技术""技艺""技能""手工艺""工艺""手工"等概念与之也非常相近，但很少有学者对其进行专门的区分。在中国历史上，"手工之术"（艺术）与"手工之业"（工业）从来都是互为你我、一脉相承的，"手工"与"艺术"的区隔是随着现代西方"美术"学科的舶来，我国传统的表述形制被西方的学科分类体系所取代才出现的，"艺术""技艺"与"手工"三者之间存在着密切的关系，它们既是"存在共同体"，也是"表述共同体"。②

在本调查中，笔者将以列入中国首批国家级非物质文化遗产名录的"武夷岩茶（大红袍）生产制作技艺"为例，试以证明：传统中国的工艺技术——也即是"非物质文化遗产"中的"传统手工艺"是一个意义丰富的世界，它不仅是"手工之术"（艺术）与"手工之业"（工业）的结合，同时也是"技"（Technology）与"术"（Witchcraft）的融会贯通。作为在社区中维系手工艺传承的纽带，以及作为一种编织权力的经纬——将从事不同加工部分的手工艺者连接和组织在一起共同生产运作，"技"与"术"总是互相交织在一起，密不可分。同时，"技"的发明也在"书写文本"与"口头知识"的相互对比、参照、借鉴和融合中形成的。

（二）书写文本与口述知识：武夷岩茶（大红袍）制作技术之发明③

我国古代茶叶制作技术的发展，大致经历了一个从晒制、蒸制的散茶和末茶，演变为拍制的团饼茶，再到蒸青绿茶、炒青，最后才发展为乌龙茶和红茶的历程。乌龙茶的制作技艺最早大约是在明末时期的武夷山地区形成的。

武夷岩茶（Wuyi Rock Tea）属于乌龙茶（Oolong Tea），现在市场上统称"大红袍"。根据文人笔记的记载，大约是在明末清初时期，由崇安县令殷应寅延请黄山

---

① 王文章：《非物质文化遗产概论》，教育科学出版社，2008年版，第42—43页。

② 彭兆荣：《"中国手艺"之名与实》，《东南文化》2013年第1期。

③ 需要说明的是，"武夷岩茶""乌龙茶""大红袍"在此处都是指的同一范畴：一是由于武夷山的茶大多生长在山间烂石、岩石缝隙间，因此被称为"岩茶"；二是武夷山作为乌龙茶的发源地，岩茶的出现也即标志着乌龙茶制作工艺的发明；三是由于岩茶的花名繁多，故现在市场上统一商品名为"大红袍"。2006年列入中国首批非物质文化遗产名录的即为武夷岩茶（大红袍）制作技艺。笔者注。

僧人传授松萝茶制法,并在此基础上创造发明了"做青"工艺而形成的一种新的茶叶品种。武夷山因此也被视为乌龙茶的发源地。据周亮工《闽小纪》云:"崇安殷令招黄山僧以松萝法制建茶,堪并驾。今年余分得数两,甚珍重之,时有武夷松萝之目。"①松萝制法颇为精细讲究,明浙江四明(今宁波的别称)人闻龙,记于崇祯三年(1630)的《茶笺》一文写道:

> 茶初摘时,须拣去枝梗老叶,惟取嫩叶,又须去尖与柄,恐其易焦,此松萝法也。炒时须一人从旁扇之,以祛热气,否则色黄,香味亦减。予所亲试,扇则其翠,不扇色黄。炒起置大瓷盆中,仍需急扇,令热气稍退。以手重揉之,再散入铛,文火炒干入焙。盖揉则其津上浮,点时香味易出。②

根据上述制法,松萝茶乃精细之炒青绿茶。但这种制法每次炒制时都需要一人专门在旁边不停地扇风,极费人工,根本不可能如明末徐𤊹所描写的那样"年产数十万斤",因此也不大可能大量普及其制法,而更像是文人士绅阶层之间一种雅致的"玩茶"方法。周亮工在《闽小纪》中以松萝茶制法炒制武夷茶,"经旬月,则紫赤入故",极有可能是炒时用大锅,炒后堆放过厚,无法晾开扇去热气所致。但其中并未提到乌龙茶最核心的"做青"工艺。

乌龙茶最显著的特点是其"做青"工艺,"做青"又包括晒青、摇青、揉炒、烘焙等一系列的工序。当地茶农认为:武夷山处于丘陵地带,山高峰险,涧壑纵横,三十六峰、九十九岩耸立横亘,茶山分布点缀其间,行走艰难,且茶厂多设在山麓,距离茶山还有较远的距离。采茶时要翻山越岭,茶青在茶篓和挑篮中,暴于日光之下,便产生了"倒青"(即萎凋)现象;人行走时,茶青在茶篓和挑篮中摇动,便产生"摇青"现象。这样青叶脱掉了部分水分,边缘泛红,这种茶青是无法做成绿茶的,但炒揉焙后却兼有红绿之色,味道醇厚,受到饮者欢迎。发现了这一市场偏好后,当地人便有意识地进行倒青、晾青、做青、炒、揉、焙等工序,逐渐形成了乌龙茶的制作工艺。

在武夷山的民间传说中,乌龙茶的制作工艺被描述为是当地茶神杨太伯的"发明",其"发现"做青工艺的过程与前文茶农所推断的内容大致相同。传说杨太伯挑茶叶行走在山路中无意中产生了"摇青""倒青"现象,再经过实践、摸索,发明了晾干、揉青、烘、焙、分拣的一套工艺。③

关于武夷岩茶的制作工艺的本文记载最早见于清朝王复礼的《茶说》,文中所

---

① (清)周亮工:《闽小纪》,福建人民出版社,1985年版,第13页。
② (明)闻龙:《茶笺》,萧天喜主编:《武夷茶经》,科学出版社,2008年版,第93页。
③ 《制茶祖师杨太伯》,萧天喜主编:《武夷茶经》,科学出版社,2008年版,第361—362页。

描述的"炒焙兼施,烹出之时,半青半红""茶采而摊,摊而摝,香气发越即炒……即炒即焙,复拣去老叶枝蒂,使之一色"等描述与现在的岩茶制作流程基本一致。[①]

　　根据上述有关岩茶制作技艺之发明的记载,按照表述者的身份大致可以分为两大类群体:一类是以官、僧和文人为代表的知识精英。在历代有关茶叶制作的文献资料中,这一部分人基本上都是具体人名和所在地出现的,比如上文中的崇安县令殷应寅、黄山僧人、周亮工、闻龙等;另一类群体则是处于社会下层的、无名的"茶农"群体,他们只共同拥有"当地茶农"的整体身份。属性前者是属于社会精英的小部分人,后者则是无名的大众。前者在传统社会中掌握着文化与书写的权力,他们的知识可以通过文本流传后世;后者则是不识字的群体,他们的"技艺"通常通过口述身授而代代相传。从两种群体对制茶技术的影响来看,文人士绅们虽然也亲自"制茶",但他们所制茶的量非常少,且对"制茶"过程讲究详细的记录和总结,这非常类似于西方"技术"之发明过程中的科学实验和理论归纳。此外,文人雅士参与"制茶"是建立在"品茶"和"玩茶"的基础上的。中国古代的茶道,至迟在唐代中叶已形成一套完整的体系,采茶、制茶、烹茶、饮茶,都有明确的规范,非常严谨。以烹茶为例,首先要求有一套特制的茶具,包括炉、釜、碾、杯、碗等。这一套烦琐的饮茶规范,只有在社会上层中才有可能得以推广,比如宋朝时期,在文人雅士之间曾兴起"斗茶"之风。知识精英们为了追求饮茶时获得更好的口感也会想办法提升制茶技术,因而他们对技术的改进通常具有明确的目的性和刻意性。与之相反的是,广大茶农是将"制茶"作为生计来源,制茶的过程非常辛苦却很少有机会喝到好茶,比如民国以前武夷山的茶工日常所饮之"茶水"大多是由"毛茶"中挑剔出来的茶梗和碎叶所泡。然而,作为在茶叶加工过程中的实际操作者,茶工们却常常在不经意间,偶然地"发明"了新的加工方法,由此起到改进技术的作用,正如前文中武夷山当地人对"做青"技艺发明的解释。

　　从岩茶的制作技艺的发明来看,精英与大众之间的技术传播并不是封闭的,文人笔记中常出现"寻访山中茶农"的表述,而知识一旦被书写以后往往会被赋予一种神圣性,因而经由文人记载下来的"技术"往往又被茶农视为加工茶叶时的参照和规范。因此,就这一点而言,书写文本(writing text)与口头知识(oral knowledge)的传播是互相渗透的。正如白馥兰(Francesa Bray)指出的,官方支持的农学与农民的地方知识结合成一体。地主和文人从年长的农民那里获得特殊的

---

①　(清)王复礼:《茶说》,阮浩耕等点校注释:《中国古代茶叶全书》,浙江摄影出版社,1999 年版,第 525 页。

地方知识,并改造和创作出农学著作为地方所用。① 而我们在对待非物质文化遗产之中的"传统手工艺"时,往往过分强调其来自民间的发明和农民的手工,容易忽略知识精英在这一过程中的催化剂作用。事实上,传统手工艺从实践中的摸索到最终形成较为稳定的技术这一过程中,"精英"(elite)与"大众"(masses),"有文化的"(literate)与"不识字的"(illiterate),"书写的"(writing)与"口述的"(oral)从来都不是相互隔绝的,恰恰相反,对比、参照、借鉴和融合常常发生于的二者的接触过程中,而"传统手工艺"的最终形成则是"书写文本"与"口述知识"互相影响、共同演进的结果。

(三)"开山"——传统技艺中的信仰与仪式

武夷岩茶的采制之日,当地俗称"开山"。"开山"时间多在立夏前二三日,茶农多认此为"法定"时期,视为不可更改之金科玉律。② 武夷山茶农在每年开始上山采茶制茶之时,均先祭山。在开山采茶的第一天拂晓,全体茶工起床漱洗毕,由"包头"(一说为厂主)带领在杨太白公神位前,燃烛烧香礼拜。此时有各种禁忌,最要者即禁止言语,据迷信说:禁止言语以免触犯山神,以利本春采制。早餐应站立用饭,禁止坐食。饭后由"包头"及"带山茶师"领路,走赴茶园开采。包头鸣炮礼送。③ 茶工出厂直至茶园,仍不能言语,且不得回顾,据迷信说,开山之日,出厂回顾,一春要患眼疾。到茶园后,带山茶师即用手指示各采茶工开采,约过一个时辰后,厂主至茶园分香烟给茶工才开禁说笑。④

这种"开山"仪式大约是在民国时期较为盛行。此外,名丛采制成茶后,要立即冲泡成茶汤,敬奉在神像尊前,然后焚香顶礼。礼毕,茶主端杯——向茶工敬茶,谨祝工人生产平安。1949 年以后,尤其是在 1966 年中央提出了破除"旧思想、旧文化、旧风俗、旧习惯"的口号以后,广大农村经历了一系列"扫除封建迷信"的运动,连端午、中秋、春节等传统节日都受到了冲击和"改良",像"开山"这样充满浓厚"迷

---

① [德]Jacob Eyferth 著,胡冬雯译:《书写与口头文化之间的工艺知识——夹江造纸中的知识关系探讨》,《西南民族大学学报(人文社科版)》2010 年第 7 期。

② 据当地老农回忆,四十年来仅有两年开山时期是破例,一在宣统元年,是年天气早温,开山时期,提前于立夏前十七日,即谷雨后三日;一在民国十四年,开山提前在立夏前十九日,茶刚下山,次日立夏日。除此外,四十年来开山时期在立夏前,至早四日,至迟一日。林馥泉:《武夷茶叶之生产制造及运销》,福建省农林处农业经济研究室编印,民国三十二年版,转引自萧天喜主编:《武夷茶经》,科学出版社,2008 年版,第623—715页。

③ "包头""厂主"(岩主)、"带山茶师"均为武夷岩茶制作过程中的特殊分工称谓。"包头"负责为某一茶厂到江西预订并带领一群茶工到武夷山,并负责茶工在春茶采摘期间的管理工作。类似于现在的"包工头"。"厂主"又称"岩主",也即是茶厂的主人。"带山茶师"即是武夷山各岩茶厂带领、指导、监督采茶工的领头人。笔者注。

④ 武夷山市志编纂委员会:《武夷山市志》,中国统计出版社,1994 年版,第 1035 页。

信"色彩的活动基本上被废止了。据林馥泉调查:"武夷山采茶俗例,天不分晴雨,地不分远近,午餐均由挑工挑到山上吃。虽然大雨倾盆,工作在厂门前数步,采工亦不肯进厂用其中饭,问其原因,均谓此乃开山祖杨太白公之规矩,无人敢犯,殊不知此乃昔日主持茶厂之僧侣隐士,终日饱食无事,所想出无数剥削人工方法之一,用神力压服人心已耳。"

从人类学的角度来看,仪式本身也是一个建构权力"话语"的过程。换言之,仪式就是一个"建构性权力话语",而不仅仅是一种被借用的工具。如果将"权力场域"引入仪式关系中,仪式仿佛成了辅助社会角色提高社会权力和声望的工具。[①]而这种权力和声望通常是通过在仪式中不同的角色建构起来的,在许多仪式场合中,仪式的主持、主事扮演着重要的角色,他们是仪式中与神灵交流、交通的关键,通过与神灵的这种"沟通",主事者建立起在仪式群体中的威望。在武夷山的"开山"仪式中,包头祭祀茶神"杨太白","带山"放鞭炮告知"山神"是仪式过程中最为关键的与神灵沟通的部分,通过这种祭祀角色的扮演,"包头"和"带山"建立起了一种特殊的、有目的的、带有宗教信仰色彩的等级系统,从而成为此时和此景的"当权者"。

据蓥老回忆,旧时武夷山茶厂的厅头或吃饭厅的上首,都有杨太伯的神位,有的用红纸撰写,有的用硬木雕刻。平时一炷香一盏灯,采茶时节的开山、做墟、下山,不但要点香、点蜡烛,而且要将菜肴先盛上一份供其享用。而在一些记载中,杨太伯与"山神"互相交织在一起,难以明确区分。如郑丰稔在《茶》中记载:

> 武夷茶原属野生,非人力所种植。相传最初发现者为一老人,邑人立庙祀之。释超全《茶歌》云:"相传老人初献茶,死为山神享朝祀。"[②]

据传,杨太伯公是唐代人,真名已无从可考。他出生于江西抚州,是第一个入武夷山开山种茶的先祖。他客死于武夷山,茶农奉其为神,配享于高堂神位,并赠以"公"字以表尊重。其妻李氏,乡人呼其"李太婆",死后与夫君一同受祀香火,享号"李太夫人"。杨太伯虽然被神化为制茶的祖师爷,但在当地传说中同样也有极具"人情味"的一面。武夷山的包头对杨太伯公的祭祀极为虔诚。传说杨太伯公受了包头的供奉,在茶厂起茶时就会坐在装茶的竹篾软篓中,李太夫人则用手轻轻托起秤砣,这样茶叶重量就增加了。因为茶行(庄)派有起秤先生在厂中看秤计数,所以茶运到茶行(庄)后短秤了,自然与包头无关了。旧式岩茶厂中有民谣唱道:"杨

---

① 彭兆荣:《人类学仪式的理论与实践》,民族出版社,2007 年版,第 149—150 页。
② (清)郑丰稔:《茶》,刘超然、吴石仙主修《崇安县新志》(十九卷·物产),民国三十一年版。武夷山市志编纂委员会整理,1996 年版,第 585 页。

太公,李太婆,一个坐软篓,一个托秤砣。"①

当地还流传着一些山中的鬼怪传说,这些鬼同样也极具人格特征,比如喜欢恶作剧的、贪吃的。山中闹鬼的事传说时有发生,包头和茶工们都深感惧怕。而他们的解决办法通常是只能格外勤快、虔诚地供奉杨太伯公,祈求他驱赶鬼怪邪气。

武夷山流传着如此之多的鬼神信仰事实上是由当地固有的生态环境和生计模式决定的。人烟稀少的山区本身就是狐仙鬼怪等传说的发源地,旧时武夷山的岩茶厂,分散在九曲溪各个山峰之间,偏僻孤立,除制茶、挖山时节外,平时只雇一人看厂,也不带家室。山中平时人迹罕至,入夜以后山影崔嵬、树影摇曳,极易让人产生恐惧心理,因此山中常常"闹鬼"。对于武夷山的茶工而言,鬼与杨太伯公是一对"相对相生、相反相成"的文化符号。正是有诸如此类让人惧怕的鬼怪,因此人们需要另一位相应的"神"去化解这一恐惧感;也可以说,鬼怪传说的盛行更加巩固了杨太伯公在茶工心目中的神明地位。厂中的包头,对杨太伯公奉若神明,虔诚祭祀,也是利用其符号意义安抚人心。

上述的开山仪式是由各个茶厂的包头自行组织进行,而在整个崇安县境内,则另有由县丞主持的"喊山"仪式在御茶园进行。御茶园遗址位于九曲溪的四曲溪南,现为武夷山茶叶研究所的名丛、单丛标本园。《武夷山志》中曾记载元至顺三年的"喊山"仪式如下:

> 至顺三年,建宁总管暗都刺于通仙井畔筑台,高五尺、方一丈六尺,名曰"喊山台"。其上为"喊泉亭",因称井为"呼来泉"。旧志云:祭毕,隶卒鸣金击鼓,同声喊曰:"茶发芽!"而井水渐满,故名。②

此俗后来逐渐简化,只在茶叶开采时由茶师在茶厂叫喊"好收成""好价钱"这些词语代替。农业合作化后,此俗不存。在民国时期极有可能是被各个茶厂的"开山"仪式取代了。但20世纪80年代以后,武夷山市积极发展旅游业,为了吸引游客和扩大武夷茶的影响力,在一股"传统的复兴"的浪潮之下,武夷山市政府又积极组织和恢复了这一传统的"喊山"仪式,每年惊蛰日,由政府官员穿上古代朝服,仍然沿用了古代的祭文,念道:

> 惟神,默运化机,地钟和气。物产灵芽,先春特异。石乳流香,龙团佳味。贡于天子,万年无替。资尔神功,用伸常祭。③

---

① 黄贤庚:《武夷茶说》,福建人民出版社,2009年版,第170页。
② (清)董天工:《武夷山志》,方志出版社,2007年版,第322页。
③ 武夷山市志编纂委员会:《武夷山市志》,中国统计出版社,1994年版,第1035页。

人类学家特别强调仪式所具有的社会历史叙事能力，特别是它的象征性功能。武夷岩茶在采摘之前的这一系列祭祀仪式是建立在当地丰富而特定的语境中的，具有明显的社区叙事功能。传说杨太伯公的祖籍为江西，而武夷山的茶工大多来自于邻近的江西，且制茶技艺高超，当地人称"唯有江西人才是制茶的大佬"，可见杨太伯公虽是传说中的人物，但对其祖籍地的"选择"却是建立在当地人对茶工来源地的认知基础上的。"喊山"祭文中的"石乳流香，龙团佳味。贡于天子……"则追溯了宋朝时武夷茶被制成"龙团凤饼"进贡朝廷，以及元朝时福建转运使行右副都元帅高兴监制"石乳"觐献元帝忽必烈的历史。通过"仪式"对历史的再现和叙事，在茶工群体中建构起了一套特殊的知识系统的符号象征表述，也在茶季到来之前唤醒了这一群体对集体性"知识"的记忆。此外，随着每年茶季的到来，"喊山"仪式与四季轮替，节令变化的自然节律融于一体，它本身也获得了一种"神圣性"。范·盖纳普（Van Gennep）将仪式定义为"一个阶段向另一个阶段的过渡"①，时间被人为地区分为有临界状态的"阶段"。在武夷山采茶之前的"开山"和"喊山"，当地人正是通过放鞭炮、呐喊、祭祀等仪式手段，与自然环境，及非经验所能及的想象性存在（神灵系统）之间进行交通和沟通，通过放炮及呐喊，仿佛是唤醒沉睡了一冬的大山，并将即将开始的制茶工期焚香禀明山中的神灵，祈求得到山神的福佑。"喊山"正是采茶前与开始制茶之间的一个时间临界点，使茶工们从正常节律的日常生活立即过渡到紧张繁忙的茶季中，在延续性的时间轴上，建立起两个时间段之间的明确界限，仪式过后，茶工们几乎是一刻也不敢耽误地开始了紧张的采茶制茶。

（四）对非物质文化遗产中的"传统手工艺"概念之反思

在当今，对"非物质文化遗产"的关注和强调可以说是一个全球普适性问题，作为这一场社会浪潮的发起者和行动制高点，"联合国教科文组织"颁发的《保护非物质文化遗产公约》无疑成为各国非物质文化遗产保护运动的行动圭臬。然而，每一个文明体都有自己的概念、分类和命名体系，中国尤其如此，我们切不可未经梳理，未及反思就贸然使用不属于自己的表述体系。

在联合国教科文组织的《保护非物质文化遗产公约》中，"传统手工技艺"条目对应的英文是"traditional craftsmanship"，在英文语境中特别强调的有两点，一是"手工制作的"，二是"精致美丽的"。我国在将其翻译成汉语的"传统手工技艺"时，对应的英文则有可能指的是技术（technique）、技艺（technology）、手工艺（handcraft）中的任何一种。西方的科技史专家在对传统中国的"技术"进行研究

---

① Van Gennep. *The Rites of Passage*. Chicago：The University of Chicago Press，1969，p. 3.

时,易于极其刻板和大大简化,而且依赖于诸如"生产关系""知识累积"(Stock of knowledge)这样的分析范畴,通常只关注了属于"技"的部分,却往往忽略了"术"在组织生产、技艺传承以及加强社区群体的认同感和凝聚力等方面的作用。而笔者认为,要充分认识中国的"传统手工艺"这一知识系统,切不可忽略"术"在组织生产、凝聚认同、传承技艺方面所起的作用。

首先,从"非物质文化遗产"的定义来看,它特别强调的是来自于民间的知识和技能,但在武夷岩茶制作技艺的发明过程中,来自民众的身体技能、口头传承与来自文人群体的书写文本是互相渗透的:一方面民众吸收并采纳了来自社会精英的"书写的知识",将之作为生产技术的指导;另一方面,精英记录的文本相当一部分内容来自于士大夫们在山中寻访茶农的"田野笔记",并结合了自己的实践与"创新"。可见,"技"的发明实际上是在"书写文本"与"口头知识"的相互借鉴和融合的过程中形成的。

其次,岩茶的产制既是一项工艺流程复杂的身体实践之技能,同时又与建立在当地的物质环境与人文环境基础上的观念信仰不可分割。一些稳定的地理环境因素,如茶山离茶厂的距离远近、茶树是背阴或是向阳、当年的雨水量、茶树的品种等,以及临时性的天气变化等因素也都会不同程度地渗透到制茶的技艺实践中,茶工们必须要随机地对"技术"加以调适,以应对具体的环境差异。同时,在闽北山区还流传着一些山神鬼怪的传闻,为驱赶鬼怪邪气和保证茶叶丰收,在茶工群体中逐渐形成了一套对武夷山神和茶神杨太伯的信仰和祭祀系统。因而,在岩茶的产制过程中,个人的身体技能、周围的物质环境以及群体性的信仰与祭祀仪式共同作用而形成了一个知识系统,其中任何一种要素都不能单独地从岩茶加工技艺中抽离出来。

在对科技史的研究中,研究者通常都不否认"技术"是具体展现型的知识,这种技巧是通过反复地实践,通过实践者的双手以及灵敏的身体部位的身心储存来获取的一种具身化的默会知识(tacit knowledge)。这一技术与从业者本身,与社区都紧密联系在一起,不可分离。[①]但这一观点事实上只陈述了传统手工业中"技"的部分。西方科技史研究中的"技术"(technology)一词并不能完全涵括中国的"传统手工艺"范畴,我们最好将汉语中的"技术"一词分解为"技"(technology)与"术"(witchcraft)两个部分来理解。以武夷岩茶产制技艺为例,要理解传统社区中的手工业"技术",必须将"技术"置之于由社区历史、神话传说、家族谱系等经线与具体

---

① [德]雅各布·伊弗斯著,胡冬雯、张洁译,肖坤冰校:《人类学视野下的中国手工业的技术定位》,《民族学刊》2012年第2期。

时空中的仪式、信仰、禁忌、日常生活习俗等纬线编织而成的"意义之网"中去把握。茶工们在采茶、摇青、炒茶、揉茶、焙火的程序中，不断地进行一些重复性的、连贯性动作，并通过"思考的手"（mindful hand）形成了对自身身体及双手的力度、角度等的控制——这部分具身化的技巧，基本上对应于西方的"技术"（technology）一词及汉语中的"技"。在汉语中，"技"有两方面的含义：一是指技艺、本领，如"一技之长"。二是指掌握了某一项技艺的"工匠"。① 总之强调的都是手工的，专门性的生产技能。但另一方面，在武夷山流传的有关茶祖的传说、各种鬼怪故事、每年茶叶采摘之前的"开山"仪式及县境内由官方组织的"喊山"仪式也内嵌于茶叶的生产过程之中，融入茶工们的日常生活中，成为茶叶产制过程中的有机组成部分。这些仪式及鬼神传说虽然表面上看是属于脱离于实践的心理及观念层面，但对杨太伯公的信仰、对山神的敬畏以及对鬼神的惧怕的观念均实实在在地渗入茶工们的实际行为中，并形成了与之相适应的一套趋吉避凶、祈求丰产的仪式和禁忌，笔者倾向于将这部分的内容理解为"术"（witchcraft）。"术"，在古代汉语中有几个层面的意思，如"技术""手段"和"方法"，但并不特别强调手工，反而重视对自然现象的观察和操作。如"术数"（一作"数术"），"术"是方术，"数"是气数，即以种种方术，观察自然界可注意的现象，来推测人或国家的气数和命运。② 可以看出，"术"在中国古代，既代表一种技艺和方法，也与"法术"，或可称之为"巫术"相关。按照中国"士农工商"的社会阶层排序，"技"与"术"都被划归为从事"手工业"的贱民群体之中，与"技"相关联的大多数是一些带有贬义色彩的词语，如"奇技淫巧""黔驴技穷""雕虫小技"等，而"技"之所以受到轻视和贬斥，很大程度上是因为人们常将之与江湖术士的巫术、魔力、咒符等联系在一起，沦为正统儒学士大夫们排斥的对象。比如，在中国古代，从事木工、金属业的工匠被普遍地认为会某些法术，他们可以通过在一些不起眼的角落安装一些"机关"而对房屋主人的运势产生影响。而在传统手工艺的传承中，"技术"的确通常吸纳了社区中的鬼神崇拜、行业神信仰、风俗习惯等属于"术"的范畴，从而确保了有组织的、完备的、高效的"技术"之运转。

茶路：流动的茶叶与迂回的路线

茶的旅程形成了茶路。茶路，是茶叶从产茶的地区向无茶之地传播的过程中，所形成的茶叶之路，这段路，因茶把不同国家、不同地域、不同语言、不同民族的人

---

① 《辞海》，上海辞书出版社，1979 年版，第 1532 页。
② 同上书，第 2856 页。

群连接在了一起。茶,这一片看似普通的叶子,在茶路的崎岖、遥远和坚持中,书写了不同文化交流互动的故事。

于连·法郎索瓦(François Jullien)在《迂回与进入》《道德奠基》等著作中,向世人展示了与"正面"针锋相对的另一种"迂回"路线:提出一种文化要全面认识自己,焕发理论创新的能力,必须摆脱封闭的自我与传统,寻找一个纯粹异在的和完全不同角度的思考,通过"迂回"得以进入。在我们梳理茶叶旅途的故事时,这种"迂回"策略,也是我们关注由茶叶所串联起来的文明交流的认知点。

闽越之地,一面是中原农耕文明的最后疆界,一面面临烟波浩渺的大海,成为中华文明与海外的异质文明最先发生接触和碰撞的前沿地带。在这块地带,围绕着帝国的茶叶、瓷器和丝绸贸易,延伸出了两条文明的路径——海上丝绸之路与陆上茶叶之路——将农耕文明与海洋文明、东方与西方链接起来。我们将茶叶(瓷器、丝绸等)商品向海外的流动视为物质离开其原生型土壤,经过不同社会规定的"路径"(paths)以及竞争所激发的"转移"(diversions)而获得一种新的"本真性"的过程。西方对东方的物质朝圣之旅,最终在18世纪欧洲的公共领域掀起一股"中国潮",几度变化的"中国龙"意向成为西方自我认知、自我解放与自我超越的"异托邦"。①

(一)18世纪茶叶的文化史:从中国味道到中国"味道"

伊戈尔·科普托夫在《物的文化传记:商品化过程》中写道:物的传记可使本来暧昧不明的东西浮现出来。在文化交流过程中,物的传记可以证明人类学家经常强调的一个观点:和接受外来思想一样,接受外来物品过程中重要的不是它们被接纳的事实,而是它们被文化重新界定并投入使用中去的方式。②

以这样的眼光来看待17—18世纪的中国茶叶在世界范围内的流动,它就不仅仅是一条商路的拓展、财源的通道,或者仅仅是对欧洲日常生活习惯的改变。这一期间福建武夷山的茶叶有两条流通途径:一条通过陆上茶叶之路北上(以武夷岩茶为主),经晋商之手,最终抵达俄罗斯的首都莫斯科;另一条则通过"海上丝绸之路"

---

① 作为乌托邦的升级版,法国哲学家吉尔·德勒兹提出了异托邦(heterotopia)的概念。福柯曾对乌托邦与异托邦做过详细的区分:所谓乌托邦指完全虚无的某个地方,而异托邦指一种与本土对立的"他者空间",这个地方与社会的现实之间一般构成一种直接或倒置的类同关系。乌托邦表现出类似社会的一种完美形式,或者与该社会完全相反的形式……然而,在每一种文化和文明中,还存在着一种既作为乌托邦,与本社会相对立,又在现实可以落实到一个真正地点的地方,它们存在于一个社会的基本结构中。但即便是它可以落实到现实中的某个位置,也是表现得若即若离。它是一个与人们所想所说的地方都不一样的一个地方,为了将其区别于乌托邦,我们称其为"异托邦"。参见:M. Foucault,"Of Other Place",*The Visual Culture Reader*,edited by Nicholas Mirzoeff,Routledge,1998.

② 伊戈尔·科普托夫:《物的文化传记:商品化过程》,罗钢、王中忱主编:《消费文化读本》,中国社会科学出版社,2003年版,第401页。

南下(以武夷正山小种红茶为主),经由荷兰商人的辗转贩卖,最终抵达英法等欧洲国家。

在17世纪至19世纪初的两三百年间,福建省出口的茶叶,一直在东西方的交往中扮演着极为重要的角色:茶叶划出了一条族群疆界,它为我们界定了"他者",同时也成为满足"他者"对东方的神秘想象的身体体验之物;茶叶对西方"身体"的改造与重塑,茶叶的流入使东方不仅以其绚丽的外表使欧洲为之目眩神迷,而且也是潜入欧洲整个躯体的一种存在,从其身体内部源源不断地,将白银吸收到东方;18世纪,茶叶、丝绸和瓷器在欧洲掀起的"中国潮",使中国成为西方人眼中的理想化的"异托邦"。西方人相信,一个"为身体健康而开出治疗措施"的国家,也能成为"诸种社会之秩序的典范"帝国。在此意义上,由中国东南沿海延伸出来的两条贸易通道(海上丝绸之路与陆上茶叶之路)上的物质流动,成为西方对东方物质文明顶礼膜拜的朝圣之旅。

人类学对物质文化的研究认为,物的社会历史与它们的文化传记,并不能完全分开。因为在一个较长的历史时期,在一个较为广泛的社会层次上,正是物的社会历史,构造了较短时期内特殊的物的轨迹的形式、意义以及结构。同样,尽管很难记录或者预测,但物的文化传记中存在的一些小的变化经过一段时间,必然导致物的社会历史的变化。[①] 由中国东南沿海出口的茶叶,辗转到达欧洲后,经过与美洲糖粒的结合而形成了一种"甜蜜的权力",这种"甜蜜的权力"导致的是中国的禅道之茶,在西方社会经过由奢侈品向普通日用品的转化后,被赋予了新的意义和功能,并在新的社会环境里开始了一种新的文化传记。如今的"英国下午茶"风靡全球,英国拥有世界最大的茶饮料品牌"立顿"(Lipton)即是明证,而历史上的英国其实并不产茶,英国的红茶最早来自福建的武夷(BOHEA TEA)。

从文化遗产线路的角度来看,由福建山区延伸出来的这条东方文明之路,进入欧洲后经由欧洲人的再造,而获得了一种新的"本真性",又迂回折入中国,最终将中国卷入整个世界体系之中。这条"迂回"的文化遗产路线,对于中国来说是一条既值得骄傲又值得反思的路线。今日的中国应重新反省"18世纪既是(欧洲流行)中国风(chinoiserie)的世纪,也是英国跃居全球霸权的世纪"这一历史事实。[②] 在人类学家西敏斯(Sidney Mintz)看来,英国人通过将来自中国的红茶与来自美洲的蔗糖相结合,使"英式下午茶"成为劳工阶层不可或缺的民生必需品,英国人民"饮食习惯"选择此项"文化"因素其实是近代世界经济体系与现代资本主义发展的直

---

① 孟悦:《什么是"物"及其文化? 关于物质文化的断想》,孟悦、罗钢主编:《物质文化读本》,北京大学出版社,2008年版,第39—40页。

② 邱澎生:《物质文化与日常生活的辩证》,《新史学》2006年第4期。

接结果。在 Mintz 的解释体系中,文化不是一个非物质性的象征体系,而是一套与客观的和具体的经济政治力量紧密关联的价值和理念。① 以此视角来重新审视这条东方物质文明的"迂回"的路线,我们将由历史而获得反思与激励,今日的中国人应为这些物质文明重新"立传",这是历史赋予的中国"遗产"使命。

(二) 陆上茶叶之路:双头鹰遭遇东方龙

万里茶路与丝绸之路被誉为中国历史上两条最负盛名的国际贸易黄金通道。汉通西域的丝绸之路,犹如一条生命的脐带,将亚洲、欧洲和非洲的文明连成一体,是东西方古文明传播交流的血脉。万里茶路对世界文明的影响范围更广,今天世界各国对茶的称呼,仍然沿用源于中国的"外来语"发音,如英文俚语说茶的发音"cha",英文 tea 来源于中国福建厦门话说茶的发音"te"。1753 年瑞典科学家林奈出版了《植物种志》,把茶的学名定为"Camellia Sinensis","Sinensis"是拉丁文,意思为"中国"。

万里茶路,全长达 4760 千米。从福建武夷山区至中俄边境的买卖城恰克图,随着茶叶生意向境外扩张,茶路不断延长。万里茶路的经营者,都是来自非产茶区的山西商人。他们把在武夷山茶区采购的茶叶,就地加工成茶砖,水运到"茶叶港"汉口,再经汉水运至襄樊,再溯唐河至河南社旗。上岸由骡马驮运北上,经洛阳、过黄河,越晋城、长治、太原、大同、张家口、归化(今呼和浩特),再改用驼队穿越 1000多千米的荒原沙漠,最后抵达边境口岸恰克图交易。俄商再贩运至伊尔库茨克、乌拉尔、秋明,直至遥远的彼得堡和莫斯科。② 茶叶,成为这条茶路上的主角。

1. 下梅村:万里茶路的起点

武夷山的梅溪,是武夷山东部一条著名的溪流,它发源于梅岭,全长 50 多千米,最终汇入武夷山的崇阳溪。梅溪的上游,就是柳永的家乡白水村,朱子故里五夫镇,可以说正是这条美丽的小溪,养育了宋代大词人柳永、大理学家朱熹。下梅地处梅溪下游,并得名于此。下梅村处于山水环抱之中,风水意向独特,四面山峰叠翠,南北水口紧锁,是个具有文昌意向的古村落。整个村庄按《周易》八卦布局,外人进入村庄,犹如进入迷宫,没人引领,难以出村。据史料记载,下梅从隋朝起有了村落,唐朝设立驿道,宋朝开始形成街坊,从明朝开始有了较大规模的民居建筑群,清朝时村落达到鼎盛。③

---

① [美]Sidney Mintz:《甜蜜之权力与权力之甜蜜》,《历史人类学学刊》2004 年第 2 期。

② 《乔家大院与武夷茶》,http://www.wuyishantea.com/xingweng/xingweng/1029.htm(2019 年 8 月5 日访问)。

③ 梁亮:《地域文化的自强之路——以下梅村为例浅谈武夷古村落的文化历史价值及其保护作用》,朱水涌主编:《闽文化与武夷山》,厦门大学出版社,2008 年版,第 221—222 页。

　　下梅村，依水而分，这里清澈的当溪水缓缓流过，将下梅村分为南北两条街，沿街依然保留着 30 余幢清代民居，粉墙、青瓦、马头墙，装饰在门罩、窗楣、梁柱、窗扇上的砖、木、石雕，工艺精湛，造型逼真，具有徽派建筑特色，又有着江南水乡的小桥流水、深深巷子。

　　沿河的廊道上，用长木板架设了坐凳，还用碗口粗的木柱，沿廊道直立溪边的廊柱横架成了坐凳的靠背。忙碌一天的村民收工后，悠闲地坐在廊凳上休憩、品茶、谈天、说唱，老人们则抱着孙娃坐在廊凳上戏耍。数座拱桥、板桥将南北两岸古民居店铺前的廊道贯通。这溪边的廊道成了村民公共交往的空间。溪边不时有村妇洗濯、淘米，一对对鸭子在溪上戏游，划出一道道富有节奏的水纹，倒映在溪水中的古建筑屋影、桥影、人影、鸭影……交相辉映，极富情趣。

武夷山下梅村

　　邹氏祠堂是下梅村最为富丽堂皇的一座建筑，具有徽派建筑的特色。邹氏祠堂——位于当溪之北，临溪，建于清乾隆五十五年（1790 年），占地约两百多平方米，为砖木结构。由邹氏茂章、英章史弟合资修建。祠门以幔亭造型，对称布列梯式砖雕图案，为体现中国家族敦本传统，特饰有"木本""水源"这篆刻书法两幅，意即家传宗法血缘有如木之本、水之源，生息相关。祠门前设有拴马石、抱鼓石，供前来祭祀始祖的后代驻停。祠内供有祠规、家祠史略的碑刻。主厅敞开式，两侧为厢房，楼上为观戏台。前廊为精巧木柱拱架，造型别致，可悬宫灯、花灯。照壁为四扇合一的木雕画屏门，主体表现为伦理、宗法、生活情趣。风火墙为双波造型，气势宏阔。祠内备有宴会设备、祭坛,由于"文化大革命"期间毁坏严重,现已不存。[①]

暮色中的邹氏祠堂引人生出无数的慨叹:这是一座因茶叶而兴,也因茶叶而衰的古村落。尽管当溪水依然缓缓流淌着,却已不见了昔日里舟来楫往、南下北上的热闹与喧嚣。"鸡鸣晨光兴,祥云夹出千灶烟",从下梅村流传的这首民间歌谣里可以想见当年的繁荣,这里曾经是闽北至莫斯科的万里茶叶之路的起点,曾经吸引了无数的晋商南下买茶。载满茶叶的船只从这里出发,一路北上,以中俄边境的恰克图为中心,横贯欧亚大陆,一直延伸到莫斯科。

下梅村曾经是武夷山重要茶叶集散地。中央的人工运河——当溪,有 8 个码头装卸繁忙。当溪的水面宽不过 8 米,长 1000 余米,自公元 1680 年开通后就被当作一条水运通道,四方商贾通过这条水运通道在下梅进行商贸活动。据《崇安县志》记载,康熙十九年间,"其时武夷茶市集崇安下梅,盛时每日行筏 300 艘,转运不绝"。由此可见当年以茶叶交易为中心的经贸活动在下梅十分活跃。乾隆年间,下梅遂形成崇安最大的茶市。满载茶叶的船只从这里出发,一路北上,由水路进鄱阳湖至湖口,再溯长江西至汉口,在汉口经鉴定分装,溯汉水至襄樊,再溯唐河至河南的赊店。到了这里,茶商们改为陆路北上至祁县。在祁县,茶叶按商号分配,其中花茶大部分在华北销售。而那些砖茶和红茶改运到张家口,在这里改为驼队运输,经过 1100 余千米的漫漫行程至库仑(今乌兰巴托),然后再行 400 余千米到达中俄边界的恰克图。恰克图是著名的买卖城,晋商把茶叶卖给俄罗斯的大茶商,然后再由这些茶商把中国的茶叶转运到欧洲各国。从武夷山下梅茶市,到中俄边境恰克图城,全程约 4760 千米,谁能够想象,小小的武夷岩茶竟然经历了如此漫长的征途。

2. 茶道上的人与物:晋商与万里茶道

如果我们将一些商品视为是有"社会历史"的,或者在某种意义是有"经历"的,那么以不同视角反观它们经历中的知识传播,就能串联起一段文化传播的历史。在前资本主义社会,连接外部需求与内部的生产者之间的,是商人及其经营机构,他们为这个很少联系的世界构建了桥梁。这样一个以商人为中介,连接生产者与消费者的典型例子,在商品发展的历史中贯穿始终。直到今天,这些桥梁仍然存在。其中的原因,或者是因为仍然存在着一些文化的鸿沟,或者是因为极小量的特殊商品的生产与交换,或者相反——极为大量的特殊商品的生产,以及在它们到达消费者的过程中将经历无数的辗转。[②]

---

① http://baike.baidu.com/view/962345.htm(2015 年 3 月 1 日访问)。

② 孟悦:《什么是"物"及其文化? 关于物质文化的断想》,孟悦、罗钢主编:《物质文化读本》,北京大学出版社,2008 年版,第 45 页。

18 世纪至 19 世纪末期的陆上茶叶之路，以恰克图为中心，从福建北部的武夷山区延伸到莫斯科，全程超过 2.25 万千米。中俄商人"彼以皮来，我以茶往"。19 世纪中叶以前，这条贯通欧亚的陆上茶叶之路的贸易，一直由山西商人主导。鸦片战争以后，西方以武力推动对华商务扩张，外商在华享尽各种特权，华商在与外商竞争中纷纷败北，执塞外贸易之牛耳的山西商人也不得不退出对俄茶叶贸易。茶叶之路被以沙皇政府为后盾的俄商垄断。[①]

驰名中外的晋商，在称雄明清商界五百年的辉煌历史上，有三个光彩夺目的"亮点"，那就是盐业、茶叶和票号。明清以来，运销蒙俄的茶叶几乎由晋商垄断，并形成了一条由中国南方到欧洲腹地，可与"丝绸之路"媲美的国际商路——"茶叶之路"。山西商帮虽然远离闽北，却最先看中了武夷茶的生意资源。《茶市杂咏》中记载，茶市在下梅，附近各县所产茶叶，均集中于此。竹筏三百辆转运不绝……清初茶叶均系西客经营，由江西转河南，运销关外。西客者山西商人也，每家资本约二三十万至百万。货物往还络绎不绝，首春客至，有行东赴河口欢迎。到地将款及所购茶单，交点行东，恣所为不问。茶事毕，始结算别去。

据晋中榆次《榆次车辋常氏家族》记载，在武夷山做岩茶贸易的晋商较多，但最早来到武夷山贩茶的，是山西省榆次车辋村的常氏。常氏武夷山贩茶的第一站，便是下梅村。乾隆二十年（1755 年），清政府限制俄商赴京贸易，中俄贸易统归恰克图一地，一时恰克图成为我国对外贸易的"陆上码头"。车辋常氏审时度势，为保证茶叶质量，一反过去由货主送货上门的做法，携带雄厚资金，在武夷山地区购买茶叶，组织茶叶生产，同时在崇安县的下梅村设立茶庄，精选收购当地茶叶。

在下梅村的芦下巷、罗厝坊均设茶焙坊、茶库，雇请当地茶工帮忙，还将散茶精心制作加工成红茶、乌龙茶、砖茶等。每年茶期，在下梅收购并精制后的茶叶，通过梅溪水路汇运至崇安县城，押验之后，雇用当地工匠千余人，用车马运至江西河口，达襄樊，转唐河，北上至河南社旗镇，而后用马帮托运北上，经洛阳，过黄河，越太行，经晋城、长治，出祁县子洪口，于鲁村换畜力大车北上，经太原、大同，至张家口、归化，再换骆驼至库伦、恰克图。

晋商常氏在下梅茶市采购茶叶，也给下梅经营茶叶的商贾带来了商机。在这期间，与晋商合作较多的是下梅邹氏。据邹氏宗祠的碑刻记载"邹姓世居江西茶溪，自幼卿公生子禹章茂章舜章英章四人，缘家计日薄，幼卿公殁后，昆季均来崇邑下梅里，各营生计，分立门户后，茂章英章生意日遂，产业渐充。于乾隆五十五年

---

① 庄国土：《从闽北到莫斯科的陆上茶叶之路——19 世纪中叶前中俄茶叶贸易研究》，《厦门大学学报（哲学社会科学版）》2001 年第 2 期。

(1790年),买下梅鸭巷口地基,卜建祠宇,一应工资皆茂章、英章独任焉此。下梅邹(氏)家祠所由建也。"说明邹氏原籍江西南丰,公元1694年由邹元老带着他的儿子们入闽,来到下梅村择居创业。对此邹氏族谱中也有记载:"……吾祖轩佑公由福建邵武建宁县之锦江桥因游猎至南丰三十一都上茶陇徘徊览眺得山川之胜,挺然秀□,遂卜居焉。"①

邹氏抓住了与晋商来武夷山贩茶的机会,闯出了一条自我发展之路。据《茶溪邹氏家谱》记载"闽固产茶之区,而武夷七十二岩茗种尤甲天下,公(邹世偁)与伯兄(邹茂章)共治之,走粤东,通洋艘,闽茶赖以大行,公□幅无华品核,精详无贰值,无期隐,且卜与市井较铢两,以故洋人多服之,洋人售公住制如□异珍,所至辄倍价其利,由是家日饶裕为闽巨室。"②除邹氏外,还有孙氏等人士,随晋商奔赴西部经营茶叶。受到晋商的影响,他们的商业头脑也得到开发,逐渐由单一的茶叶交易到贩各类货物,生意日渐扩大,交易日渐多元化,资产遂增。邹氏投入重金购骆驼,用驼队运货到恰克图换皮货、药材,换洋铁(日用铁具)、洋油(煤油)、洋火(火柴)等。

随着茶叶生意向境外扩散,茶路不断延长,武夷山下梅邹氏借福州、广州口岸开放之机,租用洋船,将武夷茶贩运到东南亚各地,有的还销往欧洲,其南下贩茶的路程也有1000多千米。③《山西外贸志》说:"在恰克图从事对俄贸易的众多山西商号中,经营历史最长、规模最大者,首推榆次车辋常家,常氏一门,从乾隆时从事此项贸易开始,历经乾隆、嘉庆、道光、咸丰、同治、光绪、宣统七朝,沿袭一百五十多年,尤其在晚清,在恰克图十数个较大商号中,常氏一门独占其四,堪称清代本省的外贸世家。"

从空间距离上看,晋商并不是离产茶地福建最近的商人群体,相反山西与福建两个省,一个在南,一个在北,由福建山区运出的茶叶,经水路至河南赊店后,还要换驼队,穿越茫茫的草原和戈壁,这条商道上的艰难、崎岖可想而知。而比自然阻隔更难应付的,还有沿途的匪盗集团。贩茶虽是一本万利的买卖,但也有可能在途中丧命。

但为什么在19世纪末以前的这条国际通道上走动的,既不是福建本地的商贾,也不是对茶叶奉若上帝的俄罗斯商人,而是一群和茶叶的生产几乎没什么关系的晋商?对于这一条贯通欧亚的万里茶叶之路,历史学家从当时的中俄关系、中西贸易结构、白银资本的流动等方面已经作了太多的解释。如若我们从人类学对物质研究的眼光来看,或许可以从茶叶与晋商之间,物质性与职业性情之间找到某种

---

① 《茶溪邹氏家谱》第五册,《旧序一》。
② 《茶溪邹氏家谱》第五册,《奉直大夫晋赠中宪大夫世偁公传》。
③ 邹全球:《晋商与下梅村》,《寻根》2007年第5期。

联系。① 在将近一个世纪之前,塞比欧即已探讨过这个问题。他的著作《传说与职业奇观》列举了在传统上与各种手工艺活动相关联的个人的特征,这些特征表现在三个方面。

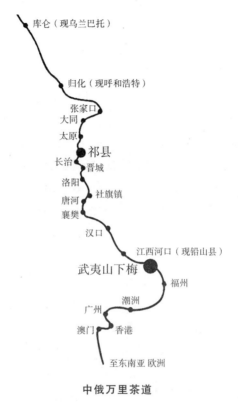

中俄万里茶道

资料来源:《亚洲旅游》,2006 年第 9 期(数字杂志),第 136 页。[EB/OL],http://www.gotoread.com/vo/2042/page209793.html.(2009 年 6 月 9 日访问,图片经笔者编辑过)

首先是体态特征。或许是由于纺织匠人和裁缝总是坐着或蹲着干活的缘故,人们往往将他们描绘成发育不良或肢体不健全的人。在布列塔尼的童话中,裁缝的样子总是罗锅、斜眼、一头褐色的乱发。屠夫们则被看成是膀大腰圆、身强体壮的人。

其次表现在为人的方面。人们常用道德标准进行衡量,将各种职业活动区分开来。古老的欧洲民间故事一直把织布匠、裁缝和磨坊工说成是骗子,因为他们总

① 相关论述参见庄国土:《闽北到莫斯科的陆上茶叶之路——19 世纪中叶前中俄茶叶贸易研究》,《厦门大学学报(哲学社会科学版)》2001 年第 2 期。庄国土:《茶叶、白银和鸦片:1750－1840 年中西贸易结构》,《中国经济史研究》1995 年第 3 期。[德]安德烈·贡德·弗兰克:《白银资本:重视经济全球化中的东方》,刘北成译,中央编译出版社,2000 年版。

是从别人手中接过原材料——纱线、布匹和谷物等,进行加工,这就不由使人怀疑他们会多拿少用,在织布、裁衣和磨面时做手脚。如果说这三个行当里的人总被认为在用料的量上大打主意的话,那么糕点师便总是被怀疑在质的方面弄虚作假了。他们一向有说媒拉纤甚至是拉皮条的坏名声。他们卖出的总是一些用美丽的外表掩盖了低劣质量的商品。

最后,人们给不同类别的工匠赋予了不同的心理特征。裁缝好说大话而又胆小如鼠,却有时也像鞋匠一样狡猾而有运气;鞋匠爱开玩笑,花天酒地,放荡轻浮;屠夫吵吵闹闹,自命不凡;铁匠爱虚荣;伐木工俗不可耐,令人反感;理发师饶舌;油漆匠好喝上两口,总是高高兴兴的。①

值得注意的是,这里我们看到了塞比欧的研究方法,也看到了人们通过对社会上形形色色的人群的分类,将不同的物质性与不同的职业特征相联系,在物的分类与人的分类中找出了一种一一对应的关系。尽管这种分类是粗浅的、模糊的、潜意识的,以现代自然科学的客观标准来看,带有浓厚的神话和迷信色彩。但从认知人类学的角度来看,这种分类态度则可能是一个民族的社会结群、等级或社会制度的根源。

那么奔走在万里茶路上的中国晋商与其经营的福建茶叶之间,又有着怎样的对应联系呢? 武夷茶叶与晋商的联手,究竟是纯属巧合的偶然相遇,还是存在着某种历史的必然性? 茶叶的物质属性与晋商的性格特征、茶叶的品味特点与晋商的经营之道之间,究竟有无相合之处? 在茶叶之路上流动着的物质文明与贩卖这些物质的人群之间,有无一种互相建构的关系? 在某种程度上,我们很难清楚地说明:究竟是福建的茶叶造就了晋商在国际商道上的成功,还是晋商造就了中国茶叶在俄罗斯帝国的辉煌?

事实上,人与物的二元对立,是在商品社会出现后才产生的。在人类社会很长一段时间里,物与人都是合二为一的,按照毛利人的说法,物带有主人的“惑”,“惑”总是要想尽办法回到主人身边,它与主人根本就无法分开,这便是人类学家常常谈论的“礼物之灵”。在商品社会里,物的灵力虽然渐渐地消失了,但却以一种“活生生的物质性”(animated materiality)的形式重新出现。② 在这里我们并不是要对塞

---

① [法]克洛德·列维-斯特劳斯:《嫉妒的制陶女》,中国人民大学出版社,2006年版,第2—3页。

② “活生生的物质性”(animated materiality)是英国人类学家大卫·帕金(David Parkin)提出的。这种观念瓦解了笛卡尔在不思维的物质与沉思的心灵之间所做的区分。它严格地恪守人们所认为的像石头这样的客体也有心灵的主张。凭借这样一种观点,文化的观念足以转变得使人把客体和人连接在一起,反之亦然,并且把这样的信念和隐喻当成是创造性思维和重构他们的世界观的基础。[英]大卫·帕金(David Parkin):《英国的当代人类学中存在一种新物质性吗?》,马戎、周星主编:《二十一世纪:文化自觉与跨文化对话(一)》,北京大学出版社,2001年版,第262页。

比欧的分析方法进行中国式的解释，以印证其合理性。而是想以一种不同于历史学家、政治学家和经济学家的"科学的"眼光，来看待这条茶叶之路，暂时放弃对其背后真实性（authenticity）的追求，而以一种更富人性化的手法，来重构武夷茶叶与晋商之间的关系。

明清山西商人，称雄国内商界五个多世纪，"生意兴隆通四海，财源茂盛达三江"，是对他们的真实写照。清代初期，晋商不仅垄断了中国北方贸易和资金调度，而且插足于整个亚洲地区，甚至把触角伸向欧洲市场，南至香港、加尔各答，北至伊尔库茨克、莫斯科、圣彼得堡，东至大阪、神户、长崎、仁川，西至塔尔巴哈台、伊犁、喀什，都留下了山西商人的足迹。[①] 关于晋商在国内外商贸上的成功，学术界的讨论可谓汗牛充栋，这里我们从民间草根性的角度来看，即在民间老百姓眼里，晋商的性格特点可简单概括为三个方面：一是不畏艰险，有吃苦耐劳的精神；二是头脑聪明，善于经营；三是重诚信，一诺千金。

（1）羊鞭、茶叶与"外贸世家"：榆次常氏的创业奇迹

山西人，在一百多年前曾被喻为"海内最富"，并不是山西物产丰饶，反而是山西人因位处黄土高原、土地贫瘠，不足以维持生计，因此必须通过"走西口"走出来与其他省份贸易。艰难的自然生态环境也铸就了山西人勤俭吃苦、坚韧不拔的品质。晋商人大多白手起家，凭着吃苦耐劳的创业精神行走在漫漫商道上，足迹踏遍天涯海角。从日本到莫斯科，从加尔各答到阿拉伯地区，都能见到山西商人的身影。山西人也自豪地宣称："凡是有麻雀能飞的地方都有俺山西人。"

如果将万里茶路分为三部分的话，北段为驼路（从张家口到库伦）；中段为车路（从河南赊店至河北张家口）；南段为水路（从福建崇安到河南）。这三段路的直线距离是，水路约1480千米，车路约1780千米，驼路约1500千米，共4760千米，走完全部路途至少得半年时间。且三段路程都不好走。从张家口至库伦，全线四分之三是沙漠，残阳冷月，狂风沙暴，风餐露宿，日夜兼程，其劳顿、艰辛和危险是可想而知的。[②] 如果没有自小养成的吃苦耐劳的精神，晋商与福建茶叶的这种缘分，很可能就失之交臂。

被《山西外贸志》称为"外贸世家"的榆次车辋常氏，即是此种白手起家、依靠勤劳吃苦而致富的典型。明代弘治年间，车辋常家的始祖常仲林只身一人，来到车辋村时，房无一间，地无一垄，仅靠为车辋大户刘姓牧羊为生。在四世之前，常家的生活是比较艰难的，而且由于是迁来的移民，在生活上，也常常受到当地人的刁难。

---

① http://zhidao.baidu.com/question/49433090.html? si＝3（2015年3月1日访问）。

② 李国光、李晨光：《万里茶路探晋商》，《文史月刊》2007年第9期。

后来常氏家族靠经营来自福建武夷山的茶叶发家致富后,常仲林用过的放羊工具羊鞭、羊铲等一直被他的传人供奉在祠堂里,当圣物顶膜礼拜。名扬四海的山西首富,清代中国儒商第一家,正是从这支羊鞭起家的。这几乎成为榆次的一个神话。①

长着"三条舌头"的商人。晋商的另一个特点是头脑聪明,善于经营。茶路上杰出的商人,都是从长着"三条舌头"的商人中脱颖而出的。他们的聪明智慧可与统领千军万马的诸葛武侯相比。

> 一条舌头的商人吃穿刚够,
> 两条舌头的商人挣钱有数,
> 三条舌头的商人挣钱无数。
>
> ——《茶路民谣》

这里的三条舌头,指的是会讲三种语言。一条舌头是指只会讲汉语的商人;两条舌头是指既会讲汉语又会说蒙古语,而三条舌头则是指不但会说汉语、蒙古语还会讲俄语。② 从福建武夷山延伸出来的万里茶路,绵延数万千米,跨越汉人、蒙古人、俄罗斯人三大族群,三大族群彼此语言不通,要做成茶叶生意,不仅仅要具备吃苦的精神,而且还必须对汉人以外的两大族群——蒙古人和俄罗斯人,有详细的了解。

三条舌头是一个代称,它指的是在茶叶之路上具备雄厚的资金实力且善于与汉人、蒙古人和俄罗斯人打交道做生意的大商人。从福建的山区一直贩卖茶叶到恰克图,直接与俄罗斯人做生意的大商人中,几乎都是晋籍商人。同时,"三条舌头"代表的不仅仅是三种语言之间的转换,还包括对蒙古人和俄罗斯人的了解,对草原上的习俗和俄罗斯国情等文化的了解,以及各方面调控、运作的能力。

从空间上来看,从茶叶的出产地福建山区,到其销售地莫斯科,中间要历经千山万水,运作资金数量的庞大,往往动辄千金,长途运输上还有天灾人祸的意外风险。而组织和运输的安排、交易的敲定、生意的拍板——这些大决断都必须依靠商人自己的经验与智慧。长着三条舌头的商人,是商人队伍中素质较高的一个群体。一般来说这帮人见多识广,熟悉社会民情,他们不但对经济层面的事情了如指掌,同时对政治和国际事务也有着相当的了解。在长达两个半世纪的时间里,通过他们在茶叶之路上的行走,中国的茶叶源源流入了俄罗斯帝国的疆域,并由巍峨壮丽的俄罗斯皇宫流向民间,成为居住在西伯利亚高原的俄罗斯民族的饮食必需品,极大地改变了俄罗斯人的饮食习惯与中俄的贸易结构。

---

① http://zhidao.baidu.com/question/52141624.html? si=2&wtp=wk(2015 年 3 月 1 日访问)。
② 邓九刚:《茶叶之路——欧亚商道兴衰三百年》,内蒙古人民出版社,2000 年版,第 202 页。

诚信，乃晋商垄断万里茶路贸易的核心精神，俗话说：千两银子一句话。"诚信为本，纵横欧亚九千里，以义制利，称雄商场五百年"，是对晋商发展历程的精辟概括。[①] 在茶叶之路上，有"千两银子一句话"的说法，即是对晋商诚信精神的高度赞扬。千两银子数目不小，但只要商人说了话就一定不会出现纠纷。

（2）茶叶之路上的物质流动

中国向俄国出口的主要商品，最早是棉布，而后又有丝绸、茶叶、瓷器和大黄等物资。1727年，中俄签订了《恰克图条约》，使中俄贸易达到了一个新的水平。商行、客栈如雨后春笋般建立起来。位于中俄边境的恰克图，渐渐地由一个人烟稀少之地，变成人声鼎沸、车水马龙的商埠。1730年，晋商在恰克图的对面，建起一座供中国商人驻足的市镇，名叫买卖城。1762年，叶卡捷琳拉二世取消了国家对中俄贸易的垄断，允许私商与中国自由贸易。这项措施大大刺激了茶叶之路上的贸易繁荣，由最初单指布匹的"中国货"买卖，逐渐扩大为吃穿用品无所不包的百货贸易。[②]

从中国福建山区延伸至欧洲大陆的茶叶之路，恰似一条由小而大、由缓而急的河流。它从武夷山的下梅村的当溪流出，一路夹带着苏杭的丝绸，山东、河南的布匹，江西的瓷器，北京的果脯……不断地将沿途的土特产品席卷进来，形成一条浩浩荡荡的物质文明的大河，一路向着俄国的心脏——莫斯科奔腾而去；同时西伯利亚的皮毛，也随着这条河流南下输入中国。这条商道上的中心点归化城（今呼和浩特），一侧是蒙古草原上的驼铃不绝于耳，驼帮辗转连绵，接通内地各省；一侧是西伯利亚高原上的雪爬犁来回穿梭，翻越乌拉尔山，直达莫斯科、彼得堡。这座国际商贸城市的物流清单，向我们展示了它曾经的繁荣：

先看看茶叶的采集地，产茶地福建、安溪、湖南、湖北；丝绸产地苏州、杭州；丝线，山东；生烟，采自山西；绸缎布匹，采自山东、河南；红糖采自广东；白糖和冰糖采自福建；铁器，种类很多，包括铁锅、铁锹、火撑子、剪子（包括大剪、小剪）、刀等，大部分来自福建，其余多由归化城的作坊加工；铜器使用云南的原料也在归化城加工；水果、干果采自山东、山西、陕西、河南等地；果脯采自北京；木碗，原料来自全国各地的桦木，由归化城作坊加工；白酒、炒米采自山东、山西等地或归化自产；大黄有的产自山西五台，有的来自青海。种类多得难以计数，真正是百货云集。

---

① 佚名：强者精神诚信意识，http://www.nczl.com/forum/lt2/lt3.asp? ID=1895（2015年3月1日访问）。

② 俄文里的"中国货"一词当时并不指称其他物品，只表示"中国布"的意思。在俄国人心目中，"中国货"就是"大布"，"大布"就等于"中国货"。由于丝绸价格昂贵，只有王公贵族才有能力穿戴，因而仅限于在上层社会中流行，影响面远不如土布。阎囯栋、刘亚丁：《俄罗斯的中国形象》，周宁编：《世界之中国：域外中国形象研究》，南京大学出版社，2007年版，第179页。

仅茶叶就有几十种,包括有红茶、米砖茶、槛槛茶、香片茶、茉莉花茶……当然缺不了砖茶;瓷器分为高等瓷器、中等瓷器和下等瓷器;糖类分皮糖、冰糖、赤糖、白糖、山楂糖;布匹有各色斜纹布、白斜纹布、各色粗洋布、白洋布、各色大布、白大布;食物有稻米、核桃。

从俄罗斯方面来的商品,以皮毛和轻工产品为主。皮毛有海豹皮、海狗皮、海象皮、北极狐皮、红狐皮、青狐皮、扫雪皮,还有大量的灰鼠皮、猞猁皮、河狸皮、羔皮、山羊皮、多脂皮,以及马皮、牛皮、骆驼皮、羊皮等。轻纺织品有各种呢料,包括马斯洛夫呢、梅节利茨基呢、可洛沃伊呢,还有俄国标布、羽纱、粗毛呢、德国纱、呢绒等。还有转自欧洲其他国家的商品,像波兰、普鲁士、英国的轻纺工品。还有一些工艺品和其他工业产品,像钟表什么的。①

在这些物流商品贸易中,茶叶是最为重要的商品。在 18 世纪中叶以后,茶叶逐步取代布匹,成为输俄的第一大宗商品。1820 年,西伯利亚总督波兰斯基下令给俄国商人,在恰克图互市中,扩大茶叶购买量。他对俄商说:"俄国需要中国丝织品时代已经结束了,棉花也差不多结束,剩下的是茶叶、茶叶,还是茶叶。"输俄茶叶的主要品种是砖茶状的红茶和绿茶,其中又以红茶占绝对优势。红茶多由福建武夷山产出。茶叶从武夷山运出后,由陆路的商队转贩,行程数万里,耗时近两年,故需制成砖状,便于装卸和避免变质。

中国茶广为西伯利亚人喜爱,乃至被至视为通货:"'砖茶在外贝加尔边区的一般居民当中饮用极广,极端必要,以致可以当银使用。'在西伯利亚的布里雅人特等土著民中,'在出卖货物时,宁愿要砖茶而不要银,因为他们确信,在任何地点都能以砖茶代替银用。'"②茶叶与白银朝着相反的方向流动,白银作为俄国支付茶叶的主要手段源源流入中国,造成了贡德·弗兰克所谓的"白银资本"。弗兰克认为:贵金属流动的意义在于某些地方需要从其他地区进口商品,但却不能出口同等数量的商品,所以不得不用货币来结算贸易逆差。③ 以弗兰克的观点看来,俄国的白银与中国的茶叶,在这条国际商道上的反向流动正说明了它们当时各自在世界体系中的位置。俄国必须依赖中国的茶叶,而俄国的皮毛和其他轻工业、手工业品,对中国来说却并不是必需品。因此至少在 19 世纪以前的中俄贸易中,中国具有明显的优势。

---

① 邓九刚:《茶叶之路——欧亚商道兴衰三百年》,内蒙古人民出版社,2000 年版,第 209 页。

② 卢明辉:《恰克图买卖城中俄边境贸易的兴衰变化》,中国中外关系史学会编:《中外关系史论丛》(第 4 辑),天津古籍出版社,1994 年版,第 144 页。

③ 陈燕谷:《重构全球主义的世界图景》,[德]安德烈·贡德·弗兰克:《白银资本:重视经济全球化中的东方》,中央编译出版社,2000 年版,第 8 页。

（3）茶叶之路上的晋商大院、地名与票号

学者们在讨论"白银资本"的同时,另一个相应而生的问题是:西方为什么能够（暂时地）胜出？最常见的解释是,西方将从美洲掠夺而来的白银转化为资本,积极地用于技术变革和生产投资;而同一时期的清政府和中国商人却没有如此的眼界,白银流入中国后大量被用于贵族阶级的奢侈享受,而商人们在发财后则纷纷买田置地,成为坐享清福的地主。

做茶叶买卖发了财的晋商,很多都在老家修房子、盖大院,因而从某种程度上讲,正是通过茶叶之路,流往中国的白银造就了三晋大地上规模恢宏的"大院"。如今坐落在晋中祁县境内乔家堡的乔家大院、长裕川茶庄的渠家大院就是其中典型的代表。

乔家大院

来源:http://baike.baidu.com/view/7616.html? wtp=tt(2015 年 3 月 1 日访问)

乔家大院位于山西省祁县乔家堡村,北距太原 54 公里,南距东观镇仅 2 公里,它又名在中堂,是清代全国著名的商业金融资本家乔致庸的宅第。始建于清代乾隆年间,以后曾有两次增修,一次扩建,经过几代人的不断努力,于民国初年建成一座宏伟的建筑群体,并集中体现了我国清代北方民居的独特风格。

渠家大院。渠家的长裕川茶庄则是更直接地依靠到福建的茶叶而兴修起来的建筑。长裕川茶庄早期在福建武夷山贩茶,中期转入湖南安化,后期开辟了湖南、湖北交界地的羊楼洞、羊楼司茶山。是晋商中开设时间最长、规模最大的茶庄之一,也是晋商万里茶路文化的一个闪光点。

长裕川茶庄,由祁县渠氏家族第十五代渠映潢创办于清乾隆年间。地点在祁县城内段家巷,现遗址保存完好,整座大院占地 2039.73 平方米,共有房屋 66 间,寓意"六六大顺",三面临街,院墙高耸,俨然一座城堡,其院内大型青石浮雕更是罕见。2006年5月被国务院批准为国家级重点文物保护单位,是目前我国少有的大茶庄遗址。[①]

除了散落在三晋大地上的一座座精美宅院,在这条茶叶之路上还遗留下了一个个富含文化意味的地名。例如,恰克图是晋商与俄商进行茶叶交易的城镇,俄语称茶叶为"恰依","恰克图"中的"恰"就是指茶叶,"克图"则是蒙古语"地方"。所以从地名学与音译的角度考虑,"恰克图"就是茶叶交易的地方。再如,晋商水陆转运的枢纽"社旗"原名"赊旗店",赊就是赊欠之意,由于商贸活动有时会出现资金不足的情况,所以这些常年做买卖的商人就有了赊账的情况,久而久之,此地便起名为"赊旗店"了。[②]

在晋商的茶叶生意中,金融流通的重要机构,中国金融史的文化遗产,"票号"也应运而生。

山西商帮多数从事长途贩运,商品流转和资本周转慢,垫支资本大,在资本不足的情况下,就需要向社会借贷。万里茶道绵延数千里,资本用量大,周转慢,需要大量货款,为了适应营销活动需要,山西商帮首先创办了账局,经营存放款业务,后来,在账局的基础上而形成票号。票号的兴起是金融制度的一场革命,它既解决了晋商长距离贩运货物需携带大量银两的安全隐患及携带不便的问题,也通过对社会财富的聚集为晋商进一步扩大贸易积累了资本。

从中国东南地区延伸至草原的茶路,一路上盗匪出没,为对付俄蒙一带横行的骑匪,晋商将从俄国换回的大量粗制银器,在买卖城熔化成每块重1000两(约合32公斤)的大银锭,以专用马车运输。这样骑匪来袭时,仓促之间无法将沉重的银锭掠走,只有徒呼"没奈何"。如今在榆次的常家庄园,游客仍可以看见重达1000两的"没奈何"复制品。从"没奈何"到"票号"的出现都是晋商智慧和胆识的体现,票号以异地汇兑清算方式代替运现清算方式,这种清算方式尤其适合于长距离大规模的货物贸易,而票号、钱庄等的运转使得商业和金融业互相渗透,融合生长,形成了高效融资的机制,为"万里茶道"上长年累月奔波的商队提供了可靠的金融体系保证。

山西的晋商票号中,尤以今天仍保留在平遥古城的"日升昌"以及与其相邻的"介休侯氏"蔚字五联号最为著名。而从今天陈列于"蔚字银号"的历史资料来看,介休侯氏"蔚字银号"年股分红曾一度超过"日升昌"。侯氏原籍陕西,1163年(南宋孝宗隆兴元年)迁入介休北贾村。从一世传到十九世的侯兴域,已经是著名商

---

① 赵敏:千里晋商万里茶路——山西祁县渠家大院长裕川茶庄经营模式探秘,http://www.chinavalue.net/Media/Article.aspx? ArticleId=13635(2015年3月1日访问)。

② 李国光、李晨光:《万里茶路探晋商》,《文史月刊》2007年第9期。

人。兴域娶妻二(顶两门,叫作"对妻"),生子六。侯氏店铺,除介休、平遥外,远设京师等地,原来主要经营绸布、杂货、药店、染坊以及钱铺、账局等,大小字号五十多处。1823 年前后,西裕成颜料庄开创为日升昌票号,资本家是平遥达蒲村李大全兄弟。总经理是雷履泰。第一副经理是毛鸿翙。在 1826 年之前,毛鸿翙被雷履泰挤出日升昌后,投奔侯家,来到侯氏蔚字号后被委以重任。他根据日升昌的经验,说服资东侯氏于 1827 年左右投资八百万两将蔚泰厚绸布庄改为票号,后将介休的马氏等六家亦有投资的其他字号全部改为银号,成为五联号,毛鸿翙成为总经理,在他的努力下,业务迅速得到拓展。天成亨由细布庄改为票号后,即将周村的布庄也改成票号,同时新泰厚周村布庄也改票号。后来,资东侯奎将五连号全部在周村设分号,另外在北京、天津、济南、上海、汉口、开封、兰州等全国分号达 23 处。至1918 年,这些票号盈利 700 万两白银。同年,全部票号改为银号。①

从茶叶的自然属性来看,在《利玛窦中国札记》中这样记载道:"有一种灌木,它的叶子可以煎成中国人、日本人和他们的邻人叫作(Cia)的那种著名饮料",并认为"它的味道不好,略带苦涩"。② 这可能是每个初次饮茶的人的感受,也就是说茶给人的味觉刺激,一开始并不是甘甜的、讨人喜欢的。然而,只要经过几次饮用习惯了以后,会饮茶的人,就会渐渐地从苦涩中品味出香醇,而越发地喜爱这种苦中带甘的清香。这与晋商出身于贫瘠的黄土地之上,靠着自己的吃苦耐劳、艰难打拼而获得成功的经营历程,有着同样的意蕴所指。在此意义上,物的生命传记与人的生命传记是相契合的。

马克思主义者对物质性的富有影响的观点是:人类作用于物质资源而产生了商品,这种商品转而变成非私人化的,并且是以人的个人意识相对立的。相反,新物质性则是把人看成是深嵌于其周围的客体之中的,这种客体包括他们的环境、物质资源、风景、身体(他们自己的和他人的身体)。由此客体便有了生命,这是阿帕多莱(Arjun Appadurai)著名著作的标题,并且,人类的宇宙观也不只是面对精神的世界,而且要面对生活的物质状况。③ 从以上的材料中,我们可以发现,从福建武夷山到俄国莫斯科的这条长达 2.25 万千米的国际商道上,茶叶与晋商之间实际上乃是客体与本体、物质性与人的特性之间的一种互相形塑的过程。来自福建山区的茶叶,通过晋商而由一种地域性的普遍饮品,一跃而成为风靡欧洲大陆的国际

---

① 参见黄鉴晖:《山西票号史》,山西经济出版社,1992 年版,第 81 页;黄鉴晖:《山西票号史料(增订本)》,山西经济出版社,2002 年版;石生泉《平遥票号史》稿本。

② [意]利玛窦、金尼阁:《利玛窦中国札记》,中华书局,1983 年版,第 17 页。

③ [英]大卫·帕金(David Parkin):《英国的当代人类学中存在一种新物质性吗?》,马戎、周星主编:《二十一世纪:文化自觉与跨文化对话(一)》,北京大学出版社,2001 年版,第 261 页。

饮品,而晋商也通过贩卖茶叶,由普通商人而创造了一个横跨欧亚大陆的国际商贸集团。下面的图表就是这一建构过程的实现:

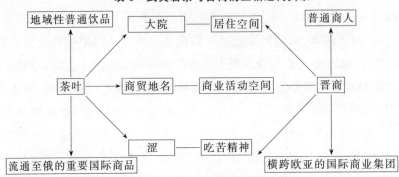

表1 武夷岩茶与晋商的互相建构关系

3. 茶叶在俄罗斯的传播

茶叶在俄罗斯的传播大致经历了三个阶段:第一阶段,茶叶在俄国被视为一种能够医治身体的神奇药物,是由沙皇一人专享的"贡品",笔者称之为"神话"阶段;第二阶段,茶叶作为一种与身体美学相关的奢侈品在上流社会中传播,但普通人仍然难得一见,这是茶叶在俄国的"传说"阶段。第三阶段,茶叶作为一种平衡饮食结构的大众饮品,在整个西伯利亚地区广为传播,这时的茶叶传播已成为"历史"。

(1)神话阶段

无论问任何一个俄罗斯人,最喜欢的饮料是什么,他都会毫不犹豫地回答是"茶"。俄文中的"茶"一词即是汉语北方方言"cha"的音译。据俄罗斯史料记载,1638年,俄国贵族斯塔尔科夫,携带大批贵重礼物出使蒙古的阿勒坦汗,后者回赠了沙皇锦缎、毛皮等许多礼品,其中有几包"干树叶"。

这是沙皇第一次品尝到中国茶的芬芳。1658年,俄国派遣使臣佩尔菲利耶夫(perfilev)来华,虽然并未完成其寻求建立避免阿穆尔地区冲突和从事和平贸易的使命,但他在北京受到较好的接待,他呈现给中国皇帝的礼物包括:40张黑貂皮,13张银狐皮,4匹布和一件白鼬袍。清廷回赠沙皇24匹丝绸,1磅多白银,雪豹、海狸、海豹皮各3件,还有一些缎子和3磅茶叶。他应在1660年把包括茶叶的这些礼品带到莫斯科。[①] 1665年,俄国使节别里菲里耶夫,又一次将茶叶带回俄国。在向沙皇供奉之前,为防不测,御医首先品尝了这种医书中没有记载的"草药"。当时沙皇肚子正感不适,饮茶后症状立刻消失。从此,俄国上层对茶叶的神奇功效

---

① 庄国土:《从闽北到莫斯科的陆上茶叶之路——19世纪中叶前中俄茶叶贸易研究》,《厦门大学学报(哲学社会科学版)》2001年第2期。

赞叹不已。①

从上面的材料来看,俄罗斯人对茶叶的最初认知,首先是与锦缎、毛皮等珍贵物品一起,作为来自中国皇帝的赠礼被俄罗斯皇家所知道,因而也是一种沾上了皇权的尊贵之物。另外,与锦缎、毛皮这些已知其用途的东方物品不同,俄国人并不知道茶是什么,应该怎样使用,但是它医治好了沙皇的身体不适,因而,它又被看作是一种来自非本土的"药物",对身体具有神秘作用。

而对于来自非本土的事物的崇拜、敬畏,并以之为尊贵象征,则是人类社会的普遍现象,源自人们总是倾向于将无法解释的神秘力量与来自域外的"陌生人"和"他者"联系在一起,并产生一种"他者为上"的普同心态。统治阶级也经常通过对这种"他者"之物的获得,来建构起自己与"天赋"或"神授"力量的联系。茶叶医治好了沙皇身体的不适这一"神话"所展示的,正是皇权与来自域外神秘之物(茶叶)的某种联系,统治阶级通过将来自于"他者"的神秘力量内在化于自己的身体中,来彰显自己与普通百姓的不同之处,并以此彰示其统治地位的合法性。因此茶叶最初流入俄国,是与遥远的东方、可医治身体的草药以及神秘的力量联系在一起的,是一种来自于异邦的"神话"。

(2)传说阶段

茶叶流入俄罗斯的第二个阶段,是以一种"传说"的形态传播的,这一时期的茶叶,作为仅供贵族阶级享用的奢侈饮品,在俄国上层小范围内流传,普通民众则难得一见。与茶叶在上层社会的流行相伴而生的是最初发端于沙皇,然后由贵族身体力行推行的自上而下的对身体的改造过程,以及由此而产生的身体美学。

大卫·帕金(David Parkin)在对物质性的研究中讨论了身体的美学问题,他认为人的身体要么是主体,要么是被伤害的,要么是积极的行动者,这种变动不居的矛盾状态构成了身体的美学问题。伊格尔顿(Eagleton)注意到了这样的事实,早期欧洲的美学起源于你能够对人的身体及其感受性特征做些什么这样的观念。因为这些可能会激起不赞成(违抗)以及赞成(有生气),因而美学既是物质的也是道德的。② 而在有关美学的起源上,东西方有着共通的物化倾向。季羡林也曾指出:"中国最原始的美偏重物质……在中国当代的汉语中,'美'字的涵盖面非常广阔、眼、耳、鼻、舌、身五官,几乎都可以使用'美'字。"③也就是说,美学最初是来源于身

---

① 阎国栋、刘亚丁:《俄罗斯的中国形象》,周宁编:《世界之中国:域外中国形象研究》,南京大学出版社,2007年版,第179页。

② [英]大卫·帕金(David Parkin):《英国的当代人类学中存在一种新物质性吗?》,马戎、周星主编:《二十一世纪:文化自觉与跨文化对话(一)》,北京大学出版社,2001年版,第262—263页。

③ 季羡林:《美学的根本转型》,《文学评论》1997年第5期。

体的五官感受,来源于物质所激发的身体欲望,是由一种五官刺激的有意识上升到审美倾向的无意识过程。

从茶叶在俄罗斯的传播过程来看,其最先正是通过对味觉的直接刺激,激起了身体的积极回应,从而最初是在上层社会中建立起了一种有关身体的美学系统。如前所述,这些茶叶带回俄国后被进献给沙皇,并立刻减轻了沙皇身体的不适。如将沙皇的身体置于俄国的社会空间中来分析,由于其所处地位的特殊性,它既是沙皇本人私人化的客体,又是一种在社会公共空间中被展示的(至少是在贵族内部展示的)客体——而这种客体既是权力、等级与财富等的最直接符号标志,也是社会时尚的最终资源。

也就是说沙皇通过对身体的装饰与展演,建立起一种审美的图像机制。这个图像机制既是客体的也是主体的,并经过贵族的追捧与实践将之扩大化,最终成为一种渗入社会公共空间的身体美学观念。在这个美学系统的源头,沙皇的身体既是被物质所操纵者(客体),同时又是刺激物质消费与传播的制造者(主体)。由于茶叶对沙皇的身体带来的这种神奇效果,在17世纪的很长一段时间里,俄国上层社会都将其作为一种能够"醒脑"的药物和彰显贵族之气的奢侈品看待,并与精美的中国瓷器、丝绸和古董等一起,形成一股席卷俄国宫廷和社会的"中国风"。

而仅就一美学系统中的饮茶风气而言,茶叶是否真的具有醒脑或对身体的治疗效果并不重要,重要的是,上流社会认为它具有这种效果,并将之作为一种身体审美的符号标签。一旦贴上这个标签,身体就会被东方化、精致化、美化。

(3) 历史阶段

在17世纪的俄国,茶叶很长时期都是作为"醒脑"的药物,供居住在城市的贵族饮用,普通百姓难得一见,这主要是由于价格昂贵,而且也不知饮用方法。随着《恰克图条约》订立后中俄贸易的进一步扩大,茶叶迅速成为俄国民众最喜爱的饮料,饮茶的习俗逐渐从上层贵族中间流传到民间。①

如果说茶叶在俄罗斯上流社会的风行与身体美学的建构有关,那么饮茶风气在一般民众中间,尤其是在西伯利亚的广泛传播,则与其地域环境和人们的饮食结构有关。其对身体的作用由一种符号性的装饰,逐渐向改善和提高身体机能转化。贝加尔地区往北往西延伸的西伯利亚高原,是茶叶之路的纵深地带。这里地处高纬度地区,蔬菜供应极少,人们的饮食结构中以肉食为主,因此化油脂的中国茶叶,就成了这些游牧族群的日常饮食必需品。整个西伯利亚饮茶之风甚烈,18世纪中

---

① 阎国栋、刘亚丁:《俄罗斯的中国形象》,周宁编:《世界之中国:域外中国形象研究》,南京大学出版社,2007年版,第179页。

叶在这里旅行的俄国学者瓦西里·帕尔申在《外贝加尔边区纪行》一书中写道："……不论贫富，年长和年幼，都嗜饮砖茶。茶是必不可少的主要饮料，早晨就面包喝茶，当作早餐。不喝茶就不去上工。午饭后必须有茶。每天喝茶可达五次之多。爱喝茶的人能喝十到十五杯。不论你什么时候走到哪家人家，主人必定用茶来款待你。"①

由此可见，中国茶叶在俄国的传播历经了由沙皇、贵族到普通民众，由神奇药物、奢侈品到日常饮品，由权力象征、身体美学到平衡饮食结构的不同功能变化，最终由一种神话传说成为中俄文化交流中的一段历史。俄罗人对茶叶的认知变化的几个阶段可大致用下面的图示来展示：

表 2　茶叶在俄罗斯的传播过程

阶段	时间	人群范围	认知客体	功能
神话阶段	17 世纪中叶	沙皇	神奇草药	皇权的象征
传说阶段	17 世纪后半叶至18 世纪中叶	贵族	有治疗效果的奢侈饮品	身体的装饰与美化
历史阶段	18 世纪中叶以后	平民大众	日常饮品	平衡饮食结构

4. 今日武夷茶：遗产与旅游

作为一种具有悠久历史的物质文化载体，在 21 世纪的今天，武夷茶不可避免地被卷入国家的遗产运动和旅游活动中。在国家的话语权力下，"国家级非物质文化遗产"的评定，使其获得了一种符号资本（Symbol Capital），从而成功地由地域性资源一跃成为国家级的公共资源；同时这一符号标签的获得也为其在旅游市场中加重了砝码，吸引来了更多的游客。

2006 年，在我国第一批国家级非物质文化遗产名录（共计 518 项）中，福建武夷山市"武夷岩茶（大红袍）制作技艺"榜上有名，成为唯一的茶类国家级非物质文化遗产。尽管我国茶叶种类众多，但是在此次非物质文化遗产名录中，却只有福建武夷山岩茶大红袍位列其中。

"国家级非物质文化遗产"是由文化部具体组织和实施，由国务院向各省、自治区、直辖市人民政府，国务院各部委、各直属机构发文公布的，带有强烈的国家话语权力（Power/Discourse）的色彩。在《国务院关于公布第一批国家级非物质文化遗产名录的通知》有这样的话语："我国是历史悠久的文明古国，拥有丰富多彩的文化遗产。非物质文化遗产是文化遗产的重要组成部分，是我国历史的见证和中华文

---

① 邓九刚：《茶叶之路——欧亚商道兴衰三百年》，内蒙古人民出版社，2000 年版，第 209 页。

化的重要载体,蕴含着中华民族特有的精神价值、思维方式、想象力和文化意识,体现着中华民族的生命力和创造力。"①这些话语表述经由国家权力机关国务院正式发文公布,具有不容置疑的权威性,因此"国家级非物质文化遗产"无疑是一种象征着国家权威的符号资本,各地的"申遗"行为实乃是对这种社会的稀缺资源——符号资本的争夺过程。

而一旦地方向中央申请成果,获得了这一符号资本,它也就相应地获得了这种符号资本所带来的公认的知名度、声誉、成就感和领袖地位,从而吸引社会资本、经济资本等向其靠拢。从这个意义上来讲,"武夷岩茶(大红袍)制作技艺"被成功列入首批国家级非物质文化遗产,是地方在对这一符号资本的角逐竞争中的获胜。

除了成功获得国家级非物质文化遗产的符号资本外,武夷山的六棵大红袍母树所采摘下的 20 克茶叶,还被中国国家博物馆收藏。2007 年 10 月 10 日上午 10 时 10 分,"乌龙之祖,国茶巅峰——武夷山绝版母树大红袍送藏国家博物馆"仪式在紫禁城外的端门大殿内举行,20 克最后一次采摘自福建武夷山 350 年母树大红袍的茶叶,正式由武夷山赠送给国家博物馆珍藏。

生长在武夷山九龙窠景区的大红袍母树,目前仅存六棵,已有 350 多年的历史。根据联合国批准的《武夷山世界自然与文化遗产名录》,大红袍母树作为古树名木列入世界自然与文化遗产。"为了更好地保护这一珍贵的世界遗产,去年 5 月,武夷山市政府决定停采留养母树大红袍,实行特别保护和管理,从此不再用大红袍母树生产制作茶叶,因此这 20 克茶叶已成绝品,"国家博物馆有关负责人说。②

旅游则是武夷茶在今日更为"流行"的一种表现形式。2006 年年初的央视大片《乔家大院》的热播,将这条几乎已经被历史的尘埃掩埋的茶叶之路,又重新炒热了,而武夷山当地的旅游相关机构,也趁着这部电视剧的热播对当地进行了重新包装。《乔》剧内容涉及晋商乔致庸等冒着危险亲临江南和武夷山贩茶的经过,再现了重新疏通茶路后,江南各省的茶叶纷纷通过水路、陆路被运往晋中、蒙古、恰克图等各处的历史。这部电视剧的热播,使武夷山的古村落走近了人们的视野。当笔者来到这里时,这里的人们自豪地说,《乔》剧中提到的乔致庸到武夷山买茶的地方就是下梅村,而剧中与乔致庸做生意的武夷就是以下梅邹氏为原型的。下面是《乔》剧中涉及武夷茶的内容:

---

① 《国务院关于公布第一批国家级非物质文化遗产名录的通知》,http://www.gov.cn/zwgk/2006-06/02/content_297946.htm(2015 年 3 月 1 日访问)。

② 《武夷山绝版大红袍入藏国博》,http://news.xinhuanet.com/photo/2007-10/11/content_6863719.htm(2015 年 3 月 1 日访问)。

《乔家大院》涉及武夷茶内容摘要:

"真香,绝品啊"

邱天骏:这武夷山的云雾茶,这个云雾茶是名扬四海,这还是几年前茶路没有
　　　断的时候,我从那里搞来的,整个的武夷山茶区,一年才产它一百来斤
　　　茶,全都是贡品,我花重金才找到了区区二斤之数。尝一尝,尝一尝,
　　　我年轻的时候曾经到武夷山贩茶,我吃过那个刚炒出来的云雾茶,哎
　　　呀,清香盈口,终日不绝呀,当时我真想放弃本行,留在当地种茶。

致庸:果然是好茶,喝起来满口清香,如饮甘醇。

耿于仁:这是武夷山上等的云雾茶呀,往常不管有多少都得送到宫里去,这几
　　　年茶路不通,也没有官府向我们来勒索贡品,这些就留着我们自己享
　　　用了! 乔东家,请先尝尝!

致庸:真香,绝品啊。

致庸:嗯,这茶有点像那个武夷山的云雾茶但又不完全像。其实我从小生在商
　　　家也喝过不少名茶,但是我还真不知道这是什么茶。

老茶农:这种茶我是采取武夷山的云雾茶的枝芽嫁到四季春的茶树之上,用一
　　　种新的方法炒制出来的一品新茶。

"不避万死到武夷山……做一辈子武夷茶生意。"

耿于仁:乔东家不避万死来到武夷山,我们这些茶农真是既感激又钦佩啊。

致庸:耿大哥,耿大哥,我有一个想法,咱们不如结为异姓兄弟,日后这个大德
　　　兴和武夷山茶山,做一辈子生意,你觉得怎么样?

茂才:东家,咱们此次来武夷山贩茶,真是千难万险……咱们不能改为不用这
　　　样长途跋涉,也能获得武夷山的好茶呀?

致庸:行啊,把武夷山整个搬到咱山西去。这就解决了这事儿。

茂才:哎呀,这三五年的恐怕是这战乱也平息不了。这江北汉水流域,山高多
　　　雾,适合种武夷山茶,你能过来武夷山贩茶,咱们就不能买块儿山自己
　　　种茶。

致庸:实际上水家元家的茶也是我从武夷山贩过来的。这是同一批茶,而且我
　　　的茶砖每一块儿都比他们重一两! 价钱却是一样的!

致庸:你看,这么说吧,今年我从武夷山贩来的茶,比水家元家达盛昌邱家三家
　　　加起来的茶都多。明年,水家元家达盛昌邱家他们有可能从武夷山贩来
　　　茶,但是也有可能他们贩不来茶,但是我现在就可以向你保证,明年的这
　　　个时候我们把武夷山的茶给你贩到恰克图。这样,你就能垄断俄罗斯的

茶货市场,就连他们国家的沙皇都得喝你贩过去的茶。

雪瑛:还有啊,乔致庸可以贩茶,咱们也能贩茶!明年到了时候,你就派人去武夷山贩茶!

雪瑛:只要他能帮我把茶从武夷山贩过来,要多少银子给多少银子。

致庸:当时咱们去这个武夷山贩茶的时候不是在那个茶货上也印上咱们大德兴了吗……这个呢让人永远都记住咱们乔家的货。

万里贩茶:南到武夷山,北去恰克图

致庸:好吧那我就直说吧。我是想过来借一笔银子,去江南武夷山疏通茶路!

致庸:茶路畅通的时候,光水家一年纳给杀虎口的税关的茶税,就得有几万两,可是就这么一条茶路从武夷山贩茶到蒙古的恰克图的茶路已经断了四年了,这四年里不光水家因此损失了上百万两银子,就那些茶路上制茶、运茶为生的茶农也都没有了生路,就连朝廷也因此四年里损失了大概几十万两的税银。这么一条茶路,为国为民为己,是不是都应该有人去把它重新疏通呢?

水长清:从武夷山贩茶到蒙古的恰克图,一万多里地,南边有大江,北边有沙漠戈壁,这江南一带呢还被太平军占着,你就这么大本事能够把这个茶路重新疏通了?

致庸:我想南下去武夷山贩茶,重新打开这条茶路,这算不算我们生意人里的替天行道呢?

元家少东家:合约上已经写明,最多半年之内,乔东家一定要把茶叶从武夷山运回祁县,再由这里运至恰克图,交于我们三家在恰克图的茶庄。

茂才:龙票啊,龙票就是朝廷颁发给水家、元家这种大茶商一种特许的执照。有了这种执照,东家才能带着咱们去武夷山贩茶,然后北上恰克图,在边境与俄罗斯客商交易。

邱天骏:乔东家万里贩茶,南到武夷山,现在又北去恰克图,为我祁县商人长脸哪。

陆玉菡:特别是你去武夷山贩茶,去蒙古大草原去恰克图做生意都赚了……扣除你欠武夷山茶农的银子十万两,咱们净赚了三十多万两。

致庸:这介休王家全盛的时候吧,生意做得特别大,他们的茶路从武夷山一直到法兰西国,比今天水家元家做得都大,当年他们每年贩茶到俄罗斯,回来的时候都要把所得的银两熔化铸成一个一个的大银砣子,这外表看上去像个大鸭蛋,但人都叫银冬瓜,这个东西滑不溜秋的不好拿,抢匪就是抢到手里,他也带不走。①

　　仔细分析上面《乔》剧中关于武夷茶的对话,实则包含着对立的两极的内容。在乔致庸与他人的对话中,不止一次地提到要"不避万死"、历经"千难万难"也要到达武夷,这说明武夷山在当时人的头脑里还是一种神秘的、危险的所在。而"云雾茶"一词语似也隐含有"云蒸霞蔚"的仙人居处之意,暗示着它的遥远与不可接近。另一方面,则是乔致庸对其赞不绝口的"真香,绝品啊",从感官上来说,武夷茶有一种被西敏斯称为"麻醉食品"的诱惑力,这种"软性麻醉"对于西方的吸引甚至更甚于东方。而商人追逐利益的本性,使他们敏感地意识到这种"软性麻醉"对西方人身体的入侵与改造,最终将为茶叶的东方产地带来滚滚财富。对话中出现的还有中国皇帝和俄罗斯皇帝,作为历朝的贡品和俄罗斯宫廷里的时尚饮品,这从一个侧面反映了武夷茶叶在当时的高贵身份,它是一种只在上层社会中流动的奢侈品。而在以前交通不发达的背景下,诸如茶叶、丝绸、香料这样的奢侈品的全球性贸易,都是获利高达几十倍的暴利行业。

　　因此在晋商与武夷茶之间的一段历史,其实是一段互相依赖、交相辉映的历史。我们可以说是武夷茶成就了晋商,反之也可以说是晋商成就了武夷茶。晋商因为贩卖武夷茶而发家致富,白银滚滚而来,成为扬名国际的商界巨擘;武夷茶也通过晋商而走出深山,走进俄罗斯的宫廷,成为蜚声海外的国际饮品。

　　从遗产旅游的角度来看,从 17 世纪武夷茶叶在俄国宫廷的初露锋芒到今天武夷山大红袍的制作技艺被成列入首批国家级非物质遗产,陆上"茶叶之路"深厚的历史积淀无疑已经成为一种文化遗产。在大众旅游盛行的今天,遗产与旅游就好像一对连体婴儿总是相伴相生,不可分割,并形成了特色的遗产旅游。然而按照联合国教科文组织(UNESCO)对遗产的评定标准,"遗产"强调的还是"从历史、艺术或科学角度看具有突出的普遍价值",并没有直接与旅游吸引力因素相联系。因此要将遗产转化为旅游资源,必须还要经过选择和重组。被选择的遗产资源是否能进一步转化为产品,关键在于对遗产的"解释"(interpretation)。解释赋予遗产以经济资本的价值。Walsh-Heron and Stevens 将"解释"定义为"讲故事的技巧"。当解释用于为遗产讲故事(telling story)时,它不仅仅作为传递信息的方式,而重要是谁在讲故事? 为什么讲故事? 讲故事给谁听? 于是问题就变成"什么样的故事讲述给什么样的听众?"遗产工业中,"解释成为被市场所制约的一部分。"②

---

① http://www.wuyishantea.com/xingweng/xingweng/1029.htm(2015 年 3 月 1 日访问)。
② Robert Hewsion. "Heritage：An Interpretation", in David L. Uzzell, *Heritage Interpretation*, *Volume 1：The Natural and Built Environment*. London：Belhaven Press,1989,p. 15.

《乔》剧无疑是典型的讲故事,这个故事讲得很成功,吸引了很多的观众。但它的最初用意显然并不在于对遗产进行解释,更不在于将遗产转化为"产品"。而这一故事最终转化成了一种旅游资源,吸引来了大批游客,则是当地旅游部门将故事中的内容与武夷山的现实场景相结合,对"茶叶之路"进行旅游包装的结果。

这种旅游包装包括两个方面,一是将眼光投向渺远的过去,通过一套叙事策略对"过去"进行选择、重组、诠释,乃至虚构,将两三百年前的"茶叶之路"重构成为一条今日的"茶旅之路"。这主要体现在 2006 年 3 月,由武夷山市政府和武夷山旅游集团组成的旅游促销团远赴西北地区展开的旅游促销活动,其中最主要的点就是山西太原和内蒙古呼和浩特,一为晋商的发源地,一为茶叶之路上最重要的贸易城市。在山西太原的乔家大院,促销团详细解说了武夷茶和乔致庸的关系,主推武夷山的茶之旅,乔家大院民俗博物馆馆长说道:"乔致庸把乔家大院与武夷山联系起来,乔致庸与武夷山的渊源就是乔家大院与武夷山的渊源,是两地优势旅游资源相互结合的最好切入点。开发一条乔致庸贩茶的旅游线路也是我们所力推和将要做的,因为这将给我们带来更多的游客。"促销团随后又来到了内蒙古呼和浩特,即当年商贾云集的归化城。推荐团特别介绍武夷茶与乔致庸、与内蒙古的关系。而旅行社的负责人也表示,由于央视《乔家大院》的热播,内蒙古人知道了乔致庸所贩的茶是武夷茶,对武夷茶情有独钟,在呼和浩特市今后的旅游宣传中,将把乔致庸的贩茶旅游线路做重点宣传。[①]

武夷山下梅村张贴的《乔家大院》的巨幅剧照(龚坚摄)

---

① 参见《乔家大院》武夷山香飘——武夷山西北旅游促销团茶旅结合营销随记,http://www.cyxxg.com/csgfc/cjxw/291347469436.html(2015 年 3 月 1 日访问)。

　　除了将眼光投向过去,远赴西北进行旅游宣传以外,当地旅游部门还通过一系列的景观再造工程,将茶叶之路的过去,与武夷山的现在联结起来。南平市政府为了借助《乔》剧的热播效应,做大做强武夷山茶叶品牌,经武夷山人民政府批准,在下梅村竖起了"晋商万里茶路起点"的纪念牌,在当地修建了"晋商茶馆",并在主要路口悬挂起电视剧《乔家大院》的剧照。通过这一系列的人工造景和文化展演,《乔》剧中没有点明的乔致庸贩茶的地点被成功"再造"成为现实中的下梅村。

　　结合前面的史料,我们不难发现:乔家大院与武夷山的联系是值得怀疑的。《乔》剧中提到晋商乔致庸到武夷山贩茶的经过,但却没有具体提到他与武夷山哪些茶商做岩茶贸易。事实上前面提到的《榆次车辋常氏家族》中有明确记载,在武夷山做岩茶贸易最为成功的晋商,是山西省榆次车辋村常氏,与常氏结成贸易伙伴的是下梅邹氏。因此,乔致庸究竟有没有到过武夷山,有没有与当地人做过茶叶买卖都是难以证实的。《乔》剧明显是将车辋常氏到武夷山买茶这一史事套用到了乔家,以丰富故事内容,它反映的其实是晋商到武夷山贩茶的一段整体性历史。但对于武夷山的旅游宣传部门来说,乔致庸到武夷山贩卖茶叶这一段历史,是否真实并不重要,重要的如何使人们相信它的真实,如何通过对地方的景观再造与舞台展演,将人们头脑中的历史与现实中的景点联系起来,从而推动当地的旅游发展。

　　而这一系列的宣传造势也确实带来了良好的效应:一方面是武夷山的茶叶在《乔》剧播出后名声大振,销量猛增,各地的订货不断;另一方面万里茶路的起点下梅村,成为武夷山的一个旅游热点,全国各地乃至境外的游客纷纷慕名而来,游览和参观下梅村的清代茶市。

　　如果将这一对遗产的解释行为,置于更大的全球化的图像中来看,这种对遗产进行商业包装的背景,正是现代性自身所具有的双重矛盾所造成的:现代化一方面输出同一性,一方面又追求差异性;一面摒弃传统(tradition),一面又指向怀旧(nostalgia),寻求差异性的特质。因此从文化遗产的角度来看,茶叶之路的旅游包装,实际上是现代性语境下传统的发明、怀旧范式的滥觞,是地方性主体向全球化场景中输出差异性文化形象,以获得身份认可、构筑自我认同纽带的过程。

　　现代化商业组织的发达、交通工具的便利,使马帮与驼铃,都湮没在黄沙漫漫的古道中,成为遥远的绝响;然而马帮、驼铃、大院、茶市这些指向传统的符号,又正是现代性所缺乏和追求的一种稀缺性资源。从这样的角度来看,通过《乔》剧对遗产的发掘甚至是复制、再造活动,是在现代性的语境下地方对传统资源的挪用、对旧有记忆的整合重构,其实乃是现代性的另一个自反性面向。

　　因此,尽管就其物质属性而言,茶叶之路,仍然是那条由武夷山区延伸出来至俄罗斯的国际商道,其所经路途也与两三百年前完全相同,但其背后的内涵所指却已经完全不同。19世纪末以前的茶叶之路是一条保证中俄两国之间物质流动的重要商旅之路,而在今天,当全球化的力量深入每一个微小角落时,它则被包装成为现代人用以怀旧和寻找自我认同的"朝圣之路"。

(三)海上茶叶之路:中国茶叶的欧洲之旅

从17世纪开始,产自福建武夷山区的茶叶,通过两条线路被运往世界各地,一条通过陆路由下梅村的当溪,一直通到俄罗斯的莫斯科,这条线路输出的茶叶以武夷岩茶为主,以"大红袍"为极品。另一条则通过海路,最先由荷兰垄断,随后由英国东印度公司运往英法等欧洲国家。这条线路输出的茶叶以武夷红茶为主,以崇安县桐木地区所产的正山小种红茶为极品。[①]

在18—20世纪初西方所寻求的中国商品中,茶叶一直处于支配地位。西方贸易认为"茶叶是上帝,在它面前其他东西都可以牺牲"[②]。1610年,荷兰东印度公司的船队,首先自福建武夷山将少量武夷红茶运回欧洲,此后茶叶的饮用很快在欧洲进一步在世界范围内风靡起来。[③] 由于运输路途遥远,茶叶在西方世界,首先是作为奢侈品出现的,其传播满足了资本主义上升阶段资产阶级和探险家对东方的幻想。此后随着东西方茶叶贸易的繁荣,运抵西方的茶叶数量急剧增加,茶叶又成为大众阶级借以消磨时光、资本家借以剥削劳工、资本主义世界体系向全球扩张的完美工具。茶叶在其原产地中国被赋予的社会角色和文化意义,在遥远的西方被"转译"了。

1. 武夷红茶的外销路线

与从陆路流入俄国的岩茶不同,通过海路运往欧洲的武夷山茶叶,以正山小种红茶为主。据《中国茶经》记载荷兰商船是1610年首次来到中国的,并带回了少量的武夷山红茶。《与雷诺阿共进下午茶》一书也证实了这一史实:在17世纪时,已经开始制作红茶,最先出现的是福建小种红茶,这种出自崇安县星村乡桐木关的红茶,当17世纪初荷兰人开始将中国茶输往欧洲时,它也随着进入西方社会。1650年以前,欧洲的茶叶贸易可以说完全被荷兰人所垄断。经过两次英荷战争后,英国东印度公司渐渐摆脱了荷兰而垄断茶叶贸易。1684年清政府解除海禁,1689年英国商船首次靠泊厦门港,从此英国开始由厦门直接收购武夷红茶。[④]

在英国,早期是以"cha"来称呼茶,但从厦门进口茶叶后,即依照厦门语音称茶为"tea",称最好的红茶为"bohea tea"(武夷茶),"bohea"即武夷的谐音。在英国

---

① 正山小种,属红茶类,与人工小种合称为小种红茶。18世纪后期,首创于福建省崇安县桐木地区。

② 庄国土:《茶叶、白银与鸦片:1750—1840年中西贸易结构》,《中国经济史研究》1995年第3期。

③ 邹新球:《世界红茶的始祖:武夷正山小种红茶》,中国农业出版社,2006年版,第19页。

④ 参见吴梅东:《与雷诺阿共进下午茶》,上海文艺出版社,1999年版。

《茶叶字典》中:武夷茶(bohea tea)条的注释为:"武夷茶(bohea tea)中国福建省武夷(Wu-i)山所产的茶,经常用于最好的中国红茶(china black tea)。[①] 可见武夷红茶在英国的重要地位,以至于后来逐步演变成了福建红茶乃至中国红茶的总称。

武夷山有这么一句话:"武夷山一怪,正山小种国外买。"在产地买不到正山小种红茶堪称一怪。产区农民生产红茶而又从不饮用红茶,这就引出一个推论——红茶应是为海外贸易发展而兴起的产物。海外不断增长的茶叶需求量,导致了正山红茶的生产范围逐步扩大,从 17 世纪开始,武夷山正山小种红茶,先从桐木核心区向外围,从正山往外山,从周边县市向省外扩散。随着红茶的扩散,武夷红茶的含义,也逐渐由正山小种这个地区性红茶品种,扩大为武夷山全市,以至周边地区,乃至福建全省的红茶的总称,甚至在武夷红茶独步世界的 18 世纪"武夷茶为中茶之总称矣"。《崇安县新志》载武夷茶"由域中而流行海外,而武夷遂辟一新纪元矣"。

桐木村是红茶的原产地,红茶的外销自然是从这里开始的,由于价格昂贵,红茶初期的海外需求数量较少。虽然荷兰人 1610 年就把它带到欧洲,但基本上是把它当作稀有物品。直到 1664 年英国东印度公司晋献凯瑟琳皇后才两磅的武夷红茶[②],可见其稀少程度。

17 世纪末,在红茶最大的消费国英国,武夷红茶逐渐由贵族阶级流入普通百姓中,普通人饮用红茶越来越多,红茶的消费直线上升,供不应求,特别是 1684 年英国解除海禁后,外国船舶可以直接靠泊厦门港进行红茶贸易,极大方便了红茶外销。

据资料统计:18 世纪前 50 年间,英国平均年进口红茶 873973.31 磅(6556担),是 17 世纪末期的 76 倍。加上另一红茶贸易大国荷兰也有与此相当的进口量,这显然已经超出了正山范围的最大生产量。因此从 18 世纪开始,武夷红茶开始由崇安县桐木地区逐渐向周边县市扩散,出现了周边仿制的武夷红茶。如在 1706 年的"安溪茶歌"中便出现了仿制的紫毫白毫红茶和外销的盛况。[③]（需要指出的是这时期之前进行的茶叶贸易都是红茶贸易,销售出去的都是红茶,而不是别的茶。）

通过海路外销的武夷红茶,大致经历了以下几个发展阶段:

第一阶段,17 世纪武夷红茶的对外贸易和外销路线。17 世纪武夷红茶的外销

---

① 吴觉农:《茶经述评(第二版)》,中国农业出版社,2005 年版,第 91 页。

② 萧致治、徐方平:《中英早期茶叶贸易——写于马戛尔尼使华 200 周年之际》,《历史研究》1994 年第 3 期。

③ 邹新球:《世界红茶的始祖:武夷正山小种红茶》,中国农业出版社,2006 年版,第 26 页。

路线,主要都是由闽商通过海上与欧洲商船进行贸易,然后由欧洲商船把红茶运往欧洲。

1610 年,荷兰人首次把闽南人从厦门运到巴城的武夷红茶运往欧洲。在 18 世纪 20 年代以前,荷兰人主要以巴达维亚为据点,同中国到达的帆船,进行易货贸易,茶叶是其中主要货品。清政府在 1656—1644 年间,实行了近 30 年的海禁,对武夷茶的海上运输造成严重影响,但武夷茶的海上贸易并未禁绝,荷兰人仍从海上购得大量福建茶叶。

1650 年以前,"正山小种"红茶的经贸权可以说完全被荷兰人所垄断。1652 年至 1654 年,英国人与荷兰人在茶叶生意上短兵相接,爆发了第一次"英荷战争";1665 年至 1667 年又爆发了第二次英荷之战,由于英国再度获胜,摆脱了荷兰人,渐渐垄断茶叶贸易。1669 年英国政府规定,茶叶由英国东印度公司专营。1684 年,厦门港首开与外商直接贸易之新纪元,武夷红茶开始从厦门港直接出口。从此,由厦门收购的大量"正山小种"红茶被英国东印度公司输入欧洲市场。

第二阶段,18 世纪武夷红茶的对外贸易和外销路线。18 世纪是武夷红茶大发展时期,由于英国红茶消费量的增加,普通人饮用红茶的习惯越来越多,同时茶叶贸易在英、荷、丹麦、法国、瑞典间的激烈竞争,促进了茶叶需要量的增加,茶叶贸易大幅度上升。18 世纪初武夷红茶的输出已达百万斤,武夷正山小种的产量,已经不能满足需要,茶叶产区沿闽江而上,有从建溪向富屯溪、沙溪毗邻诸县扩展。但武夷山仍是最重要的红茶产区,国内其他省的红茶均是 19 世纪初以后才出现,所以 18 世纪仍是武夷山红茶独步天下的时期。

这一时期清政府实行了第二次海禁政策,规定只准广州一港对外通商,关闭厦门等通商口岸。由于贸易地点的改变,武夷红茶的通商口岸也随之改变。武夷红茶(包括周边生产的红茶)在崇安星村集中后,攀越武夷山抵江西铅山河口镇,由河口换船顺信江到鄱阳湖,经鄱阳湖运至江西省会南昌,在溯江到赣州,由赣州再到大庾,由大庾起旱到广东南雄始兴县,再用船运到韶州府曲江县,从曲江县沿北江顺流南下广州。这条运输路线,路途长达 2800 多华里。

虽然清政府多次重申严禁茶叶泛海运粤,但"闽商贩运武夷茶仍每每违背禁令"。可见在第二次海禁期间武夷茶的海上运输并未中断。海上运输仍是武夷茶外运的另一个渠道。

第三阶段,19 世纪武夷红茶的对外贸易和外销路线。19 世纪是中国茶叶出口的鼎盛时期,也是武夷红茶对外贸易最辉煌的时期。这一时期红茶成为我国向西方各国输出的主要茶类,在红茶中"武夷茶"成为"武夷红茶"的专名,也是中国出口茶叶中最受欧美欢迎的抢手商品。19 世纪 40 年代红茶平均出口量为 465361 担,

50 年代红茶平均出口 745640 担,60 年代红茶平均出口已经跃至百万担以上,从此保持年百万担出口量长达 32 年之久。最高年份的 1886 年达 165 万担。

这一时期对武夷红茶外销路线影响最大的是 1840 年的鸦片战争。鸦片战争后,清政府被迫开放厦门、福州、宁波、上海以及原先已经开放的广州五港,进行对外贸易通商。五口通商后,武夷山一改只运广州的去向,开始走较近的上海港,运输途径由江西鄱阳湖过九江入长江转上海,或由河口至玉山进常山,再顺钱塘江上游支流运往杭州,再由嘉兴内河运上海。福州自 1843 年开埠,但 10 年内没有输出茶叶。在 1853 年以前武夷茶仍只走广州线,以后转走上海线。1853 年福州直接出口茶叶后,武夷茶终于找到一个合理便捷的出口地,全部通过福州出口,不用再绕道其他港口出口了。[①]

2. 武夷红茶在英国

> 我觉得我的心儿变得那么富于同情,我一定要去求助于武夷的红茶。
>
> ——拜伦《唐璜》

阿帕多莱在他所主编的 *The Social Life of Things* 的导论中,强调用一种过程的视角来看待物,不同情景下的物,具有不同的特征。而作为商品的物,只是物品的生命传记中的一个阶段。在任何一个既定的情景中,商品的流动都是社会规定的"路径"与竞争性激发的"转移"之间的一个过程。[②] 以这样的眼光来看武夷红茶,其在英国的传播,就不仅仅只是全球贸易网络中的一个图景,作为有着社会生命的物(武夷红茶),中英不同的文化语境(context)赋予了其不同的文化想象。传到英国的武夷红茶,从消费价值与消费者的社会阶层的转变经历了三个阶段,从上流社会的药品到中产阶级的奢侈品,再到社会大众的佐餐饮料,同时与来自美洲的蔗糖,两者的流通路径在英国发生并接,最终被英国人演绎成一套英式的红茶文化,并为当时以英国为中心的资本主义世界体系向全球的扩张注入了"兴奋剂"。

茶进入英国社会,从消费价值、方式到消费者社会阶层的转变,经历了三个阶段,艾德谢在《世界史中的中国》一书对这三个阶段有过明确分析:

> 1650—1833 年间,英国对茶的需求经历了三个阶段。1720 年之前,年茶叶进口量在 10000 担以下,茶只是一种药品,一种有刺激与兴奋作用的饮料。对男性来说,它是除了咖啡以外另一种可供选择的提神饮料;对妇女来说,它是缓解周期性偏头痛、忧郁症和各种心理压力的镇静剂。此间的茶主要是由

---

① 邹新球:《世界红茶的始祖:武夷正山小种红茶》,中国农业出版社,2006 年版,第 96 页。

② Arjun Appadurai,"Introduction: Commodities and the Politics of Value", in his edited *The Social Life of Things*, Cambridge: Cambridge Univercity Press,1986, pp. 3—63.

荷兰进口的,以药用为主。

1720—1800 年间,年进口量从年平均 10000 担升到 20000 担,茶变成了一种社会消费品,消费者主要是女性,围绕着茶构筑起一种女性化的时空与家庭内部关系。喝茶要求有专门的茶室,专门喝茶的时间与服饰,并形成了一套独特的行为仪式与独特的社会技巧。茶作为一种日用商品,主要进口渠道来自荷属东印度公司及其欧陆的一些后继者。

1800—1833 年,茶进口量从年平均 20000 担涨到 35000 担,茶在英国,像在西藏与西伯利亚那样,变成一种食品:家用浓茶,加许多牛奶与糖,成为早期工业革命时代长劳动时间与高出生率的社会生活的一种简单有效的基本营养品。作为一种大众消费品,茶此时已主要依靠英国东印度公司的进口。[①]

饮茶,在中国社会中被视为一种能够陶冶性情的休闲饮品,对比以上三个阶段茶在英国所具有的文化意义,就会发现这三个阶段的英国茶与中国茶之间的关系,乃是经历了"由陌生到接近,再到分离"的一个过程。

而这一过程中的茶叶,经历了由卖者到买者、由本土到异域,以及与知识与市场的调适后,其本真性(authenticity)被完全置换。从武夷红茶到英国红茶,体现了商品的所谓本真性,就是"在他者社会供应的基础上,来自我们自己社会的选择和协商的产物"[②]。

茶在英国传播的第一个阶段,西方的中国形象,是一种模糊的"想象中国",茶叶作为"他者"对英国人是完全陌生的,英国人甚至没有把它作为一种饮料,而是看成一种能够治病的神秘药物。这一时期的茶叶流动范围极其有限,仅限于王公贵族之间。皇室对红茶的热爱和推动,塑造了饮茶的高贵、华美的形象。1664 年,东印度公司的普罗德船长(Captain Prowde)从万丹回来,送给国王查理二世的不是什么珍禽异兽,而是一小包"贵重的茶叶"和一点肉桂油。葡萄牙公主凯瑟琳带给英国的嫁妆,不仅有一块殖民地,还有中国红茶。威廉·乌克斯的《茶叶全书》载:"最初茶叶只能从中国购办,系一种极名贵之物品,在馈赠帝皇、王公及贵族之礼物当中,偶然可以发现此种世界之珍宝。"[③]

在第二阶段,英国茶和中国茶可说是最为接近的,这一时期整个欧洲大陆掀起了一股"中国潮",人们追捧中国的茶叶、丝绸、瓷器以及园林艺术、哲学思想等,饮茶成为一种时髦的休闲方式。

---

① 周宁:《风起东西洋》,团结出版社,2019 年版,第 199—200 页。

② [英]布莱恩·斯波纳(Brian Spooner):《织者与售者:一张东方地毯的本真性》,孟悦、罗钢主编:《物质文化读本》,北京大学出版社,2008 年版,第 266 页。

③ 邹新球:《世界红茶的始祖:武夷正山小种红茶》,中国农业出版社,2006 年版,第 33 页。

修·汉诺尔在回忆它孩童时代获得的中国印象写道:

> 我们每天吃饭用的盘子上的垂柳图案,让我清楚地看到中国风景,不久我又听说,盘子上方在云端飞翔的两只鸟儿,是一对中国恋人,他们被一个发怒的父亲追逐过美丽的拱桥,就变成了飞鸟……不管是自己家里还是别人家里,总能见到一些青花的美丽瓷杯、彩釉小碟、漆镶板,对我来说,这些东西就是那个遥远的国家的产物。去丘园参观,我又见到那个国度的建筑。所有这些东西都在我幼小的脑海里形成了清晰的中国形象。一个颠倒的、一切都与欧洲迥然相反的世界,到处是奇花异草、山妖水怪、玲珑剔透的建筑。尽管多年以后,我已经发现这种中国形象都是欧洲制造的,可我仍然无法消除在我记忆深处那最初的印象。①

这是 17—18 世纪"中国潮"时代留给欧洲的典型的中国形象,这一时期英国人对茶的认识,由一种包治百病的药物转为一种休闲饮品,上层社会视之为时尚和社交生活的一部分。这一时期在英国的饮茶,不管在器具、陈设、环境和习俗与中国有多么不同,都没有从本质上改变饮茶的文化意义——它的意义是一种闲暇的消遣,代表着一种优雅的生活方式,只是在英国这种文化空间更加的女性化。

真正改变了茶的饮用方式和其物质本真性的是在第三阶段。这一时期茶的饮用已经遍及普通百姓,人们在烹煮茶叶时,加入大量的牛奶和糖,将之作为一种温和而又有滋补作用的兴奋剂,成为当时英国的资本主义向全球扩张的有力助推器。

随着英国工业革命的发展,要求大量的劳动力高强度的工作,这时加入了大量奶糖的茶叶成为工业化进程中一种暂时缓解食品压力的方法。生活水准并没有因此提高,但工人们可以依靠英式红茶这一麻醉食品保持高负荷的劳动。英国经济史学者 J. A. 威廉逊曾说:"如果没有茶叶,工厂工人的粗劣饮食就不可能使他们顶着活干下去。"②

而中国人也认为,茶叶作为酒的替代性饮品在英国的推广,使英国人由容易酗暴滋事之徒转变为彬彬君子。《清代通史》中如下记载:

> 当茶叶之初到伦敦也,公私进贡英王,贵族仿而用之,而妇女之时髦者,深恐茶中有毒,饮后以白兰地酒解之,其关心世务者,则以茶之毫无滋补,徒耗金银,大倡反对之论,然以酒税之增加,酒价飞腾,贫民用茶代酒,故至嘉庆十八年左右,其风气已通行全国矣。约翰生 Samuel Johnson 自述其二十年嗜茶成

① 周宁:《异想天开:西洋镜里看中国》,南京大学出版社,2007 年版,第 120 页。
② 邹新球:《世界红茶的始祖:武夷正山小种红茶》,中国农业出版社,2006 年版,第 33 页。

癖,宜朝宜夕。六合丛谈所载华英通商略言,英人以酒为饮料,酗暴滋事,及改饮茶,则养成彬彬君子之风,是茶为英国民性优良之恩物也。[①]

(四)"迂回的线路"的反思

毫不夸张地说,17 世纪初的英国几乎没有人喝茶,可到了 18 世纪末,几乎全英国上下人人皆在饮茶。然而这些来自福建武夷山区的茶叶传到英国后,却与殖民扩张和工业革命连在了一起,这也促使我们对这条泛着茶香的迂回线路进行反思。在 17 世纪和 18 世纪,整个西方都渴求中国的茶叶,将之称为"茶神"(god tea),但却没有可以和中国交换和贸易的其他商品,这就造成了大量的白银和黄金从欧洲源源不断地流往中国。

鸦片,这个在中国鸦片商眼里,被看成是和白银一样值钱的东西,让东印度公司看到了曙光。由于鸦片主要产自印度,而印度的生产和贸易又在很大程度上受东印度公司的控制,所以公司很快就控制了鸦片的种植和生产,并从 18 世纪 70 年代开始,默许把鸦片卖给走私商和腐败的清政府官员。清政府的海关官员自然非常清楚所发生的一切,但他们受中国鸦片商的贿赂,同样参与了走私过程。仅 1830 年一年,出口到中国的鸦片就增长了 250 倍,达 1500 吨。其销量足以赚取用来支付购茶费用所需的银两;事实上,从 1828 年起,中国进口的鸦片价值就已经超过了出口的茶叶价值,英国茶叶贸易逆差完全扭转。

1838 年 12 月,朝廷派钦差大臣林则徐清剿鸦片。林则徐下令在虎门集中销毁了一年来进口的鸦片,此举激怒了英国人。东印度公司的代表和其他英国商人对本国政府施压,要求政府强迫清政府扩大贸易开放、增加通商口岸,这样商品就不用全都从广东进入中国了。他们要求以自由贸易的原则处理广东的不稳定局势,特别要保护茶叶贸易(及相关的鸦片贸易)。英国政府并不想公开支持鸦片贸易,不过他们坚持中国内部禁烟并不等于中国官员有权搜查和销毁属于英商的货物(即鸦片)。于是,英国以保护自由贸易为借口,发动了历史上的第一次鸦片战争。

第一次鸦片战争从 1839 年持续到 1842 年,历时不算长。由于欧洲武器先进(这大大出乎中国的预料),此次战争几乎是单方战役。战败后,清政府被迫签署了《南京条约》,割让香港岛,开放 5 个通商口岸,允许自由贸易,并赔偿英国白银 2100 万两,其中 600 万两用以赔偿林则徐所销毁的英商的鸦片。《南京条约》的签订标志着英商的胜利,同时也翻开了中国历史上耻辱的一页。总而言之,茶叶凭借着对大英帝国政策的影响改变了世界历史的进程,铸成了一幕幕诸如美国独立、中国封

---

① 萧一山:《清代通史》,中华书局,1986 年版,第 847—851 页。

建王朝衰败这样的人间传奇。①

从福建武夷山区延伸出去的这条海上茶叶之路,在 17 世纪到 19 世纪的两三百年间,将中国的茶叶传播到了世界各地,正是茶叶把温驯而富有效率的工人阶级,送进了发展资本主义的喉咙之中,成为资本主义世界体系扩张的助推器。而这一迂回的路线最终带回中国的却是鸦片、战争,以及半殖民地统治。从茶叶在东西方社会中不同角色的功能来看,这恰恰体现了:研究物质文化的传播,不应简单看其被某一社会接纳的现实和结果,而更应重视当地社会文化对该物的重新建构和吸收这一过程。

认真研究茶俗是如何传播的,我们就能够肯定,如同在其他任何地方一样,茶的实际功能表现为:一条本土的宇宙图式的情境性运作模式,它目睹了西敏司(Sidney Mintz)所称的"麻醉食品"在欧洲大众中迅速传播的过程。现代西方"文明"的发展依赖于一种巨大的"软性麻醉"文化,这种文化至少是容忍力的一个条件,其标志是诸如茶、咖啡、巧克力、烟草和糖之类的物质进入了日常普通消费之列——这是一个不怎么估计营养价值的食谱。② 而今日在中国各大小城市的超市货架上,赫然摆放着全球最大的茶叶生产商——英国立顿公司生产的各式茶叶,其中就包括福建的"铁观音"。三百多年前正是从福建武夷山区延伸出去的海上茶叶之路,使英国人第一次尝到了茶的滋味,而三百多年后的今天,英国公司生产的茶叶却反向流回了茶叶的原产地中国,这既是三百年来东西文化碰撞和融合的一个结果,也是历史在对中国的提醒,中国深厚的茶叶文化底蕴,不应只是历史河流中遗留的"物",更应在今日的全球贸易体系中,焕发出更加蓬勃的生命力。

茶道:从"路"达"道"的文化之道

（一）作为文化线路遗产的中俄"万里茶道"

从今天的文化线路遗产的角度来看,万里茶道不仅是一条普通的商道,更是以中原"黄土文明"为纽带,将茶道沿线的草原文明、游牧文明、农耕文明连接起来的"文化之道",是中、蒙、俄三国商贸往来的历史见证,"万里茶道"作为一项文化遗产至今仍对茶道沿线各地产生着深远影响。

1993 年,西班牙圣地亚哥·德·卡姆波斯特拉朝圣路线被列入《世界遗产名录》。这标志着文化线路(cultural routes)作为遗产类型的概念开始形成。在次年

---

① ［美］汤姆·斯丹迪奇:《六个瓶子里的历史》,中信出版社,2006 年版,第 155—159 页。

② ［美］马歇尔·萨林斯:《资本主义的宇宙观——"世界体系"中的泛太平洋地区》,《历史之岛》,蓝达居等译,上海人民出版社,2003 年版,第 398—401 页。

于西班牙马德里召开的文化线路世界遗产专家会议上,与会者一致认为应将"路线作为我们文化遗产的一部分",第一次明确提出"文化线路"的概念。自此,文化遗产的内涵和外延得到进一步拓展,保护对象由遗产本体扩展到周边环境、视线走廊,遗产的规模由点状发展到线状和面状,遗产类型由静态向动态和活态发展。

在这一全新概念的启发和激励下,许多隐性文化遗产浮现于世,一系列无形的"文化线路"相继申遗成功,引发世界关注:法国米迪运河、奥地利塞默林铁路、印度大吉岭铁路、阿曼乳香之路、日本的纪伊山脉胜地和朝圣之路、以色列的香料之路、秘鲁的印加之路……据《文化线路宪章》,文化线路可以看作是一种通过承担特定用途的交通线路而发展起来的人类迁徙和交流的特定历史现象,现象的载体即文化线路遗产的内容。^① 可见文化线路中的交通路线并不是普通的一条道路(road),而是运输特定的商品,或进行特定的政治、宗教、文化活动而逐渐形成的一条线路(route)。一条交通线路区别于其他交通线路的最主要特征就是其承担的主导功能,比如丝绸之路、中俄茶叶之路、欧洲的葡萄与葡萄酒线路等,其名称均源于其在历史上的功能用途。在这一过程中,不同的人文因素的集体干涉相一致,并导向这个共同的目标。^②

从文化线路遗产的定义和内涵来看,"特定的用途"和"特定的历史文化现象"这两点是"文化线路"特别强调的。此外,它还强调时间上的持续性、空间地域上的"跨越性"、族群文化的多元性、交通方式的多样性等多种衡量标准,各种因素共同在历史的过程中交互影响作用,才有可能形成持续的演进动力,从而成为今天的文化线路遗产。300多年前形成的"万里茶道"作为中西方物质文化交换的国际商道,横贯亚欧大陆中蒙俄三国,一直延伸到俄罗斯和欧洲其他国家,沿线有200多个城市。从各种标准来看,都符合"文化线路"遗产的概念和内涵。

1. 具体的特定的用途

"万里茶道"又被称为"茶叶之路",从其命名上显而易见茶叶是这条商道上主要流通的商品。虽然俄国的欧洲部分与中国的直接贸易早在17世纪就已开始,但大规模的商队贸易则是当茶叶成为重要商品之后。尤其在18世纪后期到19世纪末西伯利亚大铁路建成之前,茶叶贸易一直是中俄陆路贸易的核心商品。在莫斯科和福建之间这条长达4万多里的陆上茶叶之路上,中俄商队络绎于途,共同经营

---

① 2008年,国际古迹遗址理事会第16届大会正式通过了《文化线路宪章》(*The ICOMOS Charter on Cultural Routes*)成为国际文化线路保护的基础性文件。目前,《文化线路宪章》六十多个缔约国已确认三十多条文化线路,以备推荐给世界遗产委员会,其中中国有"丝绸之路""大运河"两项。

② 王建波、阮仪三:《作为遗产类型的文化线路——〈文化线路宪章〉解读》,《城市规划学刊》2009年第4期,第87页。

蔚为壮观的茶叶贸易。① 在 18 世纪的中俄贸易结构中,中国人方面提供的主要商品是茶叶,俄国人方面提供的是棉织品和毛织品。1852 年,从恰克图卖给俄国人的茶叶达到 175000 箱,其中大部分是上等货,这指的是由山西商人通过陆上茶叶之路运来的"商队茶",不同于由海上进口的次等货。中国人卖出的其他商品是少量的糖、棉花、生丝和丝织品,不过数量有限。1796—1810 年,俄商在这条商路上的贸易额占到该国对亚洲贸易额的 63%~70%。②

从各种史料中所罗列的中俄商人所贩运各种商品所占的比例来看,这条商道被称为"茶叶之路"的是名副其实的。17—19 世纪初,山西商人首先深入中国南方各产茶区采购大量茶叶,之后一路北上穿越蒙古草原、戈壁、沙漠,一直抵达中俄边境的买卖城恰克图。除了俄国人对茶叶的狂热需求以外,蒙古草原上的牧民将茶叶视为"第二粮食",牧民们习惯于将砖茶投入沸水中熬煮成浓浓的茶汤,再兑上羊奶就成为香气四溢的奶茶,这样的奶茶可以化解肉食油腻,对于长期缺乏蔬菜的游牧民族而言是每日必不可少的。固然在这条"万里茶道"上流动的商品不仅有茶叶,还包括棉布、绸缎、生丝、瓷器等,但这些商品所占的比例与茶叶相比是极小的。在这条绵延万里的商道上事实上主要是两种商品的物物交换,即中国的茶叶与来自俄罗斯的皮毛,其他商品在茶叶与皮毛的货物大潮中只是小部分的补充。

2. 特定的历史文化现象

"万里茶道"是在特定的历史背景下,特定的地理环境、交通条件和族群互动过程中形成的特定历史文化现象。在现代社会,由于交通工具的方便快捷,旅客与交通沿线的物质、景观和居民几乎没有交集和互动,因而一般不会再产生新的文化线路。世界上著名几条文化线路,如丝绸之路、瓷器之路、香料之路、阿曼乳香之路都是在长达几个世纪的历史中依靠人力、畜力或水路运输而形成的。

从时间阶段以及商队与沿途的交流互动来看,万里茶道只能是在 19 世纪之前形成的一条国际性商道。首先,"线路遗产"并不只是普通的一条交通运输道路,而是因为迁徙和交流而对道路沿线的村庄、居民、景观和文化现象产生影响或留下遗迹而形成的文化现象。"交流"是形成文化线路的一个关键因素,而只有依靠人力和畜力的大规模长途运输,商队需要在途中住宿、休整、采购、补给才有可能与道路

---

① 参见庄国土:《茶叶、白银和鸦片:1750—1840 年中西贸易结构》,《中国经济史研究》1995 年第 3 期,第 64—76 页。

② 《华事夷言》评论道:"因陆路所历风霜,故其茶味更佳,非如海船经过南洋暑湿,致茶味亦减。"当时欧洲人普遍认为,海上运输时空气中的盐分,又经过热带和东赤道时气候的炎热和潮湿,一冷一热,茶叶发汗,潮湿和不通风都会耗去和破坏茶叶的特殊风味。而通过陆路运输的茶叶,不受潮湿、霉味、含盐的空气、舱底污水的侵袭。因此,俄罗斯人十分青睐那种被称为"商队茶"的恰克图质量最好的茶。参见陶德臣:《马克思论中俄茶叶贸易》,《中国茶叶》2008 年第 3 期,第 32—34 页。

沿线的社区产生交流,从而对商道沿线的饮食、风俗、语言、建筑景观等产生影响。在现代交通工具产生以后,商队与沿线居民的交流大大减弱,因而也无法形成线路遗产。其次,万里茶路的兴盛繁忙与当时中俄之间良好的外交环境和外贸关系密不可分。中、蒙、俄之间的民间茶叶贸易由来已久,但真正形成规模化的"茶叶之路",应该是始于公元1689年(清康熙二十八年)的中俄《尼布楚条约》。相对固定的茶叶商贸线路和大规模的运销活动则始于1727年(雍正五年)的中俄《恰克图界约》之后。中俄《尼布楚条约》被评价为是中国第一次以平等地位跟外国签订的条约,清帝国以和平的商贸关系阻止了沙皇进一步东进的势头。中俄《尼布楚条约》第五条规定:"两国既永修和好,嗣后两国人民持有准许往来路票者,应准其在两国境内往来贸易。"这是双方第一次以国家的名义正式承认边境贸易为合法。① 此后,中俄两国持续了近200年的和平贸易关系,为中俄双方商人都带来了巨大的利益。自《尼布楚条约》签订后的36年间,俄国官方先后派出11支商队到北京采购茶叶、牛、皮革、丝绸、瓷器和大黄。而晋商更把商业触角伸向俄罗斯及欧洲其他国家,跨越区域之大、经营时间之久,世所罕见。再次,进入19世纪以后,"万里茶道"的衰落也与中国国力的衰落、沙皇俄国与清政府签订的一系列不平等条约、铁路的修建替代了晋商的驼队等诸多因素有关。诸多的历史条件决定了"万里茶路"只能是在17—19世纪成为中俄交通运输的大动脉。虽然至明朝以来,居住在中俄边境上的居民之间就有零星的物资买卖和交换。并且,晋商在明朝时期就在"茶马互市"的基础上深入蒙古草原,与游牧民族做起来了买卖,但这种民间交易无论在数量上还是商品品种上都与万里茶道开辟以后庞大的商品交易量无法相比。而19世纪末以后,尤其是1904年西伯利亚大铁路建成通车以后,主要依靠驼队在草原戈壁运输的"万里茶道"的衰落是无可避免的。

3. 时间上的持续性

作为一种历史现象而不是一个历史事件,文化线路的形成需要时间的累积,这意味着交通线路上的人类往来和交流是长时间的、持续的,从而可以形成不同文化群体间的相互影响和融合。这也正是文化线路作为历史现象的特定之处,是文化线路作为一种遗产类型存在的价值与意义所在。时空上的特定要求,使得作为一种遗产类型的文化线路数量,实际上是有限的,比如前几年中国学术界曾有学者倡导将"长征线路"申报为世界线路遗产,然而对于长征是否属于"线路遗产"至今仍存在较大争议,质疑者提出的最主要原因就在于长征存在的时间较短(3年),不能体现出线路遗产"长期的、持续的演化动力"。而中俄万里茶道从明朝算起,一直到

---

① 米镇波:《清代中俄恰克图边境贸易》,南开大学出版社,2003年版,第10页。

19 世纪末才逐渐退出历史舞台，前后持续时间 200 多年，完全符合文化线路遗产对时间持续性的要求。

4. 空间与族群的"跨越性"

"万里茶道"是一条连接中国东部和俄国西部的商路。这条路由中国向北伸展，穿越茫茫戈壁，然后由东向西，横跨西伯利亚针叶林地带"泰加群落"，最终抵达俄罗斯帝国的都市中心。[①] 从地理空间上来看，"万里茶道"穿越了中国、蒙古和俄罗斯三个国家，沿途经历的各段路程各环境气候差异极大，地理特征各异，从福建武夷山出发以后，商队一路行经风光旖旎的南国水乡、山河壮美的中原腹地、气象雄浑的塞外大漠、银装素裹的雪域高原，其地理空间上的跨越性之大，经历的地形地貌之复杂，在完全依靠人力和畜力运输的前工业社会实属罕见。地理上空间上的跨越性同时对应着族群分布的多样性，"万里茶道"以茶为最主要的运输载体，而茶叶本身就是农耕社会与游牧社会交往互动的最重要的物质媒介之一。茶路的一端是以"山"这一地理环境为主要生活空间的"茶农"，在蒙古草原上则是逐水草而居的游牧民族，在俄罗斯西伯利亚地区以及叶尼塞河岸边的族群构成则更为复杂，图瓦人、雅库特人、布里亚特人、哈卡斯人等散布在这一带高纬度的寒冷地区，将这些散居族群联系在一起的是通过万里茶道运输而来的砖茶，瓦西里·帕尔在外贝加尔湖边区考察时称"所有亚洲西部游牧民族均大量饮用砖茶，时常把砖茶当做交易的媒介"。万里茶道所呈现出的地理空间和族群文化的多样性特征也"反映了人们之间的相互往来，以及贯穿重大历史时期的人类、国家、地区甚至大陆之间的货物、思想、知识和价值观的多维度的持续的相互交流"[②]。

5. 交通方式的多样性

"万里茶道"是一条纵贯南北水陆交易的商业交易线路。最初起点在福建崇安，途经江西、湖北、河南、山西、直隶、内蒙古，终点是乌里雅苏台的恰克图。全程约 9520 里（4760 千米），其中，水路 1480 千米，陆路 3280 千米。[③]

《山西省历史地图集》"清代晋商商路"记述："在南方，（晋商）又开辟了由福建崇安过分水关，入江西铅山县，顺信江下鄱阳湖，穿湖而出九江口入长江，溯江抵武昌，转汉水至襄樊，贯河南入泽州，经潞安抵平遥、祁县、太谷、忻州、大同、天镇到张家口，贯穿蒙古草原到库伦至恰克图，这是一条重要的茶叶商路。"[④]从交通运输的

---

① ［美］艾梅霞：《茶叶之路》，范蓓蕾、郭玮等译，中信出版社，2007 年版，第 18 页。

② 王建波、阮仪三：《作为遗产类型的文化线路——〈文化线路宪章〉解读》，《城市规划学刊》2009 年第 4 期。

③ 韩小雄：《晋商万里茶路探寻》，山西人民出版社，2012 年版，第 4 页。

④ 山西省地图集编纂委员会：《山西省历史地图集》，中国地图出版社，2000 年版。

多样性来看,"茶道"主要分为船运、车运、驼队三段运输路线。但这仅仅是对每一段路程最主要的交通方式而言,实际上在每一段路线中都会根据实际路况交替采用不同的运输工具。比如第一段由武夷山下至湖北汉口的船运:在下梅加工的茶叶从当溪运出,进入梅溪,西驶则抵达赤石码头。之后改由脚夫挑担或用"鸡公车"推过分水关。晋商歌谣说:"到崇安,又无船,雇上脚夫把茶担。担茶要走二百里,这才挑茶到铅山。"脚夫们挑茶到铅山县永平镇永平码头后,将茶包装入小船,入铅山河顺流向北(铅山河可通 1.5 吨的木船),经过 20 千米的水路,即到达信江岸边的河口镇。在这里改船运由信江下鄱阳湖,一直到汉口。① 因此,仅此一段路程实际上就交替采用了"水运-脚夫-小船-大船"的方式。

(二)文化之道:从"万里茶路"到"万里茶道"

2013 年 3 月 23 日,国家主席习近平在访问俄罗斯时,在莫斯科国际关系学院发表了题为《顺应时代前进潮流 促进世界和平发展》的演讲,将 17 世纪兴起的"万里茶道"评价为联通中俄两国的"世纪动脉"。在这之前,人们更习惯于称呼这条古老的国际商道为"茶叶之路",然"道"与"路"一字之差,却体现了有形的茶叶之路虽然已经消失于大漠黄沙中,然而作为无形遗产的"茶道"精神还在延续。

几何学中把任意两点相连,可以画出一条画痕,称之为线;在地理学中,把两个居民点相连的线称为路或道。在中国古代,"路"和"道"却是作为两个单独的词而存在的。在《周礼·地官·遂人》中有云:"凡治野,夫间有遂;遂上有径;十夫有沟,沟上有畛;百夫有洫,洫上有涂;千夫有浍,浍上有道;万夫有川,川上有路,以达于畿。"②《诗经·小雅》中写道:"周道如砥,其直如矢。"可见,"道"与"路"这两个词都是人类为生存、交流的需要而出现的交通设施,同时整齐划一的九畿制度、一直通向王畿的沟洫道路体系也是一种理想的"治国之道"。

而在老子的《道德经》中对"道"的定义是:"有物浑成,先天地生,寂兮寥兮,独立而不改,因行而不殆,可以为天下母,吾不知其名,字之曰道。"这里所提到的问题关乎宇宙混沌,生命起源等本根性的哲理大题目,又无法做出明晰的诠释,甚至难以为其命名,姑且暂名曰道。

道,一旦成为主宰人的意识形态,思维定式的存在,有形无形似乎并不重要了,重要的是在面对复杂的事态变化中,道以它的前瞻性、先验性和实际中不断完善而获得中国文人心目中的认可。道的概念不仅直贯于老庄哲学中,儒家也不例外。孔子曰:"吾道一以贯之。"韩非子曰"道者万物之所然也,万理之所稽也"。淮南子

---

① 程光、李绳庆:《晋商茶路》,山西经济出版社,2008 年版,第 16—33 页。

② 《周礼·地官《司徒第二·遂人·土均》,http://blog.sina.com.cn/s/blog_96e91d70010139bx.html(2015 年 3 月 1 日访问)。

曰："夫道者，覆天载地，廓四方，析八级，高不可济，深不可测，包裹天地，禀受无形。"各家对道的理解不尽一致，但对其主旨的定界应是相同的。① 顺应天时，因循自然，则可应道而动，引领时代。

与"道"时时相随、相附又有一定相对性的词为"器"。《易经》曰："形而上者谓之道，形而下者谓之器。"又云："备物致用，立成器以为天下用。"如果说器是一种可视、可盛、可用的实物或者工具，那么道就是一种"可为无形，可传而不可受，可得而不可见"制造出工具的一套方法或理论。以往对晋商茶叶贸易活动的研究，"万里茶路"之说偏重于地理走向，商品流通路线，注重于对有形遗产的挖掘与整理。万里茶道之所以能在二百余年中长盛不衰，晋商的审时度势，秉承诚信、仁义、顺天理以及求变、求和的文化之道，正是支持这一商事的精神力量。就传统中国文化而言，从"路"到"道"意味着一种全新的创意和追求，在完成"器"的转换的时候，"道"的内涵也更为丰富多彩，在中国"大传统"的范畴中得到了应有的注脚。把"茶路"修正为"茶道"正是对中国传统精神文化的回归。从西学与文化遗产的观点来看，人类历史上的重大事件和进程无不与"行"有关，任何重大的、具有转型性历史变革和事件也必定经过了思想、知识和表述范式的酝酿、探索和争论，知识的交流、思想的形塑、话语的范式亦不啻为一种"旅行"和对"道"的开辟。旅行包含了空间的移动，也形成了知识的田野。事实上，理性之道与旅行之道并非两条永不相交的平等线，二者可以理解为理论与实践的一种原生态。②

---

① 参见常士宣：《"道""路"之辩》，《晋商文化研究》2013年第3期。
② 参见彭兆荣：《走出来的文化之道》，《读书》2010年第7期。

参考书目

一、中文著作(音序)

《茶溪邹氏家谱》。

《中共黄南州委黄南州人民政府关于建设文化名州的决定》(2011 年 12 月 24 日)。

隆务峡谷谷伦曲志《达哇卡其雪扎》。

巴莫曲布嫫:《叙事语境与演述场域——以诺苏彝族的口头论辩和史诗传统为例》,《文学评论》
　　2004 年第 1 期。

巴胜超:《心信的养育:以〈亚鲁王〉的传播与传承为例》,《贵州社会科学》2013 年第 11 期。

巴·苏和:《蒙古族"九"数崇拜文化》,《中央民族大学学报》1996 年第 2 期。

白翠英:《蒙古孛额教的尚黑习俗》,《黑龙江民族丛刊》1998 年第 3 期。

宝音德力根:《兀良哈万户牧地考》,《内蒙古大学学报》2000 年第 5 期。

[英]布莱恩·斯波纳(Brian Spooner):《织者与售者:一张东方地毯的本真性》,孟悦、罗钢主编:
　　《物质文化读本》,北京大学出版社,2008 年版。

察仓·尕藏才旦:《热贡唐卡》,青海人民出版社,2011 年版。

常士宣:《"道""路"之辩》,《晋商文化研究》2013 年第 3 期。

陈丽玲:《福建土楼:地方性文化景观的模板》,《福建地理》2002 年第 4 期。

陈孔立:《清代台湾移民社会研究》,厦门大学出版社,1990 年版。

陈士林:《翻译与语言》(凉山语委铅印本)。转引自《彝族简史》编写组:《彝族简史》,民族出版
　　社,2009 年版。

陈支平:《客家源流新论》,广西教育出版社,1997 年版。

陈支平、詹石窗:《透视中国东南:文化经济的整合研究》,厦门大学出版社,2003 年版。

陈燕谷:《重构全球主义的世界图景》,[德]安德烈·贡德·弗兰克:《白银资本:重视经济全球化
　　中的东方》,中央编译出版社,2000 年版。

《成吉思汗八白室》编辑小组:《成吉思汗八白室》,内蒙古文化出版社,1998 年版。

程光、李绳庆:《晋商茶路》,山西经济出版社,2008 年版。

辞海编辑委员会:《辞海》,上海辞书出版社,1979 年版。

[英]大卫·帕金(David Parkin):《英国的当代人类学中存在一种新物质性吗?》,选自马戎、周星
　　主编:《二十一世纪:文化自觉与跨文化对话(一)》,北京大学出版社,2001 年版。

邓九刚:《茶叶之路——欧亚商道兴衰三百年》,内蒙古人民出版社,2000 年版。

邓晓华:《论客家话的来源——兼论客畲关系》,《云南民族大学学报》2006 年第 4 期。

耿昇、何高济译:《柏朗嘉宾蒙古行纪·鲁布鲁克东行纪》,中华书局,1985 年版。

(清)董天工:《武夷山志》,方志出版社,2007年版。

额尔登泰、乌云达赉校勘:《蒙古秘史》,内蒙古人民出版社,2007年版。

方国瑜:《彝族史稿》,四川民族出版社,1984年版。

房学嘉:《客家源流探奥》,广东高等教育出版社,1994年版。

冯骥才:《发现〈亚鲁王〉》,中国民间文艺家协会主编:《亚鲁王》(汉苗对照),中华书局,2011
    年版。

冯友兰:《中国哲学史新编》(第六册),人民出版社,1989年版。

福建省地方志编纂委员会:《福建省志·地理志》,方志出版社,2001年版。

傅小凡、谢清果:《朱子理学与武夷山文化》,厦门大学出版社,2008年版。

高丙中:《民俗文化与民俗生活》,中国社会科学出版社,1994版。

高令印、蒋步荣:《闽学概论》,易通出版社,1990年版。

高丙中:《作为公共文化的非物质文化遗产》,《文艺研究》2008年第2期。

高寿仙:《徽州文化》,辽宁教育出版社,1998年版。

葛永才:《弥勒彝族历史文化探源》,云南民族出版社,1995年版。

葛永才撰文,蒋剑摄影:《火祭》,云南美术出版社,2004年版。

光未然:《阿细人的歌》,人民文学出版社,1953年版。

贵州图书馆:《贵州通志·土司志二》,1965年版。

韩小雄:《晋商万里茶路探寻》,山西人民出版社,2013年版。

和晓蓉、和继全:《民族文化保护与传承的实践总结与理论探索》,知识产权出版社,2013年版。

黄汉民:《客家土楼民居》,福建教育出版社,1995年版。

黄鉴晖:《山西票号史》,山西经济出版社,1992年版。

黄鉴晖:《山西票号史料(增订本)》,山西经济出版社,2002年版。

黄玉钊:《论客家人迁徙海外的经历及其历史贡献》,《嘉应大学学报》1997年第1期。

黄贤庚:《武夷茶说》,福建人民出版社,2009年版。

吉日嘎拉图主编:《成吉思汗祭祀史略》,内蒙古人民出版社,2011年版。

季羡林:《美学的根本转型》,《文学评论》,1997年第5期。

蒋炳钊:《试论客家的形成及其与畲族的关系》,庄英章、潘英海合编:《台湾与福建社会文化研究
    论文集(二)》,"中研院"民族学研究所,1995年版。

(明)金幼孜:《后北征录》,《内蒙古史志资料选编》(第三辑),1985年版。

客列亦惕·沙日乐岱、客列亦惕·那楚壳:《成吉思汗祭祀文化》(蒙古文),内蒙古人民出版社,
    2007年版。

拉喜彭斯克:《水晶珠》(蒙古文),内蒙古人民出版社,2000年版。

李兵:《元代书院与程朱理学的传播》,《浙江大学学报》2007第1期。

李国光、李晨光:《万里茶路探晋商》,《文史月刊》2007年第9期。

李泽厚:《历史本体论·己卯五说》,生活·读书·新知三联书店,2003年版。

[意]利玛窦、金尼阁:《利玛窦中国札记》,中华书局,1983年版。

梁亮:《地域文化的自强之路——以下梅村为例浅谈武夷古村落的文化历史价值及其保护作用》,选自朱水涌编:《闽文化与武夷山》,厦门大学出版社,2008 年版。

林嘉书:《土楼——凝固的音乐和立体的诗篇》,上海人民出版社,2006 年版。

林馥泉:《武夷茶叶之生产制造及运销》,福建省农林处农业经济研究室编印,民国三十二年版。

刘尧汉:《中国文明源头新探——道家与彝族虎宇宙观》,云南人民出版社,1985 年版。

路芳:《火的祭礼:阿细人密祭摩仪式的人类学研究》,北京大学出版社,2012 年版。

路芳、彭兆荣:《建立我国遗产保护教育体系管见》,《文化遗产》2011 年第 1 期。

路芳:《生产性保护下的仪式化展演——以国家级非物质文化遗产〈亚鲁王〉为例》,《贵州社会科学》2013 年第 11 期。

卢明辉:《恰克图买卖城中俄边境贸易的兴衰变化》,中国中外关系史学会编:《中外关系史论丛》(第四辑),天津古籍出版社,1994 年版。

罗香林:《中华民族中客家的源流和系统》,程志远编《客家源流与分布》,香港天马图书有限公司,1994 年版。

马翀炜:《世界遗产与民族国家认同》,《云南师范大学学报》2010 年第 4 期。

哲·彻旺等著,M.孟克达来编:《国际蒙古学者畅游成吉思汗八白室记》,内蒙古文化出版社,2012 年版。

孟华:《记忆文化中的中法比较》,选自王霄冰、迪木拉提·奥迈尔:《文字仪式与文化记忆》,民族出版社,2007 年版。

孟悦:《什么是"物"及其文化? 关于物质文化的断想》,选自孟悦、罗钢主编:《物质文化读本》,北京大学出版社,2008 年版。

弥勒县彝族研究学会、弥勒县民族事务局:《弥勒彝族文化概览》,云南民族出版社,2008 年版。

云南省弥勒县志编纂委员会:《弥勒县志》,云南人民出版社,1987 年版。

米镇波:《清代中俄恰克图边境贸易》,南开大学出版社,2003 年版。

那楚格、李振文:《成吉思汗陵探秘》,鄂尔多斯日报社,2010 年版。

塔拉、恩和图布信:《蒙古国古代游牧民族文化遗存考古调查报告:2005—2006》,文物出版社,2008 年版。

(南宋)彭大雅:《黑鞑事略》,《内蒙古史志资料选编》(第三辑),1985 年版。

彭兆荣:《文化遗产学十讲》,云南教育出版社,2012 年版。

彭兆荣:《遗产反思与阐释》,云南教育出版社,2008 年版。

彭兆荣:《文学与仪式:文学人类学的一个文化视野——酒神及其祭祀仪式的发生学原理》,北京大学出版社,2004 年版。

彭兆荣:《人类学仪式的理论与实践》,民族出版社,2007 年版。

彭兆荣:《遗产学与遗产运动:表述与制造》,《文艺研究》2008 年第 2 期。

彭兆荣:《家园遗产:现代遗产学的人类学视野》,《徐州工程学院学报》2013 年第 5 期。

彭兆荣:《土楼:一种地方性人文生态的表述范式——以福建省永定县客家土楼为例》,《东南文化》2000 年第 5 期。

彭兆荣：《物·非物·物非·格物——作为文化遗产的物质研究》，《文化遗产》2013 年第 2 期。

彭兆荣、李春霞：《我国文化遗产体系的生成养育制度——以三个文化遗产地为例》，《厦门大学学报（哲学社会科学版）》2013 年第 2 期。

彭兆荣：《中国手艺之"名"与"实"》，《东南文化》2013 年第 1 期。

彭兆荣：《走出来的文化之道》，《读书》2010 年第 7 期。

青海省黄南州同仁县地方志编纂委员会：《同仁县志》（下），三秦出版社，2001 年版。

邱澎生：《物质文化与日常生活的辩证》，《新史学》2006 年第 4 期。

群克加、雷英：《成吉思汗灵柩迁移过程》，《青海民族研究》1997 年第 2 期。

热贡画院：《娘本先进事迹材料》，青海省黄南州热贡画院，2012 年版。

热贡画院：《青海黄南州热贡画院 2011 年度工作总结报告》，青海黄南州热贡画院，2012 年版。

僧格：《古代蒙古宗教仪式与"只勒都""主格黎"祭祀》，《世界宗教文化》2011 年第 3 期。

山西省地图集编纂委员会：《山西省历史地图集》，中国地图出版社，2000 年版。

石连顺翻译整理：《阿细颇先基》，云南民族出版社，2003 年版。

石生泉：《平遥票号史》稿本。

石奕龙：《福建土围楼》，中国旅游出版社，2005 年版。

斯大林：《马克思主义与民族问题》，人民出版社，1963 年版。

舒勇：《热贡艺术研究》，《美术研究》1987 年第 4 期。

（明）宋濂等：《元史》，中华书局，2008 年版。

塔拉、恩和图布信：《蒙古国古代游牧民族文化遗存考古调查报告：2005—2006》，文物出版社，2008 年版。

苏日娜、闫萨日娜：《蒙古族的马崇拜及其祭祀习俗》，《内蒙古大学学报》2008 年第 3 期。

汤用彤：《论"格义"——最早一种融合印度佛教和中国思想的方法》，《理学·佛学·玄学》，北京大学出版社，1991 年版。

唐娜：《贵州麻山苗族英雄史诗〈亚鲁王〉考察报告》，中国民间文艺家协会主编：《〈亚鲁王〉文论集》，中国文史出版社，2011 年版。

唐仲山：《热贡艺术》，青海人民出版社，2010 年版。

同仁县志编纂委员会：《同仁县志》，三秦出版社，2001 年版。

陶德臣：《马克思论中俄茶叶贸易》，《中国茶叶》2008 年第 3 期。

屠寄：《答张蔚西成吉思汗陵寝辩证书》，《东方杂志》，1917 年第十四卷第一号。

厦门大学人文学院武夷山考察小组内部资料：《武夷山风景名胜区古书院及遗址》。

萧天喜：《武夷茶经》，科学出版社，2008 年版。

萧一山：《清代通史》卷二第四篇：《十九世纪之世界大势与中国》，中华书局，1985 年版。

萧致治、徐方平：《中英早期茶叶贸易——写于马戛尔尼使华 200 周年之际》，《历史研究》1994 年第 3 期。

谢重光：《闽台客家社会与文化》，福建人民出版社，2003 年版。

谢重光：《闽西客家地区的妈祖信仰》，《世界宗教研究》1994 年第 3 期。

谢华章:《南靖土楼》,《中国文化遗产》2005 年第 1 期。

熊正益:《云南非物质文化遗产保护工作的实践与思考》,《民族艺术研究》2007 年第 2 期。

(元)熊梦祥著,北京图书馆善本组辑:《析津志辑佚》,北京古籍出版社,1983 年版。

徐新建:《"本文"与"文本"之关系:人类学的研究范式问题》,《黔东南民族师专学报(哲社版)》
    1998 年第 4 期。

王建波、阮仪三:《作为遗产类型的文化线路——〈文化线路宪章〉解读》,《城市规划学刊》2009 年
    第 4 期。

王文章:《非物质文化遗产概论》,教育科学出版社,2008 年版。

王文章主编,吕霞整理:《美善唐卡——唐卡大师西合道口述史》,中央编译出版社,2010 年版。

王霄冰:《文化记忆视角下的文字与仪式》,王霄冰、迪木拉提·奥迈尔:《文字仪式与文化记忆》,
    民族出版社,2007 年版。

旺楚格:《成吉思汗陵》,内蒙古人民出版社,2004 年版。

(清)王复礼:《茶说》,阮浩耕等点校注释:《中国古代茶叶全书》,浙江摄影出版社,1999 年版。

(清)王源:《学庵类稿》,《古今图书集成·食货典》卷 287"茶部"。

王文明:《成陵前的金马桩》,《草原税务》1995 年第 4 期。

(明)闻龙:《茶笺》,萧天喜主编:《武夷茶经》,科学出版社,2008 年版。

武夷山市志编纂委员会:《武夷山市志》,中国统计出版社,1994 年版。

吴觉农:《茶经述评》(第二版),中国农业出版社,2005 年版。

吴梅东:《与雷诺阿共进下午茶》,上海文艺出版社,1999 年版。

吴晓东:《史诗〈亚鲁王〉搜集整理的两种文本》,中国民间文艺家协会主编:《〈亚鲁王〉文论集》,
    中国文史出版社,2011 年版。

吴正彪、班由科:《祖先记忆的仪式展演与族群文化建构的历史回溯》,中国民间文艺家协会主
    编:《〈亚鲁王〉文论集》,中国文史出版社,2011 年版。

乌力吉森布尔:《2000 年哈日·苏勒德威猛大祭》(未出版)。

肖坤冰:《人行草木间:贵州久安古茶树历史人类学考察》,贵州人民出版社,2013 年版。

肖坤冰:《岩茶产制中的"技"与"术"——兼论非物质文化遗产中的"传统手工艺"》,《民俗研究》
    2013 年第 6 期。

阎国栋、刘亚丁:《俄罗斯的中国形象》,周宁编:《世界之中国:域外中国形象研究》,南京大学出
    版社,2007 年版。

杨春艳:《"他者"眼中的苗族葬礼——紫云县大营-宗地片区的苗族葬礼观察》,中国民间文艺
    家协会主编:《亚鲁王》文论集,中国文史出版社,2011 年版。

杨春艳:《文化遗产与族群表述——以麻山苗族"亚鲁王"的遗产化为例》,《重庆文理学院学报
    (社会科学版)》2013 年第 4 期。

杨国学:《论武夷学在海峡西岸经济区建设中的学术价值》,张廷枋、杨国学编:《世界遗产武夷文
    化年鉴(2005)》,中国社会科学出版社,2007 年版。

姚晓英:《敬仰麻山——族群记忆与田野守望者剪影》,贵州人民出版社,2013 年版。

叶舒宪:《熊图腾:中华祖先神话探源》,上海锦绣文章出版社、上海故事会文化传媒有限公司,
　　2007 年版。

叶舒宪:《〈亚鲁王·砍马经〉与马祭仪式的比较神话学研究》,《民族艺术》2013 年第 2 期。

(明)叶子奇:《草木子》,中华书局,2010 年版。

伊尔德尼博录特、萨·那日松、客列亦惕·那楚格:《新校勘"成吉思汗金书"》,内蒙古文化出版
　　社,2000 年版。

伊戈尔·科普托夫:《物的文化传记:商品化过程》,罗钢、王中忱主编:《消费文化读本》,中国社
　　会科学出版社,2003 年版。

伊锦文:《成吉思汗陵寝概况与新陵园纪实》,《内蒙古大学学报》1984 年第 3 期。

易谋远:《彝族史要》(第 2 版),社会科学文献出版社,2007 年版。

《彝族简史》编写组:《彝族简史》,民族出版社,2009 年版。

永定县地方志编纂委员会:《永定县志》,中国科学技术出版社,1994 年版。

苑利、顾军:《非物质文化遗产学》,高等教育出版社,2009 年版。

苑利:《二十世纪中国民俗学经典·神话卷》,社会科学文献出版社,2002 年版。

袁珂:《山海经校注》,上海古籍出版社,1980 年版。

袁珂:《中国神话史》,上海文艺出版社,1988 年版。

余未人:《麻山文化史的探寻》,选自中国民间文艺家协会主编:《〈亚鲁王〉文论集:口述史·田野
　　报告·论文》,中国文史出版社,2011 年版。

云南省民族民间文学红河调查队搜集翻译整理:《阿细的先基(阿细族史诗)》,云南人民出版社,
　　1959 年版。

札奇斯钦:《蒙古秘史新译并注释》,联经出版事业股份有限公司,1979 年版。

(清)张穆:《蒙古游牧记》,山西人民出版社,1991 年版。

张仲立:《关于卤簿制度的几点研究——兼论周五路乘舆制度特点》,《文博》1994 年第 6 期。

张颖、彭兆荣:《家在"念"中:国家级非物质文化遗产〈亚鲁王〉的认知与阐释》,《贵州社会科学》
　　2013 年第 11 期。

赵汀阳:《天下体系:世界制度哲学导论》,中国人民大学出版社,2011 年版。

赵清阳:《热贡艺术历史考察纪略(上)》,《西藏艺术研究》1996 年第 4 期。

赵世林:《云南少数民族文化传承论纲》,云南民族出版社,2002 年版。

昭乌初札、莱密波诺:《火一样的激情》,中国财政经济出版社,2002 年版。

(清)郑丰稔:《茶》,刘超然、吴石仙:《崇安县新志》(十九卷·物产),民国三十一年版。

萧天喜:《武夷茶经》,科学出版社,2008 年版。

中国民间文艺家协会主编,杨正江搜集整理翻译:《亚鲁王》(汉苗对照),中华书局,2011 年版。

中国作家协会昆明分会民间文学工作部:《云南民族文学资料》,1963 年版。

周宁:《风起东西洋》,团结出版社,2019 年版。

周宁:《异想天开:西洋镜里看中国》,南京大学出版社,2007 年版。

(清)周亮工:《闽小纪》,福建人民出版社,1985 年版。

(西周)/(商末周初)周公旦:《周礼·夏官·司马》。

朱桃杏、陆林:《近10年文化旅游研究进展》,《旅游学刊》2005年第6期。

(南宋)朱熹:《晦庵集》卷七五《家礼序》。

庄国土:《茶叶、白银和鸦片:1750—1840年中西贸易结构》,《中国经济史研究》1995年第3期。

庄国土:《从闽北到莫斯科的陆上茶叶之路——19世纪中叶前中俄茶叶贸易研究》,《厦门大学学
　　报(哲学社会科学版)》2001年第2期。

邹新球:《晋商与下梅村》,《寻根》2007年第5期。

邹新球:《世界红茶的始祖:武夷正山小种红茶》,中国农业出版社,2006年版。

(春秋)左丘明:《春秋左传·成公十三年》。

二、译著

[德]Jacob Eyferth:《书写与口头文化之间的工艺知识——夹江造纸中的知识关系探讨》(胡冬雯
　　译),《西南民族大学学报(人文社科版)》2010年7月。

[德]安德烈·贡德·费兰克:《白银资本:重视经济全球化中的东方》,刘北成译,中央编译出版
　　社,2001年版。

[德]恩斯特·卡西尔:《人论》,甘阳译,上海译文出版社,1985年版。

[德]恩斯特·卡西尔:《神话思维》,黄龙保、周振选译,中国社会科学出版社,1992年版。

[德]哈拉尔德·韦尔策:《社会记忆:历史、回忆、传承》,季斌等译,北京大学出版社,2007年版。

[德]雅各布·伊弗斯答,肖坤冰问,彭文斌校:《汉学人类学视域下的民众日常生活史研究——
　　芝加哥大学教授雅各布·伊弗斯专访》,《民族学刊》2012年第2期。

[德]雅各布·伊弗斯:《人类学视野下的中国手工业的技术定位》,胡冬雯、张洁译,肖坤冰校,
　　《民族学刊》2012年第2期。

[俄]瓦西里·帕尔申:《外贝加尔边区纪行》,北京第二外国语学院俄语编译组译,商务印书馆,
　　1976年版。

[法]E.涂尔干:《宗教生活的初级形式》,林宗锦、彭守义译,中央民族大学出版社,1999年版。

[法]爱弥尔·涂尔干:《宗教生活的基本形式》,渠东等译,上海人民出版社,2006年版。

[法]大卫·勒布雷东:《人类身体史和现代性》,王圆圆译,上海文艺出版社,2010年版。

[法]克洛德·列维-斯特劳斯:《嫉妒的制陶女》,刘汉全译,中国人民大学出版社,2006年版。

[法]克洛德·列维-斯特劳斯:《神话学:裸人》,周昌忠译,中国人民大学出版社,2007年版。

[法]克洛德·列维-斯特劳斯:《神话学:生食与熟食》,周昌忠译,中国人民大学出版社,2007
　　年版。

[法]克洛德·列维-斯特劳斯:《野性的思维》,李幼蒸译,中国人民大学出版社,2006年版。

[法]列维-布留尔:《原始思维》,丁由译,商务印书馆,1985年版。

[法]马塞尔·莫斯、爱弥尔·涂尔干、亨利·于贝尔:《论技术、技艺与文明》,蒙养山人译,世界
　　图书出版社,2010年版。

[法]米歇尔·福柯:《词与物——人文科学考古学》,莫伟民译,上海三联书店,2001年版。

[法]莫里斯·哈布瓦赫:《论集体记忆》,毕然、郭金华译,上海人民出版社,2002年版。

［法］莫里斯·梅洛-庞蒂：《知觉现象学》，姜志辉译，商务印书馆，2001年版。

［法］皮埃尔·布迪厄、［美］华康德：《实践与反思》，李猛、李康译中央编译出版社，2004年版。

［法］皮埃尔·布迪厄：《实践感》，蒋梓骅译，译林出版社，2003年版。

［加］约翰·奥尼尔：《身体五态——重塑关系形貌》，李康译，北京大学出版社，2010年版。

［美］Sidney Mintz：《甜蜜之权力与权力之甜蜜》，《历史人类学学刊》2004年第2期。

［美］艾梅霞：《茶叶之路》，范蓓蕾、郭玮等译，中信出版社，2007年版。

［美］白馥兰著：《技术与性别：晚期帝制中国的权力经纬》，江媚、邓京力译，江苏人民出版社，
    2006年版。

［美］保罗·康纳顿：《社会如何记忆》，纳日碧力戈译，上海人民出版社，2000年版。

［美］杜赞奇：《文化、权力与国家》，王福明译，凤凰出版传媒集团、江苏人民出版社，2008年版。

［美］马歇尔·萨林斯：《资本主义的宇宙观——"世界体系"中的泛太平洋地区》，蓝达居等译，
    《历史之岛》，上海人民出版社，2003年版。

［美］欧文·戈夫曼：《日常生活的自我呈现》，冯钢译，北京大学出版社，2008年版。

［美］史蒂夫·吉尔伯特：《文身的历史》，欧阳昱译，百花文艺出版社，2006年版。

［美］汤姆·斯丹迪奇：《六个瓶子里的历史》，中信出版社，2006年版。

［美］维克多·特纳：《戏剧、场景及隐喻：人类社会的象征性行为》，刘珩、石毅译，民族出版社，
    2007年版。

［日］白川静：《白川静常用字解》，苏冰译，九州出版社，2010年版。

［瑞典］多桑：《多桑蒙古史》，冯承均译，上海世纪出版集团，2003年版。

赛音吉日嘎拉：《蒙古族祭祀》，赵文工译，内蒙古大学出版社，2008年版。

赛音吉日嘎拉、沙日勒岱：《成吉思汗祭奠》，郭永明译，内蒙古人民出版社，1987年版。

［苏联］弗拉基米尔佐夫：《蒙古社会制度史》，刘荣焌译，中国社会科学出版社，1980年版。

朱风、贾敬颜译：《汉译蒙古黄金史纲》，内蒙古人民出版社，2007年版。

［英］Tim Gresswell：《地方：记忆、想象与认同》，徐苔玲、王志弘译，群学出版有限公司，2006
    年版。

［英］埃文思·普理查德(E. E. Evans-Prichard)：《努尔人》，褚建芳等译，华夏出版社，2002年版。

［英］道森：《出使蒙古记》，冯承钧译，中国社会科学出版社，1983年版。

［英］德·莱斯顿：《从北京到锡金——穿越鄂尔多斯、戈壁滩和西藏之旅》，王启龙、冯玲译，西藏
    人民出版社，2003年版。

［英］菲奥纳·鲍伊：《宗教人类学导论》，金泽、何其敏译，中国人民大学出版社，2004年版。

［英］霍布斯鲍姆、兰格：《传统的发明》，顾杭、庞冠群译，译林出版社，2004年版。

［英］罗伯特·比尔：《藏传佛教象征符号与器物图解》，向红笳译，中国藏学出版社，2007年版。

［英］马林诺夫斯基：《西太平洋的航海者》，梁永佳、李绍明译，华夏出版社，2002年版。

［英］迈拉·沙克利：《游客管理：世界文化遗产管理案例分析》，张晓萍等译，云南大学出版社，
    2004年版。

［英］詹·乔·弗雷泽：《永生的信仰和对死者的崇拜》，李新萍等译，中国文联出版公司，1992

年版。

三、英文著作

Appadurai,A. Introduction. "Commodities and the Politics of Value", in his edited *The Social Life of Things*. Cambridge University Press,1986.

Bourdieu, P. *Outline of A Theory of Practice*, translated by Richard Nice. Cambridge University Press,1977.

Bell, C. *Ritual: Perspective and Dimensions*. Oxford University Press, 1997.

Mircea,E. *Myth and Reality*. Trans. Willard R. Trask. Harper and Row,1963.

Ericson E. H. Ontogeny of Ritualization in Man, in Huxley, ed. , *A Discussion on Ritualization*.

Harrison, D. & M. Hitchcock, eds. *The Politics of World Heritage*. Channel View Publications, 2005.

Eibl-Eibesfeldt, I. "Ritual and Ritualization from a Biological Perspective", in *Human Ethnology*, von Cranch, M. , K. Foppa, W. Lepenies, and D. Ploog, eds. Cambridge University Press. 1979.

Fentress, J. and C. Wickham. *Social Memory*. Blackwell Publishers,UK,1992.

Leach, E. *Culture and Communication*. Cambridge University Press,1976.

MacCannell D. "Staged Authenticity: Arrangement of Social Space in Tourist Settings." *American Journal of Sociology*, 1973.

Bloch, Maurice E. F. *How We Think They Think: Anthropological Approaches to Cognition, Memory, and Literacy*. Westview Press,1998.

Sahlins,M. *Island of History*. The University of Chicago Press, 1985.

Wilson,M. "Nyakyusa ritual and symbolism." *American Anthropologist*, vol. 56,no. 2.

Graburn, N. H. *Learning to Consume:What Is Heritage and When Is It Tradition?* Routledge, 2001.

Bourdieu, P. *Outline of A Theory of Practice*, Cambridge University Press,1977.

Schechner, R. & W. Appel. (eds.) *By Means of Performance: Intercultural Studies of Theatre and Ritual*. Cambridge University Press,1990.

Eglash, R. "Technology as Material Culture", in Christopher Tilley ed. , *Handbook of Material Culture*. SAGE Publication, 2006.

Hewsion, R. "Heritage: An Interpretation", in David L. Uzzell, *Heritage Interpretation, Volume 1 : The Natural and Built Environment*. Belhaven Press,1989.

Schechner, R. and Appel W. *By Means of Performance: Intercultural Studies of Theatre and Ritual*. Cambridge University Press, 1990.

Hall, S. "*Minimal Selves*", in *The Real Me: Post-modernism and the Question of Identity*,

ICA Documents 6. ICA,1987.

Van Gennep. A. *The Rites of Passage*. The University of Chicago Press,1969.

Victor W. Turner. *The Ritual Process*（*Structure and Anti-Structure*）,the fifth edition, ITHACA. Cornell Paperbacks Cornell University Press,1987.

Williams,Raymond. *Keywords*：*A Vocabulary of Culture and Society*. Oxford University Press,1983.

Mach,Z. "Symbols,Conflict,and Identity",in *Political Anthropology*. State University of New York Press,1993.

四、网址(2015 年 3 月 1 日访问)

《国务院关于公布第一批国家级非物质文化遗产名录的通知》,http://www. gov. cn/zwgk/2006 —06/02/content_297946. htm

《客家土楼技艺申报书》:http://www. chinaculture. org/gb/cn_whyc/2006 —10/30/content_ 87779. htm 。

《苗族英雄史诗〈亚鲁王〉出版成果面世》,人民网—文化频道 2012 年 02 月 21 日,http:// culture. people. com. cn/GB/87423/17179213. html

《乔家大院》武夷山香飘——武夷山西北旅游促销团茶旅结合营销随记,http://www. cyxxg. com/csgfc/cjxw/291347469436. html

《乔家大院与武夷茶》. http://www. wuyishantea. com/xingweng/xingweng/1029. htm

《武夷山绝版大红袍入藏国博》,http://news. xinhuanet. com/photo/2007 —10/11/content_ 6863719. htm

巫祯来:和贵楼风水分析,http://www. woosee. com/kyfs/nanjing/njtl. htm

佚名:强者精神诚信意识. http://www. nczl. com/forum/lt2/lt3. asp? ID=1895

《云南省民族文化大省建设纲要（摘要）》,（云发（2000）32 号）,资料来源:中国文明网,http:// www. godpp. gov. cn/zlzx/2003 —11/13/content_1194474. htm,2011 年 6 月 12 日 。

云南非物质文化遗产网《省文化厅召开弥勒县红万村传统文化保护区规划评审会》,2013 年 2 月 7 日,http://www. ynich. cn/Article/ShowArticle. asp? ArticleID=1413

赵敏:千里晋商万里茶路——山西祁县祁家大院长裕川茶庄经营模式探秘. http://www. chinavalue. net/Media/Article. aspx? ArticleId=13635

《周礼·地官》《司徒第二·遂人·土均》,http://blog. sina. com. cn/s/blog_96e91d70010139bx. html

《朱熹在武夷山的足迹》http://www. wys. gov. cn/travel/wyxs/zhuxi/zhuxi_108. htm

Text of the Convention for the Safeguarding of Intangible Cultural Heritage

http://www. unesco. org/culture/ich/index. php? lg=en&pg=00006

http://lzmgc. blog. 163. com/blog/static/2699432200598953430/

http://tieba. baidu. com/p/2928187376

http://baike. baidu. com/view/1374752. htm

http://baike. baidu. com/view/27510. html? wtp=tt

http://baike. baidu. com/view/962345. htm

http://baike. baidu. com/view/989959. htm

http://www. gzzxb. com/pages/show. aspx? ID = 65BE2C12 — A0AA — 4F4A — AF0D—1D9C98130A3A

http://www. mile. hh. gov. cn/mlly/mzwh. htm,2014 年 8 月 7 日。

http://www. mz. sti. gd. cn/kjwf/客家源流考. files/hakka21. jpg

http://www. wuyishantea. com/xingweng/xingweng/1029. htm

http://zhidao. baidu. com/question/49433090. html? si=3

http://zhidao. baidu. com/question/52141624. html? si=2&wtp=wk

后　记

　　这个田野案例报告集是整个团队在过去的四年间所进行调研工作的成果集结。本课题的首席专家、团队主要成员大都是人类学、民族学专业的，即使不是这些专业，也多少受过一些相关的专业训练和知识熏陶。另一方面，以国际学术界对文化遗产的研究观之，人类学学科的直接介入，或借鉴人类学学科的知识所进行的研究不仅非常重要，而且特色鲜明。因此，本团队具有鲜明的人类学专业特色。

　　作为人类学、民族学的"商标"，"田野作业"（*fieldwork*）也自然和必然地成为团队所使用的方法和手段。课题组每年至少一次大团队（不少于 20 人，不少于 20天）调研，每年至少两次小团队（不少于 10 人，不少于 20 天）调研，不少于两次个人（不少于 15 天）的调研。换言之，这是一个具有鲜明的人类学工作坊（*workshop*）特色的调研，同时又将人类学"参与观察"这一基本学科方法应用于我国重大课题的实验性成果。

　　衷心感谢所有参与这一成果调研和写作的成员，每一个团队的负责专家是（按照案例顺序）：张颖、叶高娃、路芳、李春霞、肖坤冰。衷心感谢在田野调查中给予我们无私帮助的领导、群众，特别是少数民族干部、群众。我代表课题组全体成员向你们致以崇高的敬意。

彭兆荣

2017 年 1 月 20 日于厦门大学